pro lingua

herausgegeben von Otto Winkelmann
Band 36

D1726516

Christiane Nord

Kommunikativ handeln auf Spanisch und Deutsch

Ein übersetzungsorientierter funktionaler Sprach- und Stilvergleich

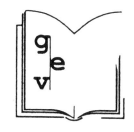

gottfried egert verlag
2003

Bibliografische Information Der Deutschen Bibliothek
Die Deutsche Bibliothek verzeichnet diese Publikation in der Deutschen
Nationalbibliografie; detaillierte bibliografische Daten sind im Internet
über <http://dnb.ddb.de> abrufbar.

ISBN 3-926972-99-8

© gottfried egert verlag, Postfach 1180, D-69259 Wilhelmsfeld, 2003
www.egertverlag.de
Alle Rechte vorbehalten.
Herstellung: WM-Druck GmbH, Wiesloch
Printed in Germany

Vorwort

Dieses Buch ist ein Kompendium (im Sinne des Wortes!) meiner praktischen und didaktischen Erfahrungen im Bereich des Übersetzens aus dem Spanischen ins Deutsche (und, wenn auch seltener, umgekehrt) der vergangenen 35 Jahre. Den Anstoß zu sehr vielen der hier ausgebreiteten Gedanken – so vielen, dass es nicht jedes Mal im Einzelnen vermerkt werden kann – verdanke ich den ersten Übersetzungsübungen, die ich als Studentin am damaligen Dolmetscherinstitut, heute Institut für Übersetzen und Dolmetschen, der Universität Heidelberg bei Katharina Reiss genossen habe. Sie brachte mir nicht nur die spanische Sprache und Kultur nahe, sondern öffnete mir vor allem auch die Augen für die Besonderheiten meiner eigenen Muttersprache Deutsch, und zwar mit dem legendär gewordenen Hinweis an alle Übersetzungseleven: „Deutsch ist Ihre erste Fremdsprache!" Darum möchte ich ihr dieses Buch widmen und ihr im Namen vieler „Generationen" von Übersetzerinnen und Übersetzern, die sie ausgebildet hat, und wahrscheinlich auch einiger, an die ich ihre „goldenen Worte" weitergegeben habe, dafür danken. Auch wenn es nicht pünktlich zu ihrem Achtzigsten auf dem Gabentisch gelegen hat, verstehe ich es als ein Geburtstagsgeschenk an die verehrte Lehrerin.

Tatsächlich lernen wir ja unsere eigene Muttersprache erst richtig kennen, wenn wir sie im Kontrast zu einer anderen sehen – und vieles, was uns dabei auffällt, ist nicht „der Sprache", als einem System von Regeln und als Repertoire von Ausdrucksmöglichkeiten, an sich eigen, sondern das Ergebnis einer langen, durch kulturspezifische Traditionen und Wertvorstellungen geprägten Entwicklung. Daher ist das vorliegende Buch keine kontrastive *Grammatik*, sondern eine kontrastive *Stilistik*, wobei „Stil" als Auswahl unter mehreren, die gleiche Kommunikationsintention verfolgenden Ausdrucksmöglichkeiten verstanden wird. Sprach*systeme* ändern sich nur sehr langsam, und dann auch eher im Bereich des Wortschatzes als in der Syntax, die Sprach*wirklichkeit* unterliegt dagegen einem kontinuierlichen, wenn auch unmerklichen Wandel. Wenn man Sprachwirklichkeit produziert, wie das beim Übersetzen und Dolmetschen der Fall ist, tut man daher gut daran, von Zeit zu Zeit das so genannte Sprach*gefühl*, das eigentlich die Summe der eigenen Sprach*erfahrung* ist, einer kritische Überprüfung zu unterziehen, ob das, was man immer für richtig gehalten hat, auch wirklich noch zutrifft.

In diesem Sinn ist das vorliegende Buch auch eine Begegnung mit der eigenen Spracherfahrung. Daher hat die Arbeit daran länger gedauert, als eigentlich vorgesehen war. Die Hochschule Magdeburg-Stendal (FH) hat mir im Wintersemester 2000/2001 durch ein Freisemester die Möglichkeit gegeben, eine längere Zeit „am Stück" auf die Analyse der Korpustexte zu verwenden, dafür danke ich von Herzen. Meinen Kolleginnen und Kollegen, allen voran Gerlind de la Cruz, habe ich zu danken, dass ich danach weiter drangeblieben bin, auch wenn es oft schwer fiel, den nötigen Raum dazu freizuschaufeln. Und mehrere Jahrgänge von Studierenden haben freiwillig (!) die Lehrveranstaltung besucht, in der das jeweils Erarbeitete am „lebenden Objekt" ausprobiert wurde. Ihnen sei besonders gedankt für kritische Kommentare und intensives Nachfragen, das meist unmittelbar seinen Niederschlag in der Darstellung der Analyseergebnisse fand. Den vielen Freunden, Kolleginnen und Kollegen in Spanien und anderswo, denen ich das Konzept vorgestellt habe, danke ich für die Begeisterung, mit der sie das Anliegen einer übersetzungsbezogenen komparativen Stilistik aufgegriffen haben, ganz besonders Francesc Fernández, Barcelona, für seine „Fragebögen" und die Bereitschaft, das Buch ins Spanische zu übersetzen. Ihm verdanke ich die Anregung, das „Überreden" als „Hyper-Handlung" ans Ende des Buches zu setzen, was zur Folge hatte, dass die phatische Funktion, die zunächst in Kapitel 4 behandelt werden sollte, ins erste Kapitel vorrückte. So hoffe ich, dass das Ganze eine runde Sache geworden ist, die möglichst viele Nachahmer für andere Sprachen- und Kulturpaare findet.

Gottfried Egert, Freund aus alten Romanistiktagen, danke ich – last, but not least – für das Wagnis, dieses Buch zu verlegen, und Otto Winkelmann für das verständnisvolle Lektorat.

Christiane Nord
Heidelberg und Magdeburg, im September 2003

Inhaltsverzeichnis

0 Einführung

0.1 Didaktische Vorüberlegungen

Zur übersetzerischen oder translatorischen Kompetenz gehört zum einen die passive und aktive Beherrschung zweier Sprachen, also *sprachliche Kompetenz*. Zum anderen braucht man dazu die Fähigkeit, die beiden Sprachen zu vergleichen und die Unterschiede und Gemeinsamkeiten ihrer lexikalischen und syntaktischen Strukturen zu erkennen. Dies nennt man *metasprachliche Kompetenz*. Mit dem Sprachvergleich beschäftigt sich die Kontrastive Linguistik, die ihre Ergebnisse unter anderem in kontrastiven Grammatiken darstellt (z.B. Cartagena/Gauger 1989). Kontrastive Grammatiken richten sich meist ausdrücklich auch an die Übersetzerzunft – warum sind dennoch ihre Auskünfte für diese nicht oder nur eingeschränkt brauchbar?

Kontrastive Grammatiken erfassen und vergleichen die Systeme zweier Sprachen, also ihre grammatischen, syntaktischen und lexikalischen Ausdrucks*möglichkeiten*. Das Sprachsystem nennen wir mit Ferdinand de Saussure (1967) „Langue". Aber schon Saussure hatte festgestellt, dass die Menschen nicht alle Möglichkeiten der Langue nutzen und dass man daher die konkrete Sprachverwendung, von ihm als „Parole" bezeichnet, von der Langue unterscheiden muss. Zwischen diesen beiden Bereichen könnte man mit Coseriu (1957) einen dritten ansetzen, den Bereich der „Norm". Man wählt bei der Sprachverwendung nämlich die Elemente der Langue nicht beliebig aus, sondern lässt sich von bestimmten Kriterien leiten, wie z.B. den an der Kommunikation beteiligten Faktoren[1] oder der intendierten Funktion einer Äußerung. Mit „Norm" ist also nicht eine Vorschrift (= präskriptive Norm) gemeint, sondern das als üblich, eben „normal", angesehene Handeln (= deskriptive Norm). Um Verwechslungen zu vermeiden, spreche ich statt von Normen lieber von „Konventionen" und meine damit Handlungs- oder Verhaltensmuster, die sich durch wiederholte Verwendung ähnlicher Formen in vergleichbaren Situatio-

---

[1] Nach Nord (1988/1991) sind das die Kommunikationspartner (Sender und Empfänger) mit ihren Absichten und Erwartungen sowie Medium, Ort, Zeit und Anlass der Kommunikationshandlung.

nen in einer Kultur herausgebildet haben (vgl. etwa zu den Textsortenkonventionen Reiss/Vermeer 1984: 183ff.).

Konventionen regeln die Auswahl aus den Möglichkeiten, die
das Sprachsystem zur Verfügung stellt. Dabei sind vor allem drei Aspekte wichtig: Form, Frequenz und Distribution. Beim Übersetzen
muss man wissen, welche der vom System angebotenen Ausdrucksmöglichkeiten (= Formen) mit welcher Häufigkeit (= Frequenz) in welchen kommunikativen Zusammenhängen (= Distribution) verwendet
werden. Nur dann kann man abschätzen, ob eine bestimmte Form in
einer bestimmten Situation von den Rezipienten als *konventionell*
oder als *unkonventionell* empfunden wird. Wenn die Form einer Mit-
teilung konventionell ist, kann sich der Leser ganz auf den Inhalt konzentrieren. Eine unkonventionelle Form zieht dagegen die Aufmerksamkeit auf sich und lenkt möglicherweise sogar vom Inhalt ab. Daher
muss man auf jeden Fall die Konventionen kennen, wenn man Texte
produziert – um sie entweder zu befolgen oder um davon abzuwei-
chen, je nach dem, welche Wirkung man erzielen will.

Konventionen sind – im Gegensatz zu Regeln – meist nicht
schriftlich fixiert. Man erlernt sie im Kontakt mit der Sprachwirklichkeit,
durch Beobachtung und Nachahmung dessen, was andere tun, also
durch Erfahrung. Oft spricht man von Sprach*gefühl*, wo es um genau
diese Sprach*erfahrung* geht: Die Erfahrung mit einer großen Zahl von
früheren Sprachverwendungssituationen lässt uns intuitiv erkennen,
ob ein Text den Konventionen entsprechend formuliert ist oder nicht.
Spracherfahrung erwirbt man nicht von heute auf morgen, aber für
kompetentes, funktionsgerechtes Übersetzen braucht man sie besser
heute als morgen. Das vorliegende Buch soll dazu dienen, den Er-
werb dieser Erfahrung zu fördern, indem es für Konventionsunter-
schiede sensibilisiert und eine methodische Anleitung zur Erforschung
der Konventionen gibt. Es kann den Kontakt mit der Sprachwirklichkeit
nicht ersetzen, sondern höchstens punktuell simulieren. Wenn wir wissen, wie die Sprachverwendung „normalerweise" ist, können wir andere, neue oder veränderte Sprachverwendungen erkennen und ihre
Wirkung besser einschätzen.

0.2 Methodische Vorüberlegungen

Wenn man Sprachwirklichkeiten vergleichen will, erhebt sich die Frage nach den zu vergleichenden Einheiten. Der Systemvergleich benutzt Einheiten des Sprachsystems und stellt beispielsweise spanische und deutsche Relativsätze einander gegenüber. Bei einem solchen Vergleich werden aber nur die Unterschiede der *Form* sichtbar, also z.B. die unterschiedliche Anzahl der Relativpronomina (de[2]. *der, welcher, was* – es. *que, el que, el cual, quien, cuyo, lo que, lo cual* etc., vgl. 2.5.0.7). Frequenz und Distribution lassen sich dagegen nicht aus dem Systemvergleich ablesen, denn er gibt keine Auskunft darüber, in welchen Situationen Sprecher der einen oder der anderen Sprache keinen Relativsatz benutzen, sondern eine andere sprachliche Form (z.B. ein vorangestelltes erweitertes Attribut) bevorzugen, obwohl das Sprachsystem einen Relativsatz erlauben würde.

Auch kann man ein Sprachsystem immer nur ausgehend von einem anderen betrachten. So stellen wir etwa fest, dass das Deutsche sehr reich an so genannten Modal- oder Abtönungspartikeln ist (z.B. *doch, ja, eigentlich*), während das Spanische kaum Partikeln aufweist, oder dass im Spanischen im Konzessivsatz der Konjunktiv oder der Indikativ möglichst ist, im Deutschen jedoch nur der Indikativ. Und wir merken nicht, dass der Konjunktiv des spanischen Konzessivsatzes eine ähnliche Abtönung bewirkt wie eine Modalpartikel im Deutschen. Wenn wir aber danach fragen, welche sprachlichen Mittel Spanischsprachige benutzen, um eine Abtönung zu erzielen, dann entdecken wir, dass im Spanischen der Konjunktiv, die Wortstellung oder das Futur zu diesem Zweck eingesetzt werden. Die kommunikative Funktion ist daher eine geeignetere Vergleichsgrundlage als strukturelle Einheiten. Denn kommunikative Funktionen sind überfeinzelkulturell, während ihre Versprachlichung durch die Möglichkeiten des Sprachsystems einerseits und die spezifischen Gebrauchskonventionen der Kultur andererseits bestimmt wird.

---

[2] Wir verwenden die konventionellen Abkürzungen für die Sprachen: es = spanisch, de = deutsch, fr = französisch, en = Englisch. Wortformen werden durch Kursivdruck und Wortbedeutungen durch Anführungszeichen gekennzeichnet.

Einen ähnlichen Ansatz verfolgt die Sprechakttheorie (vgl. etwa Austin 1962, Searle 1969). Sie geht davon aus, dass Sprechakte Äußerungseinheiten sind, mit denen Sprecher bestimmte kommunikative Intentionen realisieren (vgl. das bekannte Beispiel „Es zieht!" als Aufforderung, die Tür oder das Fenster zu schließen). Wenn hier nicht von Sprechakten, sondern von Kommunikationsakten oder *kommunikativem Handeln* die Rede ist, so vor allem deshalb, weil der Bezug zur handlungstheoretischen Grundlage der funktionalen Translationstheorie deutlich werden soll. Außerdem klingt „Sprechakt" nach gesprochener Sprachverwendung, während in diesem Buch die schriftliche Kommunikation im Vordergrund steht.

Vergleichseinheiten sollen also funktional bestimmte kommunikative Handlungen sein. Um die Übersicht über die möglichen Funktionen zu erleichtern, stützt sich die Darstellung auf das so genannte Vier-Funktionen-Modell (vgl. Nord 1988/1991, 1993, 2002).

0.3   Vier-Funktionen-Modell

Das Modell fußt auf den Sprachfunktionsmodellen von Bühler (1934) und Jakobson (1971) und unterscheidet vier Grundfunktionen: phatische, referentielle, expressive und appellative Funktion.

Wenn man mit einer anderen Person kommunizieren möchte, muss man mit ihr in Kontakt stehen. Dafür ist die *phatische Funktion* zuständig, die sich auf die Aufnahme, Aufrechterhaltung und Beendigung von kommunikativen Kontakten bezieht sowie auf die Festlegung und Entwicklung der Beziehung zwischen den Kommunikationspartnern (Gleichberechtigung, Über- bzw. Unterordnung, Vertrautheit, Distanz etc.). Die kommunikativen Handlungen, die diesen Zielen dienen, werden in der Kategorie „phatische Kommunikation" (Kapitel 1) zusammengefasst.

Als *referentielle Funktion* bezeichnet man die Funktion kommunikativer Handlungen, auf Gegenstände und Erscheinungen[3] der Objektwelt zu „referieren", d.h. sie im Text zu repräsentieren. Das kann z.B. dadurch geschehen, dass man ihnen einen Namen gibt, sie klassifiziert oder ihre Merkmale darstellt. Die kommunikativen Handlun-

---

[3] Der Einfachheit halber sprechen wir vom „Referens", Plural: „Referentien".

gen, die den Kommunikationsgegenstand repräsentieren, gehören in die Kategorie „referentielle Kommunikation" (Kapitel 2).

Von *expressiver Funktion* ist die Rede, wenn ein Sender persönliche Einstellungen äußert. Wenn eine Person also etwas bewertet, ihre Gefühle kund tut, ein Geschehen aus ihrer eigenen Sicht schildert oder ihre Wünsche ausdrückt, dann ist das „expressive Kommunikation" (Kapitel 3).

Die Funktion von Äußerungen, die das Handeln, das Verhalten oder das Denken der Adressaten in einer bestimmten Weise beeinflussen sollen, bezeichnet man als *appellative Funktion*. Dazu gehören unter anderem Aufforderungen, Anspielungen oder Überredungshandlungen, die in der Kategorie „appellative Kommunikation" (Kapitel 4) zusammengefasst werden. Sie stehen am Ende der Funktionsliste, weil sie sich die drei anderen Funktionen zu Nutze machen und somit die komplexeste Form der Kommunikation sind. Wenn ein Automobilhersteller die (positiven!) Eigenschaften seines neuen Modells beschreibt (= referentielle Kommunikation), will er eigentlich den Empfänger zum Kauf überreden (= appellative Kommunikation), und wenn ein Waschmittelhersteller im Fernsehen eine Hausfrau die Vorzüge seines Produkts preisen lässt (= expressive Funktion), sollen sich die Zuschauerinnen eben diese positive Meinung zu Eigen machen und daraus die entsprechenden Konsequenzen ziehen (= appellative Funktion). Und wenn ein Anbieter zu diesem Zweck die Zielgruppe direkt anspricht, setzt er die phatische Funktion als Mittel der Appellfunktion ein.

Die phatische Funktion scheint die einzige zu sein, die in bestimmten kommunikativen Situationen – z.B. bei einer Begrüßung – allein vorkommen kann. Ansonsten muss man davon ausgehen, dass mit einem Text meist mehrere oder alle vier Grundfunktionen (bzw. bestimmte Unterfunktionen) realisiert werden sollen. Deswegen wird hier keine Texttypologie vorgeschlagen, die ganze Texte oder gar Textsorten einer bestimmten Funktion zuordnet (vgl. dagegen Reiss 1971). Tabelle 0.3/1 verdeutlicht die Grundfunktionen mit jeweils drei ausgewählten Unterfunktionen an Beispielen aus dem Korpus.

Grundfunktion	Unterfunktionen	Beispiel
Phatische Funktion	Kontaktaufnahme	Sehr geehrter Kunde... (19b:6)
	Kontakterhalt	Klar, beides hat Vor- und Nachteile. (01f:4)
	Kontaktbeendigung	Mit freundlichen Grüßen... (19b:17)
Referentielle Funktion	Benennung	Cerro Rico, der reiche Berg (14b:30)
	Klassifizierung	Ein Elektrogerät ist kein Kinderspielzeug. (10d:15)
	Anleitung	Das Fleisch in kaltem Wasser ansetzen (13e:5)
Expressive Funktion	Bewertung	das gewaltigste Imperium Altamerikas (17b:1)
	Gefühlsäußerung	märchenhaft schöne Farben (12d:5)
	Wunsch	„Viva Potosí!" (14b:13)
Appellative Funktion	Vorschlag	Wie wär's mit einer beruflichen Veränderung? (01g:1)
	Warnung	Prüfen Sie bitte unbedingt, ob die richtige Spannung eingestellt ist (10b:8f)
	Anspielung	die kleine Meerjungfrau (18b:32, Ü)

Tabelle 0.3/1: Kommunikative Funktionen und Unterfunktionen

Die Liste der in diesem Buch behandelten Kommunikationshandlungen erhebt keinen Anspruch auf Vollständigkeit. Vielmehr gehe ich von Phänomenen aus, die bei einer strukturanalogen Nachbildung immer wieder zu „unidiomatischen" Formulierungen in der Zielsprache führen. Nur eine systematische Behandlung solcher Übersetzungsprobleme kann zur Vermeidung von Übersetzungsfehlern beitragen.

0.4 Zur Textgrundlage

Das Buch wendet sich vornehmlich an Studierende und Lehrende der Übersetzerausbildung an Universitäten, Fachhochschulen, Berufsakademien und ähnlichen Institutionen. Daher wurden in das Korpus vor allem Texte und Textsorten aufgenommen, die in der Übersetzungspraxis relevant sind: Stellenangebote, Leitartikel und Kommentare, medizinische Packungsbeilagen, Auszüge aus Lehrbüchern, Fachbüchern, Sachbüchern und populärwissenschaftlichen Artikeln, Touristeninformationen, Bedienungsanleitungen und Garantiezertifikate, Rezepte, Allgemeine Geschäftsbedingungen, wie sie zu Kauf- und Dienstleistungsverträgen gehören, Produktwerbung, Enzyklopädieartikel, Geschäftskorrespondenz und Interviews. Damit das Ganze nicht zu trocken wird, sind im Korpus aber auch Auszüge aus einem Comic und aus Romanen und Kinderbüchern enthalten. Auch Presseberichte sind zur Illustration bestimmter Konventionen sinnvoll, obwohl sie (zumindest in Deutschland) nicht oft übersetzt werden.

Von einigen Texten und Textbeispielen werden Übersetzungen angeführt, weil manche der diskutierten Aspekte gerade an ihnen gut zu erkennen sind. Publizierte Übersetzungen werden mit „Ü", eigene Übersetzungen mit „CN" gekennzeichnet. Die Frequenz-Analysen beruhen allerdings nur auf den Originaltexten. Es gibt zwar die Auffassung, Übersetzungen seien ideale Paralleltexte für den Sprachvergleich, weil sie sich von dem Ausgangstext eben nur durch die verwendete Sprache unterscheiden. Da sich aus meiner Sicht jedoch übersetzerische und originäre Textproduktion darin grundlegend unterscheiden, dass bei der Übersetzung eine fremdsprachliche und -kulturelle Vorlage verwendet wird, deren Einfluss auf den Zieltext nicht ausgeschlossen werden kann, verstehe ich unter „Paralleltext" grundsätzlich einen ohne fremdkulturelle Vorlage zustande gekommenen Text der gleichen Textsorte. Dabei dürfen Thema und Inhalt durchaus unterschiedlich sein, weil Textsortenkonventionen im Allgemeinen nicht themenabhängig sind.

Für das Textkorpus wurden möglichst typische Exemplare der jeweiligen Textsorte ausgewählt. Da jeder Text mehrere kommunikative Handlungen illustriert, erschien es sinnvoll, das gesamte Korpus im

Anhang abzudrucken und bei der Diskussion der verschiedenen Kommunikationsakte nur kurze Belegstellen zu zitieren. Text-Kennziffer und Zeilenangabe (z.B. „18d:37f." = Text 18d, Zeile 37-38) sorgen dafür, dass man die Beispiele auch im Kontext lesen kann.

Zusätzlich zu dem im Anhang abgedruckten Textkorpus wurden für die Analyse bestimmter Phänomene weitere kleine Korpora zusammengestellt oder aus früheren Arbeiten übernommen: ein Korpus mit Stellenangeboten (SAK 2000), ein Korpus mit Werbetexten (WTK 2001), ein Korpus mit Lehrbuchtexten (LBK 2001), ein spanisches Neologismen-Korpus von 1980 (NEO 1980), ein Korpus von Titeln und Überschriften (TÜK 1993) sowie ein kleines Korpus mit Texten zum Thema Computer (CTK 2000). Dazu kommen gelegentlich Einzel-Belege aus anderen Publikationen und aus dem Internet. Bei diesen wird jeweils die Quelle angegeben. Die Auflösung der Siglen und ausführliche bibliographische Informationen zu allen benutzten Quellen und Korpora finden sich im Literaturverzeichnis.

Dieses Buch ist kein Ersatz für eine Grammatik des Spanischen oder Deutschen. Vertrautheit mit den grundlegenden grammatischen Regeln wird vorausgesetzt. Sprachwissenschaftliche Ausführungen dienen vor allem der Untermauerung der Aussagen zum Sprach- und Stilvergleich. Weitere Informationen zum Sprachsystem liefern traditionelle Grammatiken und Sprachlehrwerke, auf die gegebenenfalls verwiesen wird. Unterschiede zwischen diversen Varietäten der beiden Sprachen (Spanien/Hispanoamerika – Deutschland/Schweiz/Österreich) werden gelegentlich erwähnt, aber nicht in systematischer Form aufgearbeitet.

Die funktionsorientierte Betrachtungsweise führt dazu, dass manche sprachlichen Phänomene, die in traditionellen Lehrbüchern gemeinsam abgehandelt werden (z.B. die Unterschiede im Gebrauch von *ser* und *estar*), an unterschiedlichen Stellen des Buches vorkommen. Vielleicht kann man sie so besser verstehen. Damit man das Buch dennoch auch zum Nachschlagen verwenden kann, gibt es zahlreiche Querverweise und ein Sachregister. Auch in den Zusammenfassungen am Ende der Kapitel und Unterkapitel wird oft auf strukturelle Zusammenhänge verwiesen.

1 Phatische Kommunikation

1.0 Vorbemerkung

Die phatische Funktion bezieht sich, wie oben erwähnt, auf den Kontakt zwischen Sender und Empfänger und die zwischen ihnen bestehende oder in der Kommunikation aufgebaute Beziehung. Das wichtigste Merkmal der phatischen Kommunikation ist ihre Bindung an konventionelle Formen (man spricht auch von Routinen oder Ritualen, vgl. Lüger 1992), und das bedeutet für den interkulturellen Vergleich, dass mit jeweils kulturbedingt unterschiedlichen Verhaltensweisen zu rechnen ist. Konventionsverstöße können hier besonders folgenschwer sein, weil die Kommunikationspartner das Verhalten der Anderen nach den Maßstäben der eigenen Kultur beurteilen und intuitiv Rückschlüsse auf Erziehung oder Charakter ziehen, welche die gesamte weitere Kommunikation beeinflussen. Gerade diese Konventionen werden jedoch in Lehrbüchern und Grammatiken oder im Fremdsprachenunterricht oft nicht hinreichend thematisiert. Das mag unter anderem daran liegen, dass die phatische Kommunikation einerseits die traditionellen Bereiche von Wortschatz und Syntax überschreitet und andererseits meist nicht im gesamten Sprachraum und zwischen allen Sprechergruppen einheitlich ist.

Lügers Feststellung (1992), dass in Lehrbüchern vielfach kulturneutrale Verhaltensformen präsentiert werden, gilt auch für viele Spanisch-Lehrbücher. Bsp. 1.0-1 stammt aus einer Übersetzungsaufgabe, bei der die zu produzierenden zielsprachlichen Strukturen bereits mit der ausgangssprachlichen Formulierung vorgegeben werden. Dabei nimmt man sogar Verstöße gegen die ausgangssprachliche Norm (wie etwa die falsche Wortstellung in *Ich bin hier seit 1971*) in Kauf. Da der Ausgangstext außerdem mit Blick auf die *Ziel*-Situation formuliert wird, ist er manchmal pragmatisch geradezu absurd: eine Französin mit dem spanischen Vornamen *Ana* wird von einer anderen Person auf Deutsch für ihr gutes Spanisch gelobt. Außerdem, und das wiegt fast schwerer, ist die hier vorgestellte Kontaktaufnahmesituation zwischen jungen Leuten weder für Deutschland noch für Spanien besonders typisch. Das ist zwar nicht das Thema der Lektion, bestärkt

jedoch die Lernenden von Anfang an in der naiven Annahme, dass es
in der interkulturellen Kommunikation vor allem um die Substitution
sprachlicher Einheiten gehe.

1.0-1	1 – Wie heißt du?
	2 – Ich heiße Ana Robel.
	3 – Bist du Spanierin?
	4 – Nein, ich bin Französin.
	5 – Aber du sprichst sehr gut
	  Spanisch. Arbeitest du hier?
	6 – Ja, ich bin hier seit 1971.
	(ESO ES, Arbeitsbuch, 1984)
		1 –¿Cómo te llamas?
		2 –Me llamo Ana Robel.
		3 –¿Eres española?
		4 –No, soy francesa.
		5 –Pero hablas muy bien
		  español. ¿Trabajas aquí?
		6 – Sí, estoy aquí desde 1971.
		(Erwartete Übersetzung)

1.0-2	Hör mal, ich sage dir etwas (*una cosa*). Hier bringe ich dir ein paar Zeitschriften mit. (Halm/Moll Marqués: *Modernes Spanisch*, 1989)	–Oye, te digo una cosa. Aquí te traigo unas revistas. (Erwartete Übersetzung)
	Schau doch mal, ich habe dir hier ein paar Zeitschriften mitgebracht.	

In Bsp. 1.0-2 sollen die Lernenden den spanischen Zuwendungsmarker *oye* verwenden (→ 1.1.2.3) und die 1. Person Präsens Indikativ
des unregelmäßigen Verbs *traer* bilden. Damit sie das tun, wird der
deutsche Ausgangs-Satz mit einer wörtlichen Wiedergabe des Mar-
kers eingeleitet und im Präsens formuliert, obwohl *hör mal* im Deutschen eine energische Aufforderung oder einen Protest signalisiert
(vgl. Duden 1993) und das Perfekt das angemessene Tempus wäre,
da *mitbringen* ein Verb mit perfektiver Aktionsart und die Handlung
hier als abgeschlossen anzusehen ist (→ 2.6.2.3). Würde jedoch der
Ausgangssatz in der idiomatischen Form vorgegeben, käme bei einer
„grammar translation"[4] nicht die erwartete Übersetzung heraus.

Um die phatische Kommunikation verschiedener Kulturen kennen zu lernen, muss man echte Situationen vergleichen. Da die verwendeten Textkorpora ausnahmslos aus schriftlichen Texten bestehen (auch die Interviews sind ja verschriftlichte Dialoge und keine
Transkripte), wird der Vergleich auf bestimmte Aspekte der phatischen Kommunikation beschränkt bleiben müssen. Das Kapitel wird

---

[4] Die „grammar translation" (nach dem Motto *so treu wie möglich, so frei wie nötig*) wird auch heute noch im Fremdsprachenunterricht als Mittel zur Lernfortschrittskontrolle verwendet, wie die Beispiel zeigen. Sie ist nicht mit professionellem Übersetzen zu verwechseln.

nach den Phasen des Kommunikationsverlaufs in die Handlungen
KONTAKT AUFNEHMEN (einschließlich Markierung der Sprecherbezie-
hung), KONTAKT ERHALTEN und KONTAKT BEENDEN untergliedert.

1.1 KONTAKT AUFNEHMEN

1.1.0 Allgemeines

Die Beziehung von Kommunikationspartnern zueinander hängt von
zwei grundlegenden Faktoren ab, die man als Status und Rolle bezeichnet. Vermeer (1983: 3) definiert *Status* als „die Persönlichkeit
des Senders als Teil einer Kultur-, Sprach- und Kommunikationsge-
meinschaft". Sie ergibt sich aus sozialer Herkunft, Bildung, Beruf, Alter
und ähnlichen Merkmalen und ist der betreffenden Person zu einem
bestimmten Zeitpunkt fest zugeordnet. Die *Rolle* hängt dagegen jeweils von der aktuellen Konstellation der Kommunikationspartner ab.
Eine Person mit niedrigem Status kann in einer bestimmten Situation
eine Rolle einnehmen, in der sie einer anderen Person mit höherem
Status übergeordnet ist und umgekehrt. Der Vater, der gerade seinen
Sohn wegen eines schlechten Zeugnisses zurechtgewiesen hat,
könnte sich kurze Zeit später gegenüber seinem Vorgesetzten in der
gleichen Rolle wie sein Sohn befinden, obwohl sich an seinem Status
nichts geändert hat.

Wenn beide Kommunikationspartner in Bezug auf Rolle oder
Status auf der gleichen Stufe stehen, handelt es sich um eine symmetrische Beziehung. Ist ein Partner dem anderen übergeordnet,
spricht man von einer asymmetrischen Beziehung. Die asymmetrische
Beziehung wird von unten nach oben häufig anders markiert als von
oben nach unten. Ein Sender (z.B. eine Firma, die eine Stelle zu vergeben hat) kann auch eine symmetrische Beziehung simulieren (vgl.
1.1.1.2), obwohl die Beziehung in Wirklichkeit asymmetrisch ist.

Symmetrische Beziehungen können durch ihre Position auf der
Achse *fremd → vertraut* gekennzeichnet werden, wobei der Übergang
von Fremdheit zu Vertrautheit oft durch den Anredewechsel markiert
wird. Daneben bestehen symmetrische Beziehungen auch im Binnen-
verhältnis einer Gruppe (z.B. eines Sportvereins, eines Männerchors,

einer Partei) im Gegensatz zum Verhältnis gegenüber Außenstehenden. Hier markiert die vertrauliche Anrede die Solidarität innerhalb der Gruppe und grenzt diese gleichzeitig nach außen ab.

Die Rollenbeziehung ist zu Beginn einer Interaktion durch den Status der Kommunikationspartner vorgegeben, kann jedoch im Verlauf der Interaktion verändert werden. Sie beginnt mit der Phase des Kennenlernens (z.b. durch eine Vorstellung), in der auch die Form der Anrede zum ersten Mal ausgehandelt wird; jede spätere Begegnung beginnt dann mit einem Gruß. Bei der Kontaktaufnahme sind daher die drei Handlungen Kennenlernen, Anreden und Grüßen zu unterscheiden.

1.1.1 Kennenlernen

1.1.1.0 Formen des Kennenlernens

Unter Kennenlernen verstehe ich den ersten Kontakt, sei er mündlich oder schriftlich. Hier sollen zwei Aspekte des ersten Kontakts näher betrachten werden, die für die interkulturelle Kommunikation besonders relevant sind: die Vorstellung und die Wahl des stilistischen Registers, die sowohl über die sprechende Person als auch über ihre kommunikativen Absichten Aufschluss gibt.

1.1.1.1 Vorstellung

Die Beziehung zwischen Kommunikationspartnern, die sich nicht kennen, wird häufig dadurch eingeleitet, dass sich eine der Parteien oder beide vorstellen oder von einer dritten Person vorgestellt werden. In der so genannten „Face-to-Face"-Kommunikation ist die Vorstellung immer dann obligatorisch, wenn der Sprecher annimmt, dass die angesprochene Person ihn nicht kennt. Dabei reichen die Standardformulierungen im Deutschen, wie in Bsp. 1.1-1 angegeben, von der Nennung des Familiennamens über die Nennung von Vor- und Nachnamen bis zu ganzen Sätzen wie *Ich heiße...* oder *Ich bin...*, wobei die persönliche Formulierung in der ersten Person die Nennung des Vornamens erfordert. Im Spanischen ist die Verwendung der ersten Person (*soy*) mit Vor- und Nachnamen oder nur mit dem Vornamen üblich.

1.1-1	—Doctor Ruiz, ¿me permite que me presente? Soy Isabel Montolio. —Ah, mucho gusto. (Matte Bon 1995, II: 2)	Darf ich mich vorstellen? Mein Name ist Kraft. / Ich heiße Walter Kraft. / Kraft. / Ich bin Sabine Kraft. (Engel 1988: 64)
1.1-2	—Me gustaría presentarle a mi mujer, señor Carreras. Mira, María, el señor Carreras. —Ah, mucho gusto. Mi marido ya me ha hablado de Vd. —Encantado, señora. (Kontakte Spanisch 1984, Lektion 6)	A stellt auf einem Kongress Frau Bléri seinem Kollegen B vor: „Ich glaube, Sie kennen sich noch nicht. Das ist Herr B, Frau Bléri." „Angenehm / Freut mich, Sie kennenzulernen." „Guten Tag!" (Frau Bléri reicht B die Hand) (Lüger 1993: 56)

Die Person, der jemand vorgestellt wird oder sich vorstellt, antwortet im Deutschen konventionell *Angenehm* und/oder *Nett,/Freut mich, Sie kennen zu lernen*, im Spanischen *Mucho gusto / Encantado/-a, (Es) un placer* (worauf der Vorgestellte wieder antworten kann: *El placer es mío*, auf Deutsch: *Ganz meinerseits*).

1.1-3	—¿Dígame? —¿Está la señorita Ana, por favor? —Sí, soy yo. —Soy Hernández. —Ah, sí, dígame. (Kontakte Spanisch 1984, Lektion 9)	„Sabine Kraft." „Tag, Frau Kraft, hier ist Meier." „Ach, Tag, Herr Meier, was kann ich für Sie tun?" (vgl. Engel 1988: 64)

Deutlicher sind die Unterschiede in der Telefonkommunikation. Im Deutschen meldet sich die angerufene Person in der Regel mit dem Nachnamen, junge Leute auch mit Vor- und Nachnamen (Bsp. 1.1-3). Einfaches *Hallo!, Bitte!, Ja?, Ja bitte!* gilt als nicht normgerecht (vgl. Engel 1988: 64), außer wenn der Anschluss der betreffenden Person eindeutig zugeordnet ist. Allerdings erfreut sich der Verzicht auf die Selbstidentifikation immer größerer Beliebtheit. Die anrufende Person stellt sich in der Regel in der dritten Person vor (Bsp. 1.1-4). Im Spanischen wird bei Beantwortung eines Telefonanrufs zuerst die Kontaktbereitschaft signalisiert, ohne dass sich die angerufene Person identifiziert. Daher muss der Anrufer nach dem gewünschten Kommunikationspartner fragen (wenn dieser nicht an der Stimme zu erkennen ist). Erst ihm gegenüber erfolgt die Selbstidentifikation (in der ersten Person). Muss der gewünschte Gesprächspartner erst ans Telefon geholt werden, erfolgt eine Bitte um Identifikation des Anrufers.

| 1.1-4 | —¡Diga!
—Buenos días. ¿Quisiera hablar con Ana.
—¿De parte de quién?
—Soy Gabriel Hernández, un compañero de estudios.
—Hola, Gabriel. Espera un momentito, ahora la llamo. | „Firma X, guten Tag."
„Guten Tag, Mayer hier. Ich hätte gern Herrn A gesprochen bitte."
„Moment bitte, ich verbinde."
„Arendt."
„Ja, hier Mayer, ich rufe an, weil..." (Lüger 1993: 66) |

Wenn man einmal von der Absenderangabe absieht, die in der Briefkommunikation gewissermaßen als Vorstellung fungiert (Bsp. 1.1-5), stellt sich ein Briefschreiber nur vor, wenn der Adressat ihn nicht kennt, z.B. bei einer Bewerbung um ein Praktikum (Bsp. 1.1-6).

| 1.1-5 | Hijos de Luis Ruiz Pujada, S.A., Importadores de Comestibles Finos, Jumilla (Murcia) (19a:2-4) | Max Hueber Verlag, Max Hueber-Straße 4, D-80451 Ismaning (19b:1) |
| 1.1-6 | Soy alumna del Departamento de Comunicación Especializada de la Universidad de XX... | Ich studiere am Fachbereich Fachkommunikation der Hochschule XX... |

Bei Stellenangeboten stellt sich das anbietende Unternehmen zuweilen vor, wobei dies oft eher ein „Sich-Anpreisen" ist, wie Bsp. 1.1-7 deutlich macht.

| 1.1-7 | PricewaterhouseCoopers, *firma experta en ofrecer soluciones* integradas a las necesidades de las grandes empresas... (01a:6f.) | BEA. *Die Company für weltweit führende e-Commerce Solutions.* (01d:4f.) |

Ähnliches gilt für die Vorstellung des Produktanbieters im Werbetext (siehe unten, → 4.3.1).

1.1.1.2 Wahl des Registers

Unter Register versteht man die Gesamtheit der stilistischen Markierungen, die eine Äußerung einer bestimmten kommunikativen Situation zuweisen (vgl. Lewandowski 1976). Eine „unmarkierte" Äußerung ist gewissermaßen neutral. Stilistisch markierte Äußerungen dagegen erlauben z.B. Rückschlüsse auf den intendierten Empfängerkreis. Das

ist an den beiden Stellenangeboten aus einem Jugendmagazin (Text
01f und 01g) gut zu erkennen. Obwohl Text 1f die formelle Anrede mit
Sie benutzt, verweist eine Reihe von lexikalischen und syntaktischen
Merkmalen auf ein informelles Register: der Elativ mit *voll* (→ 3.2.1.3),
die Kurzform *Abi* (→ 2.1.2.0.1), Ellipsen (Bsp. 1.1-8), sprechsprachliche Kontraktionen (Bsp. 1.1-9), umgangssprachliche Wortwahl (*klar,
fit, mitmischen*), ein englischsprachiger Slogan (*Signals for Tomorrow's People*) und sogar ein Wortspiel (Bsp. 1.1-9). Auch Text 1g
weist einige dieser Markierungen auf (z.B. die sprechsprachlichen
Formen *mach', wie wär's*, das umgangssprachliche Verb *jobben* oder
die Vorstellung der Kontaktpersonen mit Vor- und Nachnamen (vgl.
die unmarkierte Form in Bsp. 1.1-10). Allerdings bewirkt hier die *Du-*
bzw. *Ihr-*Anrede bereits einen vertraulicheren Ton. Die Merkmale eines informellen Registers finden sich auch gehäuft in dem Interview-
text: Ellipsen (20b:11, 14f., 29), kurze einfache Hauptsätze (Bsp. 1.1-
11), Kontraktionen (*andersrum*, 20b:6, *gibt's*, 20b:26), Aphäresen (*mal*
statt *einmal*, 20b:36), Abtönungspartikeln (*ja*, 20b:6, 26, 37; *denn*,
20b:12; *halt*, 20b:32f, 36), Demonstrativpronomina statt Personalpronomina (*denen* statt *ihnen*, 20b:18, 23), Regiolekt (*nee*, 20b:35), um-
gangssprachlicher Wortschatz (*schnöselig*, 20b:23, *die Herrschaften*,
20b:20), Ausrufe (20b:6, 38f).

1.1-8	300 horas lectivas en Madrid a jornada completa con carácter totalmente teórico-práctico (01a:18f.)	Abi in der Tasche. Geschafft. Und jetzt? ... Gar nicht so einfach diese Entscheidung. (01f:1ff.)
1.1-9	*Es tu momento. ... Es tu gran oportunidad...* (01a:15, 22)	Gute Leute *bringen's* (welt)weit bei uns! (01f:26)
1.1-10	Herr Meierhofer nimmt Ihren Anruf gern entgegen. (SAK 2000)	
1.1-11	Violentos concertados, *con los que justificar* la acción brutal de los carabineros. [...] Me llaman que lo apoye *y voy*. (20a:19f., 33)	Das ist für einen Kritiker schrecklich. *Da* muss er sich plötzlich auf das eigene Urteil verlassen. Das muss man *denen* schon nachsehen. (20b:21-23)

Im Gegensatz dazu weisen die entsprechenden spanischen Texte
trotz der Du-Anrede (siehe unten, 1.1.2.1) kaum Markierungen auf.
Text 01a wendet sich ebenfalls an junge HochschulabsolventInnen.

Da Ellipsen (Bsp. 1.1-8) im Spanischen kein Merkmal für umgangssprachlichen Stil sind, wird das familiäre Register lediglich durch eine
im Vergleich zu anderen Stellenangeboten (z.b. Text 01b) höhere
Frequenz persönlicher Anreden mit indirektem Aufforderungscharak-
ter markiert (Bsp. 1.1-9), die dem Text eine persönlichere Färbung
geben. Ähnliches lässt sich auch in Werbetexten beobachten, wo die
Registerwahl eine indirekt appellative Funktion hat (siehe unten,
4.3.1). In Text 20a sind einige sprechsprachliche Merkmale des Satz-
baus zu beobachten (etwa Neben- statt Unterordnung, Bsp. 1.1-11),
ansonsten sind die Äußerungen weitgehend unmarkiert.

1.1-12	¿Podría decirme aquí, en con-fianza y para *inter nos*, el nom-bre de esta señorita que acaba de entrar? (18c:29f.)	Könnten Sie mir im Vertrauen, und ganz unter uns, den Namen der jungen Dame nennen, die soeben hier eingetreten ist? (18d:32ff., Ü)

Auch die Markierung eines besonders formellen Registers ist im Spanischen nicht so leicht zu realisieren, da die Stilebenen offenbar generell weniger scharf von einander getrennt sind als im Deutschen. In
Bsp. 1.1-12 wird die Förmlichkeit zum einen durch den Konditional
von *poder* markiert, der (ähnlich wie im Deutschen) höflicher ist als
das Präsens, zum anderen durch die zwischen Kommas eingeschobene Parenthese, die für die gesprochene Sprache eher untypisch ist,
und zum dritten durch den lateinischen Ausdruck *inter nos*, gleichbe-
deutend mit *en confianza* und daher als stilistisches Element erkennbar (zur Ironie → 3.1.6). In der Übersetzung ist *und ganz unter uns*
nicht als förmlich markiert; dagegen können die Formulierungen *den
Namen nennen* (statt: *sagen, wie die junge Dame heißt*) und *soeben*
(anstatt: *gerade*) als Markierung für einen gehobenen Stil gelten.

1.1.2   Anreden

1.1.2.0 Formen des Anredens

Als „Anreden" bezeichne ich die kommunikative Handlung, mit der
sich jemand direkt an den oder die Adressaten wendet. Man unterscheidet in der Regel pronominale (*du – Sie, tú – usted/es*) und nominale Anredeformen (*Herr Meier, señora Pérez, doctor, Frau Doktor*).

Die nominale Anrede kann durch Zuwendungsmarker ergänzt oder ersetzt werden, welche die Aufmerksamkeit der angeredeten Person auf den Sprecher richten sollen. In manchen Texten oder Textsorten wird der Adressat indirekt angeredet, z.B. in der dritten Person oder in einer unpersönlichen Struktur (Passiv, reflexives Passiv im Spanischen, *man*). Diese Form bezeichne ich als „unpersönliche Anrede".

1.1.2.1 Pronominale Anrede

Für die Pronomina der zweiten Person Singular und Plural stehen im Spanischen und im Deutschen jeweils eine vertraulich-informelle und eine distanziert-formelle Form zur Verfügung: *tú*[5] – *vosotros* für die vertrauliche, *usted* – *ustedes* für die formelle Anrede, bzw. *du* – *ihr* für die vertrauliche, *Sie* (Singular und Plural) für die formelle Anrede.

In Spanischlehrbüchern wird oft der Eindruck erweckt, der Gebrauch der Anredepronomina sei im Spanischen und Deutschen weitgehend gleich. Das Kriterium der Solidarität für die vertrauliche Anrede wird jedoch für das Spanische von Alonso-Cortés (1999: 4041) nicht als Gruppensolidarität, sondern als „Interesse des Sprechers am Wohlergehen des Hörers" gedeutet, das sich auf Verwandtschaftsbeziehung sowie Gemeinsamkeiten in Bezug auf Alter, Geschlecht, Nationalität etc. stütze. In einer offenen Gesellschaft mit egalitärer Ideologie sei die Form *usted* nur noch ein Mittel der Respektbezeugung zwischen Kommunikationspartnern ohne Ansehen des Status, während die Anrede mit *tú* zwischen Gleichgestellten und Gleichgesinnten gelte. Das kann so für das Deutsche nicht behauptet werden.

Relativ parallel ist der Gebrauch der formellen pronominalen Anrede, soweit aus dem Korpus ersichtlich, in Touristeninformationen, Bedienungsanleitungen und Geschäftskorrespondenz.

1.1-13	Tierra adentro, *descubrirá* tranquilos parajes para disfrutar de la naturaleza. (09a:34f.)	... darauf *sollten Sie* im Urlaub vielleicht doch verzichten. (09d:34)
1.1-14	*Lea* estas instrucciones antes de utilizar el aparato. (10a:15)	Bitte *lesen Sie* die Anleitung vor Inbetriebnahme des Gerätes sorgfältig durch. (10b:2f.)

---

[5] Zum Gebrauch von *vos* in Lateinamerika (*voseo*) vgl. unter anderen Kubarth 1987, 37-42, Matte Bon 1995: I,244; Fontanella de Weinberg 1999: 1406ff.

| 1.1-15 | Hemos recibido *su* oferta... (19a:11) | Bitte überprüfen *Sie* unsere Aufstellung... (19b:8) |

Auch bei der asymmetrischen Verwendung der vertraulichen Anredeform des Bauchredners an die Puppe, die gewissermaßen sein Untergebener ist und über ihn als *Don Bepo* spricht (Bsp. 1.1-16), und zwischen dem König und dem Koch im Kinderbuch (siehe unten, Bsp. 1.1-29) sowie bei der symmetrischen Verwendung des *Du* zwischen Tante und Nichte (Bsp. 1.1-17) ist kein Konventionsunterschied festzustellen (zur Stellung der nominalen Anrede in Bsp. 1.1-16 siehe unten).

1.1-16	Ruperto, desde ahora *tendrás* un nuevo empleo. (15b:32f.)	Robert, von nun an hast *du* eine neue Aufgabe. (15c:33, Ü)
1.1-17	Bueno, bueno, no *te* atormentes. Gracias a Dios *vais* a ir al colegio... (18a:23f.)	Nun, nun, *quäl* dich nicht. Gott sei Dank, *ihr* kommt jetzt auf die Schule... (18b:25f., Ü)
1.1-18	César: Legionarios, estoy contento de *vosotros*. (08a:16, Ü)	Cäsar: Legionäre, ich bin zufrieden mit *euch*! (08b:17, Ü)

Dass in Bsp. 1.1-18 Cäsar gegenüber seinen Legionären das vertrauliche *ihr* gebraucht, ist (wie im französischen Original) als Analogie zur Einheitsanrede im Lateinischen zu sehen. Auch im Deutschen war bis zum Beginn des Mittelalters *du* (im Plural: *ihr*) die einzige Form der pronominalen Anrede. Wenn nur eine Form existiert, entfällt die Möglichkeit, die Rollenbeziehung über die Anrede zu differenzieren.

1.1-19	¿*Estás satisfecho* de la respuesta antiglobalización a la Cumbre de Barcelona? (20a:1f.)	Herzlichen Glückwunsch, Herr Bechtolf, *Sie haben* an der Deutschen Oper Hoffmanns Erzählungen inszeniert. (20b:1f.)
1.1-20	Si *quieres* acelerar tu carrera, ahora es el momento. (01a:2)	Bewegen *Sie* mit uns die Welt! (01c:1)
1.1-21	Si *estás interesado* en trabajar con nosotros, *llámanos* al teléfono ... o envíanos tu C.V. (SAK 2000)	Mach' *deinen* Weg im Team von Alpha-Zeitarbeit.... Wollt *Ihr* einoder umsteigen? ... Wir bieten *Euch*.. (01g:1ff.)
1.1-22	Interesados, remitir urgentemente currículum vitae a tas_selec@tsm.es (01b:33f.)	Wissen *Sie* auch nicht so recht, ob Sie nach *Ihrem* Abitur ... nun studieren oder eine Berufsausbildung machen sollen? (01f:1ff.)

Damit enden jedoch auch schon die Gemeinsamkeiten. Im Einklang mit Alonso-Cortés kann man generell sagen, dass die informelle Anrede in Spanien weiter verbreitet ist als in Deutschland. Sie ist üblich zwischen Kolleg(inn)en und Gleichaltrigen, auch meist zwischen Lehrenden und Lernenden, besonders an der Universität. Beschäftigte zahlreicher Dienstleistungsgewerbe, z.b. Verkäufer/innen, Kellner/innen, Taxifahrer/innen, werden häufig mit *tú* angeredet, besonders wenn sie jung sind (vgl. Matte Bon 1995: I,244). Auffällig ist die Verwendung der informellen Anrede im Gegensatz zum Deutschen in Interviews (Bsp. 1.1-19), Stellenangeboten (Bsp. 1.1-20) und Werbetexten (Bsp. 1.1-23, ausführlicher zur Anrede in Werbetexten unter 4.3.1). Im Stellenanzeigen-Korpus (SAK 2000) sind in den deutschen Anzeigen 85,9 % der Aufforderungen zur Bewerbung mit *Sie* formuliert, auch Text 01f, der sich an Abiturienten oder Schulabgänger richtet. Die einzige Ausnahme ist Text 01g (Bsp. 1.1-21), der offenbar Studierende ansprechen will. Dabei ist interessant, dass zwar in der Überschrift die zweite Person Singular verwendet wird, im Text dann aber die zweite Person Plural auftaucht, die zumindest regional auch in weniger formellen Siez-Verhältnissen (z.B. zwischen Nachbarn) üblich ist. In den spanischen Stellenangeboten werden die potentiellen Bewerber/innen immerhin von 7,4 Prozent der Anbieter geduzt und nur von 2,2 % gesiezt, während in über 90 % der Anzeigen die Anrede vermieden wird.

1.1-23	Tanto si *eres* un profesional de la carretera como si te empapas de ella sin serlo... (12a:2f.)	Zukünftig können *Sie* Ihre Rechnung auf Wunsch auch in Euro erhalten. (12c:5ff.)
1.1-24	*Limpie* y *pique* el puerro y la zanahoria. (13b:4)	Zunächst *waschen Sie* die Hülsenfrüchte in reichlich kaltem stehendem Wasser. (13f:6f.)

In Kochrezepten findet sich im Deutschen (sofern nicht der imperativische Infinitiv ein Anredepronomen überflüssig macht) generell die formelle Anrede, während im Spanischen sowohl die formelle als auch die informelle oder die unpersönliche Anrede (mit dem reflexiven Passiv oder dem Infinitiv, Bsp. 1.1-44) zu finden sind.

1.1-25	*(Zwei ältere Ehepaare haben im Restaurant gemeinsam gegessen. Herr H. erhebt sich etwas umständlich und mit feierlicher Miene.)* **Frau P**: Jetzt aber! **Herr P**.: Pscht! **Herr H**.: Verehrte gnädige Frau, lieber Herr P., es ist heute fünf Jahre her, dass meine Gattin und ich Ihre Gattin und Sie auf dem Campingplatz in Klagenfurt kennengelernt haben ... und dass wir seitdem ... und dass uns ...jawohl, so etwas wie eine Freundschaft verbindet ... Das ist ein Grund zum Feiern ... und ich möchte ... und wenn wir jetzt das Glas erheben ... also ich meine, wir sollten das förmliche „Sie" ... also ich heiße Walter! **Herr P**.: Bravo! *(erhebt sein Glas, allgemeines Anstoßen, Zuprosten mit Anrede durch Vornamen)* ... Nein so geht das nicht! (Austausch von Küssen) ... (nach Vorderwülbecke 2001, 43)

In der direkten Kommunikation kann man für das Deutsche folgende allgemeine Regeln für den Gebrauch der Anredepronomina annehmen: Erwachsene Sprecher, die einander nicht kennen, siezen sich. Wird die Beziehung vertrauter, kann man zum Du übergehen. Dieser Übergang erfordert normalerweise eine ausdrückliche Regelung zwischen den Kommunikationspartnern (z.B. „Wir könnten doch ‚du' sagen, oder?" bzw. so genannte Übergangsrituale, Bsp. 1.1-25). Es ist eher unüblich, ein Duz-Angebot abzulehnen. Ein einmal vereinbartes Du kann nicht zurückgenommen werden, auch wenn die Freundschaft in die Brüche geht (ausführlicher in Lüger 1992, 1993).

1.1.2.2 Nominale Anrede

Das formelle spanische Anredepronomen *usted* ist aus einer nominalen Anrede, nämlich *Vuestra Merced* („Euer Gnaden"), hervorgegangen, wie an der Abkürzung *Vd.* noch heute zu erkennen ist. Solche altertümlichen Anredeformen, die meist mit der 3. Person Singular oder auch Plural kombiniert werden, kommen heute nur noch in der Literatur vor (Bsp. 1.1-26 bis 1.1-29), allenfalls in Kombination mit dem formellen Anredepronomen in der Briefanrede oder aber in parodistischer Absicht (Bsp. 1.1-28/es).

1.1-26	El cardenal me preguntó: –¿Qué ocurre? Ya han llegado aquí los militares?... –No, *eminencia*, yo estoy al servicio del Gobierno de la República. (DEA 1999)	„Ja, Majestät", sprach der Doktor mit ernstem Gesicht, „der Fall ist nicht so einfach. Ich werde Majestät ein Rezept verschreiben." (15d:22ff.)

1.1-27	„Majestät hat mich rufen lassen", keuchte er atemlos. (15d:32)	
1.1-28	Genaro y Emiliano se traían muchas bromas con esto. Según la botella que agarraban, decían: ¡Diantre! ¿Va un whisky, *excelencia*? ¿Tomaría *usía* un vodka? (DEA 1999)	Magnifizenz (Hochschulrektor); Eminenz (Kardinal), Exzellenz (Botschafter), Königliche/Kaiserliche Hoheit (Mitglied des Königs- bzw. Kaiserhauses oder der Familie) (vgl. Duden 1993)

Zu den nominalen Anredeformen gehört auch die Nennung von Namen und/oder Titel, die meist zusammen mit dem Gruß einen Bestandteil von Eröffnungs- und Schluss-Signalen bilden, aber auch gelegentlich (im Spanischen öfter als im Deutschen) zum Kontakterhalt (→ 1.2) zwischendurch verwendet werden. Dabei ist der Titel *Herr/ Frau* nur in Ausnahmefällen mit dem Vornamen zu verwenden, während *don/doña* nur mit dem Vornamen kombiniert wird. Die Bezeichnung des Bauchredners mit *Herr Beppo* (Text 15c:1) ist daher im Deutschen ungewöhnlich (siehe unten, 2.1.1.1.2).

Auch bei der Stellung nominaler Anredeformen gibt es unterschiedliche Präferenzen. Im Deutschen ist die Stellung am Anfang des Satzes besonders affektbetont (vgl. etwa Bsp. 1.1-16, im Gegensatz zu: *So, Robert, jetzt bekommst du eine neue Aufgabe!*, siehe auch Bsp. 1.1-19/de), während im Spanischen die Stellung am Anfang (gegebenenfalls nach dem Eröffnungs- oder Zuwendungssignal, vgl. *mira* in Bsp. 1.1-2, *dígame* in Bsp. 1.1-3) oder am Ende (Bsp. 1.1-30, 1.1-31) üblich ist und keinen besonderen Affekt signalisiert.

1.1-29	¿*Doña Loreta*, que hacemos? (GDLE 1999: 4043)	„Hier, *Koch Wackelbauch*, lies das", sprach der König. (15d:33)
1.1-30	...sólo apareció Sanamo, con sus llaves tintineantes, diciendo: "Pasa, pasa, *palomita*".(18a:12f.)	Er sagte:»Komm nur herein, komm herein, *Täubchen*.« (18b:13f.)
1.1-31	—¡Fuera, *chucho*!—gritó Ruperto de mal genio. (15b:38)	Robert aber rief: „Hau ab, *du Köter!*" (15c:39)

Bei Kose- oder Schimpfnamen kann im Spanischen die expressive Benennung (*palomita, abuelita*) allein wie ein Name verwendet werden (Bsp. 1.1-30 und 1.1-31), während im Deutschen häufig ein Possessivartikel (*mein Täubchen, mein Kind*) oder ein emotives Adjektiv hinzugefügt wird (z.B. *[du] blöder Köter* vs. *du Idiot*).

1.1-32	—Eso no es ningún secreto ni nada malo, *caballero.* —Por lo mismo. —Pues se llama doña Eugenia Domingo del Arco. —¿Domingo? Será Dominga... —No, *señor,* Domingo; Domingo es su primer apellido. (18c:32ff.)	»Das ist kein Geheimnis, und es ist ja nichts Böses dabei, *mein Herr.*« »Nun also? »Sie heißt Fräulein Eugenia Domingo del Arco.« »Domingo? Sie wollen sagen: Dominga?« »Nein, *mein Herr,* Domingo; Domingo ist ihr erster Nachname.« (18d:35ff., Ü)
	»Das ist kein Geheimnis, ich kann es *Ihnen* ruhig sagen!«»Also dann?«»Sie heißt Eugenia Domingo del Arco.«»Domingo? Sie meinen wohl Dominga?«»*Nein, nein,* Domingo, ihr Nachname ist Domingo del Arco.« (CN)	

Obwohl es sich bei Bsp. 1.1-32 um einen älteren literarischen Text handelt, illustriert es den Gebrauch der nominalen Anredeformen im Spanischen (in der Übersetzung auch den Nicht-Gebrauch im Deutschen!) treffend. Nominale Anredeformen dienen allgemein der Intensivierung des Kontakts und werden im Spanischen auch gegenüber Personen gebraucht, deren Namen man nicht kennt. Anredeformen wie *mein Herr, meine Dame* sind dagegen im heutigen Deutsch ungebräuchlich. Ganz allgemein sind nominale Anredeformen im Deutschen seltener als im Spanischen; die Kontakt-Intensivierung wird meist durch andere Mittel bewirkt, im Übersetzungsvorschlag zu Bsp. 1.1-32 etwa durch die Wiederholung von *nein* (vgl. auch *bitte* im Verbesserungsvorschlag zu Bsp. 1.1-35). Der Titel *Fräulein* gehört (anders als ein Doktortitel) nicht zum Namen und muss hier wegfallen.

1.1-33	¡Oh, *prima de mi alma!* ¡Ven a mis brazos! (GDLE 1999: 4045)	Komm, *liebste Kusine,* lass dich umarmen! (CN)
1.1-34	¿Habían entrado a bañarse con ustedes? – No, *señor juez,* no se veía a nadie más en el río. (GDLE 1999: 4040)	Waren die anderen auch im Fluss baden gegangen? -- Nein, da war sonst keiner im Fluss zu sehen. (CN)

Verwandtschaftsbezeichnungen ohne den Eigennamen werden im heutigen Deutsch eher selten als Anredeform verwendet. Im Spanischen dagegen sind nach Alonso-Cortés (1999: 4044) neben Eigennamen und Verwandtschaftsbezeichnungen auch folgende Bezeichnungsklassen als nominale Anredeformen üblich: Nationalitätenbezeichnungen (*americano, español*), Bezeichnungen für Angehörige des Bekannten- oder Freundeskreises (*colega, amigo, paisano*), Bezeichnungen, die auf das Alter anspielen (*niño, joven, viejo*), Titel (*señorita, señora, profesor, doctor, jefe*), Berufsbezeichnungen (*chófer, portero, camarero, guardia*). Dabei implizieren die drei zuletzt genannten Bezeichnungskategorien in der Anrede einen gewissen Grad von Formalität, während die anderen eher einen informellen oder saloppen Umgangston signalisieren.

1.1.2.3 Zuwendungssignale

Im Zusammenhang mit Bsp. 1.0-2 wurde bereits kurz auf die Zuwendungssignale oder –marker hingewiesen. Im Spanischen bestehen sie häufig aus Imperativen, z.B. von *oír* oder *decir*, letzteres besonders bei der Anrede unbekannter Personen (Bsp. 1.1-35).

1.1-35	—Dígame, *buena mujer*—interpeló a la portera... (18c:29)	»Hören Sie, *gute Frau*«, redete er die Pförtnerin an... (18d:32)
	Augusto wandte sich an die Concierge. »*Entschuldigen Sie bitte...*«, sagte er... (CN)	

Im Deutschen sind Formulierungen wie *Entschuldigen Sie bitte, Darf ich Sie mal was fragen...* oder *Könnten Sie mir bitte sagen* häufiger. Dabei wird – anders als im Spanischen – meist keine nominale Anrede hinzugefügt, wenn man von dem sehr förmlichen *gnädige Frau* einmal absieht, das allenfalls in Österreich noch häufiger zu hören ist.

Im informellen Umgang oder bei asymmetrischer Beziehung können auch die Pronomina allein oder mit Interjektion und/oder einem Nominativ als Zuwendungssignal dienen. Auch hier würde, wie die Übersetzung zu Bsp. 1.1-36 zeigt, im Deutschen die pronominale Anrede eher am Schluss der Äußerung stehen.

1.1-36	*Tú, nena*, aquí a mi lado. (GDLE 1999: 4038)	*Du* kommst hier neben mich, *mein Kind*. (CN)
1.1-37	*¡Eh! ¡Los de ahí dentro!*, se acabó el juego. (GDLE 1999: 4039)	*He, ihr da drinnen*, jetzt ist Schluss mit lustig! (CN)
1.1-38	*Tú, Mely*, ¿por qué no llamabas? (GDLE 1999: 4039)	*Du*, ich find das echt nicht gut von dir... (Glück/Sauer 1990: 123f.)

Im Deutschen ist darauf zu achten, dass das einleitende *Du* (Bsp. 1.1-38) zumindest in bestimmten Kontexten auf die Betroffenheits- oder Bewegungssprache der 70er Jahre in der BRD verweist (Näheres vgl. Glück/Sauer 1990: 123ff., Henscheid 1985).

1.1.2.4 Unpersönliche Anrede

In bestimmten Textsorten werden Adressaten nicht persönlich angeredet, obwohl sie gemeint sind, sondern in der dritten Person erwähnt. Das bewirkt besonders in Vertrags- oder anderen öffentlichen Texten (Bsp. 1.1-39) einen höheren Grad an Autorität. Die Kehrseite ist, dass dadurch eine zusätzliche appellative Wirkung ausgeschlossen wird (siehe unten, → 4.3.1). Im Stellenanzeigen-Korpus (SAK 2000) ist der Anteil der unpersönlichen Anredeformen im Deutschen geringer als im Spanischen (15,1 % vs. 90,4 %), im Werbetext-Korpus (WTK 2001) ist das Verhältnis dagegen umgekehrt: 50 % unpersönlich formulierte Werbeslogans im Deutschen und nur 21 % im Spanischen. Das könnte ein Indiz dafür sein, dass Text 12b, die Werbung für den Siemens-Geschirrspüler, in Anlehnung an deutsche Konventionen formuliert ist (vgl. Bsp. 1.2-37).

1.1-39	*Los clientes* podrán optar por aceptar las modificaciones que se produzcan. (06b:6f.)	*Der Fluggast* muß selbst behördlich festgelegte Reiseformalitäten erfüllen. (06f:36f.)
1.1-40	...*el titular de la garantía* tendrá derecho a la sustitución del mueblo adquirido... (11b:6)	Unsere Garantiezusage *kann nur in Anspruch genommen werden*, wenn... (11c:8)
1.1-41	*El ahorro anual* puede llegar hasta 10.000 Pts./año. (12b: 14f.)	Märchen können wahr werden. Auch *für Sie*. (12d:18)
1.1-42	*Los C.V.* se remitirán por correo a... (SAK 2000)	Bewerbungen werden bis ... erbeten an... (SAK 2000)
1.1-43	Rogamos que *las personas* interesadas envíen Historial Profesional a... (SAK 2000)	*Interessentinnen* melden sich bei... (SAK 2000)
1.1-44	*Las judías* se ponen en una olla cubiertas de agua fría. (13d:3)	Blumenkohl *putzen*, in Röschen *zerteilen*... (13e:7f.)

Unpersönliche Anredeformen sind natürlich auch ein Weg, die Entscheidung für eine der beiden pronominalen Formen und damit für eine Festlegung der Rollenbeziehung zu umgehen. Allerdings dürften die unpersönlichen Anredeformen jedoch in beiden Sprachen der formellen Anrede näher stehen als der vertraulichen.

1.1.3 Grüßen

Bei der Kontaktaufnahme können Sprecher auf ein standardisiertes Sequenzschema zurückgreifen. Nach dem Austausch von Grußformeln (1) folgt im Allgemeinen die gegenseitige Erkundigung nach dem Befinden (2), eine kurze oder längere Überleitung (3) und dann die Bezugnahme auf den eigentlichen Kommunikationsanlass (4). Nach der Behandlung des Themas gibt es dann meist wieder eine Überleitung zur Kontaktbeendigung (5) und die Verabschiedung (6). Bei einer zufälligen Begegnung würde an Phase 2 gleich Phase 5 anschließen. Kulturspezifisch ist dabei sowohl die Form der Begrüßung und der Befindlichkeitsfragen bzw. –antworten als auch die Länge von Phase 2 und 3 bzw. 5 und 6.

In der direkten Kommunikation ist der Eröffnungsgruß im Deutschen (wie auch im Spanischen) nahezu immer obligatorisch, wenn sich Menschen begegnen. Ausnahmen bilden öffentliche Einrichtungen wie Fahrkartenschalter, Kino- oder Theaterkasse. Wird jedoch an solchen Stellen um eine Auskunft gebeten, so erfolgt in der Regel ein kurzer Gruß (im Spanischen eher ein Zuwendungsmarker wie *por favor, dígame, oiga, disculpe, perdone + señor/a*, vgl. Bsp. 1.1-35). Treffen sich Bekannte im Verlauf eines Tages mehrmals, so besteht nur bei der ersten Begegnung Grußpflicht, später begnügt man sich dann mit einem Kopfnicken oder Lächeln (vgl. Engel 1988: 60). Bei der ersten Begrüßung ist unter Bekannten Händeschütteln im Osten Deutschlands häufiger als im Westen, bei guten Freunden werden – je näher man Frankreich oder anderen Nachbarländern mit „Kuss-Konvention" kommt, um so mehr – auch Umarmungen und Wangenküsse immer beliebter.

Die Form des Grußes hängt von der Tageszeit und der Vertrautheit der Personen ab. In Deutschland grüßt man entfernte Bekannte, solange es hell ist, mit *[Guten] Tag*, morgens bis gegen 11 Uhr mit *[Guten] Morgen*, von Einbruch der Abenddämmerung bis gegen Mitternacht mit *Guten Abend.* Speziell in Behörden gilt zwischen 12 und 13 Uhr der Gruß *Mahlzeit!* Zwischen guten Bekannten und Freunden verbreitet sich immer mehr der tageszeitübergreifende Gruß *Hallo!* Unabhängig von der Tageszeit und vom Bekanntheitsgrad grüßt man sich in Norddeutschland (besonders Hamburg und Niedersachsen) mit *Moin[-Moin]!*, in Süddeutschland (vor allem Baden-Württemberg und Bayern) und Österreich mit *Grüß Gott!*, auch mit dem Anredepronomen: *Grüß dich Gott!* und *Grüß Sie Gott!* Ebenfalls in Bayern und Österreich grüßen sich Freunde und gute Bekannte mit einem saloppen *Servus!* Zu den formellen Grußformeln tritt häufig (aber durchaus nicht immer) die formelle Form der nominalen Anrede mit dem Nachnamen, die informellen Grußformeln können mit dem Vornamen kombiniert sein.

In Spanien grüßt man bis gegen Mittag mit *Buenos días*, danach mit *Buenas tardes.* Die Allerweltsgrußformel bei geringer Distanz ist *Hola.* In beiden Fällen ist die Nennung des Namens oder einer nominalen Anredeform wesentlich häufiger als im Deutschen. Bei der Begrüßung werden Wangenküsse ausgetauscht, und man berührt mit der rechten Hand den (linken) Arm des Gegenübers, bei guten Bekannten und Freunden wird daraus eine Umarmung. Die Intensität von Kuss und Berührung bzw. Umarmung richtet sich nach der Intensität der Beziehung. Hier ist auf andere Konventionen (Zahl und Intensität der Küsse und Körperberührungen) in hispanoamerikanischen Ländern zu achten. Wie bei allen Konventionen schaut man sich diese Verhaltensweisen am besten von den Einheimischen ab.

Eng mit dem Gruß verbunden ist die Ergehensfrage. Die wichtigste Form ist im Deutschen: *Wie geht's / geht es (Ihnen/dir)?*, wobei die Formen mit verkürztem *es* eine gewisse Vertrautheit mit der angeredeten Person voraussetzen. Das Dativpronomen bewirkt eine Intensivierung. Die Ergehensfrage gilt im Deutschen als echte Frage, muss also beantwortet werden, zum Beispiel mit *Danke, gut / sehr gut / so la la / es geht so / leider nicht so gut.* Details über einen unbefriedigenden Gesundheitszustand werden allerdings nur auf besondere Nachfrage kund getan. Die angesprochene Person stellt dann die entsprechende Gegenfrage: *Und Ihnen / dir / selbst?*, die dann auch wie-

der beantwortet werden muss: *Danke, auch gut / mir geht's gut.* Laut
Engel (1988: 61) ist das Recht, die Ergehensfrage zu stellen, in der
asymmetrischen Kommunikation dem Höhergestellten, Vorgesetzten,
Älteren etc. vorbehalten. Stelle der Untergebene die Ergehensfrage
zuerst, gelte dies oft als vorlaut, hemdsärmelig, respektlos. Auch Besucher sollten warten, bis der Besuchte die Ergehensfrage stellt. Es
hängt jedoch sicher vom sozialen Kontext ab, ob und in wie weit diese
Regeln (noch) beachtet werden.

Im Spanischen sind die häufigsten, meist mit einer nominalen
Anrede kombinierten, Ergehensfragen *¿Qué tal (estás / está usted)?*,
¿Cómo estás / está (usted)? Darauf erfolgt meist eine kurze Antwort
mit Dank (*bien / muy bien, gracias*) und eine Gegenfrage *¿y tú /
usted?* mit der entsprechenden Antwort: *Bien, gracias.*

In der Briefkommunikation gelten die standardisierten Anrede-
formeln als Gruß: Im Deutschen bei unbekannten Adressaten: *Sehr
geehrte Damen und Herren*, bei Sie-Anrede: *Sehr geehrte Frau* + Titel
(ohne Namen) (ehrerbietig), *Sehr geehrte Frau Meier* (neutral-
distanziert), *Sehr verehrte Frau Meier* (distanziert-respektvoll), *Liebe
Frau Meier* (relativ vertraulich), *Meine liebe Frau Meier* (sehr vertraulich). Eine Brief-Einleitung nur mit *Frau Meier* kann nur als unhöflich
interpretiert werden. Eine Anrede mit *Sehr geehrter Kunde* (Text 19b)
kann nur dann verwendet werden, wenn man sicher ist, dass es sich
auf jeden Fall um einen männlichen Adressaten handelt.

Bei *du*-Anrede gilt: *Liebe Sabine* (vertraulich), *Meine liebe Sabine* (sehr vertraulich), *Liebste / Geliebte Sabine* (vertraulich-intim).
Bei vertrauter Beziehung ist auch die bloße Nennung des Namens
möglich: *Sabine*. Im Deutschen steht nach der Anrede heute meist ein
Komma, das früher übliche Ausrufezeichen ist selten.

Im Spanischen ist die Auswahl nicht so groß. Die formellste Anrede ist, wie im Korpustext 19a, *Señores*. Mit abnehmender Distanz
folgen *Muy señor(es) mío(s)/nuestro(s), (Muy) Distinguidos señores,
Estimado/-a colega*. Bei vertrauterer Beziehung ist die übliche Anrede
Querido/-a + Titel + Nachname bzw. Vorname. Nach der Anrede, die
wie im Deutschen auf einer eigenen Zeile steht, wird ein Doppelpunkt
gesetzt.

1.1.4   Zusammenfassung

Die Hauptunterschiede bei der Kontaktaufnahme im Spanischen und Deutschen liegen in der Form der Markierung von Formalität und Vertraulichkeit. Im Deutschen ist in den meisten Textsorten mit direkter Adressatengerichtetheit die formelle Anrede mit *Sie* die Regel, wobei Vertrautheitsgrade eher durch die Wahl des Registers als durch die Anredeform markiert werden. Im Spanischen kann man dagegen feststellen, dass die informelle Anrede nicht ohne weiteres schon Vertrautheit signalisiert, sofern sie nicht durch eine informelle Form der nominalen Anrede oder durch ein informelles Register ergänzt wird. Die größere Verbreitung der informellen Anrede und der weniger stark geregelte Übergang von der formellen zur informellen Anrede im Spanischen ist daher ebenso wenig ein Zeichen allgemeiner Distanzlosigkeit, wie der häufigere Gebrauch der formellen Anrede im Deutschen als Symptom sozialer Kälte misszuverstehen ist. Es ist also auf jeden Fall ratsam, sich in der fremden Kultur zuerst einmal zurückzuhalten und abzuwarten, wie man selbst angesprochen wird. Allgemein können jedoch die folgenden Unterschiede hervorgehoben werden:

➜ Im Hochschulbereich wird in Spanien zwischen Lehrenden und Lernenden die informelle Anrede mit dem Vornamen verwendet. In Deutschland ist das Siezen die Regel und das Duzen die Ausnahme, Titel (Herr Professor, Frau Professor Meier) werden allerdings kaum noch verwendet[6]. Zwischen Personen mit dem gleichen akademischen Titel ist die symmetrische Anrede *Herr / Frau* + Nachname, bei größerer Formalität auch *Frau Kollegin / Herr Kollege* üblich.

➜ Die Titel *Herr* bzw. *Frau* (*Fräulein* ist nicht mehr gebräuchlich) wird nur in Verbindung mit dem Nachnamen verwendet; *señor, señora* und *señorita* steht dagegen oft allein und bewirkt eine Intensivierung der Kontaktfunktion.

➜ Im Deutschen steht das Anredenomen, sofern es nicht besonders affektbetont ist, generell eher an zweiter Stelle im Satz oder am Ende der Äußerung, im Spanischen häufiger am Anfang.

---

[6] In Österreich ist die Anrede mit „Frau Professor" oder auch „Herr Magister" dagegen noch allgemein üblich.

➜ Um die Aufmerksamkeit einer Person sicher zu stellen, gebraucht man im Spanischen so genannte Zuwendungssignale, oft einen Imperativ wie *dígame/dime* oder *oiga/oye* mit einer nominalen Anredeform. Im Deutschen wird statt dessen *Entschuldigen Sie bitte* oder *Entschuldigung* (familiär: *'tschuldigung*) oder eine ähnliche Höflichkeitsformel verwendet.

➜ Im Spanischen können eine Reihe von Bezeichnungen, die sich auf Alter, Beruf, Verwandtschaftsgrade etc. beziehen, als Anredenomina verwendet werden, im Deutschen ist dies eher unüblich.

1.2   KONTAKT ERHALTEN

1.2.0   Allgemeines

Während einer längeren kommunikativen Interaktion (man redet hier meist von „Diskurs", um sowohl schriftliche als auch mündliche Interaktionen einzubeziehen) ist es von Zeit zu Zeit angebracht, sich des bestehenden Kontakts zu versichern. Das gilt nicht nur für die mündliche Kommunikation, in der beispielsweise Pausen durch „Pausenfüller" (z.B. de. *ähm*, es. *eh*) oder durch so genannte Diskursmarker (z.B. es. *pues, en fin*, de. *also, wie gesagt*) überbrückt werden, damit der Hörer dem Sprecher nicht „ins Wort fällt". Auch in der schriftlichen Kommunikation verwendet man bestimmte Strategien, um den Kontakt zu den Adressaten immer wieder zu stärken. Das zeigt sich besonders gut in didaktisch aufbereiteten Texten, wie etwa Lehrbüchern. Zwei dieser Strategien sollen hier näher betrachtet werden, und zwar zunächst die Organisation des Diskurses durch Vertextungsstrategien und dann die so genannte *Metakommunikation*, das heißt, die Bezugnahme auf die gerade stattfindende kommunikative Interaktion.

1.2.1   Diskurs organisieren

1.2.1.0 Formen der Diskursorganisation

Wenn man den Kontakt zu den Adressaten nicht verlieren will, muss man sie gewissermaßen von einem Aspekt des Themas zum nächsten führen. Das geschieht durch die so genannte Thema-Rhema-Gliederung, durch die Fokussierung bestimmter Informationsteile so-

wie durch die Verbindung der Informationen durch Konnektoren. Hier
sind einige stilistische Unterschiede zu vermerken.

1.2.1.1 Thema-Rhema-Gliederung

Unter Thema-Rhema-Gliederung versteht man, kurz gesagt, die Verteilung bekannter und neuer Informationen in einem Text. Das Thema
nimmt auf Sachverhalte Bezug, die im Vortext bereits genannt wurden
oder von denen der Sender annimmt, dass sie im Vorwissen des
Adressaten vorhanden sind. Die Art und Weise, wie bekannte und
neue Information in einem Text verarbeitet wird, ist kulturspezifisch,
wie bereits Gerzymisch-Arbogast (1987) in Bezug auf amerikanische
und deutsche Wirtschaftsfachtexte feststellte. Zu einem ähnlichen
Schluss kommt Schwarzbach (2001) in ihrer Analyse der Thema-Rhe-
ma-Verteilung in spanischen und deutschen Sachtexten.

Für den interkulturellen Vergleich scheinen besonders drei Aspekte von Bedeutung zu sein: die Subjekt-Thema-Kongruenz, die Position des Themas im Satz und die Form der thematischen Progression. Subjekt-Thema-Kongruenz heißt, dass das Thema eines Satzes
auch grammatisches Subjekt ist. In Bsp. 1.2-1 ist etwa im spanischen
Beleg das durchgehende Thema *la luz* in mehreren aufeinanderfol-
genden Sätzen Subjekt, während das Thema *Übersetzungsregeln* am
Anfang des Textes im Subjekt enthalten ist, später aber als präpositionales bzw. direktes Objekt wieder aufgenommen wird. In den Beispielen ist das Thema kursiv gesetzt und das Rhema unterstrichen.

1.2-1	*La luz* es una de las formas de energía... Aunque *la luz* resulta tan natural... parece que *la luz* visible está constituida por... (04a:1ff.)	*Der Begriff ... von Übersetzungs-regeln* ist bisher kaum themati-siert worden. [...] *Von Überset-zungsregeln* ist bei Jumpelt die Rede...[...] *Übersetzungsregeln i.e.S.* diskutiert zuerst Neubert... (04e:1ff., 24, 34)
1.2-2	*La velocidad de desplazamiento de su movimiento ondulatorio* es de 300.000 kms/sg. *Esta distan-cia recorrida en un segundo* sólo podemos relacionarla con los espacios interplanetarios. *Las estrellas* están... (04a:31ff.)	*Russland* nahm den strategisch wichtigen Bergpass Charami an der Grenze zwischen Dagestan und Tschetschenien ein. ... *Der Eroberung* waren schwere Kämpfe ... vorausgegangen. (07b:24ff.)

1.2-3	Las bases de nuestra economía están constituidas por recursos físicos y humanos. El conjunto de los recursos físicos disponibles viene dado por... (04b:1 ff.)	...in den Städten der Altmark... Gardelegen, Stendal, Salzwedel... und Tangermünde... Die größte Stadt der Altmark ist Stendal... Wer sich Tangermünde nähert... (09c:4ff.)
1.2-4	La Comunidad Valenciana [se ha convertido] en el destino turístico con más banderas azules de Europa. Para conocer el estado de las playas consulte al tel. ... (09a:29ff.)	Mit 1100jähriger Geschichte hat die auf einen Handelsplatz Karls des Großen zurückgehende Elbmetropole heute eine neue Aufgabe: Als Landeshauptstadt bestimmt sie das Tempo. (09c:32ff.)

Bei der Abfolge von Thema und Rhema kann man grundsätzlich zwischen verschiedenen Progressionsformen unterscheiden.

➤ Bei der Progression mit durchlaufendem Thema werden einem Thema verschiedene Rhemata zugeordnet (Bsp. 1.2-1).

➤ Die einfache lineare Progression besteht darin, dass das Rhema des Vorsatzes zum Thema des Folgesatzes wird (wie in Bsp. 1.2-2: es de 300.000 km/sg. – esta distancia recorrida en un segundo...; den Bergpass einnehmen – die Eroberung).

➤ Von Progression mit einem gespaltenen Thema spricht man dann, wenn das Rhema einer Äußerung in Teilen wieder aufgenommen wird: In Bsp. 1.2-3 etwa wird aus dem Rhema están constituidas por recursos físicos y humanos zuerst der Teil recursos físicos und erst später im Text dann der Teil recursos humanos als neues Thema aufgenommen. In Text 09c werden aus den aufgezählten Städten der Altmark nach und nach einzelne herausgegriffen und als eigene Themen behandelt.

➤ Bei der Progression mit einem thematischen Sprung wird ein Glied der Thema-Rhema-Kette „übersprungen" und muss von den Rezipienten aus dem Kontext oder dem Weltwissen erschlossen werden. So ist für das Verständnis des Zusammenhangs in Bsp. 1.2-4 das Wissen erforderlich, dass die banderas azules der EU besonders sauberen Badestränden verliehen werden. Und für Leser, die nicht wissen, dass Magdeburg Landeshauptstadt von Sachsen-Anhalt ist, könnte die Überleitung aus neue Aufgabe schwierig nachzuvollziehen sein, wenn nicht der Doppelpunkt hier das ausgefallene Kettenglied (*Magdeburg ist jetzt Landeshaupt-stadt*) ersetzen würde.

Nach der Analyse von Schwarzbach (2001: 61), die sich allerdings auf ein sehr kleines Korpus stützt, ist in den spanischen Texten durchschnittlich in 95% und in den deutschen Texten durchschnittlich in 59,5 % der Sätze das Thema gleichzeitig Subjekt des Satzes. Auch die Erstposition des Themas im Satz ist im Spanischen (durchschnittlich 77,5 %) beträchtlich häufiger als im Deutschen (55,4 %). Wenn man diese Ergebnisse schematisch verallgemeinert, würde das bedeuten, dass bei funktionskonstanter Übersetzung eines spanischen Sachtexts ins Deutsche Umstrukturierungen nötig werden können (z.B. eine Umstellung des Themas aus der Subjektposition in die Objektposition, wie in Bsp. 1.2-5, oder aus einer Erst- in eine Folgeposition, wie in Bsp. 1.2-6), damit der deutsche Text der konventionellen Thema-Rhema-Strukturierung entspricht.

1.2-5	*Un método* resulta apropiado para un cierto tipo de problemas cuando se sabe... (05a:23f.)	*Eine geeignete Methode für die Lösung einer bestimmten Art von Problemen* hat man dann gefunden, wenn man weiß... (05c:23f., Ü)
1.2-6	*...nos venden la seguridad de los vehículos* a través de anuncios donde aparece un monitor de un gimnasio (02a:4f.)	In Werbespots wird uns *die Sicherheit eines Autos* von einem *Fitnesstrainer* vorgeführt... (02b:3f., Ü)

Was die bevorzugten Progressionsformen betrifft, zeigt ein Blick auf den ersten Satz von Text 05d etwa im Vergleich zu 05a oder 05b, dass die thematische Progression in deutschen Fachtexten oft sehr viel komplizierter ist als in spanischen Fachtexten.

1.2-7	Wenn *man* (T1) bemerkt (R1-1), daß die Kultursphäre des Menschen (T2) in der Tat eine biologische Bedeutung hat (R2-1), so liegt es *[für einen* (T1)] nahe (R1-2), den [[für die Zoologie bewährten]] Begriff der Umwelt auch *hier* (T2) anzuwenden (R1-3).... (05d:1-3)
	Die Kultursphäre des Menschen (T1) hat in der Tat eine biologische Bedeutung (R1-1). Daher könnte *auf sie* (T1) durchaus der Begriff „Umwelt" angewendet werden (R1-2) – *ein Begriff* (T3), der sich in der Zoologie ja bewährt hat (R3-1). (CN)

Bsp. 1.2-7 ist folgendermaßen aufgebaut: Das erste Thema (T1) ist der Verfasser, der sich hier mit dem unpersönlichen *man* einführt, das etwas bemerkt (erstes Rhema zum ersten Thema). Diese Person ist implizit auch Thema des Hauptsatzes mit dem zweiten Rhema *es liegt nahe*. Von den beiden Rhemata R1-1 und R1-2 ist jeweils eine Äußerung abhängig, die sich auf das zweite Thema *die Kultursphäre des Menschen* (T2, bei der zweiten Erwähnung durch *hier* substituiert) bezieht. Sie *hat eine biologische Bedeutung* (Rhema 1 zum Thema 2) und *kann als Umwelt betrachtet werden* (Rhema 2 zum Thema 2). Ganz nebenbei bekommt der Leser noch beigebracht, dass der Begriff Umwelt (Thema 3, Teil von Rhema 1-3) in der Zoologie „bewährt" ist (Rhema 1 zu Thema 3). Wenn bei der Übersetzung solcher Texte ins Spanische auf eine stärker lineare Progression geachtet würde, könnte dies die Rezeption erheblich erleichtern (siehe Umformulierung). Allerdings muss man nicht unbedingt auch umgekehrt beim Übersetzen aus dem Spanischen ins Deutsche die Texte durch eine entsprechende Thema-Rhema-Progression komplizierter machen, damit sie „deutscher" wirken (vgl. Text 05c, der die einfachere Thema-Rhema-Progression des Originals weitgehend übernimmt)!

1.2.1.2 Fokussierung

Unter Fokussierung versteht man die Hervorhebung bestimmter Teilinformationen. Durch die thematische Progression sind bereits die rhematischen (also neuen) Informationen automatisch stärker hervorgehoben als die thematischen, in bestimmten Kontexten reicht das jedoch nicht aus, sodass zusätzlich Betonungssignale gesetzt werden. Im Deutschen kann in mündlicher Rede jedes beliebige Element eines Satzes betont werden, sodass der Satz *Ich kaufe mir ein Brot* je nach Betonung eine andere Bedeutung bekommt. Im Spanischen liegen dagegen auf Grund der relativ festen Intonationskurve die Fokusstellen am Anfang und am Ende des (Teil-)Satzes. Dafür kann man dank der Freiheit der Wortstellung ein zu betonendes Informationselement problemlos an eine Fokusstelle setzen.

1.2-8	Es la herramienta que utilizan ya muchos profesionales a un precio muy asequible. (12a:18f.)	Sie bieten im IT-Bereich präzisen Rat und umfassende Hilfe, genau das, was kleinere und mittelständische Unternehmen benötigen. (12e:12ff.)
1.2-9	Este «PNN al coste de los factores» es lo que precisamente recibe el nombre de Renta Nacional (RN). (04c:33f.)	Sparen ist bei Keynes einfach eine Restgröße, ein Residuum. (04d:30f.)
1.2-10	Otra causa del éxito de unos y del fracaso de los otros en la resolución de dificultades reside en el mismo vocabulario usado. (05a:32f.)	Die HP SupportPack Services haben gerade für kleine und mittelständische Unternehmen viele Vorteile... (12e:30f.)
1.2-11	El PNN, tal como se ha definido en las líneas anteriores, es el que se obtiene a los precios de mercado (04c:27f.)	Von „Gesetzmäßigkeiten der Übersetzung" spricht im deutschen Sprachraum m.W. zuerst Jumpelt (1961). (04e:11ff.)
1.2-12	De cálidas aguas en verano y otoño, y excelentes solariums incluso en invierno. (09a:18f.)	Sie können E-Mails senden und empfangen – mit WebMail sogar weltweit von jedem PC mit Internetzugang. (12c:23f.)
1.2-13	La orografía es un elemento que ha desempeñado siempre un papel clave. (04b:14f.)	Es ist das Verdienst des englischen Zentralbankpraktikers ... John Maynard Keynes, ...nachdrücklich... hingewiesen zu haben. (04d:1ff.)
1.2-14	Es sind die offenen Standards, die Innovation vorantreiben. ... (SUN Microsystems, WTK 2001)	
1.2-15	Es muss wohl die zunehmende Verpöbelung sein, die... (02c:36ff.)	

Die wenigen Beispiele machen bereits deutlich, dass im Spanischen neben oder zusätzlich zu den so genannten Fokuswörtern wie precisamente (Bsp. 1.2-9), mismo (Bsp. 1.2-10) oder incluso (Bsp. 1.2-12) hauptsächlich Fokusstrukturen mit Relativsätzen zur Hervorhebung verwendet werden (Bsp. 1.2-8, 1.2-9, 1.2-11, 1.2-13). Im Deutschen sind solche Fokusstrukturen unter dem Einfluss des Englischen (vgl. Bsp. 1.2-14) durchaus auch gebräuchlich (Bsp. 1.2-15, statt: Vermutlich liegt es an der zunehmenden Verpöbelung, dass die Deutschen seelisch so gesund sind), sie entsprechen jedoch nicht den stilistischen Konventionen der Hervorhebung. Eine Vorziehung des Rhemas oder eines Teils des Rhemas (Bsp. 1.2-6), eine Umstellung der

Satzteile (Bsp. 1.2-11/de) oder eine Modalpartikel (1.2-9) bewirken oft eine idiomatischere Fokussierung.

1.2.1.3 Konnektoren

Konnektoren sind Verbindungselemente zwischen Äußerungen. Oft verdeutlichen sie die logischen Beziehungen zwischen ihnen, manchmal sind sie aber auch nur „Scharniere" (*muletillas*), die den Übergang zwischen einem Satz und dem nächsten erleichtern. Für die Klassifikation als Konnektoren kommt es darauf an, dass ihre Funktion im Gegensatz zu gleichlautenden Konjunktionen (z.B. bei *pues*), Adverbien (z.B. *encima*), Präpositionen (z.B. bei *además* [de]) oder Fokuspartikeln (z.B. *incluso*, vgl. Bsp. 1.2-12) die gedankliche Verknüpfung von zwei Äußerungen ist. Schon Gili Gaya ([1943]1989: 325ff.) spricht von „enlaces extraoracionales" und ordnet die Konnektoren danach, zu welchem Register sie gehören, der „lengua culta" (z.B. *sin embargo, no obstante, por consiguiente, luego*) oder der Umgangssprache (*pues, así que, conque, y*) zu. Diese Zuordnung findet sich allerdings in unserem Textkorpus nicht unbedingt bestätigt. Martín Zorraquino und Portolés Lázaro (1999: 4051-4213) klassifizieren in ihrer ausführlichen Darstellung die *conectores*, die sie den Diskursmarkern (*marcadores del discurso*) zuordnen, nach ihren Funktionen und unterscheiden zwischen additiven, konsekutiven und adversativen Konnektoren. Zu den additiven Konnektoren, die an eine erste Äußerung eine zweite mit gleicher Argumentationsrichtung (oft noch dazu als Steigerung) anschließen, rechnen sie *además, encima, aparte, por añadidura, incluso / inclusive* und *es más* (vergleichbar mit de: *außerdem, darüber hinaus, sogar noch, noch dazu* o.ä.). Wir rechnen auch *por otra parte* dazu, das im Gegensatz zu seiner Wörterbuchbedeutung („andererseits") häufig als additiver Konnektor verwendet wird (Bsp. 1.2-19), was daran zu erkennen ist, dass kein *por una parte* vorangeht.

| 1.2-16 | El secador Solac CORD-FREE ...*además* incorpora la última innovación en secadores: el recogecables automático. (10a:4f.) | Im Deckel dieser Box – außen angebracht – befindet sich *außerdem* ein aufklappbarer Spiegel. (10b:64f.) |

1.2-17	Además, había perdido a Go-rogó – no sabía dónde estaba, bajo qué montón de pañuelos o calcetines. (18a:32f.)	Außerdem hatte ich Gorogó verloren – ich wußte nicht, wo er war, unter welchem Stoß Ta-schentücher... (18b:35f., Ü)
1.2-18	El crítico que milita en Galdós no debe hablar bien de Joyce; es más: su obligación es hablar mal de Joyce. (GDLE 1999: 4098)	Ein Kritiker, der Galdós über al-les verehrt, kann Joyce nicht lo-ben; ja, er ist geradezu ver-pflichtet, Joyce zu verreißen. (CN)
1.2-19	Su acción vasoconstrictora va acompañada por una acción desin-fectante y bacteriostática... Por otra parte se ha incluido en la fór-mula una substancia regenerativa, la alantoína, que impide la irrita-ción de la mucosa nasal. (03a:5ff.)	

Als konsekutive Konnektoren bezeichnen Martín Zorraquino und Por-tolés Lázaro *pues, así pues, por (lo) tanto, por consiguiente, consi-guientemente, consecuentemente, por ende, de ahí, en consecuen-cia, de resultas, así,* und *entonces,* welche die Äußerung, in der sie stehen, als Folge der vorangehenden Äußerung(en) markieren (vgl. auch *por ese motivo* in 01b:6). Im Deutschen entsprechen ihnen *also, daher, darum, deshalb, folglich, infolgedessen, damit, somit, dann doch* o.ä. Im deutschen Korpus sind *also* und *daher* am häufigsten belegt.

1.2-20	El avance en la solución de problemas está, pues, en rela-ción con la metodología usada (05a:21f.)	Der Mensch ist *also* organisch „Mängelwesen" (Herder)... (05d:23)
1.2-21	Por esta razón, al PNN se le denomina frecuentemente «PNN a los precios de mercado» (04c:30f.)	Connect Partner werden ... um-fassend geschult und sind *daher* jederzeit mit der neuesten Tech-nologie vertraut. *Deshalb* sind sie Experten ... (12e:14ff.)
1.2-22	No es extraño, *por tanto,* que para las comparaciones inter-nacionales e intertemporales el PNB sea la magnitud más adecuada. (04c:17f.)	Der Teil des Einkommens, der nicht konsumiert wird, ist zwangs-läufig als Ersparnis anzusehen. Ersparnis bedeutet *damit* Nach-frageausfall. (04d:28f.)
1.2-23	España nos aisló de nuestro pasado indio y *así* ella misma se aisló de nosotros (GDLE 1999: 4106)	Ihre Hände kommen mit den ätherischen Ölen des Knoblauchs nicht in Berührung und können *somit* auch keinen Geruch an-nehmen. (10c:20f.)

| 1.2-24 | A: Seguro que el propietario del segundo derecha va a pagar lo que debe a la comunidad de vecinos. – B: *Entonces*, adelántele usted el dinero que debe. (GDLE 1999: 4108) | Haben wir Ihr Interesse geweckt? Wenn ja, *dann* senden Sie uns *doch* Ihre aussagefähige Bewerbung. (01e:24f.) |

Adversative Konnektoren stehen in Äußerungen, die einen Gegensatz zur vorherigen ausdrücken. Zu ihnen gehören nach Martín Zorraquino und Portolés Lázaro (1999: 4109ff.) *sin embargo, en cambio, por el contrario, al contrario, por contra, antes bien, no obstante, con todo, empero, ahora bien, ahora* und *eso sí.* Im Deutschen sind vor allem *jedoch, aber (doch), dennoch, trotzdem, dagegen, vielmehr* zu nennen. Bsp. 1.2-27/de zeigt, dass die Konnektoren mit den Konjunktionen die adversative Funktion teilen. Sie haben jedoch im Deutschen den Vorteil, dass sie im Gegensatz zu unterordnenden Konjunktionen (z.B. *während*, Bsp. 1.2-27) den Satzbau nicht durch die Verb-Endstellung belasten.

1.2-25	la única salida no accidentada de la Meseta al mar, a la cual se interpone, *sin embargo*, la barrera política de la frontera con Portugal. (04b:31)	Sollte *dennoch* ein Grund für eine Beanstandung gegeben sein, leisten wir nach Maßgabe der folgenden Bedingungen Gewähr... (11c:5f.)
1.2-26	EGARONE no irrita las mucosas, *antes bien*, las suaviza, ni produce una hiperemia secundaria. (03a:10f.)	dass technische Vorzüge eines Produkts ... die Vorstellung, die man von ihm hat, *jedoch* nur unwesentlich beeinflussen. (02b:20ff., Ü)
1.2-27	el metafísico, *por el contrario*, emplea un lenguaje muy impreciso... (05a:36)	*während* der Metaphysiker sehr wenig präzise Bezeichnungen benutzt... (05c:38f., Ü)
1.2-28	(Obelix:) ¿Para variar? ¡No he comido más que dos jabalíes hoy! (08a:12, Ü)	Abwechslung?! Ich hab' heut' *doch* erst zwei Wildschweine gegessen! (08b:12f., Ü)
1.2-29	Los primeros que resolvieron problemas con acierto indiscutible fueron los matemáticos... *En cambio*, los moralistas y los filósofos no han logrado éxitos verdaderamente tales. (05a:6ff.)	*Aber* es besteht *doch* ein wesentlicher Unterschied: ohne Zweifel muß man *ja* die organische Mittellosigkeit des Menschen ... aufeinander beziehen. (05d:4ff.)

Sowohl im Spanischen als auch im Deutschen können die Konnektoren am Anfang der Äußerung stehen oder innerhalb des Satzes. In beiden Fällen werden sie im Spanischen durch Kommas vom Rest des Satzes abgetrennt und haben dadurch ein stärkeres intonatorisches „Gewicht". Im Deutschen wird die Stellung innerhalb des Satzes bevorzugt.

1.2.2 Diskurs kommentieren

Wenn Sprecher eigene Äußerungen oder die des Gegenübers oder andere Gegebenheiten der gerade laufenden Kommunikationssituation kommentieren, spricht man von Metakommunikation, also Kommunikation über Kommunikation, so wie Metasprache die Sprache ist, mit der man den Sprachgebrauch kommentiert. Wenn es um den eigenen Sprachgebrauch des Sprechers oder den des Empfängers in der laufenden Interaktion geht, ist Metasprache eine Form der Metakommunikation. Metakommunikation hat das Ziel, die kommunikative Adäquatheit des eigenen kommunikativen Handelns und der Partnerreaktion sicher zu stellen, dadurch Übereinstimmung und gegenseitiges Verstehen zu fördern und sich des Wohlwollens der Rezipienten zu vergewissern. Metakommunikation ist also phatische Kommunikation *par excellence*.

Anders als Martín Zorraquino und Portolés Lázaro möchte ich die Metakommunikation von den oben behandelten Konnektoren trennen. Beide gehören insofern zur phatischen Kommunikation, als sie auf den Adressaten gerichtet sind. Meiner Ansicht nach ist diese Adressatengerichtetheit bei der Metakommunikation jedoch „direkt", während sie bei Konnektoren – wie auch bei der Thema-Rhema-Gliederung und der Fokussierung – eher indirekt funktioniert.

1.2.2.0 Formen der Diskurskommentierung

Wenn wir davon ausgehen, dass Kommunikation zwischen Kommunikationspartnern in einer Kommunikationssituation stattfindet und dass dabei ein Kommunikationsinstrument (z.B. ein Text, eine Äußerung) verwendet wird, können wir die Formen der Diskurskommentierung anhand der pragmatischen Faktoren identifizieren.

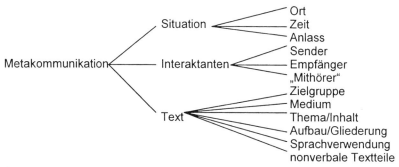

Schema 1.2-1: Formen der Diskurskommentierung

Metakommunikation kann also, wie Schema 1.2-1 zeigt (vgl. Nord 2001b: 332), folgende Faktoren kommentieren: die Situation (also Ort, Zeit, Anlass der Kommunikation), die Kommunikationspartner (Sender, Empfänger, eventuell Mithörer oder Dritte) und das Kommunikationsinstrument, also den Text, der über ein Medium (Schallwellen, Schriftzeichen auf Papier) übermittelt wird, sich mit einem bestimmten Thema beschäftigt, für bestimmte Adressaten gedacht ist und bestimmte strukturelle, syntaktische, lexikalische, nonverbale Merkmale besitzt, die man kommentieren kann.

Martín Zorraquino und Portolés Lázaro teilen die von ihnen im Zusammenhang mit den Diskursmarkern behandelten metakommunikativen Elemente nach ihrer Funktion in Gliederungssignale (*estructuradores de la información*), Reformulierungssignale (*reformuladores*), Argumentationsverstärker (*operadores argumentativos*) und Konversationsmarker (*marcadores conversacionales*) ein. Die ersten drei Kategorien gehören meiner Ansicht nach zur textbezogenen Metakommunikation, während die vierte Kategorie eindeutig der interaktantenbezogenen Metakommunikation zuzurechnen ist.

1.2.2.1 Kommentierung der Situation

Im Zusammenhang mit der Kommentierung der Situation ist besonders die textinterne Deixis interessant, d.h. die Verweise auf vorangehende oder nachfolgende Textteile.' Diese textinterne Deixis kann sowohl lokal als auch temporal sein. Alle Beispiele dieses Kapitels stammen, soweit nicht anders angegeben, aus dem Lehrbuchkorpus LBK 2001.

1.2-30	Nuestra intención, *aquí*, es...	Das ist *hier* irrelevant.
1.2-31	*Acabamos de* aprender ...	Wie wir *bereits* gesehen haben...
1.2-32	El PNN, tal como se ha definido *en las líneas anteriores*... (04c:27)	Darauf soll *weiter unten* näher eingegangen werden.
1.2-33	*En lo que sigue*, presentamos... (Martín/Portolés 1999: 4056)	Von diesen (Merkmalen) wird *in Kapitel T4* die Rede sein. (Engel 1988: 34)

Die lokale Deixis erklärt sich daraus, dass früher ja Texte auf Rollen geschrieben waren, sodass man beim Lesen nach „oben" zurück oder nach „unten" voraus verwies. Bei der temporalen Deixis wird der Text gewissermaßen in seinem chronologischen Ablauf gesehen, sodass man von „bereits" und „später" sprechen kann. Beide Formen gibt es im Spanischen und im Deutschen, es ist jedoch anzunehmen, dass hier kulturspezifische Frequenzunterschiede auftreten.

1.2-34	Para el análisis adecuado de esta cuestión *nos iremos fijando sucesivamente* en los tres elementos que intervienen en la producción agrícola: tierra, trabajo y capital. ... A las obras de regadío ... haremos referencia al ocuparnos de la tierra.	Bevor in diesem Sinne *danach gefragt werden kann*, warum bestimmte Beziehungen ...bestehen (*vgl. dazu* den 3. und 4. Teil), *gilt es* in einer einführenden Analyse *zunächst die Determinanten* des Nachfrage- und Angebots- verhaltens *zu identifizieren*. Dies *soll* im 2. Teil *geschehen*.

Die temporale Deixis hat zur Folge, dass im Spanischen die Intentionen für den Folgetext meist im Futur gegeben werden (anders Bsp. 1.2-33/es). Im Deutschen werden solche Angaben in der Regel im Präsens oder mit Modalverben wie *sollen* ausgedrückt (anders Bsp. 1.2-33/de, zur Futurität siehe unter 3.3.1).

1.2.2.2 Kommentierung der Interaktanten

Hierzu gehören zunächst einmal Äußerungen, die sich auf die Kommunikationspartner und ihr persönliches bzw. rollengemäßes Verhältnis zu einander beziehen, also Referenzen auf den Sender oder den Empfänger selbst, direkte Anreden an die Leser, aber auch Äußerungen, die sich an die Leser richten, ohne die dafür in nicht-metakommunikativen Äußerungen üblichen Formen. Da werden dann statt der 2. Person oder der Höflichkeitsform die dritte Person, das Passiv, unpersönliche Ausdrucksweisen etc. vorgezogen. Eine direkte Anrede des Lesers in der informellen pronominalen Form wie in Bsp. 1.2-37 ist wohl (vorerst) nur in einem Buch über E-Commerce und elektronisches Marketing zu finden. Im Deutschen findet man solche direkten Anreden in Editorials von Zeitschriften, und dann immer in der Höflichkeitsform. Ebenso spricht der Sender von sich häufig nicht in der ersten Person Singular (*ich*), sondern in der ersten Person Plural (*pluralis modestiae*), wie Bsp. 1.2-30 bis 1.2-34 bereits zeigen. Daneben kann der Sender auch mit einer unpersönlichen Formulierung im Passiv oder mit *man* und sogar in der dritten Person von sich selbst reden. Auch Personifizierungen der Wissenschaft oder des Werkes sind nicht selten zu finden.

1.2-35	*Piénsese* [...] – *y se comprenderá...*	Dies *möge* verständnisvoll *verziehen werden.*
1.2-36	*el lector más avisado* podrá advertir que...	[die Darstellung] soll es *dem interessierten Leser* ermöglichen...
1.2-37	*Y aquí, tú, lector, entras* en juego. ...*tú* marcarás las normas: como profesional, porque eres quien creas, diseñas, programas o comercializas los productos web... (Burgos/De-León 2001, Vorwort)	*Liebe Leserin, lieber Leser,* ein kleiner Blick hinter die Kulissen. Hier erzählen wir Ihnen, was so alles passiert ist, während wir diese Ausgabe FÜR SIE produzierten. (Für Sie, 2/02)
1.2-38	*mi* compromiso como autor ...	*der Autor* hat sich um Objektivität bemüht...

Insgesamt ist festzustellen, dass im Spanischen der *Pluralis modestiae* wesentlich häufiger gebraucht wird als im Deutschen, wo sich – vermutlich unter dem Einfluss der angelsächsischen Konventionen des Wissenschaftsstils – die Verwendung der 1. Person Singular immer mehr durchsetzt – zumindest dann, wenn es um eigene Meinungen oder eigene Forschungsergebnisse geht. Ansonsten werden meist unpersönliche Formulierungen bevorzugt (Bsp. 1.2-32 bis 1.2-34) – ebenfalls ein Signal für die Bescheidenheit des Verfassers, der sich hinter der Anonymität versteckt und damit den präsentierten Informationen den Anstrich von Objektivität verleiht.

1.2-39	*Reflexionemos*: ¿existe siempre ese primer medio?	Damit *stellt sich* jedoch *die Frage, ob...*
1.2-40	*Estudiaremos* la forma en que [la tierra] se distribuye entre los diferentes tipos de cultivo, entre secano y regadío...	Im Folgenden *wollen wir* darauf *eingehen*, wie der Boden auf die verschiedenen Anbauformen verteilt ist... (CN)
1.2-41	El papel que *en nuestro desarrollo agrícola* ha representado la política agraria...	Nach Berechnungen des Statistischen Bundesamtes nahm *das deutsche Bruttoinlandsprodukt* im Jahr 2002 im Vergleich zum Vorjahr real um 3,1 % zu. (www.destatis.de/presse)

Die erste Person Plural kann jedoch auch ein Mittel sein, eine partnerschaftliche Beziehung zum Empfänger des Textes aufzubauen, indem der Verfasser gewissermaßen mit dem Leser gemeinsam bestimmte Schritte unternimmt. *Estudiar* und *reflexionar* sind eigentlich Handlungen, die von den Lesern des Lehrbuchs auszuführen sind. *Auf etwas eingehen* ist dagegen eine Autorenhandlung. Eine ähnliche Wirkung hat die konventionelle Referenz auf die spanische Wirtschaft mit *nuestra economía* (ebenso *nuestro país* als Referenz auf Spanien). Sie verursacht ein pragmatisches Übersetzungsproblem, da dieses *unser* nur zwischen dem (spanischen) Autor und seinen spanischen Lesern funktioniert. Da in deutschen Texten jedoch eine Referenz auf Deutschland nicht mit dem Possessivpronomen formuliert wird, ist beim Übersetzen die Wiedergabe mit *die spanische Wirtschaft* bzw. *Spanien* meistens die beste Lösung. Auch (rhetorische) Fragen sind ein beliebtes metakommunikatives Mittel, besonders zur Einleitung einer neuen thematischen Einheit. Sie sind in spanischen Texten meist direkt (mit Fragezeichen), im Deutschen dagegen indirekt formuliert (vgl. Nord 2001b: 338).

Bei der Kommentierung der Senderhandlungen ist offenbar meistens, wenn auch nicht generell, die Produktionssituation maßgeblich, was sich in den verwendeten Tempora ausdrückt (z.B. *ich schreibe / sage bewusst nicht...*), während bei der Kommentierung der (angenommenen) Empfängerreaktionen die Rezeptionssituation anti-

zipiert wird (z.B. *der Leser fragt sich jetzt vielleicht...*). In der phatischen Kommunikation wird also anscheinend ein Face-to-face-Dis-
kurs simuliert. Das zeigt sich auch daran, dass meist von *reden* oder
sprechen bzw. *hablar* oder *decir* anstatt von *schreiben* die Rede ist
(Bsp. 1.2-42, vgl. auch Bsp. 1.2-11 und Text 04a:30f.).

1.2-42	*hablamos* de bienes y servicios finales porque se excluyen los de carácter intermedio (04c:11f.)	Wenn hier nicht von Sprechakten, sondern von Kommunikationsakten ... die *Rede* ist (Abschnitt 0.2, S. 4, des vorliegenden Buches)
1.2-43	estudiar, introducirse en el examen de, fijarse en, estudiar, ocuparse de, referirse a, hacer referencia a, analizar, plantear (casos concretos), entrar en el análisis, considerar, dedicar ... al tema, suministrar una información sobre..., preguntarse cuáles pueden ser...	(Ursachen) aufdecken, fragen ... nach, (Determinanten) identifizieren, darlegen, Aussagen machen über, erörtern, eingehen auf (im Passiv!), behandeln, Ausführungen machen, sich beschäftigen mit, untersuchen, die Frage nach X beantworten..., soll die Rede sein von...

Interessant ist auch, mit welchen Verben Verfasser ihre (didaktischen)
Intentionen beschreiben. Man nennt solche Verben „illokutive Verben". Sie sind in der wissenschaftlichen Prosa sehr stark konventionalisiert, daher erscheint es zweckmäßig, sie aus Paralleltexten her-
auszufiltern, um beim Übersetzen nicht jedes Mal wieder vor der Frage zu stehen, wie eine bestimmte Sprecherintention in der jeweils anderen Sprache ausgedrückt wird.

    In der gesprochenen Sprache sind die erwähnten „Konversati-
onsmarker" (*marcadores conversacionales*) ein wichtiges Mittel, um
den Kontakt zwischen den Interaktanten zu stärken und zu erhalten.
Martín Zorraquino und Portolés Lázaro unterteilen sie in Evidenzmarker (*marcadores de evidencia*), Einstellungsmarker (*marcadores de
modalidad deóntica*) und metadiskursive Signale (*metadiscursivos
conversacionales*), zu denen sie auch Zuwendungssignale wie *oye /
oiga* (siehe oben, 1.1.2.3) und Pausenfüller (z.B. *eh*) zählen. Wir betrachten hier kurz die Evidenzmarker und die Einstellungsmarker. Sie
sind im Korpus naturgemäß wenig vertreten, sodass gelegentlich auf
Beispiele aus der Literatur zurückgegriffen wird.

Evidenzmarker verweisen auf die Evidenz des Gesagten (aus der Sicht des Sprechers). Zu ihnen gehören im Spanischen *en efecto / efectivamente, desde luego / por supuesto / naturalmente / claro / sin duda* sowie *por lo visto / al parecer / según parece*. Im Deutschen haben wir hier *klar, natürlich, sowieso, zweifellos, selbstverständlich, anscheinend* (Achtung: nicht *scheinbar!*), *offenbar, so wie es aussieht* etc. Hierher gehören auch die Modalpartikeln *ja* und *doch*, die dem Adressaten signalisieren sollen, dass es um Bekanntes oder Selbstverständliches geht.

1.2-44	valorando la producción a los precios de venta que, *naturalmente*, incluyen los impuestos indirectos (04c:28f.)	seine Überlegungen, *offenbar* im Anschluß an die Stylistique comparée (Vinay/Darbelnet 1958),... (04e:13f.)
1.2-45	*Nadie duda* de la importancia de esta disciplina (02a:15)	*Klar*, beides hat Vor- und Nachteile. (01f:4)
1.2-46	*Entiendo, claro está, seguro, natural, lo que yo pensaba* –iba diciendo en las pausas, alegre y discreto como si prestara dinero a un amigo. (GDLE 1999: 4144)	Dazu brauchen Sie Mut, Kreativität und jede Menge Spaß an der Lösung komplexer Aufgaben. *Selbstverständlich* auch Knowhow in der Informationstechnologie. (01c:7f.)
1.2-47	*Al parecer*, los muchachos intentaban demostrar sobre las vías quién era más valiente. (GDLE 1999: 4161)	Da müsste der Sektor Psycho-Dienstleistung schwere Einbrüche erlitten haben – wo er *doch* noch immer boomt. (02c:25ff.)
1.2-48	Me he hecho viejo sin darme cuenta... (15b:19)	„Ich bin *ja* alt geworden, ohne es zu merken." (15c:17, Ü)
1.2-49	—Eso no es ningún secreto ni nada malo... (18c:32)	»Das ist kein Geheimnis, und es ist *ja* nichts Böses dabei...« (18d:35, Ü)

Die Beispiele 1.2-48 und 1.2-49 zeigen, dass die Übersetzungen den Adressatenbezug, der im Spanischen implizit war, durch die Einfügung der Modalpartikel ja explizit gemacht haben. Besonders in der wörtlichen Rede macht dies die deutsche Formulierung natürlicher, wie auch Text 20b zeigt (zu Modalpartikeln als Übersetzungsproblem vgl. auch Beerbom 1992 und Prüfer 1995).

Einstellungsmarker verdeutlichen die Einstellung des Sprechers gegenüber dem Adressaten, vor allem Zustimmung oder Ablehnung gegenüber etwas vorher Gesagtem. Oft werden diese Marker in rhetorischen Fragen verwendet (spanisch: *¿no?*, *¿eh?*, *¿verdad?*, *¿vale?*, *¿de acuerdo?* o.ä.), in denen die Zustimmung des Adressaten erwartet wird. Hierher gehören im Spanischen *bueno, bien, vale, de acuerdo* und ähnliche Partikeln, im Deutschen *schön, gut, okay* (!), *in Ordnung, find ich auch* etc., für die Frage sind regional unterschiedliche Formen üblich, z.B. *nich?, ne?, wa?, gell?, oder?, ja?* (vgl. Engel 1988: 58, der von „Kontaktsignalen" spricht). Hier ist die Nähe zur Interjektion erkennbar, bei der jedoch die Gefühlsäußerung des Sprechers und nicht so sehr der Kontakt zum Hörer im Vordergrund steht (vgl. unten, 3.2.2.3).

1.2-50	O sea que es comunista, *¿eh?* Yo pensaba que usted era maestro. (GDLE 1999: 4188)	Du bleibst doch noch ein bisschen, ja? (Duden 1993, unter „ja")
1.2-51	Esto es un triángulo, *¿de acuerdo? –De acuerdo.* Es un triángulo un poco birria, pero es un triángulo. (GDLE 1999: 4170)	Du läufst Richtung Kirche, ich Richtung Post, okay? (Ossowski, Die große Flatter; in Duden 1993 als *ugs.* markiert)
1.2-52	*¡Bien! ¡Muy bien! ¡Perfectamente bien!* De todo lo cual colijo que usted autoriza la construcción de ese teatrillo... (GDLE 1999: 4168)	*Gut! Sehr gut! Hervorragend!* Darf ich daraus schließen, dass Sie mit dem Bau dieses kleinen Theaterchens einverstanden sind? (CN)

Natürlich kann man statt der Zustimmung auch Einschränkung der Zustimmung, Ablehnung oder gar Protest äußern. Im Spanischen dienen dazu (mit der entsprechenden Betonung) Ausdrücke wie *hombre* (auch gegenüber Frauen!), *vamos, mira / mire, oye / oiga, vaya*. Im Deutschen kommen hier *na, hör mal!, im Ernst?, ach wirklich?, hör bloß auf!* und Ähnliches in Betracht.

1.2.2.3 Kommentierung des Texts

Die Kommentierung des Texts kann sich sowohl auf externe als auch auf interne Aspekte beziehen. Zu den externen Aspekten gehört zum Beispiel das Medium oder die Textsorte, die Zielsetzung, der intendierte Adressatenkreis oder die Markierung von Äußerungen als persönliche Meinung (vgl. 3.1.5). Da die Formulierung metakommunikativer Äußerungen, wie bereits gesagt, an kulturspezifische Konventio-

nen gebunden ist, grenze ich nicht bestimmte sprachliche Formen von
vornherein aus, wie etwa Göpferich (1995), die „nur nebensatzwertige
Äußerungen" in die Analyse einbezieht. Die Parallelbeispiele zeigen
gerade, dass manchmal die eine Kultur konventionell satzwertige und
die andere gerade nicht-satzwertige Äußerungsformen bevorzugt
(Bsp. 1.2-55: *creemos que – meiner Ansicht nach*, auch Bsp. 1.2-59).

1.2-53	el libro, el presente libro, este li-bro, esta obra, este volumen, un libro como el presente, esta In-troducción...	die vorliegende Darstellung, Ver-öffentlichung, Abhandlung, die vorliegenden Ausführungen, der vorliegende Band, dieses Buch, die vorliegende Studie
1.2-54	La finalidad básica ... (no) con-siste en..., [el libro] tiene el pro-pósito de..., se propone; [este trabajo] intenta..., Al estudio de ... dedicaremos el siguiente ca-pítulo...	[Das Werk] setzt sich das Ziel, hat zum Ziel, versteht sich als..., soll der ... dienen; mit X legen wir ... vor
1.2-55	en mi opinión, a mi juicio, creo / creemos que, nos parece, para mí..., querría expresar mi punto de vista...	nach meiner Auffassung, meiner Meinung nach, X scheint mir..., meines Erachtens, aus meiner Sicht
1.2-56	[el libro intenta] poner al alcan-ce del gran público, ...no sólo para los estudiosos de la Eco-nomía..., ... servir a tantas per-sonas que nos acompañen en la tarea de enseñar...	[dieses Buch soll] einem breiteren Leserkreis / den Studentinnen und Studenten ... nahebringen, richtet sich an Lehrende, Lernen-de und Forschende, wendet sich an...

Interne Aspekte sind zum Beispiel die Gliederung, Zitat- oder Beispiel-
Einleitungen und vor allem meta*sprachliche* Äußerungen zu Fachtermini sowie „Reformulierungen". Als Gliederungssignale dienen neben
Temporaladverbien (Bsp. 1.2-57) *por una parte – por otra (parte), en*
primer / segundo / tercer ... último lugar, primero – luego / después –
finalmente. Im Deutschen verwenden wir *zum einen – zum anderen –*
schließlich, einerseits – andererseits (allerdings adversativ), *erstens...,*
zweitens..., drittens... (meist mit *und* vor dem letzten Aufzählungs-
glied). In argumentativen Texten scheinen im Deutschen Gliederungssignale häufiger verwendet zu werden als im Spanischen.

1.2-57	En lo que sigue, presentamos, *en primer lugar,* la definición de	Zu diesem Zweck sind die Aus-führungen folgendermaßen ge-

	'marcador de discurso' (§...); tratamos *a continuación, sucesivamente*, de las propiedades gramaticales de dicha clase de elementos (§...) y de su tipo de significado (§...), *así como* de los efectos de sentido... (§...), *para ofrecer, en fin*, una clasificación de los marcadores del discurso (§...) (Martín/Portolés 1999: 4056)	gliedert: *Zunächst* werden die Grundlagen erörtert (Kap. 2). *Danach* wird XXX analysiert (Kap. 3). *Anschließend* wird YYY dargestellt (Kap. 4). Eine kurze Zusammenfassung und ein Literaturverzeichnis *runden* die Arbeit *ab*.
1.2-58	Pero lo definitivo para ellos fue que a don Fabio le pareció un mediador providencial. *Primero*, porque Escobar no tendría con él las reticencias... Y *segundo*, porque su imagen divinizada podía convencer a la tripulación... (GDLE 1999: 4086)	Das Studium der Rechtswissenschaft vermittelt *zum einen* Rechtskenntnisse in den Prüfungsfächern, *zum anderen* die Methode zur wissenschaftlichen Handhabung des Rechts. (www.uni-regensburg.de, 15.2.02)
1.2-59	*veamos un caso ejemplar* (LBK 2001), *pongamos por caso* (05a:34)	*zum Beispiel, z.B.* (LBK 2001), *wie etwa* (05c:27, 37, Ü)
1.2-60	Este «PNN al coste de los factores» *recibe el nombre* de Renta Nacional (RN) (04c:33f.)	Als Ersparnis (S) *bezeichnet* KEYNES den Überschuß des Gesamteinkommens über den Verbrauch (S = Y – C). (04d:22ff.)
1.2-61	Por esta razón, al PNN *se le denomina* frecuentemente «PNN a los precios de mercado». (04c:30ff.)	...benutzten die Spanier das alte System der indianischen Fron, *die sogenannte Mita*, für ihren Raubzug. (14b:34)
1.2-62	*En otras palabras*, en el PNB solamente se incluye la inversión neta de capital y no la destinada a reposición, *esto es*, a mantener constante el capital anteriormente disponible. (04c:24ff.)	...keine Suchanfragen mit "Wildcards". *Das heißt mit anderen Worten*, dass Google genau nach den im Suchfeld eingegebenen Wörtern sucht. (www.google.com, 22.11.01)
1.2-63	En lo posible no uses caracteres ASCII mayores a 127. *Es decir*, no uses acentos, ni eñes, ni símbolos raros que no estén directamente en el teclado, ya que ... (www.interhelp.org, 22.11.01)	*Mit anderen Worten:* der globale Handel muss nach den Interessen der Gesellschaft insgesamt geregelt werden. *Und dies bedeutet* intensive Bemühungen um eine nachhaltige Mobilisierung der gesamten internationalen Gewerkschaftsbewegung. (www.iuf.org, 22.11.01)

Metasprachliche Äußerungen (Bsp. 1.2-60, 1.2-61) kommen in Fach-
und besonders Lehrbuchttexten häufig vor, wenn Termini oder Begriffe definiert und erläutert werden. Reformulierungsstrategien (*reformuladores*, Bsp. 1.2-62, 1.2-63) sorgen für verständnissichernde
Redundanzen; sie scheinen in spanischen Texten häufiger zu sein als
in deutschen.

1.2.3   Zusammenfassung

Wir fassen die wichtigsten Ergebnisse unserer Betrachtungen zu den
Formen des Kontakterhalts in einigen Thesen zusammen.

➔ Für den Kontakterhalt eignen sich klare Thema-Rhema-Gliederun-
gen (z.B. lineare Progression, Progression mit durchlaufendem oder
gespaltenem Thema) besser als komplizierte oder thematische Sprün-
ge aufweisende Progressionsformen. In spanischen Sach- und Fachtexten ist die Häufigkeit der Subjekt-Thema-Kongruenz und der The-
ma-Erstposition im Allgemeinen höher als in deutschen Texten ähnlicher Textsorten.

➔ Bei der Fokussierung einzelner Informationen ist daran zu denken, dass syntaktische Fokusstrukturen kein idiomatisches Mittel der
deutschen Sprache sind. Rhema-Umstellungen oder die Verwendung
von abtönenden Partikeln reichen zur Fokussierung meist völlig aus.

➔ Konnektoren stehen im Spanischen am Anfang des Satzes (durch
Komma abgetrennt) oder als Parenthese (zwischen Kommas) im Inneren des Satzes. Im Deutschen wird die Stellung innerhalb des Satzes (ohne Kommas!) bevorzugt.

➔ Die textinterne Deixis kann lokal oder temporal sein – allerdings
sollte man sich in einem Text für eine der beiden Formen durchgehend entscheiden. Bei temporaler Deixis steht im Spanischen für kataphorische Verweise im Allgemeinen das Futur, im Deutschen werden Modalverben (*sollen, wollen*) bevorzugt (→ 3.3.1).

➔ Direkte Anreden an die Leserschaft sind in beiden Kulturen selten.
Wenn sie vorkommen, dann steht im Deutschen die Höflichkeitsform,
im Spanischen kann auch die informelle Anrede stehen.

➔ Die erste Person Plural kann sowohl auf den Verfasser selbst
(pluralis modestiae) referieren als auch auf Verfasser und Leser ge-

meinsam. Solch ein „Partnerschaftsplural" kann nur dann beim Übersetzen übernommen werden, wenn sich die Aussage auf alle und
nicht nur auf die ausgangssprachlichen Leser des Texts bezieht.
➜ Bei der Kommentierung des Texts spielen Gliederungssignale und
Reformulierungssignale eine wichtige Rolle. Redundante Reformulierungen scheinen im Spanischen häufiger zu sein als im Deutschen.

1.3 KONTAKT BEENDEN

1.3.0 Allgemeines

Ebenso wie die Kontaktaufnahmephase wird auch die Schlussphase
der kommunikativen Interaktion durch bestimmte Signale gekennzeichnet. Dazu gehören die Abschiedsformeln und –grüße in der direkten und der schriftlichen Kommunikation, aber auch Überleitungs-
formeln, die den Schluss der Kommunikation ankündigen. Eine wichtige Form der Überleitung ist das Rekapitulieren, bei dem es sich
ebenfalls um eine Form der (textbezogenen) Metakommunikation
handelt.

1.3.1 Rekapitulieren

Unter Rekapitulieren versteht man das Zusammenfassen vorher ge-
machter Äußerungen, gegebenenfalls auch als Vorbereitung von
Schlussfolgerungen. Dabei können wir zwei Arten von Rekapitulati-
onsmarkern unterscheiden, die bei Martín Zorraquino und Portolés
Lázaro auch unter zwei verschiedenen Überschriften stehen: die einen (*reformuladores de distanciamiento*) drücken eine Distanzierung
aus, und die anderen (*reformuladores recapitulativos*) fassen neutral
oder zustimmend etwas Gesagtes zusammen.

1.3-1	*En cualquier caso* parece que la luz visible está constituida por radiaciones electromagnéticas, de propagación rectilínea (04a:11f.)	*Jedenfalls* kannst du deinen Namen morgen abend in der Zeitung lesen (Lenz, nach Duden 1993)

Zu den Distanzierungsmarkern rechnen Martín Zorraquino und Portolés Lázaro (1999: 4128) außer *en cualquier caso* auch *de todos
modos* und *de todas formas*. In Bsp. 1.3-1 scheint mir *en cualquier*

caso jedoch keine ablehnende Distanzierung auszudrücken, sondern eher einen Schlusspunkt unter die kurze Behandlung der anderen Wellenformen zu setzen, bevor sich der Verfasser dem sichtbaren Licht zuwendet. Ähnliches gilt für de. *wie dem auch sei, jedenfalls, auf jeden Fall.*

1.3-2	*En resumidas cuentas,* para la Sección de la Audiencia Nacional la Ley de Presupuestos Generales no es sino la acumulación de una serie de "asientos contables" ... (Resolution des Senats der Universität Valencia, www.der. uva. es, 29.01.01)	*Zusammenfassend kann man sagen,* dass Diablo 2 trotz des gleichen simplen Spielprinzips an Spieltiefe gewonnen hat. (Kommentar zur neuen Version eines Computerspiels, www.terra.es/ ocio, 20.01.02)
1.3-3	Hace unos años, cuando las empresas reducían sus plantillas, lo hacían: 1) porque estaban apuradas; 2) porque esperaban, gracias a echar lastre, salvar al resto de la tripulación. *A fin de cuentas,* había un rostro humano en el monstruo del despido... (El País, 5/96, nach GDLE 1999: 4135)	In früheren Jahren haben Firmen aus zwei Gründen Arbeitsplätze wegrationalisiert: 1) weil sie in Schwierigkeiten waren und 2) weil sie hofften, durch das Abwerfen von Ballast den Rest der Besatzung zu retten. Damals hatte das Monster Entlassung *immerhin* noch ein menschliches Antlitz... (CN)

Zu den neutralen Rekapitulierungsmarkern rechnen Martín Zorraquino und Portolés Lázaro folgende Partikeln: *en suma, en fin, en conclusión, en síntesis, en resumidas cuentas, a fin de cuentas, en definitiva, al fin y al cabo* und *después de todo.* Ihnen entsprechen im Deutschen etwa *schließlich und endlich, wir fassen zusammen, kurz und gut, immerhin, letzten Endes* und ähnliche Ausdrücke.

1.3.2   Sich verabschieden

Abschiedsformeln gelten meist unabhängig von der Tageszeit. Eine Ausnahme ist der Abschiedsgruß *Gute Nacht / Buenas noches* während der Dunkelheit (in Deutschland beginnend mit der Abenddämmerung, in Spanien nach der *cena*), wenn damit zu rechnen ist, dass man sich an diesem Abend nicht mehr sieht. Formelle Abschiedsformel ist im Deutschen *(Auf) Wiedersehen!,* am Telefon *(Auf) Wiederhören!,* informell sind *Tschüs* und *Ciao (Tschau)* die häufigsten Abschiedsgrüße, andere (*Ade, Servus, Pfüati* etc.) werden nur regional gebraucht. Wenn man sich regelmäßig sieht, kann man auch *Bis bald*, *Bis demnächst* hinzufügen. Nach der ersten Begegnung sagt man oft *Hat mich gefreut, Sie kennen zu lernen!* oder etwas Ähnliches. Zu der Grußformel kann, muss aber nicht, der Vorname oder der Nachname (ggf. mit Titel) genannt werden. Wenn Familienangehörige bekannt sind, wird der Abschiedsgruß oft mit einem Grußauftrag verbunden: *(Schöne) Grüße an Ihre Frau!*, *Grüß deine Mutter von mir!* o.ä.

In Spanien ist die formellste Abschiedsformel *Adiós* (wobei ein baldiges Wiedersehen nicht impliziert ist), sonst *Hasta otro día, Hasta luego, Hasta pronto*, gegebenenfalls mit einem Wunsch wie *Buen viaje, que te / le vaya bien.* Ein Grußauftrag hat die konventionelle Form: *Recuerdos a (la familia, tu marido, tu mamá, los niños).*

In der privaten Korrespondenz ist, wie bei der Anrede, auch bei der Verabschiedung von ausführlichen Grüßen bis zur bloßen Namensnennung (fast) alles möglich. Übliche Abschiedsformeln in privaten Briefen sind im Spanischen *un (fuerte) abrazo, saludos cordiales / cordiales saludos, un afectuoso saludo*, im Deutschen *Mit freundlichem Gruß, Freundliche Grüße, Herzliche / Liebe Grüße* u.ä.

In der Geschäftskommunikation ist die knappste Abschiedsformel im Spanischen *Atentamente*, im deutschen *Mit freundlichen Grüßen*. Jedoch wird bei formellen Geschäftsbriefen die Abschiedsformel häufig in einen Satz eingebettet. Wir übernehmen hier einige Formeln aus Steinitz/Beitscher (1991: 29).

1.3-4	En espera de sus gratas órdenes, les saludamos muy atentamente...	In Erwartung Ihres Auftrags verbleiben wir mit freundlichen Grüßen...
1.3-5	Pendientes de sus noticias, les saludamos...	In Erwartung Ihrer Nachricht verbleiben wir...
1.3-6	Quedamos a su disposición para cualquier tipo de aclaración que consideren necesaria y les saludamos muy atentamente...	Gerne stehen wir Ihnen für jede Art von weiteren Informationen zur Verfügung und verbleiben inzwischen mit freundlichen Grüßen
1.3-7	Les agradecemos anticipadamente su...	Besten Dank im Voraus für Ihr / Ihre ...
1.3-8	Sin otro particular, les saludamos muy atentamente...	Mit freundlichen Grüßen...

| 1.3-9 | Agradeciéndoles su atención a la presente, les enviamos un cordial saludo... |

Die beiden letzten spanischen Beispiele illustrieren die Überleitungen bei den Abschiedsfloskeln.

1.3.3 Zusammenfassung

Die Kontaktbeendigung besteht aus einer Überleitung und der Abschiedsformel. Bei der Überleitung werden Grüße ausgerichtet oder es wird auf die nächste Begegnung Bezug genommen. Die Abschiedsgrüße sind nach dem Grad der Formalität der Beziehung abzustufen. Im Spanischen sind in der Geschäftskorrespondenz die konventionellen Formeln (noch) distanzierter als im Deutschen. Hier kann man sich an einschlägigen Werken zur Handels- bzw. Geschäftskorrespondenz orientieren.

1.4 DIE PHATISCHE KOMMUNIKATION IM KULTURVERGLEICH

Das Gelingen der phatischen Kommunikation am Anfang und im Verlauf einer Begegnung beeinflusst nicht nur die Entwicklung der Beziehung zwischen den Interaktionspartnern, sondern auch den Eindruck, den die Gesprächspartner von einander gewinnen. In interkulturellen Begegnungen ist dieser Eindruck besonders wichtig, da aus einer einzelnen, individuellen Erfahrung häufig verallgemeinernde Schlüsse über „die" Angehörigen der betreffenden Kultur gezogen werden. So entstehen und verfestigen sich Klischees, die schwer auszuräumen sind. Denn es ist offenbar eine allgemeine menschliche Eigenart, dass man Bestätigungen von Vorerfahrungen und Vor-Wissen eher wahrnimmt als Verhaltensweisen, die dem Vorurteil widersprechen.

Nun gehören gerade zur phatischen Kommunikation auch nonverbale Verhaltensweisen wie Gestik, Mimik, Distanz zum Gegenüber, Berührungen, Körpersprache. Da darauf hier aus Platzgründen nicht näher eingegangen werden konnte, bleibt zu hoffen, dass die Sensibilisierung für die Unterschiede des sprachlichen Verhaltens auch eine Sensibilisierung für die Unterschiede des nicht-sprachlichen Verhaltens bewirkt. Nur dann kann ein Auslandsaufenthalt eine sinnvolle Ergänzung des Sprach- und Kulturunterrichts zu Hause sein.

Wir haben die phatische Kommunikation nach ihren Phasen betrachtet. Dabei spielt die mittlere Phase, der Kontakterhalt zwischen Kontaktaufnahme und Kontaktbeendigung, in der schriftlichen Kommunikation eine besonders wichtige Rolle. Kontaktaufnahme und Kontaktbeendigung werden dagegen vor allem in der direkten Kommunikation durch konventionelle Formeln realisiert.

Beim Kontakterhalt haben wir zwischen Diskursorganisation und Metakommunikation unterschieden. Bei der Diskursorganisation stellen wir am Beispiel von Sach- und Lehrbuchtexten fest, dass die Thema-Rhema-Gliederung im Spanischen offenbar mehr auf Klarheit und Eindeutigkeit ausgerichtet ist als im Deutschen. Vielleicht sind deshalb zum Ausgleich im Deutschen explizite Gliederungssignale und Konnektoren wichtiger als im Spanischen. Unsere Materialbasis lässt hier allerdings noch keine gewagten Schlussfolgerungen zu. Aber auch in anderen Bereichen greift man im Deutschen eher zu lexikalischen und im Spanischen zu textorganisatorischen oder syntaktischen Mitteln, wie wir weiter unten noch sehen werden.

Die Metakommunkation ist ein Bereich, der im Fremdsprachenunterricht meist außen vor bleibt. Für das Übersetzen (und Dolmetschen!) sind jedoch gerade die Konventionen der Metakommunikation in bestimmten Text- und Diskurssorten ein unentbehrliches Handwerkszeug, wenn Texte für die Adressaten akzeptabel sein sollen. Die Frage, welche Formen für die Sender- und/oder Empfängerreferenz bevorzugt werden, welche illokutiven Verben bei der Vorschau auf ein Kapitel oder Buch vorkommen oder wie ein Text mit Argumentationsverstärkern oder Reformulationssignalen ausgestattet werden muss, beantwortet kaum eine Grammatik, sondern hier sind Paralleltexte oft das einzige Mittel, um dem Sprachgebrauch, so wie er wirklich ist, auf die Spur zu kommen. Gerade beim Vergleich von zwei Kulturen, die sich – trotz aller Unterschiede – auf Grund ihrer gemeinsamen abendländischen Tradition doch relativ nahe sind, ist es besonders wichtig, nicht in die „Kulturfallen" zu tappen. Auch wenn die phatische Kommunikation, die eigentlich ein eigenes ganzes Buch verdiente, hier vergleichsweise knapp behandelt wurde, sollte ihre Bedeutung für die interkulturelle Kommunikation auf keinen Fall unterschätzt werden.

2   Referentielle Kommunikation

2.0   Vorbemerkung

Als referentiell bezeichnen wir kommunikative Handlungen, mit denen Informationen über ein Referens vermittelt werden. Dabei ist zuerst wichtig, dass man das betreffende Referens überhaupt BENENNEN (2.1) kann. In einem zweiten Schritt ist es dann zu DETERMINIEREN (2.2), das heißt, man muss klarstellen, ob man sich ganz allgemein auf *alle* oder auf ein oder mehrere, auf Grund verschiedener Kriterien (z.b. Bekanntheitsgrad, Distanz) spezifizierte Exemplare einer Gesamtmenge bezieht.

Außer in Listen (z.b. Stücklisten für die Bestellung von Ersatzteilen, Nomenklaturen für Berufe oder Listen von Buchtiteln in einem Verlagsprogramm) werden Referentien meist nicht einfach aufgezählt, sondern sie kommen in Texten vor, in denen Aussagen über sie gemacht werden. In einem Text wird ein Referens zunächst eingeführt und dann gegebenenfalls wieder erwähnt. Als dritte referentielle Kommunikationshandlung ist daher das ERWÄHNEN (2.3) zu betrachten.

Referentielle Aussagen über ein Referens können verschiedener Art sein. Durch KLASSIFIZIEREN (2.4) ordnet der Mensch die vielfältigen Erscheinungen seiner Umwelt Klassen oder Gattungen zu und kann sie so besser begreifen. Durch UNTERSCHEIDEN (2.5) grenzt man ein Referens von einem anderen ab, und durch DARSTELLEN (2.6) werden die wesentliche Eigenschaften oder Merkmale eines Referens angeführt. Werden dagegen Zusatzinformationen zu einem Referens gegeben, wie z.b. Hintergründe, Ursachen oder Begleitumstände, so sprechen wir von ERLÄUTERN (2.7).

2.1   BENENNEN

Die elementarste Form des Verweisens besteht darin, ein Referens bei seinem Namen zu nennen, wie man bei Kleinkindern gut beobachten kann. In der Terminologielehre bezeichnen wir lexikalische Einheiten, mit denen man auf Begriffe referiert, als Benennungen. Benennungen können durchaus aus mehreren Wörtern bestehen (Mehrwort-Benennungen).

2.1.0 Allgemeines

Bei der Benennung müssen wir zwischen Eigennamen und Gattungsnamen unterscheiden. Ein Eigenname dient der Identifizierung eines individuellen Referens (z.b. *Luis Ruiz Pujada*, 19a:2, *Max Hueber Verlag*, 19b:1, *Catedral de Barcelona*, 09b:2); ein Gattungsname bezeichnet ein Referens als Vertreter einer Klasse oder Gattung.

2.1.1 Benennung von Individuen

Eigennamen haben im allgemeinen keine „Bedeutung" im strengen Sinne, sondern dienen der Identifizierung von Individuen. Dass *Carmen* „Lied" bedeutet, weiß vielleicht nicht einmal jede Trägerin dieses Namens. Dennoch verraten uns Eigennamen häufig etwas über bestimmte Merkmale des Referens, zumindest wenn man mit der betreffenden Kultur vertraut ist: über das Geschlecht einer Person (vgl. 18d:37ff.), ihr Alter („Modenamen") oder ihre regionale Herkunft (z.B. typisch bayrische Vornamen wie *Xaver*). Das kann zwar alles täuschen, beeinflusst aber oft unsere Erwartung an den Namensträger. Manche Eigennamen enthalten eine Gattungsbezeichnung: der *Cerro Rico* (14b:30) ist ein *cerro*, also ein Berg, wie auch der *Montblanc* oder der *Feldberg*.

Für manche Eigennamen gibt es in anderen Kulturen so genannte „einheimische Formen" oder Exonyme (es. *exónimos*). Dabei sind grundsätzlich folgende Verfahren zu unterscheiden (vgl. Mougoyanni 2001: 47ff.): wörtliche Übersetzung (z.B. *San Juan de la Cruz* → *der heilige Johannes vom Kreuz*), phonetische und/oder orthographische Adaptation (z.B. *Berlin* → *Berlín*, *Pennsylvania* → *Pensilvania*), Substitution durch Entsprechung (z.B. *Juan* → *Hans*), Transkription oder Transliteration (z.B. es. *Dostoyevski* – de. *Dostojewskij*).

2.1.1.0 Formen von Eigennamen

Die Namengebung beruht auf historisch gewachsenen Traditionen. Für die Angehörigen einer Kultur sind Eigennamen oft mit Konnotationen verbunden. Diese spielen bei der Übersetzung meist eine untergeordnete Rolle, solange es sich um reale Referentien handelt und der Eigenname hauptsächlich identifizierende Funktion hat. Anders ist es mit Eigennamen in der Literatur. Da die Benennung von Personen oder Orten in einem fiktionalen Text in der Regel mit einer Autorintention verbunden ist (z.b. „sprechende Namen" wie *Koch Wackelbauch*, 15d:13), ergeben sich hier zuweilen Übersetzungsprobleme (vgl. Kelletat 1998).

Bei der Benennung von Individuen unterscheiden wir Personennamen (Anthroponyme), Ortsnamen (Toponyme), Namen von Realien, Produktnamen und Namen von Werken aus Kunst und Literatur (Werktitel).

2.1.1.1 Personennamen

Bei Personennamen unterscheiden wir zwischen Namen realer Personen, Namen fiktiver oder literarischer Personen und so genannten Stellvertretungsnamen.

2.1.1.1.1 Namen realer Personen

In spanischsprachigen Kulturen haben Personen in der Regel einen Vornamen (*nombre* oder *nombre de pila*), der auch eine Kombination aus zwei oder mehr Vornamen sein kann (*Ana María*, 18a), und zwei Nachnamen (*apellidos*), den ersten des Vaters und den ersten der Mutter, unverbunden oder, seltener, mit *y* verbunden (*Pablo Fernández Blas*, 19a:31, *José Ortega y Gasset*). Oft wird aber nur einer der beiden Namen geführt (*Ana María Matute*, 18a; *Ramón Tamames*, 04b). Der Nachname kann auch zusammengesetzt sein (*Eugenia Domingo del Arco*, 18c:34). Bei der Heirat behält die Frau offiziell ihre *apellidos* und fügt den des Ehemannes mit *de* hinzu, wobei jedoch zumindest im inoffiziellen Gebrauch in der Regel der Muttername weggelassen wird, z.B. *María López de Fernández* (vgl. Moliner 1969 unter *apellido*).

Im deutschen Sprachraum benutzen Personen im Allgemeinen zwei Namen in Juxtaposition: den Vornamen und den Familien- oder Zunamen (auch: Nachname). Von den möglicherweise mehreren im Personalausweis vermerkten Vornamen ist meist einer der Rufname, der dann auch in amtlichen Formularen eingetragen wird (vgl. Weinrich 1993: 318f.), früher waren oft zwei Vornamen üblich (z.B. *Johann*

Sebastian Bach), wobei der zweite bei Männern auch *Maria* sein konnte (z.B. *Rainer Maria Rilke*), was in Spanien auch heute noch vorkommt (z.B. *José María*, entsprechend auch *María José*). Auch der Familienname kann aus mehreren Elementen bestehen, die dann mit einem Bindestrich verbunden werden (z.B. *Annette von Droste-Hülshoff*). Nach dem neuen deutschen Namensrecht können bei der Eheschließung beide Partner ihren Familiennamen behalten, den Familiennamen des anderen Partners annehmen oder sich für eine Kombination aus beiden Namen entscheiden.

Namen realer Personen werden beim Übersetzen nur dann verändert, wenn es in der Zielkultur eine einheimische Form des Namens gibt (z.B. *Felipe II* → *Philipp II., Carlos I de España y V de Alemania* → *Karl V., Santa Teresa de Jesús* → die heilige Therese von Ávila). Die Beispiele aus einer deutschen und einer spanischen Enzyklopädie zeigen, dass die Bildung einheimischer Formen nicht immer logisch erscheint: Die britische *Elizabeth* wird auf Deutsch zu Elisabeth und auf Spanisch zu *Isabel*, die spanische *Isabel* auf Deutsch zu *Isabella*, dagegen die spanische, aber ursprünglich italienische *Isabel* wieder zu *Elisabeth*!

2.1-1	**Isabel II**, Soberana del Reino Unido. Sucedió a su padre Jorge VI en 1952. ...en su calidad de reina de Gran Bretaña e Irlanda del Norte y cabeza de la Commonwealth, conserva una gran importancia representativa. En 1947 contrajo matrimonio con Felipe de Mountbatten, duque de Edimburgo. (Santillana 1996)	**Elisabeth II.**, Königin von Großbritannien und Nordirland und Haupt des Commonwealth, Tochter Georgs VI., verheiratet mit Philipp Mountbatten, jetzt Prinz Philipp, Herzog von Edinburgh. (Brockhaus 1974)
2.1-2	**Isabel Farnesio**, Reina de España por su matrimonio con Felipe V de Borbón. ...inspiró la política antiaustriaca en Italia, con la que obtuvo el ducado de Parma y posteriormente el reino de Nápoles para su hijo Carlos y el Milanesado de Parma para su hijo Felipe. (Santillana 1996)	**Elisabeth Farnese**, zweite Gemahlin Philipps V., Tochter des Herzogs von Parma, ehrgeizig und herrschsüchtig; sie erreichte durch Verhandlungen und Kriege, dass von ihren Söhnen Karl 1735 Neapel-Sizilien und Philipp 1748 Parma erhielt. (Brockhaus 1974)
2.1-3	**Isabel I** la Católica, Reina de Castilla y reina consorte de Ara-	**Isabella I.**, die Katholische, heiratete 1469 den Thronerben von

gón por su matrimonio con Fernando II. Durante el reinado de su hermanastro Enrique IV... (Santillana 1996)	Aragonien, Ferdinand II., den Katholischen, und folgte 1474 ihrem Stiefbruder Heinrich IV. in Kastilien. (Brockhaus 1974)

Obligatorisch ist die Verwendung der einheimischen Form bei Namen von Persönlichkeiten der Antike (z.B. *Cicerón – Cicero, Homero – Homer, Virgilio – Vergil, Julio César – Julius Caesar*), des Mittelalters und der Renaissance (z.B. *Karl der Große → Carlomagno, Dürer → Durero, Martin Luther → Martín Lutero*), bei historischen Persönlichkeiten mit Beinamen (z.B. *Juana la Loca → Johanna die Wahnsinnige, Pepino el Breve – Pippin der Kurze, Luis XIV el Grande, el Rey Sol – Ludwig XIV., der Sonnenkönig*), während bei modernen Persönlichkeiten nur der Beiname übersetzt wird (z.B. *Margaret Thatcher, la dama de hierro – die eiserne Lady*) (vgl. Mougoyanni 2001: 56ff.).

2.1-4	Mao Zedong / Mao Tse-Tung, Chiang Kai-chek, Chu En-lai, Deng Xiaoping, Shanghai, la provincia Jiangxi (Santillana 1996)	Mao Tse-tung, Tschiang Kai-schek, Schanghai, die Provinz Kiangsi (Brockhaus 1974)
2.1-5	los almorávides, los almohades, la dinastía nazarita, Mohamed I, Yusuf I (Stadtprospekt Granada) Muhammad I, el primer monarca nazarí (GEO 74/1993) los Omeyas, Mohamed V de Granada (Páez Carrascosa: *Ronda*, Granada 1995)	Almohaden, Almoraviden, der Nasridenkönig Mohammed I., Jusuf I. (Knaur 1981) Omajjaden, Abd ar-Rahman, die Almohadenzeit (Merian Andalusien) Omaijaden, Abdarrhaman (Wahl 1974)

Für die Übernahme von Personennamen aus anderen Schriftsystemen (Kyrillisch, Griechisch, Arabisch, Chinesisch) gelten die Regeln der Transkription oder Transliteration der Zielkultur (vgl. für das Deutsche den Anhang in Duden-Rechtschreibung, zu russischen Namen vgl. Text 07a, b). Gelegentlich bestehen verschiedene Transkriptionssysteme nebeneinander (Bsp. 2.1-5).

2.1.1.1.2 Namen fiktiver Personen

Bei einem Vergleich der Eigennamen in der spanischen und der deutscher Literatur fällt auf, dass im Deutschen die Personennamen als implizite Herkunftsangabe dienen: ein *Augusto* (18d:1) oder *Jorge* (18b:12) und eine *Eugenia* (18d:37) oder *Emilia* (18b:22) werden automatisch mit einem spanischsprachigen Milieu assoziiert, ein *Robert* (15c:2) dagegen als Deutscher (bzw. je nach Kontext auch als Engländer oder Franzose!) identifiziert.

In der spanischen Literatur können dagegen Franzosen durchaus *Claudio* oder *Josefina* heißen (Bsp. 2.1-6, die deutsche Fassung des Theaterstücks verwendet die französische Form der Namen).

2.1-6	Claudio, Julio, señora Bernard, Josefina (Max Aub: *El puerto*, dtv-zweisprachig, 1972)	Claude, Jules, Madame Bernard, Joséphine (Max Aub, *Der Hafen*, dtv-zweisprachig, 1972)

Manchmal bekommt ein Name im Zieltext bereits durch die andere Aussprache eine neue Kulturmarkierung (z.B. *Eugenia*).

	Original	Enzensb.	Remané	Teutsch	Spanisch
2.1-7	W. Rabbit	W. Kaninchen	W. Kaninchen	W. Kanin	B. Conejo

Auch Illustrationen müssen dabei beachtet werden. So kommt in *Alice in Wonderland* ein Kaninchen namens *White Rabbit* vor, dessen Name abgekürzt auf dem Türschild seines Hauses steht (Bsp. 2.1-7). Während im Original die Abkürzung *W. Rabbit* die Form eines englischen Namens hat, wirkt *B. Conejo* für *Conejo Blanco* ebenso unlogisch wie *W. Kanin* für *Weißes Kaninchen*. Aber auch *W. Kaninchen* funktioniert nicht so recht, da Vornamen ja im Deutschen nicht dekliniert werden. Im Spanischen könnte man ohne weiteres *C. Blanco* oder *F. Conejo Blanco* (mit einer beliebigen Initiale für den Vornamen) wählen, im Deutschen möglicherweise *K. Ninchen* oder vielleicht auch *Weiß, K.* – wenn man nicht so weit gehen will, das *Weiße Kaninchen* in eine (!) *Rosa Hase* zu verwandeln.

In Kinderbuchübersetzungen werden auch im Deutschen Eigennamen öfter an die Zielkultur adaptiert (*Herr Beppo*), substituiert (*Droll*) oder übersetzt (*Grünelda*).

2.1-8	don Bepo, Ruperto, el perro Chusco, el hada Verdurina (alle 15b)	Herr Beppo, Robert, der Hund Droll, die Fee Grünelda (alle 15c, Ü)

Zu den Namen in Bsp. 2.1-8 ist allerdings einiges anzumerken. Zum einen wird der Titel *don* im Spanischen mit dem Vornamen kombiniert, der Titel *Herr* im Deutschen jedoch mit dem Nachnamen. In Anbetracht der Tatsache, dass Artisten im deutschen Zirkusmilieu häufig italienische Pseudonyme benutzen, könnte man den Bauchredner *Don Beppo* und seine Puppe *Roberto* nennen. Zum anderen ist es nicht ganz unwichtig, dass *Verdurina* von *verdura* („Gemüse") und nicht von *verde* („grün") abgeleitet ist, weil die Fee eine Mohrrübe als Zauberstab benutzt. Man könnte sie also *Gemüsina* oder *Rübelina* nennen. Sonst wäre der Name *Grünelda* durchaus ein guter „Feen-Name". Der Name des Hundes, *Chusco*, ist ebenfalls nicht willkürlich gewählt. Dabei hat das Wort *chusco* als Adjektiv die Bedeutung „que tiene gracia, donaire y picardía" (VOX 1978), was vermutlich zu der Übersetzung *Droll* (aus *drollig*) geführt hat, als Substantiv regionalsprachlich jedoch die Bedeutung „pedazo de pan, mendrugo" (VOX 1978), was einen Namen wie *Krümel* nahe legt.

Namen wie *Rübelina* oder *Krümel* nennt man sprechende Namen, weil sie etwas über den Namensträger aussagen: *König Schlotterich* schlottert immerzu vor Kälte, *Koch Wackelbauch* hat vermutlich zu oft von den von ihm zubereiteten Speisen gekostet (15d:2,13); *el Chino* (18a:3) ist kein Chinese, sondern sieht nur so aus. *Der Chinese* (18b:4, Ü) ist im Deutschen nicht als Spitzname zu erkennen – da die anderen Namen nicht übersetzt wurden, wäre hier *der Chino* oder auch *Chino* möglich, was ja auch für Leser ohne Spanischkenntnisse verständlich ist.

| 2.1-9 | *Augusto* ... extendió el brazo derecho, con la mano palma abajo y abierta, y ... quedóse un momento parado en *esta actitud estatuaria y augusta.* (18c:1ff.) | *Augusto* ... streckte den rechten Arm aus, spreizte die Hand, die innere Fläche nach unten gewandt, und verharrte dann ... einen Augenblick in dieser *statuenhaften und erhabenen Haltung.* (18d:1ff., Ü) |

Auch ganz normale Personennamen können in literarischen Texten „sprechend" verwendet sein. Die Haltung des Protagonisten *Augusto* in Bsp. 2.1-9 wird als *augusta* beschrieben, was im Zusammenhang mit dem Hinweis auf ein Denkmal (*estatua*) an Kaiser Augustus erinnert, zumal im folgenden Satz ironisch darauf hingewiesen wird, dass er sich nicht etwa „die Welt untertan machen" wollte. Die Übersetzung mit *statuenhaft und erhaben* gibt das nicht wieder (Übersetzungsvorschlag siehe unten, Bsp. 2.6-75).

2.1.1.1.3 Stellvertretungsnamen

Wenn man von Personen spricht, deren Identität nicht bekannt ist oder in einem bestimmten Zusammenhang nichts zur Sache tut, verwendet man Stellvertretungsnamen.

2.1-10	Modelo de testamento: Yo, *Fulano de Tal,* dejo mis bienes a las siguientes personas, distribuidos de la siguiente forma: A *Fulano de Tal,* tal cosa. A *Sutano de Cual,* tal cosa. A *Mengano Mascual,* tal cosa. (www.tribunalpr.org/herencia)	Auch hierzulande würden viele gern ein Vermögen aufbauen, ohne dafür zu arbeiten. ... die Legenden von *Lieschen Müller* und *Otto Normalverbraucher,* die durch zehn Mausklicks pro Tag stinkreich werden, sorgen für Interesse an diesem Angebot. (DIE ZEIT, 4.5.2000)
2.1-11	El abogado *Perencejo* fue consultado por el *Sr. Fulano,* en referencia al problema que tiene con el *Sr. Zutano,* su socio, amigo y compadre hace 25 años. (www.adrr.com/camara/ambitodi ciembre01.htm)	Dr. Max *Mustermann* *Muster*gasse 42/8 1234 *Muster*stadt Bankverbindung: *Muster*bank Kontonr. 123 456 789 (www.ianwalt.at)

Während man im Deutschen meist von *Lieschen Müller* oder *Otto Normalverbraucher* oder von Herrn oder Frau *Sowieso* oder *XY* spricht (auf dem Muster-Personalausweis ist es *Erika Mustermann*), gibt es im Spanischen zahlreiche Möglichkeiten, z.B. *Fulano, Mengano, Zutano* (in Lateinamerika *Sutano*). Dabei ist *Fulano* immer der zuerst gewählte Fantasiename. Vor- und Zuname werden durch *Fulano de Tal* vertreten. Umgangssprachlich sind auch die Diminutivformen *Fulanito, Menganito* oder auch *Beltranito* (vgl. Matte Bon 1995: 3) gebräuchlich. Bsp. 2.1-10 zeigt das Muster für ein privates Testament, Bsp. 2.1-11 einen juristischen „Fall", in dem zusätzlich noch der Stellvertretungsname *Perencejo* vorkommt (im Deutschen werden hier meist Buchstaben wie A, B und C verwendet).

2.1.1.2 Ortsnamen

Ortsnamen sind Namen von Städten (einschließlich Stadtteilen und Dörfern), Ländern oder Landschaften, Gebirgen und Bergen, Gewässern, Himmelsrichtungen und Gestirnen. Ortsnamen sind oft historisch bedingt, vgl. etwa die arabischen Toponyme in Südspanien (z.B. *Almuñécar*, *Río Guadalquivir*), die baskischen Ortsnamen (z.B. *Guernika*) oder die Namen römischer Siedlungen in Deutschland, deren einheimische Namen im Spanischen meist auf die lateinische Form zurückgehen (z.B. *Tréveris* für *Trier*).

Aragón	Aragonien		Aachen	Aquisgrán
Asturias	Asturien		Bayern	Baviera
Andalucía	Andalusien		Berlin	Berlín
Castilla	Kastilien		Böhmen	Bohemia
Cataluña	Katalonien		Hamburg	Hamburgo
Galicia	Galicien (!)		Hannover	Hanóver
Islas Canarias	Kanarische Inseln		Köln	Colonia
Islas Baleares	Balearen		Konstanz	Constanza
País Vasco	Baskenland		Mainz	Maguncia
Zaragoza	Saragossa		München	Munich
Argentina	Argentinien		Nürnberg	Nuremberg
Bolivia	Bolivien		Preußen	Prusia
Colombia	Kolumbien		(Nieder-)Sachsen	(Baja) Sajonia
La Habana	Havanna		Regensburg	Ratisbona
Méjico	Mexiko		Schwaben	Suevia
Panamá	Panama		Thüringen	Turingia
el Perú	Peru		Nordrhein-Westfalen	Renania del Norte-Westfalia

Tabelle 2.1/1: Einheimische Formen von Ortsnamen

Im Spanischen ist auf die Akzentsetzung zur Kennzeichnung der betonten Silbe zu achten (z.B. *Berlín)*. Manche spanischen Ortsnamen werden im Deutschen häufig falsch betont (*Granada*, *Caracas* statt *Granada*, *Caracas)*. *Panama* hat dagegen im Deutschen als einheimische Form im Gegensatz zum Spanischen die Betonung auf der ersten Silbe und wird ohne Akzent geschrieben.

2.1-12	Cuzco	der Stadtstaat von Cuzco (17b:5)
2.1-13	el Ancasmayu	der Ancasmayufluss (17b:23), der Ancasmajo (heute wohl der Río Patía) (16b:4)
2.1-14	el Cerro Rico	sie nannten ihn Cerro Rico, den reichen Berg (14b:30)

Erläuterungen zu Ortsnamen aus fremden Kulturen stehen im Deutschen entweder im Determinatum eines Kompositums (Bsp. 2.1-13, siehe unten, 2.1.2.0.1), in einer Apposition (Bsp. 2.1-14) oder als vorangestellte Juxtaposition (Bsp. 2.1-12, allerdings ohne Präposition: *Stadtstaat Cuzco*, so wie *Stadtstaat Bremen*, siehe unten, 2.4.1.2).

2.1.1.3 Eigennamen von Realien

Realien (Singular: *das Reale* oder *die Realie*) sind Gegebenheiten oder Objekte, die es nur in einer bestimmten Kultur gibt, also zum Beispiel politische oder soziale Einrichtungen, Parteien, Pressepublikationen, Sehenswürdigkeiten etc.

2.1-15	el Partido Socialista Obrero Español (PSOE)	die PSOE, der PSOE der Partido Socialista Obrero Español die sozialistische Partei (PSOE) die sozialistische Arbeiterpartei Spaniens (PSOE) die Sozialisten, die Sozialistische Partei, die Arbeiterpartei (PSOE)
2.1-16	el Partido Popular	die konservative Volkspartei (PP) der konservative Partido Popular (PP) die rechte Volkspartei
2.1-17	ABC	das Madrider Tageblatt ABC die Zeitung ABC die rechtskonservative Zeitung ABC
2.1-18	Cambio 16	das Nachrichtenmagazin Cambio 16 das Magazin Cambio 16
2.1-19	Museo del Prado	das Prado-Museum, der Prado
2.1-20	la Sagrada Familia	die Kirche „Sagrada Familia"

Bei der Erwähnung der Namen von Realiennamen anderer Kulturen sind Entlehnung (*der PSOE, el SPD*) und erklärende Übersetzung (*die Madrider Tageszeitung ABC, el diario alemán Süddeutsche Zeitung*) die am häufigsten verwendeten Verfahren (zur Frage des Genus bei Entlehnungen vgl. 2.1.2.1.2).

2.1-21	die SPD	el Partido Socialdemócrata (SPD), el SPD (El Mundo)
2.1-22	die CDU	la Unión Democrática Cristiana (CDU), la CDU (El País) la Unión Cristiana Demócrata (CDU) , los democristianos (El Mundo) la Unión Cristiano Demócrata (CDU) (ABC) la Unión Cristianodemócrata (Mundo)

2.1-23	der Bundesnach-richtendienst (BND)	los servicios de información interiores (BND) (El País)
2.1-24	der Bundestag	el Bundestag (Cámara baja del Parlamento alemán) (El Mundo) el Bundestag (ABC) el Parlamento federal alemán (El Mundo)
2.1-25	der Spiegel	el semanario Der Spiegel (El País)
2.1-26	die Süddeutsche Zeitung	el Süddeutsche Zeitung (El Mundo) el diario alemán Süddeutsche Zeitung (El País)
2.1-27	die Bundesländer Niedersachsen und Sachsen-Anhalt	los länder Baja Sajonia y Sajonia-Anhalt (ABC)

Die spanisch-deutschen Beispiele beruhen auf Analysen der Zeit-schriften *Focus, Geo, Spiegel* und *Stern* (vgl. Odenthal 1995), bei den deutsch-spanischen Beispielen ist jeweils die als Quelle benutzte Pu-blikation angegeben.

2.1.1.4 Produktnamen

Im spanischen Textkorpus finden sich eine Reihe von Produktnamen, z.B. Namen von Softwareprogrammen oder –formaten, von Zusatz-teilen oder –einrichtungen bei Elektrogeräten, die in der Form von nachgestellten Juxtapositionen gebildet sind: z.B. *sistema operativo Unix* (1b:29), *protocolo FC-AL* (1b:27), *sistema ECO-PLUS* (12b:18), *difusor Super Volume* (10a:58). In einem Beleg ist der Firmenname vorangestellt: *MAFRÁN MUEBLES* (11b:1). Bei vergleichbaren Pro-duktnamen im Deutschen finden wir sowohl die nachgestellte Jux-taposition, besonders bei numerischen Namen (z.B. *Reisehaartrock-ner HT 2860*, 10b:1, *Volkswagen Polo Coupé Fancy*, 12d:0) als auch die vorangestellte Juxtaposition, überwiegend bei Firmennamen (z.B. *WMF Knoblauchpresse*, 10c:0, *Rowenta Wasserkocher*, 10d:0, EMI-NENT Hartschalen-Gepäck, 11d:0) und den Namen als Determinans im Kompositum (z.B. *Unix-Betriebssystem*).

2.1.1.5 Werktitel

Auch Titel für literarische Werke (Romane, Gedichte, Erzählungen, Kinderbücher), Musikwerke (Opern, Operetten, Musicals), Kunstwerke

(Bilder, Skulpturen), Filme etc. sind Eigennamen, die (unter anderem) dazu dienen, das betreffende Werk zu identifizieren und von anderen unterscheidbar zu machen (vgl. Nord 1993: 87ff.).

2.1-28	Alejo Carpentier: El siglo de las luces	Explosion in der Kathedrale
2.1-29	Alejo Carpentier: Los pasos perdidos	Die Flucht nach Manoa (1958) Die verlorenen Spuren (1979)
2.1-30	Ernesto Sábato: El túnel	Maria oder Die Geschichte eines Verbrechens
2.1-31	Lope de Vega: Fuenteovejuna	Das Dorf Fuenteovejuna
2.1-32	Tirso de Molina: Don Gil de las Calzas Verdes	Don Gil von den Grünen Hosen

Wenn für ein bestimmtes Werk in einer Kultur eine Standardübersetzung (eine Art „einheimische Form") vorliegt, muss der Titel in dieser Form zitiert werden. Dabei kann man nicht davon ausgehen, dass die Titel-Übersetzungen immer genaue Entsprechungen zum Originaltitel sind. Nach einer Untersuchung auf der Grundlage des *Lexikons des internationalen Films* (RoRoRo 1996, auf CD-Rom) wurden beispielsweise die deutschen Fassungen spanischer Filmtitel zu 42,4 % völlig unabhängig vom Original formuliert, zu 32,5 % wörtlich übersetzt, zu 15,5 % leicht abgewandelt übersetzt und zu 9,6 % in der Originalform belassen (Gesamtmenge: 646 Filme, vgl. Seebacher 1997).

2.1-33	Peter Härtling: Oma	La abuela
2.1-34	Peter Härtling: Ben liebt Anna	Ben ama a Anna
2.1-35	Erich Kästner: Der kleine Mann; Der kleine Mann und die kleine Miss	El hombre pequeñito; El hombre pequeñito y la pequeña Miss
2.1-36	Erich Kästner: Pünktchen und Anton	Puntito y Antón
2.1-37	Elfie Donelly: Servus Opa, sagte ich leise	Adiós, abuelo, dije en voz baja

Manchmal gibt es von einem Titel auch konkurrierende Übersetzungen (Bsp. 2.1-29). Bei den Beispielen handelt es sich um lateinamerikanische und spanische Romane und Theaterstücke und ihre veröffentlichten deutschen Übersetzungen (Bsp. 2.1-28 bis 2.1-32) bzw. um deutsche und österreichische Kinderbuchtitel und ihre veröffentlichten spanischen Übersetzungen (Bsp. 2.1-33 bis 2.1-37, alle aus TÜK 1993).

2.1-38	R. Wagner: El buque fantasma	R. Wagner: Der fliegende Holländer
2.1-39	W. A. Mozart: Don Juan	W.A. Mozart: Don Giovanni

Bei Titeln von Opern besteht oft das Problem, dass im Deutschen die italienische Form des Titels verwendet wird, im Spanischen dagegen eine spanische Übersetzung. Hier hilft im Zweifelsfall nur gründliche Recherche.

2.1.2   Benennung von Gattungen

Durch die Benennung mit einem Gattungsnamen (Appellativum, Plural: Appellativa) werden Referentien einer Gattung zugeordnet. Das bedeutet, dass das betreffende Referens mit anderen Vertretern derselben Gattung eine Reihe von Merkmalen gemeinsam hat. Manchmal werden diese Merkmale im Gattungsnamen genannt (dann handelt es sich um eine „motivierte" Benennung). Das gilt besonders für Komposita und Suffixableitungen. Ein *Haartrockner* ist ein Gerät (Suffix *–er*) zum Trocknen der Haare, ein *Reisehaartrockner* ist ein Haartrockner, der besonders für die Reise geeignet ist (10b:1). Ein *concentrador* (10a:52) ist eine Vorrichtung (Suffix *–dor*), durch die der Luftstrom „konzentriert" wird, und weil es sich dabei um eine *Düse* handelt, die man „gezielt zum Stylen einsetzen" kann, heißt die Vorrichtung auf Deutsch *Stylingdüse* (10b:44). Bei der Bildung neuer Benennungen ist Motiviertheit ein wichtiges Kriterium für die Akzeptabilität (vgl. Arntz/Picht 1989: 127ff.).

Da die Zuordnung eines Referens zu einer Gattung von den jeweils relevanten Merkmalen abhängt, kann dasselbe Referens in verschiedenen Kontexten als Vertreter unterschiedlicher Gattungen betrachtet werden. So kann man ein Auto als *PKW* (= Mittel zum Transport von Personen und nicht von Lasten) bezeichnen oder als *fahrbaren Untersatz* (im Gegensatz zu den eigenen Füßen) oder auch als *heilig's Blechle* (zumindest in Schwaben), weil einem seine Unversehrtheit so am Herzen liegt. Diese Klassifizierungen kommen normalerweise nicht nebeneinander vor. In juristischen Texten (Vertrags-

texten, Geschäftsbedingungen) findet man jedoch häufiger Reihungen
von zwei, manchmal auch mehr Benennungen, die sich auf ein einziges Referens beziehen.

2.1-40	cualquier *alteración o prórroga* (06a:9)	*Rettungs- und/oder/bzw. Verlegungsflug* (06e:13f.,21,58f.)
2.1-41	*reclamación total o parcial o indemnización* (06b:17f.)	*ärztliche und sonstige medizinische* Betreuung (06e:9)
2.1-42	*la carga y transporte* de mercancía (06a:18)	*dieser Flugschein und Gepäckabschnitt* (06f:1f.)
2.1-43	el arrendatario *utilizará y conducirá* el vehículo... (06a:12)	*Teile des Programmes abzuändern oder zusätzliche Programmpunkte aufzunehmen* (06d:21f)

Die Reihung mehrerer Benennungen hat den Sinn, möglichst viele
Merkmale des Referens explizit zu nennen und damit den Interpretationsspielraum so gering wie möglich zu halten. Von diesem Sonderfall
abgesehen, wird jedoch in der Regel in einem bestimmten Kontext ein
Referens nur *einer* Gattung zugeordnet.

Wenn die individuellen Merkmale eines Referens im Kontext
nicht relevant sind, sondern ein beliebiges Exemplar aus einer Klase
von Referentien gemeint ist, verwendet man – wie im Falle der oben
behandelten Stellvertretungsnamen – als Platzhalter anstelle einer
Benennung gern Buchstaben, oft A, B, C oder X, Y, Z, die durch tiefgestellte Indizes von 1 bis n variiert werden können.

2.1-44	...la veracidad de A está en una relación de progresión respecto a la veracidad de B de modo que: tanto más A es cierto cuanto B es también cierto. (Tricás Preckler, Manual de traducción, Barcelona 1995: 107)	Wenn X in AT, dann Y in ZT (04e:31) Wenn X in AT; dann Y_1-Y_n in ZT (04e:32, AT = Ausgangstext, ZT = Zieltext)

Die vorhandenen Benennungen einer Sprache sind in Wörterbüchern
kodifiziert. Da jedoch die Fachübersetzung ein Mittel des Wissenstransfers ist, kommt die Zielkultur oft durch Übersetzungen erstmals in
Berührung mit neuen Referentien. Dann müssen Übersetzer als „Neologen" tätig werden und neue Benennungen finden: z.B. für einen
neuen Beruf, wie den *Senior Controller* (01d:12), eine neue Maschine,

wie den Geschirrspüler (*lavavajillas*, 12b:9) mit höhenverstellbarem
Geschirrkorb (*cesto regulable en altura*, 12b:1f.) und vierfachem
Aqua-Stop-Überlaufschutz (*protección cuádruple antidesbordamiento
AQUA STOP*, 12b:5ff.), für ein neues Medikament mit gefäßveren-
gender Wirkung gegen Schnupfen (*vasoconstrictor*, 03a:2), eine neue
Krankheit, wie die Schilddrüsenüberfunktion (*hipertiroidismo*, 03a:30),
die Eigenschaft eines Wirkstoffs, bakterielle Infektionen unter Kontrolle zu bringen (*bacteriostático*, 03a:6) oder ein neues Kommunikationsmedium (*Cd-rom*, 12a:3). Wir wollen uns daher im Folgenden auf
die Erzeugung neuer Gattungsnamen beschränken.

2.1.2.0 Formen der Erzeugung neuer Gattungsnamen

Für die Erzeugung von Neologismen kann man entweder auf den vorhandenen Wortschatz einschließlich der morphologischen Regeln des
Sprachsystems der eigenen Sprache, zum anderen auf den Wortschatz anderer Sprachen zurückgreifen. Die Verwendung von Wörtern
und Wortbildungselementen der eigenen Sprache zur Erzeugung von
Neologismen bezeichnen wir als *Benennungsbildung*, die Übernahme
fremdsprachlicher Benennungen als *Entlehnung*. Beide Verfahren
können natürlich auch kombiniert werden. Ausführlichere Darstellungen zum Spanischen bieten Nord (1983, 1984), Thiele (1992) und
Rainer (1993) sowie die *Gramática descriptiva de la lengua española*
der Real Academia (GDLE 1999), zum Deutschen unter anderen
Wilss (1986) und Glück/Sauer (1990).

Da Neologismen vielfach nicht von Linguisten oder Terminolo-
gen „geplant", sondern von normalen Sprachbenutzern (z.B. Ingenieu-
rinnen, Chemikern, Politikerinnen, Journalisten) spontan „erfunden"
werden, ist man beim Übersetzen vielfach auf eigene Beobachtung
der Sprachentwicklung angewiesen. Diese Entwicklung soll hier an
einigen Beispielen aufgezeigt werden. Dabei gehen wir wieder funkti-
onsorientiert vor und unterscheiden nicht nach Benennungs*formen*,
sondern nach Benennungs*funktionen* (Benennung von Personen, Sachen, Handlungen etc.). Zunächst sind jedoch einige grundsätzliche
Bemerkungen zu Benennungsbildung und Entlehnung angebracht.

2.1.2.0.1 Verfahren der Benennungsbildung

Die Verfahren der Benennungsbildung sind Suffigierung (auch: Ableitung), Präfigierung, Komposition, Kürzung, Terminologisierung und Rekategorisierung.

Suffigierung nennt man die Veränderung der Wortarten- oder Bedeutungsklassenzugehörigkeit eines Wortes durch Anhängen einer Nachsilbe, z.b. die Ableitung einer substantivischen Personen- oder Gerätebezeichnung aus einem Verb (Bsp. 2.1-45), die Bildung eines neuen Verbs aus einem Adjektiv oder Substantiv (Bsp. 2.1-46) oder die Ableitung eines Adjektivs aus einem Verb oder aus einem Eigennamen (Bsp. 2.1-47).

2.1-45	planificador [de rutas] < planificar (12a:2f.)	[Haar-]Trockner < trocknen (10b)
2.1-46	suavizar < suave (03a:10)	lizenzieren < Lizenz (vgl. lizensieren < en. license, 06d:28)
2.1-47	[des]congestionante < [des]congestionar (03a:2), calorífico < calor (04a:14), daguestano < Daguestán (07a:12)	[gefäß]verengend < verengen (03b:21), erzielbar < erzielen (04e:17), tschetschenisch< Tschetschenien (7b:13)

Präfigierung ist die Spezifizierung der Bedeutung eines vorhandenen Wortes durch eine Vorsilbe, etwa Steigerung (Bsp. 2.1-48), Negation (Bsp. 2.1-49), Bezeichnung des Gegenteils (Bsp. 2.1-50). Manchmal ist das wie ein Präfix aussehende Element ein verkürztes Substantiv, wie in *Psycho-Dienstleistung* (02c:26, statt Psychologie- oder Psychotherapie-Dienstleistung) oder *Kombiangebot* (01f:0).

2.1-48	ultravioleta (04a:27), hipersensibilidad (03a:23)	superschnell (12c:16), Überdosis (vgl. 03a:35: sobredosis)
2.1-49	antirrobo („Diebstahlsicherung"), antibalas („kugelsicher"), antisarampión („Masernimpfung") (alle Nord 1984)	Antiblockiersystem (ABS), Antidepressivum, antibakteriell, antiautoritär (alle Duden 1993)
2.1-50	incompatibilidades (03a:31), contraindicaciones (03a:23), nociencia (05a)	*Nichtverbrauchen, Nichtkonsumieren* (04d:27), *Nichtzahlung* (06c:27)

Unter **Komposition** versteht man die Kombination von zwei oder mehreren grundsätzlich selbständigen Lexemen. Dabei ist im Deut-

schen meist die Zusammenschreibung ein formales Kriterium, damit
die neue Benennung als Kompositum (Plural: Komposita) gelten kann.
Wenn die zusammen gehörenden Lexeme getrennt geschrieben werden, spricht man von Juxtaposition, wobei eine Präposition als Binde-
glied dienen kann. Juxtapositionen ohne Präposition heißen „asyndetische" (= unverbundene) Juxtapositionen. Einige Beispiele: Komposita aus Verbform + Substantiv (Bsp. 2.1-51), Substantiv + Adjektiv
oder Partizip Perfekt (Bsp. 2.1-52) oder aus mehreren aneinander ge-
reihten Substantiven (Bsp. 2.1-53). Auffällig sind im Deutschen neu-
erdings zwei Arten der Normabweichung: zum einen die Zusammenschreibung mit einem Großbuchstaben mitten im Wort (= Binnen-
Majuskel, Bsp. 2.1-54)[7], und zum anderen die asyndetische Juxtaposition (Bsp. 2.1-55).

2.1-51	recogecables (10a:5)	gefäßverengend (03b:37)
2.1-52	radiación calorífica (04a:14f.), Investigación comercial (05b:0)	inkassoberechtigt (06c:26)
2.1-53	vasoconstrictor (03a:2), papel clave (04b:15), Rayos X (04a:28)	Engwinkelglaukom (03b:18), Luftfrachtführer (06f:0,3), Na-sennebenhöhlenentzündung (03b: 14), Dreispeichen-Sportlenkrad (12d:15)
2.1-54	PricewaterhouseCoopers (01a)	die PowerEngine des Pro-ductSales (01d:17), WebMail (12c:24)
2.1-55	Multimedia Consumermarkt (01e:8), T-Online Anschluss, T-Online Tarife (12c:2, 31)	

Als **Kürzung** bezeichnet man die Bildung neuer Benennungen durch
Verkürzung vorhandener Lexeme. Eine Form der Kürzungsbildung ist
die Weglassung von Wortteilen am Wortanfang (= Aphärese), am
Wortende (Apokope) oder in der Mitte (Bsp. 2.1-56). Apokopen sind

---

[7] Das Hörfunkprogramm des Senders DeutschlandRadio (!) Berlin vom 25.
August 2000 in der Süddeutschen Zeitung enthielt folgende Sendungen: Ka-
barettStück, KostProbe, KalenderBlatt, OrtsZeit, LänderReport, MusikTag,
MerkMal, WeltZeit u.a.m. Die Aufzählung macht deutlich, dass neben aller
Maniriertheit diese Schreibweise oft eine besondere Lesart bewirkt, die dem
Kompositum eine neue Bedeutung gibt.

vielfach umgangssprachlich markiert. Im Deutschen dienen sie auch zur Bildung geschlechtsneutraler Personenbezeichnungen.

2.1-56	bici < bicicleta, boli < bolígrafo, helipuerto („Hubschrauberlande- platz") < helicóptero + aero- puerto, el chat < chatroom	Bus < Autobus/Omnibus, Info < Information, Zivi < Zivildienstleis- tender, Studi < Student/in, Azubi < Auszubildende/r
2.1-57	E-Business (01a:1), Arquitectu- ras SAN (01b:17), protocolos FC-AL, FC-SW, TCP/IP (01b:27f.), Pc (12a:0), Cd-Rom (12a:30), RENFE (12a:23)	IT < Informationstechnologie (01c:9f.), e-generation, e- Commerce, E-Trade[8] (01d), ICs und ASICs (01e), IC-Entwick- ler/innen, VHDL-Modellierung (01e:15,17), ISDN (12c:2), PC (12c:24), PCs (12e:18)

Eine andere Form der Kürzung ist die Bildung eines Sigels (Plural: Siglen) oder Akronyms aus den Anfangsbuchstaben eines komplexen Ausdrucks. Das Sigel kann entweder als Wort oder als Buchstaben- folge gesprochen werden. Der Plural wird häufig durch Anhängen von –s gebildet (z.B. *PCs*), im Spanischen auch durch Verdoppelung der Initialen: *EE.UU.* (auch ohne Punkte: EEUU) für *Estados Unidos*, *FF.EE.* für *Ferrocarriles Españoles*. Das gleiche Verfahren findet sich im Deutschen bei *ff.* für *folgende* in Quellenangaben (siehe auch unter 2.3.2.6). Siglen können ihrerseits als Bausteine für neue Zusammen- setzungen dienen (Bsp. 2.1-57).

Keine neue Benennung entsteht bei der **Abkürzung**. Abkürzun- gen werden im Allgemeinen als Langform gesprochen. Der Zusatz (m/w) zu einer Berufsbezeichnung in einem Stellenangebot (01d:12ff.) ist als „männlich oder weiblich" zu lesen, der Titel *Dir. Téc. Farma.* (03a:54) als *Director Técnico Farmacológico* (im Gegensatz zu de. *MTA* = Medizinisch-Technische/r Assistent/in, das als Buchstabier- Sigel gesprochen wird). Wie die beiden Beispiele bereits zeigen, ist der Punkt nach dem verkürzten Wort nicht immer obligatorisch, gele- gentlich finden sich auch beide Formen. Man muss auch damit rech- nen, dass für das gleiche Referens in verschiedenen Bereichen unter- schiedliche Abkürzungen gelten, z.B. wurde vor der Einführung des Euro die Deutsche Mark im Bankgewerbe als *DEM* statt sonst *DM* ab-

---

[8] Die Schreibung *E-* oder *e-* variiert in den Korpustexten.

gekürzt (19b:22ff.). Im Spanischen wird der Plural durch Anhängen von –s in der Abkürzung gebildet (wie bei *grs.* für *gramos* oder *kms.* für *kilómetros*), im Deutschen stehen Maßangaben ohnehin im Singular (*100 Gramm*).

Terminologisierung nennt man die fachsprachliche Verwendung eines gemeinsprachlichen Wortes, das dadurch eine zusätzliche, meist spezifischere, Bedeutung erhält (z.B. *Grill* in *Scheinwerfergrill*, 12d:11). Wie bei de. *laden* oder es. *cargar* in der Computer-Fachsprache kann diese Terminologisierung durch ein fremdsprachliches Vorbild inspiriert sein (hier: en. *to load*) oder auf einer Metapher basieren, z.B. en. *to browse* („weiden") – de. (im Internet) *surfen* – es. *navegar* (por Internet), en. *hacker* – de. *Hacker* – es. *pirata informático, corsario de la red, salteador de la red* (COR 2/00, vgl. Bsp. 2.1-58)

Rekategorisierung nennt man die Überführung eines Wortes in eine andere Wortart, z.B. Substantiv → Verb (Bsp. 2.1-59), Substantiv → Adjektiv (Bsp. 2.1-60), Präfix → Substantiv (Bsp. 2.1-61), Adjektiv → Substantiv, letztere im Spanischen häufig über eine Ellipse (Bsp. 2.1-62).

2.1-58	bajar, cargar, memoria, navegar, autopista de información (COR 2/00)	herunterladen, laden, surfen, Datenautobahn (CMM 3/00)
2.1-59	chat → chatear (COR 2/00)	Mail → mailen, FAX → faxen
2.1-60	papel clave (04b:15) → piezas claves (Nord 1983)	
2.1-61	*el híper*[mercado]	*das Extra*[zubehör] (06d:30; 12d:6), *das Super*[benzin]
2.1-62	vasoconstrictor (adj) → el medicamento vasoconstrictor → el vasoconstrictor (su) (vgl. 03a:2), descongestionante (adj) → el preparado descongestionante → el descongestionante (su) (03a:2)	

Bei der Adjektiv-Substantiv-Rekategorisierung richtet sich im Spanischen das Genus des Neologismus nach dem des ausgefallenen Substantivs, z.B. es. *la máquina secadora* → *la secadora* („Wäschetrockner") vs. *el aparato secador* → *el secador* („Haartrockner"). Dass die großen Elektrogeräte oft weiblich und die kleinen männlich sind, hat also nichts damit zu tun, dass „die Frauen fürs Grobe zuständig" sind, wie man gelegentlich lesen kann.

2.1.2.0.2 Verfahren der Entlehnung

Bei der Entlehnung können wir ebenfalls verschiedene Formen unterscheiden: die formal **unveränderte Entlehnung** eines fremdsprachlichen Wortes (als Substantiv im Deutschen allerdings mit großem Anfangsbuchstaben), wie in Bsp. 2.1-63, 2.1-64; die **adaptierende Entlehnung**, bei der das Lehnwort orthografisch, phonetisch oder morphologisch an die Zielsprache angepasst wird (Bsp. 2.1-65); die **Lehnübersetzung** („Calque"), d.h. die wörtliche Übersetzung der Bestandteile einer mehrgliedrigen ausgangssprachlichen Benennung[9] (Bsp. 2.1-66), und die **semantische Entlehnung**, bei der die entlehnte Wortbedeutung einem in der aufnehmenden Sprache bereits vorhandenen Lexem zugeordnet wird, wie in Bsp. 2.1-67.

2.1-63	muyahidin (07a:20)	vgl. islamische bzw. muslimische Rebellen (07b:6,23)
2.1-64	marketing (05b:8), Senior Controller (01d:12), Key Account Manager (ABC 2/00)	Marketing (02b:15), Account Manager, Customer Support Engineer, Analyst (alle SZ 2/00)
2.1-65	esprei < en. spray, márketing (ABC 2/00), Analista (País 2/00)	schick < fr. chic, [schpreï] < en. Spray, klicken < en. to click
2.1-66	comercio electrónico < en. electronic commerce, juegos en línea < en. online games, autopista de información < en. information highway, sistema operativo < en. operating system (COR 2/00)	herunterladen < en. to download, Datenautobahn < en. data highway, Betriebssystem < en. operating system (CMM 2/00)
2.1-67	imagen [de marca] (02a:25) < en. image, tarifa plana, icono (COR 2/00)	vgl. das Image der Marke (02b:27), Flatrate, Icon (CMM 2/00, = alle unveränderte Entlehnungen)

Interessant sind die so genannten „Pseudo-Anglizismen", die wie englische Wörter aussehen, aber keine sind (z.B. *Dressman* oder *Handy*).

Adaptierende Entlehnung, Lehnübersetzung und semantische Entlehnung haben den Vorteil, dass die neue Benennung in das Sprachsystem der Zielsprache integriert und daher leichter dekliniert

---

[9] Lehnübersetzungen entsprechen manchmal nicht den Normen des zielsprachlichen Systems, z.B. bei de. *Schneller Brüter* < en. *Quick Breeder*, wo natürlich nicht der Brüter, sondern das Brüten des Reaktors schnell ist, sodass er – analog zu *Schnellhefter* – eigentlich *Schnellbrüter* heißen müsste.

oder konjugiert werden kann. Bei der unveränderten Übernahme fremdsprachlicher Lexeme ergeben sich dagegen häufig Probleme in Bezug auf Genuszuweisung und Pluralbildung. Daher sollen diese beiden Aspekte hier kurz erläutert werden.

GENUSZUWEISUNG BEI ENTLEHNUNGEN

Bei Personenbezeichnungen folgt die Genuszuweisung dem biologisch motivierten Geschlecht: Wenn sich Benennungen auf eine Frau beziehen, werden sie feminin gebraucht (z.B. de. *die Queen*, es. *la hippie*), wenn sie sich auf einen Mann beziehen, maskulin (z.B. de. *der User*, es. *los hackers*, Bsp. 2.1-68).

Für die übrigen Bezeichnungen gibt es grundsätzlich folgende Möglichkeiten:

> Beibehaltung des Genus der Herkunftssprache, wenn möglich, also z.B. *la siesta* → *die Siesta, die Ostpolitik* → *la ostpolitik*; *der Putsch* → *el putsch*;

> Wahl des nächstähnlichen Genus der Zielsprache: ein deutsches Neutrum wird im Spanischen zum Maskulinum, z.B. *das Berufsverbot* → *el berufsverbot*;

> Veränderung des Genus aus morphologischen Gründen, z.B. fr. *le garage* → *die Garage*, weil Wörter auf unbetontes *–e* im Deutschen vielfach feminin sind (z.B. *die Straße*) (vgl. Weinrich 1993: 330), im Gegensatz zu es. *el garaje*, weil im Spanischen Wörter auf *–aje* in der Regel maskulin sind, und zwar analog zum Französischen, aus dem sie meist entlehnt wurden;

> Zuweisung eines neuen Genus in der Zielsprache, häufig in Analogie zu einem vorhandenen passenden Gattungswort oder Synonym oder Wörtern mit ähnlicher Endung, z.B. *der Service* (analog zu *der Dienst*) vs. *das Service* (analog zu *das Geschirr*), *el establishment* (analog zu *el establecimiento*), *das Establishment* (analog zu *das Argument*), *die Domain* (analog zu *die Domäne*), *der Chatroom* (analog zu *der Raum*), *la web* (analog zu *la red*), *das Meeting* (analog zu *das Treffen*).

2.1-68	Suelen ser los "hackers" expertos en seguridad que penetran por puro desafío personal sin	In einem Wettbewerb werden jetzt die weltbesten Hacker und Kode-Knacker aufgefordert, den

	destruir ni robar nada, a diferen-cia de los "crackers", que, en al-gunos casos, formando verdade-ros equipos, sólo persiguen des-truir datos o sustraerlos (COR 2/00)	Kode von Protect zu knacken (Spiegel 11/87, aus: Duden 1993, Aussprache [hɛkə], dazu *hacken*: ...unberechtigt in andere Computersysteme eindringen).

PLURALBILDUNG BEI ENTLEHNUNGEN

Für die Pluralbildung von Lehnwörtern gibt es folgende Möglichkeiten (zum Deutschen und Spanischen vgl. Cartagena/Gauger 1989: 102f., zum Deutschen vgl. Duden-Grammatik § 1810):

➤ Anpassung an die zielsprachlichen Regeln der Pluralbildung (be-sonders bei Wörtern, deren Endung dem betreffenden System entspricht (Bsp. 2.1-69);

➤ Bildung des Plurals auf *–s*, im Deutschen häufigste Pluralform bei Lehnwörtern, im Spanischen entgegen der Norm des Systems auch bei auf Konsonanten endenden Singularformen[10] (Bsp. 2.1-70);

➤ die Übernahme des ausgangssprachlichen Plurals (Bsp. 2.1-71)

➤ Nur im Spanischen: Verwendung der Singularform mit dem Plu-ralartikel (Bsp. 2.1-72).

2.1-69	el chalé – los chalés („Ferien-haus"), el esmoquin – los es-móquines („Smoking"), el mani-quí – los maniqués („Schaufen-sterpuppe)	der Hacker – die Hacker, der Interviewer – die Interviewer, der User – die User, Pizza – Pizzen (aber auch: Pizzas)
2.1-70	los links, los hackers, los routers, los proxis (alle COR 2/00)	Abonnement – Abonnements, Steak – Steaks, Fiesta – Fiestas, Balkon – Balkons (auch: Balko-ne)
2.1-71	el yupi – los yupies, el land – los länder („Bundesland" der BRD)	der Yuppy – die Yuppies, Mafio-so – Mafiosi, Examen - Examina
2.1-72	el/los sprinter, el/los best-seller	der/die Sprinter, der/die Best-seller (normentsprechend)

---

[10] Dabei werden in der Aussprache die im Spanischen als Auslaut nicht zugelassenen Konsonanten abgeschwächt artikuliert und häufig getilgt, was dann oft auch zu Veränderungen der Schreibung führt, wie in *chalet/chaléts* – *chalé/chalés*, *standard/standards* – *estándar/estándar(e)s*.

Die Schreibung der Pluralformen von Anglizismen auf –y ist nach der Rechtschreibreform nicht mehr wie im Englischen –ies, sondern –ys, also Babys, Hobbys, Partys (vgl. dennoch Rowdies in 02c:35, obwohl der Text sonst der neuen Rechtschreibung folgt).

2.1.2.1 Benennung von Personen

Personen werden nach ihrer Nationalität (eine Deutsche, un Ibero, 08a:19), ihrem Beruf (ventrílocuo, 15b:1, Rezeptionistin, SAK 2000), ihrer Zugehörigkeit zu Gruppen, Parteien oder Bewegungen (quinceañera / Teenager, socialista / Sozialist/in, integrista, 07a:17, vgl. sie wollen einen Zusammenschluss mit Tschetschenien, 07b:33f.), ihrer Teilnahme an bestimmten Aktivitäten (crucerista / Kreuzfahrtteilnehmer/in) etc. benannt. Zwei wichtige aktuelle Aspekte der Benennung von Personen sind die Bildung neuer Berufsbezeichnungen und die im Zuge einer geschlechtsneutralen Sprachverwendung notwendig werdende Feminisierung von bisher nur in der maskulinen Form gebräuchlichen Berufsbezeichnungen.

2.1.2.1.1 Neubildung von Berufsbezeichnungen

Verglichen werden neugebildete Berufsbezeichnungen in dem pressesprachlichen spanischen Korpus NEO 1980 (vgl. Nord 1983, 1984) sowie einem aus Stellenanzeigen zusammengestellten Kontrastkorpus (SAK 2000). Die quantitative Verteilung der Verfahren wird aus Tabelle 2.1/2 deutlich.

Verfahren	NEO 1980	Spanisch 2000		Deutsch 2000	
Suffigierung	38,7 %	94	53,7 %	93	46,9 %
Präfigierung	6,6 %	2	1,1 %	2	1,0 %
Komposition	42,7%	127	72,6 %	119	60,1 %
Kürzung	0,0 %	1	0,6 %	6	3,0 %
Rekategorisierung	0,0 %	0	0,0 %	0	0,0 %
Entlehnung	12,0 %	17	9,7 %	49	24,7 %

Tabelle 2.1/2: Neubildung von Berufsbezeichnungen

Da beim Korpus 2000 sowohl die einfachen Lexeme als auch die Basislexeme der Komposita nach Wortbildungsverfahren eingeordnet wurden, ergeben sich dort in der Summe mehr als 100 %.

Die Präferenz von **Komposita** ist in beiden Sprachen deutlich zu erkennen. Wenn man die Komposita genauer anschaut, sieht man, dass sie vielfach (im Deutschen zu 25,8 %) mit englischen Bestandteilen zusammengesetzt sind (Bsp. 2.1-73). Die deutschen Komposita sind überwiegend zweigliedrig, seltener bestehen sie aus 3 Komponenten (8 %). Der häufigste Typ ist das Nominalkompositum (Bsp. 2.1-74), 4 % sind Verbindungen aus Substantiv und Adjektiv, selten aus Substantiv und Genitivattribut (Bsp. 2.1-75), und immerhin 10 Bezeichnungen sind asyndetische Juxtapositionen, in denen das Determinans an zweiter anstatt an erster Stelle steht (Bsp. 2.1-76). Sie sind den entsprechenden Anglizismen nachgebildet, die ebenfalls im Korpus vertreten sind. Während bei den englischen Bezeichnungen jedoch auf Grund der komplexen Struktur die Nachstellung sinnvoll erscheint, wäre im Deutschen das normale Kompositionsmuster ohne weiteres akzeptabel und verständlich, z.B. *Presseleiter* oder sogar *Pressestellenleiter*.

2.1-73	Coordinador de Call Center, Director de Marketing y Publicidad	Wertpapieranalyst, PreSales-Berater, Beteiligungs-Controller
2.1-74	arquitecto de soluciones, analista de procesos en gestión de clientes,	Vertriebsassistentin, Firmenkundenbetreuer
2.1-75	socorrista acuático, delegado comercial, asistente ejecutiva	Kaufmännischer Gebietsleiter, Ingenieurin der Hochfrequenztechnik
2.1-76	consultor-preventa, administrador servicios internet, dependienta boutique, diseñador webmaster	Leiter Presse, Projektmanager Internet, vgl. Product Manager Purchasing, Junior Manager Legal Affairs

Die spanischen Komposita weisen nur zu 12,8 % englische Bestandteile auf. Sie sind zum größten Teil (ca. 53 %) syntagmatische Ausdrücke mit Präpositionen, davon drei Viertel zweigliedrig und ein Viertel drei- und viergliedrig (Bsp. 2.1-74). Knapp 20 % sind Substantiv-Adjektiv-Kombinationen (Bsp. 2.1-75), und ca. 17 % sind asyndetische Juxtapositionen (Bsp. 2.1-76), meist zweigliedrig.

Die **Suffixbildungen** rangieren in beiden Sprachen auf Platz 2 der Rangfolge. Bei den deutschen Suffixbildungen ist das Morphem *-er* bei weitem am häufigsten vertreten: Mehr als die Hälfte aller Suf-

fixableitungen enden auf -er, und wenn man noch die Anglizismen mit
der gleichen Endung hinzu zählt, ergibt sich für das Auge nicht lingui-
stisch vorgebildeter Sprachbenutzer eine überwältigende Mehrheit für
dieses Muster 2.1-77. Ebenfalls häufiger vertreten sind die Suffixe
-ent (12,9 %, Bsp. 2.1-78), -ator (10,7 %, Bsp. 2.1-79), -eur (10,7 %,
Bsp. 2.1-80) und -ist (6,5 %, Bsp. 2.1-81). Dabei sind zumindest die
Bildungen auf -ator und -eur nicht als eigenständige deutsche Suffixableitungen zu betrachten, weil sie nicht mit Hilfe deutscher Ablei-
tungsmuster aus den zu Grunde liegenden Verben redigieren, akqui-
rieren etc. generiert wurden, sondern auf lateinische bzw. französische Vorbilder zurückgehen. Die übrigen Suffixe sind jeweils nur mit
einem oder zwei Beispielen vertreten.

2.1-77	decorador, coordinador, admini- strador, entrevistador	Techniker, Verkäufer, Manager, Controller, Trainer
2.1-78	constructor, director, conductor	Referent, Assistent, Disponent
2.1-79	analista, recepcionista-telefonis- ta	Administrator, Organisator
2.1-80	asistente, dependiente, repre- sentante, gobernante, cocinero contable, comercial, delegado	Redakteur, Akquisiteur, Masseur
2.1-81		Telefonist, Rezeptionist

Bei den spanischen Suffixbildungen stellt ebenfalls ein Suffix, -dor, einen großen Anteil (32,9 %, Bsp. 2.1-77), z.B.), daneben gibt es aber
noch zwei andere sehr stark vertretene Suffixe, nämlich -or mit 21,3 %
(Bsp. 2.1-78) und -ista mit 11,7 % (Bsp. 2.1-79). Dabei sind die Bildungen auf -or (z.B.) keine spanischen Ableitungen von den entsprechenden Verben (construir, dirigir), sondern aus dem Lateinischen
übernommene Substantive, aber sie verstärken den Eindruck, dass
für die Bildung von Berufsbezeichnungen im Wesentlichen ein Suffix
verwendet wird. Die übrigen Suffixe -ente (5,3 %), -ante, -ero, -ble (je
4,3 %), -al (2,1 %) und die Partizipialendung -ado (3,2 %) sind jeweils
nur mit vereinzelten Beispielen vertreten (Bsp. 2.1-80/2.1-81).

   Am dritthäufigsten sind die **Entlehnungen**[11], wenn auch ihr
Anteil im Spanischen erheblich niedriger ist als im Deutschen. Aller-

---

[11] Die Belege stammen alle aus deutschsprachigen Offerten; rein englisch-
sprachige Stellenangebote wurden nicht ins Korpus aufgenommen.

dings verstecken sich im Spanischen bei den Komposita (und zum Teil auch in der Gruppe der Suffixableitungen) eine ganze Reihe Lehnübersetzungen. Wenn diese jedoch den spanischen Wortbildungsmustern entsprechen, können sie synchronisch[12] als *spanische* Bildungen betrachtet werden (Bsp. 2.1-82). Es zeigt sich, dass die bereits früher beobachtete Tendenz des Spanischen zur Assimilation von Entlehnungen ungebrochen anhält (vgl. Nord 1983: 502).

2.1-82	Arquitecto de soluciones (vgl. e-Business Solution Arquitect), Administrador de redes (vgl. Administrador servicios internet), Director de comercio electrónico (vgl. Responsable de operaciones E-commerce)

Alle spanischen Entlehnungen sind Anglizismen. Es fällt auf, dass es mehr dreigliedrige als zweigliedrige Komposita gibt. Einfache Lexeme machen den geringsten Teil aus. Das lässt sich möglicherweise damit erklären, dass die Lehnübersetzung eines einfachen oder zweigliedrigen Anglizismus ins Spanische weniger Schwierigkeiten bereitet als die Übersetzung eines drei- oder viergliedrigen Ausdrucks, sodass dann die unveränderte Entlehnung der Lehnübersetzung vorgezogen wird (Bsp. 2.1-83).

2.1-83	e-solutions web architect, sales expert engineer, solutions manager	Facility Manager, Customer Service Engineer, System Analyst, Callcenter-Agent
2.1-84	controller	Promoter, Consultant

Die deutschen Entlehnungen sind dagegen meist unverändert übernommen. Etwa ein Fünftel sind einfache Lexeme und vier Fünftel zwei-, drei- oder viergliedrige Juxtapositionen (Bsp. 2.1-83). Außer einer Entlehnung aus dem Französischen, die aber bereits orthographisch eingedeutscht ist (*Akquisiteur*), handelt es sich um Anglizismen, die zum Teil ebenfalls bereits im Deutschen lexikalisiert sind (z.B. *Trainer, Controller*), was sich auch in der Deklination und Pluralbildung (*den Controllern, die Controller*) und der Feminisierung (*die Managerin*) zeigt.

---

[12] Eine synchronische Analyse betrachtet den Ist-Zustand zu einem bestimmten Zeitpunkt, während eine diachronische Analyse die historische Entwicklung untersucht.

| 2.1-85 | televendedor, teleoperador | Biotechnologe, Ergotherapeut |
| 2.1-86 | AN-programador, A/Progra-mador | Verkaufsprofi, Vertriebsprofi |

Präfix- und Kürzungsbildungen sind jeweils nur vereinzelt belegt (Bsp. 2.1-85, 2.1-86). Die Form *AN-* oder *A/* in der Zusammensetzung mit *programador* könnte auch eine Abkürzung sein, da im Korpus auch die unverkürzte Form *analista-programador* zu finden ist.

2.1.2.1.2 Feminisierung

Im Korpus von 1980 wurden die feminisierten Berufsbezeichnungen nicht quantitativ analysiert; daher finden sich in der betreffenden Spalte von Tabelle 2.1/3 nur ungefähre Vergleichszahlen. Für das Korpus SAK 2000 liegt dagegen eine genaue Differenzierung vor. Es sind folgende Feminisierungsverfahren festzustellen:

➤ Anhängen des so genannten **Movierungssuffixes** (vgl. Weinrich 1993: 331ff.) an die männliche Berufsbezeichnung oder **Splitting**, entweder mit Schrägstrich, mit Klammern oder (im Deutschen) mit der Binnen-Majuskel oder **Doppelformen** (Bsp. 2.1-87);

➤ Verwendung **geschlechtsneutraler Lexeme**, entweder durch Suffixe oder Suffixoide, Akronyme oder Apokopenwörter (Bsp. 2.1-88);

➤ **unverändert entlehnte Anglizismen** (Bsp. 2.1-89);

➤ **Komposita**, im Deutschen oft gesplittet; die im Korpus von 1980 belegte Kompositionsform mit *mujer* als Determinans oder Determinatum kommt im Korpus von 2000 nicht vor (Bsp. 2.1-90);

➤ **Zusatz *m/w*** (64 %) bzw. *w/m* (36 %) mit oder ohne Klammern, eine entsprechende Form war im spanischen Korpus nicht belegt;

➤ nur im Deutschen: **Gerundivum** (Bsp. 2.1-91), ähnlich wäre das Partizip Präsens zu bewerten, das jedoch im Korpus der Berufsbezeichnungen nicht belegt ist.

| 2.1-87 | monitor/a, técnico/a, director/a creativo/a, decorador/a, coreo-grafo/a, puericultor/a, gobernan-te/a, guía turístico/a, teleopera-dores/as | Leiter/in, Apothekenreferent(in), HTML-ProgrammiererIn, Steu-erfachangestellte(r); Manager → Manager/in, Promoter → Pro-moter/in; Rechtsanwältinnen und Rechtsanwälte |

2.1-88	sondista, analista, representantes a comisión, especialista en aplicaciones, responsable en atención al cliente	Marketingfachkraft, Fachleute, MTA (= die/der medizinisch-technische/r Assistent/in), Profi, Allroundkraft
2.1-89	Key Account Manager, Quality Project Leader, Web Strategist, Assistants	Callcenter-Agent [engl. Aussprache] im Gegensatz zu Manager/in [deutsche Aussprache], Network Engineer (vs. Planungsingenieur/in), Barkeeper
2.1-90	mujer-piloto, ministro-mujer (Nord 1983, 1984)	Werbedame/-herr, Speditions-kaufmann/-frau
2.1-91	Mediengestalter (w/m), Business Analyst (m/w)	
2.1-92	Gerundivum: Auszubildende – Part. Präs.: Studierende, Lehrende	

Insgesamt fällt in den <u>deutschen Stellenanzeigen</u> auf, dass nur ein relativ geringer Anteil der Berufsbezeichnungen nicht geschlechtsneutral formuliert ist, indem entweder nur die maskuline (z.B. *Anwendungsentwickler*) oder nur die feminine Form (z.B. *Sekretärin*) verwendet wird.

Verfahren	Span. 1980	Span. 2000	Deutsch 2000
Splitting / Movierung[13]	44,8 %	34,8 %	57,2 %
geschlechtsneutrale Endungen	--	39,4 %	10,0 %
Anglizismen	--	25,8 %	15,6 %
Zusatz m/w oder w/m	--	0,0 %	15,6 %
Komposition	17,3 %	0,0 %	0,8 %
Gerundivum	--	0,0 %	0,8 %
Rekategorisierung[14]	37,9 %	0,0 %	0,0 %
Anteil am Korpus	--	37,7 %	89,4 %

Tabelle 2.1/3: Feminisierung bei Berufsbezeichnungen

In den <u>spanischen Anzeigen</u> ist dagegen die feminine Form der Berufsbezeichnung noch relativ selten anzutreffen: Nur in 37,7 % der Anzeigen wird auf eine geschlechtsneutrale Formulierung geachtet – und dabei sind die ohnehin neutralen Anglizismen bereits einge-

---

[13] Die Bildung der Form *la abogada* zu *el abogado* wurde im Korpus 1980 als Movierung gewertet.
[14] Die Verwendung der Form *abogado* mit jeweils dem maskulinen oder femininen Artikel (*el abogado, la abogado*) wurde als Rekategorisierung betrachtet.

schlossen. Tabelle 2.1/3 gibt eine Übersicht über die Entwicklung der Feminisierung im Spanischen und den heutigen Stand im Deutschen.

2.1.2.2 Benennung von Sachen

Als Sachbenennungen betrachten wir Bezeichnungen für Dinge im weitesten Sinne: Maschinen, Geräte, Stoffe, Computer-Programme und –Einrichtungen (de. *Homepage*, es. *página web*) etc. Da die Computerbranche ein besonders produktiver Bereich für die Erzeugung von Neologismen ist, wurden exemplarisch einige Zeitungs- und Zeitschriftentexte (CTK 2000) zum Thema Computer ausgewertet, um zu zeigen, wie sich die Benennungspräferenzen in diesem Bereich zu den Präferenzen verhalten, die bei den Neologismen des allgemeinen Wortschatzes im Korpus von 1980 und ihren deutschen Äquivalenten festzustellen waren. Im Korpus von 1980 wurde die Terminologisierung nicht erfasst, die jedoch in der Computersprache 2000 – besonders im Spanischen – eine wichtige Rolle spielt (z.B. *proveedor*, „Provider", oder *servidor*, „Server").

	Allgemeiner Wortschatz		Computersprache	
Verfahren	ES. 1980	DE. 1980	ES. 2000	DE. 2000
Lehnwort	16,9 %	20,1 %	28,3 %	60,4 %
Komposition	40,5 %	67,4 %	11,3 %	15,1 %
Präfigierung	16,5 %	7,9 %	9,4 %	1,9 %
Suffigierung	14,7 %	1,3 %	1,9 %	1,9 %
Kürzung	5,5 %	3,3 %	0,0 %	0,0 %
Rekategorisierung	5,9 %	0,0 %	0,0 %	0,0 %
Terminologisierung	---	---	34,0 %	11,3 %
Lehnübersetzung	---	---	15,1 %	9,4 %

Tabelle 2.1/4: Neubildung von Sachbenennungen

Außerdem haben wir in CTK 2000 die unveränderten Lehnwörter von den Lehnübersetzungen getrennt gezählt, während in NEO 1980 aufgrund der synchronischen Betrachtungsweise die Lehnübersetzungen jeweils den anderen Wortbildungsverfahren zugeordnet wurden. Hier sind die unterschiedlichen Präferenzen in den beiden Sprachen besonders gut zu erkennen (z.B. es. *sistema operativo* vs. de. *Betriebs-*

system < en. *operating system* oder es. *comercio electrónico* vs. de. *e-Commerce*, < en. *electronic commerce*).

Der höhere Anteil von Entlehnungen im Korpus 2000 geht vor allem zu Lasten der Komposita. Im Vergleich Spanisch-Deutsch ist in beiden Korpora gut zu erkennen, dass im Spanischen solche Verfahren bevorzugt werden, bei denen sich die neuen Benennungen problemlos grammatisch, syntaktisch und morphologisch in den vorhandenen Wortschatz einfügen lassen (also vor allem Terminologisierung und Lehnübersetzung).

2.1-93	moldeador-secador („Lockenstab"), horno microondas („Mikrowellenherd"), videoportero („Video-Überwachung")	Internet-Zugang („acceso a Internet"), Flaschenregal („botellero"), Müllverbrennungsanlage („incineradora")
2.1-94	marcapasos („Herzschrittmacher"), porta-rollos („Klosettrollenhalter")	Luftbefeuchter („humidificador"), Rasenmäher („corta-césped")
2.1-95	portero automático („Gegensprechanlage"), central nuclear („Atomkraftwerk")	Nachschlagewerk („resueluveduas"), Schadstoff („contaminante")

Die Beispiele zeigen jeweils, in der Reihenfolge der Häufigkeit, die bevorzugten **Kompositionsformen** im Spanischen und Deutschen: Nominalkomposita (Bsp. 2.1-93), Komposita aus Verbform bzw. Verbableitung + Objekt-Substantiv (Bsp. 2.1-94) sowie Substantiv-Adjektiv-Komposita im Spanischen bzw. Verb-Substantiv-Komposita im Deutschen (Bsp. 2.1-95).

2.1-96	single („Single"), longplay („Langspielplatte"), ecualizador („Equalizer"), password („Passwort"), chatear („chatten")	Cyberspace („ciberespacio"), Decoder („descodificador"), Fritteuse (freidora")
2.1-97	sala de chat („Chatroom")	Betriebssystem („sistema operativo"), Webseite („página web")

Bei den **Entlehnungen** sind in beiden Sprachen die Lehnwörter (Bsp. 2.1-96) häufiger als die Lehnübersetzungen (Bsp. 2.1-97). Die Äquivalente zeigen, dass in der jeweils anderen Sprache häufig andere Verfahren verwendet wurden.

2.1-98	icono („Icon"), consola („Konsole"), portal de acceso a la red („Portal")	Speicher („memoria"), Favoriten („favoritas" [in Word]), Treffer („hits", „entradas" [bei der Internet-Suche])
2.1-99	antiadherente („Antihaftbeschichtung"), multipicadora („Vielzweckschnitzelwerk")	Euroscheck („eurocheque"), Servolenkung („dirección asistida")
2.1-100	fotocopiadora („Kopierer"), conservante („Konservierungsstoff"), reciclaje („Recycling")	Entsafter („licuadora"), Hacker („hacker")
2.1-101	híper („Einkaufszentrum"), UVI [unidad de vigilancia intensiva] („Intensivstation")	Cola („coca"), UFO [unbekanntes Flugobjekt]) („ovni" [objeto volante no identificado])

Wie bereits festgestellt, sind im Computer-Wortschatz Terminologisierungen besonders häufig (Bsp. 2.1-98). Präfixbildungen (Bsp. 2.1-99), Suffixableitungen (Bsp. 2.1-100) und Kürzungen (Bsp. 2.1-101) fallen dagegen bei der Bildung von Computer-Sachbezeichnungen kaum ins Gewicht; hier stammen die Beispiele meist aus dem Korpus 1980.

2.1.2.3 Benennung von Eigenschaften

Eigenschaftsbenennungen sind Lexeme (Substantive oder Adjektive), die Merkmale oder Eigenschaften von Dingen oder Personen bezeichnen, z.B. Produkteigenschaften, wie sie die Werbung propagiert: *knitterfrei* oder *abgasarm*, *spritzwassergeschützt* oder *sprintfreudig* (lange Listen solcher Neubildungen führt Wilss 1986: 101ff. auf).

Eigenschaft	Spanisch	Deutsch
der Bekämpfung, oder Vermeidung von etwas dienend, vor etwas schützend	anticorrosivo, antibalas, antidesbordamiento (12b:6), antitumoral, anticáncer, antichoque, antiarrugas	Rostschutz, Überlaufschutz, kugelsicher, Krebsbekämpfung, tumorhemmend, stoßfest, Antifalten[creme], knitterarm [Stoff]
für eine bestimmte Behandlung geeignet	extraíble, regulable (12b: 2,3), panelable [Einbauherd]	höhenverstellbar, programmierbar, dekorrahmenfähig [Einbauherd]
die betreffende Eigenschaft in hohem Maße aufweisend	superlargo, superblando, superautomático, superdesarrollado, ultrafino	extrabreit, superweich, kuschelweich, vollautomatisch, hochentwickelt, hauchdünn

Eigenschaft	Spanisch	Deutsch
ein bestimmtes Verfahren selbsttätig durchführend	autolimpiable, autorregulable	selbstreinigend, selbstregulierend, Selbstreinigungs[mechanismus]
für mehrere/viele/alle Zwecke geeignet	multiuso, multifin (adj. inv.), omniaplicable	Allzweck[reiniger], Vielzweck-, Mehrzweck[halle]
besonders klein, geringfügig	microporoso, miniciclo, minifamilia, minigolf, minivacaciones	feinporig, Kurzzyklus, Kleinfamilie, Minigolf, Kurzurlaub
besonders groß	macrociudad, supercatástrofe, superpotencia, superpetrolero, superventas	Ballungsraum, Super-GAU, Großmacht / Supermacht, Riesentanker, Bestseller
aus einem bestimmten Material bestehend	[placa] vitrocerámica	Glaskeramik[kochfeld]

Tabelle 2.1/5: Bildung von Eigenschaftsbenennungen Spanisch und Deutsch

Im Bereich der Eigenschaftsbenennungen sieht man besonders gut, dass die beiden Sprachen „das Gleiche" mit verschiedenen Mitteln ausdrücken. In Tabelle 2.1/5 sind daher die spanischen und deutschen Eigenschaftsbenennungen nicht nach der Form, sondern nach der zu benennenden Eigenschaft gegenüber gestellt. Dabei fällt auf, dass die Wortbildungen sich im Spanischen auf wenige Präfixe oder Suffixe beschränken, während die Vielfalt der Ausdrucksmöglichkeiten im Deutschen stärker ausgeschöpft wird.

2.1.2.4 Benennung von Handlungen und Vorgängen

Neue Handlungsbezeichnungen in Form von Verben (seltener) oder Verbalsubstantiven werden unter anderem zur Benennung von neuen technischen Verfahren und Methoden benötigt. Hier lassen sich die spanischen Neologismen und ihre deutschen Äquivalente aus dem Korpus von 1980 wieder recht gut nach der Form vergleichen.

Verfahren	Spanisch		Deutsch	
Suffigierung	39,5 %	potabili*zación*, fre*gado* (12b:14), reciclaje	9,3 %	Verflüssi*gung*, Flu*orisierung*, transist*orisieren*
Präfigierung	30,0 %	*auto*seguro, *hemo*diálisis	18,6 %	*Um*polung, *Über*belichtung

Verfahren	Spanisch		Deutsch	
Komposition	7,0 %	radiosondeo, tera-pia de grupo	37,2 %	Trinkwasseraufbe-reitung, Hartglanz-beschichtung
Rekategorisie-rung	0,0 %	---	7,0 %	Chloren, Liften, vgl. Spülen von Hand (vgl. 12b:14)
Lehnwort	20,8 %	fixing, ranking, marketing (02a:1), lifting, uperisación („Ultrahocherhit-zung" von Milch)	23,3 %	Flashback, Count-down, Fixing, Ran-king, Marketing
Lehnüberset-zung	2,3 %	cuenta atrás, proceso de datos	0,0 %	--
Funktions-verbgefüge	0,0 %	--	4,6 %	eine Brustamputa-tion durchführen

Tabelle 2.1/6: Bildung von Handlungsbezeichnungen Spanisch und Deutsch

Es fällt auf, dass die Suffixbildungen im Spanischen wesentlich häufi-ger sind als im Deutschen und auch eine größere Vielfalt von Suffixen aufweisen. Im Deutschen dagegen sind erwartungsgemäß die Kom-posita am stärksten vertreten.

2.1.3 Zusammenfassung

Obwohl wir sehr viele verschiedene Aspekte der Kommunikations-handlung „Benennen" angesprochen haben, handelt es sich hier nicht um eine vollständige Darstellung. Das Ziel ist vielmehr, für die Unter-schiede zwischen beiden Sprachen und Kulturen zu sensibilisieren, um eine leichtfertige Gleichsetzung auf Grund von ähnlichen oder analogen Sprachstrukturen zu verhindern. In diesem Sinne können wir die Ausführungen zur Kommunikationshandlung Benennen in fol-genden Hinweisen zusammenfassen:

➜ Eigennamen werden in den beiden Kulturen unterschiedlich ge-braucht. In der Regel ist bei Personen aus spanischsprachigen Kultu-ren der erste Nachname der Vatersname, der auch für die Einordnung ins Alphabet maßgeblich ist (wichtig beim Zitieren und in Literaturli-sten!): also z.B. Matte Bon, Francisco – und nicht *Bon, Francisco Matte.

➜ Eigennamen haben nicht nur identifizierende Funktion, sondern oft auch Konnotationen.

➜ Bei der Behandlung von Namen historischer Persönlichkeiten ist Vorsicht geboten: Paralleltexte zeigen, ob und wie sie gegebenenfalls an die Zielkultur angepasst werden!

➜ Bei Personennamen in fiktionalen Texten ist daran zu denken, ob diese Namen neben ihrer identifizierenden auch eine darstellende Funktion haben sollen („sprechende Namen") und ob sie zur Kennzeichnung der kulturellen oder nationalen Herkunft einer Person dienen sollen. Namen aus der Welt des Lesers ermöglichen eine Identifizierung, fremde Namen schaffen kulturelle Distanz!

➜ Für manche Ortsnamen gibt es in anderen Kulturen „einheimische Formen".

➜ Für die Behandlung fremdkultureller Realiennamen gibt es oft bestimmte Konventionen, die je nach Medium, Textsorte etc. verschieden sein können. Paralleltexte analysieren!

➜ Bei Werktiteln aus anderen Kulturen gibt es oft Standard-Übersetzungen – nur unter diesem Titel ist das Werk in einer Kultur bekannt!

➜ Bei der Bildung neuer Benennungen werden die gängigen Verfahren (Suffigierung, Präfigierung, Kürzung, Komposition, Rekategorisierung/Terminologisierung und Entlehnung, einschließlich Lehnübersetzung) nicht immer in beiden Kulturen in gleicher Weise bevorzugt – die Präferenzen können auch von Fachgebiet zu Fachgebiet oder von Bezeichnungsklasse zu Bezeichnungsklasse variieren.

➜ Bei Entlehnungen ist auf die Konventionen der Zielkultur für Genuszuweisung, Pluralbildung oder Deklination von Lehnwörtern zu achten.

2.2 DETERMINIEREN

2.2.0 Allgemeines

Zur näheren Determinierung eines Referens dient im Wesentlichen der Artikel. Daneben können aber auch andere Wörter in Artikelfunktion ein Referens determinieren, z.b. *mein, nuestro, dieser, aquella* oder *jeder, cualquier*. Wir unterscheiden zwischen verallgemeinernder und spezifizierender Determinierung.

2.2.1 Verallgemeinern

Der Text *La solidaridad, el consumismo y el marketing* (02a) und die dazugehörige Übersetzung (02b) vermitteln einen ersten Überblick über den Gebrauch des Artikels zur Verallgemeinerung im Spanischen und Deutschen.

2.2.1.0 Formen der Verallgemeinerung

Verallgemeinerungen sind Äußerungen, die unabhängig von jedem beliebigen Kontext und jeder beliebigen Situation gelten sollen. Zum Zweck der Verallgemeinerung kann man entweder ein oder mehrere Exemplare stellvertretend für die ganze Gattung nennen oder, sofern es um ein begrenztes Vorkommen der Gattung geht, auf die Gesamtmenge oder eine Teilmenge referieren. Wir unterscheiden also zwischen Verallgemeinerung durch Referenz auf das Gattungswesen, Verallgemeinerung durch Referenz auf die Gesamtmenge und Verallgemeinerung durch Referenz auf eine Teilmenge.

2.2.1.1 Referenz auf das Gattungswesen

Die Referenz auf das Gattungswesen wird durch den Singular ausgedrückt, und zwar im Deutschen und im Spanischen mit dem unbestimmten oder dem bestimmten Artikel (*ein Erkrankter, der Geologe, el especialista*). Im Spanischen ist der unbestimmte Artikel jedoch seltener. In manchen Sprichwörtern kann auch der Null-Artikel stehen (Bsp. 2.2-3, im Deutschen wird hier auf die Gesamtmenge referiert).

2.2-1	*El especialista en marketing* estudia ... el comportamiento comprador. (02a:27)	*Der Geologe* und *der Physiker* bedienen sich weitgehend eindeutiger Termini (05c:36, Ü)

2.2-2	el PNB, como medida de la total actividad económica de *un país* (04c:14f.)	Rettungsflüge *eines Erkrankten* aus dem Ausland (06e:6)
2.2-3	*Perro ladrador*, poco mordedor. (Refrán)	*Hunde, die bellen*, beißen nicht. (Sprichwort)

Bei Stoffnamen und Abstrakta ohne nähere Spezifizierung, z.B. in Definitionen (Bsp. 2.2-4), oft auch in Sprichwörtern (Bsp. 2.2-6) und bei Namen von Studienfächern (Bsp. 2.2-5) steht im Spanischen nur der bestimmte Artikel, im Deutschen dagegen der Null-Artikel im Singular.

2.2-4	*El marketing* no es otra cosa que *la simple manipulación* de *los consumidores* (02a:8)	*Marketing* ist nichts anderes als schlichte Manipulation von *Verbrauchern / des Verbrauchers* (02b:7f., Ü)
2.2-5	las llamadas ciencias del comportamiento, como *la psicología, la sociología* y *la antropología* (02a:10)	die so genannten Verhaltenswissenschaften, wie z.B. *Psychologie, Soziologie* oder *Anthropologie* (02b:8ff., Ü)
2.2-6	*La necesidad* no conoce leyes. *La práctica* hace maestro.	*Not* kennt kein Gebot. *Übung* macht den Meister.
2.2-7	Ahora, para estar online, hay que *ponerse corbata*. (www.mujerdeempresa.com, 29.11.02)	Damit ist nicht gemeint, dass Du Dir *eine Krawatte* umbinden sollst! (Tipps für Singles, www.winglefiesta.de, 29.11.02)

Ebenfalls verallgemeinernd kann im Spanischen nach *tener* (oder anderen Verben wie *llevar, gastar, usar, vestir*, aber auch *comprar, conseguir*) ein Objekt (z.B. *teléfono, piso, coche*, vgl. Matte Bon 1995: I, 205) mit dem Nullartikel im Singular gebraucht werden, wenn in der betreffenden Kultur davon ausgegangen wird, dass von dem betreffenden Objekt jeweils nur ein Exemplar vorhanden ist (vgl. Laca 1999: 919). Im Deutschen steht in diesen Fällen meist der unbestimmte Artikel in unbetonter Form.

2.2.1.2 Referenz auf die Gesamtmenge

Wenn sich die Äußerung auf die Gesamtmenge von Exemplaren einer Gattung bezieht, steht grundsätzlich der Plural, im Spanischen nur mit dem bestimmten Artikel, im Deutschen meistens ohne Artikel.

2.2-8	Cocer *las legumbres. Las judías* se ponen en una olla... (13d:3)	*Hülsenfrüchte* müssen einige Zeit quellen... (13f:1)

2.2-9	*Los medicamentos* deben man- tenerse fuera del alcance de *los* *niños.* (Beipackzettel *Respibien*)	*Arzneimittel* für *Kinder* unzu- gänglich aufbewahren! (03b:34)

Zur Verstärkung der Verallgemeinerung durch Referenz auf die Gesamtmenge dienen Indefinitpronomina wie de. *alle, ganz, sämtlich /*
es. *todo,* de. *(ein) jeder, (ein) jeglicher /* es. *cada, todo, cualquier* (für
das Spanische vgl. Sánchez López 1999: 1036). Kriterien für den Gebrauch und die Differenzierung sind

➤ semantische Kriterien (Bedeutungsdifferenzierung), z.B. zwischen
   alle Welt und *die ganze Welt, alle Schüler* und *jeder Schüler,*

➤ prosodische Kriterien (Betonungsdifferenzierung), z.B. zwischen
   todo el mundo und *el mundo entero,* und

➤ stilistische Kriterien (Frequenzdifferenzierung), z.B. zwischen *jeder*
   Schüler (neutral), *jeder x-beliebige Schüler* (umgangssprachlich-
   salopp) und *(ein) jeglicher Schüler* (veraltet bzw. juristischer
   Sprachgebrauch, siehe Bsp. 2.2-13, 2.2-19). Im Interesse eines
   geschlechtsneutralen Sprachgebrauchs wird *jedermann* immer seltener verwendet.

2.2-10	...el comportamiento de *cualquier* *consumidor* (02a:19)	Der Anteil *derjenigen, die* frei von allen Sorgen sind (02c:21f.)
2.2-11	...millones de ellos *en todo el* *mundo* (01b:5)	Das wollte das Schönste sein *im* *ganzen Land* (12d:1f.)
2.2-12	Estas malas lenguas le habían atribuido a Miro *toda clase de* *padres y de madres* (15a:36f.)	[Der Mensch] wäre in *jeder na-* *türlichen Umwelt* lebensunfähig (05d:24)
2.2-13	Neues Testament, Lukas-Evan- gelium Kap. 2, Vers 3 (Weih- nachtsgeschichte): *Todos* iban a inscribirse, *cada uno* a su ciu- dad. (LAM 1964) E iban *todos* a empadronarse, *cada uno* en su ciudad. (N/C 1975)	Und *jedermann* ging, dass er sich schätzen ließe, *ein jeder* in seine *Stadt* (LUT 1984); *ein jeg-* *licher* in seine Stadt (LUT 1957) Daraufhin gingen *alle Leute* zu dem Ort, von dem ihre Familie herkam, um sich dort registrie- ren zu lassen. (B/N 1999)

Die stärkste Verallgemeinerung wird durch *cualquier* bzw. *jeglich* er-
reicht. *Todo* + Artikel bzw. *alle* betont mehr die Gesamtheit, während
cada oder *jede(r)* die einzelnen Bestandteile der Gesamtmenge stärker in den Blick nimmt. Aber auch der bestimmte Artikel im Plural hat

verallgemeinernde Funktion, wenn die Referenzgesamtheit angegeben oder im Kontext impliziert ist.

In juristischen Texten sind Referenzen auf die Gesamtmenge besonders häufig und vor allem dann wichtig, wenn sich der Textsender rechtlich absichern will oder muss.

2.2-14	No se incluyen *toda clase de extras*. (06b:4)	Die Preise enthalten *keine* versteckten *Extras*. (06d:30)
2.2-15	*Todos los componentes* han de someterse a la correcta disciplina del guía. (06b:11)	„Luftfrachtführer" [sind] *alle Luftfrachtführer, die den Flug-gast ... befördern.* (06f:3)
2.2-16	...facultado para introducir *cuantas modificaciones* aconsejen ... las circunstancias (06b:13, *cuantas = todas las que*)	Der Versicherer bietet Versicherungsschutz *für* medizinisch notwendige ... *Rettungsflüge* (06e:4f.)
2.2-17	la pérdida de *todo derecho de reclamación* total o parcial (06b:17)	*Jegliche Rückerstattung* der Kosten ist ausgeschlossen. (06d:16)
2.2-18	Nuestras bicicletas están garantizadas contra *cualquier defecto de fabricación* (11a:5f.)	Versicherungsfall ist *die* medizinisch notwendige *Heilbehandlung* ... (06e:19)
2.2-19	La garantía es aplicada ..., *cualquiera que sea* el país o lugar de compra (11a:25)	Weitergehende *Ersatzansprüche jeglicher Art* sind ausgeschlossen (11c:17)

An den Korpusbelegen fällt auf, dass Verstärkungen der Verallgemeinerung in den spanischen Texten häufiger sind als in den deutschen Texten, in denen statt dessen oft nur der Nullartikel im Plural steht (Bsp. 2.2-14, 2.2-16).

2.2.1.3 Verallgemeinerung durch Referenz auf eine Teilmenge

Auch die Referenz auf eine Teilmenge kann verallgemeinernde Funktion haben. Im Deutschen wird hier in der Regel der Plural ohne Artikel gebraucht, ebenso im Spanischen bei Sachbezeichnungen, bei Personenbezeichnungen dagegen der Plural mit dem unbestimmten Artikel. Der unbestimmte Artikel in Bsp.2.2-20 verweist auf die Zählbarkeit der *cosas* (auch wenn die Zahl nicht bekannt ist). Bei den Indefinitartikeln es. *algunos, un par de* oder *unos cuantos* bzw. de. *einige* oder *ein paar* (umgangssprachlich, vgl. Engel 1988: 589) steht dagegen nicht die Abgrenzbarkeit der Teilmenge, sondern die Geringfügigkeit der Anzahl im Vordergrund. Bei *algún/alguna* mit zählbaren Einheiten im Singular ist die gemeinte Menge noch geringer, sodass im Deutschen *manche/r* oder *manch ein/e* als Entsprechung in Frage kommen.

2.2-20	Y el muñeco decía *unas cosas tan divertidas* que... (15b:7)	Und sie sagte *so lustige Sachen,* daß... (15c:6f., Ü)
2.2-21	*unos pelines escasos,* mal di-señados en la frente (15a:19)	*Einige Veranstalter...* (06d:32) (besser: *Manche* Veranstalter...)
2.2-22	*un par de extraños* de pinta pali-ducha... (14a:12f.)	Er zündete, um sich zu wärmen, *einige Hölzer* an.. (14b:25).

Auch Bruchteil- und Prozentangaben referieren auf Teilmengen. Dabei ist ein Unterschied in der Sichtweise zu beobachten: Im Spanischen besagt der bestimmte Artikel, dass die Teilmenge klar definiert ist, *las cuatro milésimas partes* (04b:12), *el 50 por ciento* (Bsp. 2.2-23). Im Deutschen wird dagegen der Bruchteil als unbestimmt (*ein Viertel = einer von vier Teilen*) dargestellt, und bei den Prozentangaben dürfte die Etymologie (*10 Prozent = zehn pro hundert Einheiten,* das Verb steht im Plural!) für den Null-Artikel verantwortlich sein. Wann allerdings im Spanischen vor *por ciento* der bestimmte und wann der unbestimmte Artikel steht, ist nicht ganz klar. Die These von Halm (1971: 165), dass der unbestimmte Artikel vor allgemeineren Angaben stehe (z.B. *un 5 por ciento de comisión*), der bestimmte Artikel bei einem Prozentsatz mit der Angabe der Gesamtmenge (z.B. *el 51 por ciento de los electores votaron por los socialistas*), wird durch die Beispiele aus den Korpustexten nicht eindeutig bestätigt (gegen die These sprechen Bsp. 2.2-24 und 2.2-25). Die Belege zeigen, dass nach der Präposition *en* häufiger der unbestimmte Artikel steht und dass Prozentangaben in Subjektposition meist den bestimmten Artikel (Bsp. 2.2-23, 2.2-24) haben; in Bsp.2.2-25 könnten der bestimmte und der unbestimmte Artikel zur stilistischen Variation verwendet worden sein (→ 2.3.2.1).

2.2-23	*más del 50 por ciento* de su ex-tensión total penetra en territorio peruano (14a:31f.)	So gelte es bei *70 Prozent* der Autofahrer als völlig in Ordnung ... (02c:7)
2.2-24	En *un 22,6 por 100* de la superfi-cie se concentra *el 40,9 por 100*	Walter Altmann von der Ver-bundnetz-Gas-AG bei Leipzig

	de la población y *el 54,7 por 100* de la renta nacional. (TAM 74: 417)	beziffert die dortigen Ortsnetz-Verluste *auf vier bis elf Prozent* der Produktion. (GEO10/92)
2.2-25	la España interior, que comprende *el 66,9 por 100* del territorio peninsular, sólo vive *el 41,6 por 100* de la población total, mientras que la España periférica ... comprende *un 57,7 por 100* de la población peninsular. (TAM 74: 29)	Der Außenhandel läuft weiter auf Hochtouren. Im ersten Quartal 2000 zogen die Exporte *um 20,3 Prozent* gegenüber dem Vorjahreszeitraum an (SZ 9.6.00, Wirtschaft)

Übrigens fällt auf, dass in deutschen Texten die Schreibung *Prozent* wesentlich häufiger verwendet wird als das Prozentzeichen „%". In den konsultierten spanischen Texten halten sich die Formen *por ciento* und *por 100* in etwa die Waage, das Prozentzeichen kommt in den untersuchten Texten (außer in Tabellen) nicht vor.

2.2.2   Spezifizieren

Bei der Spezifizierung wird das Referens als besonderes Exemplar der Gattung oder als Individuum determiniert.

2.2.2.0 Formen der Spezifizierung

Je nach dem Spezifizierungskriterium unterscheiden wir die Spezifizierung auf Grund des Grades der Bekanntheit, auf Grund der Distanz zu den Kommunikanten, auf Grund der Zugehörigkeit oder auf Grund einer quantitativen oder qualitativen Rangfolge.

2.2.2.1 Spezifizierung auf Grund des Bekanntheitsgrades

Wie wir gesehen haben, drückt der Null-Artikel den geringsten Grad an Spezifizierung und damit eine Verallgemeinerung aus. Ein Eigenname repräsentiert dagegen den höchsten Grad an Bestimmtheit, da man auf ein individuelles Referens mit dem Eigennamen nur verweist, wenn man davon ausgeht, dass der Empfänger es ebenfalls kennt. Dazwischen liegen graduelle Abstufungen der Bekanntheit.

Der unbestimmte Artikel im Singular signalisiert, dass das Referens *ein* (allerdings nicht identifiziertes) Exemplar aus der Menge der möglichen Referentien ist. Bei einem Abstraktum, das eigentlich nicht zählbar ist (z.B. *verdad – Wahrheit*), bewirkt der unbestimmte Artikel im Spanischen eine Konkretisierung, die im Deutschen oft durch die Referenz auf ein Konkretum ausgedrückt wird (Bsp. 2.2-26). In manchen Kontexten, besonders mit Personenbezeichnungen (Bsp. 2.2-27), ist beim unbestimmten Artikel auch die Interpretation *irgend ein* oder *ein beliebiges Exemplar* möglich. Das gilt grundsätzlich für beide Sprachen. Der bestimmte Artikel spezifiziert dagegen stärker und steht bei Abstrakta vor allem dann, wenn sie durch ein Attribut eingegrenzt sind (Bsp. 2.2-28).

2.2-26	*una verdad* sabida por todos (02a:2)	*eine* sattsam bekannte *Tatsache* (02b:1, Ü)
2.2-27	anuncios donde aparece *un monitor* de *un gimnasio* (02a:4f.)	Einmal flog *einem Mann* die Perücke vom Kopf (15c:8, Ü)
2.2-28	*la seguridad* de los vehículos (02a:4)	*die Sicherheit* eines Autos (02b:3, Ü)

Obwohl Eigennamen den höchsten Grad an Bestimmtheit ausdrücken, kommen sie sowohl im Deutschen als auch im Spanischen mit dem unbestimmten Artikel vor, und zwar zum einen bei der Umwandlung des Eigennamens in einen Gattungsnamen (*ein Goya* = *ein Bild von Goya*) und zum anderen zur Relativierung. In Bsp. 2.2-29 wird der Eigenname durch das Adjektiv relativiert (*ein besorgt dreinschauender* im Gegensatz zu *einem lächelnden Basajew*), in Bsp. 2.2-30 dadurch, dass die genannten Personen als mögliche Beispiele unter anderen genannt werden.

2.2-29	En las últimas imágenes llegadas desde Daguestán se puede ver a *un preocupado Shamil Basáyev*... (07a:18-20)	*Ein übermächtiger US-Präsident* Bill Clinton hat ... bekannt gegeben. (SZ 21.7.00, 8)
2.2-30	En estos días verificamos lo que siempre sostuvieron *un Karl Popper* o *un Hayek* o *un Raymond Aron*, en contra de *un Maquiavelo, un Marx, un Spengler* o *un Toynbee*. (Vargas Llosa, El País 4/90)	Madrid war Forum für *einen Cervantes, Lope de Vega, Calderón, Velázquez* ... (A. Dieterich im Merian-Heft Madrid, 1963)

Die unterschiedliche Artikelsetzung bei Titeln (*Frau Meier, Professor Müller – el señor García, la profesora Pérez,* aber: *don Pedro*) lässt sich so erklären, dass es sich im Spanischen bei *el señor* oder *la profesora* genau genommen nicht um Titel, sondern um Gattungsnamen handelt und eine mit Eigennamen benannte Person eben zu den bekannten Elementen gehört (entsprechend fehlt der Artikel in der Anrede und bei *don / doña* sowie *San / Santa*, bei denen es sich um Titel handelt). Im Deutschen dagegen ist *heilig* bei Heiligennamen als Adjektiv gebraucht und nicht als Titel oder Namensbestandteil, daher auch die Kleinschreibung (vgl. Duden-Hauptschwierigkeiten).

2.2-31	la visita *del secretario general de la Alianza*, George Robertson (ABC 2/00)	*Das spanische Staatsoberhaupt* Juan Carlos I.; Das Charisma von *König Juan Carlos*... (SZ 6/00)
2.2-32	*el presidente*, Boris Yeltsin, entregó el martes la jefatura de la campaña al Ministerio de Defensa (07a:8f.)	*Präsident Boris Jelzin* hatte am Dienstag... (07b:14). *Der neue Ministerpräsident* Wladimir Putin (07b:18f.)
2.2-33	La beatificación de nuestro *don Manuel*, o, mejor, *San Manuel*... (Miguel de Unamuno, *San Manuel Bueno, mártir*, Madrid 1966)	Martinstag, Martini, Tag *des hl. Martin* von Tours (11.11.), wurde bes. in Holland... zu einem Volksfeiertag. (Brockhaus 1974)
2.2-34	el Perú, el Ecuador, la Argentina, el Uruguay, el Paraguay, el Brasil, el Afganistán, la China, el Japón, la India, el Canadá	Peru, Ekuador, Argentinien, Uruguay, Paraguay, Brasilien, Afghanistan, China, Japan, Indien, Kanada
2.2-35	La Habana, El Cairo, La Meca	Havanna, Kairo, Mekka
2.2-36	Suiza, Turquía	die Schweiz, die Türkei
2.2-37	los Países Bajos, el Yemen, el Líbano, La Haya, El Havre, Los Angeles, los Estados Unidos (EE.UU.)	die Niederlande, der Jemen, der Libanon, Den Haag, Le Havre, Los Angeles, die Vereinigten Staaten (USA)

Die Setzung des Artikels bei bestimmten Länder- und Ortsnamen lässt sich nicht mit dem Kriterium Bekannt-Unbekannt erklären. Hier ist der Artikel Teil des Eigennamens.

2.2.2.2 Spezifizierung auf Grund der Distanz

Auch der Demonstrativ-Artikel dient der Spezifizierung: Er determiniert das Referens auf Grund der Distanz zum Sprecher bzw. Hörer. Im Spanischen stehen drei (*este, ese, aquel*), im Deutschen nur zwei Formen (*dieser, jener*) zur Verfügung, von denen *jener* überdies als schriftsprachlich bzw. gehoben markiert ist (vgl. Duden 1993). So

bleibt im Deutschen praktisch nur eine Form des Demonstrativ-
Artikels übrig, die dann allerdings durch den Zusatz *hier* oder *da* bzw.
dort variiert werden kann. Zum Ausgleich erfüllt jedoch der bestimmte
Artikel in betonter Form die Funktion eines Demonstrativums (*der
Mann, die Frau*). Ohne Zusatz dient der Demonstrativ-Artikel *dieser*
vor allem der Hervorhebung (das, was als nah determiniert wird, erhält gewissermaßen die größte Aufmerksamkeit) und zur Variation bei
der Wiederaufnahme (→ 2.3.2.2) im Text. Demonstrativ-*Pronomina*[15]
(im Spanischen im Maskulinum und Femininum mit dem Unterschei-
dungsakzent) ersetzen eine Kollokation aus Demonstrativ-Artikel und
Substantiv, wenn das Referens im Kontext klar determiniert ist (Bsp.
2.2-38).

2.2-38	El especialista en márketing es-tudia – y *éste* es el meollo de es-ta rama de la economía – el comportamiento (02a:27f.)	Der Marketingspezialist analy-siert das Käuferverhalten – *das* ist die Kernaufgabe dieser Bran-che – und... (02b:29f., Ü)
2.2-39	Dada la vía de aplicación de *este preparado*... (03a:33f.)	...ist die Verträglichkeit von *Otri-ven* ... gut (03b:42)
2.2-40	El arrendatario reconoce que *el vehículo alquilado* está en per-fectas condiciones..., que lo re-cibe con la documentación y una copia *del CONTRATO DE AL-QUILER*... (06a:1ff.)	Im Sinne *dieses Vertrages* be-deutet „Flugschein" *diesen Flug-schein und Gepäckabschnitt*, dessen Bestandteil *diese Bedin-gungen und Hinweise* sind. (06f:1f.)
2.2-41	Las visitas y excursiones que fi-guran en *este programa*... (06b:1)	Die Preise *der Ausflüge* beinhal-ten Transport, Fährenticket... (06d:1)
2.2-42	*Esa mañana* del 17 de marzo del año 45 a. de J.C., todo está apa-cible. Sin embargo, *aquella cal-ma* va a ser turbada..(08a:4, Ü)	*Am Morgen* des 17. März des Jahres 45 v. Chr. herrscht Frie-den... Bald jedoch soll *diese Ru-he* gestört werden...(08b:6f., Ü)
2.2-43	*Aquel gesto* encantador extraña a algunos Iberos...¿Qué le está haciendo *a ése*? (08a:19, Ü)	*Diese charmante Geste* erstaunt einige Iberer... Was macht er *da*? (08b:20, Ü)

---

[15] Wir unterscheiden den Demonstrativ-*Artikel*, der attributiv beim Substantiv
gebraucht wird, vom Demonstrativ-*Pronomen*, das ein Substantiv ersetzt.
Das gleiche gilt für die Possessiva (2.2.2.3).

Abgesehen von ihrer anaphorischen Funktion, die weiter unten (→ 2.3.2) behandelt wird, haben Demonstrativa eine Zeigefunktion, d.h. sie verweisen auf die Kommunikationssituation selbst. Das kann in der schriftlichen Kommunikation der Kommunikationsgegenstand sein (Bsp. 2.2-39, 2.2-41), das Kommunikationsmedium, das der Leser in der Hand hält (Bsp. 2.2-40), oder der Text, den er liest (*diese Bedingungen und Hinweise*, Bsp. 2.2-40). Hier wird im Deutschen und im Spanischen vor allem *dieser* bzw. *este* gebraucht, da der bestimmte Artikel nicht die Nähe zum Sprecher signalisieren kann.

In der mündlichen Kommunikation finden wir dagegen im Spanischen alle drei Formen des Demonstrativums. Als Faustregel gilt: *este* bezeichnet das, was der Sprecher als (physisch oder psychisch) nah bei sich selbst ansieht, *ese* das, was der angesprochenen Person zugeordnet wird, und *aquel* das, was außerhalb ihrer beider Reichweite liegt (vgl. Laca 1999: 940). In Text 08a/b wird eine solche mündliche Kommunikation simuliert, wobei sich der Erzähler als Sprecher an den Leser wendet. Daher wird der Morgen des 17. März des Jahres 45 v. Chr. (Bsp. 2.2-42) durch *esa* in eine (zeitliche) Entfernung zum Leser gerückt, die geringer ist als die zu *aquella calma* und *aquel gesto* (Bsp. 2.2-43). Das ist nicht ganz kohärent, da es ja um einen einheitlichen Zeitpunkt geht – im französischen Original wird dagegen durch *ce matin* und *ce calme* bzw. *ce geste* eine kohärente Situation beschrieben, die in die Nähe des Lesers gerückt und damit präsentisch auf die in den folgenden Bildern beschriebene Situation bezogen ist (vgl. dazu auch *aquellos ojos* in Text 15a:17f.). *Am Morgen* ist dagegen neutral und enthält keinen Situationsbezug. Dann hat das Demonstrativum in *diese Ruhe* sowie *diese Geste* lediglich anaphorische Funktion und weist auf *Frieden* bzw. *Cäsar ehrt seine alte Garde* und die Szene, in der er den Legionär ins Ohr kneift, zurück (zur Kohärenz zwischen *Frieden* und *Ruhe* → 2.3.2.1).

Der ins Ohr gekniffene Legionär ist vom „ersten Iberer" aus gemessen in einer mittleren Entfernung zu sehen, eher im Bereich des angesprochenen „zweiten Iberers". Im Deutschen ist diese Entfernung durch *da* ausgedrückt, das auf Julius Cäsar bezogen ist. Da Cäsar und der Legionär in der gleichen Entfernung zu den Beobachtern stehen, ist die Szene kohärent.

2.2.2.3 Spezifizierung auf Grund der Zugehörigkeit

Der so genannte Possessiv-Artikel wird ebenfalls zur Determinierung verwendet. Er spezifiziert das Referens im Hinblick auf seine Zugehörigkeit zum Sprecher, zum Adressaten oder zu Dritten. Unterschiede zwischen deutschem und spanischem Gebrauch der Possessiv-Artikel liegen vor allem in der Frequenz und Distribution. Im Spanischen wird die Zugehörigkeit meist dann nicht eigens hervorgehoben, wenn sie aufgrund des Weltwissens als selbstverständlich gilt, also z.B. bei Körperteilen, Kleidungsstücken, Besitztümern oder Charaktereigenschaften von Personen (vgl. auch Gili Gaya 1989: 240), oder wenn sie im Kontext bereits anderweitig signalisiert wurde (z.B. durch ein Pronomen, etwa *nos* in *sacarnos el dinero* (02a:6f.), *sich* in Bsp. 2.2-45). Zugehörigkeit kann jedoch auch durch einen Relativsatz mit *tener* ausgedrückt werden (Bsp. 2.2-44).

2.2-44	[la satisfacción] que puede provenir del producto en sí, de *sus accesorios, garantía* ... y de *la capacidad que tenga* de satisfacer ... (02a:25f:f)	Er schlotterte *am ganzen Körper*, und *seine goldene Krone* rutschte ihm dabei immer hin und her. (15d:9f.)
2.2-45	*Las* mejillas ... manifestaban tener un dueño activo (15a:21)	Es [= das Mädchen] bekleckerte *sich sein Kleid* (15c:9f.)
2.2-46	...la chiquillería había bajado hasta el lago, para que *sus vacas y chanchos* engulleran las plantas acuáticas... (14a:9)	Das Kind ist Minenarbeiter, und *in der freien Hand* hält es ein langes, spitzes Eisen. (14b:1)
2.2-47	EGARONE se caracteriza por la extraordinaria duración de *sus efectos... Su acción* vasoconstrictora ... (03a:4)	Aufgrund *seiner* analgetischen ... *Wirkung* behebt Dismenol... (Packungsbeilage Dismenol-Tabletten, vgl. dagegen 03b:36)

Im Deutschen ist der Possessivartikel bei Körperteilen u.ä. zwar häufiger als im Spanischen, die Beispiele aus den Texten zeigen jedoch, dass der bestimmte Artikel in vielen Fällen ebenfalls akzeptabel ist (Bsp. 2.2-46).

2.2.2.4 Spezifizierung auf Grund von Quantität und Rangfolge

Bei dieser Art Spezifizierung können wir zwischen der Spezifizierung der Quantität (Mengenangaben) und der Rangfolge unterscheiden.

2.2.2.4.1 Mengenangaben

Bei der Angabe von Mengen durch Kardinalzahlen ist vom Sprachsystem her kein Unterschied zwischen Spanisch und Deutsch festzustellen: In beiden Sprachen gibt es die gleichen Zahlen, die gleiche Mengen bezeichnen, und eigentlich müssten wir hier einen Fall von absoluter Äquivalenz vor uns haben. Wenn wir aber den Gebrauch näher anschauen, fallen ein paar interessante Unterschiede auf.

a) Artikel vs. Zahlwort
Im Spanischen trägt der Artikel keinen Satzakzent, sondern lehnt sich in der relativ festen spanischen Intonationskurve an das darauf folgende Substantiv an, das dann den Satzakzent trägt. Der Satz *La luz es una forma...* hat also den Ton jeweils auf den unterstrichenen Wörtern. Wenn nun das *una* nicht als Artikel, sondern als Zahlwort verstanden werden soll, das kataphorisch auf den folgenden Relativsatz verweist, müsste es betont sein – und das geht nur durch eine andere syntaktische Struktur: *La luz es una de las formas de energía que...* (04a:1). Im Deutschen kann auf Grund der freien Betonung im Satz jedes Wort betont werden, auf dem ein Fokus liegen soll (siehe oben, 1.2.1.2). Eine idiomatisch akzeptable Übersetzung des genannten Beispiels wäre daher: *Licht ist eine Energieform, die...*

b) Angabe eines Vielfachen
Im Spanischen wird häufig die Angabe eines Vielfachen anstatt der Angabe der einfachen Menge (besonders gern *doble* anstatt *dos*, *múltiples* anstatt *muchos*) bevorzugt.

2.2-48	para evitar *el doble cómputo* de un mismo valor (04c:14)	*Doppel-Scheinwerfergrill* mit Halogenscheinwerfern (12d:10f.)
2.2-49	no vamos a describir *las múltiples versiones* expuestas (04a:7)	Ihrem Reise-Haartrockner sind *zwei Adapter* beigefügt (10b:48)
2.2-50	rutas y viajes *por múltiples localidades* (12a:13)	Er verabschiedete sich *mit vielen Verneigungen* (15d:24f.)

2.2-51	tres nuevos casos del mal de las vacas locas, que elevan la cifra de reses afectadas a 33 en España. Esa cifra *se multiplicará por más de 100* hasta superar los 3.500 casos en los próximos cinco o seis años... (El País, 1-3-01)	Dezibel ist eine logarithmische Maßeinheit, eine Zunahme um 10 Dezibel bedeutet deshalb eine *Verzehnfachung* der Schallenergie, eine Erhöhung um 40 infolgedessen eine *Verzehntausendfachung* – die jedoch das Ohr nur *16-mal so laut* empfindet. (DIE ZEIT 09.08.01)
2.2-52	Milosevic y su mujer adquirieron la mansión por cerca de un millón y medio de pesetas, precio que los expertos aseguran que está *cien veces por debajo del* valor real de la propiedad (El País, 1-3-01)	Wie viel Strom würde insgesamt gespart, wenn die Marktdurchdringung dieser Technologie *von 30 auf,* sagen wir, *90 Prozent* stiege? (DIE ZEIT 26.07.01)

Im Deutschen sind konkrete absolute oder relative Zahlenangaben (Bsp. 2.2-49, 2.2-50) bei der Beschreibung quantitativer Entwicklungen üblicher als die Angabe eines Vielfachen oder Bruchteils (Bsp. 2.2-52: „von 30 auf 90" statt „verdreifachen").

c) Kollektiva

Auch sonst werden im Spanischen zur Angabe von Mengen statt Kardinalzahlen häufiger Kollektivbezeichnungen und deren Bruchteile oder Vielfache verwendet: zum Beispiel *un par* (= zwei), *una decena* (= zehn), *una docena* (= 12, ein Dutzend), *una quincena* (= 14 Tage, zwei Wochen), *una veintena* (= 20), *una centena* bzw. *un centenar* (= 100), *un millar* (= 1000). Das gilt besonders für die Angabe von Zeiträumen, wo das Spanische eine größere Vielfalt von Kollektivbezeichnungen aufweist; neben dem Jahrzehnt (*el decenio*), dem Jahrhundert (*el siglo*) und dem Jahrtausend (*el milenio*) benutzt man auch noch das „Jahrfünft" (*el lustro*), das im Deutschen in der Form *Lustrum* nur in sehr geschraubtem Stil vorkommt (Bsp. 2.2-53).

Im Deutschen war es früher ebenfalls üblicher, von einem *Dutzend* oder gar einem *Schock* (= 60) oder einem *Gros* (= 12 Dutzend, also 144) Eier zu reden – die üblichen Zehnerpackungen haben diese Sitte aussterben lassen. Beim Geld haben wir bis zur Euro-Einführung noch *1 Groschen* für *10 Pfennig* (aber nicht *ein halber Groschen* für ein Fünfpfennigstück!) gesagt, in Spanien *un duro* statt *cinco pesetas,* auch *cinco duros* statt *veinticinco* und *veinte duros* statt *cien pesetas*. Es bleibt abzuwarten, ob sich Ähnliches mit den Cents einbürgert.

2.2-53	Lo que fue motivo de ilusión renovadora en aquellos *decenios*, cinco *lustros* más tarde es una de las principales causas de inseguridad (R. Mesa, Temas de nuestra época, 6/88)	*in den letzten 20 Jahren* (02c:37) in den kommenden *drei Lustren* (ZEIT 8/00)
2.2-54	Junto con el inglés, [el español] forma *la exclusiva pareja de genuinas lenguas multinacionales* (Juan Lodares, Boletín inf. de la Fundación Juan March 3/93)	Englisch und Spanisch sind *die beiden einzigen* wirklich „multinationalen" Sprachen (CN)
2.2-55	La segunda *quincena* de marzo de 1937 estuvo marcada por la victoria de Guadalajara. (Villa de Madrid 3/87)	Rückblick auf *40 Jahre* DDR-Geschichte (Josef Nolte in DIE ZEIT 11/90, Rezension)
2.2-56	*Durante más de dos siglos*, a los niños se les podía pedir disciplina en nombre de alguna autoridad moral. (El País, 1.3.01, 26)	*Vor 100 Jahren* wurde die Wuppertaler Schwebebahn eröffnet. ... *Vor einem halben Jahrhundert* war es... (FAZ, 1.3.01, 11)
2.2-57	Después de recorrer *una treintena de ciudades* de España, México, Argentina y Panamá, el montaje [La Dama Duende] regresa a Madrid. (El País, 1.3.01)	Wir setzen Maßstäbe. *Seit über 30 Jahren.* (Anzeige Airtours, in FAZ 1.3.01) nach *drei Jahrzehnten* Kommunismus (FAZ, 1.3.01,13)
2.2-58	*1 vaso* de caldo, *medio vaso* de vino blanco (13c:3f.)	*1 l* Wasser, *500 g* Kartoffeln, *150 g* Gouda (13e), *4 EL (50 g)* Zucker (Dr. Oetker)
2.2-59	En *cuatro palabras*, [Safiya] dice también que confesó todo lo que querían, porque tenía miedo. (Mundo, 18.3.02, 25)	An der Kreuzung links und dann noch *zwei, drei Meter* (www.lebenswissen.de, 20.3.02)

Interessant sind auch die verallgemeinernden Mengenangaben: dt. *zwei, drei* für *sehr wenige*, im Spanischen öfter *cuatro* (vgl. Bsp. 2.2-59), sowie ungefähre Mengenangaben mit Hilfe von Gefäßen (*Glas, Tasse*, Bsp.2.2-58) oder Verhältnissen (*2 Teile Rum, 1 Teil heißes Wasser*) in älteren Rezepten.

d) Maßangaben

Bsp. 2.2-58 zeigt einen weiteren wichtigen Unterschied im Gebrauch von Maßangaben. Im Spanischen steht bei allen Mengen- oder Teilmengenangaben der so genannte Genitivus partitivus, bei dem das Genitivattribut den Stoff nennt, von dem ein Teil abgenommen wird – im Deutschen eine Juxtaposition: *1 Bund Petersilie* (13e:3), *3 Jahre Garantie* (11d:3). Früher gab es auch im Deutschen einen Genitivus partitivus (z.B. *1 Glas warmer Milch*, vgl. Duden-Grammatik § 5739, statt heute: *1 Glas warme Milch*). Das gilt auch für andere Mengenmaße, z.B. für die Bemessung von Zeiträumen oder Abstrakta (*un año de experiencia*, 01a:27, vs. *12 Wochen Theorie*, 01f:12, oder *jede Menge Spaß*, 01c:6). Die Zeiträume selbst werden in beiden Sprachen im Nominativ angegeben: *2 bis 3 Monate jobben* (01g:2), *dejar cocer 15 minutos más* (13a:9). Möglich ist auch ein Kompositum (Bsp. 2.2-60, 2.2-62). Lediglich bei einer unbestimmten Mengenangabe im Plural wird im Deutschen die Präposition *von* verwendet (*churretes de crema*, 15b:12 – *Ströme von Eiskrem*).

2.2-60	una rodaja de limón	eine Zitronenscheibe
2.2-61	200 cajas de paté de oca	200 Kartons Gänseleberpastete
2.2-62	un gran caudal de aire	ein starker Luftstrom
2.2-63	dos gotas de aceite	2 (= einige) Tropfen Öl
2.2-64	un montón de pañuelos	ein Stapel Taschentücher
2.2-65	un pellizco de sal	eine Prise Salz
2.2-66	una rama de vainilla o canela	eine Vanille- oder Zimtschote

Maßangaben werden häufig abgekürzt. Soweit angegeben, stammen die Abkürzungen oder Vollformen in Tabelle 2.2/1 aus den Korpustexten. Die Setzung von Punkten sowie die Kennzeichnung des Plurals ist nicht einheitlich (zu den Einheiten vgl. PLANETA 1982: 807, unter „Unidades de medida", Brockhaus 1974: 499, unter „Maße und Gewichte").

Abkürzung	Vollform	Abkürzung	Vollform
pts (12a:25)	pesetas	7,20 DM (06e:64)	D-Mark
h (PLA)	de 6 a 8 horas (03a:5)	Std.	8 bis 10 Stunden (13f:5)
min (PLA)	15 minutos, otros cinco minutos (13a:9,10)	Min.	10 Minuten (13e:7)

Abkürzung	Vollform	Abkürzung	Vollform
10.000 Pts./año	pesetas por / al año	3 Pf/Min (12c:19)	Pfennig pro Minute
mgr. (03a:41ff.)	miligramos	0,3 ml (03b:47)	Milliliter
100 cc. (03a:45)	centímetros cúbicos	mg/ml (03b:11)	Milligramm pro Milliliter
grs. (19a:20)	150 gramos (13a:2)	g (03b:54, 13e:1ff.)	Gramm
l (PLA)	cuarto litro de agua (13a:5)	l (13e:1)	Liter
485 km de costa	485 kilómetros	km	485 Kilometer Küste
23.505 km^2 (09a:9)	8.965 kilómetros cuadrados (14a:32)	km^2	Quadratkilometer
W (10a:1)	Watios	W	Watt
V (PLA)	voltio (PLA)	V	120 Volt (10b:8)
m (PLA)	6.500 metros (14a:27)	m	600 Meter (14b:20)

Tabelle 2.2/1: Abkürzungen für Maßeinheiten

Außer in Listen (z.B. Zutatenangaben in Rezepten) sind in den Korpustexten die Maßangaben häufiger ausgeschrieben als abgekürzt.

2.2.2.4.2 Rangangaben

Rangangaben können sich auf die chronologische Reihenfolge beziehen oder auf eine Hierarchie auf Grund von Kriterien wie Größe, Bedeutung, Schönheit, Schnelligkeit usw. Hier sind einige Unterschiede im Sprachgebrauch des Spanischen und Deutschen festzustellen.

Bei chronologischen Rangangaben werden im Deutschen stets die Ordnungszahlen verwendet, im Spanischen häufig auch die Grundzahlen, bei Herrschern und Päpsten im allgemeinen ab dem zehnten Platz (*Alfonso IX = Alfonso Noveno, Alfonso X = Alfonso Décimo* oder *Alfonso Diez, Alfonso XI = Alfonso Once*)[16]; ebenso bei

---

[16] Man beachte die unterschiedliche Schreibung, im Deutschen römische Zahlen mit Punkt, im Spanischen ohne Punkt: *Alfonso XIII* (sprich: Alfonso Trece) – *Alfons XIII.* (sprich: Alfons der Dreizehnte), *el papa Juan XXIII*

Geburtstagen und Jahrestagen: *su 26 (veintiséis) cumpleaños, el 52 (cincuenta y dos) aniversario de la revolución*, bei mehreren hundert oder tausend Jahren werden die Kollektivangaben *centenario* oder *milenario* benutzt: *el quinto centenario del descubrimiento de América* – *der fünfhundertste Jahrestag der Entdeckung Amerikas;* bei Jahrhunderten steht im Spanischen die Grundzahl (römische Ziffern), im Deutschen die Ordnungszahl (arabische Ziffern) mit dem bestimmten Artikel: *el siglo XX* (Abkürzung, selten: *s.*), *das 20. Jahrhundert* (Abkürzung: *Jh.* oder *Jahrh.*). Auch bei Datumsangaben wird im Deutschen die Ordnungszahl und im Spanischen die Grundzahl verwendet (beim ersten Tag des Monats auch die Ordnungszahl: *el 1° [= primero] de mayo*).

2.2-67	la [problemática] planteada en *el siglo V* antes de Cristo (05a:10f.)	wie die griechischen Philosophen *des 5. Jahrhunderts* vor Christi Geburt (05c:12)
2.2-68	a partir del momento – *siglos XVI y XVII* (05a:16f.)	zwischen dem 12. und dem 15. Jahrhundert (09c:11)
2.2-69	... los anuales «Cursos Internacionales de Prehistoria y Arqueología» (*el número XXXV* se celebró en 1981) (Ampurias, Guía itineraria, Barcelona 1982)	Der alte Passauer Stadtteil Neumarkt .. entwickelte sich seit *Mitte des 13. Jh.* innerhalb eines ... Mauerbereichs (Baedekers PASSAU, Freiburg 1986)
2.2-70	Esa mañana *del 17 de marzo del año 45 a. de J.C.*, todo está apacible... (08a:4, Ü)	Am Morgen *des 17. März des Jahres 45 v.Chr.* herrscht Frieden... (08b:5, Ü)

Bei hierarchischen Rangangaben werden im Deutschen die Ordnungszahlen mit dem Ordnungskriterium zusammengesetzt, im Spanischen ergibt sich das Ordnungskriterium aus dem Kontext: *das drittschnellste Auto im Rennen* – *el tercer coche en la carrera*. Auch in Bsp. 2.2-73 gehen wir auf Grund unseres Weltwissens (es geht hier um eine besondere Hervorhebung der Bedeutung!) davon aus, dass die Rangfolge gemeint ist. Spanisch könnte auch „eine der vier großen Weltsprachen" genannt werden, wenn es die zweitgrößte Spra-

---

(sprich: *Juan Veintitrés*) – Papst Johannes XXIII. (sprich: *Johannes der Dreiundzwanzigste*).

che der Welt wäre – aber dann hätte man ja ebenso gut *una de las dos grandes lenguas* sagen können.

2.2-71	No es conjeturable el futuro del español sin recordar algunos datos de su proceso de ascensión al puesto discutido de *segunda lengua internacional.* (Emilio Lorenzo, País 3/88)	Argentinien ist nach Brasilien das *zweitgrößte Land* Lateinamerikas (und das *achtgrößte Land der Welt*) (Junghans, Argentinien-Handbuch, 1992)
2.2-72	España es *el segundo país* de Europa en altura media (el primero es Suiza) (04b:16)	...ihre Position als *zweitstärkste* deutsche Zigarettenmarke (SZ 19.06.00, Wirtschaft)
2.2-73	El español es *una de las cuatro grandes lenguas del mundo* (Juan R. Lodares in Boletín informativo de la Fundación Juan March, Madrid 2/1993)	Das *zweithäufigste* Wort in den britischen Zeitungen vom gestrigen Sonntag (SZ 19.6.00, Sport)

Die Kombination aus Ordnungszahl und Superlativ (wie in Bsp. 2.2-74 und 2.2-75) ist offenbar vor allem in Lateinamerika gebräuchlich. Bsp. 2.2-75 stammt zwar aus einer spanischen Wirtschaftszeitung, könnte jedoch durch eine venezolanische Quelle beeinflusst sein. Auch die konsultierten Grammatiken schweigen sich darüber aus.

2.2-74	El atentado a Nueva York podría ser situado como *el tercer mayor* desastre en la historia de las aseguradoras. (El Economista, México, 14-09-01)	Der Anschlag vom 11. September kann wohl als die *drittgrößte* Katastrophe in der Geschichte der Versicherungsunternehmen betrachtet werden. (CN)
2.2-75	La producción [de crudo] de Venezuela es de 2,8 millones de barriles diarios, de los que exporta un millón a EEUU, país del que es *el tercer mayor proveedor* de crudo. (Expansión, Spanien, 16.3.02, 37)	Venezuela produziert 2,8 Mio. Barrel Erdöl pro Tag. Davon werden 1 Mio. Barrel in die USA exportiert, dessen *drittgrößter* Erdöllieferant Venezuela ist. (CN)
2.2-76	Exigieron, *por enésima vez*, que los países ricos destinen el prometido 0,7% del PIB para ayuda al desarrollo. (El Mundo, 18.03.02)	Sie hatte es ihm schon *zum x-ten Mal* verboten (Duden 1993, als umgangssprachlich markiert)

Stellvertretend für eine nicht spezifizierte, aber hohe Ordnungszahl steht im Spanischen *n*, im Deutschen *x* (Bsp. 2.2-76).

2.2.3   Zusammenfassung

Determinieren heißt, aus der Menge möglicher Referentien auf Grund
bestimmter Kriterien eines oder eine Teilmenge zu bestimmen. Aussagen, die sich nicht auf bestimmte Referentien beziehen, bezeichnen
wir als Verallgemeinerungen. Die Ausführungen zur Kommunikationshandlung Determinieren lassen sich in folgenden Hinweisen zusammenfassen:

➡ Die Referenz auf das Gattungswesen wird durch den Singular, die
Referenz auf die Gesamtmenge durch den Plural ausgedrückt. Im
Deutschen scheint die Referenz auf das Gattungswesen die häufigere
Form der Verallgemeinerung zu sein.

➡ Bei Stoffnamen und Abstrakta sowie Bezeichnungen von Studienfächern ohne nähere Spezifizierung steht im Spanischen der bestimmte Artikel im Singular, im Deutschen der Null-Artikel.

➡ In juristischen Texten wird die Referenz auf die Gesamtmenge oft
(im Deutschen etwas seltener als im Spanischen) durch Formen wie
cualquier, toda clase de bzw. *jegliche/r, jede/r* verstärkt.

➡ Zur Spezifizierung dienen die Formen des Artikels sowie Demonstrativa, Possessiva und Zahlwörter.

➡ Der Grad der Determinierung wird durch die Setzung oder Nicht-
Setzung von Artikelwörtern angezeigt: Der Null-Artikel markiert den
höchsten Grad der Unbestimmtheit, der bestimmte Artikel, der Demonstrativ-Artikel und der Possessivartikel oder ein Eigenname kennzeichnen den höchsten Grad der Bestimmtheit; der unbestimmte Artikel erhöht den Grad der Bestimmtheit des Null-Artikels und vermindert
den Grad der Bestimmtheit bei Eigennamen.

➡ Außer in der Anrede stehen im Spanischen Ehren- und Amtsbe-
zeichnungen wie *señor/a, profesor/a, presidente, rey/reina, doctor/a*
u.ä. als Gattungsnamen mit dem bestimmten Artikel, während die entsprechenden deutschen Bezeichnungen *Herr/Frau, Professor, Präsident, Bundeskanzler, König/in* etc. als Titel und damit als Teil des Eigennamens gelten und mit Null-Artikel gebraucht werden. Aus diesem
Grunde ist es auch nicht nötig, die Einheitsform des Titels (*Herr/Frau
Dr., Prof.*) bei Frauen als *Frau Doktorin X, Frau Professorin Y* zu le-

sen. Im Spanischen dagegen sind die Abkürzungen *Dra.* oder *Profa.*
(gelesen als *la doctora Fulano, la profesora Mengano*) gebräuchlich.

➜ Bei den Demonstrativ-Artikeln ist im Spanischen auf die Distanz-
markierung (*este – ese – aquel*) zu achten, die im Deutschen nicht
durch die Wahl des Demonstrativums, sondern durch den Zusatz von
Adverbien wie *da, hier, dort* zum Demonstrativum *diese/r* oder zum
bestimmten Artikel markiert wird.

➜ Die Zugehörigkeit wird durch den Possessiv-Artikel bzw. – wenn
sie aus dem Kontext eindeutig hervor geht – den bestimmten Artikel
markiert, im Spanischen steht statt des Possessivartikels häufig ein
spezifizierender Relativsatz mit *tener* (siehe unten, 2.5.0.7, zu den
Relativsatzattributen).

➜ Bei Mengenangaben werden im Spanischen häufiger Kollektivbezeichnungen verwendet als im Deutschen.

➜ Bei Rangangaben ist im Spanischen auf den unterschiedlichen
Gebrauch von Ordnungs- und Grundzahlen zu achten, während im
Deutschen grundsätzlich die Ordnungszahlen gebraucht werden.

2.3 ERWÄHNEN

2.3.0 Allgemeines

Unter „Erwähnen" verstehe ich die Bezugnahme auf ein Referens im
Text. Dabei spielt das bereits angesprochene Kriterium der Bekanntheit eine wichtige Rolle, da zwischen der Erwähnung eines Referens,
von dem man annimmt, dass es für den Adressaten nicht bekannt ist,
und eines als im Vorwissen des Adressaten vorhanden vorausge-
setzten Referens grundsätzliche Unterschiede bestehen. Das Vorwissen lässt sich in Situationswissen, Sprach- und Kulturwissen, Weltwissen und Kontextwissen unterteilen. Situationswissen ist das Wissen über die Gegebenheiten der aktuellen Kommunikationssituation
(„Deixis"). Das Sprach- und Kulturwissen umfasst das Wissen über die
eigene Sprache („metasprachliches Wissen", z.B. das Wissen, dass in
den Komposita *Glaskanne* und *Plastikkanne* der erste Bestandteil den
zweiten determiniert) und Kultur, einschließlich dessen, was man als

„Bildungswissen" bezeichnet. Das Weltwissen bezieht sich auf das Wissen darüber, wie die „Welt", in der wir leben, funktioniert. Es sagt uns zum Beispiel, dass eine *Glaskanne* eine „Kanne aus Glas" sein muss, ein *Glasschneider* dagegen ein „Gerät zum Schneiden von Glas" und nicht ein „Schneidegerät aus Glas". Als Kontextwissen schließlich bezeichnet man das Wissen über Referentien, die in dem betreffenden Text bereits eingeführt wurden. Es ist also zu unterscheiden zwischen der ersten Erwähnung eines Referens im Text und allen späteren Erwähnungen desselben Referens, die wir als „Wiederaufnahme" bezeichnen. Für beide Fälle sind nicht nur die grundsätzlichen Prinzipien der Textlinguistik (vgl. de Beaugrande/Dressler 1981, besonders Kap. IV) maßgebend, sondern auch kulturspezifische Sichtweisen und Formulierungskonventionen.

2.3.1   Ersterwähnung

2.3.1.0 Formen der Ersterwähnung

Wenn ein Referens in einem Text zum ersten Mal erwähnt werden soll, entscheidet sich der Sender aufgrund seiner Einschätzung des Vorwissens seiner Adressaten, ob er es als bekannt voraussetzen kann oder nicht. Ein Referens, dessen Bekanntheit vorausgesetzt wird, kann zum Beispiel gleich bei der ersten Erwähnung mit dem bestimmten Artikel oder mit seinem Eigennamen benannt werden, z.B. *César / Cäsar* (08a:14; 08b:15), während ein unbekanntes Referens erst klassifiziert (z.B. *Miro era un niño...*,15a:1) oder durch unterscheidende Merkmale determiniert werden muss (z.B. *el botecillo a motor que abordamos...*, 14a:1). Unbekanntes wird dagegen in der Regel mit dem unbestimmten Artikel eingeführt und dann mit dem bestimmten Artikel wieder aufgenommen (ganz typisch in 15d:1-2 und analog dazu 12d:1). Verstöße gegen diese Regel dienen meist einem stilistischen Zweck (z.B. der Simulation von Bekanntheit, wie in 14b:1: *Das Kind...*, zu ergänzen ist: *Das Kind, das wir sehen...*).

Da die Form der Ersterwähnung also von der Bekanntheit oder Unbekanntheit des Referens abhängt, unterscheiden wir zwischen Ersterwähnung von Elementen des Vorwissens (hier speziell: des Si-

tuations- und des Kulturwissens) und Ersterwähnung von unbekannten Referentien.

2.3.1.1 Ersterwähnung von Elementen des Situationswissens

Die Faktoren der Kommunikationssituation (Ort, Zeit, Anlass, Medium,
andere Kommunikationspartner etc.) sind im Allgemeinen[17] den Kom-
munizierenden vertraut und müssen nicht eigens eingeführt werden.
Auch die Gegenstände oder Personen, auf die sich der Text bezieht,
werden als bekannt behandelt, wenn sie in der Situation zugegen
sind, z.b. *das Gerät*, auf das sich eine Bedienungsanleitung bezieht
(10b:2, besonders deutlich 10d:3) oder *el vehículo* und *el arrendatario*
im Mietvertrag für ein Kraftfahrzeug (06a:1). Auf diese Referentien wie
auch auf den Text selbst kann nicht nur mit dem bestimmten Artikel,
sondern sogar mit dem Demonstrativ-Artikel verwiesen werden, z.b.
der Kaufvertrag (06c:1), *este programa* (06b:1), *im Sinne dieses Vertrages* (06f:1). In Werbetexten kann das Referens auch in Form einer
Abbildung präsent sein, sodass der Text darauf verweisen kann (z.b.
este lavavajillas, 12b:9), obwohl es vorher noch nicht erwähnt worden
ist.

2.3.1.2 Ersterwähnung von Elementen des Kulturwissens

Die Elemente der eigenen Kultur (*Realien* oder *Realia*, Singular: *das/
ein Reale*) gehören grundsätzlich zum Sprach- und Kulturwissen –
aber da nicht jeder Adressat das gesamte Sprach- und Kulturwissen
sein Eigen nennt, müssen gegebenenfalls je nach Adressatenkreis
und Textsorte auch eigenkulturelle Realien manchmal mit zusätzlichen Erläuterungen eingeführt werden. Solche Zusatzinformationen
werden oft geschickt im Kontext untergebracht (Bsp. 2.3-1/de) oder
man hilft sich mit Floskeln wie „der/die bekannte...", um sicher zu gehen, dass sich diejenigen Adressaten, die das Referens doch kennen,
nicht unangemessen belehrt fühlen (vgl. auch oben, 2.1.1.3).

---

[17] Bei der Übersetzung eines Textes ist das nicht automatisch der Fall, da der
    Zieltext häufig in einer anderen Situation gebraucht wird als der Ausgangs-
    text!

2.3-1	Axel Springer, dueño de un imperio editorial con *el diario sensacionalista Bild* a la cabeza... (El País, 24.3.02, 6)	Der *Spiegel* hat sich für die nächste Ausgabe viel vorgenommen. ... Die wichtigste Nachricht hat *das Enthüllungsmagazin* allerdings schon verpasst... (SZ, 13.7.02, 18)
2.3-2	[La Alemania de hoy] es un país distinto al que detestaba y amaba *el escritor Heinrich Böll*. (El País, 24.3.02, 6)	Die letzten Vororte *der Millionen-Metropole Buenos Aires* sind passiert. Nun quält sich der Geländewagen mühsam nach Norden, in *die argentinische Provinz Entre Ríos*. (DIE ZEIT, 23.11.90)

Bei fremdkulturellen Realien werden dagegen häufig Erklärungen als Apposition nachgeschoben (z.B. *die Sage von El Dorado, dem Reich des Goldmannes*[18], 14b:15) oder vorangestellt (z.B. *das alte System der indianischen Fron, die sogenannte Mita*, 14b:35, Bsp. 2.3-2).

2.3.1.3 Ersterwähnung von Elementen des Weltwissens

Das Sprach- und Kulturwissen ist grundsätzlich kulturspezifisch, beim Weltwissen gibt es weite Überschneidungen, wenn auch gelegentlich Perspektive und Horizont für Divergenzen sorgen. So bezieht sich beispielsweise in der Gemeinsprache *Amerika / die Amerikaner / amerikanisch* bzw. *América / americano* aus spanischer Sicht bevorzugt auf Hispanoamerika, aus deutscher Sicht dagegen auf die USA, während der jeweils andere Bereich mit einer Spezifizierung versehen wird: *norteamericano, hispanoamerikanisch* – anders ist es dagegen, wenn es um eine Kontrastierung oder um die politischen Einheiten geht (vgl. Text 17a).

2.3-3	Titel: *España seguirá mirando a América.* Los países *latinoamericanos* no verán perjudicadas sus economías a pesar de la desaceleración de *Estados Unidos*. (Capital, 6/2001, 76)	Jahrzehntelang war Arthur Miller einer der umstrittensten Intellektuellen *Amerikas*. ...ist einer der wichtigsten Schriftsteller der *USA*. ...die *amerikanischen* Akademien und Kulturbehörden [werfen ihm jetzt] haufenweise Preise hinterher. (SZ-Magazin, 08/01)

---

[18] Zur Erklärung von *El Dorado* mit „Reich des Goldmannes" siehe unten, 4.2.2.1.

Zum Weltwissen gehören auch die so genannten *Unika* (Singular: *das Unikum*) oder *Unikate*, d.h. Referentien, von denen man weiß, dass sie – in der Welt, auf die wir uns beziehen – nur ein einziges Mal vorhanden sind): *die Sonne, la luna, el tiempo* (01a:1), *die Welt* (01c:1), *el ministro de Defensa ruso* (07a:4), *la Ley de Tráfico y Seguridad Vial* (06a:13). Auch die elementaren Gegebenheiten von Zeit und Raum (die Einteilung des Tages, der Monate, des Jahres, Himmelsrichtungen, historische Epochen, die Beschaffenheit des menschlichen Körpers etc.) werden zum Weltwissen gerechnet, zum Beispiel: *el 17 de marzo del año 45 / der 17. März des Jahres 45* (08a:4 und 08b:5).

Hier ist allerdings ein Unterschied in der Sichtweise festzustellen. So betrachten Spanischsprechende beispielsweise Körperteile als bekannt (jeder Mensch hat Haare, Augen, Gesicht) und benutzen bei der Beschreibung den bestimmten Artikel (Bsp. 2.3-4), Deutschsprechende nicht.

2.3-4	Andaba siempre con *la cabellera* revuelta (15a:8)	Die Traumfrau ist mittelgroß, hat *eine* schlanke Taille und *ein* schönes Gesicht. (www.dwelle.de)
2.3-5	...siendo un niño entre *los diez y los doce años*, no era demasiado alto (15a:7)	Jeder Indio im Alter *von 18 bis 50 Jahren* ... musste ... in die Stollen (14b:36)
2.3-6	Este viernes puedes escuchar *a las dos de la tarde* lo mejor de la carrera de esta artista. (www.fmdos.cl)	Auf der Reeperbahn *nachts um halb eins*... (Schlager)
2.3-7	Presidente Enrique Bolaño llegará *el domingo* a Honduras. (www.laprensahn.com)	Internationale Helfer arbeiten *bis Sonntag* in der „Blauen Lagune". (www.Berlinonline.de)
2.3-8	*Noviembre* es un mes frío. (www.caribe.com)	*Der April* ist der rechte und gesegnete Monat des Gartens. (www.garten-literatur.de)
2.3-9	Acuerdan firmar la tregua *en abril* en Colombia. (El Nuevo Herald, www.miami.com)	Auch *im November* sind Jupiter und Saturn die prominentesten Planeten am Nachthimmel. (www.astronews.com)

Die Einteilung des Menschenlebens in Altersstufen und der Zeit in Wochentage und Stunden wird von Spaniern dem Weltwissen zugerechnet, von Deutschen nicht, während es bei den Monaten und Jahreszeiten umgekehrt ist (Bsp. 2.3-5, 2.3-6, 2.3-7). Die Monatsnamen werden auf Spanisch wie Eigennamen behandelt (ohne Artikel, allerdings ohne Majuskel), auf Deutsch wie Gattungsnamen (mit bestimmtem Artikel, Bsp. 2.3-8, 2.3-9).

2.3-10	Sus cimas más elevadas superan *los 6.500 metros de altitud* – la árida planicie estirada a 3.800 metros sobre el nivel del mar (14a:2,28)	Im südamerikanischen Hochland, *4000 Meter über dem Pazifik,* ... 800 Meter weit in den Himmel ragend (14b:18,20)

Auch Höhen- und Größenangaben können im Spanischen, wenn sie gewissermaßen als Markierungen auf einer Skala zu verstehen sind (also besonders im Zusammenhang mit Verben wie *superar* oder *alcanzar* oder *no alcanzar*) mit dem bestimmten Artikel gebraucht werden (im Gegensatz dazu: *3.800 metros sobre el nivel del mar,* Bsp. 2.3-10).

2.3.1.4 Ersterwähnung unbekannter Referentien

Weil Unbekanntes mit dem unbestimmten Artikel eingeführt und erst nach näherer Erläuterung mit dem bestimmten Artikel wieder aufgenommen wird, spricht man auch von der kataphorischen bzw. anaphorischen Funktion des Artikels: Der unbestimmte Artikel verweist darauf, dass weitere Informationen über das Referens im Textverlauf gegeben werden sollen (Kataphora), während der bestimmte Artikel anzeigt, dass das Referens im Vorfeld der laufenden Kommunikation (also im Vortext oder im Vorwissen) bereits eingeführt worden ist (Anaphora). Die kataphorische Funktion wird in den folgenden Beispielen besonders deutlich, vor allem wenn sie durch einen Doppelpunkt, der ebenfalls auf den Nach-Text verweist, noch unterstützt wird (in Bsp. 2.3-11/es wäre ein solcher hilfreich). Auch der spezifizierende Relativsatz ist eine Ergänzung, die der unbestimmte Artikel erwarten lässt (Bsp. 2.3-12, 2.3-13). Der bestimmte Artikel kann bei unbekanntem Referens dagegen nur stehen, wenn eine nähere Bestimmung mitgeliefert wird (Bsp. 2.3-11/de und 2.3-13/de).

2.3-11	todo bajo *un solo prisma,* sacarnos el dinero (02a:6f.)	und das alles nur *mit dem einzigen Ziel,* uns das Geld aus der Tasche zu ziehen (02b:5f., Ü)

2.3-12	crea *una red sinérgica que* funciona perfectamente... (02a:15f.)	es schafft *Synergieeffekte, die ...* hervorragend funktionieren (02b:15f., Ü)
2.3-13	que no estamos *en un mundo donde* los recursos sean ilimitados (02a:18)	dass *die Ressourcen der Welt,* in der wir leben, nicht unerschöpflich sind (02b:18f., Ü)
2.3-14	Las estrellas están *a una distancia tal* que allí donde las vemos ya no están (04a:34f.)	Für die Währungspolitik bilden sie [die Thesen] die Grundlage *der Erkenntnis, daß...* (04d:7f.)

Im Spanischen kann auch der Demonstrativ-Artikel *este* in kataphorischer Funktion verwendet werden (Bsp. 2.3-15).

2.3-15	*Estos* son los pasos a seguir para un buen resultado final. (13d:1f.)	...leisten wir nach Maßgabe der *folgenden* Bedingungen Gewähr: ... (11c:6f.)
2.3-16	...así como observando *las siguientes normas* expresamente pactadas. (06a:14f.)	...die es Ihnen ermöglichen, das Gerät *in den folgenden Ländern* problemlos zu benutzen: 1. Süd-Europa u.a., 2.... (10b:49f.)

Im Deutschen kommt dies eher selten vor, jedenfalls nicht ohne nachfolgenden Doppelpunkt. Üblicher ist stattdessen die explizite Kataphora *folgend* (in der Regel ebenfalls mit Doppelpunkt, vgl. Bsp. 2.3-15, 2.3-16).

Bei Titeln und Überschriften verhält es sich mit der Funktion des bestimmten Artikels interessanterweise anders als bei den zugehörigen Texten. Eigentlich ist ein Titel ja der Beginn eines Textes, dessen Thema nicht als bekannt vorausgesetzt werden kann. Dennoch finden wir in Titeln sehr häufig den bestimmten Artikel. Weinrich (1976: 195) betrachtet dies als ein Mittel der Appellfunktion („Leseanreiz"): Durch den bestimmten Artikel wird dem Leser suggeriert, er müsse das Referens kennen – da er es aber nicht kennt, will er den Text lesen, um zu erfahren, worum es sich handelt (ausführlicher zum Artikel in Titeln vgl. Nord 1993: 276ff.).

2.3.2 Wiederaufnahme

Ein Referens, das zum Thema eines Textes gehört, wird in der Regel, nachdem es eingeführt wurde, im Text ein oder mehrmals wieder aufgenommen.

2.3.2.0 Formen der Wiederaufnahme

Folgende Formen der Wiederaufnahme stehen im Deutschen und im Spanischen zur Verfügung: Wiederholung der eingeführten Benennung mit dem bestimmten Artikel (Rekurrenz), Wiederaufnahme durch ein Synonym oder ein verneintes Antonym (Variation), Wiederaufnahme durch ein Hyperonym (Abstraktion), Wiederaufnahme durch ein Pronomen oder ein anderes zurück verweisendes Funktionselement (anaphorische Substitution) und Wiederaufnahme durch eine Umschreibung (Paraphrasierung).

Der Ausdrucks- und Formenwechsel durch Substitution von Ausdrücken durch Pronomina, Synonyme, Hyperonyme, Paraphrasen und dergleichen ist im Deutschen ebenso eine Forderung an den guten Stil (vgl. Sowinski 1973: 60f) wie im Spanischen. Unterschiede ergeben sich zum einen aus dem systembedingten Faktum, dass im Spanischen das Personalpronomen nur bei besonderer Betonung oder zur Vermeidung von Missverständnissen für die pronominale Substitution verwendet wird, und zum anderen aus konventionsbedingten Unterschieden in der Frequenz der synonymischen Variation, die offensichtlich mit einem weiteren Synonymiebegriff zu tun hat.

2.3.2.1 Wiederaufnahme durch Rekurrenz

Rekurrenz erfolgt, außer bei Eigennamen, mit dem bestimmten Artikel, unabhängig davon, ob das Referens mit dem unbestimmten oder dem bestimmten Artikel eingeführt wurde, z.B. *el marketing – el marketing* (02a:1/8), *EGARONE – EGARONE* (03a: 4/10/17), *der Versicherer – der Versicherer* (06e:4/17), *Es war einmal ein König – Der König hieß Schlotterich* (15d:1).

2.3-17	El ministro de Defensa ruso, Ígor Serguéyev – el *ministerio de Defensa – Serguéyev* (07a)	...des englischen Zentralbank-Praktikers und Nationalökonomen JOHN MAYNARD KEYNES... – KEYNES – KEYNES (04d)
2.3-18	El *Producto Nacional Bruto (PNB) – el PNB* (04c:2/10)	*Nasenschleimhaut – Schleimhäute im Nasen-Rachenraum* (03b:9/13)
2.3-19	*su victoria – acaba de vencer* (08a:13/14, Ü)	Teile des Programmes *abzuändern – solche Änderungen* (06d:22/24)

Zur Vermeidung ständiger Wiederholung derselben Wörter dienen die partielle Rekurrenz (Bsp. 2.3-18) oder die Verwendung anderer Wortarten mit demselben Stamm (*figura etymologica*, Bsp. 2.3-19).

2.3.2.2 Wiederaufnahme durch Variation

Wesentlich mehr Möglichkeiten zur Abwechslung bietet die Variation durch Synonyme oder verneinte Antonyme, z.b. *consumidor – cliente – comprador* (02a), *Aufständische – Rebellion – Aufstand – Rebellen – Aufständische* (07b), *el sitio donde satisfacer nuestro interés – el lugar adecuado* (10a). Dabei ist es im Deutschen wichtig, dass das wiederaufnehmende Synonym möglichst weitgehend die gleichen (im Kontext relevanten) Bedeutungsmerkmale aufweist wie die eingeführte Benennung.

2.3-20	todo *está apacible* en el pueblecito... Sin embargo, *aquella calma* va a ser turbada (08a:5/6, Ü)	herrscht *Frieden* in dem ... Dorf. Bald jedoch soll *diese Ruhe* gestört werden (08b:5/7, Ü)

Im Spanischen scheint man dagegen in Texten einen weiteren Begriff von Synonymie vorauszusetzen als im Deutschen (man könnte von textueller Synonymie im Gegensatz zur lexikalischen Synonymie sprechen). Zum Zweck der stilistischen Abwechslung sind auch Ausdrücke akzeptabel, die von ihrer lexikalischen Bedeutung her keine echten Synonyme sind. In dem durch den Kontext vorgegebenen Rahmen werden dann offensichtlich nur diejenigen Bedeutungsmerkmale aktualisiert, die Substituens und Substituendum gemeinsam haben (vgl. hierzu auch *nación – pueblo – raza* in Nord 1986). Das wird in Bsp. 2.3-20 deutlich: Die Wiederaufnahme von *apacible* (< *paz*) durch *aquella calma* ist im Spanischen akzeptabel, während die Wiederaufnahme von *Frieden* durch *diese Ruhe* gegen die Synonymiebedingung verstößt, da die im Kontext aktualisierten Bedeutungen von *Frieden* + *herrschen* (DUW 2001: „Zustand der Eintracht, der Harmonie") und *Ruhe* + *stören* (DUW 2001: „durch kein lärmendes Geräusch ... gestörter Zustand") nicht genug gemeinsame Merkmale haben. Akzeptable Varianten wären *ist alles ruhig / ganz still* → *diese Ruhe, ist alles friedlich* → *dieser Friede*.

Auf Text 14b, bei dem es sich ja nicht um eine Übersetzung handelt, scheint die spanische Variationsfreude abgefärbt zu haben (Zeile 19ff.): Die Verwendung von *Hügel* (DUW 2001: „kleine, sanft ansteigende Bodenerhebung") als Synonym für *Berg*, zumal wenn das Referens vorher als *Kegel* in einer Landschaft mit *wilden Bergen* klassifiziert wurde, ist nicht normgerecht. Solche Variationen gelten im Deutschen als Stilfehler.

Die folgenden Beispiele aus dem Korpus zeigen, dass es sich hier im Spanischen um eine stilistische Konvention handelt, bei der Abwechslung oft über Referenzidentität gestellt wird, während man im Deutschen im Zweifelsfall statt der Variation mit einem nur teilweise synonymen Ausdruck die Wiederholung bevorzugt.

2.3-21	la *Organización* – la *Agencia de Viajes* (06b)	Der Versicherer – der Versicherer (06e)
2.3-22	las múltiples *versiones* – varias *teorías*, desde la *antigüedad* – durante *el paso de los siglos* (04a)	Sparen (Ersparnis) im Sinne von KEYNES ... – Ersparnis – Ersparnis – Sparen – Ersparnis. (04d:25ff)
2.3-23	se distinguen tres *cuencas* terciarias: la *depresión* del Ebro, la *depresión* Bética y la *Orla* Mesozoica Portuguesa (04:28f.)	Konsumenten – Verbraucher, Konsumieren – Verbrauch, Nichtverbrauchen, Nichtkonsumieren (04d)
2.3-24	La *investigación* Comercial – dicha *actividad* (05b:4/10)	ein ... gefäßverengender *Effekt* – die *Wirkung* (03b:38/40)
2.3-25	el *sarcófago* de la santa – esta *sepultura* (09b:10)	*Mängel* infolge unzureichender Verarbeitung oder Materialfehler – derartige *Mängel* (11c:12/14)
2.3-26	[el Japón] La empresa *nipona* ha lanzado al mercado internacional una nueva videoconsola... (COR 2/2000)	[Alemania] La multinacional *germana* Witzemann estará a pleno rendimiento en mayo (COR 2/00)

Bei Nationalitätenadjektiven oder Ländernamen wird im Spanischen oft mit Formen abgewechselt, die in anderen Kontexten völlig andere Bedeutungen aufweisen (Bsp. 2.3-26, vgl. auch *Francia – Galia, francés – galo, israelí – hebreo* u.a.).

2.3.2.3 Wiederaufnahme durch Abstraktion

Bei der Abstraktion wird ein eingeführtes Referens mit seinem Oberbegriff wieder aufgenommen, und zwar in Kombination mit einem bestimmten Artikel oder oft auch einem Demonstrativartikel, z.b. *Rindfleisch – das Fleisch* (13e), *puerro, zanahoria – estas verduras* (13b),
Sudamérica – el continente (16a). Die Wiederaufnahme von *Catedral*
durch *templo* (Bsp. 2.3-29) ist ebenfalls eine Abstraktion und keine
synonymische Variation, da es. *templo*, anders als de. *Tempel* (DUW:
„Gebäude als Kultstätte einer nicht christlichen Glaubensgemein-
schaft"), jede Art von „edificio público destinado al culto religioso"
(DEA 1999) bezeichnen kann; der Katalanismus *seo* (DRAE 1984:
„iglesia catedral") ist dagegen als Synonym anzusehen. Zur Abstraktion rechnen wir auch die Wiederaufnahme durch einen übergeordneten Vertreter des betreffenden Wortfeldes (auch in anderer Wortart),
wie in *einige Hölzer anzünden – das Feuer* (Bsp. 2.3-29).

2.3-27	las llamadas ciencias del comportamiento... Las aportaciones de *estas disciplinas* (02a:10/12)	die sogenannten Verhaltenswissenschaften... Die Erkenntnisse *dieser Disziplinen* (02b:9/11, Ü)
2.3-28	el secador – este secador –el aparato – el secador – 3 x el aparato –el secador –el aparato – el secador de pelo – 2 x lo – el aparato (10a)	Haartrockner – 10 x das Gerät – dieser Haartrockner – Ihr Reise-Haartrockner – Ihr Haartrockner (10b)
2.3-29	la *Catedral* de Barcelona – este *templo* – la *seo* barcelonesa (09b)	Er zündete, um sich zu wärmen, einige Hölzer an. Da begann der Boden *unter dem Feuer* weiß zu glänzen (14b:25f.)
2.3-30	su muñeco Ruperto – 3 x *Ruperto* – 2 x *el muñeco* – *Ruperto* (15b)	seine Puppe Robert – *Robert* – die *Puppe* – *sie* – 2 x *Robert* – 2 x die *Puppe* – zu *ihr* – 2 x *Robert* – die *Puppe* – *sie* – 2 x *Robert* (15c, Ü)

Interessant ist der Vergleich von Original und Übersetzung in Bsp.
2.3-30: Während im Spanischen die Wiederaufnahme von *Roberto*
durch *el muñeco* unauffällig ist, wirkt dasselbe Verfahren im Deutschen irritierend, weil durch den Eigennamen *Robert* eine Personifizierung entsteht, die eine Wiederaufnahme durch die Sachbezeich-
nung *Puppe* und das feminine Personalpronomen *sie* unmöglich

macht. Eine Rekurrenz des Eigennamens und die Substitution durch das maskuline Personalpronomen hätten das Problem gelöst.

Eine Abstraktion wird meist auch bei einer Kombination aus Synonymen und Hyperonymen bewirkt, z.b. *Christoph Kolumbus – seinesgleichen – die spanischen Gierlinge – die Eroberer – die Spanier* (10b).

2.3.2.4 Wiederaufnahme durch anaphorische Substitution

Unter anaphorischer Substitution versteht man die Wiederaufnahme durch zurück verweisende Elemente, besonders Pronomina, z.b. *Marketing – es, die Verbraucher – ihre Bedürfnisse* (02b); im Spanischen entfällt das Subjektpronomen in der Regel, wie in *El marketing no es otra cosa que ..., se nutre de...* (02a:8/9). Diese Form der Wiederaufnahme ist charakteristisch für spanische Kochrezepte, die den Imperativ benutzen (z.b. *el salmón – hágalo, dórelo, colóquelo, cúbralo, sírvalo*, 13b:9ff.), während bei den Infinitivkonstruktionen die Rekurrenz überwiegt. In deutschen Rezepten wird das Problem der Wiederaufnahme durch Reihungen umgangen (*Kartoffeln schälen, würfelig schneiden, in die Brühe geben und ... mitkochen*, 13e:6f).

2.3-31	Las ondas de radio...etc. tienen una constitución ondulatoria como la de la luz, con la diferencia de que la longitud de onda es distinta y *por ello* el ojo humano no puede captar*las* ... (04a:14ff.)	BEA sucht schlaue Leute, *die* ... *Die* schneller ans Ziel wollen und *das* auf neuen Wegen. Damit *sie* länger und besser faul sein können. (01d:11)
2.3-32	Compota de Navidad ... Enfriar. Rega*rla* en compotera con tapa (13a:16)	Das Kind – *es* – *Roberto* – *er* – *er* – *der kleine Indianer Roberto* (14b:1ff.)
2.3-33	Por *su* perfección técnica, *su* extrema funcionalidad, *sus* características ahorrativas y por *su* funcionamiento especialmente silencioso, *el "Lady of Spain-L"* sale más económico... (12b:23f.)	Neun Wochen nach *seiner* Landung auf der Insel Guanahani, der *er* in frommer Manier den Namen San Salvador, Heiliger Heiland, gab, fand *Christoph Kolumbus* endlich... (14b:5ff.)

Die Beispiele 2.3-32/de und 2.3-33/de enthalten Normverstöße: Da das Pronomen *er* anaphorisch zurück und nicht auf den Folgetext verweist, bezieht es sich in Bsp. 2.3-32 auf das zuvor genannten Referens *Roberto*. Die Reihenfolge müsste umgekehrt sein: erst nach

der ausführlichen Einführung *der kleine Indianer Roberto* kann das
Referens mit *das Kind, Roberto* oder durch das Personalpronomen
wieder erwähnt werden, da das Hyponym (hier: *Roberto*) nicht als
Substituens für das Hyperonym (*das Kind*) dienen kann. Das gilt auch
für Bsp. 2.3-33: Die pronominale Substitution einer Benennung, die
erst später erwähnt wird, ist im Deutschen nicht korrekt, während sie
im Spanischen – wenn der Satz nicht zu lang ist – ohne weiteres akzeptabel ist. Interessant ist Bsp. 2.3-32/es: *Compota* war nur im Titel
des Rezepts explizit genannt worden und wird durch das Pronomen *la*
wieder aufgenommen, obwohl dazwischen nur die Bestandteile des
Kompotts als Referentien vorkommen.

2.3-34	multitud de *problemas* – se en-frenta con *ellos* – la solución de *los mismos* (05a:2/4/5)	eine Vielzahl von Problemen – setzt sich *mit ihnen* auseinander, um *sie* zu lösen (05c:2/5)
2.3-35	los teólogos y metafísicos – *los tales* saben... (05a:30)	Theologen und Metaphysiker dagegen wissen... (05c:31f.)
2.3-36	los modernos medios de trans-porte. Al surgir *éstos*.. (04b:38f.)	viele Autofahrer ... *diese notori-schen Auto-Rowdies* (02c:4f./35)
2.3-37	Cabe científicamente afirmar que de entre las drogas tolera-das por su rendimiento econó-mico y fiscal – alcohol y tabaco – *el segundo* no es el que me-nos estragos hace en la salud de los países. (País, 10.4.80, 8)	Es ist wissenschaftlich nachge-wiesen, dass von den beiden aus wirtschaftlichen und steuerlichen Gründen geduldeten Drogen – Alkohol und Tabak – *der Tabak* auf jeden Fall nicht die geringe-ren Schäden an der Volksge-sundheit hervorruft. (CN)

Auch bei der anaphorischen Substitution wird im Spanischen mehr variiert als im Deutschen, wie Bsp. 2.3-35 bis 2.3-37 verdeutlichen.
Tabelle 2.3/1 zeigt die anaphorischen Elemente in beiden Sprachen in
der Reihenfolge ihrer Frequenz in den Korpustexten. Während in den
deutschen Texten die Substitution durch Personalpronomina und den
Demonstrativ-Artikel *dieser* überwiegen (zusammen fast drei Viertel
der Wiederaufnahmen durch Substitution), finden wir im Spanischen
die Demonstrativ-Artikel *este, ese, aquel* am häufigsten (zusammen
60 Prozent).

Spanisch			Deutsch		
este, esta(s), estos (adj.)	15	30,6 %	Personalpronomina	33	50,8 %
betonte Personal-pronomina	9	18,4 %	diese/r, dies (adjekti-visch)	15	23,1 %
aquel(los), aquella(s)	7	14,4 %	diese/r/s (substanti-visch)	4	6,3 %
ese, esa(s), esos	5	10,2 %	das	3	4,6 %
éste/os, ésta(s)	4	8,2 %	beide/die beiden	3	4,6 %
todo	2	4,1 %	solche	2	3,1 %
Artikel m. Erg.	2	4,1 %	derartige	1	1,5 %
dicho	1	2,0 %	alles	1	1,5 %
los mismos	1	2,0 %	die betreffenden	1	1,5 %
los tales	1	2,0 %	die einen – die ande-ren	1	1,5 %
este segundo	1	2,0 %	Artikel m. Erg.	1	1,5 %
unos / otros	1	2,0 %	jene(-r, -s)	0	0,0 %
	49	100 %		65	100 %

Tabelle 2.3/1: Anaphorische Substitution im Spanischen und Deutschen

Im Spanischen wird also das (unbetonte) Personalpronomen, das ja meist nur zur Disambiguierung der 3. Person (z.B. bei der Anrede *Vd./ Ud.*, 10a:65) gebraucht wird, im Wesentlichen durch die drei Demonstrativ-Artikel ersetzt. Da zu diesen immer ein referenzidentisches Substantiv (Synonym, Hyperonym, verneintes Antonym etc.) erforderlich ist, erklärt sich hieraus vielleicht das Phänomen der „textuellen Synonymie" und die größere Vielfalt der Formen anaphorischer Substitution.

2.3.2.5 Wiederaufnahme durch Paraphrasierung

Paraphrasen umschreiben das Referens durch Nennung bestimmter Merkmale, z.B. *los rebeldes islámicos – los rebeldes, que pretenden crear un Estado islámico independiente* (07b), *la playa en la bahía de Challa – aquel apacible y remoto rincón del planeta* (14a). Paraphrasen finden sich in den spanischen Texten häufiger als in den deutschen Texten, was vermutlich ebenfalls mit dem konventionellen

Streben nach Abwechslung und nach Vermeidung von Wiederholungen zusammenhängt.

2.3.2.6 Wiederaufnahme durch Abkürzung

Im Gegensatz zu den Kurzwörtern (siehe unter 2.1.2.0.1), die eigenständige lexikalische Einheiten und im Verhältnis zu den vorhandenen Langformen meist stilistisch abgrenzbar sind, handelt es sich bei der Abkürzung um ein orthographisches Phänomen, das nur in einigen wenigen Fällen auch Auswirkungen auf die Aussprache hat (z.B. bei Tabuwörtern, bei denen man nur den Anfangslaut äußert: „Sch..."). Abkürzungen können zu Kurzwörtern werden, etwa die Titelabkürzung *Prof.* im Studierendenjargon zu „der Prof", „die Profs".

Wenn in einem Text eine Abkürzung zur Wiedererwähnung gebraucht wird, muss die entsprechende Benennung zunächst als Vollform genannt worden sein – es sei denn, es handelt sich um eine Abkürzung, die allgemein oder zumindest in dem betreffenden Fachgebiet üblich ist. In manchen Textsorten werden die verwendeten Abkürzungen in einem Abkürzungsverzeichnis aufgeschlüsselt, wie etwa die grammatischen Kategorien und Fachgebietsangaben zu den Stichwörtern in Enzyklopädietexten (z.B. *adj.* = Adjektiv, *s.* = Substantiv, *Ez.* = Einzahl, *HIST.* = Historia, vgl. Bsp. 2.3-40). Abkürzungen zur Platzersparnis wie die Kurzformen der Himmelsrichtungen und weggelassene Wortendungen wie bei *vorkolumb.* für „vorkolumbianisch/en (16c:1), *urspr.* für „ursprünglich", *südamerikan.* für „südamerikanisch/e/r", aber auch *Jahrh.* für „Jahrhundert" (16b) oder *v. Chr. / n. Chr.* für „vor / nach Christus / Christi Geburt" werden dagegen als entzifferbar bzw. als allgemein bekannt vorausgesetzt. Es fällt auf, dass der spanische Enzyklopädieartikel (16a) keine abgekürzten Wortendungen aufweist, was vermutlich daran liegt, dass man durch die Verkürzung – im Unterschied zum Deutschen – höchstens zwei oder drei Buchstaben einsparen würde. Die Abkürzung des Lemmas im Text eines deutschen Lexikonartikels (Bsp. 2.3-40) ist eine Konvention dieser Textsorte, die meist nicht eigens erläutert wird.

| 2.3-38 | desde Quito al N hasta Santiago de Chile al S (16a:3f.) | über NW-Argentinien bis zum Río Maule (16b:6) |

2.3-39	inca adj. y s. HIST. (16a:1)	'Inka, 'Inkas, Ez. der 'Inka, -s. (16b:1)
2.3-40	fechas anteriores al s xi (16a:7)	Das Reich der I., der Beginn der I.-Kultur (16b:4, 8)

Anders verhält es sich in wissenschaftlichen Texten. Wenn in Textbei-
spiel 04e der Autor die Abkürzung *AT* verwendet, so hat er sie entweder vorher eingeführt, etwa in der Form „der Ausgangstext (im folgenden: AT)" oder in einem Abkürzungsverzeichnis, oder er geht davon
aus, dass übersetzungswissenschaftlich vorgebildete Leser/innen die
Abkürzung kennen und nicht etwa meinen, es handele sich um eine
Abkürzung für „Altes Testament" (das würden nämlich Theologen annehmen!). Die Abkürzung *W.W.* (04e:16) hinter der Einfügung eines
erklärenden Zusatzes im Zitat dagegen kennzeichnet die Initialen des
Verfassers – das ist eine Konvention. Text 04e zeigt aber auch, dass
eine Häufung von Abkürzungen – selbst wenn es sich um allgemein
übliche handelt – der Lesbarkeit nicht immer zuträglich ist. So viel
spart man auch nicht, wenn man *i.e.S.* statt „im engeren Sinn" und
m.W. statt „meines Wissens" schreibt.

Darauf, dass *AT* für „Ausgangstext" und *ZT* für „Zieltext" steht,
kommt der Leser eines translationswissenschaftlichen Fachbuchs
wahrscheinlich noch ziemlich problemlos. In Text 04d:16ff. ist das
Rätsel jedoch nicht so einfach zu lösen, weil die zur Abkürzung verwendeten Buchstaben nicht als Anfangsbuchstaben der verkürzten
Benennungen erkennbar sind und daher willkürlich erscheinen. Es
dürfte sich jedoch um die von Keynes in dem zitierten Buch verwendeten Initialen für die entsprechenden englischen Benennungen handeln: Y steht für *yield* (Gesamteinkommen), C für *consumption* (Verbrauch), und S für *savings* (Ersparnis). Offenbar hat der Übersetzer
des Keynes-Buches, das indirekt zitiert wird, hier nicht daran gedacht,
die Abkürzungen den deutschen Benennungen anzupassen. Dabei
hätte die Formel doch genau so gut „E(rsparnis) = G(esamteinkom-
men) – V(erbrauch)" lauten können oder „S(paren) = E(inkommen) –
K(onsum)", wenn man die in der Wirtschaftsterminologie geläufigeren
Benennungen verwendet.

2.3.3 Zusammenfassung

Unter „Erwähnen" verstehen wir die Art und Weise, wie Referentien in einem Text zuerst eingeführt und dann wieder aufgenommen werden. Insgesamt ist bei der Erwähnung von Referentien im Text besonders auf Folgendes zu achten:

➔ Bei der Übersetzung von Ausgangstexten mit Referenzen auf die Kommunikationssituation ist daran zu denken, dass diese in einer ziel-kulturellen Interaktion den Adressaten nicht bekannt sind.

➔ Referenzen auf Realien der Ausgangskultur, die für AT-Leser als „bekannt" behandelt werden, müssen gegebenenfalls für die ZT-Leser als „neue Information" behandelt und mit entsprechenden erklärenden Zusätzen eingeführt werden.

➔ Die Unterschiede in der Artikelsetzung bei der Ersterwähnung von Zeit-, Datums- und Altersangaben sowie von Körperteilen und -eigen-schaften sind nicht durchgehend durch die Logik der Unterscheidung zwischen „bekannten" und „neuen" Referentien zu erklären (die muss man einfach lernen!).

➔ Die vorausweisende Funktion der Kataphora wird im Deutschen häufiger durch lexikalische Mittel (z.B. *der/die/das folgende*...) im Ver-bund mit interpunktorischen Mitteln (Doppelpunkt) verdeutlicht als im Spanischen. Im Spanischen kann *este* kataphorische Funktion haben, während *dieser* im Deutschen fast ausnahmslos anaphorisch, also zu-rückverweisend, gebraucht wird.

➔ Bei der Wiederaufnahme ist im Deutschen die pronominale Sub-stitution die häufigste Form, während im Spanischen die Wiederauf-nahme durch den Demonstrativartikel (vorzugsweise *este*, aber auch *aquel* und *ese*) im Verbund mit einem Hyperonym oder Synonym be-vorzugt wird.

➔ Bei der synonymischen Variation wird im Spanischen der Syno-nymiebegriff weiter gefasst als im Deutschen, sodass wir von einer „textuellen Synonymie" (im Unterschied zu der im Lexikon dargestell-ten „lexikalischen Synonymie") sprechen können.

➔ Verwendete Abkürzungen sollten vor Beginn des Textes aufge-schlüsselt werden, sofern es sich nicht um allgemein bekannte oder in der betreffenden Textsorte übliche Abkürzungen handelt.

➜ Neue Abkürzungen sollten möglichst „motiviert" sein, indem sie sich aus der Langform der betreffenden Benennung ableiten lassen.

➜ Zu viele Abkürzungen machen einen Text unübersichtlich und erschweren Lektüre und Verständnis.

2.4 KLASSIFIZIEREN

Um mit der verwirrenden Vielfalt der uns umgebenden Erscheinungen fertig zu werden, fassen wir sie nach bestimmten gemeinsamen Merkmalen zu Gruppen oder Klassen zusammen – wir „klassifizieren" sie. Dabei kann dasselbe Referens je nach Klassifizierungszweck verschiedenen Klassen zugeordnet werden: ein Hund etwa der Klasse der Haustiere, dann steht er neben Kanarienvögeln und Zierfischen, oder der Klasse der Säugetiere, dann steht er neben dem Wal und dem Tiger, oder der Klasse der Kampftiere, dann steht er neben dem Stier und dem Hahn. Es geht hier also nicht um naturgegebene Einteilungen, sondern um eine je nach Blickwinkel unterschiedliche Art, die Erscheinungen der Welt zu ordnen. Daher sind Klassifizierungen grundsätzlich kulturspezifisch.

2.4.0 Allgemeines

Das Grundmuster der Klassifikation lautet: „X ist [ein] Y", wobei Y entweder die Klasse bezeichnet, der X auf Grund seiner Merkmale zugeordnet wird (Bsp. 2.4-1: *Y ist die Klasse der Bauchredner, der armen Studenten*), oder das Merkmal, auf Grund dessen X einer Klasse zugeordnet wird (Bsp. 2.4-2: *Y ist die Klasse der blauen Dinge, der unschuldigen Menschen*).

2.4-1	Don Bepo era *ventrílocuo* (15b:1)	*Ein armer Student* werden Sie nicht sein. (01f:19)
2.4-2	Sus ojos eran *azules* (15a:13)	Manuel ist *unschuldig* (18b:22, Ü)

Wir betrachten zunächst die Klassifizierung durch Zuordnung zu einer Klasse und dann die Klassifizierung durch Angabe eines klassifizierenden Merkmals.

2.4.1 Klassifizierung durch Zuordnung zu einer Klasse

2.4.1.0 Formen der Klassenzuordnung

Eine Klasse wird im Allgemeinen durch ein Substantiv benannt. Zwischen dem zu klassifizierenden Referens (Klassifikandum) und der Klassenbezeichnung besteht ein hyperonymisches Verhältnis, d.h. die Klassenbenennung ist ein Hyperonym zur Benennung des Klassifikandums. Das hyperonymische Verhältnis zwischen *Hund* (Klassifikandum) und *Haustier* (Klasse) erkennt man daran, dass man sagen kann: *Alle Hunde sind Haustiere*, aber nicht: **Alle Haustiere sind Hunde*. Der Satz *Der Hund ist das beliebteste Haustier der Deutschen* enthält ebenfalls eine implizite Klassifizierung des Hundes als Haustier, diese wird jedoch als bekannt präsupponiert (daher der bestimmte Artikel) und als Grundlage für eine Darstellung des Referens (hier: Vergleich mit Absolutsetzung, → 2.6.2.3) verwendet.

In einer klassifizierenden Äußerung kann das klassenangebende Substantiv entweder als Prädikatsnomen zusammen mit einem Hilfsverb das Prädikat bilden oder der Benennung für das Klassifikandum als Juxtaposition beigesellt werden.

2.4.1.1 Klassenzuordnung im Prädikat

Bei einem klassifizierenden Prädikat ist das Verb entweder eine unmittelbar mit dem klassenbezeichnenden Prädikatsnomen verbundene Kopula (im Spanischen *ser*, im Deutschen *sein*) oder ein Verb der Zugehörigkeit mit Präposition (z.B. *pertenecer a, gehören zu*).

Die Reihenfolge von Referens und Klasse im Satz hängt vom Kontext ab, besonders von der Thema-Rhema-Folge. Da Individuen keine Klasse bilden, kann ein mit Eigenname bezeichnetes oder eindeutig determiniertes Referens nur das Klassikandum sein, nicht die Klasse (Bsp. 2.4-1/de, 2.4-3/es).

2.4-3	*Una de las gestas más importantes ... fue la recuperación de su fachada marítima* (09b:32)	Das ganze Leben ist *eine Herausforderung* und der Urlaub auf Langeoog erst recht. (09d:12)

Steht die Klassenbezeichnung im Singular, so wird im Allgemeinen in beiden Sprachen (außer bei Berufsbezeichnungen, vgl. Bsp. 2.4-1/es) der unbestimmte Artikel gesetzt (im Deutschen gelegentlich der Null-Artikel, vgl. Bsp. 2.4-5). Im Plural steht in beiden Sprachen der Null-Artikel, im Spanischen kann auch der unbestimmte Artikel stehen (Bsp. 2.4-4).

2.4-4	Eran los suyos *unos cabellos rubios* (15a:10)	HP Connect Partner sind *zertifizierte Fachhändler...* (12e:11)
2.4-5	Si eres *un profesional de la carretera* (12a:1)	Der Mensch ist ... *Mängelwesen* (05d:23)

Das Klassifikandum kann pronominal ausgedrückt sein, und zwar durch ein Personalpronomen (in Subjektfunktion im Spanischen meist wegfallend: *[X] es una oportunidad de...*, vgl. 01a:22), ein substantivisches Possessiv- (Bsp. 2.4-4/es) oder Demonstrativpronomen (Bsp. 2.4-6/es). In letzterem Fall richtet sich das Pronomen im Spanischen in Geschlecht und Zahl nach dem Prädikatsnomen (vgl. *éste es el meollo...*, 02a:27f.) oder steht, falls das Klassifikandum nicht genau definierbar ist (z.B. *esto son chiquilladas,*18a:26, auch Bsp. 2.4-6), im Neutrum. Im Deutschen ist dagegen nur das Neutrumpronomen möglich: *das sind Kindereien* (vgl. 18b:28f.).

2.4-6	Aquello *no era un lunar* (15a:26)	Ein Elektrogerät ist *kein Kinderspielzeug* (10d:15)

Ist die Klassenzugehörigkeit verneint, so steht im Deutschen die Verneinungspartikel *kein/e*, im Spanischen die verneinte Kopula (Bsp. 2.4-6). Die Klassifizierung mit der Kopula *ser* bzw. *sein* ist zu unterscheiden von der Bedeutungsangabe, bei der zwischen Referens und Prädikatsnomen kein hyperonymisches Verhältnis festzustellen ist (siehe unten, → 2.6.1.2). Klassifizierungen mit Kopula kommen vor allem in wissenschaftlichen und Fachtexten vor, in denen Begriffe definiert werden müssen. Typische Vertreter dieser Textsorten sind die Texte 04a-e und 05a-d.

Die Klassifizierung durch ein Verb oder einen Ausdruck der Zugehörigkeit ist dagegen nicht textsortentypisch. Auch diese Formulierungen, die im Korpus nur vereinzelt belegt sind, lassen sich durch „X ist (ein) Y" paraphrasieren (also etwa in Bsp. 2.4-7: *Lichthupe und Rechtsüberholen ... sind Mittel, um sich gegen andere Verkehrsteil-*

nehmer durchzusetzen). Bevorzugte Verben sind im Deutschen *gehören zu, zählen zu, [einer Klasse] zugerechnet / zugeordnet werden, angehören*. Im Spanischen finden wir hier *pertenecer a*.

2.4-7	Los Iberos pertenecen a *una raza orgullosa y noble* (08a:24, Ü)	Lichthupe und Rechtsüberholen *...gehören* für jeden dritten Autofahrer *dazu, um sich ... durchzusetzen* (02c:10)
2.4-8	*Dazu zählen* auch die Aufwendungen für ärztliche Betreuung während des Fluges (06e:8)	

Es ist festzuhalten, dass in unserem Textkorpus bei Klassenzuordnungen im Prädikat in der überwiegenden Mehrheit der Fälle (Spanisch: ca. 90 %, Deutsch: 86 %) die Kopula *ser* bzw. *sein* verwendet wird.

2.4.1.2 Klassenzuordnung als Juxtaposition

Die klassifizierende Juxtaposition kann als verkürztes Prädikat betrachtet werden, wie sich an Enzyklopädietexten (16a-c) erkennen lässt. Um Platz zu sparen, erscheint hier die Klassifizierung in elliptischer Form. Wer unter *inca* oder *Inka* nachschlägt, erwartet eine klassifizierende Definition: *Inka [ist ein] südamerikanischer Indianerstamm...* (16b:1), *Inca [es un] pueblo amerindio que...* (16a:1).

2.4-9	manzanas *reineta* (13a:1)	*Stadt*staat (17b:5)
2.4-10	el *río* Maule (vgl. de. *der Rio Maule*, 16b:6)	der Ancasmayu-*Fluss* (17b:23)

Juxtapositionen können grundsätzlich in beiden Sprachen vor oder hinter dem Klassifikandum stehen. Im Deutschen sind nachgestellte Juxtapositionen allerdings die Ausnahme (einziges Beispiel im Korpus: *Polo Coupé*, 12d:1), im Spanischen die Regel (Bsp. 2.4-9/es). Im Deutschen werden klassifizierende Juxtapositionen fast immer als Kompositum gebildet, bei dem das Determinans die Klasse angibt (Bsp. 2.4-9/de). Die Paraphrase zeigt, wie die Klassifizierung funktioniert, etwa in Bsp. 2.4-9: *diese Äpfel gehören zur Klasse der Reinetten, sind „Reinetten-Äpfel"*; *dieser Staat ist eine Stadt*. Im Deutschen wird ein solches Kompositum oft zur Klassifizierung fremdkultureller Realien gebildet (Bsp. 2.4-10). Hier sprechen wir, terminologisch nicht korrekt, von einer „erklärenden Übersetzung" – es müsste eigentlich „klassifizierende Übersetzung" heißen.

2.4.2 Klassifizierung durch Angabe klassenbildender Merkmale

2.4.2.0 Formen der Merkmalangabe

Klassenbildende Merkmale werden vor allem durch Adjektive ausgedrückt. Sie können aber auch in Form von Substantiven (in Juxtaposition oder im Kompositum) sowie gelegentlich durch andere Wortarten (Präpositionen, Adverbien) und andere Zeichen (Ziffern, Buchstaben) angegeben werden. Auch klassifizierende Merkmale werden entweder im Prädikat oder in Form eines Attributs angegeben.

2.4.2.1 Merkmalangabe im Prädikat

Die Angabe von klassifizierenden Merkmalen im Prädikat erfolgt durch ein Adjektiv in Verbindung mit der Kopula *ser* bzw. *sein*.

2.4-11	El liderazgo no es *suficiente* (01b:1)	Der Fall ist nicht so *einfach* (15d:22f.)
2.4-12	Qué *bella es* una naranja antes de comida (18c:14)	Die Box *ist* auch auf Reisen sehr *praktisch* (vgl. 10b:63)
2.4-13	La Investigación Comercial *es sistemática* (05b:11)	Dieser Tarif *ist optimal* für alle (12c:21)

Manche Klassifikationen sind „objektiv vorhanden" und werden in der Sprache lediglich widergespiegelt, wie z.B. die Gattungen der Tiere oder Pflanzen. Andere Klassifikationen werden vom Sprecher in einer bestimmten Kommunikationssituation durch sprachliche Mittel hergestellt (vgl. Molina/Ortega 1987: 117). Wenn ein Merkmal auf alle individuellen Vertreter oder Erscheinungsformen der Klasse, zu der das Referens gehört, zutrifft oder nach Meinung des Sprechers zutreffen soll, können wir daher von einem „objektiven" Klassenmerkmal sprechen: *Los hombres son mortales* / *Der Mensch ist sterblich* oder *La sangre es roja* / *Blut ist rot*. Das gleiche gilt für Merkmale, die an ein bestimmtes Objekt geknüpft sind: *El agua es necesaria para la vida* / *Wasser ist lebensnotwendig* (= notwendig zum Leben, aber nicht zum Lernen oder für die Liebe).

Bei allen anderen durch Adjektive bezeichneten Merkmalen gibt es grundsätzlich die Wahl, sie als klassenbildend zu betrachten (und daher im Spanischen mit *ser* zu kombinieren) oder nicht. Wenn ein Sprecher sagt: *la conferencia fue interesante*, kennzeichnet er die Aussage als klassifizierend – wenn er dagegen sagt: *la conferencia estuvo interesante*, dann meint er sie beschreibend[19]. Dennoch kann man feststellen, dass bestimmte Adjektive häufiger klassifizierend als beschreibend gebraucht werden und andere häufiger beschreibend als klassifizierend. In den Korpustexten sind folgende Adjektive mit *ser* kombiniert (in Klammern das Klassifikandum): *bello* (naranja), *importante* (fase), *grande* (niño, aislamiento, muñeco), *humano, sensible, colorista, terne, bronco, intuitivo, espiritual, capaz de dar la vida por una idea, apto para una mejor convivencia, acogedor, dialogante* (alle zu: el latinoamericano), *suficiente* (liderazgo, palabras), *impreciso* (origen), *chico* (niño), *horrible* (cuento), *feo* (paraguas abierto), *elegante* (paraguas cerrado), *imposible* (intoxicación), *imparcial, sistemático, objetivo* (alle zu: Investigación Comercial), *robusto, insuperable en su lavado* (lavavajillas), *distinto* (longitud), *comparable* (producto), *superior* (altura), *ágil, expresivo* (piernas y brazos), *bajo* (consumo), *metodológicamente sólido* (procedimientos), *ilimitado* (recursos), *inocente* (persona), *alto* (niño), *invisible* (ondas), *azul* (ojos).

Die Kriterien für die Entscheidung, ob es sich in einer bestimmten Aussage um eine Klassifizierung handelt, lassen sich in folgenden Testfragen zusammenfassen:

➢ Wird das betreffende Merkmal allen Vertretern der betreffenden Klasse zugeschrieben? (Beispiele: *Fliegenpilze sind giftig. Notorische Auto-Rowdies sind selbstzufrieden und selbstgenügsam*, vgl. 02c:35f.)

➢ Wird das betreffende Merkmal auf Grund eines (in der betreffenden Kultur) allgemein akzeptierten Klassifikationsschemas zuerkannt? (Beispiele: *Ein erwachsener Mann, der über 1,90 m misst,*

---

[19] Die Frage nach der Wahl der Kopula (*ser* oder *estar*) stellt sich im Spanischen nur in der Verbindung mit einem prädikativ gebrauchten Adjektiv. Mit Molina/Ortega (1987) möchte ich diese Frage an Hand der Funktion beantworten: Klassifizierende Adjektive werden mit der Kopula *ser* verbunden, beschreibende Adjektive mit der Kopula *estar* (→ 2.6.1.5).

ist groß. Was [= ein Verhalten, das] *gestern faul war* [= als faul klassifiziert wurde], *ist heute schlau* [wird heute als schlau klassifiziert], 01d:2)

➢ Ordnen wir das betreffende Merkmal dem Referens auf Grund unseres Weltwissens zu? (Beispiel: *Der Himmel ist blau* – das ist zwar eine optische Täuschung, aber jedes Kind malt den Himmel blau! *In der Altmark ist der Himmel endlos weit*, vgl. 09c:1)

➢ Ist das betreffende Merkmal an ein bestimmtes Objekt geknüpft? (Beispiel: *Rauchen ist schädlich für die Gesundheit. Die Verträglichkeit von Otriven ist auch bei empfindlicher Nasenschleimhaut gut*, 03b:41)

➢ Wird das betreffende Merkmal dem Referens durch Definition zugeschrieben? (Beispiel: *Versicherungsfähig sind Personen mit ständigem Wohnsitz in der Bundesrepublik Deutschland*, 06e:29. *Ein Wechsel zu anderen Tarifen ist nur im nächsten Abrechnungsmonat möglich*, 12c:35).

Klassifizierende Adjektive ordnen das Referens einer Klasse zu, der noch weitere Referentien mit dem gleichen Merkmal angehören. So wird etwa in Bsp. 2.4-12 die Orange (als solche) der Klasse der „schönen Dinge" und die Box zur Verpackung des Reisehaartrockners der Klasse der „praktischen Dinge" zugeordnet. Allerdings müssen solche Merkmale nicht unzerstörbar sein: Wenn man die Orange isst, kann sie – nach Ansicht des Ästheten Augusto (Text 18c) – nicht mehr als schön klassifiziert werden.

2.4.2.2 Merkmalangabe im Attribut

Attribute mit klassifizierenden Merkmalangaben können durch folgende Wortarten bzw. Zeichenkombinationen repräsentiert sein:

➢ Adjektive (im Spanischen in der Regel als nachgestelltes Attribut, im Deutschen häufig als Determinans im Kompositum),

➢ Substantive in Juxtaposition (im Spanischen nachgestellt, im Deutschen meist als Determinans im Kompositum),

➢ Adverbien oder Präpositionen als Determinantien im Kompositum (im Deutschen),

➢ Halbpräfixe (z.B. *Haupt-, Grund-*) in der Kombination mit einem Grundwort (im Deutschen)

➢ Ziffern oder Buchstaben (im Spanischen in Juxtaposition, im Deutschen als Determinans im Kompositum).

Da sich die Formen im Deutschen und Spanischen nicht immer entsprechen, werden die verschiedenen Attributarten hier nicht getrennt behandelt.

Da attributive Adjektive auch in unterscheidender oder in expressiver Funktion vorkommen, könnte die Bestimmung der klassifizierenden Funktion Schwierigkeiten bereiten. Es fällt nämlich auf, dass gerade solche Adjektive, die in prädikativer Stellung der Klassifizierung dienen, bei attributiver Verwendung nicht klassifizieren: *La naranja es bella / Orangen sind schön* ist eine verallgemeinernde und damit klassifizierende Aussage; *una naranja bella / eine schöne Orange* (im Deutschen mit der Betonung auf dem Attribut) unterscheidet die betreffende Frucht von einem hässlichen Exemplar der Gattung (→ 2.5.0.1); *esta bella naranja / diese schöne Orange* (Betonung auf dem Substantiv) dagegen signalisiert, dass der Sprecher alle Orangen für schön hält (also als „schön" klassifiziert hat) und dies zum Ausdruck seiner Begeisterung noch besonders betonen will (→ expressive Funktion, 3.1.1.2). Im Spanischen ist die expressive Funktion meist an der Stellung vor dem Bezugswort zu erkennen, im Deutschen nur akustisch an der Betonung. Anhand dieses Kriteriums kann man auch *nuevo* in *el nuevo negocio electrónico* (01a:12) als expressiv einstufen, weil wir ja wissen, dass E-Business eine neue Sache ist.

Klassifizierende Adjektive verweisen auf ein Kategoriensystem, das beispielsweise die „Welten" bzw. Teile der Welt danach einteilt, wie lange man schon etwas von ihnen weiß oder welchen wirtschaftlichen Status sie haben (*Neue Welt, Alte Welt, Dritte Welt*), oder Shampoos nach ihrer Konsistenz, ihrem Zweck oder ihrer Wirkung (*Trockenshampoo, Pflegeshampoo, Glanzshampoo* etc.). Dabei ist es, wie die Beispiele zeigen, nicht erforderlich, dass das klassifizierende Merkmal in jedem Falle durch die gleiche Wortart ausgedrückt wird. Allerdings bilden Referens und Merkmal eine begriffliche Einheit, die im Deutschen entweder durch Zusammenschreibung (*Trockensham-*

poo, Großstadt) oder durch Großschreibung des merkmalangebenden Attributs (*Neue Welt, Blaue Grotte*) verdeutlicht wird.

2.4-14	champú seco (Nord 1983:382)	Neue Welt (14b:16)
2.4-15	olla rápida (13c:8)	Kleinstaat (17b:11)

Manche Adjektive können also in attributiver Verwendung klassifizierende Funktion haben; sie bekommen allerdings – wenn man sie überhaupt prädikativ verwenden kann – in prädikativer Stellung eine andere Bedeutung: In der Zusammensetzung *Kleinstaat* hat *klein* eine speziellere Bedeutung als in *kleiner Staat*, die durch *Der Staat ist klein* nicht voll ausgedrückt ist, denn man könnte auch von *kleinen* oder (relativ!) *großen Kleinstaaten* sprechen. In der Zweiwortbenennung *champú seco* ist *seco* klassifizierendes Merkmal, das dieses Produkt von einem „normalen" Shampoo abgrenzt (es gibt kein **champú líquido*). Die Klassifizierungsfunktion eines attributiven Adjektivs lässt sich an folgenden formalen Kriterien festmachen:

➢ das attributiv verwendete Adjektiv kann in seiner klassifizierenden Bedeutung nicht prädikativ verwendet werden (**die Welt ist neu*);

➢ das attributiv verwendete Adjektiv kann in seiner klassifizierenden Bedeutung nicht gesteigert werden (**el champú más seco de todos*);

➢ das attributiv verwendete Adjektiv kann in seiner klassifizierenden Bedeutung nicht durch Adverbien modifiziert werden (**un champú muy seco*);

➢ das klassifizierende attributiv verwendete Adjektiv bildet mit dem Beziehungswort eine semantische und syntaktische Einheit, die mehr ausdrückt als die Summe ihrer Teile und nur global modifiziert werden kann (z.B. *efectos secundarios graves / graves efectos secundarios* vs. **efectos graves secundarios / *efectos secundarios y graves...*); im Deutschen wird es häufig als Determinans mit dem Beziehungswort zu einem Kompositum verschmolzen, das semantisch von der Wortgruppe Adjektiv-Substantiv abzugrenzen ist (*Großkatze* vs. *große Katze*, Beispiele aus dem Textkorpus: *Hochland, Freiraum, Altamerika, Festpreis, Großoffensive, Sozialleistung*);

➢ das klassifizierende attributive Adjektiv steht meist bei einem nicht determinierten oder verallgemeinerten Referens: *Sabrás como entrar y salir de las grandes ciudades sin perderte* (12a:9, = verallgemeinert: *die Großstadt*), *las grandes empresas* (01a:7) vs. *las pequeñas y medianas empresas („pymes"*, = klassifizierend);

➢ die Reihenfolge von Klassifikandum und klassifizierendem Adjektiv ist fest: *efectos secundarios, Nuevo Mundo, champú seco, gran ciudad*. Das Adjektiv steht meistens nach, kann aber auch vor dem Beziehungswort stehen (besonders *grande, nuevo*);

➢ häufig gibt es parallele Bildungen, die auf die klassifizierende Funktion des Adjektivs verweisen: *buque refrigerado* („Kühlschiff") – *buque hospital* („Lazarettschiff") – *buque de guerra* („Kriegsschiff").

2.4-16	comestibles *finos* (19a:3)	*Fein*kost[großhandel] (19a:6)
2.4-17	efectos *secundarios* (03a:25)	*Neben*wirkungen (03b:23)
2.4-18	radiaciones electromagnéticas, radiación ultravioleta, radiaciones Infrarrojas, rayos X, radiación calorífica (04a)	elektromagnetische Wellen, Ultraviolettlicht, Infrarotlicht, Röntgenstrahlen, Wärmestrahlen (Brockhaus 1974)
2.4-19	las *grandes ciudades* (12a:9), las *grandes empresas* (01a:7)	**Großstadt:** nach Festlegung des Internat. Instituts der Statistik (1887) eine Stadt mit mehr als 100 000 Ew. (Brockhaus 1974); **Großoffensive** (07b:2)
2.4-20	*programa rápido* (12b:1)	*Kurzprogramm* (Bosch)
2.4-21	*conceptos básicos* (04c:1),	*Begriffliche Grundlagen* (04e:1), *Grundbegriff* (DUW)
2.4-22	*nata líquida* (13a:18)	*süße Sahne, Schlagsahne* (DUW), vgl. *Flüssiggas* (DUW)
2.4-23	*herramientas especiales* (10a:23)	*Spezialgebiet, Spezialfahrzeug* (DUW)
2.4-24	*papel adherente* (13a:17f.)	*Klarsichtfolie* (DUW)

Zu den merkmalangebenden klassifizierenden Adjektiv-Determinantien rechnen wir auch die Formen de. *psycho-* und *elektro-*, wenn sie als verkürzte Adjektive angesehen werden können (z.B. *Elektrogeräte*, 10d:1, = „elektrische Geräte"). Auch *Kombi-* in *Kombiangebot* (01f:0) ist eigentlich eine verkürzte Form von „kombiniert". Da im

Spanischen Adjektive nicht als Determinantien in zusammengeschriebenen Komposita vorkommen und ihre Klassifizierungsfunktion nicht eindeutig formal zu erkennen ist (siehe Bsp. 2.4-14), ist die Einstufung als klassifizierendes oder unterscheidendes Merkmal beim Übersetzen ins Deutsche maßgeblich für die Entscheidung zwischen Kompositum und Wortgruppe. Allerdings ist damit nicht gesagt, dass *alle* klassifizierenden Adjektive im Deutschen als Determinantien formuliert werden, wie die Beispiele zeigen.

Neben den Adjektiven werden im Wesentlichen Substantive zur Angabe klassifizierender Merkmale verwendet. Sie stehen im Spanischen in Juxtaposition nach dem Referens oder als Determinans an zweiter Stelle eines Kompositums, im Deutschen nur als Determinans an erster Stelle im Kompositum. Im Neologismen-Korpus (NEO 1983) finden sich zum Beispiel folgende Substantive als Juxtapositionen und/oder Determinantien: *cero* (*crecimiento cero, tasa cero*) in der Bedeutung „Null-", *clave* (*factor clave, hombre clave, personaje clave, reunión-clave*) in der Bedeutung „Haupt-" oder „Schlüssel-", *cumbre* (*encuentro cumbre, pieza cumbre, reunión cumbre*) in der Bedeutung „Spitzen-" oder „Gipfel-", *jefe* (*arquitecto jefe, cabo-jefe, delegado-jefe, ingeniero-jefe, redactor-jefe*) in der Bedeutung „Chef-", *piloto* (*centro piloto, episodio-piloto, plan piloto, piso piloto, pueblo-piloto*) im Sinne von „Modell-", „Muster-", *puente* (*crédito puente, gobierno-puente, hombre-puente*) im Sinne von „Übergangs-" oder „Überbrückungs-" und einige andere mehr (siehe auch Bsp. 2.4-21). Auch die Bezeichnungen für die Himmelsrichtungen werden in klassifizierender Funktion als Substantive verwendet. *Sur* und *Norte* (*submeseta Sur, submeseta Norte*, 04b: 26,27) sowie *clave* (*papel clave*, 04b:15, "Schlüsselrolle") sind jedoch die einzigen Belege dieser Art im Korpus.

Clave ist noch aus einem anderen Grund interessant. Es handelt sich um eine appositionsartige[20] Juxtaposition, die auf dem besten Weg ist, zu einem richtigen Adjektiv zu werden, denn neben dem Gebrauch als Juxtaposition und in einem Kompositum (*reunión-clave*, „entscheidende Sitzung", NEO 1980) findet man auch Belege für eine

---

[20] DRAE: »Úsase en aposición con el significado de básico, fundamental, decisivo. Jornada CLAVE. Fechas CLAVE. Tema CLAVE«.

Numeruskonkordanz mit dem Bezugswort: *una de las piezas claves* („Hauptelemente", NEO 1980).

Wenn bestimmte Substantive als Determinantien oder Juxtapositionen reihenbildend sind, verlieren sie meist einen Teil ihres Bedeutungsumfangs oder werden auf eine übertragene Bedeutung eingeengt. Das gilt auch für bestimmte klassifizierende Determinantien in deutschen Komposita. Dabei sind folgende Bezeichnungskategorien besonders stark vertreten: Größe/Umfang (z.B. *Teilzahlung, Teilannullierung, Zusatzprogramm*), Qualitätsstufen (*Spitzenprodukte, Standardlösungen, Standard-Bedingungen, Standard-Gewährleistung*), Rangfolgen (*Grundgebühr, Lieblingssohn, Leibkoch*), Himmelsrichtungen (*Nordamerika, Westdeutschland*) und Alter (*Schulkinder, Kindergartenkinder*).

Ähnlich sind auch die so genannten Halbpräfixe entstanden. Halbpräfixe sind nach Fleischer ([2]1971) eine Form des Übergangs zwischen Kompositionsglied und Präfix (z.B. *Haupt-*), die in einer meist stärker verallgemeinerten oder entkonkretisierten Bedeutung als Determinantien verwendet werden und reihenbildend sind (*Hauptsache, Hauptunterschied, Hauptproblem, Hauptstraße, Hauptkommissar, Hauptstadt* etc.).

Neben Adverbien (*Einmaldosis*) und Präpositionen (*Nebenwirkungen, Gegenanzeigen*) können schließlich auch Ziffern und Buchstaben als klassifizierende Determinantien in Komposita verwendet werden. Besonders produktiv ist gegenwärtig *e-* als Kurzform für *elektronisch* in *E-Mail, E-Business, e-generation, e-Professionals* etc.), wobei die Schreibweise mit großem oder kleinem Anfangsbuchstaben offenbar noch nicht fest ist.

| 2.4-25 | rayos X (04a:28) | Machen Sie Schluss mit 08/15-Jobs (01c:2) |
| 2.4-26 | acuerdo-base (Nord 1984:59) | Grundgebühr (12c:15) |

Bei der Vielfalt der Formen erscheint es hier nicht sinnvoll, die Frequenzen statistisch darzustellen. Für das Übersetzen ist es wesentlich nützlicher, über die Kriterien Bescheid zu wissen, an denen man die Klassifizierungsfunktion erkennt, und sich vor allem die kulturspezifischen Präferenzen bei der Angabe von klassifizierenden Merkmalen an Hand von Beispielen vor Augen zu führen.

2.4.3 Zusammenfassung

Die wichtigsten Aspekte der kommunikativen Handlung Klassifizieren lassen sich in folgenden Merksätzen zusammenfassen.

➜ Bei der Klassifizierung durch Prädikatsnomen und prädikative Adjektive wird in der Regel die Kopula *ser* bzw. *sein* verwendet. Gelegentliche Verwendung anderer Verben (zum Beispiel: *constituir*) in der gleichen Funktion ist möglich, fällt aber quantitativ nicht ins Gewicht.

➜ Bei Klassifizierung durch nominale Attribute wird im Spanischen die nachgestellte Juxtaposition, im Deutschen das Determinans im Kompositum bevorzugt.

➜ Adjektive, die in prädikativer Stellung klassifizierend gebraucht werden, haben in attributiver Verwendung unterscheidende oder expressive Funktion.

➜ Adjektivische Determinantien von Komposita haben im Deutschen im Gegensatz zu dem entsprechenden Adjektiv-Substantiv-Syntagma grundsätzlich klassifizierende Funktion (z.B. *Wildschwein* vs. *wildes Schwein*).

➜ Attributiv verwendete klassifizierende Adjektive können nicht prädikativ gebraucht werden und sind nicht steiger- und nicht modifizierbar. Sie setzen das Referens nicht in Bezug zu einem Gegensatz, sondern bewirken eine Abgrenzung zu anderen Kategorien einer real existierenden oder gedachten Klassifikation. Sie bilden mit dem Substantiv eine feste semantische Einheit, die mehr ist als die Summe der Teile.

➜ Manche spanischen Nomina, die in Juxtaposition der Klassifizierung dienen, können zu Adjektiven werden, wenn sie sich im Numerus nach dem Beziehungswort richten (Beispiel: *clave*).

2.5 UNTERSCHEIDEN

2.5.0 Allgemeines

Referentien können durch qualitative oder pragmatische Merkmale unterschieden werden. Qualitative Merkmale beziehen sich auf Eigenschaften oder Zustände des Referens; pragmatische Merkmale betreffen die Faktoren der Situation, in der ein Referens vorkommt, also zum Beispiel Ort und Zeit eines Geschehens, Träger und Objekt einer Handlung oder Zugehörigkeit und Beschaffenheit von Gegenständen. Funktional ist hier also nach qualitativer und pragmatischer Unterscheidung mit jeweils einer Reihe spezifischer Unterfunktionen zu trennen.

Unterscheidende Merkmale werden in Attributen ausgedrückt, also in Strukturen, die der Benennung des Referens „beigefügt" sind. Je nach ihrer Form unterscheiden wir Adjektiv-Attribute, Adverbialattribute, Genitiv-Attribute, Präpositionalattribute, spezifizierende Relativsätze, Infinitiv-Attribute, Satz-Attribute und Determinans-Attribute.

Zwischen Form und Funktion besteht keine 1:1-Relation, wenn sich auch bei den meisten Funktionen und Unterfunktionen bestimmte, im Spanischen und Deutschen zum Teil unterschiedliche, Präferenzen feststellen lassen. Daher behandeln wir zunächst die grammatisch-syntaktischen Aspekte der Attributstrukturen im Zusammenhang und gehen dann auf die Attributfunktionen ein.

2.5.0.1 Adjektiv-Attribut

Die einfachste Attributform ist im Deutschen und Spanischen das attributive Adjektiv. Unterscheidende Adjektiv-Attribute stehen im Spanischen in der Regel nach, im Deutschen in der Regel vor dem Substantiv. Sie können durch Adverbien oder andere vom Adjektiv abhängende Ergänzungen erweitert sein. Im Gegensatz zur Klassifizierung geht es hier immer um individuelle Merkmale eines Referens, die *nicht* bei allen Vertretern der Gattung vorkommen, sondern dieses von anderen Referentien derselben Klasse unterscheiden. Es muss also immer ein Referens mit anderen Merkmalen vorhanden sein. Das

Merkmal *dorado* (Bsp. 2.5-2) kann nur dort unterscheidende Funktion haben, wo es auch Strände mit schwarzem oder grauem Sand gibt.

2.5-1	un producto *capaz de proporcionarle una satisfacción...* (02a:23)	eine *besonders reichhaltige* Ausstattung (12d:3)
2.5-2	la arena *dorada* (09a:28)	*schwere* Kämpfe (07b:29)
2.5-3	el ministro de Defensa *ruso*, los rebeldes *islámicos*, un Estado *islámico*, voluntarios *daguestanos* (alle 07a)	die *russische* Armee, die *islamischen* Rebellen, die *russischen* Streitkräfte, eine *Islamische* Republik (alle 07b)

Die Beispiele zeigen, dass wir zwischen zwei Typen von Adjektiv-Attributen unterscheiden müssen, und zwar solchen, die eine Qualität des Referens angeben („qualifizierende Adjektive", Bsp. 2.5-1, 2.5-2), und anderen, die eine Relation angeben („relationale Adjektive", Bsp. 2.5-3). Qualifizierende Adjektive können modifiziert, gesteigert und prädikativ verwendet werden: *eine reichhaltige Ausstattung – eine besonders reichhaltige Ausstattung – eine reichhaltigere Ausstattung als bei anderen Anbietern – die Ausstattung ist reichhaltig; pruebas concluyentes – pruebas absolutamente concluyentes – unas pruebas más concluyentes que las anteriores – las pruebas son concluyentes.* Qualifizierende Adjektiv-Attribute können aus Perfektpartizipien (Bsp. 2.5-2: *dorado*) oder Präsenspartizipien entstanden sein (z.B. *concluyente*, 05a:25), werden jedoch nicht mehr als Verbformen empfunden.

Relationale Adjektive (Bsp. 2.5-3) können nicht gesteigert oder modifiziert und nicht in prädikativer Stellung verwendet werden: **un rebelde totalmente islámico, *die Armee ist russisch.* Man kann sie meist durch ein nominales Genitiv- oder Präpositionalattribut ersetzen: *los voluntarios daguestanos = los voluntarios de Daguestán.* Relationale Adjektive werden im Spanischen und Deutschen zum Ausdruck pragmatischer Unterscheidungen verwendet. Sie sind im Spanischen zahlreicher und beliebter als im Deutschen.

Manche Adjektive können sowohl qualifizierend als auch relational verwendet werden, haben dann jedoch je nach Verwendung unterschiedliche Bedeutung: Man kann beispielsweise einen Hochschulabschluss als *akademischen Abschluss* bezeichnen (= relationales Adjektiv: Abschluss, der von einer akademischen Institution, also einer Hochschule, vergeben wird), und man kann von einer *(rein) aka-*

demischen Frage sprechen, also von einer Frage, die keinerlei praktische Relevanz hat (= qualifizierendes Adjektiv, hier in bewertender
Funktion). Andere Adjektive können nur relational gebraucht werden
(z.B. *islámico*), wieder andere nur qualifizierend (z.B. *valioso in una
poesía muy valiosa*, 16a:24).

Im Spanischen kann man mit bestimmten Suffixen (z.B. *-al*
oder *-tivo*, vgl. Nord 1984:21f., 24) relationale Adjektive „ad hoc", d.h.
spontan, von Substantiven ableiten. Das kommt besonders in der
Pressesprache vor – solchen Adhoc-Suffigierungen entsprechen im
Deutschen oft Adhoc-Komposita, z.B. *el viaje papal = die Papstreise*
(eigentlich: „die Reise des Papstes"). Nationalitätenadjektive sind
grundsätzlich relational, man kann sie allerdings durch Modifizierung
in qualifizierende Adjektive umwandeln: z.B. *Der Five-o'clock-Tee ist
eine sehr* (oder *typisch*) *englische Sitte.*

2.5.0.2 Partizipialattribut

Partizipialattribute können mit dem Partizip Präsens oder mit dem Partizip Perfekt gebildet werden. Sie sind dann unterscheidend, wenn sie
durch einen spezifizierenden Relativsatz ersetzt werden können;
sonst haben sie erläuternde Funktion. Das Partizip Präsens bezeichnet den Verlauf einer Handlung (Bsp. 2.5-4). Daher kann es – im Gegensatz zu den aus Präsenspartizipien gebildeten Adjektiven – nicht
prädikativ verwendet werden, sondern müsste im Prädikat durch eine
konjugierte Form des Verbs ersetzt werden: *esta calma procede de
Dios sabe dónde, anfangs bildet sich Schaum.* Im heutigen Spanisch
ist das Partizip Präsens keine frei verfügbare Verbform mehr; die aus
dem lateinischen Partizip Präsens entstandenen Suffixe *-ante* oder
-(i)ente kennzeichnen vielmehr Adjektive (z.B. *importante, brillante,
bastante, correspondiente*), Substantive (z.B. *habitante, visitante*)
oder Präpositionen (z.B. *mediante, durante*, vgl. de. *während*). Produktiv ist *-ante* als Suffix zur Bildung von Sachbezeichnungen (siehe
oben, 2.1.2.3). Erweiterte Konstruktionen wie in Bsp. 2.5-4/es lassen
jedoch den ursprünglich verbalen Charakter noch erkennen.

2.5-4	una calma y una seguridad *pro-cedentes de Dios sabe dónde* (15a:17)	der *sich anfangs bildende* Schaum (13f:15)

2.5-5	añadir las zanahorias *lavadas, peladas y cortadas en dados* (13c:9f.)	die *zerkleinerten* Kräuter und den *in Würfel geschnittenen* Käse unterheben (13e:12f.)
2.5-6	el voltaje *indicado en la placa de características* (10a:16f.)	Innovation *ge[kenn]zeichnet durch Eigeninitiative* (01e:10)

Während das Partizip Präsens also aktivischen Charakter hat, ist das Partizip Perfekt passivisch. Ob es sich um einen abgeschlossenen oder noch andauernden Passiv-Vorgang handelt, ist nur aus dem Kontext zu erschließen: Die Formulierung *varias teorías ... aceptadas como posibles* (04a:9f.) kann grundsätzlich als Verkürzung der Konstruktion *teorías que fueron aceptadas* (= irgendwann einmal in der Vergangenheit), *teorías que han sido aceptadas* (= in der Vergangenheit bis einschließlich heute) oder *teorías que son aceptadas* (= in der Gegenwart) interpretiert werden. Die deutsche Entsprechung *als möglich akzeptierte Theorien* ist genauso mehrdeutig. In Bsp. 2.5-5 interpretiert man die Partizipien aufgrund seines Weltwissens dagegen eindeutig resultativ. Erweiterte Perfektpartizipien sind im Spanischen häufiger als im Deutschen und dienen dort unter anderem dazu, eine Häufung nominaler Ergänzungen zu vermeiden. Wenn ein erweitertes Partizip Perfekt im Deutschen hinter dem Bezugswort steht (Bsp. 2.5-6, hier fehlt ein Komma), wirkt es wie eine erläuternde Apposition. Diese Struktur klingt allerdings etwas geschwollen (besser: *Innovation durch Eigeninitiative*).

2.5.0.3 Gerundivum

Das so genannte Gerundivum (*zu* + Partizip Präsens) gibt es nur im Deutschen. Es ist oft mit einer weiteren Bestimmung verbunden: *ein [schwer, umgehend...] zu lösendes Problem* (vgl. Engel 1988: V038). Meist ersetzt es einen Relativsatz nach dem Muster *ein Problem, das ... zu lösen ist*. Das Gerundivum ist in der geschriebenen Standardsprache in formellen, besonders in juristischen Texten relativ häufig, kommt jedoch in der Alltagssprache nur selten vor. Im Korpus ist es in einem Vertragstext belegt (*die zu versichernden Personen* = die Personen, die durch diesen Vertrag versichert werden sollen, 06e:42).

Das Gerundivum ist nicht mit dem spanischen Gerundium (auf *-ando, -iendo*) zu verwechseln. Dieses wird in der Regel nicht attributiv, sondern adverbial verwendet und hier der Handlung Erläutern zugeordnet (→ 2.7.0.7).

2.5.0.4 Adverbialattribut

Adverbiale Attribute werden aus ursprünglichen (also nicht von Adjektiven abgeleiteten) Adverbien gebildet und stehen in beiden Sprachen immer nach dem Bezugswort.

2.5-7	un chorreón de nata *encima* (13a:20)	die Spoiler *vorn und hinten* (12d:8)

Im Textkorpus sind relativ wenige Adverbialattribute belegt, da Adverbien meist Erläuterungen zu einem Geschehen enthalten (→ 2.7.0.4).

2.5.0.5 Genitiv-Attribut

Genitiv-Attribute sind nominale Ergänzungen, die im Deutschen mit dem Genitivkasus oder der Präposition *von*, im Spanischen mit der Genitiv-Präposition *de* an das Bezugswort angeschlossen werden. Es gibt verschiedene Arten von Genitiv-Attributen. Der für das Spanische typische Genitivus explicativus (Bsp. 2.5-8) wird im Zusammenhang mit der Erläuterung behandelt (→ 2.7.0.3), und der Genitivus partitivus (Bsp. 2.5-9) wurde bereits bei der Determinierung durch Mengenangaben erwähnt (→ 2.2.2.4). Daneben gibt es den Genitivus qualitatis, der eine Eigenschaft des Referens ausdrückt (Bsp. 2.5-10, immer ohne Artikel!), den Genitivus subjectivus, der den Träger einer Handlung benennt (Bsp. 2.5-11), den Genitivus objectivus, der auf das Objekt einer Handlung referiert (Bsp. 2.5-12), und den Genitivus possessivus, der ein Zugehörigkeitsverhältnis ausdrückt (Bsp. 2.5-13).

2.5-8	la Universidad *de* Deusto (01a:5)	
2.5-9	medio vaso *de vino blanco* (13c:4)	ein Glas *warmer Milch* [21] (Duden-Grammatik § 5730)
2.5-10	lentejas *de cocción rápida* (13d:12)	Produkte und Dienstleistungen *[von] höchster Qualität* (12e:6)

---

[21] Im Deutschen ist der Genitivus partitivus heute nicht mehr üblich, sondern wird durch die Juxtaposition ersetzt: *ein Glas warme Milch*, *eine große Menge Geld* (statt früher: *eine große Menge Geldes*).

2.5-11	el éxito *de unos* y el fracaso *de otros* (05a:32)	Dienstleistungen *des Luftfracht-führers* (06f:17f.)
2.5-12	el uso *del concentrador* (10a:55)	die Reinigung *des Luftaustritts-gitters* (10b: 60)
2.5-13	el cielo *del verano* (15a:13)	die Spur *seines Lamas* (14b:23)

Genitivattribute stehen im Spanischen immer nach, im Deutschen können sie mit dem *Genitiv-s* (**ohne** Apostroph!) vor dem Bezugswort stehen, wie in *Russlands Verteidigungsminister* (07b:3, „sächsischer Genitiv") oder in dem Buchtitel *Des Knaben Wunderhorn*[22]. Statistisch gesehen erscheinen Genitiv-Attribute im Deutschen allerdings häufiger nachgestellt als vorangestellt (Engel 1988: N153), da im Nachfeld leichter weitere Ergänzungen beigefügt werden können (z.B. *Omas Nachthemd – das Nachthemd unserer Oma – das Nachthemd unserer vor drei Wochen aus dem Krankenhaus entlassenen Oma*).

2.5-14	vasoconstrictor *de acción pro-longada* (03a:3)	Schnupfenmittel *mit Langzeitwir-kung* (Rhinopront-Kapseln)
2.5-15	economías agrarias *de mera subsistencia* (17a:38)	*Subsistenz*wirtschaft: Produktion von Gütern für den eigenen Ge-brauch (vgl. DUW)
2.5-16	cada tipo *de legumbre* (13d:1)	eine Art *von Beziehungssystem* (04e:36)

Im Deutschen werden Genitivattribute heute oft durch nachgestellte präpositionale Attribute mit *von* ersetzt. Das fällt besonders beim Genitivus possessivus (z.B. *das Haus von Otto Meier*), beim Genitivus partitivus (z.B. *keine Spur von Eitelkeit*, vgl. Sowinski 1973: 150) und beim Genitivus qualitatis auf (Bsp. 2.5-10/de). Andere Ersatzformen sind präpositionale Attribute mit der Präposition *mit* (Bsp. 2.5-14/de), Determinantien in Komposita (Bsp. 2.5-15/de) oder auch reine Juxta-positionen (z.B. *eine Art Beziehungssystem,* vgl. Bsp. 2.5-16/de).

2.5.0.6 Präpositionalattribut

Präpositionalattribute sind nachgestellte Ergänzungen, die mit einer Präposition an das Substantiv angeschlossen sind. Je nach Präposition und Kontext können sie verschiedene pragmatische Relationen

---

[22] Der vorangestellte Genitiv mit Artikel ist heute nicht mehr gebräuchlich.

des Referens als Unterscheidungsmerkmale angeben, z.B. einen Zeit-
bezug (Bsp. 2.5-18) oder einen Zweckbezug (Bsp. 2.5-19).

2.5-17	compotera *con tapa* (13a:16f.)	T-ISDN *mit T-Online Anschluss inklusive* (12c:12)
2.5-18	una naranja *antes de comida* (18c:14)	ihre bisher schwersten Verluste *an einem Tag* (07b:31)

Bei Verbalabstrakta hat das Präpositionalattribut häufig die Funktion,
auf ein (indirektes) *Objekt* der im Verbalsubstantiv benannten Handlung zu verweisen (vgl. Engel 1988, S017, Bsp.2.5-19).

2.5-19	la recuperación *para la ciudad* (09b:34)	Kombiangebot *für alle Überflie-ger* (01f:0)

Wenn solche traditionell auch als Präpositionalobjekt (vgl. Duden-
Grammatik § 6005) bezeichneten Ergänzungen von Verbalsubstantiven abhängen, die aus Verben oder Verbgefügen mit festen Präpositionen abgeleitet sind, steht beim Substantiv dieselbe Präposition wie
beim Verb (z.B. *klagen über etwas* → *eine Klage über...*, *zufrieden
sein mit etwas* → *Zufriedenheit mit...*, *teilnehmen an...* → *Teilnahme
an...*). Bei Personenbezeichnungen ist die präpositionale Konstruktion
jedoch im Deutschen nicht korrekt, obwohl man sie relativ häufig lesen oder hören kann (z.B. *die Teilnehmer an der Konferenz* anstatt
die Teilnehmer der Konferenz oder *die Konferenzteilnehmer*).

2.5.0.7 Spezifizierender Relativsatz

Relativsätze sind Attribute in Satzgestalt. Es gibt zwei Arten von Relativsätzen: den spezifizierenden (auch: restriktiven oder „notwendigen")
Relativsatz, der zur Unterscheidung von Referentien eingesetzt wird,
und den erläuternden explikativen Relativsatz (→ 2.7.0.1). Die Frage
nach dem Modus im Relativsatz (Indikativ vs. Konjunktiv) wird im Zusammenhang mit der Handlung Wollen behandelt (→ 3.3.2.1.1).

Ein spezifizierender Relativsatz wird im Spanischen nur dann
durch ein Komma vom Bezugswort getrennt, wenn dieses nicht unmittelbar vor dem Relativpronomen steht (Bsp. 2.5-21/es: Bezugswort
actividad). Allerdings sollte man sich auf die Einhaltung dieser Regel
nicht zu sehr verlassen. Wichtiger ist das Kriterium, dass das Be-

zugswort ohne den Relativsatz nicht eindeutig determiniert sein darf. Das ist auch im Deutschen, abgesehen von kataphorischen Determinativen wie z.B. *derjenige* (Bsp. 2.5-22), *alle* (Bsp. 2.5-20) oder *jeder*, die dann jeweils betont sind, das einzige Erkennungsmerkmal.

2.5-20	Los primeros *que resolvieron problemas con acierto...* fueron los matemáticos (05a:6f.)	alle Mängel, *die auf Material- oder Herstellungsfehler zurück- zuführen sind* (11d:4)
2.5-21	cualquier tipo de actividad con el vehículo, *que constituye sub- arriendo* (06a:31f.)	bei Schäden, *die durch Dritte verursacht werden* (11d:11)
2.5-22	aquel amanecer de abril *en que Miro se despertó* (15a:32)	Der Anteil derjenigen, *die frei von allen Sorgen sind* (02c:21f.)

Relativsätze werden durch ein Relativpronomen eingeleitet. Im Deutschen haben wir zwei Relativpronomina: *der/die/das* und *welche(r,s)*, die lediglich stilistisch zu unterscheiden sind. *Welche(r,s)* gilt als steif und unbeholfen (vgl. Engel 1988: N191) und sollte nur verwendet werden, um Bezüge zu verdeutlichen oder Wiederholungen zu vermeiden (z.B. *die Frau,* welcher *Hausmeister Kruse den Brief gab* statt *die Frau,* der *Hausmeister Kruse...*, oder *die,* welche die *Bänke beschädigt haben* statt: *die, die die Bänke beschädigt haben*). Im deutschen Textkorpus ist *welche(r,s)* nicht belegt.

Im Spanischen stehen mehrere Relativpronomina zur Verfügung, für deren Verwendung jeweils bestimmte Beschränkungen zu beachten sind, und zwar stilistische (markiert vs. unmarkiert), semantische (Verwendung bei Personen vs. Verwendung bei Sachen), grammatische (Beschränkungen in Bezug auf Numerus, Genus oder Kasus) und funktionale (Präferenz bei spezifizierenden oder explikativen Relativsätzen). Tabelle 2.5/1 gibt eine Übersicht über die bevorzugt in spezifizierenden Relativsätzen verwendeten Pronomina.

Pronomen	Verwendungsmerkmale
que	stilistisch unmarkiert, unverändert für Personen und Sachen, Nominativ und Akkusativ (◆ auch bei Personen ohne *a*), generell bei spezifizierenden Relativsätzen, aber auch bei explikativen Relativsätzen möglich (◆ dann meist nach einem Komma), ◆ eingeschränkter Gebrauch mit Präpositionen!!
el que, la que,	stilistisch unmarkiert, für Personen und Sachen, in allen Kasus (◆ bei Personen im Akkusativ mit *a*), Numerus- und Genus-

los que, las que	konkordanz mit dem Beziehungswort, bevorzugt in spezifizierenden Relativsätzen (◆ dann kein Komma!). ◆ Ersetzt artikelloses *que* besonders dann, wenn es im Hauptsatz mehrere mögliche Beziehungswörter gibt
cuanto(s), cuanta(s)	stilistisch unmarkiert, für Personen und Sachen, im Singular und Plural, bei allen Genera und in allen Kasus, bevorzugt in spezifizierenden Relativsätzen; ersetzt *todo(s) lo(s) que* bzw. *toda(s) la(s) que*
donde	stilistisch unmarkiert, nur bei Ortsangaben, mit und ohne Präposition (*a, de, hacia* etc.), bevorzugt in spezifizierenden Relativsätzen
cuando	stilistisch unmarkiert, nur bei Zeitangaben, ohne Präposition, bevorzugt in spezifizierenden Relativsätzen
como	stilistisch unmarkiert, nur bei Angaben der Art und Weise, ohne Präposition, bevorzugt in spezifizierenden Relativsätzen

Tabelle 2.5/1: Spanische Relativpronomina im spezifizierenden Relativsatz

Aus Tabelle 2.5/1 wird deutlich, dass *que* das flexibelste Relativpronomen ist, da es kaum Beschränkungen unterliegt. In spezifizierenden Relativsätzen wird für den Subjekt- und den Objektkasus ohne Präposition ausschließlich *que* verwendet (vgl. Matte Bon 1995: I, 317, der allerdings den Gebrauch für Personenobjekte als „umgangssprachlich" bezeichnet und statt *que* hier *a* + Artikel + *que* empfiehlt: *el chico al que invitaste*). Nur beim Gebrauch mit Präpositionen sind Einschränkungen zu machen: Alleinstehendes *que* wird nicht mit *a* und nicht mit mehrsilbigen Präpositionen oder präpositionalen Ausdrücken (z.B. *alrededor de*) gebraucht, ebenfalls nicht mit solchen Präpositionen, die mit *que* zusammen eine Konjunktion bilden (z.B. *por, para, sin*). In diesen Fällen wird *que* mit dem Artikel verwendet. Im Korpus finden wir bei den spezifizierenden Relativsätzen 60 mit *que*, 3 mit *en* + *que*, 5 mit Präp. (*en, de, por*) + Art. + *que* sowie einen mit *en* + Art. + *cual*.

Das Relativpronomen *donde* kann nur mit Ortsangaben gebraucht werden und ersetzt *en* [+ Art.] + *que / cual*. Es kann mit allen Präpositionen für Ortsangaben kombiniert werden (*a, por, en*). Im Deutschen kommt *wo* ebenfalls als Relativpronomen bei Ortsangaben vor (Bsp. 2.5-23) – der regional umgangssprachlich zu beobachtende Gebrauch bei Personen (z.B. *der Mann, wo da läuft...*) ist dagegen nicht korrekt.

2.5-23	Las estrellas ... allí *donde las vemos* ya no están (04a:34f.)	er tut dies überall, *wo wir ihn sehen* (05d:27f.)
2.5-24	para introducir *cuantas modificaciones aconsejen o impongan las circunstancias* (06b:13)	*Alles, was Spaß macht* und ein Abenteuer verspricht, reizt die feurigen Widder (09d:10)

Das Pronomen *cuanto* oder *todo cuanto* (mit den entsprechenden Endungen im Singular und Plural) leitet einen verallgemeinernden Relativsatz ein und ersetzt *todo lo que* bzw. *todos los ... que / todas las ... que* (Bsp. 2.5-24).

Cuando bezieht sich nur auf Zeitangaben und ersetzt *en + que* in explikativen Relativsätzen, z.B. *Lo conocimos el día en que tuvimos la avería en Castellón* (spezifizierend), *Nos conocimos el 22 de abril, cuando se casó mi hermana* (explikativ, Beispiele nach Matte Bon 1995: I,323): Die Nähe zur temporalen Konjunktion ist hier nicht zu übersehen, der Unterschied liegt jedoch darin, dass *cuando* in der Funktion als Relativpronomen eine temporale Bezugsangabe haben muss. Im deutschen Korpus finden wir ein paralleles Beispiel: *in der ersten Hälfte des 15. Jahrhunderts, als rivalisierende Aimara-Stämme der Nachbarschaft den Herrscher von Cuzco um Hilfe und Unterstützung baten* (17b:9ff., explikativ).

Abgesehen von den wirklich unterscheidenden Relativsätzen, die strukturell im Spanischen und Deutschen sehr ähnlich sind, finden wir in den spanischen Texten immer wieder eine bestimmte Art von spezifizierenden Relativsätzen, die aus unserer (durch *deutsche* Stilkonventionen geprägten) Sicht „überflüssig" (= redundant) erscheinen, weil wir sie im Deutschen ohne weiteres durch eine nominale Struktur ersetzen könnten. Man erkennt sie im Spanischen daran, dass das Verb des Relativsatzes mit dem Bezugswort eine idiomatische Wendung bildet (*hacerse una idea, estar situado en un espacio*).

2.5-25	la idea *que el consumidor se hace* del producto (02a:22)	die Vorstellung *des Verbrauchers* von dem Produkt (CN)
2.5-26	se marchó con él a la casita *que tenía en su pueblo* (15b:22)	zu *seinem* kleinen Häuschen *auf dem Lande* (CN)
2.5-27	el espacio geográfico *en que estamos situados* (04b:4), vgl. nuestro «habitat» económico (04b:6)	*unser* geographischer *Lebensraum* (CN), *unser* wirtschaftlicher *Lebensraum* (CN)

Reihungen nominaler Attribute wie in den Beispielübersetzungen sind im Deutschen vollkommen akzeptabel, nach spanischen Stilkonventionen gelten sie jedoch als stilistisch unschön. Die Relativsätze und Partizipien sind also zwar semantisch (= vom Inhalt her), aber nicht stilistisch redundant. Im Deutschen dagegen unterbricht ein Relativsatz den Fluss des einbettenden Satzes und wird daher in gutem Stil vermieden, wenn er nicht nötig ist (vgl. 13f:4: *je nach dem Härtegrad des Wassers, in dem sie liegen* statt besser: *je nach dem Härtegrad des Einweichwassers*).

2.5.0.8 Infinitiv-Attribut

Der einfache oder erweiterte Infinitiv als Attribut wird im Deutschen mit einfachem *zu*, im Spanischen meist mit *de* oder *a*, gelegentlich auch mit anderen Präpositionen (z.B. *para*, Bsp. 2.5-30) an das Bezugswort angeschlossen.

2.5-28	la oportunidad *de acelerar tu carrera* (01a:22f.)	...behält sich das Recht vor, *Ausflüge zu stornieren* (06d:21)
2.5-29	el viaje *a realizar* (12a:11)	Sein *Drang zu reden* war ungebrochen (Engel 1988: I 033)
2.5-30	fórmulas *para vender más bienes a más personas* (02a:29f.)	ein Feuer, *um sich zu wärmen* (vgl. 14b:25)

Der einfache Infinitiv mit *a* (Bsp. 2.5-29) entspricht in der Regel funktional dem deutschen Gerundivum (siehe oben, 2.5.0.3).

2.5.0.9 Satz-Attribut

Bei Abstrakta dienen gelegentlich satzförmige Attribute zur Unterscheidung. Das können Konjunktionalsätze mit *que* bzw. *dass* sein oder auch indirekte Fragesätze. Im Spanischen werden sie mit *de* angeschlossen. Das Bezugswort (z.B. *Frage, Problem, Erkenntnis, Tatsache*) muss dabei mindestens durch den unbestimmten Artikel determiniert sein, damit das Satzattribut auf die Frage „welche/r/s?" antworten kann.

2.5-31	con la diferencia *de que la longitud de onda es distinta* (04a:16)	die Erkenntnis, *daß die Entscheidungen ... von Bedeutung für den Geldwert und seine Entwicklungen sind* (04d:8ff.).

2.5-32	se dio cuenta Augusto *de que la había venido siguiendo* (18c:26)	er hält [danach] Ausschau, *ob jemand kommt* (vgl. Duden-Grammatik § 6220)

Sätze, die von undeterminierten, meist in Phraseologismen eingebetteten Substantiven abhängen, sind nicht als Attributsätze, sondern als Objektsätze zu betrachten (Bsp. 2.5-32).

2.5.0.10 Determinans-Attribut

Determinantien in Komposita oder Juxtapositionen, die der Unterscheidung dienen, sind im Spanischen in der Regel Substantive, im Deutschen auch gelegentlich andere Wortarten.

2.5-33	recoge*cables* (10a:5)	*Sprach*gebrauch (04d:26)
2.5-34	reunión *cumbre* (Nord 1983:366)	*Rechts*überholen (02c:10)
2.5-35	*radio*novela (Nord 1983:375)	*Zeitungs*meldung (02c:2)

Natürlich können auch die oben (→ 2.4.1.2) bereits genannten klassifizierenden Determinantien zur Unterscheidung verwendet werden, sofern eine Kontrastklasse vorhanden ist: die *manzanas reineta* (Bsp. 2.4-11) unterscheiden sich durch ihre Sortenzugehörigkeit von anderen Äpfeln, wie die *Zeitungsmeldung* durch das Medium von der *Rundfunkmeldung* zu differenzieren ist.

Im Folgenden wird gezeigt, wie die verschiedenen Attributformen bei der qualitativen und der pragmatischen Unterscheidung zum Einsatz kommen.

2.5.1 Qualitative Unterscheidung

2.5.1.0 Formen der qualitativen Unterscheidung

Qualitativ unterscheidende Attribute antworten auf die Frage „was für [ein/e]?" Dabei kann die Unterscheidung anhand von Merkmalen und anhand von Sachverhalten vorgenommen werden.

2.5.1.1 Unterscheidende Angabe eines Merkmals

Unterscheidende Merkmale werden in beiden Sprachen durch folgende Attributformen angegeben: Adjektiv-Attribut (Bsp. 2.5-36), Präpositionalattribut (Bsp. 2.5-37), spezifizierenden Relativsatz (Bsp. 2.5-38), einfachen Infinitiv (nur Spanisch, vgl. dagegen de. *verbesserungsbe-*

dürftig) bzw. Partizip Präsens (nur Deutsch, Bsp. 2.5-39), Juxtaposition (nur Spanisch) bzw. Determinans (nur Deutsch, Bsp. 2.5-40).

2.5-36	agua *caliente* (13d:16)	*heißes* Wasser (13f:19)
2.5-37	pantalones *a cuadros* (15b:4)	Stoffbezüge *in … Nadelstreifen* (12d:13f.)
2.5-38	una información *que refleja la realidad* (vgl. 05b:17)	Der Teil des Einkommens, *der nicht konsumiert wird* (04d:28)
2.5-39	un elemento social y político *a perfeccionar* (17a:15f.)	*weltweit führende* e-Commerce Solutions (01d:4f.)
2.5-40	firma consultora *líder* (01a:23)	*Mängel*wesen (05d:23)

Obwohl also von den Möglichkeiten des Sprachsystems her keine großen Unterschiede bestehen, zeigen die folgenden Beispiele, dass die Präferenzen im Einzelfall erheblich von einander abweichen.

2.5-41	una marca *en forma de estrella* (15a:25f.)	ein *sternförmiges* Muttermal, vgl. *blattförmig* (14b:8f.)
2.5-42	cubiertos *sin manchas* (12b:11)	*fleckenlos reines* Geschirr (CN, vgl. Bosch-Geschirrspülautomat)
2.5-43	una camisa *a rayas amarillas y azules* (15b:25)	ein *blaugelb gestreiftes* Hemd (CN, vgl. 15c:24)
2.5-44	[playas] *bulliciosas* (09a:20)	[Strände], *an denen viel los ist* (CN)
2.5-45	un par de extraños *de pinta paliducha* (14a:12f.)	ein paar *bleichgesichtige* Fremde (CN, vgl. DUW)
2.5-46	templos *de arquitectura megalítica* (16a:16f.)	*aus riesigen Steinblöcken erbaute* Tempel (CN)
2.5-47	capillas *que miran al patio interior* (09b:21)	Kapellen *zum Innenhof hin* (CN)
2.5-48	Titulado Superior *sin experiencia* (01a:24f.)	Hochschul*absolvent* (CN, vgl. DUW)
2.5-49	servicios *de guía* (06b:3)	*Reise*leitung (CN, vgl. DUW)
2.5-50	sensación *de quemazón* (03a:27)	*Brennen* (CN)

Aus übersetzerischer Perspektive besonders interessant sind hier einerseits die zusammengesetzten Adjektive (Bsp. 2.5-41, 2.5-45) im Deutschen und andererseits die Übersetzungen, bei denen überhaupt kein Attribut erkennbar wird, weil die betreffende Eigenschaft bereits im Substantiv enthalten ist (Bsp. 2.5-48 bis 2.5-50): *Absolventen* sind per Definition frischgebackene Hochschulabgänger ohne Berufserfahrung, *Reiseleitung* ist die Dienstleistung eines Reiseleiters, und das substantivierte Verb *Brennen* (ähnlich wie *Jucken* oder *Kribbeln*) dient bereits zur Bezeichnung einer Empfindung.

2.5.1.2 Unterscheidende Angabe eines Sachverhalts

Da zum Ausdruck von Sachverhalten meist verbale Strukturen nötig sind, finden wir hier vor allem satzförmige oder satzwertige Attribute: spezifizierende Relativsätze (Bsp. 2.5-51) sowie Konjunktional- bzw. indirekte Fragesätze (Bsp. 2.5-52).

2.5-51	los hombres *que hicieron y consolidaron la independencia* (17a:28f.)	interlinguale Formulierungszwänge, *die sich in Form von Projektionsregeln darstellen lassen* (04e:27)
2.5-52	una razonable evidencia *de que la fecha de la queja está dentro del período de garantía* (Firma Segad, Spanien)	ein Nachweis, *dass der Zeitpunkt der Beanstandung noch innerhalb der Garantiezeit liegt* (CN)
2.5-53	Es una desgracia esto *de tener que servirse uno de las cosas* (18c:11)	Es ist ein Unglück, *sich der Gegenstände bedienen zu müssen* (18d:12, Ü)

In Bsp. 2.5-53/es ist das Bezugswort *esto* als Substitut für *el hecho* anzusehen. In der Übersetzung ist der Infinitiv kein Attribut, sondern Subjekt. Da allerdings im Deutschen ein abhängiger Infinitivsatz dasselbe Subjekt wie der Hauptsatz haben muss, wäre ein Konjunktionalsatz vorzuziehen, z.B. *Wie ärgerlich ist es doch, dass man die Dinge in Gebrauch nehmen muss!*

2.5.2 Pragmatische Unterscheidung

2.5.2.0 Formen der pragmatischen Unterscheidung

Unter pragmatischer Unterscheidung verstehen wir die Unterscheidung von Referentien durch die Angabe bestimmter pragmatischer Faktoren. Dazu gehören Handlungsträger und Handlungsobjekt, Zugehörigkeit, örtliche und zeitliche Befindlichkeit, Handlungsinstrument, Beschaffenheit von Objekten, Ursache und Zweck (zu den Parametern vgl. die Funktionen von Determinantien in Duden-Grammatik § 3715).

2.5.2.1 Unterscheidende Angabe des Handlungsträgers

Bei Handlungsbezeichnungen kann das unterscheidende Attribut den Handlungsträger nennen. Dazu dienen in beiden Sprachen folgende Strukturen: Relationsadjektiv (Bsp. 2.5-54), Genitivus subjectivus (Bsp. 2.5-55), spezifizierender Relativsatz (Bsp. 2.5-56). Im Deutschen finden wir außerdem das Präpositionalattribut (Bsp. 2.5-57) und das Determinans (Bsp. 2.5-58), im Spanischen sehr häufig das erweiterte Partizipialattribut (Bsp. 2.5-57, 2.5-59).

2.5-54	el comportamiento *comprador* (02a:28f.)	die *tierische* Spezialisierung (05d:12, vgl. DUW: den Tieren eigen)
2.5-55	la metodología especulativa *de Aristóteles* (05a:17)	die Haftung *des Luftfrachtführers* (06f:28)
2.5-56	las actividades productivas y de intercambio *que ... lleva a cabo la población* (04b:8f.)	Umstände, *die die Verkäuferin nicht zu vertreten hat* (06c:31)
2.5-57	los servicios *prestados por factores productivos* (04c:6f.)	Qualitätssupport *direkt von HP* (12e:35)
2.5-58	el curso *de sus ríos* (09a:6)	*Sekret*abfluss (03b:14)
2.5-59	la fecha de compra *inscrita por el vendedor en la garantía* (11a:13f.) la definición *dada por la American Marketing Association* (05b:1)	die Entscheidungen, *die die Unternehmer, Konsumenten usw. über die Verwendung ihrer Einkommen (Konsumieren, Sparen, Investieren) treffen* (04d:9)

Bsp. 2.5-59/de macht deutlich, dass eine rein nominale Formulierung wie *die Entscheidung der Unternehmer, Konsumenten usw. über die Verwendung ihrer Einkommen* klarer und dem Lehrbuchstil angemessener gewesen wäre, weil *treffen* mit *Entscheidung* eine idiomatische Wendung bildet und damit im attributiven Relativsatz redundant ist. Auch Partizipialkonstruktionen werden im Spanischen gern verwendet, um eine Häufung von nominalen Attributen zu vermeiden (Bsp. 2.5-57, 2.5-59), wo im Deutschen die nominalen Konstruktionen als textsortenadäquat gelten (z.B. in Vertragstexten, Bsp. 2.5-60).

2.5-60	la retención *impuesta unilateralmente por el arrendatario* (06a:11)	die Annahme *des ... Antrages durch den Versicherer* (06e:38ff.)

Im spanischen Korpus sind keine Komposita oder Juxtapositionen mit Angabe des Handlungsträgers belegt. Statt dessen stehen der Genitivus subjectivus (Bsp. 2.5-58) oder Relationsadjektive (Bsp. 2.5-54).

2.5-61	la conquista *de Francisco Pizarro* (16a:8f.), vgl. la conquista fue realizada por Pizarro (16a:27)	*Francisco Pizarros* Eroberungen (CN), vgl. die Eroberungen *der Spanier unter F. Pizarro* (17b:33)

Bei der Bildung des Genitivus subjectivus im Deutschen ist daran zu denken, dass der sächsische Genitiv oft den Satzbau entlastet, besonders wenn das Bezugswort noch weitere Attribute hat (Bsp. 2.5-61). Das ist vor allem dann wichtig, wenn der Genitivus subjectivus mit einem Genitivus objectivus verwechselt werden könnte, wie in *die Beschreibung Heines* (gen. subj.) – *die Beschreibung Göttingens* (gen. obj.) – *Heines Beschreibung Göttingens* – *Heines Beschreibung der Stadt Göttingen* – *die Beschreibung Göttingens durch Heine* (vgl. Engel 1988: N143).

2.5.2.2 Unterscheidende Angabe des Handlungsobjekts

Die Frage nach dem Handlungsobjekt lautet: „Wen oder was betrifft die Handlung?" Unterscheidende Attribute, die das Handlungsobjekt angeben, sind als Relationsadjektiv (Bsp. 2.5-62), Genitivus objectivus (Bsp. 2.5-63), Präpositionalergänzung (Bsp. 2.5-66), spezifizierender Relativsatz (Bsp. 2.5-64, im Spanischen häufig semantisch redundant) oder als Determinans (Bsp. 2.5-65) formuliert. Im Spanischen finden wir hier besonders die Verb-Substantiv-Komposita.

2.5-62	tratamiento *sintomático* (03a: 35f.)	*berufliche* Veränderung (01g:1)
2.5-63	cálculo *de costes de viajes* (12a:20)	*Atahuallpas* Ermordung (17b:35)
2.5-64	las muestras de paté *que* les habíamos solicitado (19a:11f.)	Jeder Indio im Alter von 18 bis 50 Jahren, *den sie* in den umliegenden Tälern *trafen* (14b:35f.)
2.5-65	recoge*cables* (10a:5)	*Tool*kenntnisse (01e:19)

Bei indirektem Handlungsobjekt sind im Deutschen Präpositionalergänzungen mit der zum Verb oder verbalen Gefüge gehörenden Präposition üblich (z.B. *von* einem Vertrag zurücktreten).

| 2.5-66 | la preparación *de una nueva ofensiva contra los rebeldes* (07a:6) | eine Großoffensive der russischen Armee *gegen die Aufständischen* (07b:11f.) |
| 2.5-67 | decisiones *relacionadas con la identificación y solución de problemas* (05b:7) | Rücktritt *vom Vertrag* (06c:15), Rückkehr *von einer Reise* (10b:12) |

In den spanischen Texten sind dagegen reine Präpositionalergänzungen äußerst selten; auch hier ist die Einfügung eines Perfektpartizips ein häufig benutztes Mittel, um die Reihung von zu vielen nominalen Ergänzungen zu vermeiden (Gegenbeispiel: 2.5-66/es). Im Vergleich der Tendenzen in beiden Sprachen ist hier ebenfalls festzustellen, dass im Deutschen die nominalen, im Spanischen die verbalen Strukturen überwiegen.

2.5.2.3 Unterscheidende Angabe der Zugehörigkeit

Hier gibt das Attribut den Besitzer an oder die Erscheinung, der das Referens zugeordnet ist. Die Referentien sind keine Handlungs-, sondern Sach-, Eigenschafts- oder Personenbezeichnungen. Es finden sich folgende Strukturen: relationales Adjektiv (Bsp. 2.5-68), Genitivus possessivus (Bsp. 2.5-69), Präpositionalergänzung mit *von* (Bsp. 2.5-71/de.), spezifizierender Relativsatz (Bsp. 2.5-70), erweiterte Partizipialergänzung (Bsp. 2.5-72) und Determinans (Bsp. 2.5-73/de).

2.5-68	el nuevo mundo *empresarial* (01a:9)	*menschliche* Lebensfähigkeit (05d:18)
2.5-69	el huerto *de Nicolás* (15a:33)	der Sohn *des Sonnengottes Inti* (16b:14)
2.5-70	la luz *que emitieron* [las estrellas] quizás hace varios años terrestres (04a:35f.)	Als Ausland gilt nicht das Staatsgebiet, *dessen Staatsangehörigkeit die versicherte Person besitzt* (06e:10f.)
2.5-71	los cerros sagrados *de la Cordillera Real* (14a:26)	Sparen (Ersparnis) im Sinne *von KEYNES* (04d:25)
2.5-72	la cultura *desarrollada por los aymarás* (14a:19f.)	Die *von KEYNES erarbeiteten* Thesen (04d:6)
2.5-73	el dorso *de la mano* (18c:5)	der *Hand*rücken (18d:7, Ü)
2.5-74	la imagen *de marca* (02a:25f.)	das Image *der Marke* (02b:27f., Ü)

Der Genitivus possessivus wird bei determiniertem Referens im Deutschen meist nachgestellt mit dem bestimmten Artikel gebraucht, bei Eigennamen dagegen steht im Allgemeinen die Präpositionalergänzung mit *von* (Bsp. 2.5-71). Ein sächsischer Genitiv ist im Korpus nicht belegt.

Die Relativsätze zum Ausdruck der Possessivrelation sind im Spanischen meist semantisch redundant. Sie können im Deutschen gut durch einen Genitivus possessivus oder auch durch ein Possessivpronomen (Bsp. 2.5-70) wiedergegeben werden.

Das erweiterte Partizip in Bsp. 2.5-72 ist sowohl im Spanischen als auch im Deutschen redundant – im Deutschen wird durch die Partizipialkonstruktion der Genitiv (*Keynes' Thesen, die Thesen Keynes', die Thesen von Keynes*) umgangen und die Bildung eines Adhoc-Relationsadjektivs (*die Keynesschen Thesen*) vermieden.

Das Determinans (Bsp. 2.5-73) kommt wieder nur im Deutschen vor, und zwar besonders bei Körperteilen und Kleidungsstücken, während sonst der Genitivus possessivus bzw. die Präpositionalergänzung mit *von* die am häufigsten verwendeten Formen sind.

Bsp. 2.5-74 verweist auf einen wichtigen Aspekt der nominalen Attribute. Ohne Kontext wäre hier im Deutschen ein Kompositum naheliegend (*Markenimage*, vgl. DUW: *Markenzeichen, Markenname* etc.). Bei einem Kompositum darf sich jedoch eine weitere Bestimmung nur auf das Grundwort (Determinatum) und nicht auf das Bestimmungswort beziehen. Wenn es also im Text heißt *su... imagen de marca* [= *del producto*] dann würde das Kompositum *Markenimage* ausdrücken, dass das Produkt ein Markenimage hat – in Wirklichkeit hat aber die Marke, zu der das Produkt gehört, ein Image (vgl. Duden-Grammatik § 5735). Das ist wie bei einem *siebenköpfigen Familienvater*, der natürlich *der Vater einer siebenköpfigen Familie* ist. Solche Attribute liest man relativ häufig, auch in unserem Korpus finden wir einige, z.B. *die Wesensbestimmung der Übersetzungsvorgänge* (04e: 21 = *die Bestimmung des Wesens der Übersetzungsvorgänge*) oder *die Rettungsflüge eines Erkrankten* (06e:6 = *Flüge zur Rettung eines Erkrankten*). Sie entsprechen nicht der Sprachnorm.

2.5.2.4 Unterscheidende Angabe der Befindlichkeit

Orts-Attribute antworten auf die Fragepronomina „wo?", „wohin?" oder „woher?", wobei der „Ort" auch metaphorisch, beispielsweise als ein (Fach)Gebiet, verstanden sein kann. Folgende Formen werden verwendet: relationales Adjektiv (Bsp. 2.5-75), Genitiv-Attribut (Bsp. 2.5-76), erweiterte Partizipialkonstruktion (Bsp. 2.5-77, 2.5-78, 2.5-4), Präpositionalergänzungen mit Präpositionen der Ortsangabe (*in, auf, über, hinter, unter, neben* etc., Bsp. 2.5-79), Adverbialattribute (Bsp. 2.5-7, im Spanischen manchmal mit *de*, z.B. 2.5-80), spezifizierender Relativsatz (Bsp. 2.5-81, im Spanischen oft semantisch redundant); im Deutschen außerdem das Determinans (Bsp. 2.5-82) und im Spanischen eine erweiterte Infinitivergänzung (Bsp. 2.5-83).

2.5-75	bosques *mediterráneos* (09a:12f., = en el mediterráneo)	*Altmärkischer* Städtebund (09c:9, = in der Altmark)
2.5-76	la seo *barcelonesa* (09b:25), la Catedral *de Barcelona* (09b:2)	die Nekropole *von Paracas* (16c:13)
2.5-77	una aldea de 300 vecinos *situada en la Isla del Sol* (14a:3)	Die Bewohner des Dorfes Verges – *zwischen Gerona und der Küste gelegen* – (Merian Barcelona, XIV/1961)
2.5-78	der *in Quito residierende* Lieblingssohn (17b:30)	
2.5-79	mi llegada *a la isla* (18a:4)	die Landung *auf der Insel Guanahani* (14b:6)
2.5-80	la casa de *al lado* (15b:37)	Einkaufen ... *überall* (01d:2f.)
2.5-81	otras marcas *que se encuentran en el mercado* (19a:15)	Eigenschaften der verkauften Ware, *die nicht im Kaufvertrag enthalten sind* (6c:8)
2.5-82	otras tareas *domésticas* (14a:7, = en [la] casa)	die *Elb*metropole (09c:33, = Metropole an der Elbe)
2.5-83	experta *en ofrecer soluciones integradas* (01a:6)	alle Bereiche *in Deutschland* (01c:12)

Die folgenden parallelen Beispiele zeigen den unterschiedlichen Gebrauch der Strukturen in beiden Sprachen.

2.5-84	la ley de Tráfico y Seguridad *Vial* (06a:13)	vgl. de. *Straßen*verkehrsordnung
2.5-85	las últimas imágenes *llegadas desde la zona* (07a:15)	eine Studie *aus dem Wissenschaftszentrum Berlin* (02c:16)

2.5-86	la batalla *de Lepanto* (09b:15)	die siegreiche Schlacht *bei Munda* (08b:15, Ü)
2.5-87	el botón PRESS *del lateral* del secador (10a:50f.)	*seitliche* Stoßprofilleisten (12d:9)
2.5-88	el mundo *exterior* (18c:4), retrovisores *exteriores* (Rover)	*Außen*spiegel (12d:8f.)
2.5-89	tan sólo 4,5 l. de consumo *extraurbano* (Rover).	*Tür*ablagekästen (12d:15, = in / an der Tür)
2.5-90	elevalunas eléctricos *traseros* (Rover)	*Mittel*konsole (12d:15f.), vgl. *Heck*leuchten

Wenn man die Verteilung der Attributformen auf die insgesamt 112 spanischen und 128 deutschen Orts-Attribute im Korpus statistisch betrachtet, stellt man fest, dass im Spanischen mehr als die Hälfte (51,8 %) Relationsadjektive sind (gegenüber 10,9 % im Deutschen), während im Deutschen die Präpositionalergänzungen mit 50,8 % (gegenüber 14,3 % im Spanischen) an der Spitze liegen. 22,7 % der deutschen Orts-Attribute sind Determinantien, einen ähnlichen Anteil stellen im Spanischen die spezifizierenden Relativsätze und die erweiterten Partizipialkonstruktionen (zusammen 21,4 %).

Die Relationsadjektive sind im Deutschen zum überwiegenden Teil geographische und Nationalitätsadjektive, dazu einige Latinismen (*lokal, international, interlingual*), während sie im Spanischen auf alle möglichen Bereiche referieren können. Dabei sind „gelehrte" Adjektive häufig, d.h. Adjektive, die auf eine lateinische Form zurückgehen und nicht von den spanischen Substantiven abgeleitet sind, wie *acuático* (~ *agua*), *doméstico* (~ *casa*), *nasal* (~*nariz*).

2.5.2.5 Unterscheidende Angabe der Zeit

Attribute, die Zeitangaben ausdrücken, antworten auf die Frage: „(seit, ab, bis, von) wann?" und werden durch folgende Strukturen ausgedrückt: Relationsadjektiv (Bsp. 2.5-91), Genitiv-Attribut (Bsp. 2.5-92), Präpositionalergänzung (Bsp. 2.5-93), Adverb (Bsp. 2.5-94), erweiterte Partizipialkonstruktion (Bsp. 2.5-95, 2.5-96), Determinans im Kompositum (Bsp. 2.5-97), im Spanischen ein spezifizierender Relativsatz (Bsp. 2.5-98) und eine Infinitivergänzung (Bsp. 2.5-99).

2.5-91	descanso *nocturno* (03a:22f.)	die *täglichen* Zeitungsmeldungen (02c:2)
2.5-92	peras *de invierno* (13a:2)	der Consumermarkt *von morgen* (01e:3)
2.5-93	el primer día *de mi llegada* (18a:4)	am ersten Tag *nach meiner Ankunft* (vgl. dagegen 18b:5, Ü) [23]
2.5-94	cálidas aguas *en verano y otoño* (09a:18)	Einkaufen ... *jederzeit* (01d:2f.)
2.5-95	las múltiples versiones *expuestas durante el paso de los siglos* (04a:8)	das Warschauer Abkommen, gezeichnet am 28. September 1955 (06f:7ff.)
2.5-96	Los procedimientos *seguidos en cada fase* (05b:13)	die *seit mehr als einer* Woche *andauernden* Kämpfe (07b:20)
2.5-97	10.000 Pts./*año* (12b:15)	*Weihnachts*geld (01g:12) *Einmal*jahresbeitrag (06e:62)
2.5-98	El secador Solac CORD-FREE 1.800 W *que Vd. acaba de adquirir* (10a:2)	Ihr *neuer* Haartrockner Cordfree 1.800 W (CN)
2.5-99	la utilización de EGARONE *antes de acostarse* (03a:21)	die Einnahme von Egarone *vor dem Schlafengehen* (CN)

Determinantien sind in dieser Funktion in beiden Sprachen relativ selten, im Deutschen erwartungsgemäß etwas häufiger als im Spanischen. Im Korpus NEO 1983 fanden sich einige Komposita mit Zeitangaben im Determinans, die ein Verhältnis ausdrücken (z.B. *kilómetros-hora*, „Stundenkilometer", *kilovatio-hora*, „Kilowattstunden", *salario-hora*, „Stundenlohn"), in unserem Textkorpus ist nur eine solche Bildung belegt (Bsp. 2.5-97).

Obwohl die Gesamtzahl der Zeitattribute in beiden Sprachen wesentlich geringer ist als die der Ortsattribute, sieht die quantitative Verteilung ähnlich aus. Nur der Anteil der Relationsadjektive im Deutschen ist bei Zeitangaben höher als bei Ortsangaben, was zu Lasten der Präpositionalergänzungen und der Determinantien geht.

---

[23] Die publizierte Übersetzung *am ersten Tag meiner Ankunft* ist unsinnig, weil de. *Ankunft* ein punktuelles Geschehen ist, das nicht mehrere Tage dauern kann (vgl. auch 2.7.3.2).

2.5.2.6 Unterscheidende Angabe des Handlungsinstruments

Attribute, die eine Unterscheidung durch das Mittel oder Werkzeug oder die Art und Weise einer Handlungsausführung angeben, sind in unserem Korpus nicht sehr häufig. Sie werden im Wesentlichen durch Relationsadjektive (Bsp. 2.5-100), Präpositionalergänzungen (Bsp. 2.5-101, 2.5-103/de) und Determinantien (Bsp. 2.5-102) ausgedrückt, im Spanischen ist eine Partizipialkonstruktion mit dem unregelmäßigen Perfektpartizip *sujeto* (< *sujetar*, vgl. VOX) belegt (Bsp. 2.5-103/es).

2.5-100	el fregado *manual* (12b:14, vgl. fregar a mano, 12b:25f.)	*mündliche* Abreden (06c:7)
2.5-101	paté de oca *al oporto* (19a:19)	Erfolg *durch Leistung* (01c:15)
2.5-102	*radionovela* (Nord 1983:375, vgl. *telenovela*, DRAE)	*Hörspiel*serie, *Fernseh*serie (CN)
2.5-103	una jarrita *sujeta por el asa con celo y un lazo* (13a:18f.)	Kämpfe *unter Einsatz von Artillerie und Kampfflugzeugen* (07b:29)

Im Spanischen werden Präpositionalattribute zum Ausdruck des Mittels in der Regel mit der Präposition *a* gebildet. Beförderungsmittel (!) werden allerdings nicht als *Mittel-*, sondern als *Orts*angaben aufgefasst und daher mit der Präposition *en* verbunden (Bsp. 2.5-105/es).

2.5-104	botecillo *a motor* (14a:1)	Atmung *durch die Nase* (03b:40, auch: *Nasenatmung*)
2.5-105	transporte *en autocar* (06b:2)	*Flug*reise (11d:12)

Determinantien zur Instrumentangabe gibt es grundsätzlich im Spanischen und im Deutschen. Allerdings stammen die spanischen Komposita von Bsp. 2.5-102 aus dem Korpus NEO 1983, weil in den Korpustexten kein entsprechendes Kompositum belegt ist. *Radionovela* ist ein Kompositum vom germanischen Typ, mit vorangestelltem Determinans. Dieser Typ wird vor allem dann bevorzugt, wenn das Determinans eine Form hat, die auch als Präfix vorkommt – wenn auch in anderer Bedeutung: *radio-* = „Strahlen-", wie in *radioterapia* („Strahlentherapie"), *tele-* = „fern", wie in *telecontrol* („Fernbedienung").

Die Analyse der Korpusbelege zeigt, dass bei jeweils ungefähr gleicher Gesamtzahl der Attribute zur Unterscheidung durch das

Handlungsinstrument im Spanischen das Relationsadjektiv mit 64 % eindeutig überwiegt, gefolgt von den Präpositionalattributen mit 28,5 Prozent, während im Deutschen die Determinantien mit 55 % am stärksten vertreten sind, gefolgt von Relationsadjektiven und Präpositionalattributen mit jeweils knapp 23 %.

2.5.2.7 Unterscheidende Angabe der Beschaffenheit

Diese Attribute werden durch Relationsadjektive (Bsp. 2.5-106), Präpositionalattribute (Bsp. 2.5-107), im Deutschen vor allem durch Determinantien und im Spanischen überwiegend durch Genitiv-Attribute (Bsp. 2.5-108) gebildet. Im Spanischen findet sich ein Relativsatz-Attribut mit semantisch redundantem Verb (Bsp. 2.5-109).

2.5-106	recursos *físicos* (04b:2)	*wässrige* Lösung (03b:11)
2.5-107	ensaladera *de cristal* (13a:17)	einen Gugelhupf *mit viel Rosinen und Zucker* (15d:38)
2.5-108	playas *de arena o de fina grava* (09a:16)	*ABS-* oder *Polypropylen-* Spritzguß-Koffer (11d:1)
2.5-109	espacios naturales protegidos *que albergan especies únicas de flora y fauna* (09a:36f.)	Naturschutzgebiete *mit einer einzigartigen Flora und Fauna* (CN)

Der Hauptbestandteil oder ein charakteristisches Merkmal wird im Deutschen meist durch die Präposition *mit*, im Spanischen durch *de* oder – bei einem Bestandteil – *con* ausgedrückt, das Material im Spanischen durch ein Präpositionalattribut mit *de* und im Deutschen durch ein Determinans.

2.5-110	un retablo de madera (09b:16f.)	Echtholzfurniere (06c:10)
2.5-111	zumo de limón (13b:6)	Zitronensaft (13f:22)
2.5-112	horquillas de aluminio (11a:9)	Plastiksprühflasche (03b:51)

Die Präferenzen sind eindeutig: Im Spanischen stehen die Genitiv-Attribute mit 70,6 Prozent an der Spitze, im Deutschen die Determinantien mit 75 Prozent, danach die Präpositionalattribute mit 23,5 (Spanisch) bzw. 16,7 Prozent (Deutsch). Insgesamt sind jedoch die Beschaffenheitsangaben im Korpus nicht sehr häufig, was vermutlich mit der Textsortenauswahl zusammenhängt.

2.5.2.8 Unterscheidende Angabe der Ursache

Hier geht es um die Angabe des Grundes oder Anlasses, der Ursache oder Erklärung, die auf die Frage „warum?" oder „weswegen?" antwortet. Die im Korpus vertretenen Strukturen für diese Attributfunktion sind Relationsadjektiv (Bsp. 2.5-113), Präpositionalattribut (Bsp. 2.5-114), Partizipialergänzung (Bsp. 2.5-115, 2.5-116), Relativsatz (Bsp. 2.5-117); im Deutschen (einige) Determinantien (Bsp. 2.5-118).

2.5-113	problemas *morales, afectivos, políticos, económicos...* (05a:2f.)	*natürliche* Lebensbedingungen (05d:10)
2.5-114	modificaciones ... *por razones de coincidencia* (06b:14)	Abnutzung *infolge Gebrauchs* (11c:20)
2.5-115	inferioridad de condiciones físicas o psíquicas *motivadas por el consumo de alcohol* (06a:36f)	*ärztlich angeordnete* Rettungs-flüge (06e:5)
2.5-116	die *auf einen Handelsplatz Karls des Großen zurückgehende* Elb-metropole (09c:32f.)	
2.5-117	los gastos de mano de obra *que resulten de ello* (11a:18f.)	Vermögensschaden, *der durch Aufwendungen für ... Rettungs- und/oder Verlegungsflüge ... entsteht* (06e:57f.)
2.5-118	defecto *de fabricación* (11a:6)	*Unfall*folgen (06e:2f.)

Relationsadjektive sind hier im Deutschen eher selten. Dagegen finden wir zahlreiche Präpositionalattribute mit einer Vielzahl kausaler Präpositionen. Im Spanischen dagegen werden solche präpositionalen Ergänzungen fast ausnahmslos durch Partizipien aus Verben der Begründung oder Verursachung eingeleitet.

2.5-119	los daños y perjuicios *ocasionados por Mafrán Muebles* (11b:3f.)	Beförderung *aufgrund dieses Flugscheines* (06f:13)
2.5-120	las exclusiones y límites de garantía *jurídicamente admitidos* (11a:2)	Heilbehandlung ... *wegen Krankheit oder Unfallfolgen* (06e:20f.)
2.5-121	intervenciones *derivadas de un desgaste normal* (11a:42f.)	Mängel *infolge unzureichender Verarbeitung oder Materialfehler* (11c:12f.)
2.5-122	una de las gestas más importantes *realizadas con ocasión de la creación...*(09b:32f.)	Ruhige Nächte *dank HP SupportPack* (12e:23)

Wir stellen fest, dass Ursachenangaben überwiegend in juristischen Texten (Verträgen, Garantiezertifikaten) vorkommen. Neben den Relationsadjektiven (57,8 %) sind im Spanischen die erweiterten Partizipien besonders häufig (31,6 %), während im Deutschen die erweiterten Partizipien und die Präpositionalattribute mit jeweils ca. 35 % das Feld anführen.

2.5.2.9 Unterscheidende Angabe des Zwecks

Diese Attribute antworten auf die Frage "wozu?" und sind im Korpus sehr häufig belegt. Attributformen sind Relationsadjektiv (Bsp. 2.5-123), Genitiv-Attribut (Bsp. 2.5-124), Präpositionalattribut (Bsp.2.5-125), spezifizierender Relativsatz (Bsp. 2.5-126) und Determinans (Bsp. 2.5-127); im Spanischen außerdem Partizipialergänzung (Bsp. 2.5-128) und Infinitiv-Attribut (Bsp. 2.5-129), im Deutschen ein Gerundivum (siehe oben).

2.5-123	factores *productivos* (04c:6f.)	*produktive* Faktoren[24] (04d:Fn.2)
2.5-124	*via de administración* (03a:33f.)	Art *der Anwendung* (03b:28)
2.5-125	módulo extraíble *para colocación de fuentes y cacerolas* (12b:3f.)	vgl. *Behälter für Klarspülmittel* (Bosch-Geschirrspüler)
2.5-126	trabajos *que repercutían en beneficio de la comunidad* (16a:13)	jede Auskunft, *die zur Feststellung der Leistungspflicht des Versicherers und ihres Umfanges erforderlich ist* (06e:70f.)
2.5-127	protección *antidesbordamiento* (12b:5f.)	*Überlauf*schutz, vgl. *Überhitzungs*schutz (ewt-Frostkonvektor)
2.5-128	**Marketing**: la toma de decisiones *relacionadas con la identificación ... de problemas* (05b:6f.)	vgl. **Marketing-mix**: Kombination verschiedener Maßnahmen *zur Absatzförderung im Hinblick auf eine bestimmte Zielsetzung* (Duden 1993)

---

[24] Bei der in der Fußnote von Text 04d belegten Benennung *produktive Faktoren* handelt es sich eindeutig um einen Anglizismus (von *productive factors*), der nicht der deutschen Wortbildungsnorm entspricht (*produktiv* ist ein qualifizierendes Adjektiv), richtig ist die Bezeichnung *Produktions*faktoren (Paulsen 1965: 150). Anglizismen sind in der volkswirtschaftlichen Terminologie nicht selten.

2.5-129	un problema para ser investigado en términos de »problema« y de »oportunidad« (05b:25)

Beispiel 2.5-123 verdeutlicht bereits ein wichtiges Merkmal der Zweckrelation im Spanischen und Deutschen. Die im Spanischen so beliebten Relationsadjektive haben oft im Deutschen keine adjektivische, sondern eine substantivische Entsprechung zur Bildung von Komposita.

2.5-130	la salida de aire (10a:76)	Luftaustritt[sgitter] (10b:60)
2.5-131	ministro de Defensa (07a:3)	Verteidigungsminister (07b:3)

Auch die spanischen Genitivergänzungen haben fast immer Komposita-Entsprechungen im Deutschen. Dabei können wir vier große Gruppen erkennen: Komposita, bei denen das Determinans ein Verbalsubstantiv ist (z.B. *Bewässerungsanlagen*, 16b:16), Komposita, bei denen das Determinans eine Person oder eine Sache bezeichnet (z.B. *Totentücher*, 16c:13, *Anstaltspackung*, 03b:52), Komposita, bei denen das Determinans ein Adjektivabstraktum ist (z.B. *Gerätesicherheitsgesetz*, 10d:2, *Wärmegerät*, 10d:10), und Komposita, bei denen das Determinans ein Verbstamm ist (z.B. *Quellzeit*, 13f:2, *Heilbehandlung*, 06c:23, *Rückholkosten*, 06c:0).

Dass im Deutschen Komposita die bevorzugte Form für den Ausdruck von Zweckrelationen sind, dürfte schon deutlich geworden sein (82,6 % der Zweck-Attribute im Korpus). Im spanischen Korpus ist nur eine Juxtaposition belegt, im Korpus NEO 1983 finden wir jedoch einige Komposita vom germanischen Kompositionstyp (z.B. *creditienda*, aus *crédito* + *tienda*, „Kleinkreditabteilung"; *helipuerto*, aus *helicóptero* + *puerto*, „Hubschrauberlandeplatz") sowie Zusammensetzungen und Juxtapositionen vom romanischen Typ nach dem Muster ein „X, das als Y dient", z.B. *buque nodriza* („Versorgungsschiff"), *buque hospital* („Lazarettschiff"), *buque-cisterna* („Tankschiff"), *buque insignia* („Flaggschiff") oder *ciudad dormitorio* („Schlafstadt", Nord 1983: 356f.). Die Zweckangaben im spanischen Textkorpus sind demgegenüber hauptsächlich Genitiv-Attribute (33,9 %), Relationsadjektive (28,7 %) und Infinitiv-Attribute (17,6 %), im Unterschied zu den anderen Attributfunktionen also ausgeprägt nominal.

2.5.3 Zusammenfassung

Alle Attributformen dienen jeweils mehreren Funktionen, und eine Funktion kann stets durch verschiedene Formen ausgedrückt werden. Die qualitative und – soweit möglich und sinnvoll – quantitative Analyse der Korpustexte sollte dazu beitragen, die Wahl zwischen den verschiedenen Strukturen beim Übersetzen zu erleichtern. Hier wieder ein paar „Merksätze" zum Abschluss des Kapitels:

→ Qualifizierende Adjektive geben unterscheidende Eigenschaften eines Referens an und können gesteigert, modifiziert und prädikativ verwendet werden; relationale Adjektive geben Relationen eines Referens zu pragmatischen Faktoren (Handlungsträger, -objekt, -instrument, -zweck etc.) an und können daher nicht gesteigert, modifiziert oder prädikativ *verwendet werden* (Beispiel: *eine strikte Anordnung* vs. *eine ärztliche Anordnung*).

→ Eigenschaften oder Zustände, die im Spanischen durch präpositionale oder Genitiv-Attribute ausgedrückt sind, können im Deutschen oft durch zusammengesetzte Adjektive oder erweiterte Partizipialattribute wiedergegeben werden (Beispiel: *un descanso nocturno libre de molestias* → *eine beschwerdefreie Nachtruhe*).

→ Ein Genitiv- oder präpositionales Attribut darf sich nicht auf das Bestimmungswort einer Zusammensetzung beziehen (Stichwort: *Rettungsflug eines Erkrankten*!).

→ Spanische Relationsadjektive und Genitiv-Attribute sollten so oft wie möglich als Determinantien in deutschen Komposita wiedergegeben werden. Das ist eine spezifische strukturelle Möglichkeit des Deutschen, die ganz bewusst relationalen Adjektiven oder Relativsätzen vorgezogen werden muss, um den im Deutschen oft komplizierteren Satzbau zu kompensieren. Das gilt besonders bei den Attributen zur Angabe einer Zweckrelation.

→ Bei den Ortsrelationen sind vor allem in juristischen und anderen Fachtexten im Deutschen Reihungen von Präpositional- und Genitiv-Attributen nicht nur möglich, sondern üblich, während im Spanischen Reihen von Nominalattributen gern durch Perfekt-Partizipien „verbaler" gemacht werden.

2.6 DARSTELLEN

2.6.0 Allgemeines

Darstellungen werden in Prädikaten formuliert. Ein Prädikat ist eine Verbalgruppe, die ein konjugiertes (= finites) Verb enthält. Dieses kann durch weitere Satzglieder näher bestimmt werden (vgl. Eichler/Bünting 1994: 37), z.b. *[Unsere Produkte]* werden *[nach Fertigung] [sorgfältig] [auf gute Verarbeitung und Materialgüte]* überprüft (11c: 4f.). Hier ist *werden überprüft* der durch ein Adverb der Art und Weise, *sorgfältig*, erweiterte Verbalkern, von dem *auf gute Verarbeitung und Materialgüte* abhängt. Die Temporalergänzung *nach Fertigung* ist vom Prädikat unabhängig, wie sich durch eine Umstellungs-, Auslassungs- oder Ersatzprobe leicht zeigen lässt, und erläutert die zeitliche Einordnung der Handlung *überprüfen* (→ 2.7.4.3)

Prädikate können in Hauptsätzen oder Nebensätzen vorkommen. Auf die Verknüpfung verschiedener Prädikate in Haupt- und Nebensätzen gehen wir im Zusammenhang mit der Handlung Erläutern näher ein. Hier steht die Relation zwischen Prädikat und Referens im Vordergrund, daher betrachten wir die Korpusbeispiele unabhängig von der Form des Satzes, in dem sie stehen.

Je nach Referens unterscheiden wir verschiedene Formen des Darstellens: Beschreiben als Darstellung von Personen und Sachen, Vergleichen als Darstellung in Relation zu einem Anderen, Berichten als Darstellung von Geschehnissen, Anleiten als Darstellung von Handlungs- oder Verhaltensweisen und Deklarieren als Darstellung von Handlungsvollzügen. Da es sich bei den meisten Korpustexten um darstellende Texte handelt, könnten die Details dieser Kommunikationshandlung ein eigenes Buch füllen. Der Übersichtlichkeit halber soll hier jedoch nur auf die besonders übersetzungsrelevanten Aspekte eingegangen werden.

2.6.1 Beschreiben als Darstellung von Personen und Sachen

2.6.1.0 Formen des Beschreibens

Die Beschreibung von Personen und Sachen kann sich auf folgende Merkmale beziehen: Existenz bzw. Nicht-Existenz, Bedeutung, Be-

schaffenheit, Herkunft oder Zugehörigkeit, Zustand, Befindlichkeit sowie Funktion. Dabei ist hier besonders auf die Verwendung von *ser*
und *estar* zu achten.

2.6.1.1 Existenz und Nicht-Existenz

Zur Beschreibung der Existenz bzw. Nicht-Existenz eines Referens
dienen im Spanischen *ser* (als Vollverb), *existir*, die unpersönlichen
Formen von *haber* (*hay, había, hubo*), im Deutschen *da sein* oder *es
gibt*, in juristischen oder formellen Texten *bestehen, vorliegen* (z.B.
11d:13), *gegeben sein* (Bsp. 2.6-4/de).

2.6-1	«*Ser* o *no ser*» (Shakespeare, Hamlet, Ü)	*Es war einmal* ein guter, lieber König (15d:1)
2.6-2	*Existen* varias teorías al respecto (04a:9)	*Es gibt* von vornherein gar keine natürlichen Grenzbedingungen... (05d:17)
2.6-3	Algo *había* en la habitación como un aleteante huir de palomas (18a:7)	Behandlungsbedürftigkeit *besteht* nicht mehr. (06e:24)

Bei der Verwendung von *ser* bzw. *sein* als Vollverb handelt es sich um
einen altertümlichen oder stereotypisierten Gebrauch (Bsp. 2.6-1, vgl.
es. *érase una vez un rey...*). Im spanischen Korpus finden wir am
häufigsten *existir* (sechs Belege, 2.6-2) oder die unpersönliche Form
von *haber* (Bsp. 2.6-3). Im deutschen Korpus ist kein Beispiel mit *exis-
tieren* belegt.

2.6-4	Era como si no *hubiera* nadie en aquella casa, como si ni siquiera *hubiera existido* (18a:17)	Sollte dennoch ein Grund für eine Beanstandung *gegeben sein*... (11c:5f.)
2.6-5	La asamblea es en el Salón de Actos de Ciencias a las 12 (jueves día 18). (www.usal.es, 03.12.02)	Einige Ausflüge *finden* an Feier-tagen nicht *statt*. (06d:7)

Wenn das Referens eine Veranstaltung (z.B. ein Versammlung, eine
Konferenz, eine Vorlesung), ein spontanes Ereignis (z.B. ein Unfall)
oder ein gesellschaftliches Ritual (z.B. eine Hochzeit, eine Taufe) ist,
über deren (Nicht-)Existenz an einem bestimmten Ort oder zu einer
bestimmten Zeit eine Aussage gemacht wird, kann im Spanischen *ser*
im Sinne von „stattfinden" gebraucht werden. Nach Molina/Ortega

(1987: 22) werden allerdings Verben wie *ocurrir, suceder, tener lugar, celebrarse, efectuarse* und *pasar* in dieser Funktion bevorzugt. Das Korpus enthält keinen Beleg mit *ser* in dieser Bedeutung.

2.6-6	Ayer hubo un accidente. - ¿Sí? ¿Y dónde *fue*? (Molina/Ortega, 1987: 23)	Wieder einmal *war* große Aufregung im Schloß. (15d:8)
2.6-7	¿Dónde *fue* la Asunción? Como por tradición Apostólica sabemos que la Asunción *tuvo lugar* en el sepulcro de María (www. homilia.org/virgen, 3.12.02)	
2.6-8	La reunión *es* a puerta cerrada. (Molina/Ortega, 1987: 23)	Das Gremium *tagt* in geheimer Sitzung (www.taz.de, 03.12.02)
2.6-9	Pueden *ocurrir* irregularidades (06b:23)	Es können lokale Reizerscheinungen *auftreten*. (03b:25)

Im Deutschen ist der Gebrauch von *sein* in dieser Funktion einem schlichten Stil zuzuordnen (Bsp. 2.6-6/de). Meist werden idiomatische Verben bevorzugt: Aufregung *herrscht*, ein Gremium *tagt*, Reizerscheinungen *treten auf*.

2.6.1.2 Bedeutung

Wenn das mit der Kopula *ser* bzw. *sein* verbundene Prädikatsnomen nicht mit dem unbestimmten Artikel, wie bei der Klassifizierung, sondern mit dem bestimmten Artikel steht und kein Hyperonym zum Subjekt des Satzes ist, handelt es sich vielfach um eine Art Identifizierung oder Bedeutungsangabe.

2.6-10	El PNN ... *es el [producto] que se obtiene* a los precios de mercado (04c:27f.)	Versicherungsfall *ist die ... Heilbehandlung* einer versicherten Person (06e:19f.)
2.6-11	ese marco *constituye*, pues, nuestro «*habitat*» económico (04b:5)	*Den Kern bildete* die Umgebung der Hauptstadt Cuzco (16b:7)
2.6-12	[El PNB...] *Se puede definir como* la suma del valor de todos los bienes... (04c: 3).	Sparen ... *bedeutet* ganz einfach Nichtverbrauchen (04d:27)

Im Spanischen werden statt *ser* oft Verben wie *constituir* oder *definirse como* bevorzugt, im Deutschen finden wir zwar auch Belege mit *bilden* (zwei Mal im Korpus), *bedeuten* (in metakommunikativen Kontexten) oder *darstellen* (ein Mal im Korpus), diese Verben wirken jedoch oft etwas geschwollen.

2.6.1.3 Beschaffenheit

Zur Beschaffenheit gehören das Material, aus dem ein Referens besteht, seine Ausmaße oder sein Umfang sowie Bestandteile und charakteristischen Merkmale. Zur Beschreibung des Materials wird im Spanischen *ser de* und im Deutschen *aus ... sein* oder *bestehen* verwendet. *Ser de* wird auch zur Darstellung von Ausmaß und Umfang eines Referens gebraucht (Bsp. 2.6-14).

2.6-13	Su interior *es de* acero inoxidable. (12b:28)	[Das Möbelstück hat ein] *Echtholzfurnier* (06c:10), vgl. echtsilbern: aus Echtsilber bestehend (DUW)
2.6-14	La velocidad de desplazamiento ... *es de* 300.000 kms/sg. (04a:32)	Die Quellzeit *beträgt* 8 bis 10 Stunden. (13f:5)
2.6-15	Las visitas y excursiones *comprenden*: el transporte, las entradas, el almuerzo... (06b:1)	Das Reich der I. *umfaßte* das Gebiet vom Ancasmajo über Ecuador, Peru, Bolivien ... bis zum Rio Maule. (16b:3ff.)

Für die Darstellung des Materials kann *ser de* durch *estar hecho de / con* ersetzt werden (*la librería está hecha de / con madera de roble*, vgl. Molina/Ortega 1987: 109). Dabei bedeutet die Verwendung der Präposition *de*, dass das Referens vollständig aus dem betreffenden Stoff ist, während die Präposition *con* die Möglichkeit offen lässt, dass noch andere Materialien verwendet wurden. Für die Darstellung der Bestandteile dagegen wird *estar constituido de* oder *comprender* verwendet (Bsp. 2.6-15). Im Deutschen finden wir neben *sich zusammensetzen aus* auch *umfassen* oder, wenn es um strukturierte Einheiten geht, *sich gliedern in* (z.B. 01f:12).

Für die Darstellung charakteristischer Eigenschaften wird am häufigsten *tener* bzw. *haben* verwendet (9 Belege mit *haben* im deutschen Korpus, 10 Belege mit *tener* im spanischen Korpus). In formelleren Registern oder zur stilistischen Variation finden wir im Deutschen *besitzen* (06e:11), *aufweisen* (09c:25f.), *verfügen über, bieten*, im Spanischen *ofrecer* (09a:19) oder *disponer de* (z.B. 10a:9,77).

| 2.6-16 | El imperio *tenía* una estructura política muy evolucionada. (16a:10). | Die Ethiker und Philosophen dagegen *haben* kaum echte Erfolge *vorzuweisen*. (05c:10) |
| 2.6-17 | ... *carecían* de escritura (16a:23) | Stiere *haben* einen verwöhnten Gaumen. (09d:25) |

Die verneinte Form der Darstellung von Beschaffenheit oder Bestandteilen kann im Spanischen außer mit der Verneinung aller aufgeführten Verben auch durch *carecer de* ausgedrückt werden (Bsp. 2.6-17). Die im zweisprachigen Wörterbuch (z.B. Langenscheidt 1975) angegebenen Entsprechungen *entbehren* oder *ermangeln* (mit Genitiv) sind im Korpus nicht belegt und im Deutschen als „gehoben" markiert (vgl. Duden 1993).

2.6-18	De cálidas aguas en verano y otoño, y excelentes solariums incluso en invierno, [las playas] *ofrecen* una gran variedad (09a:18f.)	Neben unserer Standard-Gewährleistung *bieten* die HP Support Packs eine umfangreiche Palette an speziellen Services. (12e:24)
2.6-19	Este secador *dispone* de un nuevo motor de nueva tecnología (10a:9)	Sie *verfügen über* profunde Toolkenntnisse in Cadence/ Leapfrog ... (01e:19)
2.6-20	Diese Bestimmungen *sind Bestandteil* des Flugscheins (06f:2)	
2.6-21	E-Business *define* el nuevo mundo empresarial. (01a:9)	E-Commerce *ist* heute *ein wesentlicher Bestandteil* jeder unternehmerischen Tätigkeit. (CN)

Manchmal dienen auch ganz andere Strukturen zur Darstellung der Beschaffenheit, wie Bsp. 2.6-21/es zeigt.

2.6.1.4 Herkunft und Zugehörigkeit

Analog zur Beschaffenheit werden auch Herkunft und Eigentumszugehörigkeit im Spanischen durch *ser de* ausgedrückt. Die Nähe zum Genitivus possessivus ist nicht zu übersehen (vgl. 2.5.0.5).

| 2.6-22 | La Patria *es de* todos. (www.cubanet.org, 6.12.02) | *Wem gehört* der öffentliche Raum? (www.arbeitundleben-thueringen.de, 6.12.02) |
| 2.6-23 | ¿Este vino *es de* Ciudad Real? (Sancho Panza in *El Quijote*, II,3) | Miss-Wahlen: Die schönste Deutsche *kommt aus* Berlin. (www.Spiegel.de, 6.12.02) |

| 2.6-24 | La satisfacción puede *provenir* del producto en sí. (02a:24f.) | Die Narben *rühren* von einer Kriegsverletzung *her*. (DUW) |
| 2.6-25 | El conjunto de los recursos físicos *viene dado* por las condiciones naturales... (04b:3) | der *dazugehörige* Kassenbon (11c:9f.), *zugehörige* Software-treiber (01e:7f.) |

Daneben finden wir im Spanischen auch *provenir* oder *proceder* und gelegentlich andere Verben oder verbale Ausdrücke für die Beschreibung der Herkunft, im Deutschen wird für den Besitz in der Regel *gehören*, für die Herkunft *kommen aus*, bei der Ursache *herrühren von* verwendet.

2.6.1.5 Zustand

Als Zustand bezeichnen wir Eigenschaften des Referens, die das Ergebnis eines Werdens oder Gemacht-Werdens sind. Diese werden im Gegensatz zu Eigenschaften gesehen, die zur Klassifizierung des Referens dienen (→ 2.4.2.1). Im Spanischen wird der Unterschied zwischen Klassifizieren und Beschreiben an der Kopula sichtbar: In der Kombination mit einem Adjektiv dient *ser* zur Klassifizierung und *estar* zur Beschreibung. Besonders deutlich wird der Resultatsaspekt bei der Kombination von *estar* bzw. *sein* mit dem Partizip Perfekt.

2.6-26	Las tropas *están preparadas* para cumplir la operación (07a:14f.)	Der Mensch *ist* biologisch zur Naturbeherrschung *gezwungen*. (05d:31)
2.6-27	Nuestra responsabilidad *está* expresamente *limitada* a la garantía definida anteriormente. (11a:22f.)	Die Garantie *ist beschränkt* auf Mängel infolge unzureichender Verarbeitung oder Materialfehler. (11c:12f.)
2.6-28	El uso del concentrador *está recomendado* para secar o moldear su cabello. (10a:55f.)	Eine längerdauernde Anwendung *ist nicht angezeigt*. (03b:20ff.)

Bei Adjektiven ist der Resultatsbezug nicht an formalen Merkmalen zu erkennen, jedoch häufig aus dem Kontext zu erschließen.

| 2.6-29 | Cocer ... hasta que *estén tiernas* las peras y las manzanas, pero no deshechas. (13a:15) | Connect Partner werden umfassend geschult und *sind* daher jederzeit mit *der* neuesten Technologie vertraut. (12e:15) |

2.6-30	Yo soy un pachanguero *y estoy orgulloso* de serlo. (Manu Chao in dem Interview aus Text 20a)	Wir ... machen Sie fit für die Praxis. Wer uns kennt, weiß, dass Sie es [= fit] danach auch wirklich *sind*. (01f:15)
2.6-31	Asegúrese que sus *manos están totalmente secas* antes de conectar el aparato. (10a:38)	Benutzen Sie das Gerät nicht, wenn Ihre Hände oder das Gerät *naß sind*. (10b:32f.)
2.6-32	El muñeco *estaba furioso*. (15b:35)	Deutsche *sind seelisch gesünder geworden*. (02c:15f.)

Während *krank sein* leicht als Resultat einer Erkrankung zu erkennen ist, scheint der Resultatsaspekt von *gesund sein* nicht unmittelbar einsichtig zu sein. Aber wenn man bedenkt, dass Gesundheit vor allem dann ein Thema ist, wenn jemand krank war oder hätte krank werden können, bedeutet *gesund sein* eigentlich „nicht krank (geworden) sein" oder „wieder gesund (geworden) sein". Wenn *gesund* klassifizierend gebraucht wäre, müsste dies auf alle Deutschen zutreffen (etwa: *Deutsche sind seelisch gesünder als andere*, vgl. oben, 2.4.2.2).

| 2.6-33 | Con Egarone, el descanso nocturno *es libre* de molestias (vgl. 03a:23) | Der Anteil derjenigen, die *frei von allen Sorgen sind*... (02c:22) |

Wenn wir diese Überlegung auf Bsp. 2.6-33 anwenden, wird deutlich, dass wir zwar die Ruhe aller durch EGARONE-Einnahme charakterisierten Nächte als *beschwerdefrei* klassifizieren können (daher: *ser*), dass Menschen jedoch nicht generell als *sorgenvoll* oder *sorgenfrei* eingestuft werden, sondern jeder Mensch, wenn er sich (zu viele) Sorgen macht, *besorgt* oder, wenn er die Sorgen von sich fern hält oder sie überwindet, *sorgenfrei* oder *unbeschwert* sein kann. Das Adjektiv zur Klassifizierung wäre demgegenüber im Deutschen *sorglos*. Wir stellen also fest, dass die kommunikative Intention (Klassifizieren oder Beschreiben) im Spanischen durch die Wahl der Kopula (*ser* bzw. *estar*) und im Deutschen durch die Wahl des Adjektivs (*sorglos* bzw. *unbeschwert*) markiert wird.

Die Behauptung mancher Grammatiken, *ser* werde für „dauernde" und *estar* für „vorübergehende" Eigenschaften verwendet, lässt sich anhand von Bsp. 2.6-34 gut entkräften. Kaum eine Eigenschaft ist „dauernder" als *tot* – trotzdem wird *muerto* mit *estar* kombiniert (als

Resultat von *morirse*), sofern es nicht – wie im ersten Teil des Zitats – als Prädikatssubstantiv verwendet wird (→ 2.4.1.1).

2.6-34	Pero los muertos *son muertos*. *Están muertos*, vamos a llorar... (F. García Lorca, vgl. Molina/Ortega 1987:124)	Was gestern noch *faul war, ist* heute *schlau*. (01d:2)
2.6-35	Si éste [= el cable] *se encuentra* deteriorado, no use el aparato. (10a:21f.)	Dies gilt auch, wenn Zuleitung oder Gerät *beschädigt sind*. (10b:25f.)
2.6-36	El guía *se halla* suficientemente facultado para introducir modificaciones... (06b:12)	Der Käufer erklärt den Rücktritt vom Vertrag, ohne hierzu *berechtigt zu sein*. (06c:15f.)
2.6-37	Asegúrese de que la entrada o salida de aire no *están obstruidas*. En caso de que la entrada o salida de aire *quedasen obstruidas*... (10a:76)	

Statt *estar* finden wir im Spanischen zur Zustandsangabe auch die Verben *encontrarse, hallarse* oder *quedar* (vor allem mit Partizip Perfekt). Bsp. 2.6-37 macht deutlich, dass *estar* die „erste Wahl" ist und *quedar* dann zur stilistischen Variation benutzt wird.

2.6.1.6 Befindlichkeit

Während bei der Kombination Kopula + Adjektiv also je nach Kommunikationsintention sowohl *ser* als auch *estar* möglich sind, kann bei der Beschreibung einer örtlichen Befindlichkeit nur *estar* stehen, und zwar als Vollverb in Kombination mit einer adverbialen Bestimmung des Ortes als präpositionaler Ergänzung (Präpositionen: *en, detrás de, delante de* etc., bei Entfernungen *a*) oder als Adverb (*arriba, abajo, detrás, allí* etc.). Vom Gebrauch von *ser* im Sinne von „stattfinden" (siehe oben) ist die Beschreibung der Befindlichkeit dadurch zu unterscheiden, dass hier das Referens keine Veranstaltung, sondern eine Person oder ein Gegenstand ist. Die Nähe zur Zustandsdarstellung wird in Bsp. 2.6-38 an den Perfekt-Partizipien erkennbar.

2.6-38	El espacio geográfico en que *estamos situados* y en donde vivimos. (04b:4)	Das Altmärkische Museum *ist* im ehemaligen Katharinenkloster *untergebracht*. (09c:20f.)
2.6-39	Las estrellas *están a* una distancia tal que allí donde las vemos ya no *están*. (04a:34f.)	...wenn Sie sich auf feuchtem Boden *befinden* (10b:32f.)

| 2.6-40 | ...bajo la cual *se encuentra* el sarcófago de la santa. (09b:9f.) | Unweit der Stadt *liegt* das einzigartige Prämonstratenserkloster Jerichow. (09c:29f.) |

Die Formen der Darstellung der örtlichen Befindlichkeit gelten auch für Orte im übertragenen Sinne. Während bei der konkreten Ortsangabe *sich befinden* das am häufigsten verwendete Verb ist und *liegen* vor allem für Gebäude („Liegenschaften"!) oder Städte gebraucht wird, finden wir bei den übertragenen Angaben öfter *liegen*.

| 2.6-41 | Der Anteil ... *liegt* im alten Bundesgebiet bei 60 Prozent. (02c:22f.) |

Im Spanischen ist dagegen *estar* das Verb mit der höchsten Frequenz, während *encontrarse* (Bsp. 2.6-40) oder *hallarse* zumindest in unserem Korpus wesentlich seltener belegt sind.

| 2.6-42 | El Titicaca *se halla* al norte del Altiplano boliviano. (14a:31) | Das Reich von Chimor *erstreckte sich* von Túmbez bis in die Nähe von Lima. (17b:16f.) |

Bsp. 2.6-42/de zeigt, dass es im Deutschen für bestimmte Formen des Sich-Befindens Verben gibt, die außer der Befindlichkeit weitere Merkmale beschreiben (hier: „längliche Form").

| 2.6-43 | Y decía: "*Está* ahí arriba". (18a:14) | „Er *ist* dort oben," sagte er. (18b:15, Ü) |
| 2.6-44 | Era incapaz de *estar* mucho tiempo sin hacer nada. (15a:22f.) | Der regierende I. *stand* ... an der Spitze eines Sonnenkultes. (16b:13f.) |

Der Gegensatz zwischen den allgemeinen Verben im Spanischen und den spezifischeren Verben im Deutschen führt oft zu Übersetzungsproblemen, besonders wenn der Kontext nichts über die speziellen Merkmale des Sich-Befindens aussagt (Bsp. 2.6-44: *er konnte nicht längere Zeit untätig herumsitzen / herumstehen* im Gegensatz zu der als stilistisch unbefriedigend empfundenen Formulierung *untätig sein*, vgl. Reiners 1967: 65ff.). Manchmal hilft eine Modulation bei der Übersetzung: *Er musste immer etwas zu tun haben.*

| 2.6-45 | Apareció en Trabilde y allí se quedó a *vivir*. (15a:3f.) | In Potosí *lebten* 4000 Menschen. (14b:31) |

2.6-46	el espacio geográfico ...en donde *vivimos*. (04b:5)	Sie *wohnten* in einem wunderschönen Schloss. (15d:3)
2.6-47	In Quito *residierte* sein Lieblingssohn Atahuallpa. (17b:30)	

Auch bei der Angabe des Wohnortes unterscheiden wir im Deutschen zwischen *wohnen, leben* und, wenn ein bestimmter Lebensstil impliziert ist, *residieren*, während im Spanischen nur *vivir* oder wiederum *estar* (z.B. 02a:18) im Korpus belegt sind.

2.6.1.7 Funktion

Sachen oder Personen können auch mit Hilfe von Verben beschrieben werden, die eine Funktion ausdrücken. Bei Sach-Referentien finden wir dafür Verben wie es. *servir de* bzw. de. *dienen* (+ Dativ oder mit *zu*) oder auch es. *funcionar (de), ser utilizado* oder *utilizarse (para)* bzw. de. *die / eine Funktion haben*. Im deutschen Korpus ist *bieten* am häufigsten belegt (7 Mal, zum Beispiel 12e:12, 24).

2.6-48	*Servirás de* espantapájaros. (15b:33)	Dieser Kontoauszug *dient Ihrer Abstimmung* mit unserer Kontenführung. (19b:7)
2.6-49	No podrá *ser utilizado* para la carga y transporte de mercancía. (06a:18)	Bei *Betrieb* mit falscher Einstellung wird der Haartrockner beschädigt und unbrauchbar. (10b:14f.)
2.6-50	Las aportaciones de estas disciplinas *permiten* al especialista en marketing una comprensión más cercana al consumidor (02a:12f.)	Zwei Adapter *ermöglichen es* Ihnen, das Gerät in den folgenden Ländern problemlos *zu benutzen*... (10b:48f.)
2.6-51	Esta red sinérgica *funciona* perfectamente en una economía de abundancia. (02a:16)	*Die Funktion* solcher Regeln ist *es*, ...Regelinventare aufeinander zuzuordnen (04e:28f.)
2.6-52	La garantía *cubre* el cambio de las piezas... (11a:15)	Für die Reinigung des Luftaustrittsgitters *eignet sich* am besten eine Bürste. (10b:60)

Berufliche Funktionen werden im Spanischen durch *estar de* ausgedrückt, das eine vorübergehend oder an einem nicht für immer dafür vorgesehenen Ort ausgeübte (berufliche) Tätigkeit bezeichnet.

2.6-53	Fanny *estuvo de Erasmus* en Italia. (www.um.es/internacionales, 6.12.02)	Fanny *war als Erasmus-Austauschstudentin* in Italien. (CN)
2.6-54	Ese *estuvo de médico militar* en Cuba y se acostumbra a beber de una manera terrible. (Pío Baroja, *El árbol de la ciencia*, VI, II)	

Im Deutschen gibt es dafür kein spezifisches Verb. Oft kann *als etw. irgendwo sein* als Übersetzung dienen, wenn der Kontext diese etwas umgangssprachliche Formulierung zulässt.

2.6.2 Vergleichen als Darstellung in Bezug auf ein Anderes

2.6.2.0 Formen des Vergleichens

Beim Vergleichen wird ein Referens in Bezug auf ein oder mehrere andere Referentien als gleich oder verschieden dargestellt. Der Vergleichsgrund („Tertium comparationis") ist dabei die Qualität oder Quantität von Eigenschaften oder Merkmalen. Vergleiche können in Prädikaten oder in Attributen ausgedrückt werden, wobei sie in Attributen oft unterscheidende Funktion besitzen. Der Einfachheit halber wird hier nicht zwischen prädikativen und attributiven Vergleichen unterschieden. Illustrierende Vergleiche, die auf ein Vorwissen des Empfängers Bezug nehmen, gehören zur appellativen Handlung Erinnern (→ 4.2.2.1, Bsp. 4.2-7).

2.6.2.1 Gleichsetzung

Die Gleichheit zweier (oder mehrerer) Referentien wird grundsätzlich durch die Grundstufe (den Positiv) eines Adjektivs oder (bei Handlungen) Adverbs zwischen zwei Vergleichspartikeln ausgedrückt (Bsp. 2.6-55, 2.6-56): *„X ist / handelt so E wie Y"*. Dabei ist X das zu vergleichende Referens, Y das Vergleichsreferens und E das Tertium comparationis. Das Vergleichsreferens Y kann nicht nur durch Substantive oder Substantiv-Vertreter (*so E wie ich*), sondern auch durch Adjektive, Sätze oder Adverbien (z.B. *so E wie möglich*) ausgedrückt sein. Es kann auch ungenannt bleiben, wenn es aus dem Kontext hervorgeht oder sich von selbst versteht.

Wenn das zu vergleichende Referens durch ein Verb ausgedrückt wird, stehen im Deutschen ebenfalls *so – wie* als Vergleichspartikeln (z.B. *Er lacht [genau]so [laut, oft] wie sein Vater*), das Tertium comparationis kann hier neben der Quantität auch die Qualität sein. Im Spanischen richtet sich die Wahl der Vergleichspartikeln nach dem Tertium comparationis: bei quantitativem Vergleich *tanto – como* (z.B. *trabaja tanto como mi jefe*), bei qualitativem Vergleich *igual que* oder *como* (z.B. *habla igual que su hermano, habla como un nativo*; vgl. Matte Bon 1995: II,93)

Die erste Vergleichspartikel kann durch Gradadverbien näher bestimmt werden (im Deutschen z.B. *ebenso, genauso, geradeso*, im Spanischen z.B. *casi*, Bsp. 2.6-55, *exactamente*, Bsp. 2.6-58).

2.6-55	Ruperto era *casi tan grande como él* [= don Bepo] (15b:6)	ein blattförmiges Stück Gold, *so groß wie eine Hand* (14b:9)
2.6-56	Un paraguas cerrado es *tan elegante como es feo* un paraguas abierto (18c:9)	[Übersetzen Sie] *so wörtlich wie möglich, so frei wie nötig* (04e:7f.)
2.6-57	En buena parte existe *idéntica problemática a la planteada en el siglo v* (05a:10)	Der kam denn auch *so schnell [wie] er nur konnte* (15d:18)
2.6-58	Trabajaban vestidos *exactamente igual* [= el uno igual que el otro] (15b:3f.)	dann senden Sie uns doch Ihre aussagefähige Bewerbung *so bald als möglich* (01e:24f.)

Vergleiche können aber auch durch Verben ausgedrückt werden, die Gleichheit signalisieren, z.B. im Deutschen *entsprechen* (Bsp. 2.6-59), *aussehen wie, sein wie*, im Spanischen *corresponder a* (2.6-59), *parecerse a, ser idéntico / equivalente a, equivaler a* (vgl. Matte Bon 1995: II,94f.), *parecer igual a / no parecer diferente / distinto de* (Bsp. 2.6-60). Wir nennen sie Gleichsetzungsverben (GV). Aus solchen Verben können Adjektive abgeleitet werden, die bereits eine Gleichsetzung enthalten, wie *entsprechend* oder *gleichwertig*.

2.6-59	El sabor, el color y la textura *corresponden* a nuestras exigencias (19a:16)	Nach KEYNES *entspricht* der Verbrauch (C) dem Wert der Güter, die an Verbraucher verkauft wurden (04d:19)
2.6-60	[Miro] *no parecía muy diferente de los otros niños* (15a:1)	Kenntnisse in Cadence/Leapfrog, Synopsys oder *gleichwertigen* Tools (01e:19f.)
2.6-61	tienen una constitución ondulatoria *como la de la luz* (04a:15f.)	Fortan gab es für *seinesgleichen* [= Leute wie Kolumbus] kein Halten mehr (14b:9f.)

Aus übersetzerischer Perspektive interessant erscheint hier die Vielfalt der möglichen Strukturen, die funktional als gleichwertig anzusehen sind.

2.6.2.2 Verschiedensetzung

Wenn Qualität oder Quantität von Referentien als „verschieden" betrachtet werden, wird der Vergleich durch den Komparativ des Adjektivs bzw. Adverbs in Kombination mit einer Vergleichspartikel gebildet: X [+ Kopula/Verb] + Komparativ von E // + Partikel + Y. Dabei bleibt der zweite Teil des Musters oft nur impliziert.

2.6-62	Los consumos de energía, agua y detergente son *un 41 % más bajos que los del fregado manual* (12b:13f.)	Einige Veranstalter offerieren günstigere Preise und damit auch *schwächere Qualität* [als wir] (06d:32f.)
2.6-63	No podrá llevar *más pasajeros que los permitidos* (06a:16)	der Käufer weist nach, daß ein Schaden nicht oder *wesentlich niedriger entstanden ist* [als vom Verkäufer angegeben] (06c:17f.)
2.6-64	vender *más bienes y servicios a más personas* [que antes] (02a:30)	in einer Welt, die *immer kleiner wird* [als sie einmal war] (01c:16)

Im Spanischen wird der Komparativ bei den meisten Adjektiven[25] mit *más* bzw. *menos* gebildet. Die Partikel ist *que* (Bsp. 2.6-62, 2.6-63, 2.6-65), wenn das Referens eine Person oder Sache ist, und *de lo que* (Bsp. 2.6-66), wenn der Vergleichsgegenstand durch ein konjugiertes Verb ausgedrückt wird; im Deutschen ist die Partikel in jedem Falle *als*. Der Komparativ kann durch Adverbien verstärkt werden (vgl. Bsp. 2.6-63/de, 2.6-66/es). Auch hier kann Y nur im Kontext impliziert sein (im deutschen Korpus in allen Belegen!).

2.6-65	el "Lady of Spain-L" sale *más económico que fregar a mano* (12b:25)	eine *längerdauernde Anwendung* [als empfohlen] (03b:20f.)
2.6-66	Vale mucho *más de lo que cuesta* (12b:20f.)	Immer *mehr Firmen* [als vorher] stellen auf ... um (12c:5f.)

---

[25] Einige Adjektive haben lateinische Komparativformen, z.B. *mal – peor, bueno – mejor, grande – mayor, pequeño – menor, mucho – más, poco – menos* (vgl. Reumuth/Winkelmann 1993: 135f.).

Im Deutschen ist darauf zu achten, dass bei zusammengesetzten Adjektiven oft das determinierende Adverb in den Komparativ gesetzt wird (*weitgehend* → *weitergehend*, 11c:17, *langdauernd* → *länger-dauernd*, Bsp. 2.6-65). Auch hier ist wieder festzustellen, dass es in beiden Sprachen vielfältige Möglichkeiten gibt, Ungleichheit auszu-drücken. Insgesamt wird offenbar häufiger ein ungleicher Grad von Qualität oder Quantität festgestellt als ein gleicher Grad (Spanisch 18, Deutsch 23 Belege im Vergleich zu 8:8 bei der Gleichsetzung).

2.6.2.3 Absolutsetzung

Der höchste Grad einer Eigenschaft wird durch eine Absolutsetzung dargestellt, die durch die Kombination aus dem bestimmten Artikel und dem Superlativ des Adjektivs (im Spanischen dem Komparativ des Adjektivs mit *más* oder *menos* bzw. dem lateinischen Superlativ, Bsp. 2.6-70), gegebenenfalls gefolgt von der Vergleichsbasis, ausge-drückt wird. Die Vergleichsbasis gibt die Menge der Vergleichsobjekte an, auf die sich die Absolutsetzung bezieht.

2.6-67	el negocio *más importante* del futuro (01a:8)	zu *einem der zutraulichsten Sternzeichen überhaupt* (09d:38f.)
2.6-68	*Los [lavavajillas] más vendidos en Alemania* (12b:33)	Das (Coupé) wollte *das Schöns-te* sein im ganzen Land (12d:1)
2.6-69	Su cultura fue *la más evolucio-nada* de las americanas preco-lombinas (16a:26)	Das *gewaltigste Imperium* Alt-amerikas war das Inkareich (17b:1)
2.6-70	*las máximas autoridades* de Daguestán (07a:13)	

Bei der Absolutsetzung stellen wir die geringste Formenvielfalt fest. Neben der attributiven Verwendung des Superlativs mit dem be-stimmten Artikel (Bsp. 2.6-68/es), einschließlich der Fälle, in denen das Referens zusammen mit anderen Referentien absolut gesetzt wird (Bsp. 2.6-67/de), finden wir nur noch die prädikative Verwendung (Bsp. 2.6-68/de, 2.6-69/es).

Achtung! Eine Absolutsetzung ist nur da sinnvoll, wo mehr als zwei Referentien verglichen werden (vgl. Duden-Grammatik § 2385); daher ist die spanische Formulierung *el más grande de los dos chicos* durch den Komparativ *der größere* [nicht: *der größte*] *der beiden Jungen* wiederzugeben.

Neben dem Superlativ kennen wir zur Angabe eines sehr hohen Grades auch den so genannten Elativ. Dieser ist jedoch nicht referentiell, sondern expressiv (→ 3.2.1.2).

2.6.3 Berichten als Darstellung von Geschehnissen

Wenn ein Geschehen durch ein handelndes Subjekt (Agens) ausgelöst wird, sprechen wir von einer Handlung. Kommt das Geschehen dagegen ohne das Zutun eines Agens zustande, sprechen wir von einem Vorgang.

2.6.3.0 Formen des Berichtens

Um Handlungen und Vorgänge zu unterscheiden, müssen wir sowohl die verwendeten Verben als auch die dazugehörigen Subjekte genauer betrachten. Nicht immer ist das grammatische Subjekt (= Nominativ) auch gleichzeitig semantisches Subjekt, also Träger der Handlung. In Bsp. 2.6-71 sind die *substancia regenerativa* bzw. *Joachim Winckelmann* zwar grammatisches Subjekt, die Handlung wird jedoch in beiden Fällen von einer anderen Person ausgeführt. In diesen Beispielen ist das semantische Subjekt nicht genannt, auf Grund unseres Weltwissens nehmen wir an, dass es im einen Fall die Pharma-Firma und im anderen Winckelmanns Mutter war.

2.6-71	Se ha incluido en la fórmula una substancia regenerativa, la alantoína (03a:9)	wo einst Joachim Winckelmann geboren wurde (09c:17)
2.6-72	Las chicas y chicos guapos inundan las pantallas (02a:5f.)	Die Wirkung klingt langsam ab. (03b:40)
2.6-73	Los hombres resolvemos problemas mediante la razón (05a:1)	Der Begriff der Übersetzungsregel ist von der Übersetzungswissenschaft kaum thematisiert worden (04e:4f.)

Die Verben *resolver, incluir, gebären, thematisieren* brauchen ein semantisches Subjekt mit dem Merkmal [+ handlungsfähig], das durch Personifizierung auch Referentien zugeschrieben werden kann, die es eigentlich nicht besitzen, also Sachbezeichnungen, Abstrakta oder

Kollektiva. In Bsp. 2.6-73 steht z.b. *die Übersetzungswissenschaft für
die Personen, die Übersetzungswissenschaft betreiben.* Ein Verb wie
abklingen (Bsp. 2.6-72/de) wird dagegen mit einem Subjekt verwendet, das nicht das Merkmal [+ handlungsfähig] aufweist; es bezeichnet
also keine Handlung, sondern einen Vorgang, der sich ohne das handelnde Eingreifen einer Person vollzieht (anders: *zum Abklingen bringen,* etwa durch die Verabreichung eines Medikaments).

Im Gegensatz dazu haben wir es in Bsp. 2.6-72/es weder mit
einer Handlung noch mit einem Vorgang zu tun. Zu *inundar* („über-
schwemmen") gehört normalerweise ein Subjekt mit dem Merkmal
[(zu) große Menge Flüssigkeit]. Daher steht bei *las chicas y chicos
guapos* nicht das Merkmal [+ handlungsfähig] im Vordergrund, sondern das Merkmal [+ sehr große Menge], das durch den bestimmten
Artikel (Verallgemeinerung) bewirkt wird. Hier wird also nicht über ein
Geschehen berichtet, sondern das Vorhandensein einer großen Menge beschrieben (→ 2.6.1.1, vgl. die Übersetzung in Text 02b).

Beim Berichten stehen nicht immer Handlungen oder Vorgänge
als Ganzes im Mittelpunkt, sondern häufig nur bestimmte Aspekte: der
Anfang, die Vollendung, die Dauer oder die Wiederholung des Geschehens. Wir werden daher neben dem Berichten über Handlungen
und dem Berichten über Vorgänge auch das Berichten über den Vollzug und die Zeitlichkeit von Geschehnissen behandeln.

2.6.3.1 Berichten über Handlungen

Als Berichte über Handlungen betrachten wir nur solche Darstellungen, bei denen ein determiniertes Subjekt mit dem Merkmal [+ hand-
lungsfähig] als handelnd dargestellt wird, also nur persönliche Konstruktionen mit einem Handlungsverb im Aktiv. Unpersönliche und
Passivkonstruktionen mit Handlungsverben werden zu den Vorgängen gerechnet, da in all diesen Fällen nicht das handelnde Subjekt,
sondern das Geschehen im Mittelpunkt des Interesses steht (vgl. Bsp.
2.6-71 und 2.6-73/de im Gegensatz zu Bsp. 2.6-74 und 2.6-73/es).

2.6-74	Desde la antigüedad el hombre *ha intentado* descubrir la cons- titución de la luz. (04a:4ff.)	Der Mensch hat diese urwüchsi- gen Tatbestände ins Lebens- dienliche *verändert.* (05d:16f.)

Bei der Darstellung von Handlungen ist aus vergleichender Sicht vor allem ein Phänomen von Interesse, und zwar die unterschiedliche Differenzierung der Wortfelder im Bereich der Handlungsverben.

Bei vielen deutschen Handlungsverben – besonders in bestimmten Wortfeldern wie den Verben des Sagens oder der Bewegung – stellen wir fest, dass sie bestimmte Merkmale der Handlung darstellen. So können wir die Fortbewegung von Tieren jeweils ganz spezifisch ausdrücken: Das Pferd *trabt* den Weg entlang, der Fuchs *schnürt*, der Storch *stelzt* durch den Sumpf, das Kamel *trottet*, die Schlange *kriecht*, das Wiesel *schlüpft* durch den Zaun, der Hirsch *bricht* durchs Gehölz, die Lerche *steigt* empor, die Ente *watet* durch den Tümpel oder *watschelt* in den Stall, der Schmetterling *gaukelt* von Blüte zu Blüte usw. (Beispiele nach Reiners 1967: 67). Ähnliches hatten wir ja auch bei der Beschreibung der Befindlichkeit (→ 2.6.1.5) festgestellt. Der Reichtum an spezifischen Verben geht jedoch oft einher mit einem Mangel an so genannten generischen Verben, welche die Handlung ganz unspezifiziert darstellen. Am Beispiel der Verben für Körperbewegungen (Gestik, Mimik, Körperhaltung etc.) soll dieses Phänomen näher erläutert werden.

2.6-75	Al *aparecer* Augusto a la puerta de su casa *extendió* el brazo derecho, con la mano palma abajo y abierta, y *dirigiendo* los ojos al cielo *quedóse* un momento parado en esta actitud estatuaria y augusta. No era que tomaba posesión del mundo exterior, sino que *observaba* si llovía. Y al *recibir* en el dorso de la mano el frescor del lento orvallo, *frunció* el entrecejo. (18c:1-6)	Augusto *trat* aus der Tür seines Hauses, *streckte* den rechten Arm aus, *spreizte* die Hand, die innere Fläche nach unten gewandt, und *verharrte* dann, den Blick zum Himmel gerichtet, einen Augenblick in dieser statuenhaften und erhabenen Haltung. Nicht, als ob er so von der ihn umgebenden Welt Besitz ergreifen wollte: er wollte nur *feststellen*, ob es regnete. Er *runzelte* die Stirn, als er die Kühle des langsam niederrieselnden Staubregens auf dem Handrücken *verspürte*. (18d:1-7, Ü)
	Als Augusto in der Tür seines Hauses *erschien*, *streckte* er seinen rechten Arm aus, die Handfläche nach unten, und *blieb* dann, den Blick gen Himmel richtend, einen Augenblick in dieser erhabenen Denkmalshaltung *stehen*. Doch er wollte sich nicht etwa die Außenwelt untertan machen, sondern *feststellen*, ob es regnete. Und als er auf seinem Handrücken die Kühle des sanften Nieselns *spürte*, *runzelte* er die Stirn. (CN, vgl. Nord 1991: 247)		

Die publizierte Übersetzung des Romans gibt die generischen Verben
des spanischen Ausgangstexts (*aparecer, extender, quedarse parado, observar, recibir*) durch spezifische deutsche Verben wieder (*aus
der Tür treten, ausstrecken, verharren, feststellen, verspüren*, dazu:
die Hand spreizen), wie es den stilistischen Konventionen des Deutschen entspricht (vgl. Reiners 1967: 65ff.). Ein solches Verfahren birgt
jedoch Risiken, weil die besonderen Merkmale nur aus dem Kontext
zu erschließen sind. So ist zwar *aparecer* durch die Präposition *a* als
Bewegungsverb zu erkennen (im Gegensatz zu *aparecer en*, vgl.
15a:3), die Übersetzung mit *treten aus* zerstört jedoch die Kohärenz,
denn dann würde Augusto ja (angesichts der kulturspezifisch anderen
Form von Hauseingängen in Spanien!) sofort merken, dass es regnet.
Das eingefügte Verb *spreizen* kann nicht mit einem Körperteil im Singular wie *Hand*, sondern nur im Plural (Beine, Finger, Zehen, vgl. Duden 1993) verwendet werden, aber *gespreizte Finger* würden nicht zu
der geschilderten Köperhaltung passen (siehe oben, Bsp. 2.1-9). Bei
der Wiedergabe von *recibir* schließlich geht es zwar um eine Empfindung, jedoch bezeichnet *verspüren* im Gegensatz zu *spüren* die
Wahrnehmung von Gefühlen wie Hunger oder Zuneigung und nicht
den Tastsinn (vgl. Duden 1993).

Die Verben *observar* und *fruncir* sind dagegen stilistisch ange-
messen wiedergegeben. Während es. *observar* (VOX: „examinar una
cosa con atención") das Instrument der Handlung nicht spezifiziert,
impliziert de. *beobachten* nur die Augen (Duden 1993: „aufmerksam
betrachten, mit den Augen verfolgen"), *feststellen* oder *prüfen* dagegen auch die Hände als Werkzeug. Das Verb *fruncir* kann außer mit
entrecejo (der Stelle zwischen den Brauen) auch mit anderen Objekten verwendet werden (vgl. VOX), wie beispielsweise einem Stück
Stoff („kräuseln", „fälteln"), den Lippen („aufwerfen"), dem Mund („ver-
ziehen"), Papier („zerknittern", „zerknüllen"), während de. *runzeln* auf
die Stirn und die Brauen beschränkt ist.

Interessant ist auch der Ausdruck *dirigiendo los ojos al cielo*. Im
Deutschen wird üblicherweise nicht die Bewegung der Augen, sondern des Blicks dargestellt (vgl. Bsp. 2.6-77 und 2.6-76), außer wenn
jemand „die Augen verdreht" oder einer Bewegung „mit den Augen

folgt". Im Spanischen ist es dagegen genau umgekehrt, oft werden die Augen sogar personifiziert (Bsp. 2.6-77). Auch in Bsp. 2.6-76 geht es nicht um die Augen, sondern um den Blick der *portera*, wie die Wiederaufnahme mit *mirada* zeigt.

2.6-76	La portera de la casa *le miraba con ojillos maliciosos*, y aquella mirada ... (18c:27)	Die Hausmeisterin *betrachtete ihn aus boshaften Äugelchen*, und dieser Blick[26]... (18d:30, Ü)
	Die Concierge *musterte* ihn ein wenig argwöhnisch, und als Augusto *ihren Blick* sah... (CN)	
2.6-77	Cuando *[sus ojos] miraban* a la gente, *se fijaban* de un modo extraño, como *si mirasen* por dentro, en el pensamiento y en las intenciones de las personas. (15a:14)	Er hatte die Angewohnheit, die Menschen so durchdringend *anzuschauen*, als wollte er *sich* ganz tief in ihren innersten Gedanken und Absichten *umsehen*. (CN)

Bei den Verben der Fortbewegung ist es ähnlich. Die spanischen Verben sagen zwar etwas über die Richtung der Bewegung im Verhältnis zum Sprecher (*ir – venir*) oder über die örtlichen Gegebenheiten (*pasar por..., entrar en...*), aber nichts über die Art der Bewegung oder das Fortbewegungsmittel (vgl. dagegen de. *gehen* vs. *laufen, schreiten, stolzieren, stolpern, schlurfen* oder *gehen* vs. *fahren, fliegen, radeln*). Die Übersetzung von *pasar por la calle* mit *über die Straße gehen* (Bsp. 2.6-1) verursacht eine Inkohärenz. Denn der Hund oder die junge Frau müssen ja erst in Augustos Richtung *kommen*, damit dieser dann hinterher *gehen* kann.

2.6-78	«Esperaré a que *pase* un perro ... y *tomaré* la dirección inicial que él tome.» En esto *pasó* por la calle no un perro sino una garrida moza... (18c:18ff.)	›Ich werde abwarten, bis ein Hund *vorbeikommt* ... und ich werde die erste beste Richtung *einschlagen*, die er nimmt.‹ In diesem Augenblick *ging* zwar kein Hund, aber eine anmutige junge Dame *über die Straße* ... (18d:21ff.)
	„Ich warte einfach, bis ein Hund vorbeikommt, ...und gehe dann erst einmal in die gleiche Richtung wie er." In diesem Augenblick kam zwar kein Hund vorbei, aber eine anmutige junge Dame... (CN)	

---

[26] *Dieser Blick* ist zur Wiederaufnahme von *aus boshaften Äugelchen betrachten* nicht akzeptabel, während es sich im Spanischen um eine partielle Rekurrenz *mirar* → *mirada* handelt (vgl. oben, 2.3.2.1).

Die Wiedergabe von *tras de sus ojos se fue, como imantado* ist ebenfalls unbefriedigend, da er ja hinter ihr her läuft und sie vermutlich ge-
radeaus schaut. Auch hier geht es also eher um ihren *Blick* und nicht
um ihre *Augen.*

Auch in anderen Handlungsbereichen sind die Verben im Deutschen spezifischer als im Spanischen.

2.6-79	Se agachó a recogerse los pantalones. (18c:15)	Er bückte sich, um seine Hose aufzukrempeln. (18d:16, Ü)
	Er beugte sich vor, um seine Hosenbeine umzuschlagen. (CN)	

Die Darstellung im Verbesserungsvorschlag zu Bsp. 2.6-79 trägt im
Gegensatz zu der publizierten Übersetzung der Tatsache Rechnung,
dass Augusto vom Autor als absoluter Ästhet beschrieben wird.

2.6-80	Don Bepo y Ruperto saludaban muy finos. (15b:15)	Herr Beppo und Robert verneig-ten sich sehr höflich. (15c:13, Ü)
	Don Beppo und Roberto machten eine tiefe Verbeugung. (CN)	

In Bsp. 2.6-80 ist zwar bereits das allgemeine *saludar* in der Übersetzung spezifiziert, allerdings nicht korrekt: Das Verb *verneigen* ist als
stilistisch gehoben markiert (Duden 1993) und enthält das Merkmal [+
aus Hochachtung], daher passt es in Text 15d:25, wo der Arzt sich vor
dem König *verneigt.* Bei einer Begrüßung dagegen oder zum Dank
verbeugt man sich (vgl. Duden 1993), und dazu gehört als nähere
Charakterisierung *tief* und nicht *höflich.*

Was wir hier beobachten, gilt nicht nur für literarische, sondern
auch für nicht-literarische Texte mit berichtendem Charakter[27], wie die
folgenden Parallelbeispiele zeigen.

2.6-81	El presidente entregó el martes la jefatura de la campaña al Ministerio de Defensa. (07a:8)	Präsident Boris Jelzin hatte dem Verteidigungsministerium die Schlüsselrolle zugewiesen. (07b:14ff.)
2.6-82	...algunos Iberos que asisten a la escena (08a:19f., Ü)	...einige Iberer, die die Szene beobachten (08b:20f., Ü)
2.6-83	La chiquillería había bajado has-ta el lago. (14a:9)	Damit wühlt es sich durch den berühmten Berg. (14b:2)

---

[27] In populärwissenschaftlichen Texten dienen die berichtenden Elemente jeweils der Einbettung der beschreibenden Informationen.

| 2.6-84 | Un par de extraños *llegaba...* (14a:12f.) | Die Spanier *rammten* einen Stab in den Hügel. (14b:28) |

Eine schöne Sammlung spezifischer Verben findet sich in Text 09d: *herumtollen, schlendern, einkehren, durchtesten, herausschmecken, bummeln, stöbern.* Auch die Fachsprache des Kochens (Texte 13e, 13f) ist reich an spezifischen Verben: *ansetzen, vierteln, würfeln, unterheben, auslesen, übergießen, weichkochen, abschöpfen, nachfüllen, abschmecken.* Die Kombination generischer Verben mit Partikeln wie *herum, heraus, hinein, durch* etc. ist dabei ein beliebtes Mittel der Bedeutungsspezifizierung.

2.6.3.2 Berichten über Vorgänge

Für das Berichten über Vorgänge stehen in beiden Sprachen eine Reihe von Strukturen zur Verfügung, die wir etwas näher analysieren wollen:

(a) die **unpersönliche Struktur im Aktiv mit Vorgangsverb,** bei der das grammatische Subjekt auf eine Person oder Sache referiert, an der sich der Vorgang vollzieht (Bsp. 2.6-83, *hacerse, werden*);

| 2.6-85 | La voz de Latinoamérica *se ha hecho* grito. (17a:1) | Das Alltagsleben *ist anstrengender geworden.* (02c:37f.) |
| 2.6-86 | Cada oportunidad de marketing *se convierte* en un problema[28]... (05b:24f.) | Das Dorf Potosí ... *wurde* schnell *zur* Stadt... (14b:31f.) |

(b) die **unpersönliche Struktur im Aktiv mit Handlungsverb,** bei der ein Handlungsträger nicht bekannt oder nicht relevant ist, im Deutschen meist mit dem unpersönlichen Pronomen *man* (Bsp. 2.6-85), im Spanischen mit der reflexiven Form der 3. Person Singular (Bsp. 2.6-85, dass es sich um eine aktivische Form handelt, wird aus dem präpositionalen Akkusativ deutlich) oder der nicht-reflexiven Form der 3. Person Plural (Bsp. 2.6-86), sowie (vorzugsweise bei reflexiven Verben) dem unpersönlichen Pronomen *uno* bzw. *una* (Bsp. 2.6-87);

---

[28] Das zweisprachige Wörterbuch gibt für *convertirse en* meist an erster Stelle „sich verwandeln in" als Übersetzung an; wenn es jedoch nicht gerade um Zauberei geht, wird dieser Vorgang im Deutschen in der Regel durch *zu etw. werden* ausgedrückt, entsprechend: *convertir* (transitiv) – *zu etw. machen* (vgl. 09a:29f.).

2.6-87	Se puede ver a un preocupado Shamil Basáyev. (07a:19)	Man kann auch sagen, daß... (05d:30)
2.6-88	Nos manipulan, nos imponen modas... (02a:2f.)	...da weiß man, was man hat (12d:20)
2.6-89	Es una desgracia esto de tener que servirse uno de las cosas. (18c:11, zur Übersetzung siehe oben, Bsp. 2.5-53)	

(c) ein **Handlungsverb im Passiv** mit oder ohne Angabe des Handlungsträgers, im Deutschen mit *werden*, im Spanischen mit *ser* + veränderlichem Partizip Perfekt, wobei der Handlungsträger gegebenenfalls in einer präpositionalen Ergänzung mit *von* oder *durch* bzw. *por* genannt sein kann (Bsp. 2.6-90 vs. Bsp. 2.6-91);

| 2.6-90 | EGARONE deberá ser usado con precaución por las personas que padezcan hipertiroidismo (03a:29f.) | Wird der Kaufvertrag ohne Rechtsanspruch durch den Käufer annulliert... (06c:14) |
| 2.6-91 | Las fuentes de información son identificadas. (05b:27) | Die normale Schleimbildung wird nicht beeinflußt. (03b:41) |

(d) **andere passivische Formen**, z.B. im Spanischen die unpersönlich-passivische Reflexivkonstruktion, bei der das Verb im Numerus mit dem Handlungsobjekt übereinstimmt (Bsp. 2.6-93), die jedoch bei singularischem Handlungsobjekt nicht von der unter (b) genannten unpersönlich-aktiven Konstruktion zu unterscheiden ist, im Deutschen die Konstruktion *ist / sind zu* + Infinitiv (Bsp. 2.6-93), zu paraphrasieren als „Z kann/darf ge-X-t werden", sowie die verbalen Adjektivableitungen auf *–ble* bzw. *–bar* mit der Kopula *ser / sein*.

| 2.6-92 | [Sus productos] son comparables con otras marcas. (19a:14f.) | Die Gleichwertigkeit ist nicht durch wörtliche Übersetzungen erzielbar. (04e:16f.) |
| 2.6-93 | Se pueden agrupar las distintas clases de radiaciones electromagnéticas según la longitud de onda. (04a:19f.) | Der Kaufpreis ist spätestens bei Lieferung in bar oder per Scheck zu zahlen (06c:25ff.) |

(e) **Personifizierung**, d.h. Verwendung eines Subjekts mit dem Merkmal [- handlungsfähig] mit einem Verb, das ein Subjekt mit dem Merkmal [+ handlungsfähig] erfordert (Bsp. 2.6-94).

| 2.6-94 | *Se nos echan encima* cotidiana-mente multitud de problemas. (05a:1f.) | Otriven *führt* ... zur Abschwel-lung der Nasen- und Rachen-schleimhaut. (03b:36) |

Die verschiedenen Strukturtypen sind mit unterschiedlichen Frequen-zen in allen Textsorten belegt (vgl. Tabelle 2.6/1).

Struktur	Spanisch		Deutsch	
Passiv (*ser/werden*)	5	5,4 %	15	21,1 %
Vorgangsverb unpersönlich-aktiv	40	43,0 %	47	66,2 %
Personifizierung	26	27,9 %	5	7,1 %
Reflexives Passiv - *ist/sind zu* + Inf.	20	21,5 %	2	2,8 %
-ble / *-bar* + Kopula	2	2,2 %	2	2,8 %
zusammen	93	100 %	71	100 %

Tabelle 2.6/1: Vorgangsdarstellungen im Spanischen und Deutschen

Im Deutschen ist das *werden*-Passiv sehr beliebt. Im Spanischen kommt das Passiv mit *ser* nur vereinzelt vor, statt dessen finden wir in vergleichbaren Kontexten meist die reflexive Form, zum Teil passi-visch, zum Teil aber auch unpersönlich-aktivisch. Besonders hervor-zuheben ist der unterschiedliche Stellenwert der Personifizierung. Die Übersetzung der Personifizierungen in den folgenden Beispielen ori-entiert sich an der Frequenzanalyse.

2.6-95	La cotidiana monotonía *saltó por los aires.* (14a:12)	Die Eintönigkeit des Alltags *war wie weggeblasen.* (CN)
2.6-96	Un sinfín de pequeños ojos cu-riosos *se posó* sobre nosotros. (14a:4)	Plötzlich bemerkten wir, dass sich ungezählte neugierige Bli-cke *auf uns richteten.* (CN)
2.6-97	La vertiente institucional *nos enseña* que... (17a:32)	An den Institutionen *kann man erkennen,* dass... (CN)
2.6-98	la resolución de determinados problemas *empieza a obtener éxitos* ... (05a:13ff.)	*es besteht Aussicht auf Erfolg* bei der Lösung bestimmter Pro-bleme (05c:13ff., Ü)

In deutschen sachbezogenen Texten sind Personifizierungen generell erheblich seltener als in spanischen. In autorbestimmten Texten kön-nen Personifizierungen allerdings auch als Stilmittel vorkommen.

2.6.3.3 Berichten über den Vollzug von Geschehnissen

Handlungen und Vorgänge können im Hinblick auf Dauer und Vollzug unterschiedliche Qualität haben. Manche sind punktuell (z.b. *springen*), andere werden als andauernd vorgestellt (z.B. *lesen*) oder implizieren eine Wiederholung (z.B. *hüpfen*). Wir sprechen hier von „Aktionsarten". Aktionsarten gehören zur semantischen „Grundausstattung" von Verben. Im Text können dann die Aktionsarten durch lexikalische oder grammatische Mittel unter verschiedenen Blickwinkeln („Aspekten") dargestellt werden.

Aktionsarten und Aspekte lassen sich zunächst grob in *perfektiv* (d.h. die Vollendung des Geschehens implizierend) und *imperfektiv* (d.h. die Vollendung des Geschehens nicht implizierend) unterteilen und dann weiter differenzieren. Tabelle 2.6/2 zeigt die Differenzierung von Aktionsarten und Aspekten mit dem jeweils im Vordergrund stehenden Merkmal des dargestellten Geschehnisses.

PERFEKTIV		IMPERFEKTIV	
punktuell	Abgeschlossenheit	indefinitiv	Unabgeschlossenheit
inchoativ / ingressiv	Anfang	durativ	Dauer
terminativ	Ende	iterativ	Wiederholung
resultativ	Ergebnis	frequentativ	Häufigkeit
approximativ	Annäherung	faktitiv	Bewirken
		intensiv	Verstärkung

Tabelle 2.6/2: Aktionsarten und Aspekte

Die lexikalische oder grammatische Markierung von Aspekten steht in einem Wechselverhältnis mit den durch den Handlungsvollzug vorgegebenen Aktionsarten der Verben. Wir betrachten zunächst kurz die Aktionsarten und die Aspekte und dann ihr Zusammenspiel im Text.

Verben mit perfektiver Aktionsart bezeichnen Handlungen oder Vorgänge, bei denen die Vollendung mitgedacht wird (z.B. 2.6-97: Wenn das Haus fertig und das Geschenk übergeben ist, sind die Handlungen *edificar* und *schenken* vollendet und können nicht weitergeführt, sondern höchstens neu angefangen werden).

| 2.6-99 | Fábricas y almacenes *se edificaron* frente a la playa. (09b:37) | Die Leute von VW *schenkten* dem Polo Coupé eine besonders reichhaltige Ausstattung. (12d:3) |
| 2.6-100 | *Conecte* el secador a la red. (10a:44) | Gerät am Netz *anschließen*. (10b:54) |

Verben mit imperfektiver Aktionsart bezeichnen Handlungen, bei denen die Vollendung nicht zu den wesentlichen Merkmalen gehört, wie etwa *liderar* und *vermuten*.

| 2.6-101 | Basáyev *lidera* a los mujahidin daguestanos. (07a:20) | Beobachter *vermuten*, dass... (07b:11) |

Gelegentlich gibt es Synonyme mit unterschiedlicher Aktionsart (*reden* = imperfektiv, *sagen* = perfektiv).

Während die Aktionsart also als semantisches Merkmal zur Verbbedeutung gehört, ist der Aspekt die Art und Weise, wie eine Handlung durch den Betrachter „gesehen" und durch den bewussten Einsatz lexikalischer oder grammatischer Mittel dargestellt wird (vgl. Gili Gaya 1989, §118, und Esbozo 1974, 3.13.7, die beides unter *aspectos verbales* zusammenfassen). Zur Markierung von Aspekten stellen die Sprachsysteme folgende Verfahren zur Verfügung:

(a) **Morphologische Mittel** wie Suffixe, Präfixe oder Partikeln: Im Spanischen sind die Verben auf -*ear* (z.B. *bombardear, picotear*), im Deutschen die Verben auf –*ern* oder –*eln* (z.B. *krabbeln, sabbern, schlottern*) häufig iterativ (Bsp. 2.6-102), vgl. auch *horchen* (intensiv) im Gegensatz zu *hören* (punktuell). Verben mit dem Präfix es. *en-* (z.B. *enfriar, endurecer*) oder de. *an-* sind oft inchoativ (Bsp. 2.6-105): *anschmelzen* (inchoativ, Bsp. 2.6-105) oder *zerschmelzen* bzw. *verschmelzen* (terminativ) im Gegensatz zu *schmelzen* (durativ), *etw. anpicken* (inchoativ, Bsp. 2.6-106/de) im Gegensatz zu *an etw. herumpicken* (iterativ). Spanische Verben auf –*ecer* (z.B. *endurecer, amanecer*) oder –*izar* sind vielfach faktitiv, weil sie ein Bewirken oder in der reflexiven Form ein Werden bezeichnen.

| 2.6-102 | Los militares continuaron *bombardeando* las posiciones de los integristas. (07a:16) | Der König *schlotterte* am ganzen Körper. (15d:9) |
| 2.6-103 | La sal *endurece* las judías. (13d:5) | Lassen Sie die Haare *auskühlen*. (10b:46) |

2.6-104	EGARONE *suaviza* las mucosas (03a:10)	Diese Reichsteilung *erleichterte* 1532 die Eroberung Perus (16b:12)
2.6-105	*Enfriar* [la compota de Navidad]. (13a:16)	Nicht auf heißen Oberflächen abstellen, damit das Gehäuse nicht *anschmilzt* (10d:9)
2.6-106	Los gorriones habían *picoteado* los tomates y las sandías. (15b:28)	Die Spatzen hatten die Tomaten und Wassermelonen *angepickt*. (15c:27f., Ü)
	Die Spatzen hatten *an* den Tomaten ... *herumgepickt* (CN)	

(b) **Adverbien**, z.B. *plötzlich, de pronto* (inchoativ), *zwischendurch immerzu* (iterativ). In Bsp. 2.6-107/es ist das Adverb nötig, weil in der erlebten Rede (→ 3.1.5.4) kein perfektives Tempus stehen kann.

| 2.6-107 | *De pronto* estaba allí el amanecer (18a:27) | Und *zwischendurch* jammerte der König *immerzu*: „Ich friere!" (15d:20f.) |

(c) **Funktionsverbgefüge** (deutsch), also eine Kombination aus einem Verb und einem Substantiv, in der das Substantiv die Handlung bezeichnet, z.B. *zum Kochen bringen* (inchoativ) vs. *kochen* (durativ);

| 2.6-108 | Las lentejas *se cuecen* en agua fría (13d:12f.) | In dem Einweichwasser werden sie ... *zum Kochen gebracht*. ... (13f:12) |

(d) **Reflexivierung** (spanisch): reflexiver Gebrauch nicht-reflexiver Verben, z.B. *dormirse* (inchoativ) vs. *dormir* (durativ), *comerse* (terminativ) vs. *comer* (durativ);

| 2.6-109 | Y *se comerían* también, si no hacía algo para impedirlo, las manzanas. (15b:28) | Und wenn er nichts dagegen unternahm, würden sie auch noch die Äpfel *auffressen*. (15c:28f.) |

(e) **Tempora** (spanisch): Imperfektiv sind alle einfachen Tempora mit Ausnahme des *pretérito perfecto simple*, also Präsens (*presente*), Imperfekt (*pretérito imperfecto*), Futur (*futuro imperfecto*), Konditional (*condicional*) und die Konjunktive von Präsens und Imperfekt. Perfektiv sind das PPS[29] (*pretérito perfecto simple*) sowie alle mit *haber* zu-

---

[29] Da die in vielen Sprachlehrwerken verwendete Bezeichnung *Indefinido*, die gerade *Un*definitheit suggeriert, widersinnig ist, nennen wir das Tempus auf Deutsch entweder Historikum oder *Pretérito perfecto simple (PPS)*.

sammengesetzten Tempora, bei denen der perfektive Aspekt des Partizips auf das gesamte Tempus abgefärbt hat: Perfekt (*pretérito perfecto compuesto*), Plusquamperfekt (*pretérito pluscuamperfecto* bzw., wenn mit dem PPS von *haber* gebildet, *pretérito anterior*), Futur II (*futuro perfecto*), Konditional II (*condicional perfecto*) sowie die dazugehörigen Konjunktive. Im Deutschen können die Tempora nicht zur Markierung von Aspekten verwendet werden, statt dessen dienen u.a. Adverbien oder Verben mit der entsprechenden Aktionsart zur Verdeutlichung von Inchoativität (Bsp. 2.6-110: *plötzlich*) oder Durativität (Bsp. 2.6-110: *sich nähern* vs. *ankommen, sich richten auf* vs. *gerichtet sein auf*).

2.6-110	El botecillo *estaba atracando* en el sencillo embarcadero de Challapampa, cuando un sinfín de pequeños ojos curiosos *se posó* sobre nosotros. (14a:2ff.)	Als sich das Motorboot der Anlegestelle *näherte, bemerkten* wir *plötzlich*, dass sich ungezählte neugierige Blicke *auf uns richteten*. (CN)
2.6-111	El viento *levantaba* su pelo gris, *señalaba* el balcón cerrado. Y *decía*... (18a:13ff.)	Der Wind *wehte* in seinem grauen Haar, er *zeigte* auf den geschlossenen Balkon und *sagte*... (18b:14f., Ü)
	Sein graues Haar *wehte im Wind, seine Hand wies* auf die geschlossenen Fensterläden und *ich hörte* seine Stimme *sagen*... (CN)	

Die publizierte Übersetzung von Bsp. 2.6-111 gibt die durch das Imperfekt ausgedrückte „Dehnung" des berichteten Traumerlebnisses nur unvollkommen wieder. *Der Wind wehte in seinem Haar* ist zwar durativ (obwohl nicht sehr sprachüblich), aber *er zeigte auf...* und *er sagte* sind eindeutig punktuell.

(f) **Verbalumschreibung** oder –periphrase (hauptsächlich spanisch): Kombination aus einem Hilfsverb oder als Hilfsverb benutzten Vollverb (z.B. *estar, tener, acabar, seguir*) mit einer infiniten Verbform (Infinitiv, Partizip Perfekt, Gerundium); im Deutschen sind Verbalperiphrasen oft entweder stilistisch markiert (z.B. gehoben: *er zögerte nicht, sie um ihr Jawort zu bitten* vs. *er machte ihr sofort / vom Fleck weg einen Heiratsantrag*) oder nur regional üblich (Bsp. 2.6-112: *am + Infinitiv + sein* ist vor allem im Rheinland und in Westfalen gebräuchlich, vgl. Duden-Hauptschwierigkeiten).

| 2.6-112 | los rusos *están tratando* de re-cuperar la aldea de Tandó (07a:24) | Koch Wackelbauch *war gerade am Teigrühren*, als... (15d:30) |

Die spanischen Verbalperiphrasen sind dagegen zumeist stilistisch unmarkiert und nicht auf bestimmte Textsorten beschränkt, sie sind sogar ein Merkmal guten idiomatischen Stils (vgl. Fente et al. 1979: 12). Die große Zahl von Belegen in den Korpustexten bestätigt dies. Daher wollen wir auf dieses Thema etwas ausführlicher eingehen.

Mit Gili Gaya (1989, § 100) kann man generell sagen, dass die Verbalperiphrasen mit dem Gerundium (z.B. *estar* + Gerundium, *seguir / continuar* + Gerundium, *acabar* + Gerundium, *ir* + Gerundium, *venir* + Gerundium) einen grundsätzlich durativen Charakter haben, der offenbar durch das Gerundium eingebracht wird (vgl. unten, 2.7.2.2). Den mit dem Infinitiv gebildeten Verbalperiphrasen ist zum großen Teil gemeinsam, dass sie eine Richtung oder Bewegung auf etwas hin oder von etwas her implizieren, Gili Gaya nennt sie „progressiv", z.B. *ir a* + Infinitiv, *pasar a* + Infinitiv, *echar a* + Infinitiv (alle inchoativ), *venir a* + Infinitiv (terminativ oder approximativ, wie in Bsp. 2.6-121), *volver a* + Infinitiv (iterativ), zum Teil sind sie resultativ, wie zum Beispiel *llegar/alcanzar a* + Infinitiv oder *acabar de* + Infinitiv. Die Verbalperiphrasen mit dem Partizip Perfekt sind naturgemäß resultatsbezogen, zum Beispiel *tener, llevar, traer, dejar, seguir* + Partizip Perfekt (vgl. auch die Zustandsbeschreibungen mit dem Partizip Perfekt, 2.6.1.5). Die folgenden Korpus-Beispiele vermitteln einen Eindruck von der Vielfalt der spanischen Verbalperiphrasen und den Möglichkeiten des Deutschen, die Aspekte zu verdeutlichen.

2.6-113	Fue un hecho absolutamente fortuito que *acabáramos viviendo* a orillas del mítico lago Titicaca (14a:16)	Es war reiner Zufall, dass wir *schließlich* am Ufer des sagenumwobenen Titicaca-Sees *unsere Zelte aufschlugen*. (CN)
2.6-114	...antes que *terminen controlando* toda Europa (20a:22)	...bevor sie *irgendwann* ganz Europa beherrschen. (CN)
2.6-115	*Se* dio cuenta Augusto de que *la había venido siguiendo*. (18c:26)	Da wurde Augusto klar, dass er *die ganze Zeit hinter ihr her gelaufen war*. (CN, vgl. 18d:29)
2.6-116	Los otros niños que *andan jugando* por las calles... (15a:2)	Die Diener *rannten herum*. (15d:13)

| 2.6-117 | Incorporar las ciruelas pasas y dejar que *continúe cociendo*[30] otros 15 minutos más. (13a:9f.) | Den Eintopf noch ca. 15 Minuten *kochen* lassen. (13e:11f.) |

Typisch für die Verbalperiphrasen ist, dass bei dem als Hilfsverb verwendeten Verb die eigentliche Bedeutung auf bestimmte Merkmale reduziert ist (z.B. die Gerichtetheit bei *venir* und *ir*, der terminative Aspekt bei *acabar* oder die Tatsache, dass die Füße dazu gebraucht werden, bei *andar*). Diese Merkmale können dann bei der Differenzierung verschiedener Umschreibungen eine Rolle spielen, zum Beispiel ist *estar* + Gerundium (Bsp. 2.6-112) statischer als *andar* + Gerundium (Bsp. 2.6-116).

2.6-118	...esta señorita que *acaba de* entrar? (18c:30f.)	...die junge Dame, die *soeben* hier eingetreten ist (18d:33, Ü)
2.6-119	Todo *volverá a* normalizarse. (18a:24)	Alles kommt *wieder* in die Reihe. (18b:26, Ü)
2.6-120	Hacía tiempo que Trabilde *había dejado de* preguntarse por el misterio de Miro. (15a:30)	*Schon lange* zerbrach sich in Trabilde *keiner mehr* den Kopf über Miros geheimnisvolle Herkunft. (CN)
2.6-121	Aquello no era un lunar simplemente. *Venía a* ser una señal de identidad. (15a:26f.)	Das war nicht einfach ein Muttermal. Es war *so etwas wie* sein besonderes Kennzeichen. (CN)

Die Periphrase *venir a* + Infinitiv hat je nach Kontext verschiedene Funktionen. Die wichtigste ist die „approximative" (Bsp. 2.6-121), die jedoch nicht in den zusammengesetzten Zeiten (Perfekt, Plusquamperfekt, Futur II) vorkommt (vgl. Fente et al. 1979:21). Mit den Verben *llenar, cumplir, satisfacer, cubrir, resolver, solucionar* und ihren Synonymen erhält *venir a* + Infinitiv dagegen die Bedeutung „dienen zu" (Bsp. 2.6-122).

| 2.6-122 | El dinero que heredó *vino a* resolver sus problemas económicos. (Fente et al. 179:21) | Die Erbschaft *kam ihm wie gerufen*, um seine finanziellen Probleme zu lösen. (CN) |
| 2.6-123 | Los turistas *vinieron a* turbar la paz y la tranquilidad de este | Durch die Touristenströme wurde die Idylle dieses friedlichen |

---

[30] Als Übersetzung wäre hier das Verb *köcheln* geeignet, da es den durativen Aspekt mit dem zusätzlichen Merkmal „mit schwacher Hitze" kombiniert.

| | encantador pueblecito. (Fente et al. 1979: 21) | Dörfchens *nachhaltig* gestört. (CN) |

Bei Bsp. 2.6-122 ist die Nähe zur nicht-periphrastischen Verwendung von *venir* bereits deutlich zu erkennen, die in Bsp. 2.6-123 überwiegt (die Touristen *kommen* ja tatsächlich ins Dorf).

2.6-124	El balcón *seguía* cerrado. (18a:15)	Aber dort oben rührte sich *immer noch nichts*. (CN, vgl. 18b:17)
2.6-125	No *teníamos* precisado el sitio donde satisfacer nuestro interés. (14a:17f.)	Wir hatten den Ort, an dem wir unseren Wissensdrang befriedigen wollten, nicht *im Vorhinein* festgelegt. (CN)
2.6-126	*Tenía* los ojos abiertos. (18a:6)	*Ich lag mit offenen Augen* in meinem Bett. (CN, vgl. 18b:7, Ü)

Die Verbalumschreibungen mit dem Partizip Perfekt sind semantisch eine Art Kreuzung aus dem Resultatspassiv (*estar* + Partizip Perfekt) und dem Perfekt (*haber* + Partizip Perfekt). Bei Sachsubjekten überwiegt der passivische Charakter (Bsp. 2.6-124), bei Personensubjekten wird das Resultat einer aktivischen Handlung betont[31] (Bsp. 2.6-125 und 2.6-126).

Interessant ist nun, wie die durch Verbalperiphrasen oder Tempora eingebrachten Aspekte mit der Aktionsart des Verbs zusammenwirken. Schematisch sieht das so aus:

➢ imperfektive Aktionsart + imperfektiver Aspekt = Verstärkung der Imperfektivität,

➢ imperfektive Aktionsart + perfektiver Aspekt = Bewirkung eines perfektiven Aspekts, z.B. inchoativ oder resultativ.

➢ perfektive Aktionsart + perfektiver Aspekt = Verstärkung der Perfektivität,

➢ perfektive Aktionsart + imperfektiver Aspekt = Bewirkung eines imperfektiven Aspekts im Sinne einer Dehnung („Durativierung") oder einer Wiederholung/Gewohnheit („Iterativierung").

---

[31] Die publizierte Übersetzung von Bsp. 2.6-126, *Meine Augen waren offen* (18b:7), hat keinen Resultatsbezug. Außerdem erhält die Darstellung der geradezu erstarrten Situation durch die Thema-Verschiebung von der Ich-Erzählerin zu ihren Augen eine unnötige Dynamik. Das wird im Übersetzungsvorschlag vermieden.

Das bedeutet im Einzelnen: Ein imperfektives Verb in einem imperfektiven Tempus kann nur im Verlauf gesehen werden und benötigt daher keine durative Verbalperiphrase[32] (Bsp. 2.6-127). In einem perfektiven Tempus dagegen ändert sich die Sichtweise: Nun wird entweder der Beginn der Handlung fokussiert (= inchoativ) oder aber auch der gesamte Vorgang als abgeschlossen gesehen (= terminativ, Bsp. 2.6-128). Besonders deutlich wird diese Interaktion zwischen Aktionsart und Aspekt bei den (imperfektiven) Verben *saber* und *conocer*, von denen es in Lehrbüchern oft heißt, sie hätten im PPS „eine andere Bedeutung". In Wirklichkeit ändert sich nicht die Bedeutung, sondern der Aspekt, und da man im Deutschen den Aspekt nicht durch das Tempus ausdrücken kann, gibt es dafür ein eigenes Verb mit der entsprechenden Aktionsart.

2.6-127	En Telefónica Servicios Móviles, *sabemos* que nuestro mayor activo son nuestros Recursos Humanos. (01b:9)	*Wissen* Sie auch nicht so recht, ob Sie nun studieren ... sollen? (01f:1f.)
2.6-128	Al encontrarnos frente a las cimas nevadas del Illampu y el Ancohuma, *supimos* con certeza que habíamos encontrado el lugar adecuado. (14a:21f.)	Als wir vor den schneebedeckten Gipfeln ... standen, *war uns schlagartig klar*, dass wir die richtige Stelle gefunden hatten. (CN)
2.6-129	No *se conocen* incompatibilidades al uso de este preparado. (03a:31)	Nebenwirkungen mit anderen Mitteln *sind nicht bekannt*. (CN)
2.6-130	Para *conocer* el estado de las playas consulte al tel. 900 21 07 63 (sólo en verano). (09a:32)	Für alle, die das Internet *kennen lernen* wollen. (12c:21)

Der Infinitiv ist grundsätzlich für beide Aspekte offen, durch den Kontext wird jedoch meist nur einer von ihnen aktualisiert (Bsp. 2.6-130, siehe auch der Beleg in 14a:19).

Ganz ähnlich wird die perfektive Aktionsart eines Verbs durch ein perfektives Tempus zu einem verstärkt perfektiven Aspekt. Das kann so weit gehen, dass das PPS die Funktion eines Plusquamperfekts übernimmt und Vorzeitigkeit anzeigt, wenn mehrere perfektive

---

[32] Eine Formulierung wie *estamos enviándole esta carta para comunicarle...* in einem Geschäftsbrief ist daher unsinnig und als Interferenz mit dem Englischen erweisbar (vgl. Gili Gaya 1989, § 97).

Handlungen aufeinander folgen (Bsp. 2.6-131, Chronologie: *edificar fábricas...* → *estar recluida [la fachada]* → *recuperar la fachada*).

| 2.6-131 | Una de las gestas más importantes *fue* la recuperación de su fachada marítima. Durante décadas, ésta *había permanecido* recluida tras un sinfín de fábricas, vías de tren y almacenes que, con el desarrollo industrial, *se edificaron* frente a la playa. (09b:32ff.) | Eine der wichtigsten Maßnahmen *war* die Wiederherstellung der meerzugewandten Silhouette. Jahrzehntelang *war* diese von zahllosen Fabriken, Gleisanlagen und Lagerhäusern *verdeckt gewesen*, die im Zuge der industriellen Entwicklung *gebaut worden waren*. (CN) |

Steht dagegen ein perfektives Verb in einem imperfektiven Tempus, wird der Aspekt imperfektiv (Bsp. 2.6-111). Dazu ist allerdings immer ein Bezugspunkt erforderlich, der entweder in einer anderen Handlung oder in dem „Relief" des Textes (siehe unten, 3.2.3.1) zu finden ist. Die Verwendung eines perfektiven Verbs in einem imperfektiven Tempus kann jedoch auch einen iterativen Aspekt bewirken, weil die Wiederholung einer punktuellen Handlung über einen längeren Zeitraum ebenfalls Dauer impliziert.

Da der Tempusgebrauch im Deutschen keine Aspektuierung bewirkt, müssen wir uns beim Übersetzen der Handlungsaspekte aus dem Spanischen auf die Aktionsarten der Verben konzentrieren. Besonders Bsp. 2.6-111 zeigt, dass ein bewusster Umgang mit diesen Mitteln zahlreiche Möglichkeiten eröffnet, auch im Deutschen die Handlungsaspekte zu differenzieren.

2.6.3.4 Berichten über die Zeitlichkeit von Geschehnissen

Die im Spanischen durch die Tempora ausgedrückten Aspekte beeinflussen auch die zeitliche Einordnung eines Geschehens. Da sich Berichte stets nur auf bereits Geschehenes oder noch bzw. immer wieder Geschehendes beziehen können, kommen zur zeitlichen Fixierung nur die perfektiven Vergangenheitstempora, PPS und Perfekt, sowie das Präsens als imperfektives Tempus in Frage. Da das spanische Imperfekt immer relativ zu einem anderen Tempus gebraucht werden muss, kann es nicht zur zeitlichen Fixierung von Geschehnissen verwendet werden (vgl. dazu 3.2.3.1). Das einfache und das zusammengesetzte Perfekt, beide perfektiv, berichten über vollendete

Ereignisse, der Unterschied liegt in der Erstreckung des Zeitraums. Bei einem im PPS dargestellten Geschehen ist der Zeitraum, in dem das Ereignis stattgefunden hat, abgeschlossen (z.b. *ayer, am Mittwoch, unter Huayna Capac*), wobei die Dauer des Geschehens (z.b. Errichtung von zahlreichen großen Tempeln, Bsp. 2.6-134) irrelevant ist. Bei einem im Perfekt dargestellten Geschehen dauert dagegen der Zeitraum zum Zeitpunkt des Sprechens noch an: *esta mañana* kann man nur sagen, solange der Tag, um dessen Morgen es geht, noch nicht vorbei ist. Dabei spielt die Länge des Zeitraums (z.b. *esta mañana, este año, este siglo* oder *este milenio*) keine Rolle.

2.6-132	El ministro de Defensa ruso *viajó ayer* a Majachkalá. (07a:4)	Russlands Verteidigungsminister *ist am Mittwoch* nach Dagestan *gereist.* (07b:3f.)
2.6-133	Lo complejo de la orografía *ha influido* en nuestro desarrollo histórico y económico. (04b:35)	Wirtschaft und Geschichte Spaniens *sind* durch die gebirgige Oberflächengestalt entscheidend *geprägt.* (CN)
2.6-134	Los incas *erigieron* grandes templos de arquitectura megalítica. (16a:16)	*Unter Huayna Capac erreichte* das Reich seine höchste Blüte. (16b:10f.)
2.6-135	Los pueblos del Continente *han sacudido* la letárgica hojarasca (17a:2f.)	Das Wort Inka *ist* ursprünglich nur Herrschertitel *gewesen.* (17b:2ff.)

In Bsp. 2.6-133/es verdeutlicht bereits die Wahl des Tempus, dass der Zeitraum der Beeinflussung noch andauert, auch wenn nur über vollzogene Beeinflussungen berichtet wird – daher die deutsche Übersetzung mit dem Resultatspräsens. Denn im Deutschen kann die (tatsächliche) Abgeschlossenheit oder Nicht-Abgeschlossenheit des Zeitraums nicht durch die Wahl Präteritum – Perfekt, sondern nur durch die Alternative Präteritum/Perfekt – Präsens oder durch Adverbien wie *immer noch, seit jeher* o.ä. ausgedrückt werden. Der Unterschied im Gebrauch von Präteritum und Perfekt beruht dagegen (nach Weinrich 1965) auf der vom Sprecher gewählten subjektiven Distanz zum Geschehen, die unterschiedliche kommunikative Intentionen verdeutlicht: Das Perfekt signalisiert eine geringe Distanz und zeigt, dass der Sender das betreffende Geschehen aus der Sicht seiner eigenen Situation „besprechen" will. Das Präteritum dagegen signalisiert eine größe-

re Distanz und vermittelt die Absicht, das Geschehen zu „erzählen"
bzw. darüber zu berichten.

Der Unterschied wird gut an Presseberichten deutlich. Sie be-
ginnen im Deutschen typischerweise im Perfekt (vgl. Bsp. 2.6-132/de)
und werden dann – berichtend – im Präteritum fortgeführt (Bsp. 2.6-
136/de). Am Schluss wird dann oft wieder der Bezug zur Sprechersi-
tuation hergestellt (Bsp. 2.6-137/de). Im Spanischen dagegen werden
alle in einem abgeschlossenen Zeitraum vollzogenen Handlungen im
PPS dargestellt, nur *han causado* (Bsp. 2.6-136/es) reicht in den Zeitraum des Sprechens hinein.

2.6-136	Los militares *continuaron bombardeando...*, a los que *han causado* grandes daños. (07a:16f.)	Die Kämpfe *gingen* unterdessen weiter. Russland *nahm ...* ein. (07b:22ff.)
2.6-137	...una operación en la que ocho soldados *resultaron* muertos y 20 heridos. (07a:25)	Die Aufständischen *haben* vori-ge Woche eine Islamische Re-publik *ausgerufen*. (07b:32f.)

Im Widerspruch zu dem imperfektiven Aspekt des spanischen Präsens steht das historische Präsens, das in beiden Sprachen zur Darstellung zeitlich in der Vergangenheit fixierter Geschehnisse dient.
Das finden wir zum Beispiel in Text 14b, 1-5, 10-13, wo der „Erlebnis"-
Teil (Präsens) vom „historischen Teil" (Präteritum) abgesetzt wird. In
Text 14a steht dagegen sowohl das persönliche Erlebnis (Zeile 1-23)
als auch der historische Bericht (ab Zeile 35) in den Vergangenheitstempora, während das Präsens (Zeile 24-34) für zeitlich nicht fixierte Geschehnisse reserviert ist. Das gleiche Phänomen zeigt sich
in Text 09b.

2.6-138	...acontecimientos que se *desa-rrollan* muy lejos de allí... (7); César *acaba de vencer* ... (14); *pasa revista* a su vieja guardia... (18) etc.. (08a, Ü)	Ereignisse, die sich in weiter Ferne *abspielen...* (8); Cäsar *hat ...* unter seine Herrschaft *gebracht* (14f.); er *ehrt* seine alte Garde... (19) etc. (08b, Ü)

Ein echtes historisches Präsens finden wir nur in den kommentierenden Teilen der Comic-Texte (2.6-138, beides Übersetzungen aus dem
Französischen). Da ja das historische Geschehen in den Bildern ver-

gegenwärtigt ist, erfüllt das historische Präsens hier die passende aktualisierende Funktion.

Zeitlich nicht fixierte und damit generalisierte bzw. generalisierbare Handlungen und Vorgänge werden in beiden Sprachen im Präsens dargestellt. Besonders deutlich zeigt sich das in den Leitartikeltexten (02a, 02c). In Text 02c finden sich zwei Präteritumsformen, von denen man zumindest eine als nicht ganz sprachüblich betrachten kann: *Oho, denkt man erfreut-erschreckt, wie kam es, dass...?* (02c:24). Hier erwartet man entweder ein Präsens (*wie kommt es, dass...*) oder wenigstens, entsprechend der oben genannten Besprechungsfunktion, ein Perfekt (*wie ist denn das passiert...?*). Das Beispiel macht deutlich, dass der tatsächliche Gebrauch von Perfekt und Präteritum im Deutschen nicht immer normenkonform ist.

Auch im Referat wissenschaftlicher Lehrmeinungen (siehe unten, → 3.1.5) wird gern das Präsens gebraucht (vgl. etwa Text 04d: *Keynes geht von ... aus, er betrachtet, setzt gleich, definiert...*). Das gilt in gleicher Weise für das Spanische.

2.6.4 Anleiten als Darstellung von Handlungsweisen

2.6.4.0 Formen der Anleitung

Als Teil der so genannten Produktdokumentation sollen Anleitungstexte Benutzern den optimalen Umgang mit dem jeweiligen Produkt (Gerät, Maschine, Anlage, Apparat, Fahrzeug etc.) ermöglichen. Göpferich (1995: 124) ordnet die Anleitungstexte den Mensch/Technik-interaktionsorientierten Texten zu. Zur Bezeichnung dieser Texte dienen im Deutschen Komposita wie Bedienungsanleitung, Gebrauchsanweisung, Montageanleitung, Benutzerhandbuch u.a. Im allgemeinen Sprachgebrauch wird meist nicht zwischen Anleitung und Anweisung differenziert. Zur Abgrenzung sei hier nur angemerkt, dass eine An*weisung* die Weisungsbefugnis des Senders gegenüber dem Empfänger impliziert und im Bereich der fachinternen Kommunikation vorkommt, während die An*leitung* einen breiteren potentiellen Benutzerkreis einschließt und keine Weisungsbefugnis voraussetzt (vgl. Schmitt 1998: 209ff.). Eine Anweisung muss man befolgen, eine Anleitung kann man auch ignorieren (und damit das Risiko einer Fehlbedienung oder eines ungenießbaren Essens eingehen). Daher ordnen wir die Anleitung der referentiellen, die Anweisung dagegen der appellativen Funktion (siehe 4.1.3.2) zu. Anleitungstexte wie Rezepte oder Bedienungsanleitungen enthalten oft auch beschreibende oder klassifizierende Textteile (z.B. Zutatenangaben, Produktbeschreibungen, Medikamentklassifikationen) sowie Empfehlungen (siehe unter 4.1.1), wir beschränken uns hier jedoch auf die rein anleitenden Teile. Dabei gehen wir zunächst darauf ein, wie die einzelnen Handlungsschritte formuliert sind, und betrachten dann, auf welche Weise mehrere Handlungsschritte zu größeren Einheiten zusammengefasst werden, die wir Handlungsphasen nennen wollen.

2.6.4.1 Handlungsschritte

Zur Formulierung der Handlungsschritte sind im Korpus und einigen anderen Anleitungstexten folgende Varianten belegt: (a) imperativischer Infinitiv (spanisch/deutsch), in Rezepten, Dosierungsanleitungen und Bedienungsanleitungen (Bsp. 2.6-139); (b) Imperativ der Höflichkeitsform (spanisch/deutsch), in Bedienungsanleitungen und Rezepten (Bsp. 2.6-140); (c) Präsens Indikativ (spanisch/deutsch) in Beipackzetteln, Bedienungsanleitungen und Rezepten (Bsp. 2.6-141); (d) reflexives Passiv und unpersönliches Aktiv (spanisch) bzw. unpersönliches Aktiv mit *man* (deutsch), Bsp. 2.6-142; und (e) elliptische Auslassung des Verbs (spanisch/deutsch) in Dosierungsanleitungen von Beipackzetteln (Bsp. 2.6-143).

2.6-139	Niños menores de tres años, *reducir* la dosis a una o dos gotas. (03a:19)	...einmal oder mehrmals täglich 2-3 Tropfen in jedes Nasenloch *träufeln.* (03b:29f.)
2.6-140	*Sostenga* el secador con una mano y con la otra *tire* del cable para sacarlo... (10a:40)	*Benutzen Sie* daher die vorhandenen Griffe (10d:12)
2.6-141	La dosis habitual inicial *es de* 100 mg al día. (Aldactone, Searle Ibérica, Madrid)	Falls nicht anders verordnet, *nehmen* Erwachsene 3mal täglich 1 Tablette. (Spasmo-Nervogastrol, Heumann)
2.6-142	Las judías *se ponen* en una olla. (13d:3)	Falls nicht anders verordnet, *lutscht man* bei Bedarf stündlich 1-2 Hustenlöser. (Larylin, BDF)

2.6-143	1 cápsula de 500 mg. ó 1 tableta de 750 mg. cada 8 horas. (Clamoxyl, Laboratorios Beecham, Toledo)	3 x täglich 1 - 2 Dragees zu den Mahlzeiten, *am besten* mit Wasser. (Kneipp Wacholder Dragees)

Wenn man die verschiedenen Ausdrucksmöglichkeiten genauer betrachtet, ist zu erkennen, dass die reine Anleitung im Sinne einer „Gebrauchsinformation", wie es auf den medizinischen Packungsbeilagen
heißt, oft mit Ratschlägen (Bsp. 2.6-140) oder Empfehlungen (Bsp.
2.6-143) gekoppelt ist. Diese werden der appellativen Kommunikation
zugeordnet, bei der imperativische Infinitive ebenfalls nicht selten sind
(siehe unten, 4.1.1).

Festzuhalten ist jedoch, dass in allen drei Anleitungstextsorten
im Deutschen Infinitivstrukturen sehr verbreitet sind, zumindest wenn
die Anleitungsschritte kurz und nicht zu komplex sind. Das gilt besonders für Rezepte. In den untersuchten 25 Beipackzetteln (vgl. Nord
1999) ist dagegen der Indikativ Präsens (Bsp. 2.6-141) in 56 %, der
Infinitiv nur in 32 % der Anleitungsakte die Struktur der Wahl (dazu
kommen 12 % Ellipsen). Bei den Bedienungsanleitungen ist keine
eindeutige Präferenz auszumachen. Engel (1988: 131f.) druckt eine
„Bedienungs-Vorschrift" für einen Ölkessel ab, in der für die Anlei-
tungsteile Infinitive überwiegen, und eine „Montageanweisung" für einen Backofen, in der die Anleitungen als vollständige Sätze mit Pas-
siv- oder *man*-Konstruktionen formuliert sind.

Auch im Spanischen scheint sich der Anleitungsinfinitiv immer
größerer Beliebtheit zu erfreuen. Konnte man vor einigen Jahren noch
behaupten, die typische Struktur der spanischen Kochrezepte sei das
reflexive Passiv, so stellt sich das heute durchaus anders dar. Infinitive (vgl. Text 13a, 13c) und reflexiv-passivische Strukturen teilen sich
das Feld (vgl. Hödl 1999: 61, die in ihrem Korpus 51 % Infinitive und
48,5 % reflexive Strukturen feststellt, während die Imperative nur mit
0,5 % vertreten sind). Matte Bon (1995: 315) handelt das Thema *in-
strucción* nur in einem Mini-Abschnitt ab, in dem er feststellt, dass in
Aufschriften und auf Hinweisschildern Instruktionen, Gebote und Verbote häufig im Infinitiv ausgedrückt werden (z.B. *No aparcar, Firmar y
remitir a la dirección que figura en el dorso*).

2.6.4.2 Anleitungsphasen

Um eine Anleitung Schritt für Schritt nachvollziehbar zu machen, er-
weist sich eine streng chronologische Ordnung als zweckmäßig. Dadurch erübrigen sich temporale Verknüpfungen wie *zuerst, danach*
(vgl. Text 13f.) bzw. *posteriormente, por último* (13a:8, 12f.), *después*
(13b:7). In den spanischen Rezepten kommen sie dennoch relativ
häufig vor. Bei einfachen Sachverhalten (z.B. Text 10c) ist eine
Durchbrechung der chronologischen Reihenfolge nicht so irritierend
wie bei komplexeren Sachverhalten, wenn man bei der Befolgung der
Anleitung plötzlich erfährt, dass man vorher noch etwas anderes hätte
tun sollen. Die Chronologie ist bei Kochrezepten besonders ausgeprägt (Bsp. 2.6-145).

2.6-144	*Incorporar* las ciruelas pasas *y* dejar que continúe cociendo otros 15 minutos más. (13a:9ff.)	...zusammen mit dem Blumen-kohl *den bereits 10 Minuten ko-chenden Kartoffeln* beigeben. (13e:10f.)
2.6-145	*Limpie y pique* el puerro y la zanahoria. *Rehogue* en aceite ... *añada* el zumo de limón. (13b:4ff.)	Das Fleisch in kaltem Wasser *ansetzen*.... Kartoffeln *schälen, würfelig schneiden, in die Brühe geben* und *10 Minuten mitko-chen*. (13e:5ff.)

Die Sätze sind einfach, meist parataktisch aneinander gereiht, als
Hauptsätze oder Ellipsen konstruiert, zuweilen sogar nummeriert (z.B.
Text 13f). In den deutschen Rezepten finden sich Nebensätze äußerst
selten (im Korpus nur in der allgemeinen Kochanleitung für Hülsenfrüchte), in den spanischen Rezepten gelegentlich temporale Nebensätze mit *cuando*. Es werden in der Regel mehrere Handlungsschritte
zu einem Satz zusammengefasst, und zwar in Form einer syndeti-
schen Aufzählung (d.h. mit einer Konjunktion, *und* bzw. *y*, zwischen
den beiden letzten Aufzählungsgliedern).

In den spanischen Rezepten sind Anleitungspaare und Einzel-
schritte am häufigsten (60 bzw. 35 Prozent), in den deutschen Rezepten sind bei kurzen Verbalkernen Vierergruppen (2.6-145) und bei
längeren Anleitungseinheiten Dreier- oder Zweiergruppen (besonders
bei Passivkonstruktionen) üblich.

Bei den Bedienungsanleitungen finden wir im Spanischen überwiegend Einzelsätze, im Deutschen auch komplexere Satzgefüge. Insgesamt ist die Form der Anleitung hier nicht so knapp und elliptisch wie bei den Rezepten.

Die Dosierungsanleitung in der Packungsbeilage ist in beiden Korpustexten äußerst knapp gehalten. Allerdings finden wir in den deutschen Packungsbeilagen den (obligatorischen) Hinweis *Soweit / Falls (vom Arzt) nicht anders verordnet* als Textbaustein, der nur wenig in der Formulierung variiert. Vermutlich aus Gründen eines geschlechtsneutralen Sprachgebrauchs fehlt in neueren Beipackzetteln der Hinweis auf den Arzt (bzw. die Ärztin).

2.6.5 Deklarieren als Darstellung von Handlungsvollzügen

2.6.5.0 Formen des Deklarierens

Ähnlich wie die indikativischen Formen in Anleitungen (Bsp. 2.6-141) beziehen sich auch die deklarativen Handlungsdarstellungen nicht auf bereits erfolgte Handlungen, sondern auf solche, die erst noch erfolgen sollen. In bindenden Texten werden drei Arten von Handlungen dargestellt: (a) Handlungen, die mit der Unterschrift unter dem Text Wirklichkeit werden (Bsp. 2.6-146); (b) Handlungen, die durchzuführen oder zu unterlassen sich die Vertragspartner verpflichten (Bsp. 2.6-147), und (c) Handlungen, die den Rezipienten vorgeschrieben oder verboten werden (Bsp. 2.6-148). Letztere gehören zu den Geboten und Verboten und damit zu den appellativen Sprechakten ($\rightarrow$ 4.1.3). Die unter (a) genannten Handlungen gehören zu den so genannten performativen Sprechakten, bei denen durch die Äußerung die im Sprechakt formulierte Handlung durchgeführt wird (wie bei Tauf- oder Trauformeln). Die unter (b) genannten Handlungen sind indirekte performative Sprechakte, bei denen das sprechaktindizierende Verb (z.B. *sich verpflichten zu* oder *feststellen, dass*) nicht explizit formuliert ist.

| 2.6-146 | El arrendatario *asume completa responsabilidad* por cualquier infracción de las normas de tráfico. (06a:23f.) | Der Käufer *verpflichtet sich*, einen evtl. Wohnungswechsel unverzüglich schriftlich mitzuteilen. (06c:21) |

2.6-147	La garantía *es aplicada* por el conjunto de nuestra red... (11a:25)	Im Garantiefall *beseitigt* Stratic derartige Mängel auf eigene Kosten. (11c:13f.)
2.6-148	El vehículo *deberá ser* adecuadamente estacionado. (06a:23)	Die Mehrkosten hierfür *sind zu erstatten*. (06c:32f.)

Als bindende Texte werden vor allem Verträge, Abkommen, Versprechen, Vereinbarungen, Bekenntnisse angesehen (vgl. Sowinski 1973: 344). Verträge werden zwischen zwei oder mehreren Partnern abgeschlossen und halten die Handlungen und Verhaltensweisen der Vertragsparteien in Bezug auf bestimmte Gegenstände oder Verhältnisse fest. Versprechen dagegen sind bindende Erklärungen eines Partners, die sich auf sein eigenes Verhalten beziehen, dafür jedoch meist bestimmte Bedingungen festlegen, die der Rezipient erfüllen muss, damit das Versprechen gültig wird oder bleibt. Im Korpus repräsentieren die Vertragstexte (06) den ersten Fall, die Garantiezertifikate (11) den zweiten Fall. In beiden Arten von bindenden Texten kommen jeweils auch Beschreibungen des Gegenstands vor, die sich an den oben unter 2.6.1 (besonders 2.6.1.3) dargestellten Konventionen orientieren. In Bezug auf die Kommunikationshandlung Deklarieren sind hier jedoch keine grundsätzlichen Unterschiede zwischen Vertrags- und Versprechenstexten festzustellen. Daher unterscheiden wir im Folgenden lediglich nach der Art der Deklaration die explizit performativen Deklarationen und die implizit performativen Deklarationen.

2.6.5.1 Explizit performative Deklarationen

Die explizit performativen Deklarationen haben als Subjekt die Vertragspartner bzw. die Person, die das Versprechen abgibt. Für bindende Texte ist typisch, dass die Vertragspartner entweder durch die 1. Person Plural oder durch eine Gattungsbezeichnung (z.B. *der Versicherer, die Käuferin*) benannt werden. Das lässt sich daraus erklären, dass diese Texte sehr stark konventionalisiert und oft formularartig ausgebildet sind. So müssen jeweils nur am Anfang des Textes die Vertragspartner mit ihrem Eigennamen genannt werden, bei dem dann das Appellativum eingeführt wird, z.B. *Herr Herbert Bernhard (Verkäufer)* (Engel 1988: 164). Sowinski stellt für das Deutsche als besondere Merkmale dieser Texte fest, dass die Sätze meist mit dem

Subjekt eingeleitet werden und dass unbestimmte oder konjunktivische Aussagen weitgehend fehlen (vgl. Sowinski 1973: 345). Dies gilt auch für die spanischen Vertrags- und Versprechenstexte.

2.6-149	ITAL-INTERRENT *se reserva* el derecho de rescindir anticipadamente el contrato. (06a:7)	*Wir behalten uns vor,* die Preise ohne Ankündigung zu ändern. (06d:15)
2.6-150	Por la presente, el vendedor *entiende* prevalerse de todas las exclusiones y límites de garantía jurídicamente admitidos..., lo que el comprador *reconoce y acepta.* (11a:1ff.)	Die Verkäufer *bewilligen* und die Käufer *beantragen* hiermit die Eintragung der Vormerkung... (Engel 1988: 165)

Wichtig sind in Vertragstexten oft Fragen der Haftung bzw. des Haftungsausschlusses.

2.6-151	[La Agencia] *no se responsabiliza* de retrasos, pérdidas, accidentes... (06b:21)	Der Veranstalter *übernimmt keine Haftung,* wenn... (06d:24)
2.6-152	La garantía *no cubre*: las bicicletas utilizadas en competición... (11a:40f.)	Insbesondere *haftet* Stratic nicht für Schäden durch Unfälle, normale Abnutzung (11c:19)

Die performativen Verben stehen in beiden Sprachen im Präsens Indikativ. Das Subjekt referiert in der Regel auf die Vertragspartner bzw. bei Versprechen auf die versprechende Person, im Spanischen kommen jedoch auch Personifikationen vor (Bsp. 2.6-152). Die 1. Person Plural ist nur in einem der deutschen Korpustexte belegt; da es sich hierbei jedoch um einen aus dem Englischen übersetzten Text handelt (Text 06d), können hieraus keine weiteren Schlüsse abgeleitet werden. Hier fehlen noch Untersuchungen an größeren Textkorpora.

2.6.5.2 Implizit performative Deklarationen

Bei den implizit performativen Deklarationen handelt es sich um Verben, die das zukünftige Verhalten der Vertragspartner oder des Versprechengebers darstellen. Die Semantik der Verben hängt natürlich vom Deklarationsgegenstand ab. Interessant sind hier zwei Fragen: der Gebrauch des Tempus und die syntaktische Form.

2.6-153	El arrendatario *utilizará y conducirá* el vehículo diligentemente (06a:12)	Kostenloser Transfer *wird* von / zum Hotel oder dem nächstgelegenen Treffpunkt *gewährleistet*. (06d:19)
2.6-154	Se *informará* de las modificaciones antes de iniciarse el servicio. (06b:7)	Die Beförderung aufgrund dieses Flugscheins *unterliegt* der Haftungsordnung des Warschauer Abkommens... (06f:13)
2.6-155	El titular de la garantía *tendrá derecho a* la sustitución del mueble. (11b:6)	Innerhalb der Garantiezeit *werden* alle Mängel... kostenlos *behoben*. (11d:4ff.)

Die implizit performativen Verben stehen in den spanischen Texten ausnahmslos im Futur, in den deutschen Texten ebenso ausnahmslos im Präsens. Das entspricht dem unterschiedlichen Tempusgebrauch für Zukünftiges, auf den wir weiter unten noch eingehen (→ 3.3.1).

Was die syntaktischen Strukturen betrifft, so finden wir neben persönlichen, aktiven Verbformen in der 1. Person Plural (nur im Deutschen, selten) und der 3. Person Singular (mit der Bezeichnung der Vertragspartner oder dem Eigennamen des Senders) sowie dem Passiv (Bsp. 2.6-153) im Spanischen auch die unpersönlich-aktive Form mit dem Reflexivpronomen (Bsp. 2.6-154), deren implizites Subjekt jedoch der Reiseveranstalter bzw. seine Agenten sind. In den deutschen Texten ist das Passiv häufiger als in den spanischen Texten, jedoch lässt der geringe Umfang des Korpus keine Verallgemeinerung zu. Das Modalverb *können* bzw. *poder* wird verwendet, wenn mögliche oder alternative Handlungsweisen dargestellt werden. Personifizierungen des Textgegenstands (*la garantía, der Versicherungsschutz*) sind in beiden Sprachen belegt.

2.6.6 Zusammenfassung

In diesem Kapitel ging es um die kommunikative Handlung Darstellen in ihren verschiedenen Ausprägungen: Beschreiben, Berichten, Anleiten und Deklarieren. Eine Zusammenfassung dieser unterschiedlichen Aspekte wird notgedrungen unvollständig sein. Daher sollen hier nur noch einmal ein paar besonders übersetzungsrelevante Aspekte hervorgehoben werden.

➜ Zur besseren Unterscheidung von *ser* und *estar* dient die Zuordnung zu kommunikativen Funktionen: *ser* + Prädikatssubstantiv und Prädikatsadjektiv = Klassifikation, *ser* als Vollverb = Existenzaussagen, *estar* + Partizip Perfekt oder resultatbeschreibendes Adjektiv = Zustandsbeschreibung, *estar* + Ortsbezeichnung = Beschreibung der örtlichen Befindlichkeit, *ser de* + Materialangabe = Beschreibung der Beschaffenheit, *ser de* + Ortsangabe = Beschreibung der Herkunft, *ser de* + Personenbezeichnung = Beschreibung der Besitzzugehörigkeit, *estar de* + Berufsbezeichnung = Beschreibung einer vorübergehenden Funktion oder Tätigkeit. In all diesen Fällen stehen auch andere Verben oder Ausdrücke zur Verfügung!

➜ Bei Verben, die Eigenschaften beschreiben oder über Handlungen berichten, stellen wir im Deutschen eine größere Differenzierung der Wortfelder fest als im Spanischen. Oft ist die Spezifik des Vorgangs oder der Handlung im spanischen Text nur aus dem Kontext oder aus dem Weltwissen zu erschließen. Besonders reich differenzierte Wortfelder: Verben des Sich-Befindens, der Fortbewegung, der Gestik und Mimik, der Zubereitung von Speisen.

➜ Für unpersönliche Formulierungen, die Vorgänge darstellen, werden neben Vorgangsverben unabhängig von der Textsorte im Deutschen Passiv- und *man*-Konstruktionen bevorzugt, im Spanischen reflexiv-aktivische oder -passivische Formen und Personifizierung von nicht-personalen Subjekten.

➜ Allgemein unterscheiden wir imperfektive und perfektive Verben (mit Unterteilung in inchoative, durative, terminative, resultative etc. Aktionsart). Zu dieser Klassifizierung kommt die Markierung von Aspekten durch grammatische und lexikalische Strukturen (neben bestimmten Wortbildungsverfahren, Adverbien und Funktionsverbgefügen im Spanischen vor allem Verbalperiphrasen und Tempusgebrauch). Wenn Aspekt und Aktionsart gleich sind, wird die Aktionsart verstärkt. Trifft dagegen ein Aspekt auf eine entgegengesetzte Aktionsart, setzt sich der Aspekt durch und bewirkt eine besondere Ausformung, zum Beispiel: perfektives Verb + imperfektives Tempus → iterativer Aspekt, imperfektives Verb + perfektives Tempus → inchoativer oder terminativer Aspekt.

→ Bei der Darstellung der Zeitlichkeit von vergangenen Geschehnissen ist darauf zu achten, dass das Tempussystem im Deutschen und Spanischen unterschiedlich funktioniert. Im Spanischen ist die objektive Relation des Ereignisses zum Zeitpunkt der Darstellung maßgeblich, im Deutschen die subjektiv gewählte zeitliche Distanz beim Besprechen und Erzählen.

→ Für die Darstellung von Handlungsweisen als Anleitung ist im Spanischen eine steigende Tendenz zum Infinitiv zu Lasten von Imperativ und unpersönlichen Konstruktionen zu beobachten. Im Deutschen ist in Anleitungstexten ebenfalls der Infinitiv die bevorzugte Struktur.

→ Bei der Deklaration von performativen Akten ist zwischen explizit performativen und implizit performativen Äußerungen zu unterscheiden. Die explizit performativen Äußerungen stehen im Spanischen und im Deutschen im Präsens Indikativ, die implizit performativen Äußerungen stehen im Spanischen meist im Futur, im Deutschen dagegen im Präsens.

2.7 ERLÄUTERN

2.7.0 Allgemeines

Unter Erläuterung verstehen wir die Angabe von zusätzlichen qualitativen oder pragmatischen Merkmalen, die zur Determinierung nicht erforderlich sind. Im Rahmen der referentiellen Kommunikation geht es dabei um Gegebenheiten, die real sind oder als real dargestellt werden. Hypothetische Aussagen (also beispielsweise als irreal angesehene Bedingungen oder als irrelevant zurückgewiesene Voraussetzungen) sowie Aussagen über zukünftige Geschehnisse rechnen wir zur expressiven Kommunikation, da sie stets aus der Sicht eines bestimmten Senders präsentiert werden. Für die Erläuterung stehen folgende Strukturen zur Verfügung: explikativer Relativsatz, Apposition und Aufzählung, Adverb, präpositionale Umstandsbestimmung, infinite Verbformen, finite Verbformen und adverbiale Nebensätze. Die ersten drei Formen geben eine qualitative Erläuterung zu einem Substantiv, während die übrigen Formen die pragmatischen Bedingungen für die Realisierung einer Handlung oder eines Vorgangs erläutern.

2.7.0.1   Explikativer Relativsatz

Explikative Relativsätze geben Erläuterungen zu einem Referens, das bereits durch Eigennamen (Bsp. 2.7-1), Deiktika wie *beiliegend* (Bsp. 2.7-2) oder andere Determinantien identifizierbar ist. Sie stehen im Spanischen zwischen Kommas und sind damit Parenthesen.

2.7-1	la *aldea de Tandó, que* los rusos están tratando de recuperar sin éxito. (07a:23f.)	[Die größte Stadt ist] *Stendal, wo* einst Joachim Winckelmann geboren wurde (09c:16)
2.7-2	*Las modificaciones..., de las que* se informará antes de iniciarse el servicio (06b:7)	Mit *beiliegender Stylingdüse, die* in jede Position gedreht werden kann. (10b:44)

Zusätzlich zu dem bereits unter 2.5.0.7 behandelten Relativpronomen *que* (mit und ohne Artikel) können in explikativen Relativsätzen eine Reihe weiterer Pronomina vorkommen, die in Tabelle 2.7/1 zusammengestellt sind.

el cual, la cual, los cuales, las cuales	stilistisch markiert („gehoben"), für Personen und Sachen, im Singular und Plural in allen Kasus (♦ Konkordanz beachten!), bevorzugt in explikativen Relativsätzen
quien, quienes	stilistisch markiert („gehoben"), nur für Personen, maskulin und feminin, Singular und Plural (Endung!), alle Kasus (♦Genitiv mit *de*, Dativ und Akkusativ mit *a*), bevorzugt in explikativen Relativsätzen
cuyo(s), cuya(s)	stilistisch markiert („gehoben"), wird in der gesprochenen Sprache eher vermieden (vgl. Matte Bon 1995: I,320), für Personen und Sachen, maskulin und feminin, Singular und Plural, bevorzugt in explikativen Relativsätzen; ♦richtet sich in Genus und Numerus nach dem zugeordneten Referens und nicht nach dem Bezugswort
lo que	stilistisch unmarkiert, für Sachverhalte, nur im Singular, auch mit Präpositionen (z.B. *por, para*), ♦ explikative Relativsätze
lo cual	stilistisch markiert („gehoben"), für Sachverhalte, nur im Singular, auch mit Präpositionen (z.B. *por, para*), ♦ explikative Relativsätze

Tabelle 2.7/1: Spanische Relativpronomina im explikativen Relativsatz

Auch bei explikativen Relativsätzen ist *que* das häufigste Relativpronomen (17 Belege im Korpus). Daneben finden wir im Korpus 2 explikative Relativsätze, die durch Präp. (*a, en*) + Art. + *que* eingeleitet sind, 1 mit Art. + *cual*, 2 mit Präp. (*a, bajo*) + Art. + *cual* (bei Bsp. 2.7-3 handelt es sich um einen spezifizierenden Relativsatz), 3 mit *quien*, 5 mit *cuyo/-a* sowie 4 mit *lo que*. Relativsätze mit *lo cual* sind nicht belegt.

2.7-3	estimación *en la cual se deducen los impuestos indirectos* (04c:32)	
2.7-4	ITAL-INTERRENT, S.L. *quien se reserva el derecho...* (06a:6)	
2.7-5	el inca Manco Cápac, *a quien siguieron doce soberanos* (16a:7f.)	
2.7-6	grandes templos, *cuya perfección y majestuosidad deslumbraron a los conquistadores* (16a:16f.)	...durch den berühmten Berg [den Cerro Rico], *dessen Silber einst Europa berauschte* (14b:2f.)
2.7-7	El vendedor entiende prevalerse de todas las exclusiones..., *lo que* el comprador reconoce y acepta. (11a:3f.)	...sonst kochen die Hülsenfrüchte nicht mehr weich. *Darum* ist es besser, Hülsenfrüchte erst nach dem Garen zu salzen. (13f:21)

Relativsätze, die mit *lo que* oder *lo cual* (auch mit Präpositionen wie *por, para, con*) eingeleitet werden, beziehen sich auf den gesamten Inhalt des Hauptsatzes und erläutern damit seinen Kern, das Prädikat (Bsp. 2.7-7). Gil/Banús (1987: 218) nennen sie „illative Relativsätze". Sie stellen meist einen neuen Sachverhalt dar, der mit dem im Hauptsatz dargestellten Sachverhalt logisch verknüpft ist. In solchen Fällen wird im Deutschen vielfach die Formulierung eines neuen Satzes bevorzugt, der dann mit einem entsprechenden Konnektor (→ 1.2.1.3) mit dem Vordersatz verbunden wird (vgl. Bsp. 2.7-7/de statt: *weshalb es besser ist...*).

2.7.0.2 Apposition

Eine Apposition ist eine nominale Erläuterung. Sie wird üblicherweise nachgestellt (Bsp. 2.7-8), kommt aber auch in der Stellung vor dem Referens vor (Bsp. 2.7-9). Dabei ist das Referens bereits eindeutig determiniert, durch einen Eigennamen oder als Unikat mit dem bestimmten Artikel (Bsp. 2.7-12/es), sodass die in der Apposition beigefügte Information als zusätzliche Detailinformation aufzufassen ist. Dadurch wird der Eindruck einer (möglicherweise überflüssigen) Belehrung vermieden, was besonders für die (möglichst unauffällige) Erläuterung ausgangskultureller Realien in der Übersetzung vorteilhaft erscheint.

| 2.7-8 | Atahualpa y Huáscar, *hijos del inca Huayna Cápac* (16a:28) | Tangermünde, *die alte Kaiserstadt an der Elbe* (09c:26f) |
| 2.7-9 | el *inca* Manco Cápac (16a:7) | *Russlands Verteidigungsminister* Igor Sergejew (07b:3) |

Im Deutschen unterbricht die so genannte „nachgetragene Apposition" (Duden-Grammatik § 5785) den glatten Ablauf der Satzes und wirkt daher wie ein Einschub (Bsp. 2.7-10). Bei erläuternden Ergänzungen zu Eigennamen wird daher im Deutschen vielfach die vorangestellte Apposition bevorzugt (Bsp. 2.7-9/de), selbst wenn sie erweitert ist (wie in der für deutsche Sach- und Fachtexte typischen Formulierung *der englische Zentralbankpraktiker und Nationalökonom John Maynard Keynes*, 04d:1), während im Spanischen dagegen interessanterweise gerade bei der Kombination Amtsbezeichnung + Eigenname offenbar der Eigenname als Erläuterung aufgefasst (und dementsprechend als nachgetragene Apposition formuliert) wird (Bsp. 2.7-12/es im Vergleich zu 2.7-9/de). Da im Spanischen Attribute und Ergänzungen ohnehin in der Regel nachgestellt werden, ist die vorangestellte Apposition auf sehr kurze Einheiten beschränkt (Bsp. 2.7-9/es).

2.7-10	el embarcadero de Challapampa, *pequeña aldea de 300 vecinos* (14a:2f.)	Magdeburg – *Metropole seit altersher* (09c:31)
2.7-11	La porta de Sant Iu, *la más antigua*, en la actual calle de Els Comtes (09b:18)	BEA. *Die Company für weltweit führende e-Commerce Solutions* (01d:4)
2.7-12	*El ministro de Defensa ruso*, Ígor Serguéyev (07a:4)	eine zweite Natur, *eine* künstlich bearbeitete und passend gemachte *Ersatzwelt* (05d:25)
2.7-13	Trabilde, *un pueblo de Galicia* (15a:2)	

Hier ist darauf zu achten, dass bei nachgetragenen Appositionen im Deutschen meist der unbestimmte Artikel steht (Bsp. 2.7-12/de) und dass daher der Null-Artikel (in Bsp. 2.7-10 sogar nach einem Gedankenstrich) oder der bestimmte Artikel (in Bsp. 2.7-11/de sogar als eigenständige Ellipse) eine stärkere Betonung der Apposition bewirkt. Im Spanischen ist dagegen der Null-Artikel die übliche Form (Bsp. 2.7-10), der unbestimmte Artikel wird demgegenüber vielfach als Zahlwort im Sinne von „eine/s von mehreren" aufgefasst (Bsp. 2.7-

13). Im Deutschen ist außerdem daran zu denken, dass die Apposition immer im gleichen Kasus stehen muss wie das Klassifikandum, so etwa zu Bsp. 2.7-10/es: *wir landen in Challapampa, einem kleinen Dorf mit 300 Einwohnern / die Anlegestelle Challapampas, eines kleinen Dorfes... / vor uns liegt Challapampa, ein kleines Dorf...* usw. Im Spanischen steht die Apposition immer im Nominativ.

Als nachgetragene Appositionen kann man auch die oft in Gedankenstrichen oder in Klammern angeführten Synonyme von Fachtermini (Bsp. 2.7-38, 2.7-14), die metasprachlichen Erläuterungen (Bsp. 2.7-15/es) oder Reformulierungen (Bsp. 2.7-12/de) betrachten, wie sie in belehrenden Kontexten (Lehrbuch, medizinischen Beipackzetteln, populärwissenschaftlichen, aber auch juristischen Texten) häufig vorkommen.

2.7-14	*una substancia regenerativa*, la alantoína (03a:8f.)	nachfolgend verstärkte Blutfüllung (*reaktive Hyperämie*) (03b:26)
2.7-15	... para que sus vacas y chanchos – *cerdos* – engullaran las plantas acuáticas (14a:10)	Sie nannten ihn Cerro Rico, *den reichen Berg* (14b:30)

Nachgestellte Appositionen können durch die Gleichsetzungspartikel de. *als* bzw. es. *como* angeschlossen werden (Bsp. 2.7-16). Das wird manchmal bevorzugt, wenn das Referens pronominalisiert ist, z.B. *wir als junges, dynamisches Team...* (01e:9).

2.7-16	La principal ventaja del PNB, *como medida de la total actividad económica del país* (04c:14)	*Als Landeshauptstadt* bestimmt sie (= die Elbmetropole Magdeburg) das Tempo ... (09c:34)
2.7-17	*Los hombres* resolvemos problemas mediante la razón (05a:1)	*Meister der Hinterlist*, die sie waren, benutzten die Spanier... (14b:33)

Im spanischen Textkorpus ist diese Form nur einmal belegt. Allerdings könnte man im Spanischen den Nominativ des Substantivs in Kombination mit der 1. Person Plural des Verbs (2.7-17, siehe auch 01b:2) als eine vergleichbare Struktur betrachten (zu umschreiben durch *nosotros, los hombres* oder *wir, als Menschen / wir, die wir Menschen sind*). Auch die nur einmal belegte Relativsatzstruktur im Deutschen (Bsp. 2.7-17), die ebenfalls durch eine *als*-Struktur ersetzbar ist, kann

so interpretiert werden. Hier wird die Nähe der Apposition zum explikativen Relativsatz deutlich.

Die vorangestellte Apposition ist besonders bei geographischen
Referentien und in metakommunikativen Kontexten interessant. Hier
stellen wir einen wichtigen Unterschied fest: Im Deutschen ist die unverbundene Apposition die Regel, z.B. *die Universität Heidelberg, die
Urlaubsinsel Langeoog* (09d:0), *der Begriff „Freiheit"* (04e:9), im Spanischen die Ausnahme, z.B. *el lago Titicaca* (14a:17). Die Regelform
ist im Spanischen die Verbindung der beiden Elemente durch das so
genannte explikative *de*: *la Universidad de Deusto* (01a:5), *la calle de
Santa Eulalia* (09b:19), *la aldea de Tandó* (07a:23f.), *el nombre de
Renta Nacional* (04c:34). Obwohl im Spanischen in der Umgangssprache und bei Neologismen (vermutlich unter dem Einfluss des
Englischen, z.B. la *tecnología E-Business*, 01a:28, vgl. *der neue Tarif
T-online by call*, 12c:18) eine Tendenz zur Auslassung des explikativen *de* zu beobachten ist, gilt es dennoch als korrekte Form, besonders bei geographischen Referentien, also *la ciudad de Valencia* im
Gegensatz zu *die Stadt Valencia* (wenn man sie von der *Region Valencia* oder der *Provinz Valencia* abgrenzen will). Bei einer Reihe von
Formulierungen aus Text 17b handelt es sich daher um Interferenzen
mit dem Spanischen, die im Deutschen nicht der Norm entsprechen,
z.B. der **Stadtstaat von Cuzco* (17b:5, richtig: der *Stadtstaat Cuzco*)
oder das **Reich von Chimor* (17b:16, richtig: das *Chimor-Reich*).

An diesem letzten Beispiel wird deutlich, dass auch in manchen
deutschen Komposita ein explikatives Verhältnis zwischen Determinans und Determinatum besteht (z.B. *EDV-Bereich*, 01g:6, als Kurzform zu *der Bereich Elektronische Datenverarbeitung / EDV* oder *der
Bereich der EDV*).

2.7-18	*el nombre* de Renta Nacional (04c:34)	*der Begriff* „Freiheit" (04e:9)

Auch bei metakommunikativen Appositionen ist im Spanischen das
explikative *de* (noch) die Regel. In der Rede vom *Begriff „Freiheit"*
(Bsp. 2.7-18) machen im Deutschen die Anführungszeichen den Unterschied zwischen Objektebene und Meta-Ebene deutlich: *Freiheit* ist
das Objekt, das man als *Begriff* klassifiziert – das ist nicht immer ganz

genau dasselbe wie *der Begriff der Freiheit* (= „die Vorstellung, die man von der Freiheit hat, vgl. *der exakte Begriff der Umwelt*, 05d:11) oder *der Freiheitsbegriff* (vgl. *der Regelbegriff*, 04e:3), aber die Abgrenzung ist oft schwierig. Im Spanischen markiert dagegen das explikative *de* in *el nombre de Renta Nacional* den Unterschied zwischen Meta- und Objektsprache, sodass keine Anführungszeichen erforderlich sind.

2.7.0.3 Aufzählung

Auch die Aufzählung von Unterbegriffen oder Beispielen ist eine Erläuterung. Aufzählungen stehen oft, wie Appositionen, als nachgetragene Ergänzungen hinter dem Oberbegriff oder dem zu erläuternden Referens und werden entweder durch ein Komma abgetrennt oder in Klammern oder Parenthesen eingeschlossen.

2.7-19	playas extensas de arena dorada, *como* las de Gandía, Guardamar, Oropesa, Alacant y Sagunto (09a:23f.)	Über 3.500 erfolgreiche Kunden, *darunter* AT&T, Amazon.com, British Airways, E-Trade ... und viele andere (01d:5ff.)
2.7-20	fueron los matemáticos; *piénsese, por ejemplo*, en Euclides (05a:8)	Nicht auf heißen Oberflächen (*z.B.* Herdplatten *o.ä.*) abstellen (10d:7)

Aufzählungen werden mit es. *como* oder *por ejemplo* bzw. de. *darunter, zum Beispiel, unter anderem* eingeleitet und häufig abgekürzt.

Spanisch		Deutsch	
etc. (03a:15)	etcétera	etc. (04d:32), usw. (3x)	etcetera, und so weiter
e.g. (05a:35)	exempli gratia = por ejemplo	u.a. (10b:51f.)	unter anderem, und andere(s)
v.gr., vg., v.g., p. ej.	verbi gratia = por ejemplo	o.ä. (2x)	oder ähnlich
... (Bsp. 2.7-39)	y otros/-as	z.B. (4x)	zum Beispiel

Tabelle 2.7/2: Abgekürzte Aufzählungsindikatoren

Ein offenes Ende wird in spanischen Aufzählungen oft durch drei Punkte im Sinne von *etc.* (Bsp. 2.7-39) angezeigt, die im Deutschen eher einen Satzabbruch (Anakoluth, z.B. bei zu ergänzenden Redensarten: *Wenn man vom Teufel spricht...*) signalisieren.

2.7.0.4   Adverb

Ein Adverb ist eine nähere Bestimmung zu einem Adjektiv oder einem Verb. Die Adverbien zu Adjektiven (zum Beispiel: *con carácter total-mente teórico-práctico*, 01a:19) sind meist bewertend (→ 3.1.3.2). Abgesehen von den so genannten ursprünglichen Adverbien ohne besondere Endung (z.B. *mañana* oder *despacio*) werden im Spanischen Adverbien mit dem Suffix *–mente* von der femininen Form des Adjektivs abgeleitet. Im Deutschen können Adjektive ohne eine bestimmte Endung als Adverbien fungieren, sie werden dann jedoch nicht dekliniert. Die adverbiale Funktion ergibt sich aus den Fragen „wie?", „womit?", „wann?", „wo?", „warum?" etc., während „was für ein?" nach dem Attribut fragt.

Im Spanischen gibt es auch den so genannten prädikativen Gebrauch von Adjektiven in adverbialer Funktion (Bsp. 2.7-21), bei dem sich das Adjektiv in Geschlecht und Zahl nach dem Subjekt richtet, obwohl es eigentlich das Verb näher bestimmt.

2.7-21	Don Bepo y Ruperto saludaban *muy finos*. (15b:15)	Don Beppo und Roberto verbeugten sich *tief*. (CN)
2.7-22	La luz permite ver los objetos que la emiten, *directa o indirecta-mente* por reflexión. (04a:2f.)	

Wenn im Spanischen zwei oder mehr Adverbien auf *-mente* aneinander gereiht werden, erhält nur das letzte die Endung, während die zuerst genannten lediglich durch die feminine Endung als Adverbien markiert sind (Bsp. 2.7-22), weil diese Bildungen ursprünglich aus zwei Wörtern bestanden (Adjektiv + *mente*, „Art und Weise"), die dann später zusammengeschrieben wurden (vgl. die deutschen Bildungen auf *-weise*).

2.7.0.5   Präpositionale Umstandsbestimmung

Eine präpositionale Umstandsbestimmung ist eine mit Präposition eingeleitete Erläuterung zum Prädikat.

2.7-23	El „Lady of Spain-L" [es sorprendente] *por lo que lava* (12b:8)	*Durch Umstände*, die die Verkäuferin nicht zu vertreten hat, muss die Ware mehr als einmal angeliefert werden... (06c:31)

| 2.7-24 | fregar *a mano*. (12b:25) | Zwei Druckventile mussten *von Hand* geöffnet werden. (*Spiegel*, vgl. Duden 1993) |

Manche nur aus Präposition + Substantiv (ohne Artikel) bestehenden Ausdrücke sind in dieser Form lexikalisiert (Bsp. 2.7-24).

2.7.0.6 Infinite Verbformen

Als infinite, d.h. nicht konjugierte, Verbformen können Gerundium, Infinitiv und Partizip eine nähere Erläuterung zum Prädikat geben. Dabei erläutern Gerundium und Infinitiv Geschehnisse und haben somit adverbialen Charakter, während Partizipien grundsätzlich adjektivischen Charakter haben und daher in der Regel klassifizierende oder beschreibende Prädikate erläutern. Allerdings kann das deutsche Partizip Präsens wie jedes andere Adjektiv adverbial verwendet werden und dient dann ebenfalls der Erläuterung eines verbalen Prädikats (Bsp. 2.7-29).

Im Spanischen können adverbial verwendete Gerundien und Infinitive eigene Ergänzungen haben. Sie beziehen sich, sofern nicht ein eigenes Subjekt nachgestellt wird, auf das gleiche Subjekt wie das Hauptverb (die Konstruktion in Bsp. 2.7-27 müsste korrekt heißen: *Pizarro conquistó el Imperio aprovechando las luchas internas...*). Ihre erläuternde Funktion zeigt sich daran, dass man sie leicht in einen selbständigen Satz umformen könnte (Bsp. 2.7-26, 2.7-27/de). Im Deutschen können Infinitive substantiviert und dann in präpositionalen Umstandsbestimmungen als Nomina verwendet werden (*vor dem Kochen*). Der Infinitiv als erläuternde Umstandsbestimmung zum Verb ist nicht mit dem Infinitiv als Attribut zu einem Substantiv zu verwechseln (vgl. 2.5.0.8).

| 2.7-25 | *Para acelerar* tu carrera empiezas *realizando* un curso de postgrado. (01a:15) | vor einer gelben Ampel kräftig [zu] beschleunigen, *um* noch über die Kreuzung *zu kommen* (02c:8f.) |
| 2.7-26 | *Al aparecer Augusto* en la puerta de su casa, extendió el brazo derecho. (18c:1) | Hülsenfrüchte müssen *vor dem Kochen* einige Zeit quellen. (13f:1) |

| 2.7-27 | La conquista del Imperio fue realizada por Pizarro *aprovechando* las luchas internas... (16a:27f.) | Pizarro machte sich die internen Streitigkeiten ... zunutze *und eroberte* das Inkareich. (CN) |

Die deutschen Präsenspartizipien in Bsp. 2.7-28 und 2.7-29 sind als Adverbien lexikalisiert, aber an Sätzen wie *sie sagte lächelnd* ist zu erkennen, dass adverbial gebrauchte Präsenspartizipien auch prädikativ interpretiert werden können. Ähnlich wäre der Gebrauch in einer strukturanalogen, im Deutschen eher geschraubt klingenden Übersetzung von Bsp. 2.7-27: *Die internen Streitigkeiten ausnutzend, eroberte Pizarrro...*

| 2.7-28 | *Anschließend* trockenreiben. (10b:58) |
| 2.7-29 | Connect Partner werden *umfassend* geschult. (12e:14f.) |

Der attributive Gebrauch des spanischen Gerundiums gilt dagegen in der Regel als nicht normgerecht, z.B. in der Formulierung *lleva incorporado el sistema ECO-PLUS contribuyendo a reducir la cantidad de detergente* (12b:18). Das Gerundium *contribuyendo* (Handlungsverb!) kann nicht als modale oder instrumentale Bestimmung zu *lleva incorporado* (Zustandsbeschreibung), sondern nur als erläuterndes Attribut zu *sistema ECO-PLUS* interpretiert werden: *el sistema ECO-PLUS, que contribuye a reducir la cantidad de detergente.*

Das mit dem Hauptsatz durch ein gemeinsames Subjekt verbundene Partizip Perfekt (*participium conjunctum*) existiert in beiden Sprachsystemen, gilt jedoch im heutigen Deutsch als steif und geschraubt (vgl. die strukturanalogen Übersetzungen von Bsp. 2.7-30 und 2.7-31). Im Spanischen ist diese Konstruktion relativ häufig, besonders in beschreibenden Texten.

| 2.7-30 | *Adosadas a la Meseta*, se distinguen tres cuencas terciarias. (04b:27f.) | *Angelehnt an die Meseta finden sich drei tertiäre Beckenlandschaften... (besser: an die Meseta schließen sich ... an, CN) |
| 2.7-31 | *Separados del resto de Europa por los Pirineos*, el aislamiento entre las distintas regiones españolas fue grande hasta la aparición ...(04b:36) | *Vom übrigen Europa durch die Pyrenäen getrennt, bestand Spanien auch im Innern aus einzelnen, kaum miteinander verbundenen Regionen, bis... (CN) |

Bei Bsp. 2.7-31/de ist der Bezug des verbundenen Partizips unklar. Die Konstruktion ist nicht korrekt, denn auch hier müssten Partizip und Hauptsatz das selbe Subjekt haben.

Im Spanischen gibt es auch das absolute Partizip (*participium absolutum*) mit eigenem Subjekt. Es ist im Korpus einmal belegt, und zwar in einem Kochrezept (→ Bsp. 2.7-57).

2.7.0.7 Adverbialer Nebensatz

Als adverbiale Nebensätze kommen bei der Erläuterung Temporalsätze (Bsp. 2.7-32/es), Modalsätze (*indem, dadurch dass*, auch Bsp. 2.7-32/de), Konzessivsätze (Bsp. 2.7-33) und Kausalsätze (Bsp. 2.7-34) in Frage.

2.7-32	La resolución de determinados problemas empieza a obtener éxitos notables *cuando se da con el método apropiado para ello*. (05a:13ff.)	Der Kaufvertrag wird wirksam, *wenn die Verkäuferin dieses schriftlich bestätigt*. (06c:1ff.)
2.7-33	La luz visible está constituida por radiaciones electromagnéticas, *aunque en realidad ocupa un intervalo muy pequeño* ... (04a:11ff.)	Der Versicherer bietet Versicherungsschutz für ... Verlegungsflüge, *auch wenn diese nicht im Zusammenhang mit einer Reise stehen*. (06e:4-16)
2.7-34	El PNB es bruto *porque incluye la inversión para la reposición (amortización)*. (04c:10f.)	Und *weil die Leute von Volkswagen sehr viel Verständnis hatten*, schenkten sie ihm... (12d:2ff.)

Im Folgenden betrachten wir die Verteilung der Erläuterungsformen auf die verschiedenen Erläuterungsfunktionen.

2.7.1 Qualitative Erläuterung

Zur Erläuterung von zusätzlichen Merkmalen eines Referens dienen der explikative Relativsatz, die Apposition (vor- oder nachgestellt, auch mit explikativem *de* bzw. Genitivus explicativus), Aufzählungen sowie das verbundene Partizip Perfekt (Bsp. 2.7-30, 2.7-31).

2.7-35	la Sala Capitular, *donde se venera la imagen del Sant Crist de Lepant*. (09b:13)	in der mitgelieferten Box, *die auch auf Reisen sehr praktisch ist*. (10b:63)

| 2.7-36 | Serguéyev, *que se reunió con las autoridades de Daguestán.* (07a:12f.) | Neubert (1965), *der acht Regeln ... aufstellt.* (04e:34f.) |

Die Beispiele 2.7-35 und 2.7-36 zeigen, dass das Referens des explikativen Relativsatzes bereits eindeutig determiniert ist. Alle Relativsätze könnten in selbstständige Hauptsätze umgewandelt werden.

2.7-37	el *dios* Sol (14a:34)	der *Sonnengott* Inti (16b:14)
2.7-38	micras *(milésimas de milímetro)* (04a:22f.)	der vereinbarte Zeitpunkt *(Versicherungsbeginn)* (06e:34f.)
2.7-39	utilizan una nomenclatura poco ambigua – e. g. sinclinal, estrato, velocidad... – (05a:35)	Entzündungszustände der Schleimhäute im Nasen-Rachenraum (z.B. Schnupfen) (03b:14)

Tabelle 2.7/3 zeigt die Verteilung der verschiedenen Formen qualitativer Erläuterung in den Korpustexten.

Form	Spanisch		Deutsch	
Explikativer Relativsatz: *Neubert, der 8 Regeln aufstellt* (04e:34)	30	41,7 %	23	27,7 %
Nachgetragene Erläuterung als Apposition: *Majachkalá, la capital de Daguestán* (07a:5)	14	19,4 %	14	16,9 %
Vorangestellte Erläuterung als Apposition: *el inca Huayna Cápac* (16a:28f.)	3	4,2 %	24	28,9 %
Vorangestellte Erläuterung mit Referens als Apposition: *el presidente, Borís Yeltsin* (07a:8)	4	5,5 %	5	6,0 %
Erläuterung mit explikativem *de* bzw. explikativem Genitiv[33]: *la Universidad de Deusto* (01a:5)	11	15,3 %	1	1,2 %
Erläuterung mit *como* bzw. *als*: *als Designhaus entwickeln wir ...* (01e:7)	1	1,4 %	5	6,0 %
Verbundenes Partizip: *adosadas a la Meseta...*	2	2,8 %	0	0,0 %
Erläuternde Aufzählung (z.B., *por ejemplo*)	7	9,7 %	11	13,3 %
zusammen	72	1 %	83	1 %

Tabelle 2.7/3: Nominale Erläuterungen im Spanischen und Deutschen

---

[33] Hier sind die fünf hispanisierten Appositionen mit *von* aus Text 17b nicht mitgezählt, da sie nicht der Norm entsprechen.

Der Unterschied zwischen spanischen und deutschen qualitativen Erläuterungen ist besonders bei den Appositionen gut zu erkennen: Im Deutschen ist die vorangestellte Apposition die bevorzugte Form der Erläuterung, im Spanischen die nachgestellte. Von den fünf Fällen im deutschen Korpus, in denen das Referens als Apposition nachgestellt ist, können zumindest zwei als normabweichend betrachtet werden: *das Dorf an seinem Fuß, Potosí* (14b:31) und *an der Spitze eines Sonnenkultes, der Staatsreligion* (16b:14). Die drei anderen sind nach dem Muster Amtsbezeichnung + Eigenname gebildet, wobei der Eigenname durch ein Attribut erweitert ist und daher durch ein Komma abgetrennt werden muss (z.B. *der Leibarzt des Königs, der berühmte Doktor Kommsogleich*, 15d:16). Diese Sonderfälle schränken die oben angeführte Aussage zu den Formulierungspräferenzen nicht wesentlich ein.

2.7.2 Modale Erläuterung

2.7.2.0 Formen der modalen Erläuterung

Die modalen Erläuterungen in den Korpustexten beziehen sich vor allem auf folgende Aspekte der Handlung: Art und Weise des Vollzugs (Frage: „wie?"), Handlungsinstrument oder -werkzeug (Frage: „womit?" oder „wodurch?") und nähere Begleiterscheinungen (Frage: „wobei?" oder „unter welchen Bedingungen?").

2.7.2.1 Art und Weise des Vollzugs

Bei den Angaben zur Art und Weise eines Handlungsvollzugs stellen wir im Spanischen eine große Zahl von abgeleiteten Adverbien auf -mente fest, denen im Deutschen meist adverbial gebrauchte Adjektive gegenüber stehen. Viele von ihnen sind jedoch aus expressiven Adjektiven abgeleitet und werden daher zur „Bewertung" gezählt. Daneben ist ebenfalls eine beträchtliche Anzahl von präpositionalen Umstandsbestimmungen zu verzeichnen, im Wesentlichen mit den Präpositionen *con* (mit Adjektiv- oder Verbalabstraktum) und – besonders in festen idiomatischen Fügungen – *a* sowie Konstruktionen mit *de modo / de manera* + Adjektiv.

2.7-40	Rehogue en aceite *a fuego suave*. (13b:4f.)	Sie werden *bei starker Hitze* zum Kochen gebracht. (13f:11f.)
2.7-41	Las intervenciones realizadas *a título de garantía* no tienen por efecto prolongarla. (11a:20)	Im Garantiefall beseitigt Stratic derartige Mängel *auf eigene Kosten*. (11c:13f.)
2.7-42	EGARONE deberá ser usado *con precaución*. (03a:29)	Die Wirkung klingt *langsam* ab. (03b:40)
2.7-43	El arrendatario *conducirá* el vehículo *respetando* la Ley de Tráfico y Seguridad Vial así como *observando* las siguientes normas expresamente pactadas. (06a:12ff.)	Der Kunde verpflichtet sich, *bei der Nutzung des Fahrzeugs* die Straßenverkehrsordnung sowie die nachfolgend vereinbarten Richtlinien zu *beachten*. (CN)
2.7-44	El PNN *se obtiene* a partir del PNB, *deduciendo* de él el capital consumido durante el año. (04c:27ff.)	Der Kaufvertrag *wird wirksam*, wenn die Verkäuferin dieses *schriftlich bestätigt*. (06c:1)

In den spanischen Texten finden wir eine Reihe von Gerundien zur Erläuterung des Vollzugs der im Hauptverb benannten Handlung. Im Deutschen werden solche modalen Nebenhandlungen in der Regel in adverbialen Nebensätzen oder präpositionalen Umstandsbestimmungen ausgedrückt, wobei die Klassifizierung als Haupt- oder Erläuterungshandlung offenbar unterschiedlich sein kann (Bsp. 2.7-43).

2.7.2.2   Handlungsinstrument

Das Handlungsinstrument wird, zumindest in den Korpustexten, im Spanischen nicht mit Adverbien auf –*mente* ausgedrückt. Es finden sich überwiegend Umstandsbestimmungen mit Präpositionen, im Spanischen vor allem *con*, *por*, *mediante*, im Deutschen *mit*, *durch*, *über*.

2.7-45	La verja [estaba] *cerrada con llave*. (18a:10)	Das Gitter war *verschlossen*. (18b:11, Ü)
2.7-46	Se paga por sí mismo *por lo mucho que ahorra*. (12b:16)	Die Gleichwertigkeit ist nicht *durch wörtliche Übersetzungen* erzielbar. (04e:16)
2.7-47	Sírvanse cumplimentar el pedido *a través de una agencia de transportes*. (19a:23f.)	Zusatzprogramme werden nur *über ebenfalls voll lizensierte Veranstalter* eingebucht. (06d:30f.)

| 2.7-48 | Los indios pagaban sus tributos *mediante la prestación de trabajos.* (16a:12) | *Durch den gefäßverengenden Effekt* kommt es zu einer leichteren Atmung. (03b:39) |

Achtung! Ergänzungen mit *con* werden einerseits zur modalen Erläuterung gebraucht (Bsp. 2.7-49), andererseits auch zur Beschreibung von Merkmalen (Bsp. 2.7-50, hier am Komma erkennbar).

| 2.7-49 | Hay que acercarse a la región *con la retina limpia de prejuicios.* (17a:25) | Wenn man Lateinamerika verstehen will, *braucht man* einen vorurteilsfreien Blick. (CN) |
| 2.7-50 | Se volvió, *con la sonrisa fofa, con sus mandíbulas grandes...* (18a:21f.) | Sie wandte sich um *mit ihrem schwammigen Lächeln, ihren breiten Kinnladen...* (18b:23ff.,Ü) |

Auch zur Erläuterung des Handlungsinstruments finden wir im Spanischen häufig das Gerundium, das im Deutschen oft mit einer präpositionalen Ergänzung wiedergegeben werden kann (Bsp. 2.7-51: *durch weitere Experimente*). Ein Modalsatz mit *indem* oder *dadurch dass* ist nur möglich, wenn die im Gerundium stehende Handlung wirklich ein Instrument zum Vollzug der Haupthandlung bezeichnet (in Bsp. 2.7-51 ist es möglich, in Bsp. 2.7-52 nicht).

2.7-51	Los biólogos y los físicos piensan resolver las discrepancias *acumulando más pruebas.* (05c:28f.)	Biologen und Physiker erwarten, dass *weitere Experimente die Meinungsverschiedenheiten klären werden.* (05c:30f., Ü)
2.7-52	Abrió el paraguas, por fin, y se quedó un momento suspenso y *pensando*: «Y ahora, ¿hacia donde voy?» (18c:16)	Er blieb einen Moment stehen, *indem er überlegte*: »Was nun? Wohin soll ich jetzt gehen?« 18d:17f., Ü)
2.7-53	*Con sólo presionar un botón,* el cable se recoge automáticamente. (10a:7)	Sie können *per Mausklick* einkaufen. (01d:2)

In Bsp. 2.7-53/es ist die Konstruktion nicht korrekt, weil Hauptsatz und Infinitivkonstruktion nicht dasselbe grammatische Subjekt haben.

2.7.2.3   Begleiterscheinungen des Geschehens

Als Begleiterscheinungen bezeichnen wir Sachverhalte, die den Handlungsvollzug eher indirekt erläutern, z.B. die Kopfhaltung beim Einträufeln der Nasentropfen oder die Beteiligung mehrerer Partner an einer Handlung. Für diese Funktion finden wir im Spanischen das Adverb auf *-mente* und die Präposition *con*, im Deutschen die Präpositionen *mit* und *bei* sowie Adverbien wie *gemeinsam, zusammen* und ähnliche.

2.7-54	El curso ha sido diseñado *conjuntamente* por PricewaterhouseCoopers y la Universidad de Deusto. (01a:17)	Wir bauen künftig *gemeinsam* am Global Village. (01c:16f.)
2.7-55	Cocer *con la tapa puesta.* (13a:14)	Wasserkocher nur *unter Aufsicht* und *bei geschlossenem Deckel* betreiben. (10d:6)
2.7-56	*Bei zurückgebeugtem Kopf* in jedes Nasenloch träufeln. (03b:31)	

Bsp. 2.7-57/es zeigt ein absolutes Partizip mit nachgestelltem eigenem Subjekt (*la olla*).

2.7-57	Dejar cocer *destapada la olla* unos minutos. (13c:12f.)	Noch einige Minuten *bei geöffnetem Deckel* weiterkochen lassen. (CN)

Soweit die präpositionalen Umstandsbestimmungen und die Adverbien im Spanischen und Deutschen ähnlich verwendet werden, verursachen sie kaum Übersetzungsprobleme. Die Gerundialkonstruktionen dagegen sollten vor dem Übersetzen stets auf ihre Funktion hin untersucht werden.

2.7.3 Lokale Erläuterung

Angaben zur örtlichen Befindlichkeit hatten wir bereits im Zusammenhang mit dem Beschreiben behandelt. Hier sind einige zusätzliche Bemerkungen zur lokalen Erläuterung von Geschehnissen anzufügen.

2.7.3.0 Formen der lokalen Erläuterung

Lokale Erläuterungen zu Geschehnissen können sich auf den Ort der Realisierung beziehen (Frage: „wo?") sowie auf den Ort, von dem her oder auf den hin sich ein Geschehen richtet (Fragen: „woher?", „wohin?"). Zur lokalen Erläuterung dienen Adverbien auf *-mente*, präpositionale Umstandsbestimmungen mit Präpositionen der Ortsangabe sowie explikative Relativsätze, die mit *donde* bzw. *wo* eingeleitet sind.

2.7.3.1 Ort des Geschehens

Zur Angabe eines bestimmten Geschehensortes finden wir im Spanischen die Präpositionen *a* und *en* sowie präpositionale Ausdrücke wie *junto a, detrás de, delante de, debajo de, encima de*. Im Deutschen haben wir entsprechende Präpositionen (*an, auf, hinter, über, unter, vor, zwischen*), die zur Angabe des Ortes mit dem Dativ gebraucht werden.

2.7-58	Las playas son conocidas *internacionalmente* por su calidad. (09a:22)	Sie können E-Mails senden – sogar *weltweit* von jedem PC mit Internetzugang. (12c:22ff.)
2.7-59	...acelerar tu carrera *en una firma consultora líder.* (01a:23f.)	Die Theorie erlernen Sie *an der Berufsakademie in Ravensburg.* (01f:13f.)
2.7-60	Vías de tren y almacenes se edificaron *frente a la playa.* (09b:36f.)	Die vorkolumb. Kulturen Südamerikas entstanden *auf der W-Seite des Kontinents.* (16c:1f.)
2.7-61	Las lentejas se cuecen *en agua fría.* (13d:12f.)	Das Fleisch *in kaltem Wasser* ansetzen. (13e:5)

Die eigentliche Präposition des Ortes, die statisch auf die Frage „wo?" antwortet, ist *en*, während *a* von der Grundbedeutung her auf die Richtung verweist (vgl. 2.6.1.5). Allerdings gibt es eine Reihe von formelhaften Ortsangaben mit der Präposition *a*, die auf die Frage „wo?" antworten (*a la derecha / izquierda, tener a mano, a la puerta, al Norte, a una distancia de...*).

2.7-62	Una hermosa tierra le espera *a orillas del Mediterráneo.* (09a:1)	Niemals *am Netzkabel* ziehen. (10b:18f.)

Ist dagegen der Ort nicht genau, sondern nur ungefähr angegeben, so verwendet man in der Regel die Präposition *por*.

2.7-63	Los bucles se desparramaban *por la nuca.* (15a:10f.)	Unsere Lösungen sind *auf allen Kontinenten* im Einsatz. (01f:24)
2.7-64	Los habitantes ven apuntar el alba *por detrás de los cerros sagrados.* (14a:24f.)	Wickeln Sie das Netzkabel nicht *um das Gerät.* (10b:34)
2.7-65	*Donde las vemos* ya no están [las estrellas]. (04a:35)	*Wo der Fortschritt am schnellsten ist*, wird das Unmögliche zum Normalen. (01c:4f.)

Eine Ortsangabe kann auch durch einen Relativsatz ausgedrückt werden, der eine adverbiale Bestimmung ersetzt.

2.7.3.2 Richtung

Die Erläuterung der Handlungsrichtung kommt besonders da vor, wo es um Verben geht, die eine Bewegung auf einen Ort hin oder von einem Ort her implizieren. Im Deutschen sind für das Wohin üblicherweise Präpositionen mit dem Akkusativ der Richtung (*in, auf, über, bis*), bei adverbialen Ortsangaben oder Ortsnamen *nach*, zu verwenden, für das Woher Präpositionen wie *aus* oder *von* mit dem Dativ. Im Spanischen ist die Präposition des Wohin, wie bereits erwähnt, *a* bzw. wenn es um die Fokussierung des Ziels geht, *hasta*.

2.7-66	»¿Tiro *a la derecha* o *a la izquierda?*« (18c:17)	„*Nach rechts* oder lieber *nach links*?" (18d:19, Ü)
2.7-67	Las últimas imágenes que han llegado *desde la zona.* (07a:18)	Zeugnisse der Textilkunst sind *aus den Trockengebieten Perus* erhalten. (16c:11f.)
2.7-68	Calcula en un instante la ruta a seguir para llegar *a donde tienes que ir.* (12a:5f.)	Sie beschleunigen, um noch *über die Kreuzung* zu kommen. (02c:9)
2.7-69	El ahorro anual puede llegar *hasta* 10.000 Pts./año. (12b:14f.)	Hierbei reizen wir die Technologien und Tools *bis an ihre Grenzen* aus. (01e:9f.)

Hier ist bei manchen Verben ein interessanter Unterschied in der Sichtweise festzustellen. So wird *llegar* als Bewegungsverb in Richtung auf den Ort des Ankommens aufgefasst und mit der Richtungspräposition *a* kombiniert, während wir im Deutschen durch den Dativ den Ort des Handlungsvollzugs angeben. Der umgekehrte Fall liegt bei *entrar / hineingehen* vor: *entrar en* (Ort des Handlungsvollzugs) vs. *hineingehen in* + Akkusativ (Richtung des Handlungsvollzugs), ebenso bei *poner en la olla – in den Topf geben* und einigen anderen ähnlichen Verben wie zum Beispiel *penetrar*.

2.7-70	El ministro ruso de Defensa *llega a* Daguestán. (07a:1)	Sergejew *nach Dagestan* gereist. (07b:1)
2.7-71	Imprime tu ruta *en papel.* (12a:11)	Tauchen Sie das Gerät nicht *ins Wasser.* (10b:20)

2.7-72	Y se detuvo a la puerta de una casa *donde había entrado* la garrida moza. (18c:24)	Einfach die 2 Hebelarme *nach hinten* drehen und die Reinigungsplatte *auf die Lochfläche* drücken. (10c:16f.)
2.7-73	Más del 50 por ciento de la extensión total (del Titicaca) *penetra en* territorio peruano. (14a:32f.)	Die Inka *dehnten* ihre Herrschaft über das Andenland *aus* und *drangen* bis zum mittleren Ekuador *vor*. (17b:12f.)

Im Zusammenhang mit dem Aspekt der Richtungsangabe ist hier noch kurz auf die Verben hinzuweisen, die eine bestimmte Richtung in Bezug auf den Sprecher implizieren, im Deutschen oft durch Partikeln wie *her-* oder *hin-* angezeigt (*herkommen, hingehen, herbringen, hinbringen*). Im Spanischen gehören dazu die Verben *ir* und *venir*, aber auch *llevar* (vom Sprecher weg) und *traer* (zum Sprecher hin). Hier sind oft kulturspezifische Unterschiede zu beachten: Wenn man gerufen wird, sagt man im Deutschen *Ich komme gleich!* (weil man sich an den Ort des Rufenden versetzt), im Spanischen dagegen ¡*Ya voy!*; eine Pizza, die man nicht im Restaurant verspeisen will, ist bei uns eine *Pizza zum Mitnehmen* (also nach Hause), in Spanien eine *pizza para llevar* (also aus dem Restaurant weg). Dementsprechend bitten wir jemanden auf Deutsch, uns im Auto *mitzunehmen*, den wir auf Spanisch fragen würden: ¿*Me llevas en tu coche?*

2.7.4 Temporale Erläuterung

2.7.4.0 Formen der temporalen Erläuterung

Die Temporalität von Geschehnissen betrifft zum einen ihre Zuordnung zu einem Zeitraum oder Zeitpunkt und zum anderen die zeitliche Zuordnung von Geschehnissen zueinander. In diesem letzteren Bereich unterscheiden wir zwischen Geschehnissen, die gleichzeitig erfolgen, und Geschehnissen, bei denen eines auf das andere folgt.

2.7.4.1 Zeitpunkt / Zeitraum

Für die Erläuterung des Zeitpunkts, zu dem ein Geschehen stattfindet, werden eine Reihe von Adverbien auf *–mente* verwendet. Im Korpus sind folgende belegt: *actualmente* („derzeit, gegenwärtig"), *inicialmente* („anfangs, zuerst"), *anteriormente* („vorher, zuvor"), *cotidianamente*

(„täglich, jeden Tag"), *anticipadamente* („vorzeitig, im Voraus"), *inme-diatamente* („unverzüglich, sofort"), *posteriormente* („danach, später"). Da diese Adverbien beim Übersetzen in der Regel keine Schwierigkeiten machen, wollen wir nicht im Einzelnen auf sie eingehen. Einige (*anteriormente, posteriormente, anticipadamente*) nehmen jeweils auf einen anderen im Kontext angegebenen Zeitpunkt Bezug.

Bei den Zeitpunktangaben ist *a* die häufigste Präposition, so etwa bei der Angabe der Uhrzeit (*a las dos* – *um zwei*), aber auch wenn der Zeitpunkt durch ein Ereignis oder durch eine andere Handlung markiert wird.

2.7-74	Sólo sé que *al alba*, me desperté. (18a:3f.)	Ich weiß nur, daß ich *im Morgengrauen* erwachte. (18b:4f., Ü)
2.7-75	Llegaron *al atardecer*. (15b:23)	*Gegen Abend* kamen sie an. (15c:22, Ü)
2.7-76	Las lentejas se cuecen en agua fría, salándolas *al final de cocción*. (13d:13)	Hülsenfrüchte erst *nach dem Garen* salzen. (13f:21)
2.7-77	Dosis superiores a las prescritas pueden ocasionar sensación de quemazón local *al momento de aplicarlas*. (03a:26ff.)	Der Kaufpreis ist spätestens *bei Lieferung* an unser Auslieferungspersonal zu zahlen. (06c:25ff.)
2.7-78	[Se aplican] Una o dos pulverizaciones de EGARONE *de 2 a 4 veces al día*. (03a:16f.)	*Einmal oder mehrmals täglich* 2-3 Tropfen in jedes Nasenloch träufeln. (03b:29f.)
2.7-79	Ragú *al minuto* (13c:0)	*Minuten*-Ragout (CN)

Bei den oben genannten Beispielen spielt der (zeitliche) Standpunkt des Sprechers keine Rolle. Zeitangaben können jedoch auch vom Sprecherstandpunkt aus, also deiktisch, gesehen werden.

2.7-80	Pues nos llega ahora la luz que emitieron quizás *hace varios años terrestres*. (04a:35f.)	Wir nehmen erst jetzt das Licht wahr, das sie [die Sterne] vielleicht *vor mehreren Jahren* abgegeben haben. (CN)
2.7-81	Los mozos y mozas de los que no se sabía mucho porque se habían ido a la capital ... *ya hacía tiempo* se habían convertido en los presuntos padres y madres ... (15a:37ff.)	

Dann kommt es darauf an, ob es um einen Zeitpunkt gleichzeitig zu diesem (*ahora, actualmente, jetzt*) oder vorzeitig zu diesem geht (Bsp.

2.7-80) oder ob ein Zeitraum gemeint ist. Dieser hat einen Beginn und ein Ende und dazwischen eine Zeitspanne. Je nach dem, welcher Aspekt für die Kommunikation relevant ist, werden unterschiedliche Präpositionen gebraucht. Das gilt jedoch für beide Sprachen und ist daher stilistisch nicht besonders interessant. Die folgenden Textstellen zeigen daher nur ein paar Beispiele für den Beginn des Geschehenszeitraums vor- bzw. gleichzeitig zur Kommunikationssituation (Bsp. 2.7-82), unabhängig von der Kommunikationssituation (Bsp. 2.7-83) und mit irrelevantem Endpunkt sowie einem Blick auf das Ende des Zeitraums (Bsp. 2.7-84).

2.7-82	Desde la antigüedad el hombre ha intentado descubrir su constitución. (04a:4f.)	Magdeburg [ist] seit altersher eine Metropole. (09c:31)
2.7-83	La física adquirió un espectacular desarrollo a partir del momento —siglos XVI y XVII— en que... (05a:15f.)	Mit dem Beginn des Feldbaus (seit etwa 4000 v. Chr.) setzte die Entwicklung ein, die... (16c:5f.)
2.7-84	Al inca Manco Cápac siguieron doce soberanos hasta 1532. (16a:8)	Die Spanier brauchten nicht lange, bis sie eine Stelle entdeckten... (14b:15f.)
2.7-85	El aislamiento fue grande hasta la aparición de los modernos medios de transporte. (04b:37f.)	Sie sollen den Aufstand innerhalb kürzester Zeit niederschlagen. (07b:20)

Wenn das Ende des Zeitraums durch ein neues Geschehen markiert ist, kann es außer durch hasta + Verbalsubstantiv (Bsp. 2.7-85) durch einen Temporalsatz mit der Konjunktion bis bzw. hasta que bzw. im Spanischen auch durch einen mit hasta eingeleiteten Infinitiv (mit gleichem Subjekt wie der Hauptsatz) erläutert werden.

2.7-86	Durante décadas, ésta había permanecido recluída tras un sinfín de fábricas... (09b:35)	Sie hatten der Partei jahrzehntelang treu gedient (Leonhard, vgl. Duden 1993)
2.7-87	MaFran muebles, s.l. garantiza al titular de la garantía, durante el período de vigencia de la misma, la reparación. (11b:1f.)	Innerhalb der Garantiezeit (ab Kaufdatum) werden alle Mängel kostenlos beseitigt. (11d:4)
2.7-88	Poner el vino a cocer con el azúcar, el agua, los clavos y la canela o vainilla durante cinco minutos. (13a:7f.)	Ca. 1 Stunde kochen lassen. Kartoffeln in die Brühe geben und 10 Minuten mitkochen. (13e:5-7)

| 2.7-89 | Tanto el concentrador como el difusor se calientan *durante su uso.* (10a:27f.) | Sie zahlen nur *während der tatsächlichen Nutzung.* (12c:17) |

Für den Vergleich besonders interessant ist *durante*. Im zweisprachigen Wörterbuch ist als Äquivalent ausschließlich *während* angegeben (vgl. Langenscheidt 1975). Die Korpusbeispiele zeigen dagegen, dass *während* nur bei Erläuterung der Zeitspanne durch ein in dieser stattfindendes Geschehen verwendet wird (*während der Nutzung, während der Ausbildungszeit*). Bei präzisen Zeitspannenangaben (Jahre, Tage, Stunden, Minuten etc.) steht entweder *in*, wenn die Begrenzung der Zeitspanne wichtig ist, oder gar keine Präposition (Bsp. 2.7-88), manchmal mit *lang* (Bsp. 2.7-86), wenn ihre Länge im Vordergrund steht, oder *innerhalb* (Bsp. 2.7-87) bzw. *binnen*, wenn die Notwendigkeit der Fristeinhaltung betont wird, wie in der Zeitungsschlagzeile: *Barak stellt Arafat ein Ultimatum. Premier fordert Annahme des Friedensplans binnen zwei Wochen.* (Süddt. Zeitung, 2.1.01)

2.7.4.2   Gleichzeitigkeit

Wenn der Zeitpunkt eines Geschehens durch den Vollzug eines anderen markiert ist, kann dieses durch *al* + *Infinitiv* ausgedrückt werden. Dabei ist völlige Gleichzeitigkeit im Sinne einer Parallelität der Geschehnisse nur gegeben, wenn beide Handlungen eindeutig imperfektiv (hier: durativ) dargestellt sind (→ Bsp. 2.7-98ff.). Wenn eine der beiden Handlungen durch *al* + *Infinitiv* ausgedrückt wird, ist sie gegenüber der anderen immer vorzeitig, auch wenn diese Vorzeitigkeit nur gering oder kaum merklich ist. Ähnlich in Bsp. 2.7-90: Zwar sind *avistar* und *encontrarse* potentiell imperfektiv (z.B. *nos encontrábamos frente a...*), durch die Konstruktion mit *al*, das ja einen Zeitpunkt anzeigt, erhalten sie aber einen inchoativen Aspekt: die Besucher werden der Berge ansichtig, und diesem Ansichtigwerden folgt die ebenfalls perfektive Einsicht (*supimos*) auf dem Fuße. In Bsp. 2.7-91 ist es ganz klar: Zuerst fordert die Firma die Rückgabe des Autos, dann wird es zurückgegeben.

| 2.7-90 | *Al avistar la Isla del Sol y encontramos frente a las cimas nevadas del Illampu...*, supimos con certeza que habíamos encontrado el lugar adecuado. (14a:20ff.) | Der dicke Koch Wackelbauch war gerade am Teigrühren, *als König Schlotterich nach ihm rief.* (15d:30f.) |
| 2.7-91 | El coche debe ser devuelto *al ser requerido por ITAL-INTER-RENT.* (06a:6) | *Wenn der Abend schließlich mit einem Spaziergang ausklingt,* entwickelt sich der Stier zu... (09d:37) |

Das gleiche zeitliche Verhältnis zwischen zwei Handlungen kann natürlich im Spanischen wie im Deutschen durch eine Kombination aus einem Hauptsatz und einem adverbialen Nebensatz erläutert werden.

| 2.7-92 | La resolución de determinados problemas empieza a obtener éxitos notables *cuando se da con el método apropiado.* (05a:14f.) | Und manchmal, *wenn Roberto Glück hat,* findet er einige Krumen Zinn. (14b:4) |
| 2.7-93 | Los criollos Latinoamericanos adoptaron fórmulas institucionales democráticas, *cuando en puridad la realidad social andaba inserta en grupos herméticamente cerrados.* (17a:34ff.) | Die Expansion der Inka begann, *als rivalisierende Aimara-Stämme den Herrscher von Cuzco um Hilfe und Unterstützung baten.* (17b:8f.) |

Für die Übersetzung Spanisch-Deutsch ist das kein Problem, da im Deutschen ohnehin nur der adverbiale Nebensatz (alternativ gegebenenfalls eine adverbiale oder präpositionale Struktur) zur Verfügung steht. In der umgekehrten Richtung sollte man jedoch daran denken, dass beispielsweise in unserem Korpus die Zahl der temporalen Infinitivkonstruktionen insgesamt höher ist als die der temporalen Nebensätze mit *cuando*. Eine weitere Möglichkeit ist die Verwendung adverbialer Ausdrücke vom Typ *al [mismo] tiempo* – *gleichzeitig, zugleich*, wobei *al mismo tiempo* + *que* ebenfalls einen Temporalsatz der Gleichzeitigkeit einleiten kann.

| 2.7-94 | El latinoamericano y su fabuloso y atrayente medio son humanos, sensibles, ternes y broncos *al tiempo.* (17a:16f.) | Knoblauch in der kleinen Kammer und *gleichzeitig* Zwiebelwürfel in der großen Kammer pressen. (10c:10f.) |
| 2.7-95 | Hazte experto en E-Business con titulación oficial, *al mismo tiempo que empiezas a trabajar con nosotros.* (01a:20ff.) | |

2.7-96	*Mientras tanto*, los militares continuaron bombardeando las posiciones de los integristas. (07a:16)	Die Kämpfe zwischen den russischen Truppen und den muslimischen Rebellen gingen *unterdessen* weiter. (07b:22f.)

Schließlich können auch die finiten Verben nebengeordneter Hauptsätze in einem Verhältnis der Gleichzeitigkeit stehen. Im Deutschen wird die Gleichzeitigkeit in diesem Fall durch *dabei* angezeigt. In den spanischen Korpustexten stellen wir fest, dass solche zeitlichen Verhältnisse entweder durch Hauptsatz + temporalen Nebensatz im Imperfekt oder aber häufig mit dem Gerundium ausgedrückt werden.

2.7-97	Don Bepo guardó su traje de trabajo en un baúl, *suspirando con un poco de pena*. (15b:23f.)	Waschen Sie die Hülsenfrüchte und *lesen dabei kleine Steinchen... aus*. (13f:6)
2.7-98	*Cuando miraban a la gente*, [sus ojos] se fijaban de un modo extraño. (15a:14)	Er schlotterte am ganzen Körper, und *seine goldene Krone rutschte ihm dabei immer hin und her*. (15d:9f.)

Der Unterschied zum modalen Gerundium liegt darin, dass hier die im Gerundium ausgedrückte Handlung gegenüber der Haupthandlung selbstständiger ist. Jedoch kann man die beiden Handlungen nicht einfach vertauschen (z.B. **suspiró guardando su traje*). Daran zeigt sich, dass sie nicht das gleiche informative Gewicht haben. Dies kann damit zusammen hängen, welche der beiden Handlungen länger dauert und mehr Aufwand erfordert (*Anzug verstauen* vs. *seufzen*), und gilt für die deutschen Parallelbeispiele in gleicher Weise.

2.7.4.3 Vor- bzw. Nachzeitigkeit

Wenn zwei Geschehnisse auf einander folgen, ist das erste in Bezug auf das zweite vorzeitig und das zweite in Bezug auf das erste nachzeitig. In welcher Reihenfolge die Geschehnisse im Text dargestellt werden, hängt von der kommunikativen Intention des Verfassers, der von ihm gewählten Thema-Rhema-Folge und ein wenig auch von den Textsortenkonventionen ab (vgl. die Konventionen der chronologischen Abfolge in Anleitungstexten, → 2.6.4).

Wir betrachten hier wieder vor allem die übersetzungsrelevanten Unterschiede zwischen den Erläuterungsformen im Spanischen

und Deutschen. Ursprüngliche Adverbien wie *antes* („vorher, früher",
im übertragen Sinne auch „eher", vgl. Bsp. 2.7-99) oder *después*
(„nachher, später") sind unproblematisch, ebenso die dazugehörigen
Präpositionen *antes de* („vor"), *después de* („nach") zur Einleitung adverbialer Umstandsbestimmungen.

2.7-99	EGARONE no irrita las muco-sas, *antes bien, las suaviza.* (03a:10)	REINIGUNG UND PFLEGE. Ziehen Sie *vorher* unbedingt den Netzstecker! (10b:56)

Das Korpus enthält zahlreiche Belege für die Infinitiv-Konstruktion mit
antes de, jedoch keine mit *después de*. Nebensätze mit *antes de que*
verweisen auf eine Antizipation und werden daher zur expressiven
Kommunikation gerechnet (→ 3.1.3.3.2).

2.7-100	Lea estas instrucciones *antes de utilizar el aparato.* (10a:15)	Bitte lesen Sie die Anleitung *vor Inbetriebnahme* sorgfältig durch. (10b:2)
2.7-101	Asegúrese que sus manos están totalmente secas *antes de conectar el aparato.* (10a:38f.)	Dazu den jeweiligen Adapter einfach auf den Stecker setzen, *bevor Sie das Gerät am Netz an-schließen.* (10b:53f.)
2.7-102	Y lo plantó en medio de la huerta *antes de irse a dormir.* (15b:34)	Er stellte Robert mitten in den Garten *und ging schlafen.* (15c:34, Ü)

Interessant ist Bsp. 2.7-102, weil eine analoge Übersetzung im Deutschen inakzeptabel wäre (höchstens: *Bevor er schlafen ging, stellte er
Robert...*). Das Beispiel weist darauf hin, dass die Infinitivkonstruktion
im Gegensatz zu dem adverbialen Nebensatz im Deutschen nicht als
untergeordnet zu betrachten ist, sondern eher den Status einer präpositionalen Umstandsbestimmung besitzt (wie in: *Vor dem Schlafen-
gehen stellte er Robert...*).

Wie wir oben bereits gesehen haben (→ 2.6.3.4, Bsp. 2.6-131),
kann im Spanischen nicht nur das Plusquamperfekt, sondern auch
das PPS Vorzeitigkeit ausdrücken, allerdings nur bei perfektiven Verben (Bsp. 2.7-103).

2.7-103	Ya muy pocos *recordaban* aquel amanecer de abril en que Miro *se despertó* en el huerto de Nicolás. (15a:31ff.)	Wenige *erinnerten sich* noch an jenen Aprilmorgen, an dem Miro in dem Garten von Nicolás *auf-gewacht war.* (CN)

| 2.7-104 | *Hemos recibido* su oferta así como las muestras de paté que *les habíamos solicitado.* (19a:11f.) | Nehmen Sie es [das Gerät] erst dann heraus [aus dem Wasser], wenn der Netzstecker *gezogen ist.* (10b:23) |

In Bsp. 2.7-104/es wäre allerdings das PPS mit dem Präsens verwechselbar, daher wird hier das Plusquamperfekt vorgezogen.

| 2.7-105 | ...se utilizan los métodos más apropiados para *posteriormente* analizar, interpretar y a veces inferir. *Por último,* la información obtenida se distribuye. (05b:29f.) | Inka: *urspr.* nur der Titel des Herrschers, *später* die Bezeichnung für alle Angehörigen des Stammes. (16b:2f.) |
| 2.7-106 | Poner el vino... *Posteriormente,* añadir ... y dejar cocer .... Incorporar ... y dejar .... Agregar...; dejar cocer ... *Por último,* agregar ... (13a:7ff.) | *Zuerst* mußte der frierende König ..., und *dann* wurde er ...; und *zwischendurch* jammerte der König immerzu: „Ich friere!" (15d:18ff.) |

Die klarere Aspektmarkierung der Tempora könnte der Grund dafür sein, dass bei chronologischen Aufzählungen im Spanischen temporale Gliederungssignale nicht so häufig sind wie im Deutschen und dass sie vor allem nicht konsequent gereiht, sondern nur ab und zu eingestreut werden (Bsp. 2.7-106).

2.7.5   Kausale Erläuterung

2.7.5.0   Formen der kausalen Erläuterung

Kausale Erläuterungen betreffen das Verhältnis von Ursache und Wirkung bzw. Folge (Fragen: „warum?", „wozu führt das?", „was folgt daraus?") sowie von den Bedingungen und Voraussetzungen für ein Geschehen (Frage: „unter welcher Voraussetzung?"). Dazu gehören auch Bedingungen, deren Existenz eingeräumt, die jedoch nicht als Entscheidungskriterium für Handlungen anerkannt werden (Frage: „trotz welcher Gegebenheiten?"). Ähnlich wie bei Vor- und Nachzeitigkeit sind Ursache und Folge, Voraussetzung und Wirkung jeweils die zwei Seiten einer Medaille, und es hängt von intentionalen und thematischen Faktoren ab, welche der beiden in einer bestimmten Situation in den Blick genommen wird. Da Textproduzenten darüber nicht immer so intensiv nachdenken wie Übersetzer, lohnt es sich, einen zu übersetzenden Text etwas genauer zu analysieren, um festzustellen, ob durch eine Veränderung der Sichtweise die Kohärenz des Zieltexts verbessert wird.

2.7.5.1 Ursache und Folge

Interessanterweise ist im Korpus die Folge eines dargestellten Sachverhalts immer nur in eigenen Sätzen erläutert, die mit konsekutiven Konnektoren (*daher, deshalb, also* etc. vgl. oben, 1.2.1.3) angeschlossen sind. Daher können wir uns hier auf die Ursachenerläuterungen konzentrieren.

2.7-107	Disfrutamos de la confianza de *... Por ese motivo* pertenecemos al Grupo español de mayor protección internacional. (01b:6)	Echtholzfurniere ... sind Naturprodukte. *Daher* kann das gekaufte Möbelstück ...vom Muster abweichen. (06c:10f.)

Im Spanischen ist die wichtigste Präposition für kausale Erläuterungen *por*. *Por* kommt nicht nur in den präpositionalen Umstandsbestimmungen vor, sondern (in Form von *porque*) auch als unterordnende Konjunktion, in Relativsatzanschlüssen (*por el/la/lo que*), zur Einleitung kausaler Infinitivkonstruktionen etc. Daneben finden wir auch *gracias a* oder *merced a* sowie *debido a*, die ebenfalls mit *que* eine kausale Konjunktion bilden und Infinitivstrukturen (oft im Perfekt, Bsp. 2.7-112) einleiten können. Dabei sind *gracias a* oder *merced a* (wie *dank*) vor allem für positiv beurteilte Ursachen verwendet werden.

2.7-108	–Eso no es ningún secreto ni nada malo, caballero. *–Por lo mismo*. (18c:33)	„Das ist kein Geheimnis und auch nicht verboten!" – „*Eben darum*." (CN, vgl. 18d:36f., Ü)
2.7-109	En rigor habría de calificarse de «RN en sentido estricto» *por el empleo a veces muy vago* que se hace de la expresión RN. (04c:35)	Versicherungsfall ist die medizinisch notwendige Heilbehandlung einer versicherten Person *wegen Krankheit oder Unfallfolgen*. (06e:19f.)
2.7-110	*Gracias a su diseño ligero y compacto* (10a:12)	*dank HP SupportPack*. (12e:23)
2.7-111	El abandono del grupo *por causas no imputables a la Organización*... (06b:16)	*Aus Sicherheitsgründen* wird das Besuchsprogramm des Ministers geheim gehalten. (07b:9f.)

| 2.7-112 | Los geómetras griegos consiguieron sus logros *merced a haber utilizado el método más apropiado.* (05a:18ff.) | *Da die Wirkung langsam abklingt...*, ist die Verträglichkeit von Otriven ...gut. (03b:40ff.) |

Auch die Präposition *de* kann eine kausale Erläuterung einleiten, und zwar zum einen, wenn es um eine im Übermaß betriebene Handlung geht (Bsp. 2.7-113) und zum anderen bei Todesursachen: *murió de la cólera*, „er starb an Cholera".

| 2.7-113 | En una ocasión, *de tanto reír*, a un señor se le escapó el peluquín. (15b:9) | Einmal flog einem Mann *vor Lachen* die Perücke vom Kopf. (15c:8, Ü) |

Bei den untergeordneten Kausalsätzen finden wir im Spanischen *porque* und *ya que*, im Deutschen *weil* und *da*, jeweils mit ungefähr gleicher Frequenz. Die Kontexte lassen keine überzeugenden Kriterien für die Wahl zwischen beiden erkennen.

2.7-114	Los dedos del difusor ayudan a crear el máximo volumen *debido a que* el aire se proyecta a través de los dedos del difusor. (10a:61f.)	Es muss wohl, *da* das Alltagsleben für die meisten in den letzten 20 Jahren anstrengender geworden ist, die zunehmende Verpöbelung sein, die... (02c:36ff.)
2.7-115	Las aguas [del Titicaca] son las lágrimas del dios Sol, derramadas *porque* unos pumas devoraron a sus hijos. (14a:34f.)	Der kleine Indianer Roberto schreit, *weil* er seinem ausländischen Zuhörer gefallen will: „Viva el gringo!" (14b:11)
2.7-116	Hay que añadir siempre agua caliente, *ya que* un cambio en la temperatura hace que se encallen... (13d:15f.)	Verwenden Sie bitte stets nur heißes Wasser, *da* sonst die Hülsenfrüchte nicht mehr weich kochen. (13f:19)

Es ist darauf zu achten, dass *porque* am Anfang eines neuen Satzes nebenordnende Funktion hat (Bsp. 2.7-117, die Paraphrase der kausalen Verknüpfung ermöglicht im Übersetzungsvorschlag die Kontrast-Fokussierung von *schreiten* und *schlendern* am Satzende) und hier mit *pues* konkurriert, das im Korpus öfter belegt ist. Da im Spanischen die Wortstellung im Nebensatz die gleiche ist wie im Hauptsatz ist der Unterschied zwischen Unter- und Nebenordnung nicht formal zu erkennen.

2.7-117	*Porque* Augusto no era un caminante, sino un paseante de la vida. (18c:17f.)	*Denn* Augusto befand sich nicht auf einer Reise, sondern auf einem Spaziergang durch das Leben. (18d:19f., Ü)
	Das kam daher, dass Augusto nicht durchs Leben schritt, sondern schlenderte. (CN)	
2.7-118	no vamos a describir las múltiples versiones expuestas durante el paso de los siglos, *pues* incluso actualmente existen varias teorías al respecto (04a:7f.)	*Denn* Meister der Hinterlist, die sie waren, benutzten die Spanier das alte System der indianischen Fron, die sogenannte Mita, für ihren Raubzug. (14b:33f.)
2.7-119	Se puede asegurar que, *siendo* un niño entre los diez y los doce años, no era demasiado alto (15a: 6f.)	Man kann aber sagen, dass er *für* einen Jungen zwischen 10 und 12 Jahren nicht übermäßig groß war. (CN)

Dennoch zeigen die Beispiele, dass bei der Nebenordnung die Kausalitätsbeziehung wesentlich schwächer ausgeprägt ist als bei der Unterordnung. Das gilt auch für Bsp. 2.7-119, wo das Gerundium vermutlich kausal zu interpretieren ist (etwa: *da er aber 10 bis 12 Jahre alt war, kann man sagen, dass er nicht übermäßig groß war*).

2.7.5.2 Voraussetzung

Unter einer Voraussetzung verstehen wir den Sachverhalt, der gegeben sein muss, damit ein Geschehen möglich wird. Die Grammatik spricht in diesem Zusammenhang von „realen" (im Gegensatz zu irrealen oder hypothetischen) Bedingungssätzen. Im Deutschen werden diese Erläuterungen meist mit *wenn* eingeleitet, dem auch ein Temporalsatz folgen könnte (→ 2.7.4.2). Im Spanischen wird zwischen temporalem Zusammenhang und Bedingung differenziert (vgl. die Gegenüberstellung *cuando – si* in Bsp. 2.7-121). Die Realisierbarkeit der Bedingung wird dadurch angezeigt, dass das Verb im Indikativ steht (zu Temporalsätzen mit futurischem Geschehen und hypothetischen Voraussetzungen → 3.3.1).

2.7-120	Los precios, horarios e itinerarios del programa pueden ser modificados *si* las circunstancias lo imponen, *en cuyo caso...* (06b:4f.)	Wir behalten uns vor, Gäste von den Ausflügen auszuschließen, *wenn* ihr Benehmen andere Gäste gefährdet oder belästigt. In *diesem Fall...* (06d:9f.)

2.7-121	Pues *cuando* se trata de muje-res, ese apellido debía cambiar-se en Dominga. Y *si* no, ¿dónde está la concordancia? (18c:37ff.)	Aber *bei Frauen* müsste der Nachname eine weibliche En-dung haben: Dominga. Wo bleibt sonst die Kongruenz? (CN, vgl. 18d:40ff., Ü)
2.7-122	Y se comerían también, *si* no hacía algo para impedirlo, las manzanas que ya empezaban a pintarse de rojo. (15b:29)	*Falls* die Ware mehr als einmal angeliefert werden muß, sind die Mehrkosten zu erstatten. (06c:31)

Während im Spanischen alle anderen konditionalen Konjunktionen außer *si* den Konjunktiv erfordern und damit die Möglichkeit des Nicht-Eintreffens der Voraussetzung einschließen, kann im Deutschen statt *wenn* auch *falls* einen realen Bedingungssatz einleiten (Bsp. 2.7-122), zum Beispiel in Kontexten, in denen ein Wenn-Satz als temporale Erläuterung missverstanden werden könnte.

Im Deutschen sollte bei fehlender Konjunktion *wenn* der Haupt-satz mit *so* eingeleitet werden, bei vorhandener Konjunktion ist diese Einleitung überflüssig (anders Bsp. 2.7-123). Im Spanischen steht für die Erläuterung der Voraussetzung auch der mit der Präposition *de* oder *a* eingeleitete Infinitiv zur Verfügung, der jedoch im Korpus nicht belegt ist. In den Grammatiken wird der Gebrauch mit *a* immer als „selten" markiert (bei Matte Bon 1995: 206, ist er gar nicht genannt), in den Beispielen sind meist irreale Voraussetzungen vertreten (vgl. z.B. Gili Gaya 1989: 191, DRAE).

2.7-123	*De seguir las cosas así*, no sé adonde iremos a parar. (Gili Gaya 1989: 191)	*Wenn* man bemerkt, daß ..., *so* liegt es nahe, den ... Begriff der Umwelt auch hier anzuwenden (05d:1f.)

Die zahlreichen deutschen Belege mit realen Bedingungssätzen stam-men fast ausnahmslos aus bindenden Texten. In den spanischen Ver-trags- und Garantietexten sind kaum reale *si*-Sätze belegt, statt des-sen finden sich entweder hypothetische Konditionalsätze oder -struk-turen mit dem Konjunktiv, die einen Zweifel implizieren (→ 3.1.3.3, Bsp. 2.7-124), oder nominale Konstruktionen (Bsp. 2.7-125, 2.7-126).

2.7-124	La garantía es aplicada *a condición de:* • *que* la bicicleta se presente completa... (11a:25ff.)	Unsere Garantiezusage kann nur in Anspruch genommen werden, *wenn* das Garantiezertifikat vorgelegt wird. (11c:8ff.)
2.7-125	...constituyendo apropiación indebida *la retención impuesta unilateralmente por el arrendatario.* (06a:10f.)
2.7-126	*El abandono o separación del grupo* durante la excursión supone la pérdida de todo derecho de reclamación... (06b:15ff.)

Wenn die Voraussetzungserläuterung nur kurz ist, können auch präpositionale Umstandsbestimmungen verwendet werden. Diese finden sich in den deutschen Texten häufiger als in den spanischen.

| 2.7-127 | *En caso accidental de* sobredosis, seguir un tratamiento sintomático. (03a:35) | Die Garantie-Karte muß mit dem Kassenbon *im Falle einer Reklamation* beim Verkäufer vorgelegt werden! (11d:8) |
| 2.7-128 | No conecte el secador *sin comprobar que* el voltaje indicado en la placa de características y el de su casa coinciden. (10a:16) |

In Bsp. 2.7-128 ist die Voraussetzung nur impliziert, weil anzunehmen ist, dass sie zum Weltwissen des Adressaten gehört: Wenn die auf dem Typenschild angegebene Spannung nicht mit der Netzspannung übereinstimmt, darf das Gerät nicht benutzt werden.

2.7.5.3 Einräumung

Einräumungen werden im Deutschen durch präpositionale Umstandsbestimmungen mit *trotz* oder durch adverbiale Nebensätze mit *obwohl, obgleich* oder *wenn auch / auch wenn* ausgedrückt. Im Spanischen stehen die präpositionale Umstandsbestimmung mit *a pesar de* oder Nebensätze mit *aunque, aun cuando* oder *si bien* zur Verfügung. Es ist noch einmal zu betonen, dass es hier nur um Konzessivsätze geht, bei denen reale bzw. als real angesehene Sachverhalte eingeräumt werden (also im Spanischen die Konzessivsätze im Indikativ). Auf den ersten Blick fällt auf, dass im deutschen Korpus trotz der relativ großen Vielfalt an Ausdrucksmöglichkeiten kaum Einräumungserläuterungen belegt sind. Statt dessen stehen meist Hauptsatzreihen mit konzessiven Konnektoren.

| 2.7-129 | Parece que la luz visible está constituida por radiaciones | Es hat den Anschein, dass das sichtbare Licht aus gradlinigen |

	electromagnéticas, de propagación rectilínea, *aunque* en realidad ocupa un intervalo muy pequeño en el espectro electromagnético conocido. (04a:11ff.)	elektromagnetischen Wellen besteht, *obwohl* es in Wirklichkeit nur einen sehr begrenzten Teil der Skala der elektromagnetischen Schwingungen umfasst. (vgl. Brockhaus 1974)
2.7-130	*Si bien* como anécdota tiene cierto interés, no vamos a describir las múltiples versiones expuestas ... sobre este fenómeno físico. (04a:6ff.)	Unsere Produkte werden sorgfältig ... überprüft. Sollte *dennoch* ein Grund für eine Beanstandung gegeben sein, leisten wir ... Gewähr. (11c:4ff.)

Im spanischen Korpus finden sich fünf Belege mit indikativischen *aunque*- und zwei *si bien*-Sätzen. An drei Belegen mit *aunque* beobachten wir jedoch ein interessantes Phänomen: Die betreffenden Sätze sind im Grunde keine echten Konzessivsätze, sondern drücken lediglich ein adversatives Verhältnis zwischen zwei Aussagen aus. Das gleiche gilt für den deutschen Beleg mit *allerdings*.

2.7-131	La Catedral se finalizó en el año 1459, *aunque* la fachada principal y cimborio se realizaron a finales del pasado siglo. (09b:6)	Gar nicht so einfach diese Entscheidung. Wir hätten da *allerdings* eine Idee... (01f:5)
2.7-132	El Titicaca se halla al norte del Altiplano boliviano, *aunque* más del 50 por ciento de su extensión total penetra en territorio peruano. (14a:31ff.)	Der Titicacasee liegt im nördlichen Teil des Hochlands von Bolivien, reicht *jedoch* mit mehr als 50 % seiner Ausdehnung in peruanisches Staatsgebiet hinein. (CN)

Nach den Beispielen aus dem Korpus zu urteilen, könnte ein Grund für dieses Phänomen darin liegen, dass hier – im Gegensatz zu den echten Einräumungen – die beiden Teilsätze verschiedene Subjekte haben. Allerdings müsste diese Hypothese erst noch an weiteren Belegen überprüft werden.

2.7.6   Zusammenfassung

Erläuterungen geben zusätzliche Informationen zu einem Referens oder einem Geschehen, die in eine Reihe von unterschiedlichen Strukturen präsentiert werden können. Wie gewohnt, fassen wir die wichtigsten Ergebnisse dieses Kapitels thesenartig zusammen.

➜ Eigenschaften und Merkmale von Referentien werden in explikativen Relativsätzen erläutert. Ein explikativer Relativsatz kann nicht durch eine Gerundialkonstruktion ersetzt werden.

➜ Modale Erläuterungen mit dem Gerundium können nur dann im Deutschen durch einen adverbialen Nebensatz mit *indem* wiedergegeben werden, wenn die im Gerundium ausgedrückte Handlung ein Mittel oder Instrument zur Ausführung der Haupthandlung ist.

➜ Lokale Erläuterungen können bereits durch die Wahl eines Verbs bzw. einer Präposition determiniert werden. Angeblich „äquivalente" spanische und deutsche Verben drücken öfter unterschiedliche lokale Beziehungen aus.

➜ Bei temporalen Erläuterungen des Zeitraums ist *durante* nur im Zusammenhang mit Geschehensbezeichnungen durch *während* wiederzugeben.

➜ Gleichzeitigkeit von Handlungen wird im Spanischen mindestens ebenso häufig durch *al + Infinitiv* wie durch adverbiale Nebensätze mit *cuando*, oft durch ein Gerundium ausgedrückt, im Deutschen vorwiegend durch adverbiale Nebensätze mit *wenn* bzw. *als* (in der Vergangenheit), aber auch durch nebengeordnete Hauptsätze mit *dabei*.

➜ Der Gebrauch der Tempora hängt von völlig verschiedenen Kriterien ab: im Spanischen ist das Kriterium die Abgeschlossenheit oder Nichtabgeschlossenheit des Geschehenszeitraums, im Deutschen die Haltung des Sprechers, der ein Geschehen „bespricht" oder „erzählt".

➜ Kausale Erläuterungen können sowohl aus der Perspektive der Ursache als auch aus der Perspektive der Folge dargestellt werden, wobei die Folge meist als eigene, durch konsekutiven Konnektor angeschlossene Darstellung formuliert wird.

➜ Voraussetzungen und Bedingungen werden in deutschen Vertrags- und Versprechenstexten meist als reale Bedingungssätze mit *wenn* oder *falls* formuliert, im spanischen entweder als irreale Bedingungssätze (mit dem Konjunktiv) oder als nominale Konstruktionen.

➜ Spanische Nebensätze, die durch *aunque* eingeleitet sind, haben nicht immer einräumende, sondern häufig adversative Funktion. Die adversative Funktion ist bei verschiedenen Subjekten in Haupt- und Nebensatz wahrscheinlicher als bei gleichem Subjekt.

2.8   DIE REFERENTIELLE KOMMUNIKATION IM KULTURVERGLEICH

Die Ausführungen zur referentiellen Kommunikation nehmen den bei weitem größten Teil des Buches ein. Das liegt einerseits daran, dass wir für das Korpus überwiegend referentielle Textsorten ausgewählt haben, und entspricht andererseits auch der Ansicht vieler funktionaler Linguisten, welche die referentielle Funktion für die wichtigste kommunikative Funktion halten.

Bei den Unterfunktionen sind wir einer gedachten Chronologie und gleichzeitig einer Progression von kleinen zu immer größeren Einheiten gefolgt: Zuerst muss ein Referens benannt werden (2.1), bevor man darüber Aussagen machen kann. Für die Benennung von Individuen benutzt man Eigennamen, für die Benennung von Gattungen Gattungsnamen, und wenn für eine neue Sache, einen neuen Begriff, noch kein Gattungsname vorhanden ist, muss einer gefunden werden, und dabei spielt neben der Entlehnung die Wortbildung eine ganz wesentliche Rolle. Es ist nichts Neues, dass im Deutschen die Kompositabildung das wichtigste Wortbildungsverfahren ist – dass im Spanischen ebenfalls die Komposition in vielen Bereichen sehr produktiv ist, wobei auch eine Reihe verschiedener Kompositionsmuster zur Verfügung stehen, ist vielleicht nicht ganz so bekannt.

Um in einem Text über ein Referens Aussagen zu machen, ist in einem zweiten Schritt zu determinieren, ob es in einer verallgemeinernden oder einer spezifizierenden Weise erwähnt werden soll (2.2). Sowohl bei der Verallgemeinerung als auch bei der Spezifizierung fallen Unterschiede auf, die durch das Sprachsystem vorgegeben und daher nicht stilistisch relevant sind (z.B. die Artikelsetzung bei der Verallgemeinerung). Von stilistischer Relevanz sind dagegen Unterschiede im Gebrauch der Demonstrativ- und Possessivartikel und die Verwendung redundanter Relativsätze zur Possessivdeterminierung im Spanischen sowie die höhere Frequenz von Kollektivbezeichnungen im Spanischen.

In einem Text werden die Gegenstände, um die es gehen soll, zuerst eingeführt und dann meist mehrfach wieder aufgenommen (2.3). Manche Grundsätze von Einführung und Wiederaufnahme sind beiden hier betrachteten Kulturen (und vielleicht sogar den meisten Kulturen mit Artikel-Sprachen) gemeinsam (z.b. Einführung mit dem unbestimmten, Wiederaufnahme mit dem bestimmten Artikel). Andere sind kulturspezifisch, so etwa die stilistische Variation bei der Wiederaufnahme im Spanischen oder die Bevorzugung lexikalischer kataphorischer Elemente im Deutschen (z.B. *der/die/das folgende...*).

Die dann folgenden Kapitel beschäftigen sich mit den Aussagen über Referentien in Texten: Referentien werden klassifiziert (2.4), von anderen unterschieden (2.5), dargestellt (2.6) und gegebenenfalls erläutert (2.7). Bei der Analyse haben wir versucht, die beiden spanischen Kopulaverben *ser* und *estar*, deren korrekter Gebrauch für Deutschsprechende immer schwierig ist, verschiedenen Handlungen zuzuordnen und damit ihre grundsätzlich unterschiedlichen Funktionen besser zu trennen. Es hat sich gezeigt, dass die meisten Verwendungsweisen von *ser* bzw. *estar* gar nicht konkurrieren, sondern dass sich das Problem im Wesentlichen auf die Kombination von *ser* bzw. *estar* als Kopula mit prädikativen Adjektiven konzentriert. „Klassifizieren mit *ser* – Beschreiben mit *estar*" wäre hier als generelle Regel sicher zu einfach, als „Faustregel" kann diese Unterscheidung aber doch nützlich sein.

Ein übersetzungsrelevanter Aspekt bei der Unterscheidung von Referentien durch Attribute ist die Differenzierung zwischen qualifizierenden und relationalen Adjektiven, da gerade bei den relationalen Adjektiven ein wichtiger stilistischer Kontrast zu erkennen ist. Viele spanische relationale Adjektive haben zwar ein lexikalisches (Schein)-Äquivalent im Deutschen, das dann aber häufig in qualifizierender Bedeutung verwendet wird, während für die relationale Funktion ein Determinans zuständig ist (z.B. *económico* vs. *wirtschaftlich* oder *Wirtschafts-*). Hier ist es auch empfehlenswert, den aktuellen Sprachgebrauch der Presse kritisch unter die Lupe zu nehmen – nicht alles, was „man in der Zeitung liest", hält einer solchen kritischen Betrachtung stand.

Auch der Unterschied zwischen spezifizierenden und explikativen Relativsätzen lässt sich funktional bestimmen: erstere dienen der Unterscheidung, letztere der Erläuterung. Bei der Erläuterung konkurrieren explikative Relativsätze mit den verschiedenen Formen der Apposition – hier ist wiederum ein wichtiger Stilunterschied in der Stellung von Appositionen im Spanischen und Deutschen zu sehen. „Spanisch: nachgestellt – Deutsch: vorgestellt" wäre dabei wieder zu einfach, denn die Präferenzen variieren in beiden Kulturen, je nach dem, um welche Art Referens und um welche Art Erläuterung es sich handelt.

Das Kapitel über die Darstellung wäre, wenn man alle Seiten dieser Handlung hätte ausführlich behandeln wollen, ein eigenes Buch geworden. Um das zu vermeiden, haben wir uns auf eine Reihe von wichtigen Themen beschränkt. Davon ist das Thema Aktionsart / Tempus / Aspekt sicher eines der interessantesten, auch wenn man in rein fachlichen Texten davon nicht allzu viel merkt. Aber auch die unterschiedliche Differenzierung der Wortfelder, die beim Berichten eine wichtige Rolle spielt, ist von großer Bedeutung für die Übersetzung.

Das letzte Kapitel dieses ersten Teils war der Handlung Erläutern gewidmet – ebenfalls ein weites Feld, das nur annäherungsweise behandelt werden konnte. Hier ist die Verwendung infiniter Strukturen zur Nebensatzverkürzung im Spanischen gegenüber adverbialen und präpositionalen Erläuterungsstrukturen im Deutschen der wichtigste Aspekt. Eine tiefgehende, auch quantitative Analyse konnte im Rahmen dieser Einführung nicht geleistet werden, aber interessant ist dennoch, welche Vielfalt an verschiedenen Ausdrucksformen allein in den Korpustexten aufscheint – obwohl diese Texte ja nicht speziell mit Blick auf die Formen der Erläuterung ausgewählt wurden.

3 Expressive Kommunikation

3.0 Vorbemerkung

Als expressiv bezeichnen wir solche kommunikativen Handlungen, mit denen Sender ihre Einstellung zu den Gegenständen und Erscheinungen der Welt kundtun und ihre Gefühle zum Ausdruck bringen. Die Verwendung der expressiven Funktion als indirektes Mittel der Appellrealisierung wird in Kapitel 4 behandelt (→ 4.3.3).

Die wichtigste expressive Kommunikationshandlung ist das BEWERTEN (3.1). Wir bewerten immerzu alles, was uns unter die Augen oder in die Finger kommt: das Brötchen, das wir morgens zum Frühstück essen, ist „kross", die Marmelade ist „lecker", aber der Kaffee ist heute „etwas dünn" geraten. Selbst eine scheinbar völlig neutrale Bemerkung wie „Die Zeitung ist heute nicht gekommen" enthält eine negative Bewertung, während der Satz „Der Gerichtsvollzieher ist heute nicht gekommen" wahrscheinlich eher positiv gemeint ist, außer wenn der Gerichtsvollzieher zum Skatspiel erwartet wird. Bewertung ist also immer in Bezug auf eine Erwartung oder einen Standard zu sehen, an denen der „Wert" des betreffenden Referens gemessen wird.

Die subjektive Darstellung von Gegenständen oder Geschehnissen, bei der wir direkt oder indirekt unsere Gefühle zum Ausdruck bringen, wollen wir als SCHILDERN bezeichnen (3.2). Dazu rechnen wir das subjektive Charakterisieren von Dingen oder Personen, das Erzählen von tatsächlichen oder fiktiven Erlebnissen und die Äußerung von Gefühlen.

Eine dritte expressive Handlung ist das WOLLEN (3.3). Mit diesem Verb bezeichnen wir sowohl eine Erwartung für die Zukunft als auch individuelle Wünsche und Absichten. Hier ist die Nähe zur Appellativität erkennbar, denn wenn wir einen Wunsch *an jemand* richten, haben wir es bereits mit einer appellativen Handlung, dem Ersuchen, zu tun (→ 4.1.2).

Das wichtigste sprachliche Mittel zur Markierung der expressiven Funktion ist im Spanischen der Konjunktiv[34]. Im Gegensatz zum

---

[34] Die Meinung vieler Lehrbuchautoren, man dürfe den spanischen *subjuntivo* nicht als Konjunktiv bezeichnen, weil er sonst mit dem *Gebrauch* des deut-

Deutschen, wo der Konjunktiv außer in der indirekten Rede (→ 3.1.5.2) und in irrealen Bedingungssätzen (→ 3.1.4.4) und Wunschsätzen (→ 3.3.2.2) kaum noch gebräuchlich ist (*man denke* an die alten Kochrezepte mit *man nehme*...!), ist im Spanischen der Konjunktiv *der* Modus der Expressivität, der zur Kennzeichnung von Subjektivität und Ungewissheit verwendet wird.

3.1 BEWERTEN

3.1.0 Allgemeines

Eine Bewertung ist, wie gesagt, immer auf eine „Messlatte" bezogen. Für diese gibt es in jeder Kultur ein System von Werten, das uns sagt, was (generell) als gut oder böse, begrüßenswert, abzulehnen oder gar abscheulich angesehen wird. Wertesysteme sind nicht nur kulturspezifisch, sondern auch veränderlich, sodass wir, wenn wir eine bestimmte Bewertung wahrnehmen, immer die Pragmatik der Situation (wann, wo, zu wem, aus welchem Anlass etc.) in Betracht ziehen müssen. Manche Werte sind so grundlegend, dass sie in Verfassungen oder in internationalen Vereinbarungen festgeschrieben werden (z.B. die Menschenrechte) – was nicht heißt, dass sie auch überall und jederzeit volle Geltung erhalten.

Wir wollen hier auf dem Boden der konkreten Bewertungen der alltäglichen Kommunikation bleiben, wie sie sich in unseren Korpustexten spiegelt. Dabei stellen wir fest, dass Bewertungen in vielen Sprechakten vorkommen, die wir bereits in der referentiellen Kommunikation beobachtet haben. Schon durch eine bestimmte Art des Benennens können wir eine Bewertung ausdrücken: Ein Unternehmer, der von seinen *Gewinnen* spricht, meint damit etwas Positives – wenn aber der Arbeiter des Unternehmens davon spricht, dass der Unternehmer ja nur auf seinen *Profit* aus sei, dann bezieht er sich auf das-

---

schen Konjunktivs identifiziert werde, teile ich nicht und spreche für beide Sprachen vom Konjunktiv. Wer dieses Buch bis hierher gelesen hat und immer noch meint, man könne analoge Strukturen zweier Sprachen ohne weiteres *gleich* setzen, dem ist auch mit der Bezeichnung *subjuntivo* nicht zu helfen – zumal diese dann erfahrungsgemäß im deutschsprachigen Kontext häufig „Suppjunktiwo" ausgesprochen wird.

selbe Referens, benennt es jedoch mit einem negativ bewertenden Ausdruck. Aber auch die Klassifizierung kann bewertend sein, wenn die Zugehörigkeit zu einer Gruppe oder Kategorie oder das Vorhandensein bestimmter Merkmale entsprechend dem Wertesystem als positiv oder negativ eingestuft wird. Analoges gilt für das Unterscheiden, das Darstellen und das Erläutern. Da die strukturellen Eigenschaften dieser kommunikativen Handlungen jedoch mit oder ohne Bewertung dieselben sind, fassen wir diesen Bereich unter der Überschrift „Bewerten durch expressive Referenz" (3.1.1) zusammen, um unnötige Wiederholungen zu vermeiden.

Die Bewertung durch Referenz ist gewissermaßen implizit. Bewertung kann aber auch explizit geäußert werden, wenn wir Urteile äußern (3.1.2). Eine dritte Möglichkeit der Bewertung ist die Relativierung von Sachverhalten, die wir als vermutet oder angenommen darstellen oder deren Existenz überhaupt bezweifelt wird (3.1.3). Hier ist ein fließender Übergang festzustellen zwischen dem „Glauben" im Sinne eines positiven „Für-wahr-Haltens" und dem „Bezweifeln" im Sinne eines „Nicht-für-wahr-Haltens".

Von hier ist es nur noch ein kleiner Schritt zur Bewertung durch Negieren (3.1.4). Dabei geht es darum, dass Sachverhalte oder Erläuterungen als nicht-existent, hypothetisch, irreal oder auch als irrelevant bewertet werden.

Schließlich können wir von Bewerten auch dann sprechen, wenn ein Sprecher seine Äußerung nicht in eigenem, sondern in fremdem Namen tut, also eine Äußerung Dritter „referiert" (3.1.5). Dabei hängt der Wert der Äußerung einerseits davon ab, ob man sie im Wortlaut zitiert oder nur indirekt wiedergibt, andererseits aber natürlich auch davon, wer sie getan hat. Je nach dem, wie anerkannt die Kompetenz der Gewährsperson für das betreffende Thema ist, kann allerdings eine Äußerungswiedergabe auch einen ironischen Beigeschmack haben. Weil Ironie eine besondere Art der Bewertung ist, die sich verschiedener stilistischer Mittel bedient, wollen wir ihr ein eigenes kurzes Kapitel widmen (3.1.6).

3.1.1 Bewertung durch expressive Referenz

Unter expressiver Referenz verstehen wir die Bezugnahme auf Referentien, die im Wertesystem der betreffenden Kultur mit positiven oder negativen Werten oder Gefühlen belegt sind.

3.1.1.0 Formen der expressiven Referenz

Benennungen, die auf bestimmte Merkmale des Referens hinweisen (z.b. eine *Gießkanne* ist ein Gefäß in Form einer Kanne, das zum Gießen [der Blumen] dient), bezeichnen wir bekanntlich als motiviert und den Teil der Bedeutung, mit dem rational-begrifflich auf das Referens verwiesen wird, nennen wir Denotat. Zusätzlich zum Denotat enthalten manche Benennungen bewertende oder gefühlsbezogene Aspekte (vgl. Lewandowski 1976), die wir Konnotat nennen (z.B. *Absteige* oder *Luxusherberge* im Gegensatz zu *Hotel*). Konnotate sind also der expressiven Funktion zuzuordnen. Sie können bereits in der Benennung für ein Referens enthalten sein oder durch ein unterscheidendes oder klassifizierendes Attribut ausgedrückt werden (z.B. *ein heruntergekommenes Hotel, ein supertolles Hotel, ein Hotel mit allem Komfort, ein Fünf-Sterne-Hotel*). Dabei ist aus Rezipientensicht zwischen bewertenden und gefühlsbezogenen Konnotationen nicht immer scharf zu trennen, da positive Werte oft auch positive Gefühle auslösen.

Wir betrachten also im Folgenden zuerst die Bewertung durch Konnotate und dann die Bewertung durch Attribute.

3.1.1.1 Bewertung durch Konnotate

Die Analyse der Korpustexte zeigt, dass folgende Textsorten auffallend viele konnotative Lexeme aufweisen: Stellenangebote, Leitartikel und Glossen, Produkt- und Tourismuswerbung und populärwissenschaftliche Texte. In den fiktionalen Texten (Comic, Kinderbuch und Belletristik) dienen Konnotate überwiegend der Schilderung (→ 3.2).

| 3.1-1 | experiencia (01a:4), liderazgo, excelencia (01b:1), profesionales (01b:2), éxito (01a:11, 14), experto (01a: 20), talento (01a:26), acele- | Fortschritt (01c:4), Expansion (01c:11), Unternehmen Zukunft (01c:13), Team, Innovation (01e:10), Eigeninitiative, Kreativität, Teamgeist (01e:11), Mut, Kreativität, Know-how (01c:7), Spaß |

	rar (01a:2, 15, 23), decidir y configurar (01a:27f.); El tiempo no corre. Vuela. (01a:1)	(01c:6, 01g:5), Erfolg, Leistung (01c: 15), e-generation (01d:1, 3), Ziel (01c:10), e-Professionals, Young Talents (01d:14), 08/15-Jobs (01c:2)
3.1-2	Sie brauchen ... *jede Menge Spaß* an der Lösung komplexer Aufgaben (01c:6)	

Bei den Stellenangeboten fällt im Vergleich Folgendes auf: Die meisten konnotativen Lexeme sind Substantive, in den spanischen Texten gibt es auch einige hier positiv konnotierte Verben. In beiden Sprachen finden wir zahlreiche Anglizismen, die offenbar eine besondere Qualität suggerieren sollen – im Spanischen eher als Lehnübersetzungen (z.B. *profesionales, comercio electrónico*), im Deutschen als unverändert aus dem Englischen übernommene Lehnwörter (z.B. *e-Commerce* oder *e-Business*). Insgesamt können wir feststellen, dass die spanischen Angebotstexte eher bewertende und die deutschen eher emotionale Konnotate enthalten: Statt *Spaß* und *Kreativität* werden in den spanischen Texten eher Erfahrung, Expertise und Professionalität verlangt (vgl. auch unter 1.1.1.2 zur Registerwahl).

3.1-3	imponer, importancia, economía de abundancia, manipular, manipulación, inundar (alle 2a), chiquillería, engullir, devorar (14a)	Auto-Rowdies, Dickfelligkeit, Drängeln, Lichthupe, selbstzufrieden, Verpöbelung, Wunsch-Ente (alle 2c), Gierlinge, Rührseligkeit (14b)

In Glossen und Leitartikeln dient die Expressivität vor allem zur Markierung der kritischen Haltung des Verfassers. Abgesehen davon, dass auch hier im Spanischen mehr konnotative Verben vorkommen, fallen in den deutschen Texten ein paar Ad-hoc-Prägungen auf, und zwar Komposita (*Auto-Rowdies, Wunsch-Ente* – nach dem Vorbild: *Wunschkind*), eine Neubildung aus dem Grundwort *Pöbel* + Präfix *ver-* + Suffix *-ung* (nach dem Vorbild *Ver* + *blöd* + *ung*) und die Suffixbildung *Gierling* aus dem Grundwort *gieren* und dem umgangssprachlichen und meist abwertenden (vgl. Duden 1993) Suffix *–ling* (analog zu *Säug* + *ling*). Diese Wortbildungen haben eindeutig bewertende, zum Teil auch ironisierende Funktion.

3.1-4	AND Publishers España, JUMP Ordenadores, Zona Bit (12a), La-	T-Online, freecall, WebMail (12c), Polo Coupé Fancy, (12d), Con-

	dy of Spain-L, sistema ECO-PLUS, AQUA STOP (12b)	nect Partner, HP SupportPack Services (12e)
3.1-5	la historia de estas *tierras*, sus gentes, sus *fiestas* (09a)	nach *Herzens*lust (09d:9)

In der Produktwerbung sind ebenfalls Anglizismen häufig, in der Tourismuswerbung eher Lexeme mit emotiven Konnotaten. Da wir bei den Werbetexten nicht davon ausgehen, dass die jeweiligen Sender uns ihre Einstellungen oder Gefühle mitteilen wollen (was interessieren uns die Gefühle völlig unbekannter Menschen!), ist anzunehmen, dass hier die Konnotate grundsätzlich indirekt appellativ wirken sollen (→ 4.3.3).

3.1-6	aquel .... rincón del planeta (14a:14f., vgl. *eine gottverlassene Gegend*, Duden 1993)	*Lieblings*stadt Ottos des Großen (09c:35f.), sein *Lieblings*sohn Atahuallpa (17b:30)

Populärwissenschaftliche Texte haben oft einen narrativen Rahmen, in dem Konnotate das Interesse der Leserschaft gewinnen und sicher stellen sollen, dass diese sich mit den darzustellenden Sachverhalten identifizieren kann. Hier spielt also ebenfalls die appellative, aber auch zum Teil die phatische Funktion eine gewisse Rolle. Dabei können im Spanischen Demonstrativartikel wie *aquel* oder *ese* (letzteres besonders, wenn es nachgestellt ist) die Gefühlsäußerung markieren oder verstärken (Bsp. 3.1-6/es). Die Belege mit *Lieblings-* (Bsp. 3.1-6/de) zeigen, in wie weit die Textsorte bzw. die damit primär verbundene intendierte Textfunktion die Expressivität einer Formulierung beeinflussen: Im Tourismuswerbetext soll die Bezeichnung *Lieblingsstadt Ottos des Großen* positive Gefühle für Magdeburg auslösen, während die Bezeichnung Atahuallpas als *Lieblingssohn* wohl weitgehend referentiell gemeint ist.

3.1.1.2   Bewertung durch Attribute

Expressive Attribute finden wir außer in den bereits genannten Textsorten auch im medizinischen Beipackzettel im Abschnitt „Eigenschaften", in Bedienungsanleitungen im Zusammenhang mit der Präsentation des Geräts (10a:1-14, 10b: 62-63, 10c:6,10) sowie im Sachbuchtext. Dabei ist der spanische Sachbuchtext in unserem Korpus erheb-

lich expressiver als der deutsche. Dass die Expressivität in Stellenangeboten eher durch konnotative Benennungen als durch Attribute ausgedrückt wird, könnte mit der Platzbeschränkung zu tun haben.

Als Attributformen kommen grundsätzlich alle in Abschnitt 2.5.0
aufgeführten Strukturen in Frage: Adjektive, Partizipien, Adverbien,
Genitiv- und Präpositionalattribute und – weil es hier nicht ums Unterscheiden geht – explikative Relativsätze. Wir greifen hauptsächlich die
Adjektive heraus, weil beim Übersetzen Spanisch-Deutsch dadurch
eine Schwierigkeit entsteht, dass im Spanischen der expressive Gebrauch von Adjektiven durch die Voranstellung markiert wird, während
im Deutschen das Adjektiv grundsätzlich vor dem Substantiv steht.

Allerdings ist die Stellung des Adjektivs vor dem Substantiv im
Spanischen auch keine Garantie dafür, dass es sich wirklich um eine
expressive Funktion handelt, genauso wenig wie die Stellung nach
dem Substantiv immer eindeutig auf eine referentiell-unterscheidende
Funktion hinweist. Für die Stellung des Adjektivs sind nämlich neben
funktionalen auch psychologische und prosodische Faktoren verantwortlich (vgl. Gili Gaya 1989, § 164-166). Der psychologische Aspekt
besteht darin, dass Sprecher häufig das, was ihnen mehr „am Herzen
liegt", zuerst nennen (im Falle des vorangestellten Adjektivs also die
Eigenschaft, beim nachgestellten Adjektiv den Gegenstand). Daher
hat das vorangestellte Adjektiv „subjektiven", das nachgestellte eher
„objektiven" Charakter. Der prosodische Aspekt betrifft die Bedingungen von Intonation und Satzmelodie, die im Spanischen vorsehen,
dass jeweils das an zweiter Stelle eines zweigliedrigen Ausdrucks stehende Element den stärkeren Ton bekommt. Das führt dazu, dass
beispielsweise Adjektive, die mehr Silben haben als das Substantiv,
das sie näher bestimmen, in der Regel nach diesem stehen, selbst
wenn sie expressiv gemeint sind. Wenn sie trotzdem vorangestellt
werden, ist die Expressivität noch ausgeprägter als bei kurzen vorangestellten Adjektiven. Aus diesen prosodischen Gründen werden auch
kurze bzw. apokopierte Adjektive (*bueno* → *buen*, *grande* → *gran*)
gern vorangestellt, unabhängig davon, ob sie unterscheidende oder
bewertende Funktion haben. In unserem Textkorpus findet sich beispielsweise kein einziges nachgestelltes *grande*.

3.1-7	gran oportunidad (01a:22), grandes daños (07a:17), las grandes sierras (09a:10), una gran variedad (09a: 19), una gran potencia y un gran caudal de aire (10a: 10), grandes aplausos (15b:14), un gran sombrero de paja (15b: 26), grandes templos (16a:16), un gran templo (16a:19), sus grandes mandíbulas (18a:22)	große Job-Börse (01g:14), in der großen Kammer (10c:6f.), eine große Auswahl (12d:16), große Aufregung (15d:8), zur großen Zehe (15d:20), große Chancen in einer Welt, die immer kleiner wird. (01c:15f.)

Obwohl in den Belegen unter 3.1-7/es immer das Substantiv und nicht das Adjektiv betont ist (= prosodisches Kriterium), kann man z.b. bei *grandes daños* und *grandes templos* eine unterscheidende Funktion annehmen. Bei den deutschen Belegen dagegen ist etwa bei *in der großen Kammer* (im Gegensatz zur *kleinen Kammer* der Knoblauchpresse) eindeutig das Attribut betont, das dadurch unterscheidende Funktion erhält, während bei *große Chancen, große Job-Börse, große Aufregung* die Betonung auf dem Substantiv liegt, was eine wertende Funktion des Adjektivs nahe legt. Bei *eine große Auswahl* wäre die Betonung sowohl auf dem Adjektiv (im Gegensatz zu einer *kleinen Auswahl*) als auch auf dem Substantiv denkbar. In dem Satz *Große Chancen in einer Welt, die immer kleiner wird*, bewirkt die Kontrastierung von *groß* mit *klein* die Betonung der Adjektive. Als Test dient die Ersatzprobe: Wenn man *groß* durch *klein* bzw. *gering* ersetzen kann (z.B. *in der großen Kammer*), ist es in der Regel unterscheidend, wenn man es weglassen kann (z.B. *große Job-Börse*), ist es wertend gebraucht.

3.1-8	el nuevo mundo empresarial (01a:9), el nuevo negocio electrónico (01a: 12), nuevas tecnologías (01a:19f.), nuevas fórmulas (02a:29), la nueva ofensiva (02a:6), nuevas infrae-structuras (09b:33), una nueva generación de secadores (10a:3), un nuevo motor de nueva tecnología (10a:9), un nuevo empleo (15b:33), nuevas órdenes (19a:28)	mit neuen Herausforderungen (01c:4), auf neuen Wegen (01d:10f.), von einer neuen Seite (04d:7), eines neuen Kaufvertrages (06c:35), der neue Ministerpräsident (07b: 18f.), eine neue Aufgabe (09c:33), jeder neue Tag (09d:7), mit dem neuen Tarif (12c:18)

Bei den Belegen mit *nuevo* unter 3.1-8/es ist es ganz ähnlich. Auch hier stellen wir fest, dass kein einziger Beleg mit nachgestelltem *nuevo* im Korpus zu finden ist, obwohl es in mehreren Beispielen nicht um eine Bewertung, sondern um ein unterscheidendes Merkmal geht (z.B. *la nueva ofensiva* im Gegensatz zu der vorherigen, *una nueva generación de secadores* etc.).

3.1-9	el *sencillo* embarcadero, un sinfín de *pequeños* ojos curiosos, la *cotidiana* monotonía, la *aparente* intención, aquel *apacible y remoto* rincón del planeta, el *mítico* lago Titicaca, el *inhóspito* Altiplano andino, la *abierta y yerma* llanura, *árida* planicie, uno de los *principales* santuarios (alle 14a)	durch den *berühmten* Berg, in *frommer* Manier, der *kleine* Indianer Roberto, von *wilden* Bergen gerahmt, das *alte* System der indianischen Fron (alle 14b)
3.1-10	la *letárgica* hojarasca, el *amodorrado* árbol de su nacionalismo, se perfila con claros contornos, *vulgares* objetos, la *virulenta* mirada, un *ancestral, extraño y patético* dualismo, la *dispar* tierra, su *poderoso* tranco, su *fabuloso y atrayente* medio, una *ferviente* vocación de libertad, este *rabioso* talante (alle 17a)	Hilfe und Unterstützung, *mächtige* Staaten, die *primitiven und armseligen* Völkerschaften (17b)

Was die populärwissenschaftlichen und die Sachbuchtexte betrifft, zeigt das Korpus, dass die spanischen Texte erheblich mehr expressive Attribute aufweisen als die deutschen. Während in Text 14a die Attribute nur durch die Voranstellung bewertende Funktion erhalten (man könnte sie in anderem Zusammenhang auch in unterscheidender Funktion verwenden), sind die Adjektive in Text 17a zum Teil bereits als solche expressiv (z.B. *letárgico, amodorrado, virulento, ferviente*). Die Voranstellung dieser Adjektive, zum Teil sogar mehrerer hintereinander (z.B. *fabuloso y atrayente* oder *ancestral, extraño y patético*) und solcher, die mehr Silben haben als das betreffende Substantiv (z.B. *virulenta mirada, el amodorrado árbol, poderoso tranco*), gibt dem Text eine starke, nicht nur bewertende, sondern auch emotionale Expressivität (→ 3.2.1.4). Diese würde in einem deutschen Sachbuchtext eher übertrieben wirken, zumal sich dort (Text 17b) die Expressivität auf verschiedene Strukturen verteilt (z.B. die Doppelung *Hilfe und Unterstützung* oder abwertend *Völkerschaften* statt *Völker*), sodass keine derart auffällige Häufung von Adjektivattributen entsteht.

3.1.2   Bewertung durch Beurteilen

3.1.2.0   Formen der Beurteilung

Beurteilungen sind subjektive Einschätzungen der Wirklichkeit. Wenn die beurteilende Instanz ausdrücklich angegeben ist, sprechen wir von Meinungsäußerung. Wenn die beurteilende Instanz nicht angegeben ist, sieht die Beurteilung auf den ersten Blick „objektiv(er)" aus, es bleibt aber eine Beurteilung. Wir können daher formal zwischen persönlichen und unpersönlichen Beurteilungen unterscheiden.

3.1.2.1   Persönliche Beurteilung

Persönliche Beurteilungen werden durch persönlich gebrauchte Verben und Verbgefüge der Meinungsäußerung ausgedrückt, zum Beispiel de. *finden, halten für, der Ansicht sein, meinen*; es. *pensar, creer, opinar* oder verneinte Verben des Zweifelns. Diese Verben leiten entweder einen Konjunktionalsatz mit *dass* bzw. *que* oder einen Infinitivsatz ein. Auch unpersönliche oder *man*-Konstruktionen werden dann als persönliche Beurteilung eingestuft, wenn sich der Sprecher erkennbar einschließt.

| 3.1-11 | *Creo que* es el momento de volver a repetir... (02a:17) | *Ich meine*, es ist an der Zeit, wieder einmal darauf hinzuweisen... (02b:17, Ü) |
| 3.1-12 | *Y pensó* que ya era hora de tomarse unas vacaciones. (15b:20) | Viele Autofahrer *finden es völlig normal*, gegen Verkehrsregeln zu verstoßen. (02c:4f.) |

Verben der Meinungsäußerung leiten, sofern sie nicht verneint gebraucht sind, im Spanischen einen Indikativsatz ein. Damit wird ausgedrückt, dass der Sachverhalt, auf den sich die Meinungsäußerung bezieht, als faktisch angesehen wird.

3.1.2.2   Unpersönliche Beurteilung

Unpersönliche Beurteilungen werden durch unpersönliche Ausdrücke eingeleitet, die eine subjektive Sichtweise enthalten, wie zum Beispiel es. *es lógico, es natural, está claro que* oder de. *es liegt nahe, es ist klar, (es ist) kein Wunder, dass*.... Sie kommen nur scheinbar objektiv daher, denn jemand anders könnte den gleichen Sachverhalt gar nicht selbstverständlich oder natürlich finden. Möglicherweise ist dies der Grund dafür, dass im davon abhängigen *que*-Satz im Spanischen der Konjunktiv zur Markierung der Subjektivität verwendet wird, während nach den persönlichen Konstruktionen, die ohnehin als Meinungsäußerung erkennbar sind, der Indikativ steht (Bsp. 3.1-11).

3.1-13	¿*Es lógico que* las selecciones *priven* a los clubes de sus estrellas? (Chat in www.elmundodeporte.elmundo.es, 29.10.02)	*Es ist kein Wunder, dass* die Scala zu einem der berühmtesten Opernhäuser der Welt wurde. (www.musik-gym.de, 12.12.02)
3.1-14	*Fue un hecho absolutamente gratuito que* acabáramos viviendo a orillas del mítico Titicaca. (14a:16)	*Es liegt nahe*, den für die Zoologie bewährten Begriff der Umwelt auch hier anzuwenden. (05d:2f.)

Unpersönliche Ausdrücke mit Empfehlungscharakter (z.B. *es ist besser, conviene* + Infinitiv) werden der appellativen Kommunikation zugeordnet (→ 4.1.1.2). Gefühlsbekundungen wie *es extraño que* oder *es freut mich, dass* zählen wir zur Handlung Schildern (→ 3.2.2).

3.1.3   Bewertung durch Relativieren

3.1.3.0   Formen des Relativierens

Häufig schränken Sprecher ihre Sicherheit in Bezug auf die Faktizität des Sachverhalts ein, indem sie ihre Aussage durch die Andeutung oder den Ausdruck von Zweifel relativieren. Dabei ergeben sich graduelle Übergänge von einer (relativen) Gewissheit in Bezug auf die Faktizität, die durch Verben wie *annehmen* ausgedrückt wird, bis hin zu schwächerem oder stärkerem Zweifel, der im Deutschen grammatikalisch keine Rolle spielt, im Spanischen jedoch darüber entscheidet, ob im abhängigen Satz der Konjunktiv oder der Indikativ steht (vgl. Gili Gaya 1989: 135).

Die graduellen Unterschiede in der Stärke der Ungewissheit und des Zweifels lassen sich an Hand der Stichworte *wahrscheinlich – möglich – zweifelhaft – unwahrscheinlich* charakterisieren. Als wahrscheinlich bezeichnen wir Sachverhalte, deren Faktizität wir relativ sicher annehmen. Wenn die Sicherheit abnimmt, vermuten wir, dass der Sachverhalt *möglich* oder zumindest *nicht unmöglich* ist. Noch geringer ist die Sicherheit, wenn die Chancen, ob das Ereignis faktisch ist oder sein wird, gewissermaßen 50:50 stehen, wenn wir also *zweifeln*. Die letzte Stufe besteht dann darin, dass wir den Sachverhalt für *unwahrscheinlich* halten, also *nicht glauben*, dass er faktisch ist.

3.1.3.1   Annehmen

Beim Annehmen ist die Aussage nur schwach relativiert. Der Sprecher gibt zu erkennen, dass er die Faktizität eines Sachverhalt nur nach dem Augenschein beurteilt, z.B. durch Formulierungen wie es. *parece que* oder de. *scheinen, den Anschein haben*, es. *se puede decir* und de. *man kann sagen* oder Adverbien wie *wahrscheinlich* bzw. *probablemente*. Auch Verstärkungen der Faktizitätsbehauptungen wie in Bsp. 3.1-17 und 3.1-18 enthalten einen Hauch von Relativierung, weil sie gewissermaßen einem Zweifel zuvor kommen.

3.1-15	En cualquier caso *parece que* la luz visible está constituida por radiaciones electromagnéticas. (04a:11f.)	Vor allem Transposition und Modulation *scheinen* zum Nachweis der zwangsläufigen Verwandlungen geeignet. (04e:18f.)
3.1-16	*Se puede decir que* ha sido hecho para satisfacer y durar. (12b:29f.)	*Man kann sagen, daß* er [= der Mensch] biologisch zur Naturbeherrschung gezwungen ist. (05d:30f.)
3.1-17	Que nos manipulan *es una verdad sabida por todos*. (02a:2)	
3.1-18	*Bien cierto es que* la región padece un ancestral, extraño y patético dualismo. (17a:11f.)	
3.1-19	*Lo más probable es que* [el turrón] *proceda* de la repostería árabe. (Tiempo 12/88)	*Es könnte durchaus sein, dass* der Turrón von maurischen Zuckerbäckern erfunden wurde. (CN)

Bei Annahmen steht im Spanischen generell der Indikativ, der den angenommenen Sachverhalt als faktisch kennzeichnet. Wenn nach *es probable que* der Konjunktiv steht (vgl. Bsp. 3.1-19), handelt es sich nicht um eine Annahme, sondern um eine Vermutung.

3.1.3.2   Vermuten

Bei Vermutungen steht im Spanischen vielfach, jedoch nicht ausschließlich, der Indikativ. Der Konjunktiv ist in diesen Fallen ein „Potentialis", also ein Konjunktiv der Möglichkeit. Vermutungen können ausgedrückt werden durch

(a) persönlich gebrauchte **Verben des Vermutens** (de. *annehmen, vermuten, für möglich halten, glauben* – es. *suponer, creer*);

3.1-20	*¿Qué crees que* pasó exactamente en Génova? (20a:14)	*Ich glaube,* meine größte Sünde ist die Tatsache... (20b:19f.)
3.1-21	Beobachter *vermuten*, dass Sergejew eine Großoffensive der russischen Armee gegen die Aufständischen vorbereiten will (07b:9)	

(b) unpersönliche **Ausdrücke der Möglichkeit** (de. *es ist möglich, es kann sein* – es. *es posible, puede ser, puede ocurrir*);

3.1-22	*¿Qué haces esta noche? – Puede ser que vaya* al teatro con un amigo. (Matte Bon 1995: 258)	Was machst du heute Abend? – *Vielleicht* gehe ich mit einem Freund ins Theater. (CN)

(c) durch **Adverbien** wie de. *vielleicht* und *wohl*, es. *tal vez, acaso, quizás* oder *quizá, a lo mejor*. *A lo mejor* steht meist mit dem Indikativ, *puede (ser) que* eher mit dem Konjunktiv (vgl. Matte Bon 1995: II 258). Im Deutschen ist die Sicherheit bei *wahrscheinlich* und *vermutlich* größer als bei *vielleicht*. Im Spanischen kann dagegen *probable*, wenn es mit dem Konjunktiv kombiniert wird, ein gewisses Maß an Unsicherheit ausdrücken. Bei den Vermutungsadverbien wird die Funktion des Modus im Spanischen besonders deutlich: Wenn sie vor dem Verb stehen, verlangen sie meist den Konjunktiv, wenn sie danach stehen, kann das Verb auch im Indikativ formuliert sein (Bsp. 3.1-24) – sie haben keinen rückwirkenden Einfluss.

3.1-23	*A lo mejor sí hay* algún parecido con Argentina. ... *Tal vez* no nos *parecemos* con Argentina, pero... (www.cimacnoticias.com, Mexico)	*Vermutlich* gibt es schon Parallelen zu Argentinien. Wir sind *vielleicht* nicht genau so wie Argentinien, aber... (CN)
3.1-24	Nos llega ahora la luz que emitieron *quizás* hace varios años terrestres. (04a:35f.)	Das Licht, das wir jetzt sehen, ist *vermutlich* vor mehreren Jahren von den Sternen ausgegangen. (CN)
3.1-25	Mohamed VI *tal vez decida* celebrar su nuevo estado civil con un gesto esperadísimo y necesario: restituir el embajador [de	*Vielleicht entschließt sich ja* Mohammed VI. aus Anlass seiner Eheschließung zu der sehnlichst erwarteten und dringend

Marruecos] en Madrid. (El Mundo 24-02-02)	notwendigen Wiederbesetzung der Botschaft in Madrid. (CN)

(d) **Modalverben** wie *können, mögen* (nicht im Korpus belegt) und *dürfen* (im Konjunktiv II, Bsp. 3.1-27/de), *müssen* (meist zusammen mit *wohl*) bzw. *poder, deber de*. Die Modalverben *poder* und *können* dienen nur dann zum Ausdruck einer Vermutung, wenn sie durch *möglicherweise, es kann sein, dass...* oder *es ist möglich, dass* ersetzt werden können. Wenn man sie durch *es ist möglich, zu...* + Infinitiv ersetzen kann, drücken sie die Fähigkeit oder die vorhandenen Voraussetzungen aus. Statt *deber de* steht heute auch oft nur *deber*, z.B. *debe (de) estar en casa* (wenn man sieht, dass das Auto vor der Tür steht), mit Bezug auf ein vergangenes Geschehnis *debían de ser las diez* im Sinne von *supongo que eran las diez* („es dürfte 10 Uhr gewesen sein"). Diese Formen sind jedoch im Korpus nicht belegt

3.1-26	Dosis superiores a las prescritas *pueden* ocasionar sensación de quemazón local al momento de aplicarlas. (03a:26f.)	Bei besonders empfindlichen Patienten *können* kurzfristig lokale Reizerscheinungen auftreten. (03b:24f.)
3.1-27	*Acaso* el imbécil Gondoliero le estaría picoteando la oreja... (18a:35f.)	Das Postulat „so wörtlich wie möglich, so frei wie nötig" *dürfte wohl* das bekannteste sein, *vielleicht* deswegen... (04e:7ff.)
3.1-28	¿Cuántos años *podría* tener? (15a:4f.)	Es *muss wohl* ...die zunehmende Verpöbelung sein (02c:36ff.)
3.1-29	las características técnicas *pueden ser* importantes para el cliente (02a:20)	Da *müsste* der Sektor Psycho-Dienstleistung schwere Einbrüche erlitten haben... (02c:25f.)

(e) das **Futur** (im Deutschen oft als Futur II und in Verbindung mit wohl: *Er wird wohl schon abgereist sein*).

3.1-30	—Pues se llama doña Eugenia Domingo del Arco. —¿Domingo? *Será* Dominga... (18c:34f.)	„Sie heißt Eugenia Domingo del Arco." – „Domingo? Sie meinen *wohl* Dominga!" (CN, vgl. 18d: 37f.)
3.1-31	*Podrán discutir* entre ellos sobre los datos disponibles, pero... (05a:27f.)	...auch wenn sie über die Beurteilung der verfügbaren Daten nicht einig sind... (05b:29, Ü)

In der erlebten Rede wird im Spanischen das Futur dann zum Konditional (Bsp. 3.1-27/es).

3.1.3.3 Zweifeln

Beim Zweifeln ist bereits die Unsicherheit in Bezug auf die Faktizität des Sachverhalts so groß, dass im Spanischen in den Fällen, wo grundsätzlich Indikativ oder Konjunktiv möglich sind, in der Regel der Konjunktiv verwendet wird. Je nach der besonderen Nuance des Zweifels unterscheiden wir zwischen Unsicherheit, Antizipation, Pauschalierung und Möglichkeit.

3.1.3.3.1 Unsicherheit

Um Zweifel in Bezug auf die Faktizität eines Sachverhaltes oder eines zukünftigen Ereignisses explizit auszudrücken, stehen die Verben und Ausdrücke des Zweifelns zur Verfügung, z.B. *dudar (de) que, no estar seguro que* bzw. *zweifeln, bezweifeln, nicht sicher sein*, wobei im Spanischen der Grad der Unsicherheit durch den Modus signalisiert wird (beim Konjunktiv ist die Unsicherheit größer als beim Indikativ) und im Deutschen durch die Konjunktion: *ich bezweifle, ob er kommt* ist weniger definitiv als *ich bezweifle, dass er kommt*. Im Textkorpus sind keine Belege mit *dudar* bzw. *zweifeln* vorhanden. Die ersten 10 Treffer für *dudar que* bei einer Internetrecherche wiesen alle den Konjunktiv auf.

3.1-32	Una encuesta realizada en 1999 encontró que el 11 por ciento de las personas en EEUU *dudaba que hubiera ocurrido* el descenso humano en la Luna. (www.lycos.cl/noticias, 12.12.02)	*Wissen Sie auch nicht so recht, ob* Sie *nun* studieren oder besser eine Berufsausbildung machen sollen? (01f:1ff.)
3.1-33	General Rosendo: *Yo dudo que* Chávez *se vaya* sin violencia. (El Nacional / Caracas, 5.11.02)	Auch die Generale der Luftwaffe *zweifelten an* einer ausreichenden Versorgung. (Plievier, Stalingrad, 219, nach Duden 1993)

Die Literaturbelege zu *(be)zweifeln* in Duden 1993 weisen darauf hin, dass hier eher nominale Objekte verwendet werden (das Gleiche gilt, nach den Wörterbüchern zu urteilen, offenbar für *dudar* bzw. *dudar de*). In der verneinten Form bekräftigt *dudar* dagegen die Sicherheit des Sprechers: *No dudo que tiene razón* – „ich bin mir ganz sicher, dass er Recht hat".

3.1.3.3.2 Antizipation

Als Antizipation bezeichnen Fente et al. (1983: 26) die Aussagen über Sachverhalte, die für die Zukunft angenommen werden und deren Eintreten daher ungewiss ist. Antizipierende Aussagen stehen im Spanischen im Konjunktiv. Antizipation finden wir in Temporalsätzen, Modalsätzen sowie in Konzessivsätzen mit futurischer Einräumung.

Bei den Temporalsätzen sind vor allem die Konjunktionen *cuando*, *hasta que* und *siempre que* zu nennen, nach denen dann der Konjunktiv steht, wenn der im Nebensatz genannte Sachverhalt futurisch ist. Das ist in der Regel daran zu erkennen, dass das Verb des Hauptsatzes im Futur oder Imperativ (in Anleitungstexten auch im imperativischen Infinitiv) steht oder sich zumindest auf ein zukünftiges Geschehen bezieht (zur Futurität siehe unten, 3.3.1). Im Deutschen ist der Unterschied zwischen temporalem und konditionalem *wenn* nicht immer klar erkennbar. Häufig ergibt sich die Antizipationsfunktion aus dem Kontext (z.B. wenn man „eventuell" einfügen könnte). Einen Hinweis können Adverbien wie *erst* oder *immer* im Hauptsatz geben (Bsp. 3.1-34). In Vertragstexten, Garantieerklärungen oder Anleitungen liegen solche ungewissen Erwartungen naturgemäß nahe.

3.1-34	Apague el aparato *cuando* no *se esté utilizando.* (10a:18)	Immer Netzstecker ziehen ... *wenn* das Gerät nicht *in Gebrauch* ist. (10b:17f.)
3.1-35	Con la otra [mano] tire del cable para sacarlo *hasta que* vea una marca roja en el cable. (10a:41)	*Bevor* Sie die Haare auskämmen, lassen Sie diese zuerst auskühlen. (10b:46)
3.1-36	[Se usará Egarone] *siempre que* se desee una acción descongestiva de las vías nasales. (03a:12)	Benutzen Sie das Gerät nicht, *wenn* Sie sich auf feuchtem Boden befinden oder wenn Ihre Hände naß sind. (10b:32f.)
3.1-37	*Una vez haya moldeado* el rizo conecte la fase fría durante 15 a 20 segundos (10a:67f.)	Die Kaufgegenstände bleiben *bis zur vollständigen Bezahlung* des Kaufpreises ...Eigentum der Verkäuferin. (06c:29f.)

| 3.1-38 | «Esperaré *a que* pase un perro – se dijo— (18c:18f.) | „Ich warte *einfach, bis* ein Hund vorbeikommt...", sagte sich Augusto (CN, vgl. 18d:21) |

Esperar a in der Bedeutung „darauf warten, dass etwas geschieht" verlangt immer den Konjunktiv (vgl. Fente et al. 1983:23), da das Erwartete im Verhältnis zum Zeitpunkt des Erwartens stets futurisch ist, eine Absicht impliziert ist (→ 3.3.2.1.2), das Gleiche gilt für *antes (de) que*; entsprechend wäre Bsp. 3.1-38 in einer Erzählung so zu formulieren: *esperó a que pasara un perro...* Um die Absicht anzudeuten, wurde in dem Übersetzungsvorschlag die Partikel *einfach* eingefügt.

Bei Modalsätzen, die sich auf ein futurisches Geschehen beziehen, ist es ähnlich: Steht der Hauptsatz im Futur (einschließlich Imperativ) oder bezieht er sich auf ein zukünftiges Geschehen, dann steht nach *como, según, tal como* etc. der Konjunktiv als Dubitativus, wodurch im Spanischen der Zweifel des Sprechers ausgedrückt wird. Die Modalsätze im Korpus beziehen sich alle (ausgenommen Bsp. 3.1-40/de) auf faktische, also nicht zweifelhafte Geschehnisse. In Bsp. 3.1-40/es geht es zwar um die zukünftige Entwicklung, jedoch ist dies substantivisch ausgedrückt. Verbal müsste der Satz analog zu Bsp. 3.1-39 im Konjunktiv formuliert sein.

| 3.1-39 | Algunas plantas necesitarán ser entutoradas *según vayan creciendo.* (www.terra.es/eljardinbonito, 12.12.02) | |
| 3.1-40 | La garantía cubre el cambio de piezas ... por piezas idénticas o parecidas, *según la evolución* de los productos (11a:15ff.) | „Warschauer Abkommen", in der Fassung vom... oder vom..., *je nachdem, welches* zur Anwendung kommt. (06f:7-11) |

Das Gleiche gilt für die Konzessivsätze. In Abschnitt 2.7.5.3 haben wir im Zusammenhang mit der Erläuterung von Einräumungen bereits gezeigt, dass die Konjunktionen *aunque, aun cuando, si bien* oder *a pesar de que* (deutsch: *obwohl, obgleich, wenn auch*) einen indikativischen Nebensatz einleiten, wenn die Einräumung als faktisch präsentiert wird. Wenn dagegen der Sprecher zum Ausdruck bringen will, dass der eingeräumte Sachverhalt (noch) nicht faktisch, sondern nur in der Zukunft möglich ist, steht der Konjunktiv. Das erkennt man wiederum daran, dass im Hauptsatz Futur oder eine andere Form steht, die sich auf einen zukünftigen Zeitpunkt bezieht.

| 3.1-41 | Apague el aparato cuando no se esté utilizando, *aunque sólo sea un momento*.(10a:18) | Der Versicherer gewährt Versicherungsschutz für Rettungsflüge, *auch wenn* diese nicht im Zusammenhang mit einer Reise stehen. (06e:4-15f.) |

Dass *aunque* im konjunktivischen Konzessivsatz mit *auch wenn* wiedergegeben werden müsse, lässt sich so generell nicht behaupten. Bsp. 3.1-41 zeigt jedoch, dass *auch wenn* im Deutschen einen antizipierenden Konzessivsatz einleiten kann (siehe auch Bsp. 3.1-64).

3.1-42	La Agencia tampoco se responsabiliza de ...daños u otras irregularidades que *puedan* ocurrir. (06b:20ff.)	Der Garantieanspruch erlischt bei *Schäden, die durch Dritte verursacht werden.* (11d:10-11)
3.1-43	EGARONE deberá ser usado con precaución por *las personas que padezcan* hipertiroidismo o hipertensión. (03a:30)	Innerhalb der Garantiezeit werden *alle Mängel, die* auf Material- oder Herstellungsfehler *zurückzuführen sind*, kostenlos behoben. (11d:4f.)
3.1-44	«... y tomaré la dirección inicial *que él tome.*» (18c:19f.)	„...und dann gehe ich zuerst einmal in die gleiche Richtung wie er." (CN, vgl. 18d:21f.)

Antizipierend sind auch Relativsätze, die sich auf in der Zukunft mögliche Sachverhalte beziehen, von denen man noch nicht weiß, ob und gegebenenfalls wie sie eintreten werden.

3.1.3.3.3 Pauschalierung

Ähnlich wie die futurischen Relativsätze funktionieren auch die so genannten verallgemeinernden oder pauschalierenden Relativsätze. Hier wird sozusagen eine Blanko-Aussage gemacht, die alles, was irgendwann oder irgendwie in Betracht gezogen werden könnte, mit einbezieht (vgl. auch die in Bsp. 3.1-50 und 3.1-51 vorgestellten Konzessivsätze).

| 3.1-45 | La garantía es aplicada por el conjunto de nuestra red, *cualquiera que sea* el país o el lugar de compra. (11a:25f.) | *Alle Mängel, die auf Material- oder Herstellungsfehler zurückzuführen sind*, werden kostenlos behoben. (11d:4f.) |

3.1-46	Por último, la información obtenida se distribuye *donde quiera que se necesite.* (05b:31)	Beschränkungen gelten ... zugunsten *jeder Person, deren Flugzeug ... benutzt wird* (06f: 28-30f.)
3.1-47	la información obtenida se distribuye *donde quiera que* se necesite (05b:31)	Der Versicherungsnehmer hat ... *jede* Auskunft zu erteilen, *die* zur Feststellung ... *erforderlich ist.* (06e:69f.)
3.1-48	*Lave lo que lave* lo lava de un modo insuperable.(12b:19f.)	*Alles, was Spaß macht* und ein Abenteuer verspricht, reizt die feurigen Widder. (09d:10f.)
3.1-49	El guía se halla suficientemente facultado para introducir *cuantas modificaciones aconsejen o impongan* las circunstancias. (06b:12f.)	*Wer* sich Tangermünde nähert, braucht nicht viel Phantasie, um sich ins Mittelalter zurückversetzt zu fühlen. (09c:26ff.)

Im Spanischen ist *-quiera* ein Suffix zur Signalisierung der Pauschalierung, im Deutschen gibt es zwar die Entsprechung *auch immer* (*wo auch immer, wer auch immer, was auch immer* etc.), im Korpus finden wir jedoch nur Pauschalierungen mit *alle(s)* oder *jede(r,s)*. Auch Relativsätze ohne formale Pauschalierungsmarkierung, die einen futurisch-ungewissen, beliebigen Sachverhalt benennen, stehen im Spanischen im Konjunktiv.

3.1-50	Iván Helguera: *Por mucho que se empeñe* Gaspart, tenemos nueve copas de Europa. (Noticias de la Champions 2001-2002, 15.5.02)	
3.1-51	*Por mucha ropa que se ponga,* siempre tendrá frío. (Fente et al. 1983: 37)	Sie kann sich einmummeln, *so viel sie will,* und wird trotzdem noch frieren. (CN)

Auch die konzessiven Strukturen *por* + *mucho/más* (+ Substantiv) + *que*, oder *por* + *muy* + Adjektiv + *que* haben pauschalierende Funktion und ziehen den Konjunktiv (als Irrealis) nach sich, wenn sie auf einen futurischen Sachverhalt bezogen sind. Fente et al. (1983: 26ff.) sprechen daher bei den pauschalierenden Konzessivsätzen und Relativsätzen von „Nicht-Erfahrung". Hier ist es im Deutschen wichtig, die Zukünftigkeit des Geschehens im Hauptsatz durch das Futur oder ein Modalverb und nicht durch das Präsens auszudrücken, da die Sätze sonst als Erfahrung mißverstanden werden können.

3.1.3.3.4 Bedingung

Ein Zweifel im dem Sinne, dass der genannte Sachverhalt möglicherweise eintreten kann oder auch nicht, kommt in den Bedingungssätzen zum Ausdruck, die im Spanischen mit *en caso (de) que* oder *a
condición de que* + Konjunktiv ausgedrückt werden (ebenso *con tal de
que, con que, siempre que*). Es handelt sich hier insofern um „reale
Bedingungssätze", als die Erfüllung der Bedingung möglich ist, aber
nicht im Sinne der Erläuterung von Voraussetzungen mit *si* + *Indikativ*
(→ 2.7.5.2), sondern mit einer bewertenden Funktion, die im Spanischen durch den (bei diesen Konjunktionen obligatorischen) Konjunktiv ausgedrückt wird. Im Deutschen ist in beiden Fällen *wenn* möglich,
allerdings scheint der Zweifel deutlicher zum Ausdruck zu kommen,
wenn *sofern* oder *es sei denn, dass* als Konjunktionen und/oder das
Modalverb *sollen* im Konjunktiv II verwendet wird.

3.1-52	Te lo presto *con tal de que* me lo traigas antes de las cinco, que luego tengo que salir. (Matte Bon 1995: II 202)	Unsere Garantiezusage kann *nur* in Anspruch genommen werden, *wenn* das Garantiezertifikat ... vorgelegt wird. (11c:8f.)
3.1-53	Esta garantía se otorga *bajo la condición de que* las averías no se deban a negligencia (11a:33f.)	Der Garantieanspruch erlischt *bei unsachgemäßer Behandlung.* (11d:10)
3.1-54	*En caso de que la entrada o salida de aire quedasen obstruidas*, el aparato dispone de un limitador térmico de temperatura. (10a:76ff.)	Die Beförderung unterliegt der Haftungsordnung des Warschauer Abkommens, *es sei denn, daß* diese Beförderung keine „internationale Beförderung" ...ist. (06f:13ff.)
3.1-55	*Si cayera al agua*, NO intente cogerlo. (10a:35f.)	*Sollte* das Gerät *doch einmal* ins Wasser gefallen sein, nehmen Sie es erst dann heraus, wenn... (10b:22f.)
3.1-56	*En el supuesto en que la reparación efectuada no fuera satisfactoria*, el titular de la garantía tendrá derecho a la sustitución del mueble. (11b:5ff.)	*Sollte* Ihre Zahlung bereits in den letzten Tagen erfolgt sein, so betrachten Sie diese Zahlungserinnerung als gegenstandslos. (19b:11f.)

Der Konjunktiv Imperfekt in Bsp. 3.1-54 bis 3.1-56 ist dadurch bedingt,
dass die genannten Sachverhalte im Verhältnis zur Haupthandlung

vorzeitig sind. Nach der Regel der konjunktivischen Zeitenfolge (zur Erinnerung: Hauptverb in einer Gegenwartszeit → Nebensatzverb im Konjunktiv Präsens bzw. Perfekt) müsste hier eigentlich der Konjunktiv Perfekt (*haya quedado obstruido* bzw. *haya sido satisfactorio*) stehen. Aber die drei Belege aus dem Korpus zeigen, dass es sich nicht um einen Einzelfall handelt. Offenbar wird durch den Konjunktiv Imperfekt der Zweifel in Richtung auf eine Negation der Realität hin verstärkt (→ 3.1.4.4), im Deutschen geschieht das durch die Partikeln *doch einmal* (Bsp. 3.1-55).

3.1.3.4   Nicht-Glauben

Nicht glauben, dass... bedeutet nicht dasselbe wie *glauben, dass nicht...* Im einen Fall wird gewissermaßen eine Behauptung als unsinnig oder nicht zutreffend zurück gewiesen, was im Spanischen den Konjunktiv bedingt, während im zweiten Fall eine zustimmende Meinung über einen (verneinten) Sachverhalt geäußert wird. Im Spanischen ist auf jeden Fall *creer* das am häufigsten verwendete Verb, während im Deutschen *meinen*, *der Meinung/Ansicht sein*, *finden*, *annehmen* und, unter dem Einfluss des Englischen, *denken* bevorzugt werden.

3.1-57	*No creo que* su movimiento *necesite* portavoces... (20a:31f.)	*Ich bin nicht der Meinung*, dass diese Bewegung *unbedingt* einen Sprecher braucht... (CN)
3.1-58	*No creo que* venga. (Fente et al. 1983: 18)	*Ich nehme nicht an*, dass er kommt. / *Ich gehe davon aus*, dass er *nicht* kommt. (CN)

Im Vergleich zu dem Satz *no vendrá* ist die Negation in *no creo que venga* zwar relativiert, indem sie in eine Meinungsäußerung gekleidet wird, jedoch ist deutlich zu erkennen, dass der Satz eigentlich eine Paraphrase zu *höchstwahrscheinlich kommt er nicht* ist.

3.1.4   Bewertung durch Negieren

3.1.4.0   Formen des Negierens

Die Darstellung der Nicht-Existenz von Sachverhalten gehört zur referentiellen Funktion (→ 2.6.1.1). Wenn aber ein real existierender

Sachverhalt negiert wird, erhält die Negation eine Bewertungsfunktion. Je nach dem, welche Art von Sachverhalt negiert wird, unterscheiden wir zwischen der Negation von Begründungen, der Negation der Relevanz einer Einräumung, der Negation von Begleitumständen und der Negation von Realität. Bei all diesen Formen der bewertenden Negation steht im Spanischen der Konjunktiv als Irrealis, also als Modus der Nicht-Wirklichkeit.

3.1.4.1 Negation von Begründungen

Bei der referentiellen Handlung Erläutern haben wir bereits die Kausalität behandelt (→ 2.7.5) und festgestellt, dass Begründungen, die sich auf faktische Gegebenheiten beziehen, im Indikativ stehen, und zwar unabhängig davon, ob der zu begründende Sachverhalt nun positiv oder negativ dargestellt ist. Der Konjunktiv steht im Kausalsatz nur in dem einen Fall, in dem eine mögliche Begründung als unzutreffend zurückgewiesen wird.

3.1-59	Madrugaba todos los días, *no porque le gustase*, sino porque le obligaban. (Fente et al. 1983: 38)	Er stand jeden Tag sehr früh auf, *nicht etwa weil* es ihm Spaß machte, *sondern weil* er musste. (CN)
3.1-60	No vamos a dejar de salir porque haga un poco de frío. (Fente et al. 1983: 38)	Wir hocken doch nicht zu Hause herum, *bloß weil* es ein bisschen kühl draußen ist! (CN)

Dabei muss die Verneinungspartikel nicht unmittelbar vor dem *porque* stehen, wie Bsp. 3.1-60 zeigt, sondern kann ganz normal vor dem Hauptverb platziert sein. Dass es sich um eine Negation der Begründung handelt, ist dann lediglich am Konjunktiv zu erkennen. In den deutschen Übersetzungsvorschlägen wurden Modalpartikeln (*etwa, bloß*) verwendet, um den Bezug der Verneinung deutlich zu machen.

3.1-61	*No era que* tomaba [!] posesión del mundo exterior, sino que observaba si llovía. (18c:4)	*Doch* er wollte sich *nicht etwa* die Außenwelt untertan machen, sondern feststellen, ob es regnete. (CN, vgl. 18d:4f.)
3.1-62	*Y no era tampoco que* le molestase la llovizna, sino el tener que abrir el paraguas. (18c:7)	*Aber* ihn störte *nicht etwa* der leichte Regen, sondern die Notwendigkeit, seinen Schirm aufzuspannen. (CN, vgl. 18d:7ff.)

Auch die erläuternde Struktur *es / era que* leitet eine Begründung ein. Wenn sie verneint ist, muss daher ebenfalls der Konjunktiv als Irrealis stehen. In Bsp. 3.1-61 und 3.1-62 werden die denkbaren Begründungen für Agustos Körperhaltung und Gesichtsausdruck als unzutreffend zurückgewiesen. Warum in Bsp. 3.1-61 der Indikativ statt des zu erwartenden Konjunktivs steht, ist nicht erkennbar, es könnte sich um einen Druckfehler handeln.

3.1.4.2 Negation von Relevanz

In ähnlicher Weise wie die Negation einer Begründung funktioniert die Negation der Relevanz einer Einräumung. Wir hatten bereits die Konzessivsätze mit Antizipation betrachtet (→ 3.1.3.3.2, vgl. Bsp. 3.1-41), in denen der Konjunktiv steht, weil die Einräumung auf einen zukünftigen Zeitpunkt bezogen ist. Hier geht es darum, dass eine Einräumung zwar einen faktischen Sachverhalt nennt, der Sprecher diesen jedoch nicht als relevantes Gegenargument für die Hauptaussage wertet. Also: Manu Chao schreibt gelegentlich gesellschaftskritische Songs, wertet das aber nicht als zulässigen Einwand gegen seine Aussage, dass er keine politische Propaganda betreibe.

3.1-63	Así que huyo del panfleto, *aunque*, en mis textos, *pueda* hablar de lo que me duele en este mundo. (El Mundo, 24-03-02, Interview mit Manu Chao, Forts. von Text 20a)	Daher vermeide ich politische Propaganda, *obwohl* ich in meinen Texten *durchaus schon mal* von den Dingen in dieser Welt rede, die mir Sorgen machen. (CN)

Die Übersetzung des Beispiels zeigt, dass der Konjunktiv im Konzessivsatz mit faktischer Einräumung eine Modalisierung bewirkt, die im Deutschen durch Modalpartikeln (hier: *durchaus*) ausgedrückt werden kann. Die Grammatiker reden von einem „dialektischen" Konjunktiv.

3.1-64	Todos, *lo queramos o no*, estamos vinculados a la política. (20a:28)	Wir alle sind, *ob wir nun wollen oder nicht*, in die Politik verstrickt. (CN)

Das Gleiche gilt für die Einräumung in Bsp. 3.1-64. Der eigene Wille wird hier als irrelevant für die Tatsache der Politisierung bezeichnet.

3.1.4.3   Negation von Begleitumständen

Hierher gehören Modalsätze, die durch *sin que* eingeleitet sind, und verneinte Konsekutivsätze. Sie stehen immer mit dem Konjunktiv, da der im Nebensatz dargestellte Sachverhalt durch die Konjunktion negiert und daher als nicht-faktisch bewertet wird.

3.1-65	Entraron *sin que* nadie se enterase. (Seco 1972: 122)	Sie gingen völlig *unbemerkt* ins Haus. (CN)
3.1-66	No seré yo *tan cruel que te arranque* de lo que tanto quieres. (Fente et al. 1983: 42)	Ich werde nicht so grausam sein, dich all dem, was du so sehr liebst, zu entreißen. (CN)
3.1-67	Sabrás cómo entrar y salir de las grandes ciudades *sin perderte*. (12a:9f.)	Ich bin ja alt geworden, *ohne es zu merken*. (15c:17, Ü)

Die Konstruktion mit *sin que* kann bei Subjektgleichheit durch *sin* + Infinitiv ersetzt werden, und diese Struktur ist im Korpus achtmal belegt, also offensichtlich recht beliebt. Auch im Deutschen ist ein erweiterter Infinitiv mit *ohne zu* bei gleichem Subjekt dem umständlicheren *ohne dass*-Satz vorzuziehen.

3.1.4.4   Negation von Faktizität

Wenn die Realität oder Faktizität von Sachverhalten verneint ist und diese als hypothetisch bewertet werden, steht der Konjunktiv. Dies ist auch der einzige Fall, in dem im Deutschen der *conjunctivus irrealis* verwendet wird. Negationen der Realität finden wir außer in verneinten Behauptungen (Bsp. 3.1-68) in den so genannten irrealen Bedingungssätzen, die durch *si* oder andere konditionale Konjunktionen eingeleitet werden, den hypothetischen Vergleichssätzen mit *como si* (de. *als ob*) und bei Relativsätzen, deren Beziehungswort verneint oder mindestens eingeschränkt ist.

3.1-68	El hombre, tras *negar que se hubiese acercado a ella*, fue liberado (Mundo, 18.3.02, 25)	Nachdem der Mann *erklärt* hatte, er habe sich ihr *nicht* genähert, wurde er freigelassen. (CN)
3.1-69	Perdóname, pero de verdad no puedo. Si *tuviera* más tiempo, lo haría encantado; pero con el trabajo que tengo... (Matte Bon 1995: II 202)	Es tut mir leid, aber es geht wirklich nicht. Wenn ich mehr Zeit *hätte*, dann gerne, aber bei all der vielen Arbeit... (CN)

Beim irrealen Konditionalsatz-Gefüge sind die Tempora festgelegt: Im *si*-Satz steht Konjunktiv Imperfekt oder (bei Vorzeitigkeit) Plusquamperfekt, im Hauptsatz Konditional I bzw. II. Im Deutschen steht ebenfalls im *wenn*-Satz der Konjunktiv Imperfekt oder Plusquamperfekt und im Hauptsatz Konditional I bzw. II.

3.1-70	Era *como si no hubiera* nadie en aquella casa, *como si ni siquiera hubiera existido*, *como si nos lo hubiéramos inventado.*(18a:17f.)	Es war, *als wäre* keiner im Haus, *als hätte* er überhaupt nie existiert, *als hätten* wir ihn nur erfunden. (18b:18ff., Ü)
3.1-71	Sabía hablar *como si su voz saliera* de la boca de su muñeco Ruperto. (15b:1f.)	Er konnte so reden, *als käme* seine Stimme aus dem Mund seiner Puppe. (15c:1f., Ü)
3.1-72	Los brazos y las piernas eran ágiles, muy expresivos *como si* las palabras *no fuesen* suficientes para comunicar las ideas... (15a:27f.)	4000 Meter über dem Pazifik fanden die Eroberer einen Kegel mit so ebenmäßigen Flanken, *als sei er* von Menschenhand in die Landschaft gesetzt. (14b:20f.)

Im Deutschen können irreale Vergleichssätze mit *als ob* oder *als wenn* eingeleitet werden (dann steht das Verb am Ende) oder nur mit *als* (dann folgt das Verb direkt auf die Konjunktion). In beiden Fällen ist sowohl Konjunktiv I als auch Konjunktiv II möglich (vgl. Engel 1988: 419). Die Belege im Korpus sprechen dafür, dass die Einleitung mit *als* die bevorzugte Form ist.

3.1-73	*No* estamos en un mundo *donde* los recursos *sean* ilimitados. (02a:18)	Die Ressourcen der Welt, in der wir leben, *sind nicht* unerschöpflich. (02b:18f., Ü)
3.1-74	Cuando está uno triste, *no hay nada que consuele* tanto como la música. (Fente et al. 1983: 46)	Es gibt *nichts, das* ich dir nicht schon gesagt *hätte*. (Engel 1988: 679).

Schließlich enthalten auch spezifizierende Relativsätze, die von einem verneinten Beziehungswort abhängen, eine Negation der Realität, denn wenn das Referens des Beziehungsworts nicht existiert, dann ist auch die im Relativsatz formulierte nähere Bestimmung irreal: Wenn die Musik der beste Trost für einen Trauernden ist, dann gibt es eben nichts anderes, das genauso tröstlich ist oder wäre.

3.1.5   Bewertung durch Referieren

3.1.5.0   Formen des Referierens

Sowinski widmet in seiner *Deutschen Stilistik* den „Redeformen als stilistische Gestaltungsweisen" ein eigenes Kapitel und begründet das damit, dass jede dieser Formen einen eigenen Stilwert besitze und auf den Leser eine jeweils unterschiedliche Wirkung ausübe (vgl. Sowinski 1973: 178). Daher gehört das Referieren fremder Rede zu den expressiven Mitteln und kann der Bewertung zugeordnet werden. Durch die Wiedergabe fremder Rede oder fremder Formulierungen distanziert sich der Sprecher vom Inhalt und/oder von der Form der Aussage – unabhängig davon, ob er ihr zustimmt oder sie ablehnt. Je nach der Form unterscheiden wir Zitat, indirekte Rede, inneren Monolog und erlebte Rede. Die beiden letzten Redeformen sind typisch für narrative literarische Texte, aber da beide in unserem Korpus vertreten sind, wollen wir kurz darauf eingehen.

3.1.5.1   Zitat

Unter Zitieren verstehen wir die Wiedergabe der fremden Äußerung im Wortlaut, und zwar mit Punkt und Komma und einschließlich eventueller Fehler. Wörtliche Redewiedergabe finden wir in Kommentaren und Glossen, in Fach- und Lehrbuchtexten, in Presseberichten, populärwissenschaftlichen Texten und in der Literatur, wo es sich allerdings um fiktive Rede handelt. Wörtliche Zitate können verschiedene Funktionen haben (vgl. Nord 1990a, 1990b), um die es hier jedoch nicht gehen soll, da diese grundsätzlich in beiden betrachteten Kulturen gleichermaßen vorkommen können.

3.1-75	Serguéyev afirmó que "las tropas están preparadas para cumplir la operación en un plazo muy breve". (07a:13f.)	...von denen am 8. Juni gemeldet wird: „Deutsche sind seelisch gesünder geworden." (02c:15f.)
3.1-76	**Investigación Comercial** "es la sistemática aplicada a la búsqueda ... de información con el propósito de ... ". (05b:4f.)	Von „Gesetzmäßigkeiten der Übersetzung" spricht im deutschen Sprachraum m.W. zuerst Jumpelt (04e:11-15)
3.1-77	La clonación choca con "nuestros más queridos conceptos de	Diese acht Regeln sollen „eine Art von Beziehungssystem dar-

	fe y de humanismo. Cada vida humana es única, nacida de un milagro que va más allá de los laboratorios científicos", dice Clinton. (El País, 6-3-97)	stellen ... Bei Beachtung des Zwecks müssen die 8 Regeln sicherlich noch modifiziert werden" ([Neubert]1965, 89). (04e:36-40)
3.1-78	«El Rhin tardará diez años en regenerarse», afirman los ecologistas alemanes y suizos. (GEO 7/87:33)	Der kleine Indianer Roberto schreit ... in die Kälte: „Viva el gringo!" ...Dann setzt er hinzu: „Viva Potosí!" (14b:10ff.)

In nicht-literarischen Texten stellen wir bei den formalen Kennzeichnungen wörtlicher Zitate kaum Divergenzen fest, wenn man von den typografischen Anführungszeichen im Deutschen und der häufigeren Verwendung der nach innen geöffneten Winkel als Anführungszeichen im Spanischen einmal absieht. Zwischen zitierter mündlicher Rede und zitierten schriftlichen Äußerungen wird kein Unterschied gemacht. Ursprünglich in einer anderen Sprache gemachte Äußerungen werden in Presseberichten, Sachtexten und populärwissenschaftlichen Texten in Übersetzung genau so als „wörtlich" gekennzeichnet wie Originalzitate.

In literarischen Texten dagegen wird wörtliche Rede im Spanischen typischerweise nur am Anfang einer Äußerung durch einen langen Gedankenstrich gekennzeichnet, während eingeschobene Obertexte (zum Terminus vgl. Engel 1988: T134) als Parenthese in Gedankenstriche eingeschlossen werden. Bei Dialogen wird dann jede neue Äußerung in eine neue Zeile gesetzt, sodass die fehlende Endmarkierung der wörtlichen Rede keine Probleme bereitet (vgl. 18c:32ff., auch Text 20a).

3.1-79	— ¡Vaya! —exclamó—. Me he hecho viejo sin darme cuenta y sin descansar un solo día. Y pensó que ... (15b:18f.)	„Ja, Majestät", sprach der Doktor mit ernstem Gesicht, „der Fall ist nicht so einfach." (15d:22f.)

Im Deutschen dagegen wird bei Unterbrechung der Äußerung (= des Untertexts) jeder Teil einzeln in Anführungszeichen gesetzt und ein längerer Dialog normalerweise als Fließtext gesetzt. Eine Form wie die der publizierten Übersetzung von Text 18d (18b:35ff.) ist nicht normgerecht. Winkel-Anführungszeichen werden im Deutschen übrigens mit der Öffnung nach außen gesetzt.

Die Quellenangabe ist vor allem in Fach- und Lehrbuchtexten wichtig. Die Quellenangabe als Parenthese im Text (Bsp.3.1-77/de) setzt sich sowohl im Spanischen als auch im Deutschen immer stärker durch, zu Lasten der Angabe in Fußnoten, die zunehmend als umständlich und störend empfunden wird. Allerdings stellen wir fest, dass in deutschen Fach- und Lehrbuchtexten allgemein größerer Wert auf genaue bibliographische Angaben gelegt wird. Wenn es bereits eine zielsprachliche Übersetzung des im Ausgangstext zitierten Werkes gibt, sollte diese angegeben werden (Bsp. 3.1-81), damit die Angabe dem Leser etwas nützt. Die ausführlichen Angaben in Bsp. 3.1-80/de sind da vorbildlich.

3.1-80	No vamos a describir *las múltiples versiones expuestas durante el paso de los siglos* sobre este fenómeno físico, pues incluso actualmente existen varias teorías al respecto aceptadas como posibles. (04a:7-10, hier hätte ein Verweis auf weiterführende Literatur stehen können)	JOHN MAYNARD KEYNES, in seinem Buch „Allgemeine Theorie der Beschäftigung, des Zinses und des Geldes"[1]...(04d:2ff.) [1]München und Leipzig 1936, Nachdruck Berlin 1952; englischer Originaltitel: *The General Theory of Employment, Interest and Money*, London und New York 1936; Zitate nach der deutschen Ausgabe.
3.1-81	Según Malinowski ([3]), una sociedad es un complejo de proporciones vastas... ([3]) Malinowski, B.K.: *The Dynamics of Culture Change*, New Haven, 1975. (aus: Text 05a, S. 135)	Nach Malinowski[3] ist die Gesellschaft ein riesiges System... [3]Malinowski, B. K., Die Dynamik des Kulturwandels, Wien/Stuttgart 1951. (aus: Text 05b, S. 62)
3.1-82	Con razón *dice* el refrán lo de «la primavera ha venido, nadie sabe cómo ha sido». (Villa de Madrid 3/87, 4)	Zu Recht heißt es in einem spanischen Sprichwort: „Frühling – plötzlich ist er da, keiner weiß, wie es geschah!" (CN)

Interessant ist auch ein Blick auf die zitateinleitenden Verben („Verba dicendi"). In der wissenschaftlichen Literatur sind diese relativ phantasielos: Ein Verfasser *spricht* (obwohl er eigentlich *schreibt* bzw. *geschrieben hat*, vgl. 1.2.2.2, Bsp. 1.2-42), im Spanischen meist *decir*, auch häufig mit Personifizierung der Quelle (*el refrán dice...*, Bsp. 3.1-82), während im Deutschen etwas „in der Zeitung" *steht* oder *zu lesen steht* (02c:29). In den Kinderbuch- und Romantexten dagegen gibt es mehr Abwechslung, obwohl diese in den deutschen Texten entschieden größer ist als in den spanischen.

3.1-83	exclamar, decir, lamentarse, gritar (15b)	rufen, mit den Zähnen klappern, jammern, sprechen, keuchen, sprechen (15d)
3.1-84	decir, decir, gritar, decir, decir, contestar (18a)	sagen, sagen, schreien, sagen, sagen, antworten (18b, Ü)
3.1-85	pensar, pensar, decirse, interpelar, 13 x ∅, decirse... (18c + Fortsetzung)	denken, überlegen, denken, anreden, 13 x ∅, sich sagen (18d, Ü, + Fortsetzung)

Die beiden Übersetzungen (Bsp. 3.1-84 und 3.1-85) halten sich sklavisch an die Verba dicendi, die der Ausgangstext vorgibt, und wirken dadurch sehr wenig lebendig. Zur Norm gehört im Deutschen zumindest, bei Fragen oder Ausrufen anstelle von *sagen* die sprechaktspezifischen Verben (*fragen, rufen, antworten, erwidern, entgegnen*) zu verwenden (vgl. auch oben zur Spezifik der Handlungsverben, → 2.6.3.1). Ansonsten gilt für den Aspekt der Abwechslung, was Ludwig Reiners in seiner *Stilkunst* schon vor 60 Jahren formuliert hat: „Wenn in einer Erzählung viele Wechselreden folgen, wird es schwierig, sie jedesmal einzuleiten. Ein ständiges *Karl sagte, Gerda sagte, Peter sagte* ... wirkt ermüdend. Manche Autoren helfen sich mit einem Doppelpunkt: *Der Diener überreichte ein Schreiben: ein Kornett habe es gebracht.* Andere benützen jedes beliebige Zeitwort, um eine wörtliche Rede einzuleiten: »›Ich war noch nie‹, schraubt Gérard den blakenden Docht niedriger, ›im Palais Bourbon.‹ ›Ich auch nicht‹, legt Jacques seinen Kneifer neben sich.« Das schlichte *sagte er* und *antwortete sie* ist meist das kleinste Übel." (Reiners [1943]1967: 134, zur Variation bei Verba dicendi vgl. auch Sowinski 1973: 181).

3.1-86	«Abril cruel», que *dijo* el poeta. (Villa de Madrid 3/87, 4)	„Grausamer April", heißt es bei einem spanischen Dichter. (CN)
3.1-87	«Prefiero la injusticia al desorden» es una frase de Goethe... (Haro Tecglen, *Diccionario político*, 1977: 227)	„Ich will lieber eine Ungerechtigkeit begehen als Unordnung ertragen" (Goethe: Briefwechsel mit einem Kinde)

Für den Übersetzer besonders unangenehm sind Zitate, bei denen kein Autor genannt ist (Bsp. 3.1-86), und übersetzte Zitate von zielkulturellen Autoren, die man ja nicht einfach zurück übersetzen kann (Bsp. 3.1-87). Da ist dank Internet die Recherchearbeit heute etwas leichter geworden, aber meist immer noch mühsam genug.

3.1.5.2 Indirekte Rede

Bei der indirekten Wiedergabe einer fremden Äußerung wird diese meist beträchtlich verändert: Aus den Pronomina der 1. werden Pronomina der 3. Person, die deiktischen Ort- und Zeitreferenzen werden verändert (z.B. *hier* → *dort, gestern* → *einen Tag zuvor.* Dazu kommt im Deutschen der konjunktivische Modus, im Spanischen – zumindest theoretisch – die Zeitenfolge. Theoretisch deshalb, weil sie in der Praxis vielfach nicht eingehalten wird. Wie die direkte hängt auch die indirekte Rede als Untertext grundsätzlich von Verba dicendi ab, die den Obertext bilden.

Im Spanischen steht die indirekte Rede im Indikativ, sie ist also nur durch den Obertext mit dem Verb des Sagens als indirekte Wiedergabe erkennbar, das Ende der indirekten Rede ist nicht markiert, es sei denn durch einen Absatz. Dadurch ergibt sich einerseits das Problem, dass der Übergang von der indirekten Wiedergabe fremder Äußerungen zu den eigenen Äußerungen des Sprechers oft schwer zu erkennen ist (Bsp. 3.1-88). Auf der anderen Seite braucht man dadurch mehr Verba dicendi, um von Zeit zu Zeit ein Signal zu geben, dass die indirekte Rede noch weiter geht. Diese fehlen beispielsweise in 3.1-88, und da außerdem im dritten Satz plötzlich das Tempus vom Imperfekt zum Präsens wechselt, ist die mit // gekennzeichnete Stelle die erste klare Unterbrechung des indirekten Zitats: Hier ist plötzlich von den *empiristas*, deren Ansichten vorher referiert wurden, in der 3. Person die Rede. Im Deutschen dagegen kann man theoretisch (in der Praxis wäre das allerdings eine sehr ermüdende Lektüre) seitenlang indirekte Rede nur durch den Konjunktiv markieren, ohne ein neues Verbum dicendi einzufügen.

| 3.1-88 | Los empiristas – Locke, Berkeley, Hume – *creían que* las palabras *cobraban* significado al ocupar el lugar de las ideas en la mente. Entender un enunciado | Die Empiristen – Locke, Berkeley, Hume – *waren der Ansicht*, die Wörter *erhielten* ihre Bedeutung in dem Augenblick, da sie im Geist des Menschen den |

consistía en asociar ideas. En la mente nada *había*; *empieza* a haber algo cuando comienza la experiencia. Los mecanismos de la asociación de ideas *explican* todo ulterior conocimiento. // Los behavioristas están cercanos a las teorías empiristas. (Fullat 1979: 103, vgl. Text 05a)	Platz der Ideen *einnähmen.* Verstehen *bedeute* danach, Ideen zu assoziieren. Im Verstand *sei* zunächst nichts vorhanden; erst mit Beginn der Erfahrung *entstehe* etwas. Jede weitere Erkenntnis *sei* aus den Assoziationsmechanismen zu erklären. // Die Behavioristen stehen dem Empirismus nahe... (Fullat 1982: 57, Ü)

Außer in der Fachliteratur kommt die indirekte Rede auch in Presseberichten relativ häufig vor, wenn Aussagen und Meinungen von Politikern oder Experten referiert werden. Text 02c ist ein typischer Fall eines solchen Textes, in dem manche Äußerungen in direkter und manche in indirekter Rede wiedergegeben sind. Bei der indirekten Wiedergabe ist noch eine besondere Art von Verben zu nennen, die so genannten „illokutiven Verben" oder „Sprechaktverben". Das sind Verben, die den Sprechakt bezeichnen, für den sie stehen: in Text 02c z.B. das Verb *sich bezeichnen als* (02c:19). Der Sekundärtext *10 Prozent bezeichnen sich als unglücklich* ist die indirekte Wiedergabe eines Primärtexts, der heißen könnte: *Wir sind unglücklich* oder aus einem Kreuzchen für JA ☐ neben der Frage: *Würden Sie sich als unglücklich bezeichnen?* in einem Fragebogen.

Die folgenden Beispiele aus dem Korpus geben einen Eindruck von den für die indirekte Rede verwendeten Verba dicendi und Redeeinleitungen.

3.1-89	...repetir que (02a:17)	darauf hinweisen, dass ... (02b:17f., Ü)
3.1-90	Es heißt, dass... /..., so der Bericht, ... / Einer Studie zufolge... / sich bezeichnen als / klagen über / meinen (alle 02c)	
3.1-91	hinweisen auf / ausgehen von / betrachten als / gleichsetzen / definieren als / nach Keynes / bezeichnen als / im Sinne von Keynes / bei Keynes / für ihn [= Keynes] (alle 04d)	
3.1-92	mostrarse (05b:2, unpersönlich)	(Kade 1968) / bei Jumpelt ist die Rede von / unterscheiden zwischen / diskutieren (alle 04e)
3.1-93	mitteilen, dass... / vermuten / auffordern, zu ... / nach eigenen Angaben / melden (alle 07b)	

3.1-94	referir que (14a:33f., Sub-jekt: la mitología)	..., so die Rührseligkeit [= die rühr-selige Geschichte] (14b:22)
3.1-95	preguntarse por / ocuparse de / atribuirle (alle 15a)	sich rühmen, zu... (17b:34)
3.1-96	decir [cosas] / pensar / de-mostrar (alle 15b)	[Sachen] sagen / finden / zeigen (alle 15c, Ü)

Wenn nur ein deutsches Beispiel angegeben ist, war in der betreffen-den Textsorte im Spanischen keine indirekte Rede belegt. Dadurch wird deutlich, dass die spanischen Texte – wie bereits für die direkte Rede festgestellt – offenbar weniger Primärtexte referieren.

3.1-97	*Dicen que* en los tiempos de la revolución cultural la ma-lidición china de moda era... (El País 4/90)	Zur Zeit der chinesischen Kultur-revolution war die beliebteste Ver-wünschung *angeblich*: ... (CN)
3.1-98	Marx *dijo* que no era marxi-sta. (Buchbesprechung, El País 10/84)	Die Frage, ob Karl Marx ein Marxist gewesen sei... Marx jedenfalls hat sie für seinen Teil des öfteren ent-schieden *verneint*. (ZEIT 16.11.90, Buchbesprechung)

Bei den deutschen indirekten Redewiedergaben fällt auf, dass die illo-kutiven Verben stark in der Überzahl sind. Durch sie lassen sich kom-plexe Satzstrukturen und vor allem der meist eher unbeliebte Kon-junktiv der indirekten Rede elegant vermeiden.

3.1.5.3   Innerer Monolog

Der innere Monolog (spanisch: *monólogo interior*) gibt Gedanken von Personen in fiktionalen Texten wie direkte Rede in der 1. Person wie-der. Der Unterschied zum Dialog wird dabei oft durch die Art der An-führungszeichen markiert. So werden beispielsweise in Text 18c für den Dialog die Gedankenstriche (—) und für den inneren Monolog die nach innen offenen Doppel-Winkel («...», so genannte „französische Form") verwendet, die dazugehörige Übersetzung (18d) differenziert mit nach außen offenen doppelten Winkeln (»...«) für den Dialog und den entsprechenden einfachen Winkeln (›...‹) für den inneren Mono-log. In Text 18a finden wir in dem für das Korpus ausgewählten Aus-schnitt die doppelten Anführungszeichen ("...") für den inneren Mono-log bzw. die geträumten Dialoge, der normale Dialog ist im Buch normgemäß mit den Gedankenstrichen am Anfang jeder Äußerung in einer neuen Zeile gekennzeichnet. Die einleitenden Verben sind in Text 18c *pensar* und *decirse* (reflexiv), die Übersetzung (18d) hat *denken* und *überlegen*.

Es ist interessant, dass die konsultierten Grammatiken und Lehrbücher meist keinen Hinweis auf die Setzung von Anführungszeichen geben. Auch das Akademiewörterbuch schweigt sich über den Gebrauch aus und definiert *comillas* lediglich als

> signo ortográfico (« », " " o ") que se pone al principio y al fin de las frases incluidas como citas o ejemplos en impresos o manuscritos, y también, a veces, al principio de todos los renglones que estas frases ocupan. Suele emplearse con el mismo oficio que el guión en los diálogos, en los índices y en otros escritos semejantes. También se emplea para poner de relieve una palabra o frase (DRAE 1984).

3.1.5.4 Erlebte Rede

Wie im inneren Monolog geht es auch in der erlebten Rede (spanisch: *estilo indirecto libre*) um die Kundgabe der Reflexionen der Figuren in einem fiktionalen Text, allerdings in der dritten Person und daher in etwas distanzierterer Weise. Die erlebte Rede ist nicht so leicht von der Autorenrede abzugrenzen, da sie nicht durch redeeinleitende Verben etc. angekündigt wird. Man erkennt sie inhaltlich daran, dass Eindrücke und Gedanken aus der Sicht der erlebenden Person (anstatt aus der Sicht des allwissenden Autors) beschrieben werden, und stilistisch daran, dass oft Merkmale der gesprochenen Sprache vorkommen, wie etwa Interjektionen, regiolektale Markierungen, auch Ausrufezeichen und dergleichen.

3.1-99	¡Estaba *tan* elegante, tan esbelto, plegado y dentro de su funda! (18c:8)	*Der* war *doch* so elegant, wie er schlank und gefaltet in seiner Hülle steckte! (CN, vgl. 18c:9f.,Ü)

In Bsp. 3.1-99 ist die erlebte Rede an den Ausrufezeichen, an der Verwendung von *estar* mit *elegante* (→ 2.6.1.5) und an dem *tan* (statt *muy* in der Autorenrede) zu erkennen. In dem Übersetzungsvorschlag dienen ebenfalls das Ausrufezeichen und das *so*, darüber hinaus jedoch noch die Modalpartikel *doch* und das Demonstrativum *der* (statt *er* oder *dieser*) zur Markierung. Die zusätzlichen Markierungen sind dadurch zu rechtfertigen, dass im Spanischen durch das eröffnende Ausrufezeichen bereits vom Satzanfang an klar ist, dass es sich um eine erlebte Rede handelt, während man im Deutschen erst mehr als den halben Satz lesen müsste, um es zu merken. Zum Vergleich die publizierte Übersetzung: *so schlank, so elegant, so geschickt war dieser in sein Futteral gerollt* (18d:9f., Ü), die ganz auf die dreimalige Wiederholung des *so* baut.

3.1-100	Y [los gorriones] se comerían también las manzanas. (15b:28f.)	Und sie [= die Spatzen] würden auch noch die Äpfel auffressen. (15c:28f.)
3.1-101	¿Cuántos años podría tener? (15a:4a)	Wie alt war er wohl? (CN)

In Bsp. 3.1-100 ist die erlebte Rede am Konditional zu erkennen, das die Zukunft (= Nachzeitigkeit) aus der Sicht der Vergangenheit markiert. Allerdings könnte dieses auch in der Autorenrede vorkommen, für eine erlebte Rede spricht jedoch, dass diese „Beobachtungen" durch *Y allí le esperaba una desagradable sorpresa* eingeleitet werden und die *desagradable sorpresa* (dass nämlich die Spatzen bereits die Tomaten und die Melonen angepickt hatten) dann um eine unangenehme Erwartung ergänzt wird. In Bsp. 3.1-101 dagegen haben wir es mit einer allerdings auch sehr sprechsprachlich gestalteten Autorenrede zu tun, da im Vorfeld dieses Satzes keine Person eingeführt wird, der man diese Rede „ins Bewusstsein" legen könnte.

3.1.6 Bewertung durch Ironie

An anderer Stelle (Nord 1991: 233) habe ich ausführlich zur Ironie im ersten Abschnitt des Textbeispiels 18c Stellung genommen. Das soll hier nicht wiederholt werden. Da jedoch Ironie ein nicht nur in literarischen Texten gern verwendetes Mittel der expressiv-bewertenden Funktion ist, sollen wenigstens einige Beispiele angeführt werden.

Ein ironischer Sprecher gibt vor, sich an die Konvention der Aufrichtigkeit zu halten und macht dem Zuhörer gleichzeitig klar, dass er diese Konvention durchbricht. Dazu benutzt er, sofern der ironische Gegensatz zwischen Gesagtem und Gemeintem nicht eindeutig aus der Situation zu erkennen ist, so genannte „Ironiesignale" – Störfaktoren, die eine wörtliche Interpretation der Äußerungen verhindern sollen, indem sie den Erwartungen und Konventionen widersprechen. Klassische Ironiesignale sind u.a. syntaktische Parallelismen, Zeugmata, überlange Sätze, absichtliche Stilbrüche, Wortspiele, Sentenzen, Übertreibungen, das heißt: alle möglichen Durchkreuzungen der Erwartungen des Lesers an den Text.

3.1-102	Un paraguas cerrado es tan elegante como es feo un paraguas abierto. (18c:9f.)	Zusammengerollt ist ein Schirm elegant, hässlich dagegen aufgespannt. (CN, vgl. dagegen 18d:10f., Ü)

Bsp. 3.1-102 durchkreuzt die Erwartung, dass eine Sentenz (noch dazu mit einem Chiasmus, das heißt: einer X-förmigen Struktur wie in *cerrado – elegante / feo – abierto*) auch einen tiefsinnigen Inhalt haben müsse und nicht von so trivialen Gegenständen wie aufgespannten oder zusammengerollten Regenschirmen handeln dürfe. Der Übersetzungsvorschlag benutzt einen Reim, um eine sprichwortähnliche Struktur zu suggerieren.

3.1-103	...y tras de sus ojos se fue, como imantado y sin darse de ello cuenta, Augusto. (18c:22)	und ihr nach lief, von ihren Augen gleichsam gebannt und ohne recht zu wissen, was er tat, Augusto. (CN, vgl. 18d:24f., Ü)

Bsp. 3.1-103 überrascht durch den Satzbau, der gewissermaßen die Faszination Augustos durch die Augen der schönen Eugenia nachbildet. Wie an einer langen Leine wird er hinter ihr hergezogen. Das kann man im Deutschen durchaus nachahmen. Höchst ironisch wird auch Augustos Gespräch mit der Concierge dargestellt, in dem er sich ihr mit dem Latinismus *inter nos* etwas herablassend nähert, dabei aber den Fehler begeht, den Ausdruck mit einem völlig überflüssigen *para* einzuleiten. In dem Vorschlag wird ein französischer Ausdruck an die Stelle gesetzt, da in der Zielkultur Französisch eher mit Vornehmtuerei assoziiert wird als Latein.

3.1-104	...¿podría decirme aquí, en confianza y para *inter nos*, el nombre de esta señorita...? (18c:30)	Könnten Sie mir im Vertrauen und ganz *entre nous* vielleicht den Namen ... sagen? (CN, vgl. 18d:32f.)

3.1-105	Y si no, dónde está la concordancia? – No la conozco, señor. (18c:33f.)	„Wo bleibt sonst die Kongruenz?" – „Keine Ahnung, wer ist denn das?" (CN)

Ein Wortspiel hatten wir bereits weiter oben kommentiert (Bsp. 2.1-9: *Augusto – actitud augusta*), in Bsp. 3.1-105 finden wir ein weiteres: Augusto redet mit der Concierge über das grammatische Phänomen der *concordancia* (deutsch: Kongruenz), also die Abstimmung der Endungen auf das Geschlecht des Referens, und die einfache Frau missversteht seine rhetorische Frage als Informationsfrage nach irgendeiner Person (oder Sache?), die sie nicht kennt.

Ein Zeugma, ebenfalls ein klassisches Ironiesignal, finden wir in Bsp. 3.1-99, wo *estar* gleichzeitig zur Beschreibung des Zustands (*estar elegante, estar plegado*) und der Befindlichkeit verwendet wird (*estar en su funda*). Der erste Satz des Textausschnitts (Zeilen 1-4, gleichzeitig der erste Satz des Romans) kommt schon in die Nähe von „überlang", und einen Parallelismus finden wir in den Sätzen *No era que tomaba posesión...* und *No era tampoco que le molestase...* (Zeilen 4 und 6). Stilistische Übertreibungen finden wir nicht nur in der geschwollenen Redeweise Augustos, sondern auch in der Art, wie seine *actitud augusta* beschrieben und dann mit dem höchst prosaischen Grund dieser Haltung (*er wollte feststellen, ob es regnete*) kontrastiert wird.

3.1-106	el *frescor del lento orvallo* (18c:6), la *llovizna* (18c:7)	die Kühle des *langsam niederrieselnden Staubregens*, der *feine* Regen (18d:6f., 8, Ü)

Auch die Erwartung, dass eine poetische Form einen poetischen Inhalt einkleiden müsse, wird durchkreuzt. Die Formulierung *el frescor del lento orvallo* bringt die ironische Distanzierung des Autors zu seinem Geschöpf Augusto dadurch zum Ausdruck, dass der Rhythmus getragen, fast feierlich wirkt, obwohl es nur um einen Nieselregen geht, der allerdings durch *frescor* positiv konnotiert ist (Kulturspezifik!). Das ausgefallene Wort *orvallo* (VOX 1978) verstärkt die gehobene Stilfärbung, während *llovizna*, wie auch *nieseln*, lautmalerisch auf die Feinheit der Regentropfen zielt. Formulierungen wie *die Kühle des sachten Sprühregens* (zweimal *ü*, *sacht* als etwas ausgefalleneres

Adjektiv) und *das leise Nieseln* (Verstärkung der Lautmalerei durch *leise*) würden meines Erachtens den ironischen Kontrast besser wiedergeben als die zitierten Übersetzungen.

Insgesamt finden wir also auf kleinstem Raum eine Fülle von Ironiesignalen, die uns die Haltung des Autors gegenüber seiner Schöpfung, der fiktiven Person Augusto, deutlich machen.

3.1.7 Zusammenfassung

Für die expressive Kommunikationshandlung Bewerten haben wir – abgesehen von der Ironie, die etwas „außer Konkurrenz" läuft – fünf Varianten festgestellt: Bewerten durch expressive Referenz, durch Beurteilung, durch Relativierung, durch Negation und durch Referieren fremder Äußerungen. Bei allen Varianten waren Gemeinsamkeiten und Unterschiede zwischen den spanischen und den deutschen Texten festzustellen. Wir fassen die wichtigsten Ergebnisse wie üblich in Thesenform zusammen.

→ Bei der Übersetzung bewertender Benennungen ist zu beachten, dass die Bewertung sowohl im Konnotat eines Substantivs liegen kann, die mit manchen Wortbildungsmustern (Komposition, Suffigierung) oder einer bestimmten Wortherkunft (Anglizismen) einhergeht, als auch in Attributen aus konnotativ geladenen Adjektiven (im Spanischen oft vorangestellt), Superlativen oder Elativen. Insgesamt stellen wir in den deutschen Texten weniger attributive Bewertungen fest als in den spanischen.

→ Bei der Bewertung durch Beurteilungen besteht ein gradueller Unterschied zwischen Urteilen, die lediglich die Faktizität eines Sachverhalts konstatieren, und kommentierenden Urteilen. In beiden Fällen werden im Deutschen häufig Adverbien wie *selbstverständlich* oder Modalverben wie *sollen* (im Konjunktiv II) den unpersönlichen Urteilssätzen vorgezogen, da so der Satzbau einfacher wird. Im Spanischen dagegen sind unpersönliche Ausdrücke besonders mit Infinitivkonstruktionen (bei Subjektgleichheit) sehr verbreitet. Unpersönliche Urteilsausdrücke mit *que* + Konjunktiv finden sich dagegen zumindest in unserem Korpus weniger, als die ausführliche Behandlung dieser Strukturen in vielen Lehrbüchern und Grammatiken vermuten ließe.

➜ In persönlichen Beurteilungen nach Verben der Meinungsäußerung steht im Spanischen in der Regel der Indikativ, in unpersönlichen Beurteilungen nach Urteilssätzen der Konjunktiv, sofern es nicht darum geht, eine Tatsache einzuräumen oder zu konstatieren.

➜ Bei der Bewertung durch Relativieren von Aussagen bestimmt im Spanischen der Modus den Grad der Sicherheit bzw. Zweifelhaftigkeit der Aussage, während im Deutschen lexikalische Alternativen (*vielleicht – möglicherweise – wahrscheinlich – wohl – sicherlich*) für die Abstufung zuständig sind, da der Modus in allen Fällen der Indikativ ist.

➜ Antizipation und Pauschalierung sind zwei wichtige Motivationen für die Setzung des Konjunktivs im Spanischen bei der Relativierung von Aussagen. Bei vielen Formen der Bewertung durch Relativierung stehen als Alternative zum adverbialen Nebensatz infinite Strukturen (erweiterter Infinitiv, *aun* + Gerundium) zur Verfügung, mit denen man die Entscheidung zwischen Indikativ und Konjunktiv elegant umgehen kann.

➜ Bei der Bewertung durch Negation von Faktizität oder Realität steht im Spanischen immer der Konjunktiv, im Deutschen nur bei irrealen Vergleichs- und Bedingungssätzen und fakultativ (im formelleren Sprachgebrauch) bei spezifizierenden Relativsätzen mit verneintem Bezugswort.

➜ Bei direkten und indirekten Zitaten ist vor allem in Lehr- und Fachbuchtexten auf die unterschiedliche Form und Frequenz von Quellenverweisen zu achten. Das bedeutet nicht unbedingt, dass beim Übersetzen Deutsch-Spanisch Quellenangaben einfach weggelassen werden sollen, aber schon, dass beim Übersetzen Spanisch-Deutsch manchmal zusätzliche Quellenangaben recherchiert werden müssen!

➜ Bei den Redeeinleitungen stellen wir fest, dass in den deutschen im Unterschied zu den spanischen Texten illokutive Verben häufiger sind als reine Verba dicendi. Im Spanischen ist *decir* das häufigste Verbum dicendi (oft auch mit Personifizierung der Quelle).

3.2 SCHILDERN

Unter der kommunikativen Handlung „Schildern" fassen wir Kommunikationsakte zusammen, in denen Autoren ihre Gefühle gegenüber bestimmten Gegenständen, Vorgängen oder Ereignissen ausdrücken.

3.2.0 Allgemeines

Die Schilderung von Gefühlen kann explizit durch Verben und Ausdrücke der Gemütsbewegung geschehen, wie in: *Ich freue mich darüber, dass...* (3.2.2), oder implizit, indem zur Darstellung von Referenten nicht rein denotative Bezeichnungen, sondern Wörter, Wendungen und Strukturen mit emotiven Konnotaten verwendet werden. Analog zum Beschreiben und Berichten (vgl. 2.6.1 und 2.6.2) können wir dabei zwischen der Schilderung von Personen und Gegenständen (= Charakterisieren, 3.2.1) und der Schilderung von Ereignissen (= Erzählen, 3.2.3) unterscheiden. Um unnötige Wiederholungen zu vermeiden, werden wir jedoch die Schilderungsobjekte nicht ganz scharf voneinander trennen.

Wie in den bisherigen Kapiteln beziehen wir uns hauptsächlich auf die in den Korpustexten vertretenen Formen des Schilderns, greifen jedoch gelegentlich auf andere Textbeispiele zurück. Es muss allerdings darauf hingewiesen werden, dass die hier genannten stilistischen Formen nur eine kleine Auswahl aus den sprachlichen Möglichkeiten sind. Durch die Sensibilisierung für stilistische Mittel des Schilderns sollen sie vor allem eine Anregung zu aufmerksamer eigener Lektüre bieten.

3.2.1 Charakterisieren als Schilderung von Personen und Gegenständen

3.2.1.0 Formen des Charakterisierens

Da kodifizierte Konnotate bereits im Zusammenhang mit der expressiven Referenz (3.1.1) behandelt wurden, wollen wir uns hier auf die lexikalischen Stilmittel beschränken, die zur Schilderung von Personen und Gegenständen verwendet werden. Zu diesen gehören die Verniedlichung oder Vergröberung durch die Bildung neuer Wörter, die

Ausschmückung durch ein so genanntes schmückendes Beiwort (= Epitheton ornans), Emphase und Übertreibung durch Superlative und Elative (= Hyperbel) und die Verwendung von bildhafter Ausdrucksweise (Metaphern und Vergleiche).

3.2.1.1 Verniedlichung und Vergröberung

Unter Verniedlichung bzw. Vergröberung verstehen wir die Modifizierung von Wortbedeutungen mit Hilfe von Präfixen, Suffixen und gelegentlich Infixen, die besondere Kleinheit oder Größe des Referens bezeichnen und gleichzeitig eine positive oder negative emotionale Beziehung des Sprechers zum Referens ausdrücken. Bei den Suffixbildungen sind hier die Diminutive und Augmentative zu behandeln, aber auch bestimmte Präfixe oder – besonders im Deutschen – Determinantien können für diese Funktion eingesetzt werden: z.B. es. *mini-*, *infra-* oder *super-*, de. *Spitzen-*, *Wahnsinns-* etc. Allerdings ist hier die Abgrenzung zur Bewertung oft nicht leicht. Im Korpus ist außer *difusor Super Volume* (Bsp. 3.2-2) kein Präfix-Beleg zu finden, und auch hier modifiziert *super* streng genommen kein Substantiv, sondern den attributiv gebrauchten Anglizismus *volume*.

3.2-1	para hacer frente al *super*equipo que tenían delante (Vanguardia, vgl. Nord 1983: 248)	um dieser *Spitzen*mannschaft Paroli zu bieten (CN, vgl. Duden 1993 unter *Spitzen-*)
3.2-2	el difusor *Super Volume* podrá dar mayor volumen al peinado (10a:59)	Wir sollten endlich aufhören, *Super*frauen zu sein, die für alles Sorge tragen (Spiegel 1985, vgl. Duden 1993: „ugs. emotional verstärkend")

Diminutiv- und Augmentativbildungen sind recht zahlreich im Korpus belegt. Ein Diminutiv (z.B. *Büchlein* < *Buch*) drückt im Allgemeinen die (im Vergleich zur erwarteten) geringe Größe des Referens aus, ein Augmentativ bezeichnet ein unerwartet großes Exemplar der betreffenden Gattung (z.B. *librote* < *libro*). Kleinheit oder Größe ist zunächst einmal ein Merkmal des Denotats und würde damit zur referentiellen Kommunikation gehören; in der Regel werden rein referentielle Angaben zur Größe jedoch weniger durch Diminutive bzw. Augmentative, sondern durch unterscheidende Attribute ausgedrückt (vgl. die Ausführungen zu *grande* unter 3.1.1.2). Kodifizierte Diminutive fallen als Stilmittel aus, z.B. *pañuelo* („Taschentuch", 15b:13) < *paño* („Stoff, Tuch"), *horquillas de aluminio* („Alu-Rahmen", 11a:9) < *horca* („Galgen"), *peluquín* („Toupet", 15b:9) < *peluca* („Perücke") oder de. *Fräulein* (18d:37) < *Frau*. Bestimmte Diminutivbildungen sind „isoliert", d.h. es gibt zu ihnen kein Simplex, wie de. *Kaninchen, Nesthäkchen, Ferkel, Stadtsäckel, Krümel, Büschel*, diese haben oft keine emotive Funktion. Das Gleiche gilt für Diminutivbildungen, die rein referentiell auf eine bestimmte Menge eines Stoffes oder eine bestimmte Größe eines Gefäßes verweisen, beispielsweise in Kochrezepten.

3.2-3	Servir con las patatas fritas *a cuadraditos* (13c:13f.) vgl. las zanahorias cortadas en dados (13c:9f.)	Kartoffeln *würfelig* schneiden. (13e:6); der in *[kleine] Würfel* geschnittene Käse (13e:13)
3.2-4	Conviene cortar el hervor dos o tres veces añadiéndoles un *chorrito* de agua fría (13d:6)	Tee mit einem [kleinen] *Schuss* Rum (Duden 1993: kleine Menge einer Flüssigkeit)
3.2-5	con un *chorreón* de nata líquida encima (13a:20)	mit einem *guten Schuss* süße Sahne (CN)
3.2-6	una *jarrita* de cristal con nata líquida (13a:18)	ein *Kännchen* Kaffee bestellen (Duden 1993)

Wenn dagegen die emotive Komponente im Vordergrund steht, geht es nicht mehr um „Kleinheit" oder „Größe", sondern um die subjektive Wahrnehmung als *klein* im Sinne von *niedlich* oder *possierlich* bzw. als *groß* im Sinne von *grob* und *ungeschlacht*. Dies trifft vor allem auf die spontan gebildeten Diminutive und Augmentative zu. Nur in diesem Sinn gehören Diminutive und Augmentative zu den lexikalischen Stilmitteln zum Ausdruck der emotiven Funktion. Es gibt sie in vielen Sprachen, und das Spanische ist besonders reich an Diminutiv- und Augmentativsuffixen.

Seco nennt folgende Diminutivsuffixe als „gebräuchlich" (vgl. Seco 1972, 14.2.4): *-ito / -cito / -ecito / -cecito* (z.B. *calentito, jovencito, pececito*), *-illo / -cillo / -ecillo / -cecillo* (z.B. *papelillo, abogadillo*), *-ico / -cico / -ecico / -cecico* (z.B. *apuradico*), *-ín / -cín, -ecín, -cecín* (z.B. *chiquitín, estupidín*), *-uelo / -zuelo / -ezuelo / -cezuelo* (z.B. *pequeñuelo*), *-iño* und die Augmentativsuffixe *-ete* (z.B. *vejete*), *-ato,* -

ezno, -ujo, -uco, -uso, -usco, -ucho, -uzco, -ón, -azo und *-ote.* In unseren Korpustexten sind jedoch nur Bildungen mit *–ito* und *–illo* als Diminutive und einmal mit *–ete* als Augmentativ belegt (Hinweise zu morphologischen Gesetzmäßigkeiten bei Moliner 1969, unter *diminutivo,* und VOX 1978, unter *derivación*).

3.2-7	¿habría flores, ..., en el *cuartito* de allá arriba? (18a:37)	Ob es wohl da oben in dem *Stübchen* Blumen gab? (18b:39, Ü)
3.2-8	La portera de la casa le miraba con *ojillos* maliciosos. (18c:27)	Die Hausmeisterin betrachtete ihn aus boshaften *Äugelchen* (18d:30, Ü)
3.2-9	A la niña se le llenó el vestido de *churretes* de crema (15b:12)	Er ließ alles stehen und rannte, so schnell er mit seinen kurzen *Beinchen* konnte, zum König (15d:32)

Im Deutschen sind in der Standardsprache nur *–chen* und *–lein* gebräuchlich, bei Ruf- und Kosenamen sowie regionalsprachlich auch noch andere, zum Teil alte Diminutivsuffixe (z.B. *–i* in *Mutti* oder *Rudi, -ken* in *Männeken, -tje* in *Kluntjes,* „Kandiszucker", *-le* in *Häusle, -el* in *Gutsel,* „Bonbon", *-erl* in *Schweinderl*). Das Suffix *–chen* ist verbreiteter als das Suffix *–lein,* das vor allem im Oberdeutschen und in der gehobenen Sprache vorkommt (z.B. *Kindchen* vs. *Kindlein, Lämmchen* vs. *Lämmlein*). Allerdings wird bei Grundwörtern, die auf *–g* oder *–ch* auslauten, aus Klanggründen das Suffix *–lein* bevorzugt (z.B. *Bächlein, Zwerglein,* dagegen aber *Fläschchen,* norddt. *Tüchelchen, Dingelchen,* siehe Bsp. 3.2-8). Im Allgemeinen werden im Deutschen nur Substantive, und hier hauptsächlich Sach- und Personenbezeichnungen mit Diminutivendungen versehen. Diminuierte Abstrakta kommen fast nur in festen Fügungen vor, z.B. *sein Mütchen kühlen, ein Schläfchen halten, sich ins Fäustchen lachen, aus dem Häuschen sein, seine Schäfchen ins Trockene bringen, das letzte Stündlein* (dagegen: nur ein *Viertelstündchen*), *Köpfchen-Köpfchen.* Bei manchen Diminutivformen muss man eine Bedeutungsdifferenzierung in Betracht ziehen: *Frauchen* vs. *Fräulein, Männlein und Weiblein* vs. *Männchen/Weibchen.*

3.2-10	Se marchó con él a la *casita* que tenía en su pueblo. (15b:22)	Dort hatte er ein *kleines Haus.* (15c:21, Ü)

| 3.2-11 | El *botecillo* a motor que aborda-mos en el puerto de Copacaba-na (14a:1) | das *klapprige kleine* Motorboot, das wir in Copacabana bestie-gen hatten (CN) |

Auch hier ist die Frage wichtig, ob es um eine referentielle oder expressive Funktion geht. Die Übersetzung von Bsp. 3.2-10 interpretiert *casita* referentiell (*Häuschen* hätte ebenfalls eine expressive Funktion). Bei *botecillo a motor* (Bsp. 3.2-11) ist die Kleinheit bereits in *bote* enthalten, sodass die Diminuierung vermutlich zusätzlich auf den schlechten Zustand des Bootes hinweist.

Im Deutschen dienen Diminutiva vor allem dem Ausdruck von Zärtlichkeit (etwa bei Eigennamen, z.B. *Kläuschen, Susilein*), der Anteilnahme (z.B. *Wehwehchen* – hier könnte man allerdings auch an Ironie denken!) und der liebenden Verbundenheit. Sie kommen besonders häufig in bestimmten Textsorten wie Märchen oder Kinderbüchern vor (vgl. Sowinski 1973: 245, 258). Agricola et al. (1969: 450ff.) weisen darauf hin, dass der durch Diminutive vermittelte Gefühlswert so stark werden kann, dass die Vorstellung von Kleinheit völlig zurück tritt und das Diminutiv nur noch emotive Bedeutung hat (z.B. in *Mütterchen, Küsschen, Schätzchen*). Dabei kann der emotionale Gehalt nicht nur positiv (z.B. *Das ist ein Weinchen!*), sondern auch ins Negative gekehrt sein (z.B. *Bürschchen, Filmchen*), wodurch dann das Diminutivsuffix gewissermaßen die Funktion des Augmentativs übernimmt (z.B. *ein hübsches Sümmchen*).

Neben den relativ frei verwendbaren Suffixen *–chen* und *–lein* gibt es im Deutschen noch eine Reihe anderer Endungen, die Kleinheit oder Unvollkommenheit des Referens im Sinne eines Diminutivs ausdrücken. Dazu gehört das Suffix *–ling*, mit dem man Bezeichnungen von Verben (z.B. *Setzling, Keimling, Steckling, Säugling*), Substantiven (z.B. *Fäustling, Silberling, Schreiberling*) oder sogar Adjektiven (z.B. *Liebling, Erstling*) ableiten kann, die jedoch, wie die angeführten Beispiele zeigen, nur dann konnotativ geladen sind, wenn sie zumindest in gewissem Maße frei verfügbar sind (z.B. *Konservativling, Seichtling, Perversling*, vgl. Duden 1993).

| 3.2-12 | Aquella mañana, la *chiquillería* había bajado como de costumbre (14a:9) | Nicht länger als ein Menschenleben brauchten die spanischen *Gierlinge* (14b:14f.) |

Auch das Suffix *–sel* kann diminuierende Funktion haben, z.B. in *Stöpsel, Anhängsel, Mitbringsel, Einschiebsel, Füllsel* oder in Kombination mit dem Präfix *Ge-* verächtlich in *Geschreibsel, Gemengsel.*

Auch wenn nicht alle diese Bildungen echte Diminutiva sind, zeigt doch die Aufzählung, dass auch das Deutsche eine erstaunliche Vielfalt an Wortbildungsmustern zur Bildung konnotativ geladener Benennungen aufweist, wenn man einmal genauer hinschaut. Das ist besonders dann wichtig, wenn man sich vor Augen führt, dass im Spanischen ja nicht nur Substantive mit Diminutiv- oder Augmentativsuffixen in ihrer Bedeutung emotiv modifiziert werden können, sondern auch Adjektive (Bsp. 3.2-14, 3.2-15, 3.2-16), substantivierte Komparative (Bsp. 3.2-17), Adverbien (z.B. *despacito*, „ganz schön langsam") oder adverbiale Ausdrücke oder sogar Perfektpartizipien (z.B. *sentadito en su sillón*, „gemütlich im Sessel sitzend").

3.2-13	suspirando con *un poquito* de pena (15b:24)	Er seufzte, und es klang *ein wenig* traurig. (15d:23, Ü, besser: *ein kleines bisschen*)
3.2-14	... se habían convertido en los presuntos padres y madres de aquel chico tan *majillo*. (15a:39f.)	...waren zu den mutmaßlichen Vätern oder Müttern dieses *hübschen Bengels* geworden (CN)
3.2-15	*Fresquito, fresquito*, el pescadito! (08a:8, Ü)	*Frische Fische! Frischgefischte* Fische! (08b:9, Ü)
3.2-16	Un par de extraños de pinta *paliducha*, cargados con un montón de macutos (14a:12f.)	ein paar *bleichgesichtige*, mit Unmengen von Rucksäcken beladene Fremdlinge (CN)
3.2-17	Estas malas lenguas le habían atribuido a Miro toda clase de padres y de madres, normalmente de *lo peorcito*. (15a:36f.)	Diese bösen Zungen hatten Miro alle möglichen Väter und Mütter angedichtet, und zwar meist *nicht gerade von der ehrbarsten* Sorte. (CN)

Die Übersetzungsvorschläge zu Bsp. 3.2-14 und 3.2-16 zeigen ein so genanntes kompensatorisches Verfahren: Anstelle des diminuierten Attributs wird das Substantiv mit einer emotiv konnotierten Entsprechung (hier die Pseudo-Diminutive *Bengel* bzw. *Fremdling*) wiedergegeben. In Bsp. 3.2-17 dient das verneinte Antonym im Superlativ der Wiedergabe der emotiven Konnotation des Diminutivs *peorcito*.

Seco (1972, 14.2.4) rechnet zu den Diminutiv- und Augmentativsuffixen, die er *sufijos apreciativos* nennt, auch die Infixe, also Zwischensilben wie *-orre-*, *-urre-*, *-ote-*, *-orrote-*, *-uque-*, wie sie beispielsweise in folgenden Verben vorkommen: *chismorrear*, „tratschen", *canturrear*, „vor sich hin trällern", *gimotear*, „winseln, wimmern", *bailotear*, „schwofen, herumhopsen" oder *besuquear*, „abküssen".

3.2-18	Y acaso el imbécil Gondoliero le estaría *picoteando* la oreja. (18a:36)	Vielleicht *pickte* ihn der blöde Gondoliero gerade ins Ohr. (18b:38f., Ü)

Im Gegensatz zum Grundwort *picar* beschreibt das abgeleitete Verb *picotear* eine „kleinere", zärtlichere oder weniger kräftige Bewegung. Ein ähnliches Phänomen können wir im Deutschen beobachten, wenn wir *lachen* mit *lächeln*, *tanzen* mit *tänzeln*, *spotten* mit *spötteln* oder *husten* mit *hüsteln* vergleichen. Auch bei den Verben auf *–eln* kann man von Diminutiva sprechen. Ähnlich wie *picotear* haben auch diese Verben meist zusätzlich eine iterative Aktionsart (vgl. oben 2.6.3.3). Daher wäre als Übersetzung für *picotear* (Bsp. 3.2-18) statt *ins Ohr picken* das iterative und außerdem stärker abwertend konnotierte *an seinem Ohr herumpicken* besser geeignet.

3.2-19	Me han preguntádico varias per- sónicas si peligrósicas para las másicas son las canciónicas agita- dóricas Ay, qué pregúntica más in- fantílica sólo un piñúflico la formulá- rica pa'a mis adéntricos yo comen- tarica.	Einige Menschelchen haben ge- fragtelchen: Sind für die Masselchen denn nicht gefährlichsel deine rebellischchen Verslein und Liederlein? Ach, wie so kinderlich ist dieses Fragelchen, nur ein Verrückterling würde sie stellerchen, sag ich mir selberlein ganz im Geheimelchen. (CN)

Anstelle der Flexibilität, mit der im Spanischen Diminutivsuffixe an alle möglichen Wortarten gehängt werden können, müssen im Deutschen eben andere kreative Möglichkeiten zum Ausdruck von Emotionen genutzt werden. Wenn allerdings das Diminutiv als solches als stilistisches Ausdrucksmittel genutzt werden soll, kann man auch im Deutschen die vorhandenen Verkleinerungsformen normabweichend nutzen, wie der Übersetzungsvorschlag zu Bsp. 3.2-19 zeigt. In dem politischen Song mit dem Titel „Mazúrquica modérnica" benutzt die chilenische Liedermacherin Violeta Parra die Diminuierung frei als Verfremdungsmittel, um die Kritik der Machthaber an ihren Liedern ad absurdum zu führen.

3.2.1.2 Schmückende Beiwörter

Ein so genanntes „schmückendes Beiwort" gibt Eigenschaften an, die entweder dem Referens ohnehin als typische Merkmale zugeordnet werden oder von denen der Sender möchte, dass man sie als solche ansieht. Dadurch bekommt es eine emotional-ausschmückende Funktion. Klassische Beispiele sind *der grüne Klee* und *der weiße Schnee* aus dem Volkslied oder *der listenreiche Odysseus* aus der Übersetzung von Homers *Odyssee*. Dabei ist im Deutschen der bestimmte Artikel oder ein anderes Determinativ (z.B. Possessiv-Artikel) eine wichtige Voraussetzung dafür, dass man das Epitheton nicht mit einem unterscheidenden Attribut verwechselt. Im Spanischen stehen Epitheta in der Regel vor dem Substantiv. Schmückende Beiwörter finden sich besonders häufig in der Tourismuswerbung (Bsp. 3.2-20).

3.2-20	las *grandes* sierras del interior, *áridas* mesetas interiores, *profundos* cañones, *extensas* playas, *cálidas* aguas, *recónditas* calas, *tranquilos* parajes (alle 09a)	die *feurigen* Widder, der *energiegeladene* Widder, die *frische* Nordseeluft, der *ruhige und friedliebende* Stier, der *qualitätsbewusste* Stier, der *charmante* Stier (alle 09d)

Verfasser populärwissenschaftliche Texte nutzen dieses Mittel in indirekt appellativer Funktion, um die Leser anzusprechen und für das Thema zu begeistern (Bsp. 3.2-21).

3.2-21	la *cotidiana* monotonía, el *mítico* lago Titicaca, el *inhóspito* Altiplano andino, la *abierta y yerma* llanura (alle 14a)	der *kleine* Indianer Roberto, von *wilden* Bergen gerahmt (beide 14b)

In literarischen Texten, besonders in Märchen oder märchenähnlichen Geschichten (z.B. Text 15d) sind schmückende Beiwörter ebenfalls häufig. Hier kann die Ausschmückungsfunktion der Beiwörter auch durch Wiederholung (*guter, lieber*) angezeigt werden oder dadurch, dass die Attribute stereotyp zu dem betreffenden Substantiv gesetzt werden (*wunderschönes Schloss; schöner, dicker Gugelhupf*). In solchen Fällen ist Determiniertheit nicht erforderlich.

| 3.2-22 | la *ingenua* protección de cejas casi inexistentes, una *pequeña* manta (15a)

una *desagradable* sorpresa (15b)

una *garrida* moza, la *garrida* moza, el *lento* orvallo (18c) | ein *guter, lieber* König und eine *gute, liebe* Prinzessin, ein *wunderschönes* Schloss, *heißer* Tee, eine *dicke* Wärmflasche, seine *goldene* Krone, *heiße* Schokolade, eine *warme* Bettflasche, *bunte* Federkissen, die *rote* Zunge, die *schwarzgeränderte* Brille, der *liebe, gute* König Schlotterich, ein *schöner, dicker* Gugelhupf (alle 15d) |

Beim lauten Lesen fällt auf, dass im Deutschen die schmückenden Beiwörter nicht betont sind, genau wie im Spanischen, wo dies durch die Voranstellung bewirkt wird.

3.2.1.3 Emphase und Übertreibung

Die emphatischen oder gar übertreibenden Attribute hängen sehr eng mit den schmückenden Beiwörtern zusammen. Auch sie sollen „schmücken", nur wird das Beiwort durch den absoluten Superlativ (= Elativ) oder ein steigerndes Adverb wie *irrsinnig* oder *unheimlich* verstärkt. In der Umgangssprache drücken wir gern auf diese Weise unsere Freude oder Verwunderung oder auch unseren Ärger aus, aber auch in werbenden Texten sind diese Formen nicht selten.

| 3.2-23 | los mercados de bolsa *más importantes* (01b:7f.), los profesionales *más capacitados* (01b:11), las [playas] *más aisladas* y *menos concurridas* (09a: 20f.), una de las gestas *más importantes* (09b:32), los [lavavajillas] *más vendidos* (12b:33), la función *más noble* de los objetos (18c:13) | das *spannendste* Kapitel der Zukunft (01c:3), einer der *attraktivsten* Standorte Bayerns (01e:4), Knoblauch schmeckt *am besten* (10c:1), das *Neueste* für Telekom-Kunden (12c:1), vom *Feinsten* ausgestattet (12d:13), in *bestem* Nadelstreifen (12d:14), mit der *neuesten* Technologie (12e:15f.), *höchste* Qualität (12e: 6, 21) |

Im Spanischen gibt es für den Elativ die Bildungen auf -ísimo (Bsp. 3.2-24) und die lateinischen Superlative *máximo, óptimo, pésimo, ínfimo* (vergleichbar im Deutschen: *absolut, optimal* oder *maximal* als Adjektive), in beiden Sprachen sind Präfigierungen mit *super-, extra-* o.ä. besonders in der Werbesprache beliebt. Steigernde Adverbien wie de. *sehr, höchst, enorm*, umgangssprachlich auch: *voll, echt* usw. werden ebenfalls zur Bildung von Elativen verwendet.

3.2-24	una *variadísima* costa (09a:27)	die *verschiedensten* Restaurants (09d:26f.)
3.2-25	la *máxima* satisfacción de nuestros clientes (01b:4), el *máximo* volumen (10a:61), lava de un modo *insuperable* (12b: 20), su *extrema* funcionalidad (12b:23)	wir garantieren *absolute* Vertraulichkeit (01e:26), ein *optimaler* Tarif (12c:21), ein *superschneller* Einstieg ins Internet (12c:16), *maximale* Verfügbarkeit (12e:33)
3.2-26	la *extraordinaria* duración de sus efectos (03a:4)	es bereitet ihnen eine *außerordentliche* Freude... (09d:26)
3.2-27	el empleo *muy vago* de la expresión (04c:36), en un plazo *muy breve* (07a:15), pelo *muy recio* (15a:9), brazos y piernas *muy expresivos* (15a:27f.), una poesía *muy valiosa* (16a:24)	*sehr praktisch* [die mitgelieferte Box] (10b:63), *sehr viel* Verständnis (12d:2), *sehr höflich* (15c:13, Ü) vs. mit *vielen Verneigungen* (15d:25)

Bei einem Vergleich der Frequenzen von *muy* bzw. *sehr* finden wir in unserem Textkorpus nur vier Belege für *sehr* (davon einer in einer Übersetzung!) gegenüber vierzehn Belegen für *muy*. Die folgenden Parallelbeispiele machen deutlich, dass offenbar im Deutschen entweder keine (Bsp. 3.2-28, 3.2-30) oder eine andere Form des Elativs (z.B. *hoch-*, 3.2-31) bevorzugt wird. Das erklärt die Übersetzung von *muy* mit *weitgehend* in Bsp. 3.2-29.

3.2-28	a un precio *muy asequible* (12a:18f.)	*zuverlässige, kostengünstige* IT-Lösungen (12e:17f.)
3.2-29	El geólogo y el físico utilizan una nomenclatura *muy poco ambigua*...; el metafísico emplea un lenguaje *muy impreciso* (05a:35/37)	Der Geologe und der Physiker bedienen sich *weitgehend eindeutiger* Termini..., während der Metaphysiker *sehr wenig präzise* Bezeichnungen benutzt (05c:36f./39, Ü)

| 3.2-30 | La luz visible ocupa *un intervalo muy pequeño* en el espectro electromagnético (04a:13) | Das sichtbare Licht ist ein *kleiner Ausschnitt* aus der Skala... (Brockhaus 1974) |
| 3.2-31 | una estructura *muy evolucionada* (16a:10f.) | *hochentwickelter* Ackerbau (16b:15), vgl. *hochkomplexe* ASICs (01e:18) |

Aber auch andere verstärkende Adverbien sind in den spanischen Texten häufiger als in den deutschen. Dabei ist *totalmente* mit insgesamt sieben Belegen in verschiedenen Textsorten der Spitzenreiter, neben *especialmente, absolutamente, esencialmente, verdaderamente* und *bien*. Zu einigen Adjektiven gibt es eigene Steigerungsadjektive, etwa *exactamente igual* (15b:4) oder *herméticamente cerrado* (17a:37f.), bei negativer Emotion *meramente* (*una democracia meramente formal,* 17a:29f.). Im Deutschen dagegen haben wir zwei Belege für das umgangssprachliche *voll* als steigerndes Adverb, zwei Belege für *besonders,* zwei Belege für *völlig* und drei Belege für *ganz,* davon wieder einer in einer Übersetzung.

3.2-32	con carácter *totalmente* teórico-práctico (01a:19), un concepto *totalmente* claro (04c:10), un proceso *totalmente* planificado (05b:12), una investigación *totalmente* imparcial (05b:18), manos *totalmente* secas (10a:38), la reparación *totalmente* gratuita (11b:2), vajillas *totalmente* limpias (12b:10)	ein *voll* korrektes Kombiangebot (01f:0), *voll* nach seinem Geschmack (09d:16), *völlig* normal 02c:4f.), *völlig* in Ordnung (02c:7f.) *ganz* vorne (01f:23), *ganz* einfach (04d:27), *ganz* außer sich (15c:35, Ü)
3.2-33	éxitos *verdaderamente* tales (05a:9), funcionamiento *especialmente* silencioso (12b:24f.), un hecho *absolutamente* fortuito (14a:16), una poesía *esencialmente* unida con la música (16a:25)	*wirklich* fit (01f:15), *besonders* empfindliche Patienten (03b:24), eine *besonders* reichhaltige Ausstattung (12d:3f.), *märchenhaft* schöne Farben (12d:5), wo der Himmel *endlos* weit ist. (09c:1)
3.2-34	procedimientos *bien* documentados (05b:14)	ein *gut* gegliedertes Heer (16b:18)

Da die Elative betont sind, stehen sie im Spanischen gewöhnlich nach. Allerdings finden wir im Korpus auch zwei Beispiele mit vorangestelltem Elativ, in denen dadurch die expressive Funktion zusätzlich verstärkt wird. Im Deutschen kann der Superlativ durch *schlechthin* oder *überhaupt* (vgl. 09d:39) oder durch die Vorsilbe *aller-* (auch ver-doppelt!) intensiviert werden.

3.2-35	los *más bellos y diversos* entornos naturales (09a:11)	die *allerallerbesten* Wünsche (Duden 1993)
3.2-36	la *mejor* formación (01a:3), de *mayor* protección internacional (01b:6f.), nuestro *mayor* activo (01b:9),	

Die lateinischen Superlative (*mayor, peor, mejor* etc.) stehen in emotiver Funktion immer voran, in unterscheidender Funktion nach (z.B. *su hijo mayor, esperamos tiempos mejores*, vgl. Gili Gaya 1989: 217). Auch andere Adjektive, die nachgestellt unterscheidende Funktion haben, können in der Stellung vor dem Substantiv expressive, hier hauptsächlich emotive Funktion erhalten. Dazu gehören z.B. *pobre* (*la pobre chica – una mujer pobre*), *simple* (*la simple manipulación de los consumidores*, 02a:8 – *un soldado simple*, „ein einfacher Soldat", Gili Gaya 1989: 222), *triste* (*un triste pedazo de pan*, „bloß ein Kanten Brot" – *una historia triste*, „eine traurige Geschichte"), *cierto* (*ciertas necesidades psicológicas*, 02a:26f. – *una noticia cierta*, „eine Meldung, die auf Tatsachen beruht").

Übertriebene Mengenangaben haben ebenfalls eine emotive, emphatische Wirkung, besonders wenn sie nur überschlägig sind.

3.2-37	la confianza de *millones* de ellos [= clientes] en todo el mundo (01b:5f.)	*über 3.500* erfolgreiche Kunden (01d:5)
3.2-38	un *sinfín* de pequeños ojos curiosos (14a:4)	eine *große* Auswahl an Motoren und *vielen* Angeboten für den Umweltschutz (12d:16f.)
3.2-39	un *montón* de macutos (14a:13)	*jede Menge* Spaß (01c:6)
3.2-40	¡Si un tratamiento suena *demasiado bueno para ser cierto*, probablemente no lo es! (www.tafin.org, 20.07.01)	*zu glücklich*, um wahr zu sein (02c:1)
3.2-41	¿No te da miedo de andar tan *solita* por las calles? ¿Y si viene el *lobito* y te come? (Carmen Laforet:: Nada, Barcelona 1963: 117)	Hast du keine Angst, so *mutterseelenallein* durch die Straßen zu laufen? Und wenn der *böse Wolf* kommt und dich frißt? (Carmen Laforet: Und zur Erinnerung Sommersprossen, Ü, vgl. Reiss 1971: 86)

Interessant sind im Deutschen auch Adjektivkomposita zum Ausdruck einer emotiven Beziehung zum Referens, häufig mit Alliteration wie z.B. *klitzeklein, britzebraun, bitterböse,* oder in Form von Vergleichen wie bei *riesengroß, schneeweiß, mutterseelenallein.*

3.2.1.4 Sprachliche Bilder

Bei der Schilderung von Personen und Gegenständen werden auch gern sprachliche Bilder eingesetzt. Sprachliche Bilder kommen vor allem in literarischen Texten vor, jedoch können wir in unserem Korpus feststellen, dass auch werbende, populärwissenschaftliche und sogar Sachbuchtexte zur Schilderung von Personen und Gegenständen bildhafte Sprache verwenden. Dabei kommt Vergleichen und Metaphern eine besondere Bedeutung zu. Zur Personifizierung haben wir bereits oben (→ 2.6.3.2) Stellung genommen, die Synästhesie behandeln wir im nächsten Abschnitt im Zusammenhang mit der Erlebnisschilderung.

Vergleich und Metapher haben miteinander gemeinsam, dass jeweils zwei Referentien, nennen wir sie A (das zu vergleichende Referens) und B (das Vergleichsreferens), auf Grund eines gemeinsamen Merkmals, des so genannten *Tertium comparationis* (TC), gleich gesetzt werden. Der Unterschied besteht darin, dass die Gleichsetzung beim Vergleich explizit ist (*A ist wie [ein] B*), während sie bei der Metapher implizit vorgenommen wird, indem man *A ist [ein] B* sagt oder sogar gleich B anstelle von A nennt. Beim Vergleich kann das TC explizit genannt (*A ist so TC wie B,* z.B. Bsp. 3.2-42, 3.2-43) oder impliziert sein (*A ist wie [ein] B*), bei der Metapher wird es in der Regel impliziert. Auf erklärende Vergleiche, die keine schildernde Funktion haben, gehen wir weiter unten im Zusammenhang mit der appellativen Funktion ein (→ 4.2.2.1).

3.2-42	unos pelines escasos... *afilados como las aristas de la espiga de trigo* (15a:19f.)	ein paar Härchen, *dünn wie die Grannen einer Weizenähre* (CN)
3.2-43	Sus ojos eran azules, *claros como el cielo del verano* (15a:13)	Er hatte blaue Augen, *hell wie der Sommerhimmel* (CN)

Zu vergleichendes und Vergleichsreferens können Personen und Sachen, aber auch Sachverhalte, Handlungen und Verhaltensweisen sein. Wenn der Vergleichs-Sachverhalt hypothetisch ist, steht der Konjunktiv nach *como si* bzw. *als ob* (→ 3.1.4.4).

3.2-44	La luz ... *acuchillaba* las persianas verdes de mi ventana (18a:5)	das Licht *durchschnitt* die grünen Jalousien meines Fensters (18b:5f., Ü)

Sowohl bei Vergleichen als auch bei Metaphern unterscheidet man verschiedene Stufen der Originalität: konventionell – originell – kühn. Konventionelle Metaphern und Vergleiche sind solche, die bereits im Wortschatz fest verankert und in den Wörterbüchern kodifiziert sind (z.B. de. *[sie war] hässlich wie die Nacht*, es. *[era] fea como el hambre* oder der berühmte *König der Tiere*, den es in vielen Kulturen gibt). Manche Metaphern sind so abgegriffen, dass sie ihre Bildkraft ganz verloren haben (z.B. *am Fuße des Berges*), was man daran erkennt, dass man sie nicht mehr „wörtlich" nehmen kann, weil sie dann lächerlich wirken (wie *das Dorf an seinem Fuß*, 14b:30f.). Wir nennen sie „erstarrte" Bilder. In vielen Redewendungen sind erstarrte Bilder enthalten, die wir gar nicht mehr als solche wahrnehmen, weil wir den Sachverhalt nicht mehr kennen, auf den sie Bezug nehmen (z.B. *aus dem Stegreif*). So ist auch *morirse de risa* (Bsp. 3.2-45, das Imperfekt zeigt den durativen Aspekt, so dass die Leute nicht wirklich sterben!) eine konventionelle Metapher, so wie *sich krümmen vor Lachen, bersten vor Lachen, Tränen lachen* oder umgangssprachlich *sich kugeln vor Lachen, sich kaputtlachen* oder *sich (halb, fast) totlachen* (vgl. Duden 1993). Die Wendung *vor Lachen beinahe platzen* ist dagegen nicht kodifiziert.

3.2-45	la gente *se moría de risa* (15b:8f.)	die Leute *platzten beinahe vor Lachen* (15c:7, Ü)

Originelle Metaphern und Vergleiche sind solche, die ein bestimmter Autor in einem bestimmten Text erfindet (Bsp. 3.2-42 und 3.2-43). Die Originalität kann dabei größer oder weniger groß sein, je nach dem, wie „naheliegend" der Vergleichsgegenstand in der betreffenden Kultur ist. Bsp. 3.2-43 ist sicher weniger originell als Bsp. 3.2-42). Bsp.

3.2-44 ist recht originell, denn wenn man sich die Szene vorstellt, würde man vielleicht eher das Licht zerschnitten sehen als die Jalousien. In Bsp. 3.2-46 dagegen ist das TC zwar nicht explizit genannt, aber bei der Lektüre des Originals sieht man die Großmutter mit ihrem ziemlich dichten weißen Bartflaum gut vor sich. Die Übersetzung *aus weißem Samt* ist dagegen irreführend, weil dabei das Material als TC suggeriert wird und alte Frauen ja meist keine *samtige* Haut haben (daher besser: *die aussahen wie weißer Samt*).

3.2-46	con sus grandes mandíbulas *como de terciopelo blanco* (18a:22)	ihre breiten Kinnladen *wie aus weißem Samt* (18b:24f., Ü)

Von kühnen Metaphern und Vergleichen spricht man dann, wenn A und B so wenig miteinander gemeinsam zu haben scheinen, dass man auf den ersten Blick nicht erkennt, welches das TC ist.

3.2-47	la luz *gris perlada* del amanecer (18a:4.)	das *perlengraue* Licht der Dämmerung (18b:6, Ü)

An der Übersetzung von *gris perlada* mit *perlengrau* (Bsp. 3.2-47) kann man den Unterschied zwischen konventionellem und originellem Vergleich verdeutlichen: *perlgrau* ist das kodifizierte Farbadjektiv (Duden 1993: *von schimmerndem, blassem oder silbrigem Grau*), das kaum noch an die Farbe einer Perle denken lässt, weil man es schon in so vielen Zusammenhängen gehört hat. Die Neuschöpfung *perlengrau* dagegen wirkt frischer und poetischer und passt daher gut in den Kontext der originellen Metapher *acuchillar* (Bsp. 3.2-44).

3.2-48	Tanto si eres un profesional de la carretera *como si te empapas de ella* sin serlo (12a:1)	gefüllt mit 140 000 indianischen *Heloten* (14b:32)

In nicht-literarischen Gebrauchstexten sind die Metaphern und Vergleiche eher konventionell, denn sie sollen ja den Sachverhalt verdeutlichen und nicht dem Leser Rätsel aufgeben. Die Formulierung *empaparse de la carretera* („sich vollsaugen") in Bsp. 3.2-48/es sollte daher eher konventionell-sachlich übersetzt werden (z.B. *wenn sie oft auf Achse sind*), und der Vergleich mit *Heloten* in Bsp. 3.2-48/de ist nur für den verständlich, der weiß, dass Heloten Staatssklaven im alten Sparta waren.

3.2-49	esa plaza Roja *hirviendo* de manifestantes que piden elecciones libres (MVL/90)	auf dem Roten Platz die *brodelnden* Massen von Menschen, die freie Wahlen fordern (CN)

Auffällig ist die sehr emotionale und sicher als kühn einzustufende Metapher in dem Sachbuchtext 17a (Bsp. 3.2-50), die zusammen mit den zahlreichen vorangestellten, zum Teil bewertenden, zum Teil emotiv beschreibenden Adjektiven dem Text einen sehr emotional geladenen, eher unsachlichen Charakter geben.

3.2-50	Los pueblos del Continente *han sacudido la letárgica hojarasca que cubría el amodorrado árbol de su nacionalismo.* (17a:2-3f.)	Wörtl.: Die Völker Lateinamerikas haben *das welke Laub von dem schläfrigen Baum ihres Nationalismus abgeschüttelt.*

Obwohl der Text aus der Sicht eines Lateinamerikaners geschrieben ist, wirkt die emotionale Metaphorik auf deutsche Leser deplatziert, da wir in Sachbüchern eine stärker sachbezogene Darstellung erwarten. Natürlich muss auch hier das Engagement des Autors deutlich werden, aber eine Formulierung wie *Die lateinamerikanischen Völker haben nach langer Lethargie endlich ihren überkommenen Nationalismus abgeschüttelt* wäre ebenfalls expressiv (*endlich, überkommen, Völker, abschütteln*), würde jedoch den stilistischen Konventionen eines deutschen Sachbuchs besser entsprechen. Eine für deutsche Erwartungen zu starke Emotionalität könnte die Leser/innen abstoßen und würde damit der kommunikativen Intention des lateinamerikanischen Autors genau zuwider laufen.

3.2.2 Gefühlsbekundung als Schilderung von Erlebnissen

3.2.2.0 Formen der Gefühlsbekundung

Gefühlsbekundungen kommen nur in autorbestimmten Texten und im Zusammenhang mit der 1. Person vor, sofern sie nicht von anderen berichtet werden. Gefühle wie Freude, Ärger, Angst, Verwunderung etc. werden zum einen durch Verben und Ausdrücke der Gemütsbewegung ausgedrückt und zum anderen durch Ausrufe (Interjektionen). Die Synästhesie, bei der Sinneswahrnehmungen wie Hören, Sehen,

Fühlen etc. eine Rolle spielen, rechnen wir ebenfalls zu den Gefühlsbekundungen.

3.2.2.1 Äußerungen der Gemütsbewegung

Verben und Ausdrücke der Gemütsbewegung leiten im Spanischen
einen *que*-Satz als Objekt- bzw. Subjektsatz ein, der im Konjunktiv
steht. Dieser Konjunktiv lässt sich nicht aus den bereits genannten,
der Bewertung zugerechneten Kriterien Unsicherheit (Potentialis),
Zweifel (Dubitativus) oder Negation (Irrealis) und auch nicht aus dem
im nächsten Kapitel zu behandelnden Konjunktiv des Wollens und
Wünschens (Optativus) erklären. Vielmehr wird dem (realen, objektiven) Sachverhalt, der im *que*-Satz genannt ist, durch die übergeord-
nete Äußerung von Gemütsbewegung eine subjektive Färbung verliehen.

3.2-51	*Lástima que* en una manifesta-ción contra la repugnancia *po-damos* encontrarnos 350.000 y no las 750.000 personas que lo-gra arrastrar la Operación Triun-fo... (20a:4ff.)	*Wie schön sich doch* manchmal die täglichen Zeitungsmeldun-gen über die letzten Umfrage-Erkenntnisse aneinander fügen. (02c:2f.)

In den Korpustexten ist nur ein *que*-Satz mit Gefühlskundgebung belegt. Wenn Hauptsatz und *que*-Satz das gleiche semantische Subjekt
haben, können in beiden Sprachen Infinitivkonstruktionen verwendet
werden (Bsp. 3.2-52).

3.2-52	*Es una desgracia esto de tener que servirse uno de las cosas—* pensó Augusto (18c:11)	Es bereitet *ihnen* ... Freude, *die verschiedensten Restaurants durchzutesten.* (09d:26)
3.2-53	César: Legionarios, *estoy con-tento de vosotros.* (08a:16, Ü)	*Er genießt es*, durch die auto-freien Straßen *zu schlendern.* (09d:23)
3.2-54	Aquel gesto encantador *extraña a algunos Iberos...* (08a:19, Ü)	*Bummeln*, in Galerien stöbern ..., *das läßt das Herz eines Stiers höher schlagen.* (09d:36)

Und natürlich können Verben der Gemütsbewegung auch mit einem
nominalen oder pronominalen Subjekt bzw. Objekt konstruiert werden
(Bsp. 3.2-53, 3.2-54).

3.2.2.2 Synästhesie und Lautmalerei

Die Synästhesie ist, laut Sowinski (1973: 308), eine Nebenform der Metapher. Sie besteht in der „Verbindung von zwei verschiedenen Sinnesempfindungen", die ein gleichwertiges Nebeneinander verschiedener Bereiche bedingt. Synästhesien treten in der Alltagssprache auf, wenn wir von einem *schreienden Rot* (Sehen-Hören), einem *scharfen Geruch* (Tasten-Riechen) oder *weichen Farben* (Tasten-Sehen) sprechen. Auch hier müssen wir zwischen konventioneller (also sprachüblicher und damit oft abgegriffener) und origineller, also neu geprägter und zu stilistischen Zwecken meist in literarischen, aber auch in Werbetexten eingesetzter Synästhesie unterscheiden.

3.2-55	un *aleteante huir* de palomas (18a:7f.)	der *flüchtige Flügelschlag* einer Taube (18b:8, Ü)
3.2-56	*junto a la verja pintada de verde, cerrada con llave de Son Major* (18a:10f.)	*neben dem grüngestrichenen, verschlossenen Gitter von Son Major* (18b:11, Ü)

Die Lautmalerei kann mit der Synästhesie insofern zusammen behandelt werden, als lautmalerische Wörter und Ausdrücke, obwohl sie in einem schriftlichen Text nur mit dem Auge wahrgenommen werden, eine akustische Wirkung reproduzieren sollen. In Bsp. 3.2-55 hat die Übersetzerin von *Primera Memoria* (Text 18a) versucht, die Lautmalerei nachzuahmen, mit der Wiederholung des Lautes „l" in *flüchtiger Flügelschlag*. In Bsp. 3.2-56 ist die Wiedergabe der Gleichförmigkeit des daktylischen Rhythmus mit jeweils einer betonten und zwei unbetonten Silben (Daktylus: —∪∪) nicht gelungen: der Zieltext holpert erheblich. Die Formulierung *bei dem verschlossenen hellgrünen Gitter von Son Major* ahmt den Rhythmus des Ausgangstexts nach.

3.2.2.3 Ausrufe und Interjektionen

In der mündlichen Rede ist die innere Anteilnahme des Sprechers durch Situation, Kontext und Intonation signalisierbar (vgl. Sowinski 1973: 106), in geschriebenen Texten ersetzt das Ausrufezeichen die Intonation. So können auch Aussagesätze durch das Ausrufezeichen zu Ausrufen gemacht werden. Charakteristisch für alle Ausrufe ist die Kürze der Sätze oder Äußerungen, die in der Regel elliptisch sind und

sogar auf einzelne Ausrufewörter (= Interjektionen) reduziert sein können. Die Duden-Grammatik (§ 3660) ordnet die Interjektionen nach ihrer Bedeutung: körperlicher Schmerz (z.B. *au, autsch, auweh*), Kälte-
gefühl (z.B. *huhu*, Bsp. 3.2-61), Wohlbehagen (z.B. *ah*), Ekel (z.B.
bäh, pfui, igitt), Freude (z.B. *oh, ach, juhu*), Lachen/Kichern (z.B. *ha-
ha, hihi*), Liebkosung (z.B. *ei, eia*), Kummer (z.B. *o weh, oje,
herrje[mine]*), Sehnsucht (z.B. *ach, o*), Verwunderung (z.B. *oho, nanu,
oha*), Entrüstung (z.B. *ha, na, i wo*), Spott (z.B. *ätsch*), Verachtung
(z.B. *bah, papperlapapp*), Furcht (z.B. *hu, uh*), Ablehnung (z.B. *ach
was*), Zustimmung z.B. (z.B. *aha, hm*), bei Verwirklichung von etwas
Erwartetem (z.B. *ah, na also*), Nachdenken (z.B. *hm*), Frage (z.B. *he?,
na?*), Beschwichtigung (z.B. *na, na*).

3.2-57	...y dijo: "*Bueno, bueno*, no te atormentes." (18a:23)	...und sagte: »*Nun, nun*, quäl dich nicht.« (18b:25, Ü)
	„*Na, na*, nun mach dir mal keine Sorgen!" sagte sie. (CN)	

Für das Spanische unterscheidet der Esbozo (1974: §1.7.5, unter *en-
tonación exclamativa*) zwischen „interjecciones propias" (= Interjektionen, z.B. *¡Ay!, ¡Oh!, ¡Huy!*) und „interjecciones derivadas" (= Ausrufewörter, z.B. *¡Bueno!, ¡Diablo!, ¡Anda!, ¡Vaya!*). Gili Gaya (1989: § 34)
stellt verschiedene Grade der Elaboriertheit fest: von den reinen unar-
tikulierten Interjektions-Lauten (z.B. *¡Ah!, ¡Ay!, ¡Oh!, ¡Uy!, ¡Hola!*) über
Ein-Wort-Interjektionen (z.B. *¡Bravo!, ¡Ánimo!, ¡Diablo!, ¡Ya!*) zu Zwei-
und Mehrwort-Ausrufen (z.B. *¡por Dios!, ¡pero hombre!, ¡qué asco!,
¡pobre de mí!*) und schließlich Ausrufesätzen (z.B. *¡No sabía qué hacer!, ¡Bonita casa es esta!*), die bereits den Aussagesätzen sehr nahe
kommen. Moliner (1969: 1250) führt unter dem Stichwort *exclamar* eine lange, weitgehend alphabetische Liste von Interjektionen und Ausrufen auf, die jedoch nicht näher spezifiziert werden. Daneben unterscheidet sie nach der Konstruktion u.a. Ausrufe mit *qué* (z.B. *¡qué cosa más rara!*) und anderen Exklamativpronomina (z.B. *¡cuándo llegará
ese día!*), mit *tan(to)* (z.B. *¡¿Tanto te gusta?!*), mit dem Verb im Infinitiv (Bsp. 3.2-64).

3.2-58	*¡Qué bella* es una naranja antes de comida! (18c:14)	*Wie schön* ist eine Orange, be-vor man sie ißt! (18d:15, Ü)

3.2-59	¡*Vaya!* —exclamó—. (15b:18)	„*Na, so was!*" rief er. (15c:17, Ü)
3.2-60	*Ach,* war das ein armer König Schlotterich! (15d:7)	
3.2-61	*Hu, hu, hu,* ich friere! (15d:12)	
3.2-62	¡Dios!, ¡alabado sea Dios!, ¡Dios mío!, ¡Dios santo!, ¡Dios nos asista!, ¡válgame Dios!, ¡vaya por Dios! (alle Moliner 1969: 1250), *Gracias a Dios* (18a:23)	[großer/allmächtiger/guter/mein] Gott [im Himmel]!, o/ach[du lieber/mein] Gott! Gott behüte/bewahre! Um Gottes willen! (alle Duden 1993), *Gott sei Dank* (18b:25)
3.2-63	¡*Que Dios nos coja confesados!* (vgl. Reiss 1980: 471f.)	*Dann gnade uns Gott!* (vgl. Reiss 1980: 472)

Da viele Interjektionen mehrdeutig sind, wird die ausgedrückte Emotion oft im Kontext explizit genannt (Bsp.3.2-65). Die Übersetzung von Bsp. 3.2-64 schildert jedoch durch das Verb *jammern* eine andere Emotion als das Original, wo Roberto eindeutig wütend ist (daher besser: *Roberto war außer sich vor Wut. „Und das mir!" tobte er.*)

3.2-64	El muñeco estaba furioso. —¡*Hacerme esto a mí!*—se lamentaba—. (15b:35)	Die Puppe war ganz außer sich. „*Wie kann Herr Beppo mir so etwas antun!*" jammerte sie. (15c:35f., Ü)
3.2-65	*Oho,* denkt man erfreut-erschreckt... (02c:24)	
3.2-66	¡*Vaya, hombre! ¿Qué le está haciendo a ése?* (8a:21, Ü)	*Ay, Mann! Was macht er da?* (8b:22, Ü)
3.2-67	(1. bis 5. Iberer:) Olé! (8a:26, Ü)	(1. bis 5. Iberer): Olé! (8b:27, Ü)
3.2-68	En E-Business el tiempo no corre. *Vuela.* (1a:1)	*Das voll korrekte Kombiangebot für alle Überflieger!* (01f:0)
3.2-69	Vale mucho más de lo que cuesta. (12b:20f.)	*Das fängt ja gut an:* T-ISDN jetzt mit T-Online Anschluss inklusive! (12c:12f.)

Kennzeichen der Ausrufe und Interjektionen ist jeweils das Ausrufezeichen, im spanischen Korpus wird dieses allerdings sparsamer verwendet als im deutschen (vgl. Bsp. 3.2-68, 3.2-69). Mit Ausrufezeichen versehene Wünsche und Aufforderungen behandeln wir weiter unten.

3.2.3 Erzählen als Schilderung von Ereignissen

Wenn ein Geschehen aus persönlicher Sicht dargestellt wird, sprechen wir von Erzählen. Dabei ist es unwichtig, ob die Ereignisse wirklich geschehen oder erdacht sind. Beim Erzählen werden Geschehnisse, seien sie real oder erdacht (= fiktiv), emotional verarbeitet. Am deutlichsten zeigt sich dies in literarischen Erzählungen und Kinderbüchern. Aber auch populärwissenschaftliche Texte oder Werbetexte bedienen sich narrativer Techniken.

3.2.3.0 Formen des Erzählens

Wenn vergangene Ereignisse erzählt werden, ist die Wahl der Tempora und ihre Abfolge ein wichtiges Gestaltungsmittel. Aber auch die verwendeten Satzformen und Satzarten beeinflussen die Dynamik der Erzählung. Diese kann entweder die Dynamik des erzählten Ereignisses widerspiegeln oder ihr – zum Beispiel in ironischer Absicht – entgegengesetzt sein (vgl. die Analyse von Text 18c in Nord 1991: 2331ff.). Über das Erzählen könnte man ein eigenes Buch schreiben. Wir wollen hier nur drei wichtige Aspekte herausgreifen, die im Vergleich Spanisch-Deutsch immer wieder auffallen: die Bildung eines Erzählreliefs durch Tempus und Aspekt, die Erzähldynamik und die Erzählchronologie.

3.2.3.1 Erzählrelief

Als Erzählrelief bezeichnen wir die Verteilung von erzählten Informationen auf Erzählhintergrund und Erzählvordergrund. Zum Vordergrund gehören Handlungen und Ereignisse, mit denen die Erzählung voran getrieben wird. Der Hintergrund enthält zusätzliche Informationen über die Situation sowie Nebenhandlungen, die nicht zum Hauptstrang der Erzählung gehören. Die Einleitung vieler Erzähltexte beschreibt zunächst einmal den Hintergrund, vor dem sich das zu erzählende Ereignis abspielen soll.

| 3.2-70 | Don Bepo *era* ventrílocuo. ... *sabía* hablar como si su voz saliera de la boca de su muñeco Ruperto. Juntos *habían recorrido* los escenarios de todo el mundo. *Trabajaban* vestidos exactamente igual: chaqueta negra, pantalones a cuadros, bufanda blanca y, en la cabeza, un bombín. Don Bepo *sentaba* en | *Es war einmal* ein guter, lieber König und eine gute, liebe Prinzessin. Der König *hieß* Schlotterich, und die Prinzessin *nannte man* Traumblau. Sie *wohnten* in einem wunderschönen Schloss im Märchenland, und alle Menschen und alle Tiere *hatten* die beiden schrecklich lieb. Aber er *war* ein furchtbar armer König, |

	sus rodillas a Ruperto, que *era* casi tan grande como él. Y el muñeco *decía* unas cosas tan divertidas que la gente *se moría* de risa. (15b:1-8)	denn er *fror* immer. Er *fror* bei Tag und bei Nacht, Sommer und Winter, und *es halfen ihm* kein heißer Tee und keine dicke Wärmflasche. (15d:1-7)

Bsp. 3.2-70 zeigt eine solche Hintergrunderzählung. Die Personen werden eingeführt, und es wird erzählt, wie und wo sie leben bzw. arbeiten. Im Spanischen ist diese Hintergrundbeschreibung durch das Imperfekt gekennzeichnet, das Verben mit imperfektiver Aktionsart einen durativen Aspekt verleiht (vgl. 2.6.3.3): *era, sabía, trabajaban*. Perfektive Verben dagegen werden, wie wir oben bereits gesehen haben, durch das imperfektive Tempus in Hintergrundschilderungen iterativ: *sentaba* weist auf die gewohnheitsmäßige Wiederholung der Handlung hin.

Vor diesem Hintergrund wird dann das zu erzählende Ereignis inszeniert. Im Spanischen geschieht dies durch das *pretérito perfecto simple* (PPS): *se miró, exclamó, pensó, metió, se marchó, llegaron, guardó, salió* (Bsp. 3.2-71). Bis auf *pensar* haben alle Verben perfektive Aktionsart, die durch das perfektive Tempus verstärkt wird. Die Handlungen folgen Schlag auf Schlag. *Pensar* hat zwar eine imperfektive Aktionsart, erhält jedoch durch das perfektive Tempus einen perfektiven Aspekt. Dieser ist hier inchoativ zu deuten. Auf Deutsch würde man das durch *Ihm kam der Gedanke...* oder *Da dachte er...* ausdrücken. Alles, was nicht Vordergrundhandlung ist, sondern Zustände oder Gewohnheiten schildert, steht im Imperfekt (*no le quedaba, ya era hora, viajaba siempre*) und wird damit in den Hintergrund gerückt. Infinite Verbformen wie Gerundium (*suspirando*) oder Infinitiv markieren ebenfalls Hintergrund- bzw., wie im Beispiel, sekundäre Begleithandlungen. Das Plusquamperfekt (*la barba se le había puesto blanca*) markiert eine Handlung, die vor dem erzählten Ereignis liegt (→ 2.7.4.3).

3.2-71	*Un día*, don Bepo *se miró* al espejo. La barba se le había puesto blanca y en la cabeza no le quedaba ni un pelo. — ¡Vaya! —*exclamó*—. Me he hecho viejo sin darme cuenta y sin de-	*Es geschah, daß* wieder einmal große Aufregung im Schloß *war*. „Ich friere, ich fri-i-i-iere", *rief* der König, und er *schlotterte* am ganzen Körper, und seine goldene Krone *rutschte* ihm dabei

scansar un solo día. Y *pensó* que ya era hora de tomarse unas vacaciones. *Metió* a Ruperto en la maleta, donde el muñeco viajaba siempre, y *se marchó* con él a la casita que tenía en su pueblo. *Llegaron* al atardecer. Don Bepo *guardó* su traje de trabajo en un baúl, suspirando con un poquito de pena. Luego, *se puso* unos pantalones anchos... (15b:17ff.)	immer hin und her, vom linken Ohr zum rechten und umgekehrt; er *zitterte* an allen Gliedern, und er *klapperte* mit den Zähnen: „Hu, hu, hu, ich friere!" Die Diener *rannten herum.* Der Leibkoch Wackelbauch *brachte* eine Tasse heiße Schokolade, eine Zofe *kam* mit einer warmen Bettflasche und mit viel bunten Federkissen. (15d:8ff.)

Im Deutschen steht auch für den Vordergrund nur das Präteritum zur Verfügung. Daher wird in Bsp. 3.2-71 die Erzählung des Ereignisses durch ein lexikalisches Signal eingeleitet: *es geschah...* (ähnlich im Spanischen zusätzlich *un día*). Damit ist für den Leser klar, dass es nun um ein einmaliges Ereignis geht. Bei den folgenden Handlungen und Vorgängen können dann die Aktionsart und gegebenenfalls Adverbien einen Hinweis auf Vorder- oder Hintergrundfunktion geben: *rief* (perfektiv = Vordergrund), *schlotterte* (imperfektiv = Hintergrund), *rutschte ... immer hin und her* (imperfektiv = Hintergrund), *zitterte, klapperte* (imperfektiv = Hintergrund), *rannten herum* (imperfektiv = Hintergrund), *brachte* (perfektiv = Vordergrund), *kam* (perfektiv = Vordergrund).

3.2-72	Los incas *erigieron* grandes templos de arquitectura megalítica, cuya perfección y majestuosidad *deslumbraron* a los conquistadores españoles. (16a:16ff.)	Die Incas *bauten* aus großen Steinblöcken riesige Tempel, deren Vollkommenheit und Majestät bei den spanischen Eroberern große Bewunderung hervorrief. (CN)

Als Faustregel kann gelten: Vordergrundhandlungen antworten auf die Frage *Was geschah (dann)?* und Hintergrundhandlungen auf die Frage *Was war?* Oft wird der Hintergrund in Nebensätzen oder (im Spanischen) in nebensatzähnlichen Strukturen (*al* + Infinitiv, Gerundium, verbundenes Partizip o.ä.) beschrieben und die Vordergrundhandlung im Hauptsatz. Um die Thema-Kohärenz nicht zu zerstören, können Vordergrundhandlungen – besonders im Spanischen, aber gelegentlich auch im Deutschen – jedoch auch im Nebensatz (z.B. im Relativsatz) stehen. Im Spanischen sind sie dennoch durch das verwendete Tempus als solche zu erkennen.

3.2.3.2 Erzähldynamik

Durch die Verteilung von Handlungen und Vorgängen auf Vorder- und Hintergrund wird eine Erzählung lebendig. Auch kann durch eingeschobene Hintergrundinformationen die Dynamik der Handlung gebremst werden (siehe unten, 3.2.3.3).

3.2-73	Sólo sé que al alba, me *desperté*. Que, como el primer día de mi llegada a la isla, la luz gris perlada del amanecer *acuchillaba* las persianas verdes de mi ventana. *Tenía* los ojos abiertos. Por primera vez, no *había soñado* nada. Algo *había* en la habitación como un aleteante huir de palomas. Entonces, *supe* que... (18a:3-8)	Ich weiß nur noch, daß ich im Morgengrauen *erwachte*. Wie am ersten Tag meiner Ankunft auf der Insel *durchschnitt* das perlengraue Licht der Dämmerung die grünen Jalousien meines Fensters. Meine Augen *waren* offen. Zum erstenmal *hatte ich nichts geträumt*. Etwas war im Zimmer wie der flüchtige Flügelschlag einer Taube. Da *wußte* ich... (18b:4-9, Ü)
	Ich weiß nur noch, dass ich bei Sonnenaufgang *erwachte*, dass wie an meinem ersten Tag auf der Insel das perlengraue Licht des frühen Morgens die grüne Jalousie vor meinem Fenster *in Streifen schnitt*. Ich lag mit offenen Augen da. Zum ersten Mal *hatte ich nichts geträumt*. Im Zimmer *war etwas zu spüren* wie das aufgeschreckte Flattern von Taubenflügeln. Da *war mir klar*, dass... (CN)		

In Bsp. 3.2-73 sind die beiden perfektiven Handlungen Aufwachen (*me desperté*) und Erkennen (*supe*), die in Wirklichkeit vielleicht innerhalb von Sekunden aufeinander folgen würden, durch die Schilderung des körperlichen Zustands (*tenía los ojos abiertos*), von Sinneseindrücken (*acuchillaba, algo había ... como*) und durch die Erinnerung an Vorheriges (*no había soñado*) getrennt, was die Situation seltsam starr und unwirklich erscheinen lässt. Dieser Eindruck wird in der publizierten Übersetzung durch das perfektive Verb *durchschneiden* beeinträchtigt. Der Vorschlag *in Streifen schneiden* versucht den imperfektiven Aspekt zu erhalten, ohne die originelle Metapher durch ein weniger konkretes Verb (z.B. *drang das Licht in Streifen durch die grüne Jalousie...*) zu verflachen.

Der statische Eindruck der geschilderten Situation wird durch die Syntax verstärkt. Bei den vier Sätzen des „Zwischenstücks" handelt es sich um eingliedrige, kurze bis mittellange Hauptsätze, die ohne Verknüpfung aneinander gereiht sind (= Parataxe). Im Übersetzungsvorschlag wurde *wie am ersten Tag nach meiner Ankunft auf der Insel* zu *wie an meinem ersten Tag auf der Insel* verkürzt, um die Expansionen bei *in Streifen schneiden, Licht des frühen Morgens* (*Morgengrauen* und *Dämmerung* sind nicht hell genug für einen Morgen auf Mallorca!) und *war mir klar* zu kompensieren.

3.2.3.3 Erzählchronologie

Unter Erzählchronologie verstehen wir die Abfolge der Handlungen in einer Erzählung. Dabei ist auszugehen von einem Zeitpunkt oder Zeitraum, in dem die Vordergrundhandlung stattfindet und von der aus Vorzeitigkeit und Nachzeitigkeit definiert werden. Wenn die Vordergrundzeit in der Vergangenheit liegt (es. PPS/Imperfekt, de. Präteritum), wird die Vorzeitigkeit durch das Plusquamperfekt ausgedrückt (Bsp. 3.2-74: *se habían ocupado, hatten zum Thema gehabt*), das im Spanischen, besonders in Nebensätzen, auch durch das PPS ersetzt werden kann (Bsp. 3.2-75: *que abordamos*). Das Plusquamperfekt mit dem PPS von *haber* (*antepretérito: hubo abordado*) hat einen verstärkt perfektiven Aspekt und kommt fast ausschließlich in mit *apenas* eingeleiteten Temporalsätzen vor.

| 3.2-74 | *Hacía* tiempo que Trabilde *había dejado de preguntarse* por el misterio de Miro. Lo *tenían* allí y *era* suficiente. Ya muy pocos *recordaban* aquel amanecer de abril en que Miro *se despertó*, envuelto en una pequeña manta, en el huerto de Nicolás, el peluquero. Durante varias semanas *se habían ocupado* de Miro las homilías del señor cura, las conversaciones de Nicolás y las malas lenguas de Trabilde, que, afortunadamente, *eran* contadas. (15a:30-36) | Schon lange *wollte* in Trabilde niemand mehr Miros Geheimnis ergründen. Es *genügte* den Leuten, dass er da *war*. Nur noch wenige *erinnerten* sich an jenen Aprilmorgen, als Miro, in eine kleine Decke gewickelt, im Garten von Nicolás, dem Friseur, *aufgewacht war*. Wochenlang *hatten* die Predigten des Pfarrers, die munteren Reden von Nicolás und die – glücklicherweise nicht allzu zahlreichen – bösen Zungen kein anderes Thema *gehabt* als Miro. (CN) |

| 3.2-75 | El botecillo a motor que *abordamos* en el puerto de Copacabana *estaba atracando* en el sencillo embarcadero de Challapampa, pequeña aldea de 300 vecinos situada en la Isla del Sol, cuando un sinfín de pequeños ojos curiosos *se posó* sobre nosotros. Tiempo después, *aprenderíamos* que... (14a:1-5) | Die Indianer des Hochlandes *verachteten* die dort lebenden primitiven Völkerschaften. Nach dem Tode des Inka Huaina Capac *kam* es zum Streit um die Thronfolge zwischen dem erstgeborenen Sohn Huascar und dem Lieblingssohn Atahuallpa, der *schließlich* durch die Schlacht von Cuzco seinen Bruder zum Gefangenen *machen konnte*. (17b:26-32) |

Die Nachzeitigkeit von einem Erzählzeitpunkt der Vergangenheit aus wird im Spanischen durch das Konditional ausgedrückt, im Deutschen durch *sollte* oder, und das ist der häufigere Fall, durch das Präteritum in Kombination mit einem Nachzeitigkeit ausdrückenden Adverb (*dann, später, schließlich* o.ä., Bsp. 3.2-75). In der erlebten Rede (vgl. 4.1.5.4) wird in der Vergangenheit Gleichzeitigkeit durch das Imperfekt bzw. Präteritum, Vorzeitigkeit durch das Plusquamperfekt bzw. im Spanischen auch das PPS und Nachzeitigkeit durch das Konditional, im Deutschen mit *würde*, markiert (Bsp. 3.2-76).

| 3.2-76 | *Salió* a dar una vuelta por la huerta que *rodeaba* la casa. Allí *le esperaba* una desagradable sorpresa. Los gorriones *habían picoteado* los tomates y las sandías. Y *se comerían* también, si no *hacía* algo para impedirlo, las manzanas que ya *empezaban* a pintarse de rojo. (15b:26-30) | *Er ging hinaus* und spazierte durch den Garten. Im Garten *erwartete* ihn eine unangenehme Überraschung. Die Spatzen *hatten* die Tomaten und die Wassermelonen *angepickt*. Und wenn er nichts dagegen *unternahm, würden* sie auch noch die Äpfel auffressen, die sich schon rot *färbten*. (15b:25-29, Ü) |

Im historischen Präsens wird Vorzeitigkeit im Perfekt (im Spanischen auch durch *acabar de* + Infinitiv) markiert. Nachzeitigkeit kann im Spanischen durch synthetisches oder analytisches Futur (*va a ser, será*) markiert werden, im Deutschen durch Futur oder Präsens + Zeitadverb (siehe unten, 3.3.1, zur Futurität). Das Modalverb *sollen* kann im Präsens nicht zum Ausdruck der Nachzeitigkeit verwendet werden (die Übersetzung von Bsp. 3.2-78 ist nicht korrekt).

3.2-77	Un año después de su victoria de Tapso sobre los Pompeyos, César *acaba de vencer* a los últimos supervivientes de Munda*, *sometiendo* toda la Hispania al imperio de Roma. Antes de volver a Roma, donde le aguarda un triunfo, Julio César pasa revista a su vieja guardia: gloriosa Xª Legión. (8a:13-20, Ü)	Ein Jahr nach seinem Sieg über die Pompejaner bei Thapsus *hat* Cäsar durch die siegreiche Schlacht bei Munda* ganz Hispanien unter römische Herrschaft *gebracht*. Vor seiner Rückkehr nach Rom, wo ihn ein Triumphzug erwartet, *ehrt* Cäsar seine alte Garde: die glorreiche X. Legion... (8b:14-19, Ü)
3.2-78	Esa mañana del 17 de marzo del año 45 a. de J.C., todo *está apacible* en el pueblecito galo que ya conocemos bien. Sin embargo, aquella calma *va a ser turbada* por acontecimientos que *se desarrollan* muy lejos de allí, en la Hispania ulterior. (8a:4-7, Ü)	Am Morgen des 17. März des Jahres 45 v.Chr. *herrscht Frieden* in dem kleinen, uns wohlbekannten gallischen Dorf. Bald jedoch *soll* diese Ruhe *gestört werden* durch Ereignisse, die sich in weiter Ferne *abspielen*, im südlichen Hispanien. (8b:5-8, Ü)

Obwohl auch dieses Thema eine ausführlichere Behandlung verdient hätte, müssen wir uns aus Platzgründen auf die wenigen Beispiele aus dem Textkorpus beschränken.

3.2.4 Zusammenfassung

Die hier dargestellten Formen des Schilderns (Charakterisieren, Gefühlsbekundung und Erzählen) zeigen einen kleinen Ausschnitt aus der reichen Vielfalt der expressiven Kommunikationshandlungen im Spanischen und Deutschen. Da in diesem Bereich keine starke Konventionalisierung festzustellen ist, haben statistische Frequenzaussagen wenig Sinn. Dennoch wollen wir auch hier wieder ein paar grundlegende Aspekte in Thesenform zusammenfassen.

→ Diminutive und Augmentative können spontan durch Anhängung der entsprechenden Suffixe (im Deutschen Diminutivsuffixe auch in Augmentativfunktion) an Substantive, im Spanischen zudem an Adjektive, Gerundien oder Adverbien, gebildet werden. Das spanische Sprachsystem hat erheblich mehr frei verfügbare Diminutiv- bzw. Augmentativsuffixe, jedoch werden vorzugsweise *–ito* und *–illo* verwendet. Auch sind die Kombinationsmöglichkeiten freier als im Deutschen. Bei der Übersetzung Spanisch-Deutsch sind häufig kompensatorische

Verfahren (z.B. Verwendung konnotativer Adjektive) erforderlich, wenn die expressive Funktion der Diminutive wiedergegeben werden soll.

➜ Schmückende Beiwörter (Epitheta) stehen im Spanischen grundsätzlich vor dem Substantiv.

➜ Elative werden im Spanischen durch Anhängen von –*ísimo* oder mit verstärkenden Adverbien, im Deutschen vor allem mit verstärkenden Adverbien gebildet. Dabei zeigt der Vergleich, dass zum einen Elative im spanischen Korpus generell häufiger sind als im deutschen und zum anderen es. *muy* eine erheblich höhere Frequenz hat als de. *sehr.*

➜ Bei bildhaften Ausdrücken (Metaphern, Vergleichen) ist zwischen erstarrten, konventionalisierten oder lexikalisierten, originellen und kühnen Bildern zu unterscheiden. Die Wirkung eines sprachlichen Bildes hängt entscheidend vom Grad der Konventionalität ab. Außerdem ist auf textsortentypische Frequenzen zu achten: Besonders in Sachbuch- und populärwissenschaftlichen Texten scheinen im Spanischen bildhafte Ausdrücke häufiger und oft auch origineller zu sein als im Deutschen.

➜ Gefühlsbekundungen werden einerseits durch Verben und Ausdrücke der Gemütsbewegung und andererseits durch Stilmittel wie Synästhesie und Lautmalerei sowie durch Ausrufe und Interjektionen ausgedrückt. Gefühlsbekundende Ausdrücke stehen im Spanischen öfter ohne Ausrufezeichen als im Deutschen.

➜ Beim Erzählen ist vor allem das Erzählrelief für den Vergleich Spanisch-Deutsch interessant. Die Analyse des Korpus und anderer erzählender Texte zeigt, dass durch das Zusammenwirken von Aktionsart und Aspekt im Spanischen eine deutlichere Markierung des Erzählreliefs möglich ist als im Deutschen.

➜ Hintergrundhandlungen (Frage: *Was war?*) werden im Spanischen durch imperfektive Tempora (einschließlich des Plusquamperfekts mit dem Imperfekt von *haber*) sowie durch infinite Konstruktionen (Infinitiv, Gerundium) markiert, im Deutschen durch Verben mit imperfektiver Aktionsart im Präteritum, umgangs- und regionalsprachlich auch durch die Verbalperiphrase *am* + Infinitiv + *sein.* Vordergrundhandlungen (Frage: *Was geschah dann?*) werden im Spanischen durch perfektive Tempora (vor allem PPS) ausgedrückt, im Deutschen durch Verben mit perfektiver Aktionsart im Präteritum, gegebenenfalls in Kombination mit lexikalischen Signalen (z.B. Adverbien).

3.3 WOLLEN

Unter der kommunikativen Handlung Wollen fassen wir alle auf die Zukunft gerichteten expressiven Äußerungen zusammen, in denen der Sender auf Tätigkeiten oder Ereignisse Bezug nimmt, die nicht oder noch nicht Realität sind. Die Wahl des Verbs *wollen* zeigt, dass die hier behandelte Expressivität immer von einem mit Willen begabten Subjekt ausgeht, das aber nicht der Sprecher sein muss.

3.3.0 Allgemeines

Wir unterscheiden drei verschiedene Ausprägungen des Wollens: das Wollen als Ausdruck der Futurität (im Sinne von *X will/wird Y tun*), das Wollen als Ausdruck eines Wunsches (im Sinne von *X will/möchte Y haben*) und das Wollen als Ausdruck eines Ziels (im Sinne von *X will/strebt an, dass Y geschieht*).

3.3.1 Wollen als Ausdruck der Futurität

Für den Ausdruck der Futurität steht in beiden Sprachen zunächst einmal grundsätzlich das Futur (de. Infinitiv + *werden*, es. Infinitiv + futurische Endung, „analytisches Futur", oder die Periphrase *ir a* + Infinitiv, auch „synthetisches Futur" genannt) zur Verfügung. Dazu kommen in beiden Sprachen Verben wie de. *beabsichtigen, vorhaben, planen* bzw. es. *tener la intención de* mit dem Infinitiv, im Deutschen darüber hinaus die Modalverben *wollen* oder *sollen*, letzteres besonders zur Vermeidung von doppeltem *werden* im Passiv (vgl. Bsp. 3.3-5).

Als sicher erwartete zukünftige Ereignisse werden im Spanischen meist mit dem analytischen Futur ausgedrückt (Bsp. 3.3-1, 3.3-2, 3.3-3). Im Deutschen steht im Allgemeinen das Präsens, außer wenn dies zu Verwechslungen mit einer auf die Gegenwart bezogenen Aussage führen würde (Bsp. 3.3-2, 3.3-3). Das periphrastische

Futur (*ir a* + Infinitiv) wird im Spanischen häufiger in der gesprochenen Sprache verwendet bzw. wenn der futurische Zeitpunkt unmittelbar bevorsteht (Bsp. 3.3-5). Das Präsens in futurischer Verwendung erhält im Spanischen meistens eine Konnotation der besonders hohen Gewissheit (Bsp. 3.3-4), ähnlich wie das Futur im Deutschen (Bsp. 3.3-3).

3.3-1	Se *valorarán* conocimientos de Microsoft Office y herramientas de gestión de proyectos. (01b:31f.)	Hierzu *sind* neben einem technischen Hochschulabschluss mehrjährige Erfahrungen ... *Voraussetzung.* (01e:16f)
3.3-2	personas que quieren decidir y configurar cómo *será* la tecnología E-Business en el futuro. (01a:26ff.)	Ihre Verantwortung *wird sich* von der selbstständigen Spezifikation komplexer Module bis hin zur Verifikation *erstrecken.* (01e:20ff.)
3.3-3	... los físicos, en cambio, saben siempre qué tipo de prueba *decidirá* la pregunta formulada. (05a:26f.)	Übrigens: Ein armer Student *werden* Sie nicht *sein.* Unsere Vergütung *kann sich* schon während Ihrer Ausbildung *sehen lassen.* (01f:19ff.)
3.3-4	Para acelerar tu carrera, *empiezas* realizando un curso de postgrado exclusivo para nuestros profesionales. (01a:15f.)	Beobachter vermuten, dass Sergejew eine Großoffensive der russischen Armee gegen die Aufständischen vorbereiten *will* ... (07b:11f.)
3.3-5	Le grité: "*Van a* castigar a Manuel, y es inocente". (18a:14f.)	Ich schrie ihm zu: »Manuel *soll* bestraft werden, aber er ist unschuldig.« (18b:16, Ü)

Im Deutschen wird dort, wo aus Gründen der Eindeutigkeit kein Präsens möglich ist, das Futur häufig durch Modalverben, vor allem *wollen*, ersetzt (Bsp. 3.3-4). Wird die Erfüllung der Erwartung als definitiv angesehen, steht im Spanischen auch *haber de* + Infinitiv, das ja, wie wir gesehen haben, auch zum Ausdruck der Nachzeitigkeit aus der Sicht der Vergangenheit verwendet wird (Bsp. 3.3-7, vgl. 3.2.3.3).

3.3-6	El Real Madrid *ha de disputar* un partido contra el FC Bayern. (Steinitz/Beitscher 1990: 173)	Samaranch *will* die Weltjugend ins nächste Jahrtausend führen. (SZ 3/97)
3.3-7	la desintegración de España, que *había de* culminar en el desastre de 1898. (Carmen Martín Gaite: *La búsqueda*)	Diese Meinung *sollte* sie noch oft zu hören bekommen. (Engel 1988: V079)

Wenn sicher erwartet wird, dass zu einem bestimmten Zeitpunkt eine Handlung oder ein Ereignis abgeschlossen sein wird, steht in beiden Sprachen das Futur II, im Deutschen auch das Perfekt, wenn die Futurität aus dem Kontext eindeutig hervorgeht (Bsp. 3.3-9).

3.3-8	A fines de mes Ernesto ya habrá cumplido los cincuenta. (Cartagena 1999: 2959)	Am 7. Oktober *werden wir* den Volkswirtschaftsplan mit 80 % *erfüllt haben.* (Sowinski 1973: 217)
3.3-9	Die Stadt Innsbruck *stimmt* am kommenden Sonntag über die Bewerbung *ab.* „*Gibt* es kein klares Votum für die Bewerbung, dann *ist* die Sache für uns *gestorben*", sagt Innsbrucks Bürgermeister. (SZ 3/97)	
3.3-10	Y el Chino ya *se habría levantado.* (18a:35)	Der Chinese *war wohl* schon *aufgestanden.* (18b:37f., Ü)

In der erlebten Rede aus der Sicht der Vergangenheit wird ein solches Futur II dann zum Konditional II (vgl. 3.1.5.4, Bsp. 3.1-100), das in Bsp. 3.3-10 gleichzeitig die Vermutung kennzeichnet (→ 3.1.3.2). Eine als sicher angenommene Futurität wird auch im realen Bedingungssatz ausgedrückt, im Spanischen allerdings nur, wenn er mit *si* eingeleitet ist und dementsprechend im Indikativ steht.

3.3-11	Los precios... pueden ser modificados *si* las circunstancias lo *imponen.* (06b:4ff.)	*Wenn* Sie da mitmischen *wollen,* sollten Sie sich bewerben. (01f:25f.)
3.3-12	el recogecables automático, que le *permitirá* olvidarse de enrollar el cable... (10a:5f.)	Ihrem Reise-Haartrockner sind zwei Adapter beigefügt, die es Ihnen *ermöglichen,* das Gerät ... (10b:48)

Entsprechendes gilt für Relativsätze, die sich auf die Zukunft beziehen und keine Antizipation implizieren (Bsp. 3.3-12, vgl. 3.1.3.3.2).

3.3.2   Wollen als Ausdruck eines Wunsches

Wünsche sind Äußerungen, in denen der Sprecher zum Ausdruck bringt, dass er die Verwirklichung eines nicht oder noch nicht realen Geschehens für erstrebenswert hält.

3.3.2.0 Formen der Wunschäußerung

Wir unterscheiden zwischen Wünschen, die erfüllbar sind oder als erfüllbar vorgestellt werden, und Wünschen, die nicht oder nicht mehr erfüllt werden können, weil die Gegebenheiten es nicht zulassen oder die Zeit für ihre Erfüllung vorbei ist.

3.3.2.1 Erfüllbare Wünsche

Von den vielen Möglichkeiten, erfüllbare Wünsche auszudrücken, wollen wir hier nur zwei herausgreifen, die für den Vergleich Spanisch-Deutsch von Interesse sind: die Formulierung von „erwünschten Eigenschaften" von Personen oder Sachen und die Formulierung von „erwünschten Geschehnissen". In verneinten Sätzen könnte man natürlich genau so gut auch von unerwünschten Eigenschaften oder Geschehnissen sprechen.

3.3.2.1.1 Erwünschte Eigenschaften

Im Zusammenhang mit der referentiellen Kommunikation hatten wir festgestellt, dass zur Angabe qualitativ unterscheidender Merkmale der spezifizierende Relativsatz eine wichtige Rolle spielt (→ 2.5.1). Wenn nun die im Relativsatz angegebenen Merkmale nicht real vorhanden sind oder einem nicht determinierten Referens zugeschrieben, sondern lediglich als erwünscht betrachtet werden, steht im Spanischen in einem solchen Relativsatz der Konjunktiv als Optativus. Dabei ist auf die Zeitenfolge zu achten (Bsp. 3.3-15).

3.3-13	La satisfacción puede provenir ... de la capacidad *que tenga* [el producto] de satisfacer ciertas necesidades psicológicas... (02a:23f.-26f.)	BEA sucht schlaue Leute, *die denken, fühlen und handeln* wie die e-generation. (01d:9f.)
3.3-14	La Investigación ... trata de suministrar información válida y apropiada *que refleje* la realidad. (05b:16f.)	Kriterien und Kategorien ..., die Orientierungspunkte sowohl für Analyse als auch für die Praxis *liefern sollen* (04e:21ff.)
3.3-15	El presidente Vaclav Havel y el anterior canciller alemán Helmut Kohl intentaron buscar una fórmula conciliatoria *que no agrediera* a la sensibilidad de ambas	Der tschechische Präsident Vaclav Havel und der frühere deutsche Bundeskanzler Helmut Kohl suchten nach einer Versöhnungsformel, die weder die

partes. (El País, 24.3.02)	Gefühle der einen noch die der anderen Seite verletzt. (CN)

Im Deutschen sind solche Fälle im Allgemeinen nicht besonders markiert (Bsp. 3.3-13), allerdings finden wir öfter das Modalverb *sollen* im Relativsatz, wenn erwünschte Eigenschaften angeführt werden (Bsp. 3.3-14).

3.3.2.1.2   Erwünschte Geschehnisse

Bei Wünschen, die sich auf ein Geschehen beziehen, verwenden wir im Allgemeinen Verben des Wünschens mit einem Objekt, das als Infinitivsatz, als Objektsatz mit der Konjunktion *que* bzw. *dass* oder als nominales Objekt formuliert sein kann. Verben des Wünschens sind zum Beispiel es. *querer* (am häufigsten), *desear* oder de. *(sich) wünschen, wollen, mögen, gerne haben* (im Konjunktiv: *ich hätte gerne*). Nach solchen Verben, seien sie bejaht oder verneint gebraucht, steht im Spanischen der Konjunktiv als Optativus.

3.3-16	*Queremos que* todo el mundo *se sienta* seguro, ganadores y perdedores. (Robert Mugabe 1980, zitiert in El Mundo, 18.02.02)	*Wir möchten, dass Sie* beim Autokauf für Ihr Geld *mehr bekommen.* (www.autoplus.wolfs-burg.de/infobox/autoplus.html, 14.11.02)
3.3-17	...la maldición china de moda era: *Te deseo que vivas* en una época interesante (Mario Vargas Llosa, El País 4/90)	... die beliebteste Verwünschung in China war: *Mögest* du in einer interessanten Zeit *leben!* (CN)
3.3-18	La mafia de la droga *a la que no le interesa que se legalice* la marihuana. ... *nada interesada en que* los africanos, magrebíes o latinoamericanos *regularicen* su situación. (20a:23ff.)	Ein Controller *hat überhaupt kein Interesse daran*, einzelne Mitarbeiter *zu überprüfen.* (www.his.de/doku/seminar/abt1/09_2002/F2_basis.pdf,14.11.02)
3.3-19	*Deseamos* pasarles un pedido a título de prueba. (19a:17)	Daniela Hörhammer und Beate Kallenbach *freuen sich darauf*, Euch kennen zu lernen. (01g:15f.)
3.3-20	Si *quieres* acelerar tu carrera ... (01a:2)	wer dabei alle Vorteile von T-Online nutzen *möchte* (12c:22)
3.3-21	Lo que el cliente *quiere* es un producto capaz de proporcionar-le una satisfacción. (02a: 22f.)	Sie *wollen* einen Zusammen-schluss mit Tschetschenien. (07b:33f.)

In Bezug auf die Zeitenfolge ist hier festzustellen, dass Konditional-
formen wie *querría que*..., *quisiera que* oder *me gustaría* que..., nach
denen korrekterweise der Konjunktiv Imperfekt stehen müsste, oft
auch mit dem Konjunktiv Präsens gebraucht werden, da dieses Konditional eher eine höfliche Relativierung des Wunsches in der Gegenwart ausdrückt als einen hypothetischen Wunsch.

3.3-22	Dice la nueva Miss España: «*Me gustaría que vieran* mi belleza interior.» (El Mundo, 24-03-02)	*„Ich fände es gut, wenn* die Leute meine innere Schönheit erkennen würden!" (CN)

Die Analyse des Korpus zeigt, dass nach Verben des Wünschens in
den von uns einbezogenen Textsorten nicht Objektsätze mit dem
Konjunktiv, sondern erweiterte Infinitive oder nominale Objekte am
häufigsten verwendet werden. Das ist natürlich nur möglich, wenn das
Subjekt des Wunschverbs auch gleichzeitig das Subjekt des erwünschten Geschehens ist. Wenn man nicht sich selbst, sondern jemand anderem etwas wünscht, kommt man um den konjunktivischen
Konjunktionalsatz nicht herum. Dieser wird dann im Spanischen oft
auch ohne das Verb des Wünschens elliptisch konstruiert. Im Deutschen haben solche Wünsche (oder Verwünschungen, siehe Bsp.
3.3-17) entweder nominale Form oder werden, dann aber in einem
formelleren Register, mit dem Modalverb *mögen* oder mit dem Konjunktiv Präsens formuliert.

3.3-23	Llámame después del examen. Y *que te salga bien*, ¿vale? (Matte Bon 1995, II:269)	Heute schon gelacht? *Viel Vergnügen* beim Lesen der Stilblüten! (www.personaldent.de)
3.3-24	No ejerzo ni quiero ejercer de contestatario profesional. *Que quede bien claro...* (20a:35f.)	Ich bin kein Berufsprotestler und will auch keiner sein. Darauf lege ich großen Wert ... (CN)
3.3-25	«Yo, Robert Mugabe, juro que seré fiel a Zimbabue y que respetaré sus leyes. *Que Dios me ayude*», afirmó a las 10.15 de la mañana. (El Mundo, 18-03-02)	Ich bitte Sie nunmehr einzeln, die linke Hand auf die Verfassung des Saarlandes zu legen, die Hand zum Schwur zu erheben und zu sprechen: „Ich schwöre, *so wahr mir Gott helfe*." (www.jura.uni-sb/Landtag-Saar/protokolle/s2/pl110204.htm 14.11.02)

| 3.3-26 | «¡*Ojalá Dios me ayude!*» declara la mujer nigeriana Safiya, la mujer cuya lapidación se decide hoy. (Mundo, 18.3.02, 1) | Eine Einladung zu einer Party, und schon ist es wieder soweit. „*Hoffentlich hilft mir Gott und die Jungfrau*, dass ich nicht wieder auf der Strasse lande...“ (www.swix.ch/ecosolidar/projekt e/hpportraits.html, 14.11.02, einziger Treffer – Schweiz!) |
| 3.3-27 | *Ojalá que llueva* café en el campo, que caiga un aguacero de yuca y té del cielo... (Juan Luis Guerra, Canción) | *Wenn ich doch nur* helfen könnte ... (Berliner Morgenpost, 19.09.01) |

Wünsche in Hauptsatzform werden im Spanischen durch *ojalá (que)* eingeleitet und stehen, wenn sie erfüllbar sind, im Konjunktiv Präsens. Im Deutschen wird ein erfüllbarer Wunsch im Indikativ Präsens formuliert und durch ein Adverb wie *hoffentlich* eingeleitet oder als Konditionalgefüge im Konjunktiv II konstruiert, das nur deshalb als erfüllbarer Wunsch erkennbar ist, weil es sich auf einen zukünftigen Zeitpunkt bezieht.

3.3.2.2 Unerfüllbare Wünsche

Wenn Bsp. 3.3-22 (*Ich fände es gut, wenn ...*) auf die Gegenwart (= Gleichzeitigkeit mit der Wunschhandlung) oder Vergangenheit (= Vorzeitigkeit in Bezug auf die Wunschhandlung) bezogen wäre, müsste es als unerfüllbarer Wunsch betrachtet werden. Unerfüllbare Wünsche stehen in beiden Sprachen im Konjunktiv (als Irrealis), bei Gleichzeitigkeit im Konjunktiv Imperfekt (Bsp. 3.3-28) und bei Vorzeitigkeit im Konjunktiv Plusquamperfekt (Bsp. 3.3-29).

| 3.3-28 | ¡Quién *pudiera marcharse* mañana mismo! (Matte Bon 1995, II:266) | *Ach, wer doch das könnte*, nur ein einziges Mal! (Victor Blüthgen: *Gemäht sind schon die Felder ...*, Herbstgedicht) |
| 3.3-29 | *Ojalá te hubiera conocido* antes. *Ojalá hubiera sabido* de tí hace tiempo. (Onion – Standby for a Disaster, YUL) | *Ach hätt ich doch, ach hätt ich doch, ach hätte ich doch bloß* – dann hätt ich jetzt, was ich nicht hab und wär nicht fassungslos ... (Alexander Bär: Akute Konjunktivitis) |

| 3.3-30 | *Si yo tuviera talento* me pasaría de listo, no tiraría mi tiempo... (www.amauryperez.com, Canción) | *Wenn ich eine Zeitmaschine hätte*, würde ich das alte Ägypten besuchen. (Aaliyah, Interview in DIE ZEIT 36/01) |

In beiden Sprachen können unerfüllbare Wünsche auch als irreale Konditionalsätze formuliert werden (Bsp. 3.3-30), da es sich ja um ein verkürztes Bedingungsgefüge handelt: *Wenn X so oder so wäre, würde mein Wunsch erfüllt* bzw. *Wenn X anders gewesen wäre, wäre mein Wunsch erfüllt worden.* Im Deutschen werden unerfüllbare Wünsche in der Regel mit Abtönungspartikeln (*bloß, nur*) und mit einem Ausrufezeichen kenntlich gemacht.

3.3.3   Wollen als Ausdruck eines Ziels

3.3.3.0 Formen der Zielangabe

Ein angestrebtes Ziel kann direkt als Zweck eines Handelns oder Verhaltens genannt oder indirekt impliziert werden, indem man die Handlung beschreibt, deren Folge dann das erwünschte Ziel ist. Grammatikalisch haben wir es im ersten Falle mit finalen, im zweiten Fall mit konsekutiven Strukturen zu tun.

3.3.3.1 Ausdruck des Zwecks

Zum Ausdruck des Zwecks stehen in beiden Sprachen verschiedene Formen zur Verfügung: der mit es. *para que* oder *a fin de que*, de. *damit* eingeleitete Finalsatz (im Spanischen immer mit dem Konjunktiv als Optativus), erweiterte Infinitive, im Spanischen fast ausnahmslos mit *para* (im Korpus einmal *a fin de* und zweimal *por* nach *esforzarse*), im Deutschen mit *um zu*, sowie präpositionale Ergänzungen mit Verbalsubstantiven, im Spanischen nach *para*, im Deutschen nach *zu* oder *für*.

| 3.3-31 | Dos observaciones deben hacerse *para que* el concepto *quede* totalmente claro. (04c:9f.) | *Damit* die e-generation noch bequemer werden kann, gibt es BEA. (01d:3f.) |
| 3.3-32 | El sistema *logró que fuera* portada de los periódicos la supuesta violencia de los antiglobalización. (20a:11f.) | Das Establishment hat es geschafft, die angebliche Gewaltbereitschaft der Globalisierungsgegner auf die Titelseiten der Zeitungen zu bringen. (CN) |

3.3-33	...se esfuerza *por encontrar* nuevas fórmulas para vender más bienes y servicios a más personas. (02a:29)	Der Luftfrachtführer *ist* nach besten Kräften *bemüht*, Fluggast und Gepäck möglichst pünktlich *zu befördern.* (06f:34f.)
3.3-34	Los latinoamericanos, al fin, buscan – y *luchan – por* ser moldeadores activos de su destino. (17a:6f.)	Südasien und Südostasien *kämpfen darum*, den Veränderungsprozess *zu überleben.* (Tagesspiegel, Archiv)
3.3-35	...hacen falta herramientas especiales *para* su reparación. (10a:23f.)	Eine geeignete Methode *für* die Lösung einer bestimmten Art von Problemen (05c:23)
3.3-36	La razón se enfrenta con *ellos a fin de dar* con la solución de los mismos. (05a:4f.)	Der kleine Indianer Roberto schreit, *weil* er seinem ausländischen Zuhörer *gefallen will*: „Viva el gringo!" (14b:10ff.)
3.3-37	y todo *bajo un solo prisma*, sacarnos el dinero. (02a:6f.)	alles nur *mit dem einzigen Ziel*, uns das Geld aus der Tasche *zu ziehen.* (02b:5f.)
3.3-38	*Para conseguir* esos datos se utilizan los métodos más apropiados *para posteriormente analizar, interpretar y a veces inferir.* (05b:28f.)	... *zur* Erleichterung des Sekretabflusses bei Nasennebenhöhlenentzündungen (03b:14f.)

Die quantitative Analyse der Korpustexte ergibt Folgendes: Beide Korpora enthalten jeweils 30 Zweckäußerungen. In den spanischen Texten finden sich neben zwei Finalsätzen 25 Infinitivkonstruktionen mit *para* und drei mit *por* (zusammen 90 %) und eine präpositionale Ergänzung; in den deutschen Texten sind neben drei Finalsätzen 11 Infinitivkonstruktionen mit *um zu* (36,7 %), 9 präpositionale Ergänzungen mit *zu* und 3 mit *für* (zusammen 40 %) sowie vier andere Formen (drei Kausal- bzw. Konditionalsätze mit Modalverb *wollen* bzw. *mögen*, einmal *dienen zu*, zusammen 13,3 %). Die Zahlen zeigen zum einen wieder den bereits mehrfach festgestellten stärker verbalen Charakter des Spanischen und zum anderen auch die schon öfter beobachtete größere Vielfalt der Strukturen im Deutschen.

3.3.3.2 Ausdruck der erwünschten Folge

Die erwünschte Folge wird durch einen Konsekutivsatz ausgedrückt, der im Spanischen den Konjunktiv (wieder als Optativus) aufweist. Im Deutschen steht der Indikativ.

3.3-39	La cocción debe llevarse a cabo a fuego lento y con las legumbres siempre cubiertas de agua para *evitar que se despellejen.* (13d:6ff.)	Verlegen Sie das Netzkabel *so, daß es* ebenfalls *nicht* mit heißen oder scharfkantigen Gegenständen *in Berührung kommt* (10b:29f.)
3.3-40	un cambio en la temperatura del líquido *hace que se encallen y permanezcan duros* tras la cocción. (13d:16f.)	
3.3-41	...*hizo posible que se manifestaran* gentes de edad y cultura muy diversas sin apenas incidentes. (20a:3f.)	

Auch hier ist im Spanischen auf die Zeitenfolge zu achten. Wenn allerdings kein finaler Nebensinn enthalten ist, handelt es sich um einen einfachen Konsekutivsatz, der im Indikativ steht (vgl. 2.7.5.2).

3.3.4   Zusammenfassung

Die wichtigsten Erkenntnisse aus dem Vergleich der Ausdrucksmittel für die kommunikative Handlung Wollen können folgendermaßen zusammengefasst werden.

➔ Bei sicherer Erwartung steht im Spanischen im Allgemeinen das Futur und nur in Ausnahmefällen (z.B. in der Umgangssprache, bei unmittelbar bevorstehenden Handlungen) das Präsens. Im Deutschen ist es umgekehrt. Das Futur steht nur, wenn sonst die Futurität der Handlung nicht erkennbar wäre. In allen anderen Fällen wird das Präsens (ggf. mit einem temporalen Adverb) oder ein Modalverb (vor allem *wollen*) als Ersatzform bevorzugt.

➔ Verben der Wunsch- oder Willensäußerung bedingen im abhängigen Objekt- oder Subjektsatz im Spanischen den Konjunktiv (mit Zeitenfolge), im Deutschen den Indikativ.

➔ Selbstständige Wunschsätze werden im Spanischen mit *ojalá* oder *que* eingeleitet und stehen im Konjunktiv Präsens, wenn sie erfüllbar, im Konjunktiv Imperfekt oder Plusquamperfekt, wenn sie unerfüllbar sind. Im Deutschen werden erfüllbare Wünsche mit *hoffentlich* eingeleitet oder – in feierlichen oder religiös begründeten Wünschen – mit dem Konjunktiv Präsens des Modalverbs *mögen* oder des Hauptverbs formuliert. Wünsche für andere werden im Allgemeinen elliptisch formuliert: *Gute Reise! Viel Glück! Alles Gute!*

→ Zweckäußerungen werden im Spanischen vorzugsweise durch Infinitivkonstruktionen mit *para* ausgedrückt, im Deutschen etwa zu gleichen Teilen durch Infinitivkonstruktionen mit *um zu* und präpositionale Ergänzungen mit *zu* oder (seltener) *für* + Verbalabstraktum.

3.4 DIE EXPRESSIVE KOMMUNIKATION IM KULTURVERGLEICH

Die expressive Kommunikation umfasst die Kommunikationshandlungen Bewerten, Schildern und Wollen. Während Schilderungen weitgehend auf schöngeistige Textsorten konzentriert sind, kommen Bewertungen und Willensäußerungen in beiden Kulturen in vielen verschiedenen Textgattungen vor. Dabei verdient besonders die indirekte Expressivität Beachtung. Nur wenn man die Signale für ihre Markierung kennt, kann man sie (im Ausgangstext) richtig entschlüsseln und korrekt interpretieren bzw. (im Zieltext) entsprechend versprachlichen.

Indirekte Expressivität zeigt sich zum einen im verwendeten Wortschatz, z.B. in bewertenden oder emotiven Benennungen und in sprachlichen Bildern, und zum anderen in der Syntax, z.B. in Erzählrelief und -dynamik oder durch die der Ironiemarkierung dienenden besonderen syntaktischen Stilmittel. Indirekt expressiv sind jedoch auch die zur Bestätigung eigener Auffassungen angeführten Aussagen anderer in direkten oder indirekten Zitaten. Viele dieser Phänomene konnten hier im Interesse der Überschaubarkeit und der Relevanz für das professionelle Übersetzen nur sehr kurz abgehandelt werden. Da jedoch diese Stilmittel – wenn auch mit geringerer Frequenz – durchaus in nichtliterarischen Texten zu finden sind, sollte auf eine Sensibilisierung gerade für die subtileren Formen der Meinungsäußerung nicht verzichtet werden.

Wenn die Expressivität explizit gemacht wird, macht sie nicht so sehr Schwierigkeiten bei der Textanalyse, sondern eher bei der Textproduktion – interessanterweise nicht nur in der Fremdsprache, sondern in kaum geringerem Maße auch in der Muttersprache. Im Spanischen ist der Konjunktiv der Modus der Expressivität schlechthin – im Deutschen ist der Gebrauch des Konjunktivs sehr begrenzt, aber dafür werden andere, meist lexikalische, Expressivitätssignale (Adverbien, Modalpartikeln) verwendet, die oft sehr differenzierte Bedeutungs-

schattierungen aufweisen (man denke etwa an die Skala der Vermutungsadverbien von *vielleicht, möglicherweise, eventuell, wahrscheinlich, höchstwahrscheinlich, womöglich* etc. bis zu *sicherlich, sicher*
oder *totsicher*).

Eine Reihe der Unterschiede zwischen den Verbalisierungsfor-
men der expressiven Kommunikation im Spanischen und Deutschen
lassen sich auf die Grundformel bringen: Spanisch – Grammatik,
Deutsch – Lexik. Das heißt, im Spanischen sind die grammatischen
Mittel vielfach reicher ausdifferenziert (z.B. Tempus/Aspekt/Modus,
Gerundial- und Partizipialkonstruktionen, Verbalperiphrasen), während im Deutschen der Wortschatz die größere Vielfalt bietet (z.B.
durch Komposition, Partikelverben, Wortfeldauffächerungen im Bereich der Verben des Sagens, der Verben der Fortbewegung oder der
Adverbien zur Bildung von Elativen). Aber dann gibt es natürlich auch
den umgekehrten Fall: Der Reichtum an Diminutivsuffixen im Spanischen ist so leicht von keiner anderen Sprache zu erreichen – es ist
jedoch (für Nicht-Muttersprachler!) beruhigend zu beobachten, dass
sich die Sprachverwendung dann doch nur auf einige wenige (zum
Teil regional unterschiedliche) Formen beschränkt.

Ein wichtiger Unterschied sei noch hervorgehoben: Im Zusammenhang mit der Handlung Bewerten hatten wir festgestellt, dass einige unserer Korpustexte, etwa die Sachbuchtexte, im Spanischen
erheblich mehr expressive Merkmale enthalten als die Texte der gleichen Textsorte im Deutschen. Das ist auf eine literarisch-stilistische
Tradition zurückzuführen, die – vorsichtig gesagt – vielleicht mehr
Freude an rhetorischen Figuren an den Tag legt und im Vergleich zu
der deutsche Texte oft reichlich trocken und karg wirken. Demgegenüber ist die Abneigung gegenüber blumiger Rhetorik im Deutschen
natürlich ebenso eine literarische Tradition, die deutsche Leser oft ab-
wehrend auf „zu viel" Rhetorik und Pathos reagieren lässt. Bei der
Übersetzung besonders expressiver Texte aus dem Spanischen ins
Deutsche kann diese Überlegung eine Rechtfertigung dafür darstellen, dass die spanische Rhetorik in einer etwas abgeschwächten, „ge-
milderten" Form wiedergegeben wird, um nicht einen unerwünschten
Abwehreffekt hervorzurufen.

4   Appellative Kommunikation

4.0   Vorbemerkung

Die appellative Kommunikation zielt darauf ab, die Adressaten zu beeinflussen, und zwar in ihrem Handeln und/oder in ihrem Denken. Das kann über drei „Schienen" angestrebt werden: zum einen über direkte Aufforderungen in ihren verschiedenen Realisierungsformen und -graden, zum zweiten dadurch, dass der Sender an vorhandenes Wissen des Adressaten appelliert, ihn sozusagen an Gewusstes erinnert, und zum dritten dadurch, dass das Handeln indirekt über das Denken beeinflusst wird. Hier sprechen wir von Überredung. Überredung macht sich alle kommunikativen Funktionen, einschließlich der phatischen, zu Nutze und ist daher, wie bereits angedeutet, die komplexeste Form der Kommunikation. Sie spielt gewissermaßen auf allen Registern. Daher soll sie der krönende Abschluss unserer Ausführungen zu den kommunikativen Handlungen sein.

Zunächst betrachten wir also die appellative Handlung AUFFORDERN (4.1), von der Empfehlung, die noch relativ dezent daher kommt, über das Ersuchen, das schon etwas dringlicher ist, bis zum Fordern, bei dem die fordernde Person auch die entsprechende Macht oder Vollmacht haben muss, um an jemand anderen eine Forderung zu stellen. Aufforderungen sprechen die Adressaten direkt an und unterscheiden sich nur in Bezug auf die Verbindlichkeit, mit der das Handeln der Adressaten beeinflusst werden kann.

Die zweite appellative Kommunikationshandlung nennen wir ERINNERN (4.2). Mit dieser Handlung versucht der Sender, das Denken der Adressaten in der Weise zu beeinflussen, dass sie bestimmte Gedächtnisinhalte aktivieren. Man kann aber nur an etwas erinnern, das der andere kennt oder weiß, selbst wenn es irgendwo im Langzeitgedächtnis abgespeichert ist. Daher ist diese appellative Handlung im Gegensatz zu den machtvolleren Varianten des Aufforderns ohne die Kooperation der Adressaten nicht denkbar. Der Adressat muss zur Kooperation bereit, aber auch fähig sein. Für das Übersetzen ist diese Form der Appellativität besonders problembehaftet, da ja das Vorwissen der Menschen durch kulturelle Gegebenheiten geprägt und weder

qualitativ noch quantitativ vergleichbar ist. Die Analyse der Korpustexte soll darüber Aufschluss geben, welche Wissensbereiche in den
beiden Kulturen besonders für das Erinnern genutzt werden.

Die dritte Form der Appellkommunikation nennen wir ÜBERRE-
DEN (4.3). Überreden soll das Handeln der Adressaten indirekt über
ihr Denken beeinflussen. Durch die Verwendung von Mitteln der phatischen Funktion (z.B. direkte Anrede, Registerwahl) wird der Leser
freundlich gestimmt, dann werden ihm Informationen über das Produkt oder die Dienstleistung präsentiert, es werden positive Gefühle
und Erinnerungen in ihm wachgerufen, damit er schließlich, fast ohne
es zu merken, der Suggestivität der persuasiven Äußerungen erliegt.
Was bleibt ihm anderes übrig!

4.1   AUFFORDERN

4.1.0   Allgemeines

Mit der kommunikativen Handlung Auffordern soll das Handeln und
Verhalten der Adressaten direkt beeinflusst werden. Aufforderungen
können in unterschiedlichem Maße verbindlich sein. Der Grad der
Verbindlichkeit hängt ab von der Instanz, auf die sich die auffordernde
Person beruft, und ihrer Autorität, bei Nichtbefolgung der Aufforderung
bestimmte Sanktionen zu verhängen. Ein Gesetzgeber oder ein Vor-
gesetzter kann einer Aufforderung zum Beispiel durch die Androhung
von Strafe Nachdruck verleihen, dann sprechen wir von Geboten bzw.
Verboten. Warnungen dagegen stellen die (schrecklichen, schmerz-
haften) Folgen eines bestimmten Tuns vor Augen. In diesem Fall ist
die „normgebende Instanz", auf die sich der Warnende beruft, die
Zwangsläufigkeit von Ursache und Wirkung. Auch äußere Notwendigkeit oder Konventionen des Zusammenlebens können Normen her-
vorbringen, wie sich an Formulierungen wie *das Gebot der Stunde*,
die Höflichkeit gebietet es... oder *der Not gehorchend* (Schiller, Maria
Stuart) ablesen lässt.

Wenn die Grundlage der Aufforderung nicht in einer von außen
gesetzten Norm, sondern in dem Wunsch des Auffordernden liegt,
sprechen wir von „Ersuchen". Ein Ersuchen stellt es dem Adressaten
grundsätzlich frei, ihm zu entsprechen oder es abzuschlagen, eine

negative Reaktion würde jedoch die persönliche Beziehung zum Bittenden beeinträchtigen (= Sanktion). Je nach der Intensität der persönlichen Beziehung zwischen den Kommunikationspartnern kann das Ersuchen mit unterschiedlicher Dringlichkeit formuliert werden.

Noch weniger verbindlich ist die Aufforderungshandlung, wenn es sich um eine Empfehlung oder einen Ratschlag handelt. Die begründende Instanz ist hier die Erfahrung oder das Wissen der ratgebenden Person über die möglichen oder üblichen Folgen einer Handlungs- oder Verhaltensweise in einer bestimmten Situation. Sprichwörter sind ein gutes Beispiel dafür, da sie gewissermaßen die geronnene Erfahrung einer Kulturgemeinschaft formulieren: „Wer einmal lügt, dem glaubt man nicht" – daher der gute Rat, es gar nicht erst mit einer Lüge zu versuchen.

Wir unterscheiden daher, in der Reihenfolge der zunehmenden Verbindlichkeit, die Aufforderungshandlungen Empfehlen, Ersuchen und Fordern. Für alle drei Formen stehen in den beiden Sprachsystemen grundsätzlich eine Reihe von Strukturen zur Verfügung, die wir kurz im Zusammenhang behandeln (alle Beispiele aus SAK 2000):
(a) **Imperativ**, entweder der 2. Person oder der Höflichkeitsform im Singular oder Plural, im Spanischen auch verneint mit einer Verbalperiphrase der Dringlichkeit (*no tardar en, no dudar en*),

4.1-1	Interesados, *envíen curriculum a...*	*Bitte richten Sie* Ihre ausführliche Bewerbung *an...*
4.1-2	*...no dudes en hacemos llegar* tu CV por correo, fax o, preferiblemente, por e-mail...	*Rufen Sie uns einfach an* oder besser noch, schicken Sie Ihre Bewerbung an...

(b) imperativischer **Infinitiv**,

4.1-3	Interesados/as, *mandar* C.V. con fotografía al apartado...	Bitte vorab keine Unterlagen *zusenden*.

(c) imperativisches **Futur** (Spanisch) bzw. **Präsens** (Deutsch),

4.1-4	Los C.V. *se remitirán* por correo a...	Interessentinnen melden sich bei...

(d) **Verben des Aufforderns oder Ersuchens**, wie z.B. es. *pedir* oder *rogar* oder *mandar* bzw. de. *bitten* oder *empfehlen*, entweder mit

Objektsatz (eingeleitet durch *que*[35] bzw. *dass,* im Spanischen mit Konjunktiv in der Zeitenfolge), mit nominalem Objekt oder mit einer Infinitivkonstruktion in Objektfunktion, wobei das Subjekt der gewünschten Handlung nicht mit dem Subjekt der Aufforderungshandlung identisch ist, sondern oft durch ein Pronomen im Objektkasus angegeben wird (z.B. *te pido que vengas* = *yo pido, tú debes venir*),

| 4.1-5 | *Rogamos que* las personas interesadas *envíen* su currículum a... | Wenn Sie sich für diese Aufgabe interessieren, *erbitten wir* Ihre schriftliche Bewerbung an... |
| 4.1-6 | *Rogamos* (a los interesados) *envíen* Historial Profesional detallado a... | Das Institut... *fordert* deshalb qualifizierte Frauen ausdrücklich zur Bewerbung *auf.* |

(e) **Modalverben** wie es. *deber, tener que, haber de, poder* bzw. de. *müssen/nicht brauchen, sollen, dürfen/nicht dürfen, zu ... haben/sein,* im Präsens, Futur, Konditional, sowohl in persönlicher als auch in unpersönlicher Konstruktion,

| 4.1-7 | Las personas interesadas *han de enviar* C.V. por correo a... | Wenn Sie bereit sind..., *sollten Sie* Ihre vollständigen schriftlichen Bewerbungsunterlagen bitte bis zum ... an... richten. |
| 4.1-8 | Si te identificas con este puesto *puedes* enviar tu curriculum vitae ... a | Motivierte und qualifizierte Mitarbeiter *können* sich bei uns melden... |

(f) **unpersönliche Konstruktionen** (einschl. Passiv) und Ausdrücke wie es. *hay, es conveniente, necesario, inevitable, hace falta (*alle mit einem Subjektsatz mit *que* und dem Konjunktiv), *se prohibe/permite* o.ä. (mit einem Objektsatz mit *que* und dem Konjunktiv) bzw. de. *es ist angezeigt, angebracht, notwendig, erforderlich, unumgänglich, vorgeschrieben, es wird erwartet, man empfiehlt* etc., entweder mit einem *dass*-Satz oder einem (erweiterten) Infinitiv. Im Deutschen gehört hierzu auch die Konstruktion *ist/sind zu* + Infinitiv und das Passiv.

| 4.1-9 | Las solicitudes *deberán enviarse* a... | Bewerbungen *sind zu richten* an... |

---

[35] Eine Ausnahme bildet *rogar,* das auch ohne *que* eine konjugierte Verbform im Konjunktiv nach sich ziehen kann.

| 4.1-10 | *Se ruega* a los interesados *re-mitan* urgentemente... / *Se ruega enviar* ... | Bewerbungen ... *werden* bis ... *erbeten* an... |

(g) **indirekte Formen**, bei denen eine Gefühlsbekundung des Senders die Aufforderung ersetzt, oder elliptische Formen ohne konjugiertes Verb.

| 4.1-11 | Wir freuen uns auf Ihre schriftliche Bewerbung mit Lichtbild an... | |
| 4.1-12 | *Los interesados enviar* Currículum Vitae ... | Bewerbung an / z.Hd. ... |

In Korpus SAK 2000 sind interessanterweise alle Formen der Aufforderung vertreten. Tabelle 4.1/1 zeigt den quantitativen Vergleich.

Form	Spanisch		Deutsch	
Imperativ	20	8,7 %	100	65,0 %
Infinitiv	139	60,5 %	2	1,4 %
Futur/Präsens	1	0,4 %	1	0,7 %
Verben des Aufforderns (persönl.)	19	8,4 %	4	2,8 %
Modalverben	44	19,1 %	3	2,1 %
unpersönliche Konstruktionen	3	1,2 %	9	6,0 %
Ellipsen	4	1,7 %	8	5,5 %
indirekte Aufforderungen	0	0,0 %	25	16,5 %
	230	1 %	152	1,00%

Tabelle 4.1/1: Aufforderungsformen in Stellenangeboten

Kulturell aufschlussreich ist darüber hinaus, dass die Formel *por favor* in den 230 spanischen Stellenanzeigen nur ein einziges Mal belegt ist (noch dazu in dem Inserat einer deutschen Firma), während 74,8 % der nicht mit dem Verb *(er)bitten* oder indirekt formulierten deutschen Aufforderungen das Wörtchen *bitte* enthalten.

4.1.1 Empfehlen

Unter der appellativen Kommunikationshandlung „Empfehlen" fassen wir alle Aufforderungsäußerungen zusammen, die sich nicht auf normative Instanzen und nicht auf einen Wunsch der auffordernden Person berufen. Die empfohlene Handlung wird jedoch durch die Empfehlungsform als vorteilhaft für den Adressaten dargestellt. Empfehlungen kommen vor allem in Anleitungstexten (z.B. Bedienungsanleitungen, Dosierungsanleitung der Beipackzettel, Kochrezepten) und in Werbetexten (Produktwerbung, Tourismuswerbung) vor. Auch die Aufforderung, sich um eine angebotene Stelle zu bewerben, wird häufig in Form einer Empfehlung formuliert.

4.1.1.0 Formen des Empfehlens

Je nach der Dringlichkeit der Empfehlung unterscheiden wir zwischen Vorschlagen, Raten und Warnen.

4.1.1.1 Vorschlagen

Ein Vorschlag besteht darin, dass der Sender an den Adressaten appelliert, eine bestimmte, für diesen als vorteilhaft, verlockend oder sinnvoll erachtete Handlung durchzuführen. Vorschläge finden wir in unserem Korpus in Stellenangeboten, in denen die anbietende Firma den potenziellen Bewerberinnen oder Bewerbern vorschlägt, sich zu bewerben, in Kochrezepten (meistens am Schluss in Form von so genannten Serviervorschlägen) sowie in Werbetexten.

4.1-13	*Servir* con las patatas fritas a cuadraditos y espolvoreado de perejil picado. (13c:13f.)	*Probieren Sie auch* andere Gemüsemischungen aus roter Bete, Zucchini, Wirsing usw. aus. (Vollwertküche 1987)
4.1-14	*Se puede tomar* fría o templada, con un chorreón de nata líquida encima. (13a:19f.)	*Wie wär's mit* einer beruflichen Veränderung? *Wollt Ihr* ein- oder umsteigen? (01g:1)
4.1-15	Los interesados *pueden* contactar con ... (SAK 2000)	Jetzt *können* Sie arbeiten, wo Sie wollen (WTK 2001, Laptop)
4.1-16	*Warum kombinieren Sie nicht* beides miteinander? (01f:6)	

Vorschläge können direkt oder indirekt formuliert sein. Direkte Vorschläge werden in beiden Sprachen durch Imperative oder imperativische Infinitive (Bsp. 4.1-13) ausgedrückt, die im Deutschen oft durch Partikeln (z.B. *doch, auch, einmal, einfach*) abgetönt sind. Indirekte Vorschläge werden als Aussagesätze mit dem Modalverb *können* bzw. *poder* (entweder unpersönlich oder mit dem Adressaten als Subjekt, Bsp. 4.1-14, 4.1-15) formuliert, als (meist rhetorische) Fragen (z.B. eingeleitet mit *warum nicht*, Bsp. 4.1-16), oft kombiniert mit der Andeutung von Alternativen (Bsp. 4.1-13/de: *auch*, 4.1-14/es).

Form	Imperativ	Infinitiv	Modalverb	(rhet.) Frage
Spanisch	x	x	x (poder)	-
Deutsch	**x** (+Partikel)	x (+Partikel)	x (können)	**x**

Tabelle 4.1/2: Formen des Vorschlagens im Spanischen und Deutschen

Tabelle 4.1/2 zeigt die in den Korpora verwendeten Formen des Vorschlagens im Überblick. Die besonders häufig belegten Formen sind durch Fettdruck hervorgehoben.

4.1.1.2 Raten

Ratschläge bauen auf Erfahrungen oder Wissensbeständen auf, die der Sender dem Adressaten voraus hat. Am einfachsten sind sie zu erkennen, wenn sie mit Verben oder Ausdrücken des Ratens eingeleitet sind, wie de. *empfehlen, raten*, es. *aconsejar, recomendar*, de. *es ist ratsam, empfehlenswert, angezeigt, besser* bzw. es. *está recomendado, conviene (que), cabe* (+ Infinitiv) oder auch *es el momento de* (+ Infinitiv). Im Spanischen sind nach den Befunden des Korpus unpersönliche Ratschläge vielfältiger und beliebter als im Deutschen.

4.1-17	El uso del concentrador *está recomendado* para secar o moldear zonas localizadas de su cabello (10a:55f.)	Zum schnellen Trocknen der Haare *empfehlen wir*, zunächst auf die hohe Stufe zu schalten (10b:41)
4.1-18	*Conviene* cortar el hervor dos o tres veces añadiéndoles un chorrito de agua fría. (13d:5f.)	Darum *ist es auch besser*, Hülsenfrüchte erst nach dem Garen zu salzen. (13f:21)
4.1-19	Unsere *Empfehlung: Überprüfen Sie* nach jeder Reise Ihre Gepäckstücke noch in der Gepäckausgabe auf Schäden. (11c:22f., vgl. auch 11d:12)	
4.1-20	Desde el punto de vista humano *cabe advertir* que ... (17a:26f.)	... eine längerdauernde Anwendung [ist] *nicht angezeigt*. (03b:20ff.)

Von den Modalverben dienen es. *deber* (besonders mit dem reflexiven Passiv oder in unpersönlicher Konstruktion) und de. *sollen* (im Konjunktiv II) zur Markierung von Ratschlägen. Auch *hay que* ist in Ratschlägen eher mit *man sollte* als mit *man muss* wiederzugeben.

Oft wird die Situation, in welcher der Adressat einen Ratschlag benötigt, mit einem Konditionalsatz oder einer Zeitangabe thematisiert.

4.1-21	La cocción *debe* llevarse a cabo a fuego lento ... para evitar que se despellejen. (13d:6ff.)	Danach *sollten* die Hülsenfrüchte etwa mit der dreifachen Menge Wasser übergossen werden. (13f:9f.)
4.1-22	Si estás interesado en trabajar con nosotros *llámanos* al teléfono ... (SAK 2000)	Haben wir Ihr Interesse geweckt? Wenn ja, dann *senden Sie uns doch* Ihre aussagefähige Bewerbung... (01e:24f.)
4.1-23	En caso accidental de sobredosis, *seguir* un tratamiento sintomático. (03a:35)	Wenn Sie da mitmischen wollen, *sollten Sie sich bewerben.* (01f:25)
4.1-24	Para horadar la problemática latinoamericana *hay que* acercarse a la región con la retina limpia de prejuicios y etiquetas. (17a:24f.)	Für Säuglinge und Kleinkinder *ist* ausschließlich die 0,05%ige Lösung Otriven *zu verwenden.* (03b:32f.)
4.1-25	*Es el momento de* volver a repetir que no estamos en un mundo donde ... (02a:17f.)	Man *backe* ihm einen schönen, dicken Gugelhupf ... und *fülle* ihn mit Sonnengold. (15d:37ff.)

Die Konstruktion *ist zu* + Infinitiv (Bsp. 4.1-24/de) verweist im Deutschen auf einen sehr dringenden Ratschlag. Er hat die Form eines Gebots, kann aber keines sein, weil der Sender gegenüber dem Empfänger nicht weisungsbefugt ist. Die Verwendung des Konjunktivs Präsens mit *man* (Bsp. 4.1-25/de), die wir auch aus alten Kochrezepten kennen, kann dagegen als veraltet betrachtet werden.

4.1-26	Interesados, *remitir* urgentemente currículum vitae a tas_selec@tsm.es (SAK 2000)	Gebrauchsinformation – *Bitte aufmerksam lesen!* (Beipackzettel ABC Wärmepflaster)
4.1-27	**Atención** *Lea* estas instrucciones antes de utilizar el aparato. (10a:14f.)	*Bitte lesen Sie* die Anleitung vor Inbetriebnahme des Gerätes sorgfältig durch. (10b:2)
4.1-28	La primera convocatoria ha sido un éxito. *No te pierdas* la segunda. (01a:14f.)	

Auch hier finden wir einige Belege für Imperative und imperativische Infinitive, im Deutschen in der Regel mit *bitte*, oft mit Abtönungspartikeln oder mit Adverbien wie *am besten*, *urgentemente*. Im Gegensatz

zum Vorschlag ist im Deutschen der Rat häufiger mit einem Ausrufezeichen versehen, im Spanischen meist nicht. Ein verneinter Imperativ
weist darauf hin, dass der Ratschlag schon fast als Warnung zu verstehen ist (Bsp. 4.1-28).

Form	Imperativ	Infinitiv	Tempus	Verben	Modalv.	unpers.
Spanisch	x	x	x (Futur)	x	x (deber)	x
Deutsch	x (bitte)	x (bitte)	-	x	x (sollen)	x

Tabelle 4.1/3: Formen des Ratens im Spanischen und Deutschen

Tabelle 4.1/3 zeigt wieder die in den Korpora verwendeten Formen im
Überblick. Die Präferenzen liegen eindeutig bei den unpersönlichen
Formulierungen im Spanischen und bei *sollen* (Konjunktiv II) im Deut-
schen.

4.1.1.3 Warnen

Eine Warnung ist ein Ratschlag, von einer bestimmten Handlungs-
oder Verhaltensweise abzusehen, da diese für den Adressaten oder
für Dritte gefährlich oder unvorteilhaft sein würde. Warnungen sind
daher meist verneint formuliert. Anders als bei einem Verbot hat jedoch bei der Warnung der Sender keinerlei normsetzende Vollmacht.
Warnungen finden sich zum Beispiel in Bedienungsanleitungen und
medizinischen Beipackzetteln. Sie sind oft mit *Achtung, Warnung,* es.
muy importante, atención (oder entsprechenden Piktogrammen) gekennzeichnet oder als WICHTIGER SICHERHEITSHINWEIS markiert.

4.1-29	EGARONE *deberá ser usado con precaución* por las personas que padezcan hipertiroidismo o hipertensión. (03a:29f.)	Otriven *darf nicht angewendet werden* bei trockener Entzün-dung der Nasenschleimhaut und erhöhtem Augeninnendruck. (03b:17f.)
4.1-30	*No conecte* el secador *sin com-probar* que el voltaje indicado en la placa de características y el de su casa coinciden. (10a:16f.)	ALLGEMEINE SICHERHEITSHINWEISE Gerät *nur* an Wechselstrom mit Netzspannung gemäß Typen-schild *anschließen*. (10b:5ff)
4.1-31	NO SAQUE MÁS EL CABLE CUANDO YA ESTÉ FUERA LA MARCA ROJA. (10a: 42f.)	*Prüfen Sie* daher *bitte unbedingt* vor Inbetriebnahme, ob die rich-tige Spannung eingestellt ist (10b:8f).

4.1-32	MUY IMPORTANTE: *No debe* sumergirse ni humedecer el aparato. (10a:32f.)	*Tauchen Sie* das Gerät nicht ins Wasser, und setzen Sie es weder Regen noch anderer Feuchtigkeit aus. (10b:20f.)
4.1-33	*No debe* utilizar el secador de pelo cerca del agua contenida en bañeras, lavabos u otros recipientes. (10a:34f.)	Den Wasserkocher daher *nie* in Reichweite von Kindern *benutzen und aufbewahren*. (10d:15f.)
4.1-34	*Manténgase* fuera del alcance de los niños. (10a:31)	Arzneimittel für Kinder unzugänglich *aufbewahren*! (03b:34)

Die Beispiele zeigen, dass die Auswahl an Formen im Vergleich zu anderen Aufforderungshandlungen eher gering ist. In beiden Sprachen sind verneinte Imperative die häufigste Verbform, daneben (aber seltener) imperativische Infinitive sowie die Modalverben es. *(no) deber* (meistens im Präsens) und de. *nicht dürfen*. Im Deutschen finden wir häufig verstärkende Partikeln (z.B. *unbedingt*) oder Intensivierungen der Verneinung (z.B. *nie, nur, auf keinen Fall*). Wichtige Textelemente werden vielfach durch Majuskeln, Fettdruck oder andere Formen der Hervorhebung markiert; es sollte allerdings darauf geachtet werden, dass solche Mittel bei zu häufiger Anwendung ihrer Wirkung verlieren (vgl. Bsp. 4.1-31/es, 4.1-32/es).

Form	Imperativ	Infinitiv	Modalverb
Spanisch	x	x	x (no deber)
Deutsch	x (+ Verstärkung)	x (+ Verstärkung)	x (nicht dürfen)

Tabelle 4.1/4: Formen des Warnens im Spanischen und Deutschen

Tabelle 4.1/4 zeigt die geringere Formenvielfalt und die Bevorzugung des (meist verneinten) Imperativs in beiden Kulturen.

4.1.2   Ersuchen

Unter „Ersuchen" fassen wir solche Aufforderungshandlungen zusammen, die sich direkt an einen Adressaten richten, um ihn zu einer Reaktion oder Handlung zu bewegen. Im Gegensatz zur Handlung „Gebieten" hat hier der Sender jedoch keine Vollmacht, die Reaktionshandlung zu erzwingen, sondern ist auf das Wollen oder Wohlwollen des Adressaten angewiesen.

4.1.2.0 Formen des Ersuchens

Abhängig davon, um was gebeten wird, unterscheiden wir drei Formen des Ersuchens: In einem Fall ersucht der Sender den Empfänger darum, ihm etwas zu geben oder etwas (für ihn) zu tun (hier sprechen wir von „Bitten"), im zweiten Fall bittet der Sender um einen Besuch, eine Bewerbung etc. (hier sprechen wir von „Einladen"), und im dritten Fall erstrebt er eine verbale Reaktion, mit der ihm der Empfänger sagt, was er – der Sender – tun soll (hier sprechen wir von „Fragen").

4.1.2.1 Bitten

Wir wir gesehen haben, ist die Partikel *bitte* im Deutschen nicht den Bitten allein vorbehalten; in einer Bitte, besonders im Imperativ (Bsp. 4.1-35), ist sie jedoch obligatorisch, sofern nicht ein Verb wie *bitten* oder *erbitten* oder eine andere Abtönung wie *vielleicht* in einem vertraulichen Register oder „von oben nach unten" verwendet wird (Bsp. 4.1-35). Das gilt für es. *por favor* keineswegs – nicht von ungefähr stehen Deutsche in Spanien in dem Ruf, auf Schritt und Tritt *bitte*, *danke* oder *Entschuldigung!* zu sagen!

Höflichkeit wird im Spanischen eher durch das Konditional markiert, sowohl bei dem Modalverb *poder*, als auch bei dem unpersönlich gebrauchten Verb *importar* (Bsp. 4.1-37). Im Deutschen wird *können* im Konjunktiv II verwendet oder auch höfliche Formulierungen wie *würde es Ihnen etwas ausmachen*, *wären Sie so freundlich* etc. im Konditional.

4.1-35	... *so betrachten Sie* diese Zahlungserinnerung *bitte* als gegenstandslos. (19b:11f.)	
4.1-36	*¡Por favor,* piratean mis canciones! (Ignacio Escolar, www.baquia.com)	*Bitte tragen Sie* während der Ausflüge Ihren Sticker. (06d:13)
4.1-37	Perdone, *¿le importaría* cerrar la puerta? Es que no se oye nada. (Matte Bon 1995, II:314)	*Wären Sie bitte so nett,* die Tür *zuzumachen?* Man versteht ja sein eigenes Wort nicht. (CN)
4.1-38	*¿Puedes* abrir la ventana, por favor? (Matte Bon 1995, II:247)	*Kannst* du *bitte mal* das Fenster aufmachen? (CN)

Als Modalverb ist im Deutschen vor allem *können* gebräuchlich – auch in Fällen, in denen im Spanischen kein *poder* steht (siehe auch unten,

4.1.2.3). Als Verben des Bittens kommen im Spanischen vor allem *rogar* und *solicitar* (*pedir* drückt eher eine Forderung aus), im Deutschen *bitten* in Frage. Der Imperativ *sírvanse* + Infinitiv ist sehr formell und findet sich vor allem in Geschäftsbriefen (vgl. Text 19)

4.1-39	Se ruega enviar C.V. a... (SAK 2000)	
4.1-40	*Rogamos* (a los interesados, a las personas interesadas) *envíen* Historial Profesional detallado ... a.... (SAK 2000)	Bei der Besichtigung von Kirchen *bitten wir* Frauen, ... keine kurzen Shorts oder Röcke zu tragen. Auch Herren *werden gebeten*, keine Shorts zu tragen. (06d:4ff.)
4.1-41	Un portavoz de Mbeki aclaró que éste *solicitará* a su homólogo *que establezca* un gobierno de unidad nacional... (El Mundo 18.3.02,24)	*Auf Ersuchen des Bundesverwaltungsamtes* wird bekannt gemacht... (sgv.nrw.de/mbl/frei 2002/Ausg44/MBL44-3.pdf, 28.11.02)
4.1-42	«*Pediremos a los niños que lancen* piedras pequeñas» dice un oficial del tribunal islámico. (El Mundo, 18.3.02, 1)	„Wir *sagen* den Kindern, *sie sollen* kleine Steine nehmen...", erklärte ein Vertreter des islamischen Gerichts. (CN)
4.1-43	Me *llaman para que* lo apoye y voy... (20a:33)	Wenn man mich um Unterstützung *bittet*, komme ich... *(CN)*
4.1-44	*Sírvanse* cumplimentar inmediatamente el pedido a través de una agencia de transportes. (19a:23f.)	*Bitte überprüfen Sie* unsere Aufstellung und *überweisen Sie* den bereits fälligen Betrag in den nächsten Tagen. (19b:8ff.)

Die Verben des Bittens können nicht nur mit einem Objektsatz (im Spanischen mit Konjunktiv!), sondern auch mit einem nominalen Objekt konstruiert werden. Im Deutschen haben wir einen doppelten Akkusativ (*jemanden um etwas bitten*), im Spanischen den Akkusativ des Gegenstands und den Dativ der Person (*solicitarle una cosa a alguien*). Bsp. 4.1-43 zeigt die Nähe der Aufforderung zu den Finalsätzen.

4.1.2.2 Einladen

Eine Einladung ist eine Bitte an den Adressaten, den Einladenden zu besuchen oder mit ihm zusammen etwas zu unternehmen, daher ist in Einladungen stets ein direkter oder indirekter Bezug auf den Sender enthalten. Neben Verben wie es. *invitar (a una persona a hacer algo)* oder de. *(jemanden) einladen (etwas zu tun)* finden wir den Imperativ (auch in der 1. Person Plural, wenn es um eine Einladung zu einem gemeinsamen Tun geht), der im Deutschen oft durch Partikeln wie *bitte* oder *doch* abgetönt wird. Natürlich können Einladungen (ähnlich wie Vorschläge) auch als indirekte Fragen oder als Aussagesätze mit dem Modalverb *können*, eventuell zusätzlich abgetönt durch *gerne*, formuliert werden (z.B. *Warum kommst du nicht mal vorbei? Du kannst gerne mal vorbei kommen!*). Solche Einladungen ohne festen Termin werden allerdings im deutschen Sprachraum meist nicht als verbindlich angesehen.

4.1-45	*Venga y ponga* a prueba sus sentidos: la Costa Blanca, Benidorm, Valencia y la Costa del Azahar *le esperan*.... ¡*Déjese* sorprender por la Comunidad Valenciana! (09a:2ff.)	*Machen Sie Schluss* mit 08/15-Jobs, *schlagen Sie* jetzt bei uns das spannendste Kapitel der Zukunft *auf*: e-business. (01c:2f.)
4.1-46	la Comunidad Valenciana *le invita a disfrutar* con los más bellos y diversos entornos naturales. (09a:10f.)	Wer eine Lektion im Beachvolleyball möchte, *kann* sich *gerne* bei ihr melden. (09d:4f.)
4.1-47	*Te invitamos* a que envíes urgentemente tu currículum a... (SAK 2000)	*Bewegen Sie mit uns* die Welt! ... *Bauen wir* also künftig gemeinsam am Global Village! (01c:1, 16f.)

Abgesehen von persönlichen oder formellen Einladungen finden wir die Form der Einladung auch öfter in touristischen Texten und in spanischen Stellenangeboten, die dadurch einen persönlicheren Anstrich bekommen. Auch die Formulierungen „Wir freuen uns auf Ihre Bewerbung!" (im deutschen Stellenangebotskorpus immerhin in 16,4 % der Anzeigen vertreten) oder „Wir erwarten gern Ihren Anruf" könnten als Einladungen interpretiert werden.

4.1.2.3 Fragen

Die hier aufgeführten Fragehandlungen sind genau genommen Bitten um eine Aufforderung (auch im Selbstgespräch an sich selbst gerichtet), eine Erlaubnis, eine Anweisung oder dergleichen. Im Spanischen wird hier das Hauptverb in der ersten Person Präsens Indikativ benutzt, im Deutschen Modalverben wie *sollen, dürfen, können* (im Sinne von *dürfen*) in der ersten Person Präsens, gelegentlich auch unpersönliches *man*, das sich allerdings auf den Sprecher bezieht (z.B. *Was kann man denn da machen?*). Typische Beispiele sind die Frage des Kellners im Restaurant *(¿Qué le traigo, señora?)* oder der Verkäuferin hinter der Ladentheke *(¿Qué le pongo?)*, deren Entsprechungen im Deutschen in der Regel mit Modalverben formuliert werden (*Was darf ich Ihnen zu trinken bringen?* oder *Darf ich Ihnen schon mal was zu trinken bringen?* bzw. *Was darf es sein?*)

4.1-48	Se quedó un momento suspenso y pensando: «Y ahora, ¿hacia dónde *voy*? ¿*Tiro* a la derecha o a la izquierda?» (18c:16f.)	Er überlegte: ›Was nun? Wohin *soll* ich jetzt gehen? Nach rechts oder lieber nach links?‹ (18d:18f., Ü)

Auch im Deutschen können wir den Indikativ Präsens verwenden (z.B. in *Was machen wir denn jetzt?*), allerdings scheint der Gebrauch des Modalverbs häufiger zu sein. Welches Modalverb jeweils zu ergänzen ist, ergibt sich aus dem Kontext.

4.1.3 Fordern

Unter „Fordern" fassen wir Aufforderungen zusammen, bei denen sich der Sender explizit oder implizit auf eine externe Instanz beruft, welche die Erfüllung des Gebotenen erzwingen kann.

4.1.3.0 Formen des Forderns

Je nach der Art der normativen oder Zwang ausübenden Instanz unterscheiden wir zwischen (göttlichem, religiösem) Gebot, gesetzlicher Norm oder Vorschrift, dem Befehl bzw. der Anweisung einer vorgesetzten („weisungsbefugten") an eine untergebene Person, Verbot (bzw. Nicht-Verbot: Erlaubnis) und einer äußeren Zwangslage oder Notwendigkeit, die ein bestimmtes Handeln oder Verhalten fordern.

4.1.3.1 Gebieten

Der christliche Dekalog (= *die Zehn Gebote, los Diez Mandamientos*) werden in den spanischen Übersetzungen des Alten Testament zum Teil mit dem Imperativ und zum Teil mit der 2. Person Singular Futur

formuliert. Die Luther-Übersetzung (hier in der revidierten Fassung
von 1984 zitiert, LUT 1984) hat durchgehend die 2. Person Präsens
Indikativ des Modalverbs *sollen*, während modernere Übersetzungen
(zum Beispiel die *Gute Nachricht Bibel* in der Fassung von 1999, GNB
1999) auch den Imperativ Singular verwenden.

4.1-49	5. Mose 5,7: *No tendrás más Dios que a mí.* (N/C 1975)	5. Mose 5,7: Du *sollst* keine anderen Götter neben mir haben. (GNB 1999).
4.1-50	5. Mose 5,17-20: *Guarda el sábado.* (N/C 1975)	Halte den Ruhetag am siebten Tag. (GNB 1999)
4.1-51	5. Mose 5,17-20: *No matarás. No adulterarás. No robarás.* (LAM 1964, N/C 1975)	5. Mose 5,17-20: Du *sollst* nicht töten. Du *sollst* nicht ehebrechen. Du *sollst* nicht stehlen. (LUT 1984, GNB 1999)

Die Formulierung der Zehn Gebote dient in beiden Kulturen als Vorbild für die Formulierung anderer „Gebote", die als unumstößlich angesehen werden sollen. Die Verwendung von de. *sollen* in dieser
Funktion widerspricht der verbreiteten Ansicht, dass der Aufforde-
rungscharakter von *sollen* generell schwächer sei als der von *müssen*
(vgl. Engel 1988: V079).

4.1.3.2 Vorschreiben

Die in Gesetzen oder anderen Normen (Erlasse, Dekrete, Allgemeine
Geschäftsbedingungen, auf Normen verweisende Teile von Vertragstexten etc.) vorgeschriebenen Handlungs- oder Verhaltensweisen
werden, wie weiter oben (→ 2.6.4) bereits angedeutet, im Spanischen
überwiegend mit dem Futur des Hauptverbs oder des Modalverbs *deber*, seltener mit dem Präsens von *haber de* ausgedrückt.

| 4.1-52 | Una vez iniciada la visita o excursión, todos los componentes *han de someterse* a la correcta disciplina del guía. (06b:10ff.) | Der Anspruch auf Versicherungsleistungen *muß* unverzüglich *geltend gemacht werden.* (06e:67) |
| 4.1-53 | Si una película, en su conjunto, se considera gravemente peligrosa, *será prohibida*... (Filmzensurgesetz, BOE 8/3/1963, zit. n. Gutiérrez Lanza 1999: 95) | Kommt ... die Wahl eines Nachfolgers nicht zustande, so *hat* der Älteste der Wahlmänner unverzüglich das Bundesverfassungsgericht *aufzufordern*... (GBVG § 7a) |

| 4.1-54 | [el vehículo] *deberá ser adecuadamente estacionado* (06a:23) | Der Kaufpreis *ist* spätestens bei Lieferung ... in bar oder per Scheck *zu zahlen*. (06c:25ff.) |

In deutschen Gesetzestexten finden wir das Modalverb *müssen* sowie die Verbgefüge *zu* + Infinitiv + *haben* (aktivisch, mit personalem Subjekt) bzw. *zu* + Infinitiv + *sein* (passivisch, mit nicht-personalem Subjekt).

4.1.3.3 Anweisen

Als Anweisung bezeichnen wir die Handlungsaufforderung einer hierarchisch übergeordneten an eine untergeordnete Person. Die Legitimation der Anweisung ergibt sich aus dem sozialen Status (z.B. König – Untertan, Bsp. 4.1-56/de) oder der Rolle in einer bestimmten Kommunikationssituation (z.B. Arzt – König, Bsp. 4.1-57/de). Die angesprochene Person ist auf Grund ihrer Rolle bzw. ihres Status dazu verpflichtet, der Anweisung nachzukommen.

| 4.1-55 | Don Bepo sacó al muñeco de la maleta y le dijo: —Ruperto, desde ahora *tendrás* un nuevo empleo. *Servirás* de espantapájaros. (15b:32f.) | Herr Beppo holte die Puppe aus dem Koffer und sagte zu ihr: „Robert, von nun an *hast du* eine neue Aufgabe. Du *wirst* eine Vogelscheuche *sein*." (15c:32ff., Ü) |
| | „Hör zu, Roberto, ich habe eine neue Aufgabe für dich. *Ich möchte, dass du von jetzt an meine Vogelscheuche bist!*" (CN) | |

In der veröffentlichten Übersetzung von Bsp. 4.1-55 entspricht die Formulierung der Anweisung nicht den Normen der deutschen Standardsprache. Das Futur mit *werden* dient zum Ausdruck „besonders brüsker Aufforderungen, Befehle usw." (Engel 1988: 469), die noch strenger und unpersönlicher wirken als das entsprechende Präsens (z.B. *du arbeitest jetzt als...*). Eine Alternative wäre das Modalverb *sollen* (*können* würde als Vorschlag aufgefasst). Freundlicher ist die indirekte Formulierung als Wunsch im Übersetzungsvorschlag.

| 4.1-56 | *¡A la mesa! ¡A comer!* (Matte Bon 1995, II:315) | „Hier, Koch Wackelbauch, *lies das*", sprach der König. (15d:33f.) |
| 4.1-57 | *Firmar y remitir* a la dirección que figura en el dorso. (Matte Bon 1995, II:315) | Zuerst *mußte* der frierende König dem Doktor die rote Zunge zeigen. (15d:18f.) |

Zur Formulierung von Anweisungen dienen im Deutschen auch der Imperativ (Bsp. 4.1-56) und der imperativische Infinitiv (gilt als brüsk und unpersönlich, z.b. *Bitte warten*, vgl. Engel 1988: 48). Kommandos sind oft elliptisch: *Gewehr über!* oder als Partizipialphrase formuliert: *Stillgestanden!*). Diese Formen gelten im nichtmilitärischen Sprachgebrauch jedoch als eher unhöflich und barsch.

Laut Matte Bon (1995, II:314f) werden Anweisungen an Untergebene im Allgemeinen im Präsens Indikativ gegeben. Unpersönliche Aufforderungen an mehrere Personen (besonders von Erwächsenen zu Kindern, im informellen Sprachgebrauch) können auch elliptisch als präpositionale Fügungen mit *a* formuliert sein (Bsp. 4.1-56). In der administrativen Kommunikation sind dagegen infinitivische Konstruktionen häufig.

4.1-58	*¿No te he mandado que te esfuerces y seas valiente?* (www.psicologiapopular.com/fobias_biblia.htm, 28.11.02)	Die Prinzessin Traumblau aber ließ, in tiefer Sorge um ihren Vater, den Leibarzt des Königs, den berühmten Doktor Kommsogleich, *rufen*. (15d:15ff.)

Wenn über Anweisungen berichtet wird, finden wir *müssen* (Bsp. 4.1-57) oder auch *lassen* + Infinitiv (Bsp. 4.1-58), das in der Bedeutung „veranlassen" allerdings nur mit Verben gebraucht werden kann, die ein willentliches Tun bezeichnen (vgl. Engel 1988: 491). Im Spanischen steht *mandar que* + Konjunktiv – von den ersten zehn Treffern bei einer Internetsuche waren jedoch acht Beispiele aus dem Alten Testament!

4.1.3.4 Verbieten/Erlauben

Ein Verbot ist eine Aufforderung, eine bestimmte Handlungs- oder Verhaltensweise zu unterlassen und damit das negative Gegenstück zur Anweisung. Die Erlaubnis, die ein Nicht-Verbot darstellt, ist streng genommen keine Aufforderungshandlung; der Einfachheit halber wird sie dennoch hier mit behandelt, zumal sie im Spanischen analog formuliert wird (mit Konjunktiv im *que*-Satz). Die knappsten Verbotsformen finden sich auf Verbotsschildern oder -tafeln (z.B. *No entrar, Kein Durchgang, Rauchen verboten*); die durch die Platzbeschränkung bedingte Knappheit hat häufig auch eine (nicht immer beabsichtigte)

Brüskheit zur Folge (vgl. Engel 1988: 144). Im Spanischen sind verneinte Infinitive die kürzeste Form, es sind jedoch auch Formulierungen mit *prohibido/a* zu finden (z.b. *Prohibido el paso*). Im Deutschen finden wir besonders Verbalsubstantive mit den Partizipien *verboten* oder *nicht gestattet* (auch: *nicht zulässig, nicht erlaubt*) sowie imperativische Infinitive oder verneinte Substantive (*Kein Reitweg*) und das persönlich oder unpersönlich gebrauchte Modalverb *nicht dürfen* (es. *no deber*). Negiertes *müssen* zum Ausdruck des Verbots (z.B. *Solche Wörter musst du nicht sagen*) ist regional möglich, entspricht jedoch nicht der Standardnorm (vgl. Engel 1988: 467).

4.1-59	4. No aparcar en doble fila. (www.ferrol.to/ecologia_diaria, 28.11.02)	Keine heiße Asche *einfüllen*. (Aufschrift auf Kunststoff-Mülleimern)
4.1-60	*SE PROHIBE* EXPRESAMENTE AL ARRENDATARIO: 1°/ *Permitir* que ... (06a:27)	Ein nachträglicher Skontoabzug *ist nicht zulässig*. (06c:24f.)

Nach Verben des Verbietens (es. *prohibir*, de. *verbieten, untersagen, verwehren*) und Erlaubens (es. *permitir, consentir, dejar*, de. *erlauben, zulassen, gestatten*) steht das Objekt entweder als (erweiterter) Infinitiv oder als Konjunktionalsatz mit *que* (im Konjunktiv, Zeitenfolge beachten!) bzw. *dass*. Im Spanischen ist die Personifizierung der genannten Norm (*la ley prohíbe, permite* etc.) häufig, während sie im Deutschen eher vermieden wird (statt dessen: *es besteht ein gesetzliches Verbot, XY ist gesetzlich verboten, das Gesetz sieht ein Verbot von ... vor* o.ä.).

4.1-61	[El vehículo] *no podrá* llevar más pasajeros que los permitidos por las leyes. (06a:16)	Urteil: Scientology Berlin *darf nicht* mehr von V-Leuten observiert werden. (www.tagesschau.de, 13.01.02)
4.1-62	Artículo 28.1. El médico *nunca provocará* intencionadamente la muerte de un paciente. ... La eutanasia u „homicidio por compasión" *es contraria a* la ética médica. (Código Internacional de Ética Médica, enmendado en Venecia, 1983)	Eine Verwendung für kommerzielle oder gewerbliche Zwecke *ist nicht gestattet*. Eine übermäßige Verwendung für private Zwecke oder persönliche *Geschäfte ist unzulässig*. (UNET-Benutzungsordnung, Universität Wien)

4.1-63	Los verdes exigen la elaboración de *una ley que prohíba* el empleo de formaldehído en materiales de construcción, mobiliarios y detergentes. (El País 8/84)	Die Grünen fordern im Bundestag *ein gesetzliches Verbot* der Verwendung von Formaldehyd in Baustoffen, Mobiliar, Haushaltschemikalien und anderen Produkten. (SZ 8/84)
4.1-64	[La investigación Comercial] es totalmente imparcial y no *debe verse influida* por el sesgo de los investigadores. (05b:18f.)	[Die Handelsforschung] ist völlig neutral und *darf nicht* durch die persönliche Einstellung des Forschers verfälscht sein. (CN)
4.1-65	*Permitir que sea conducido* el vehículo en inferioridad de condiciones físicas o psíquicas. (06a:35f., vgl. Bsp. 4.1-60)	Der Mieter *darf* das Fahrzeug nicht von einer Person *fahren lassen*, die nicht im Vollbesitz ihrer physischen und psychischen Fähigkeiten ist. (CN)

Der Übersetzungsvorschlag zu Bsp. 4.1-65 zeigt, dass hier anstatt *nicht zulassen, dass* auch *lassen* in der Bedeutung „zulassen, erlauben" verwendet werden kann. Im Gegensatz zur Bedeutung „veranlassen" (vgl. oben, Bsp. 4.1-58) kann *lassen* im Sinne von „zulassen" beliebige Objekte regieren, auch solche, die nicht willentlicher Handlungen fähig sind. In letzterem Fall ist die Bedeutung dann mit „nicht verhindern, nicht abbrechen" zu umschreiben.

4.1-66	Posteriormente, añadir los orejones y *dejar cocer* 15 minutos más. Incorporar las ciruelas pasas y *dejar que continúe* cociendo otros 15 minutos más. (13a:8ff.)	Das Fleisch in kaltem Wasser ansetzen und ca. 1 Stunde *kochen lassen*. ... Den Eintopf noch ca. 15 Minuten *kochen lassen*. (13e:5ff.)
4.1-67	*Dejar que salga* la presión, comprobar el punto y añadir los guisantes y *dejar cocer* destapada la olla unos minutos. (13c:12f.)	Bevor Sie die Haare auskämmen, *lassen* Sie diese zuerst auskühlen, damit Ihre Frisur in Form bleibt. (10b:46)

In den spanischen Beispielen des Korpus ist die Konstruktion mit *que* + Konjunktiv ungefähr mit gleicher Frequenz wie die Konstruktion mit dem Infinitiv anzutreffen.

4.1.3.5 Erfordern

Auch eine äußere Notwendigkeit oder Zwangslage ist eine Art Instanz, die bestimmte Handlungs- oder Verhaltensweisen erzwingt. Matte Bon (1995, II:63-66) führt eine lange Liste von unpersönlich und persönlich gebrauchten Verben und Ausdrücken der Notwendigkeit auf. Unpersönlich gebraucht werden *hay que*, *necesitarse* + Substantiv oder Infinitiv, *hacer falta* + Substantiv oder Infinitiv, *ser necesario* + Infinitiv oder (seltener) Substantiv, *ser preciso* + Infinitiv oder (seltener) Substantiv, *ser menester* + Infinitiv, die letzten beiden mit einer literarischen, *es menester* darüber hinaus mit einer etwas archaisierenden Konnotation. Persönlich gebraucht werden *necesitar* + Substantiv oder Infinitiv und *tener que* + Infinitiv. Daneben gibt es noch eine Reihe von Verben, die bestimmte Aspekte der Notwendigkeit hervorheben, z.B. *bastar* (unpers.) *con* + Infinitiv oder Substantiv, das die zeitliche Begrenztheit der Notwendigkeit betont (etwa: *man braucht nur, nicht mehr als, nur noch*), *estar / quedar por* oder *estar / quedar sin* + Infinitiv, die auf die zukünftige Durchführung der notwendigen Handlung verweisen. Dazu kommen die verneinten Formen *no hacer falta* und *no ser necesario* (Nicht-Notwendigkeit; de. *nicht brauchen*), während *no hay que* eine Form des Verbietens ist.

Die Beispiele im Textkorpus zeigen, dass im Deutschen *müssen* das am häufigsten gebrauchte Modalverb zum Ausdruck der Notwendigkeit eines Handelns oder Verhaltens ist, während die Notwendigkeit eines Objekts durch ein personales Subjekt mit *brauchen* oder *benötigen* ausgedrückt wird, durch ein nichtpersonales Subjekt mit *erfordern* (vgl. es. *requerir*, Bsp. 4.1-71). Unpersönliche Ausdrücke der Notwendigkeit sind *es ist nötig, notwendig, erforderlich* + Infinitiv, *es bedarf* + Genitivobjekt. Abgeleitet von *bedürfen* sind Zusammensetzungen mit *–bedürftig*, die ebenfalls eine Notwendigkeit zum Ausdruck bringen (z.B. 06e:23f.: *Behandlungsbedürftigkeit*).

4.1-68	El avance en la solución de problemas está, pues, en relación con la metodología usada, la cual *tiene que ser* la propia. (05a:21f.)	Biologen und Physiker, die immer wissen, welche Art von Experiment sie anstellen *müssen*. (05c:27f., Ü)

4.1-69	A estos elementos geográficos esenciales *hay que añadir* la Cornisa Cantábrica, la faja costera levantina y la cadena litoral catalana. (04b:32f.)	*Hülsenfrüchte müssen* vor dem Kochen einige Zeit quellen – ausgenommen geschälte Hülsenfrüchte und Linsen. (13f:1f.)
4.1-70	la ruta a seguir para llegar a donde *tienes que* ir (12a:5f.)	Mündliche Abreden ... *bedürfen* zur Rechtsgültigkeit der schriftlichen Bestätigung. (06c:7ff.)
4.1-71	Cada tipo de legumbre *requiere* una cocción determinada. (13d:1)	Unsere Expansion *erfordert* Verstärkung für alle Bereiche in Deutschland, Österreich und der Schweiz. (01c:11f.)
4.1-72	se muestra *la necesidad de* información que *necesitan* los directores de marketing para poder tomar decisiones. (05b:2f.)	Eine gesonderte schriftliche Auftragsbestätigung *ist* für das Wirksamwerden des Kaufvertrags *nicht notwendig*. (06c:4ff.)
4.1-73	Por último, la información obtenida se distribuye donde quiera que *se necesite*. (05b:30f.)	genau das, was kleinere und mittelständische Unternehmen *benötigen*. (12e:13f.)

Den Unterschied zwischen *tener que* und *deber* erklärt Matte Bon so: Während *tener que* (wie auch unpersönliches *hay que*) eine äußere, vom Sprecher unabhängige Notwendigkeit ausdrückt, spielt bei *deber* die Einschätzung des Sprechers eine wichtige Rolle, sodass *deber* einem „consejo respetuoso" näher kommt als das „energischere" *tener que* (Matte Bon 1995, II: 69).

4.1-74	Portillo: "¿Ronaldo? *No hace falta que venga nadie más*". (marca.recoletos.es/edición/ noticia, 28.11.02)	Der Schaum *braucht nicht* – wie oft empfohlen wird – abgeschöpft zu werden. (13f:15f.)

Die Negation der Notwendigkeit wird im Deutschen mit *nicht brauchen* (+ *zu* + Infinitiv) ausgedrückt. Verneintes *müssen* (etwa: *Sie müssen den Schaum nicht abschöpfen*) hebt lediglich den bestehenden Zwang auf, sodass die Handlung unterbleiben kann, aber nicht unterbleiben muss (vgl. Engel 1988: 467).

4.1.4   Zusammenfassung

Bei den Aufforderungshandlungen im Spanischen und Deutschen sind die folgenden grundsätzlichen Aspekte zu beachten:

➔ Der Modus der Aufforderung ist im Spanischen grundsätzlich der Konjunktiv; die Zeitenfolge ist zu beachten.

➔ Der Vergleich der Modalverben im Spanischen und Deutschen ergibt keine 1:1-Entsprechungen, und jedes Modalverb hat mehrere Funktionen, die zum Teil sogar für die verneinte Verwendung anders sind als für die Verwendung im positiven Satz. Vielmehr ist es sinnvoll, jeweils von der kommunikativen Funktion auszugehen, wie Tabelle 4.1/5 verdeutlicht.

Funktion	Spanisch		Deutsch	
	bejaht	verneint	bejaht	verneint
Vorschlagen	poder		können + Abtönung (doch, einfach)	
Raten	deber (evtl. + Konditional)		sollen + Konjunktiv II	
Warnen	deber + Futur	no deber	sollen + Konj. II + Verstärkungspartikel (unbedingt)	nicht dürfen
Bitten	poder + Frage		können + Frage	
Einladen			können + Abtönung (ja, gerne)	
Fragen	kein Modalverb!		können, dürfen, sollen	
Gebieten			sollen	nicht sollen
Vorschreiben	haber de, deber + Futur			
Anweisen			müssen	nicht müssen
Verbieten	no poder, no deber	poder	nicht dürfen	dürfen
Erfordern	tener que, deber, unpers. hay que	no tener que, unpers. no hacer falta	müssen	nicht brauchen + zu + Infinitiv

Tabelle 4.1/5: Modalverben zum Ausdruck von Aufforderungshandlungen

➔ Bei Fragen, die um eine Anweisung oder eine Instruktion bitten, steht im Spanischen im Gegensatz zum Deutschen kein Modalverb.

→ Die häufigste Aufforderungsform ist im Spanischen der Infinitiv, im Deutschen der Imperativ (fast immer mit *bitte*, unabhängig von der spezifischen Aufforderungsvariante).

→ Die Partikel *bitte* wird im Deutschen wesentlich häufiger gebraucht als die entsprechende Partikel *por favor*. Bei entsprechender Intonation kann *por favor* als Dringlichkeitsverstärker dienen oder sogar Protest ausdrücken.

→ Indirekte Aufforderungsformen (z.B. rhetorische Fragen, expressive Äußerungen wie „Wir freuen uns auf...") sind im Deutschen häufiger als im Spanischen.

4.2 ERINNERN

„Erinnern" bezeichnet die kommunikativen Handlungen, die an ein bestimmtes Vorwissen oder eine Erfahrung des Adressaten appellieren. Sowohl Wissen als auch Erfahrung sind kulturspezifisch.

4.2.0 Allgemeines

Um beim Adressaten eine Erinnerung an Wissen oder Erfahrung zu aktivieren, kann ein Sender entweder explizit darauf Bezug nehmen oder implizit darauf anspielen. Explizite Bezugnahmen verursachen beim Übersetzen keine besonderen Probleme, da das entsprechende Wissen zumindest recherchiert werden kann. Implizite Bezugnahmen, die wir Anspielungen nennen, sind nur zu erkennen, wenn das entsprechende Vorwissen beim Rezipienten (und also auch beim Übersetzer) vorhanden ist.

4.2.1 Bezugnahme als explizite Erinnerung

Unter Bezugnahme verstehen wir die explizite Erwähnung von Begebenheiten, Sachen oder Personen, die beim Adressaten als bekannt vorausgesetzt („präsupponiert") werden. Weil Sender nicht immer sicher sein können, dass das präsupponierte Wissen wirklich bei den Adressaten vorhanden ist, wird es gelegentlich trotzdem erwähnt. Damit sich der Empfänger dann nicht unzumutbar belehrt fühlt, wird eine Art „Entschuldigung" für die Redundanz eingefügt.

4.2-1	Que nos manipulan *es una ver-dad sabida por todos* (2a:1)	Dass wir manipuliert werden, ist *eine sattsam bekannte Tatsache.* (02b:1f., Ü)
4.2-2	España es *–en frase tan repeti-da–* el segundo país de Europa en altura media (el primero es Suiza). (04b:15f.)	Spanien hat *bekanntlich* die zweitgrößte Durchschnittshöhe Europas (nach der Schweiz). (CN)
4.2-3	Thomas de Quincey, *el conocido autor británico* de las "Confesio-nes de un comedor de opio" (El País 4/80)	Übersetzungsprinzipien, wovon das Postulat „so wörtlich wie möglich, so frei wie nötig" wohl *das bekannteste* sein dürfte (04e:6f.)
4.2-4	Ohne Zweifel muß man *ja* die organische Mittellosigkeit des Men-schen und seine kulturschaffende Tätigkeit aufeinander beziehen (05d:5ff.)	

Im Deutschen kann die Partikel *ja* eine Bezugnahme signalisieren (Bsp. 4.2-4), andere Signale sind zum Beispiel *wie Sie (ja) wissen, bekanntlich.* Im Spanischen gibt es ebenfalls konventionelle Formulie-rungen oder Textbausteine, wie die Beispiele zeigen.

4.2.2　Anspielung als implizite Erinnerung

4.2.2.0　Formen der Anspielung

Anspielungen sind indirekte Bezugnahmen auf Dinge oder Erschei-nungen, die beim Adressaten als bekannt vorausgesetzt werden. Durch die Implizitheit wird zwischen dem Sender und dem Empfänger der Anspielung eine Art augenzwinkernde Komplizenschaft herge-stellt.

4.2-5	Quiere decir que *le va a conce-der la oreja, por haber luchado bien.* (08a:22f., Ü)	Ich glaube, *er gewährt ihm ein Ohr,* weil er sich so wacker ge-schlagen hat! (08b:23f., Ü)

Cäsar hatte den Legionär anerkennend ins Ohrläppchen gekniffen und nun erklärt der eine Iberer dem anderen die Geste auf „spani-sche" Art, indem er auf den Stierkampf anspielt. Wenn das Publikum mit der Leistung des Toreros sehr zufrieden ist, bekommt dieser nach dem Kampf ein Ohr des Stiers überreicht. Die Kombination von *con-ceder la oreja* und *luchar bien* ist für spanische Leser eindeutig. Für deutsche Leser ist diese Bemerkung eher rätselhaft, weil *ein Ohr ge-*

währen keine kodifizierte Redewendung ist und *sich wacker schlagen* nicht zum Stierkampf passt. Der Übersetzer müsste entweder die Anspielung verdeutlichen (z.B. *... weil er den Stier bei den Hörnern gepackt hat!*) oder auf den kulturellen Bezug verzichten und die Redewendung *jemandem sein Ohr leihen* abwandeln: *Vielleicht will er sich ja sein Ohr leihen...*

Bei Anspielungen auf andere Texte („Intertextualität") können grundsätzlich zwei Aspekte in den Blick kommen: der Inhalt des Textes und die Form einer Formulierung.

4.2.2.1 Anspielung auf Textinhalte

Bei der Anspielung auf Textinhalte geht es darum, dass der Adressat die Aussage des indirekt zitierten Textes mit der des zitierenden Textes verknüpft. Bei der Übersetzung von Bsp. 4.2-6 funktioniert die Anspielung nur dadurch einigermaßen, dass man sich einen solchen Spot ganz allgemein vorstellen kann – würde man sich jedoch an einen bestimmten Spot erinnern und die Automarke nennen können, wäre die Wirkung erheblich stärker. In Bsp. 4.2-7 ist interessant, dass der Verfasser auf Nummer Sicher geht: Goethe oder Walt Disney – einer von beiden müsste den Adressaten bekannt sein. Erfahrungen mit diesem Text im Übersetzungsunterricht zeigen, dass für heutige Studierende der Micky-Maus-Zauberlehrling meist der bekanntere ist!

4.2-6	nos venden la seguridad de los coches a través de *anuncios donde aparece* un monitor de un gimnasio (02a:4f.)	...in Werbespots wird uns die Sicherheit eines Autos *von einem Fitnesstrainer vorgeführt* (02b:3f., Ü)
4.2-7	El hombre, con la técnica, *recuerda* el aprendiz de brujo de la balada de Goethe y los dibujos animados de Walt Disney. (Jesús Pabón 1971)	Der Mensch verhält sich gegenüber der Technik *wie* der Zauberlehrling aus dem Gedicht von Goethe oder dem Zeichentrickfilm von Walt Disney. (CN)
4.2-8	*Algo huele a podrido* (Überschrift eines Artikels über die Miss-Wahlen in Spanien, El Mundo 24.03.02)	*Etwas ist faul* am Patentsystem. (Patrick Goltzsch, www.heise.de /tp/deutsch, 28.11.02)

4.2-9	(No existió *la Isla de Nunca Jamás* y *la Joven Sirena* no consiguió un alma inmortal, porque los hombres y las mujeres no aman, y se quedó con un par de inútiles piernas, y se convirtió en espuma.) Eran horribles los cuentos. (18a:29ff.)	(Nie hatte es *die Insel Nimmermehr* gegeben, noch hatte *die kleine Meerjungfrau* eine unsterbliche Seele bekommen, weil *Männer und Frauen* doch nicht lieben, und nur zwei unnütze Beine blieben ihr, und sie *verwandelte sich in Schaum.*) (18b:31ff.)
	Die *Insel Nimmerland* gab es überhaupt nicht, und *die kleine Seejungfrau* bekam keine unsterbliche Seele, weil *die Menschen* nicht lieben können, darum nützten ihr ihre niedlichen Beine gar nichts, und sie *wurde in Schaum verwandelt.* (CN)	

In Bsp. 4.2-9 wird auf zwei Märchen angespielt: *Die kleine Seejungfrau* von Hans Christian Andersen (in anderer Übersetzung: *Meerjungfrau*) und Peter Pan (unter anderem von Walt Disney verfilmt). Die Insel, zu der Peter Pan fliegt, um für immer ein kleiner Junge zu bleiben, heißt auf Englisch *Neverland* und auf Deutsch *Nimmerland*. Die Inhaltselemente aus der *Kleinen Seejungfrau* müssen ebenfalls stimmen: Im Märchen wird gesagt, dass die *Menschen* (im Gegensatz zu Meereswesen) nicht lieben können, was im Spanischen natürlich nicht mit *los hombres* ausgedrückt werden kann, weil dies als *die Männer* missverstanden werden könnte. Es heißt auch nicht, dass sie *sich in Schaum verwandelte*, sondern dass sie *in Schaum verwandelt wurde*, was für die Geschichte ein wichtiger Unterschied ist! Auch das ist aus der spanischen Konstruktion nicht herauszulesen, wenn man die Geschichte nicht kennt. Für die Interpretation des Romans *Primera Memoria* von Ana María Matute (Text 18a), in dem es um den Abschied von der Kindheit und die Erfahrung des Erwachsenwerdens geht, spielt diese Stelle jedoch eine Schlüsselrolle.

Ebenfalls eine interpretationssteuernde Funktion haben intertextuelle Anspielungen in Titeln oder Überschriften. Die Anspielung auf die römische Göttin Minerva, die wie die griechische Athene unter anderem die Schutzgöttin der Wissenschaft und der Künste war, mag gebildeten Lesern in Spanien und in Deutschland gleichermaßen verständlich sein wie die auf *Daphne*, die auf der Flucht vor dem ihr nachstellenden Gott Apoll in einen Lorbeerbaum verwandelt wurde. Da es sich hier um einen gemeinsamen Kulturschatz handelt, dürfte die Anspielung in beiden Kulturen funktionieren. Anders bei Christine Nöstlingers Titel *Maikäfer, flieg!*, dessen Anspielung auf im Krieg befindliche Väter für spanische Leser nicht erkennbar ist.

4.2-10	José Lezama Lima: *Minerva define el mar* (Gedicht)	Elisabeth Langgässer: *Daphne* (Gedicht)
4.2-11	Christine Nöstlinger: Vuela, abejorro (Kinderbuch, Ü)	Christine Nöstlinger: Maikäfer, flieg! (Kinderbuch)
4.2-12	Manuel Puig: *Boquitas pintadas* (Roman)	Manuel Puig: *Der schönste Tango der Welt* (Roman, Ü)

Der Argentinier Manuel Puig (Bsp. 4.2-12) spielt in seinem Romantitel auf einen Tango-Text an. Weil dieser natürlich bei deutschen Lesern nicht als bekannt vorausgesetzt werden kann, enthält die Übersetzung ins Deutsche den expliziten Verweis auf den Tango und kann darüber hinaus im Tango-Rhythmus gelesen werden!

4.2-13	Thornton Wilder: La piel de nuestros dientes (Theaterstück, Übers.)	Thornton Wilder: Wir sind noch einmal davon gekommen (Theaterstück, Übers.)
4.2-14	William Faulkner: El sonido y la furia (Theaterstück, Ü)	William Faulkner: Schall und Wahn (Theaterstück, Ü)

Manche Titel spielen auf idiomatische Redewendungen an. Das kann bei der Übersetzung leicht ins Auge gehen. Der Titel von Thornton Wilder (Bsp. 4.2-13, Original: *The Skin of Our Teeth*, Anspielung auf *to escape with the skin of one's teeth*) ist im Spanischen absolut unverständlich, während die deutsche Übersetzung an eine Redewendung mit gleicher Bedeutung anknüpft. Ebenso sinnlos ist die spanische Übersetzung des Faulkner-Titels (Bsp. 4.2-14, Original: *The Sound and the Fury*, eine Anspielung auf eine Stelle aus Shakespeares Macbeth: *words of an idiot, full of sound and fury*), die aber dennoch unter anderem von Jorge Luis Borges („El sonido y la furia de Macbeth") und anderen spanischsprachigen Autoren ihrerseits wieder aufgegriffen wurde.

4.2-15	Recorriendo los parajes de CAÑAS Y BARRO... (Touristik-Faltblatt, vgl. Nord 2001: 73)	...immer die Sage von *El Dorado, dem Reich des Goldmannes,* im Sinn (14b:15f.)

Nicht nur in übersetzten Texten sind Anspielungen zuweilen schwer zuzuordnen. Der Name des sagenhaften Goldlandes *El Dorado* geht auf einen religiösen Brauch der Muisca in Kolumbien zurück, wonach der Kazike von Guatavita, am ganzen Körper mit Goldstaub überzogen, auf den heiligen See von Guatavita hinaus fuhr, dort opferte und dann den Goldstaub im Wasser des Sees abwusch. Die Bezeichnung *Goldmann* führt den Leser, der diese Geschichte nicht kennt, auf eine falsche Fährte, zumal *Eldorado* oder *Dorado* im Deutschen als Metapher für ein Land oder einen Ort gebraucht wird, in dem irgend etwas im Überfluss vorhanden ist, und nicht für eine Person.

Ob die spanischen Leser des Faltblatts über Ausflüge zur Albufera bei Valencia mit der Anspielung auf den Heimatroman von Blasco Ibáñez, *Cañas y barro*, etwas anfangen können, bleibe dahin gestellt – für deutsche Leser wäre eine Anspielung auf den Titel der deutschen Übersetzung, *Sumpffieber*, sicher eher kein Anreiz, den Ausflug zu buchen.

4.2.2.2 Anspielung auf Textformen

An Bsp. 4.2-15/es wird bereits deutlich, dass Anspielungen auf Titel manchmal gar nichts mit dem Textinhalt, sondern nur mit seiner Form zu tun haben. Titel haben ja mit Werbeslogans gemeinsam, dass sie im Gedächtnis hängen bleiben sollen, auch wenn man den Inhalt des betreffenden Buches vergessen oder dieses nie gelesen hat. Solche Anspielungen können auch syntaktische oder rhythmische Formmerkmale aufgreifen, sei es eine Textsortenkonvention oder ein „Muster". Durch diese Art der Intertextualität werden beispielsweise Beziehungen zwischen Titeln desselben Autors hergestellt, der auf diese Weise den Zusammenhang der Werke oder auch seine Autorschaft besonders hervorhebt (häufig bei Kinderbüchern, Bsp. 4.2-16).

4.2-16	A. Carretero: Zaro y el azor; Zaro y el búho real; Zaro y el ciervo u.a. (Kinderbücher)	Janosch: Schmuddelbuddel sagt Gutnacht; Schmuddelbuddel baut ein Haus u.a. (Kinderbücher)
4.2-17	Federica de Cesco: Das Geheimnis der goldenen Vögel – Leon Garfield: Das Geheimnnis der zerbrochenen Uhr – Enid Blyton: Geheimnis um eine giftige Feder (Kinderbücher, alles Übers.)	

4.2-18	Alejo Carpentier: Los pasos perdidos (Roman) – André Breton: Los pasos perdidos (Roman, Übers.)	Peter Weiss: Das Duell (Erzählung) – Anton Tschechow: Das Duell (Erzählung, Übers.)

Bei der Übersetzung von Titeln ist daher darauf zu achten, ob eine bestimmte Titelformulierung nicht bereits in der Zielkultur „besetzt" ist: In Bsp. 4.2-17 kommen im deutschen Kinderbuchkorpus die Titel verschiedener übersetzter Autor/innen zusammen, die alle in etwa das gleiche Muster aufweisen. Das beeinträchtigt die distinktive Funktion, die ein Buchtitel nach dem Gesetz gegen den unlauteren Wettbewerb erfüllen muss (vgl. Nord 1993: 194ff.). Das Gleiche gilt für Bsp. 4.2-18, wo jeweils ein übersetzter Titel mit einem Originaltitel der Zielkultur kollidiert.

Titel können auch andere Titel oder Texte zitieren. Wenn es um die so genannte Weltliteratur geht (wie z.B. Jules Verne: *Reise um die Welt in 80 Tagen*, Bsp. 4.2-19), lässt sich das Spiel mit dem übersetzten Titel wiederholen. Handelt es sich dagegen um einen Text der Ausgangskultur, der in der Zielkultur nicht bekannt ist, kann die Anspielung in der Zielkultur nicht funktionieren.

4.2-19	Julio Cortázar: La vuelta al día en 80 mundos (Erzählung)	Julio Cortázar: Reise um den Tag in 80 Welten (Erzählung, Übers.)
4.2-20	Vicente Verdú: El fútbol: mitos, ritos y símbolos (Sachbuch)	C.W.Ceram: Götter, Gräber und Gelehrte (Sachbuch)

Bestimmte rhythmische Muster, die in einer Kultur für manche Titelsorten typisch sind, wie etwa im deutschen der alliterierende Dreiertitel in im Rhythmus eines vierfüßigen Trochäus (Hebung-Senkung, Hebung-Senkung, Hebung-Senkung, Hebung-Senkung), sind oft in anderen Kulturen nicht so beliebt oder mit anderen Merkmalen ausgestattet, wie Bsp. 4.2-20 zeigt: Statt des typisch germanischen Stabreims (Alliteration der Anfangslaute) ist im Spanischen bei *mitos, ritos y símbolos* die Assonanz (gleiche Vokale in den betonten Silben) viel beliebter, und der Rhythmus ist unregelmäßig mit drei Hebungen und einmal einer und einmal zwei Senkungen dazwischen.

4.2-21	Julio Cortázar: Instrucciones para subir una escalera	Julio Cortázar: Treppensteigen – leicht gemacht
	Nadie habrá dejado de observar que con frecuencia el suelo *se pliega de manera tal que* una parte sube en ángulo recto con el plano del suelo, y luego la parte siguiente *se coloca* paralela a este plano, para dar paso a una nueva perpendicular, *conducta que se repite* en espiral o en línea quebrada hasta *alturas sumamente variables.* Agachándose y poniendo la mano izquierda en una de las partes verticales y la derecha en la horizontal correspondiente, se está en posesión momentánea de *un peldaño o escalón.* (Essay)	Es ist unübersehbar, dass in Häusern der Fußboden häufig *in der Weise* gefaltet ist, *dass* sich ein Teil *desselben* im rechten Winkel zur Grundfläche erhebt und der nächste Teil dann wieder parallel zur Grundfläche angeordnet ist. Es folgen abwechselnd, *in spiralförmiger oder unterbrochener Linienführung und bis zu beliebiger Höhe,* immer ein senkrechtes und ein waagerechtes Element. Den Abschnitt, den man umfasst, wenn man in gebückter Körperhaltung die linke Hand an eine senkrechte und die rechte auf eine waagerechte Teilfläche legt, *nennt man „Treppenstufe", meistens kurz „Stufe".* (Essay, Übers.)

Schließlich spielen auch Textsortenkonventionen eine wichtige Rolle für Anspielungen. Wenn in einem Text die typischen Formulierungen (Stereotypen) oder Formmerkmale einer bestimmten Textsorte nachgeahmt werden, hat dies eine bestimmte Wirkung auf den Leser. Der kurze Textausschnitt in Bsp. 4.2-21 zeigt bereits, dass der Autor in sprachspielerischer Absicht bestimmte Merkmale der Textsorte Bedienungsanleitung, hier des Teiltexts Produktbeschreibung, benutzt. In der Übersetzung, die mit einer Gruppe von Studierenden erarbeitet wurde, haben wir versucht, den Anspielungscharakter des Texts nachzuahmen. Typische Merkmale sind die unpersönlichen Konstruktionen, der konsequente Nominalstil sowie die Erklärung der Fachbenennungen. Im Spanischen werden zwei synonyme Benennungen gegeben – da es im Deutschen kein Synonym für *Stufe* gibt, wurde statt dessen eine Langform und eine Kurzform der Benennung eingeführt.

4.2-22	Jörg Steiner: Schnee bis in die Niederungen (Wetterbericht-Stereotype)
4.2-23	Jurek Becker: Irreführung der Behörden (verwaltungssprachliche Stereotype)

Die vorgenannten Belege zeigen bereits deutlich sprachspielerische Züge. Auch viele Wort- oder Sprachspiele „erinnern" ja an andere Formulierungen, die dabei gewissermaßen durchscheinen. Im Zusammenhang mit dem Überreden (4.3.4) kommen wir auf die Intertextualität noch einmal kurz zurück.

4.2.3   Zusammenfassung

Bei der kommunikativen Handlung Erinnern liegt die Kulturspezifik vor allem in dem besonderen Vorwissen des Empfängers, das der Sender als bekannt voraussetzt, wenn er darauf anspielt. Dafür, dass die Anspielungshandlung gelingt und der Empfänger an vorherige Erfahrungen oder erworbenes Wissen denkt und es in den aktuellen Text „einträgt", sind bestimmte Voraussetzungen erforderlich, die wir in den folgenden Thesen zusammenfassen:

➜ Die kommunikative Handlung Erinnern braucht zum Funktionieren die Bereitschaft und die Fähigkeit des Empfängers, mitzuspielen.

➜ Explizite Bezugnahmen auf vorausgesetztes Wissen werden oft durch konventionelle „Entschuldigungsformeln" begleitet bzw. (im Deutschen) durch die Abtönungspartikel *ja* markiert.

➜ Anspielungen auf Werke der Weltliteratur funktionieren oft in beiden Kulturen. Allerdings muss der Text, auf den angespielt wird, dann in der in der Zielkultur üblichen Übersetzung zitiert werden.

➜ Anspielungen auf Realien oder Texte der Ausgangskultur müssen in einer instrumentellen Übersetzung oft verdeutlicht oder sogar verändert werden, wenn sie funktionieren sollen. Wichtig ist hier die intendierte Funktion des Zieltexts (z.B. direkte Appellwirkung vs. Information über Appellwirkung vs. indirekte Appellwirkung).

➜ Anspielungen können sich auf Textinhalte oder auf Merkmale der Textform (Textsortenkonventionen, spezielle Formulierungen oder Stereotypen, rhythmische und syntaktische Muster etc.) beziehen.

4.3 ÜBERREDEN

Überreden heißt, laut Duden (1993), *jemanden durch [eindringliches Zu]reden dazu bringen, dass er etwas tut, was er ursprünglich nicht wollte.* Diese Art von Beeinflussung finden wir vor allem in der Produktwerbung und in der Politik. Die zur Überredung verwendeten stilistischen Mittel unterscheiden sich in diesen beiden Bereichen nicht grundlegend; wir wollen daher den Bereich der Produktwerbung exemplarisch behandeln. Als Grundlage dienen die Werbetexte aus unserem Textkorpus (09, 12) sowie zur Ergänzung das bereits in anderem Zusammenhang erwähnte kleine Korpus aus je 100 spanischen und deutschen Werbeanzeigen in Printmedien (WTK 2001).

4.3.0 Allgemeines

Wir hatten bereits weiter oben festgestellt, dass die Appellfunktion sowohl direkt als auch indirekt wirken kann. Beim Überreden werden phatische, referentielle und expressive Funktion in der Weise appellwirksam eingesetzt, dass die Adressaten in adäquater Weise angesprochen und dem beworbenen Produkt Eigenschaften zugeschrieben werden, die im Wertesystem der betreffenden Kultur im positiven Spektrum angesiedelt sind, bzw. dass positive Einstellungen, Meinungen oder Gefühle in Bezug auf das Produkt so geäußert werden, dass sich der Adressat diese möglichst zu eigen macht. Alle Mittel der anderen drei Funktionen können daher grundsätzlich indirekt für die Überredung nutzbar gemacht werden. Direkt werden dagegen nur die schwächeren Varianten der Aufforderung eingesetzt, Gebote und Verbote sind verständlicherweise nicht geeignet, da der werbenden Instanz keine Anweisungsbefugnis zugestanden wird. In diesem Kapitel soll untersucht werden, in welcher Weise und vor allem mit welcher Frequenz direkte und indirekte Mittel zur Überredung in spanischen und deutschen Werbetexten eingesetzt werden. Damit der interkulturelle Vergleich nicht durch zu starke Differenzierung erschwert wird, sollen hier die verschiedenen Formen der direkten und indirekten Überredung zu möglichst eindeutig abgrenzbaren Kategorien zusammen gefasst werden.

Wir unterscheiden je nach den zur Überredung eingesetzten Funktionen Überreden durch Ansprechen (4.3.1), Überreden durch Darstellen (4.3.2), Überreden durch Loben (4.3.3) und Überreden durch Erinnern (4.3.4). In der Zusammenfassung (4.3.5) werden dann diese indirekten Formen der appellativen Kommunikation mit den im Werbetext-Korpus ebenfalls vorkommenden Formen des direkten Aufforderns in Beziehung gesetzt.

4.3.1 Überreden durch Ansprechen

Hier geht es um die Formen der phatischen Kommunikation, die indirekt für die Appellrealisierung verwendet werden. Für das Überreden gehen wir davon aus, dass bei der Kontaktaufnahme optimale Bedingungen für die Übermittlung der Werbebotschaft geschaffen werden müssen. Die Zielgruppe muss in der geeigneten Weise „angesprochen" werden. Dafür erscheinen folgende Fragen relevant:

➢ Wer spricht? Gibt sich der Sender oder Sprecher zu erkennen, stellt er sich vor?
➢ Wird die Zielgruppe direkt angesprochen? Wenn ja, mit welcher Anrede?
➢ Wird das Rollenverhältnis zwischen Sender und Adressaten durch Registermarkierungen signalisiert?
➢ Wird die Zielgruppe begrüßt? Gibt es eine dem Smalltalk vergleichbare Überleitung zum Thema der Kommunikation?
➢ Wie wird der Kontakterhalt organisiert?
➢ Gibt es Signale für die Kontaktbeendigung?

Anhand dieser sechs Parameter (Sprecheridentifikation, Anrede, Registerwahl, Begrüßung, Kontakterhalt, Kontaktbeendigung) sollen die Texte des Werbungskorpus (WTK 2001) im Hinblick auf die Realisierung der Appellfunktion mit den Mitteln der phatischen Funktion analysiert und interkulturell verglichen werden.

In Bezug auf die Sprecheridentifikation stellen wir fünf verschiedene Varianten fest: (a) der Sprecher bleibt anonym, es gibt keine 1. Person im Text (Bsp. 4.3-1); (b) der Sprecher ist der Anbieter des Produkts oder der Dienstleistung, der in der ersten Person (meist im Plural, gelegentlich auch im Singular) über seine Firmenphiloso-

354 Appellative Kommunikation

phie oder Ähnliches spricht (Bsp. 4.3-2); (c) der Sprecher ist ein in der Werbeanzeige abgebildeter (prototypischer) Nutzer des Produkts, also eigentlich der Adressat des Werbetexts (Bsp. 4.3-3), (d) dem Produkt selbst wird eine Äußerung in den Mund gelegt (Bsp. 4.3-4), und (e) die anbietende Firma wird in der dritten Person genannt oder vorgestellt (Bsp. 4.3-5)[36]. Eine explizite Vorstellung des anbietenden Unternehmens, wie es bei den Stellenangeboten zu beobachten war (vgl. oben, Bsp. 1.1-7), ist in den Werbetexten nicht zu finden, nur gelegentlich eine Hervorhebung der eigenen Bedeutung (Bsp. 4.3-6).

4.3-1	Compartir. CHROME AZZARO	Jetzt Probe fahren. (BMW)
4.3-2	Lo único que *hacemos* es invertir. (INVESCO)	*Meine* Uhren gehen alle hundert Jahre nach. (Chronoswiss)
4.3-3	»El mejor vendedor de *mi tienda* es un auténtico plasma.« (NEC)	*Ich* mag den Golf Joker. (VW)
4.3-4	Spann mich ein, *ich bin ein Transit.* (Ford)	
4.3-5	*Canon* dice la última palabra en copiadoras color. (Canon)	Seit 1919 erforscht *Danone* die positiven Wirkungen von Joghurt-kulturen.
4.3-6	Profitieren Sie vom Know-how *einer der erfahrensten Investment-fonds-Gesellschaften der Welt.* ... (Pioneer Investments)	

Bei der Anrede gibt es folgende Möglichkeiten: (a) der Adressat kommt im Text nicht vor (Bsp. 4.3-5); (b) der Adressat wird mit dem informellen Anredepronomen angeredet (Bsp. 4.3-7); (c) der Adressat wird mit dem formellen Anredepronomen angeredet (Bsp. 4.3-8); (d) der Adressat wird neutral angeredet, entweder ohne Anredepronomen, zum Beispiel mit einem imperativischen Infinitiv (Bsp. 4.3-1), oder auf Englisch (Bsp. 4.3-9); (e) der Adressat wird nicht angeredet, aber verallgemeinernd genannt (unpersönliche Anrede, → 1.1.2.4; Bsp. 4.3-10).

4.3-7	Ponte al día. (Winston)	Komm nach Südtirol. (Österr. Fremdenverkehrswerbung)
4.3-8	Ahora reflexione un momento y piense... (Telefónica)	Verpassen Sie nicht den Job Ihres Lebens. (Jobpilot)

---

[36] Die Beispiele stammen, sofern nicht anders angegeben, aus dem Korpus WTK 2001.

| 4.3-9 | FOR YOU a tu aire. (Fortuna-Zigaretten) | Do it with German engineering. (Continental) |
| 4.3-10 | Gucci rush, for men. The new fragrance for men from Gucci. (Gucci) | Das reinste Vergnügen. Soviel Pflege braucht der Mann. (Nivea) |

Eine besondere Form der unpersönlichen Anrede in den deutschen Werbetexten sind die Pseudo-Sprichwörter mit *Wer...* Sie lassen sich paraphrasieren mit „Wenn Sie..., dann..." und richten sich somit in einer verallgemeinernden Form an die Adressaten, um ihnen dann direkt oder eher indirekt das betreffende Produkt zu empfehlen.

| 4.3-11 | Wer an der Börse Geld machen will, braucht gute Nerven. (Union Investment) |
| 4.3-12 | Wer Business reist, sollte auch so zahlen. (Postbank Visa Business Card) |

Auch bei den deutschen Werbetexten zieht die höhere Frequenz der formellen Anrede keineswegs auch entsprechend formelle Registermarkierungen nach sich. Man könnte fast sagen: im Gegenteil. Ellipsen (einschließlich der imperativischen Infinitive, Bsp. 4.3-13), Modalpartikeln (Bsp. 4.3-14), sprechsprachlich kontrahierte Formen mit Apostroph sowie eine umgangssprachlich konnotierte Lexik und gelegentliche Diskursmarker (Bsp. 4.3-16) führen dazu, dass trotz der formellen Anrede ein freundschaftlich-lockerer Ton vorherrscht.

4.3-13	*Alfa 156. Coche del año 1998 en España. Otro premio más.* (Alfa Romeo)	*Lieber trocken trinken* als trocken feiern. (Henkel-Sekt)
4.3-14	*Adelante,* alardea. (Suzuki Motorräder)	Sichern Sie sich *doch einfach* mit einem Server von MAXDATA ab... (e.future.today)
4.3-15	Descubre el nuevo Ford Mondeo *y ... ¡llévatelo gratis!* (Ford)	*Mausi tot.* Gerade noch Herzensbrecher und plötzlich *aus die Maus.* (Herzstiftung)
4.3-16	Acabas de perder una oportunidad de oro. ... Búscalos en los *sobrecitos* de Nescafé. Y no dejes pasar ni una sola oportunidad de encontrar oro. (Nescafé)	Debitel gibt Ihnen die Freiheit, sich auch *mal* abseits der üblichen Pfade ins Internet *einzuloggen.* debitel: *na, hat's geklingelt?* (Debitel)

Demgegenüber sind die spanischen Texte wesentlich schwächer markiert. Ellipsen, die ohnehin im Spanischen auch in formelleren Registern vorkommen, sind erheblich seltener festzustellen (Bsp. 4.3-14). Auch die Lexik ist weniger umgangssprachlich markiert, Bsp. 4.3-16), was sich daraus erklärt, dass im Spanischen ohnehin die Stilebenen in der Lexik nicht so scharf von einander zu trennen sind wie im Deutschen. Dagegen wird Sprechsprachlichkeit eher durch syntaktische Mittel wie Ausrufe und Fragen signalisiert (Bsp. 4.3-15).

Tabelle 4.3/1 gibt einen Überblick über die Häufigkeit informeller Registermarkierungen im Korpus WTK 2001. Es wird deutlich, dass die Hauptlast der Markierung einer informellen Partnerkonstellation zwischen Sender und Empfänger im Spanischen bei den Anredepronomina liegt, während im Deutschen die Markierung im Wesentlichen von den Registermerkmalen übernommen wird.

Marker	Spanisch		Deutsch	
Ellipsen	6	20,0 %	15	40,5 %
Modalpartikeln	0	0,0 %	4	10,8 %
umgangssprachl. Lexik	4	13,4 %	13	35,2 %
Kontraktionen	0	0,0 %	3	8,1 %
Diskursmarker	0	0,0 %	1	2,7 %
Interjektionen, Ausrufe	6	20,0 %	1	2,7 %
Fragen	12	40,0 %	0	0,0 %
Übertreibung	1	3,3 %	0	0,0 %
Parenthese	1	3,3 %	0	0,0 %
	30	1,00%	37	1,00%

Tabelle 4.3/1: Informelle Registermarkierungen in Werbetexten

Gehobene Registermarkierungen sind sowohl im Spanischen als auch im Deutschen selten. In Bsp. 4.3-17 finden wir etwa im Spanischen das literarisch markierte Verb *obsequiar* (vgl. DEA 1999), im Deutschen den Konjunktiv Präsens in der indirekten Rede.

4.3-17	LOEWE *obsequia* a los compradores de cualquiera de los siguientes modelos... (Loewe)	Sie dachten, nichts *könne* das bereits erreichte kompakte Format der heutigen Mobiltelefone übertreffen? (Plus Projektoren)

Ansonsten kann man im Deutschen beobachten, dass bei Texten, die nicht informell markiert sind, die Sie-Anrede wesentlich stärker als Formalitätsmarker wirkt.

Begrüßungen sind in unseren Werbetexten selten. Die einzige Grußformel finden wir im deutschen Korpus. Dabei handelt es sich um die Werbung einer japanischen Airline, sodass man auch annehmen könnte, hier werde das Klischee von der japanischen Höflichkeit bedient. Im spanischen Korpus ist dagegen eine formelle Dankadresse mit einer Dankesformel belegt (Bsp. 4.3-19).

4.3-18	Willkommen bei ANA... (japanische Airline)
4.3-19	»*En mi nombre y en el del Comité de dirección* de SSA Ibérica, *quiero agradecer a todos nuestros clientes*, afiliados y partners la confianza depositada en nuestra solución....« (SSA Consulting)

In den meisten Fällen dürften Layout und besondere graphische Hervorhebung des Slogans eine Begrüßung zur Kontaktaufnahme ersetzen, die Hinführung zum Thema übernimmt vielfach eine Abbildung des Produkts.

4.3-20	¿Piel apagada, deshidratada? (Biotherme homme)	Sie möchten Ihre Jobsuche ganz entspannt angehen? (Step-Stone)
4.3-21	¿Puedes vivir sin respirar? Tus pies tampoco. (Nordika)	Sie sind der Hecht im Karpfenteich? (Manager-Lounge)
4.3-22	Sabes eligir. (Rioja)	Warten auch Sie auf bessere Zeiten an der Börse? (SEB)

Vor allem im deutschen Korpus finden wir eine Art von einleitenden Fragen, auf die jeweils eine bejahende Antwort erwartet wird. Man könnte sie im weiteren Sinne als „Smalltalk" zur Aufnahme eines Kontakts betrachten. Besonders in Bsp. 4.3-20 und 4.3-21 erkennt man die phatische Funktion der Fragen an der Wortstellung, die keine Frage-Inversion aufweist. Die spanischen Fragen sind anders. In Bsp. 4.3-20 wird zwar auch ein „Ja" erwartet, es handelt sich jedoch eigentlich schon um eine Diagnose (auf Grund des Gesichtsausdrucks des abgebildeten Mannes). Lediglich Bsp. 4.3-22 könnte man sich als anerkennenden Kommentar vorstellen, wenn man jemanden sieht, der den „richtigen" Wein trinkt.

Was den Kontakterhalt betrifft, so liegt nahe, dass in der Werbekommunikation Wert darauf gelegt wird, den Kontakt zur Zielgruppe über die Lektüre der Anzeige hinaus zu erhalten. Diesem Ziel dient vor allem der Slogan. Ein Slogan ist (laut Duden 1993) eine „einprägsame, wirkungsvoll formulierte Redewendung" in Politik und Werbung. Ein Slogan soll im Gedächtnis hängen bleiben, und das beste Qualitätsmerkmal in dieser Hinsicht dürfte sein, wenn er wie eine idiomatische Redewendung in der alltäglichen Kommunikation gebraucht wird, wie z.B. *Man gönnt sich ja sonst nichts, Nicht immer – aber immer öfter!* Die beiden genannten Beispiele zeigen schon, dass dazu nicht immer besondere stilistische Qualitäten nötig sind, aber natürlich spielen Rhythmus, Reim, Klangmuster und syntaktische Stilmittel wie Parallelismen eine wichtige Rolle. Einen Slogan haben 19 deutsche und 17 spanische Texte des Werbungskorpus.

4.3-23	Noble su reposo, de roble su carácter (Kanarischer Rum)	Wo Märkte wachsen und starke Marken. (Die Marke, 2001)
4.3-24	O tomas ron con Schweppes Limón o Schweppes Limón con ron. (Schweppes)	Groß. Stark. Unverzichtbar! Bild wirkt. (Bild-Zeitung)
4.3-25	La vida te da sorpresas. Sorpresas te da la vida. (Mercedes)	Meilen für Fakten. Fakten für Meilen. (Lufthansa)
4.3-26	Si quieres volar, navega. (Iberia)	Läuft Ihr Fernseher öfter als Sie? (Gesundheitsförderung)

Dabei haben Wortspiele oder Sprachspielereien (Bsp. 4.3-27) eine Funktion, die mit der metakommunikativen Kommentierung des Diskurses vergleichbar ist, weil sie implizit die Aufmerksamkeit auf die *sprachliche Form* des Slogans lenken (das entspricht übrigens der poetischen Funktion bei Jakobson 1971). Es fällt jedoch auf, dass die spanischen Werbetexte in unserem Korpus erheblich weniger Sprachspiele enthalten als die deutschen.

4.3-27	Lassen Sie sich erstmal seine Marke zeigen. (mit der Abbildung eines Kommissars, Benson & Hedges)	...Ihr globales Kunden-Mitarbeiter-Lieferanten-Partner-Intra-Extra-Inter-Cross-Plattform-das-hier-ist-alles-viel-zu-kompliziert-eBusiness... (Novell)

| 4.3-28 | *Uncommon diesel, uncommon wagon.* (Alfa Romeo) | *RWE – One Group. Multi Utilities.* (RWE) |
| 4.3-29 | Transmite felicidad. *Be inspired.* (Siemens Handy) | *The visible difference.* (Olympus Kameras) |

Angesichts der Tatsache, dass 10 deutsche und 3 spanische Slogans in englischer Sprache (52,6 bzw. 17,6 Prozent) formuliert sind, stellt sich die Frage, welche Art von Register dadurch markiert wird. Die Auswahl der Produkte, für die dabei geworben wird, lässt keine Schlussfolgerungen zu.

| 4.3-30 | Wer damit zahlt, kriegt Meilen. (Lufthansa Card) | Wer zu spät kommt, den bestraft der Zinsanstieg. (Vereinsbank) |

Die oben bereits erwähnten Pseudo-Sprichwörter mit *Wer...* sind zwar meist nicht als Slogan zu klassifizieren (etwa Bsp. 4.3-30, wo der Lufthansa-Slogan *There is no better way to fly* zusätzlich in der Anzeige abgedruckt ist), sie dienen jedoch ebenfalls dem Kontakterhalt.

Da also der Kontakt möglichst lange aufrecht erhalten werden soll, sind echte Abschiedsformeln selten. Der einzige Beleg aus dem deutschen Korpus (Bsp. 4.3-31) ist leicht wortspielerisch, weil der Adressat sich den „schönen Abend" ja natürlich nur dank der Programmhinweise der Fernsehzeitschrift machen kann.

| 4.3-31 | *Schönen Abend noch.* (TV today) | |
| 4.3-32 | Servicio de atención al cliente 902 11 95 80. Internet: http://www.and.es (12a:27f.) | Weitere Informationen erhalten Sie kostenlos unter freecall 0800 33 07001, im T-Punkt oder unter www.t-online.de. (12c:33f.) |

Fast zum Standard von Werbeanzeigen gehören dagegen die meist am Schluss aufgeführten Hinweise auf eine Telefonnummer und/oder Website, durch die man an weitere Informationen gelangen kann. Für diese Hinweise gibt es bereits konventionelle Formeln.

4.3.2 Überreden durch Darstellen

Wenn wir von „Überreden durch Darstellen" sprechen, meinen wir die Referenz auf Merkmale und Qualitäten des Produkts oder der Dienstleistung, die dazu dienen soll, diese in einem besonders positiven

Licht erscheinen zu lassen. Es kann daher keine rein referentielle Darstellung zur Erzielung von Appellwirkung geben. Auch bei denotativen
Referenzen wird immer die Zuordnung zu positiven Werten des betreffenden Wertesystems im Hintergrund stehen.

Bei Überredungs-Aussagen, die sich indirekt der Darstellungsfunktion bedienen, steht in der Regel das beworbene Produkt (z.B.
der Ford Transit) in thematischer Position. Seine Existenz wird bekannt gegeben (*es gibt...*), es wird einer Klasse von Gegenständen
zugeordnet (*er ist ein...*), ihm werden bestimmte Eigenschaften zugeschrieben (*er hat...*, *er kann...*), seine Verwendungssituation (*wann,
wo, wie*) wird erläutert. Da in Deutschland vergleichende Werbung nur
in engen Grenzen erlaubt ist, dürfte das Unterscheiden keine wesentliche Rolle spielen, auch wenn gelegentlich (natürlich ohne Namensnennung) ein Vergleich mit anderen Produkten impliziert ist. Da dies
jedoch meist in Form von Superlativen erfolgt, werden solche Fälle
dem Überreden durch Loben zugeordnet (→ 4.3.3).

Bereits die Benennung des Produkts erfolgt mit Blick auf die
Appellrealisierung. So verweist etwa die Vorsilbe *ECO* auf *ecológico*
(im Sinne von „umweltfreundlich") oder der Produktname *EMINENT*
auf die Steigerung positiver Eigenschaften.

4.3-33	sistema *ECO-PLUS* (12b:18), difusor *Super Volume* (10a:58).	Volkswagen Polo *Coupé Fancy* (12d:0), EMINENT Hartschalen-Gepäck (11d:0)

Generell scheint es von Vorteil zu sein, wenn ein fremdsprachiger
Name (z.B. *Avant, Mistral, Espace*) oder eine Zusammensetzung be-
deutungstragender Wortbildungselemente (z.B. *Amer[ika]* + *[Eur]opa*)
die Darstellungsfunktion möglichst vage halten oder einfach nur Inter-
nationalität und Modernität suggerieren.

4.3-34	No es un puro ni un cigarrillo. REIG MINI FILTER. El *purito* con fil-tro.

Nicht nur Eigen- sondern auch neu gebildete Gattungsnamen können
mit einer (positiven) Darstellungsfunktion überreden: Die Kreuzung
aus *puro/Zigarre* und *cigarillo/Zigarette* (es. *purito*, de. *Zigarillo*) soll
offenbar die positiven Eigenschaften von beiden in sich vereinen. Die

deutsche Bezeichnung *Zigarillo* wird im Duden (1993) von „span. *ci-garrillo*, Vkl. von: *cigarro*" abgeleitet, dürfte aber wohl doch eher ein deutscher „Pseudo-Hispanizismus" (analog zu den Pseudoanglizismen wie *Handy*) sein.

In Text 12d fallen außerdem die fantasievollen Farbnamen auf. Bei diesen tendiert der Denotatsanteil gegen Null (Ist ein Tornado rot?), sodass hier die Appellintention deutlich erkennbar ist: *Tornado-rot* ist nach Ansicht des Senders eine schöne Farbe, die dem Adressaten Lust machen soll, mit diesem roten Auto wie ein Tornado durch die Gegend zu flitzen!

Auch Klassifizieren kann appellativ sein, wenn das Produkt einer von der Zielgruppe positiv bewerteten Klasse zugeordnet wird. Dabei finden wir in WTK 2001 Klassifizierungen durch Klassenzuordnung (Bsp. 4.3-35, auch 4.3-13/es) und (seltener) durch Angabe klassenbildender Merkmale (Bsp. 4.3-37).

4.3-35	La prensa está de acuerdo: [este coche es] *un turismo que parece un deportivo.* O al revés. (Mazda)	[Der Citroën Xantia Kombi ist] *Zwei Turbolader in einem.* Citroën Xantia Kombi. Mehr als Sie erwarten. (Citroën)
4.3-36	Comprar en internet está garantizado si exige *este sello de calidad* en las tiendas virtuales (CESCE: éste es un sello de calidad)	[Dieser Mantel ist] Nicht zu warm. Nicht zu kalt. Gerade richtig. (Bugatti)
4.3-37	Ahora, con Cofernet, *el e-learning es INTERACTIVO,...* desde cualquier lugar, en cualquier momento. (Cofernet)	Das 319 mm hohe BeoCom 2 fühlt sich nicht so an, sieht nicht so aus und reagiert auch nicht wie ein normales Telefon. (Bang & Olufsen)

Klassifizierende Äußerungen sind in spanischen Werbetexten seltener vertreten als in deutschen (5 zu 8 %). In beiden Korpora sind sie meist elliptisch formuliert (Bsp. 4.3-35, 4.3-36).

Appellative Beschreibungen beziehen sich auf Eigenschaften, Beschaffenheit, Bestandteile und Funktionen (z.B. 4.3-40) des Produkts. Für Existenzaussagen (Bsp. 4.3-38) finden wir nur zwei Beispiele im deutschen und eines im spanischen Korpus.

4.3-38	Sólo en lugares como este *encontrarás* los mejores expertos en restauración (Paradores)	Der neue Renault Espace *ist da.* (Renault, Anspielung auf „Der neue Beaujolais ist da")
4.3-39	Es la web que *te ofrece las últimas novedades* con la mayor seguridad de compra en la red. www.submarino.com (Microsoft)	*Damit* können alle 190er-Fahrer ab sofort rechnen. *Das Sparbuch für den 190er.* (mit Abbildung eines Sparbuchs, Mercedes)
4.3-40	*Lleva su vida a la pantalla.* (Panasonic Digitalkamera)	*Piaget-Ringe funktionieren wie eine gute Beziehung:* Frei beweglich und doch unzertrennlich.
4.3-41	Europcar *le ofrece* viajar en el nuevo Skoda Octavia. (Europcar)	Die neue Dimension bei der Fotoqualität: EPSON Stylus Color *mit bis zu 1440 dpi.* (Epson)

Häufig enthalten diese beschreibenden Aussagen deiktische Hinweise auf die nonverbalen Textteile (z.B. *damit* → das abgebildete „Sparbuch", *lugares como este* → der abgebildete Parador).

Eine besondere Form der Beschreibung ist die Formulierung als Pseudo-Anleitung, die den Adressaten sagt, wie sie nach Meinung des Senders (mit Hilfe des angebotenen Produkts) ein bestimmtes Problem lösen können. Wenn sie nicht mit einem indirekten Fragesatz mit *cómo* bzw. *wie* gebildet sind, werden Anleitungen im Deutschen als Infinitive von Handlungsverben in Kombination mit der Partikel *einfach* oder mit einem Adverb oder adverbialen Ausdruck der Art und Weise formuliert, im Spanischen (abgesehen von einem Infinitiv, Bsp. 4.3-1) als Imperative mit einer Angabe der Art und Weise oder mit *sin*.

4.3-42	*Cómo llamar* de Barcelona a Vigo ahorrándote hasta un 25 %. (Retevision)	*Wie man Mitarbeiter motiviert:* Schmeißen Sie alle raus! (Regus)
4.3-43	¿Hay *una manera mejor* de terminar el año? (KIA)	Die *einfachste Art*, eine Sprache zu lernen (Bertelsmann)
4.3-44	Jetzt im Internet *besonders günstig* mieten. (Europcar)	*Schnurlos* präsentieren. Die neue Beamer-Generation. (Panasonic)
4.3-45	Reserva *sin preocupaciones.* (Viajes El Corte Inglés)	*Einfach* Ihr Gesuch auf unserer Homepage ablegen. (StepStone)

Überredende Erläuterungen können sich zum Beispiel auf Ort und Zeit der Verwendung oder die Bestimmung des Produkts beziehen, auch auf Begründungen und Konsequenzen.

| 4.3-46 | Compra cada mes VIAJAR *porque* el mundo no se acaba aquí. (Grupo Zeta) | Die Werte ändern sich *eben*. (Ford) |
| 4.3-47 | Fíjate bien. *Porque* bajo su aspecto, este coche guarda un temperamento excepcional. (Alfa Romeo) | Die Wirkpflege *für die Nase. Das ganze Jahr für alle trockenen und empfindlichen Nasen.* (Nivea) |

In den spanischen Werbetexten sind die Erläuterungen häufig länger und ausführlicher als in den deutschen. Im Allgemeinen wirken die Erläuterungen eher wenig appellativ, wenn sie nicht in irgendeiner Weise mit einem Wortspiel oder einem Überraschungseffekt arbeiten.

4.3.3 Überreden durch Loben

Wir fassen die expressiven Handlungen zur indirekten Appellrealisierung unter dem Stichwort „Loben" zusammen, da Loben aus unserer Sicht sowohl die explizite Bewertung als auch die Gefühlsäußerung umfasst. In WTK 2001 sind fast alle in Kapitel 3 aufgeführten Expressivitätsmarker belegt. Bei der Emphase unterscheiden wir Elative (Bsp. 4.3-48), Superlative (Bsp. 4.3-49) und bewertende Attribute, die einen sehr hohen Grad ausdrücken (Bsp. 4.3-50).

| 4.3-48 | la última palabra, las últimas novedades, lo último en..., la mayor seguridad, las mejores tiendas, la mejor difusión, un perfecto equilibrio, el resultado de la perfección, refinando la perfección, la definición de la perfección audiovisual, el licor de Whisky por excelencia, el camino más rápido, lo único que hacemos | besonders günstig, der ideale Platz, nicht viele haben mehr Kompetenz als wir, revolutionäre Preise, ein perfektes Duo, ganz entspannt, so gut wie nichts, 1a-Lage, eine der erfahrensten Investment-Gesellschaften der Welt, das reinste Vergnügen |
| 4.3-49 | el mejor vendedor de mi tienda, ni una sola oportunidad, toda la vida, el mejor café del mundo, la primera cadena europea de grandes almacenes | mehr geht nicht, die einfachste Art, garantiert sicher, immer, das ganze Jahr, die größte Fluglinie Asiens, am besten (2x), den Job Ihres Lebens, keiner spült leiser, |

| 4.3-50 | un temperamento excepcional, un tiempo récord, café de primera clase, la combinación perfecta | eine exklusive Karriere-Plattform, expect more, do more, get more out of the future |

Wenn man die emphatischen Bewertungen qualitativ vergleicht, kann man feststellen, dass sowohl die Elative als auch die Superlative in den spanischen Texten stärker wirken als die in den deutschen Texten (Bsp. 4.3-51). Die deutschen Elative sind öfter relativiert (*nicht viele, eine der erfahrensten, so gut wie nichts*). Auch die Komparative in den englischen Slogans des deutschen Korpus bestätigen diesen Eindruck. Dem gegenüber steht bei den spanischen Elativen und Superlativen fast immer der bestimmte Artikel, ebenso drücken *la perfección* oder *por excelencia* den höchsten Grad der Vollendung aus.

| 4.3-51 | *La única cosa que* no cuestionamos. (in Bezug auf die Abbildung von zwei Autorädern, Mercedes) | Es gibt *nicht viele, die mehr* Sonntagskompetenz haben *als wir.* (Welt am Sonntag) |
| 4.3-52 | desde cualquier lugar y en cualquier momento, cualquiera de los siguientes modelos, no importa donde se siente | was Sie auch machen wollen, wie auch immer informiert wird, wo immer sie wollen, jeder informierte Erwachsene |

Auch Pauschalierungen drücken Emphase aus. Sie sind in den deutschen und den spanischen Texten mit etwa der gleichen Frequenz zu finden; ihre Wirkungsgrad ist ebenfalls vergleichbar.

4.3-53	Objeto de deseo, placer intenso, para los sentidos, emoción, sueños, apasiónate, gustar, felicidad, escápate a la aventura, sensaciones, sentir (2x)	Do it with German engineering, feel good, neue Leidenschaften entdecken, Herzklopfen, erleben
4.3-54	schnucklig, unzertrennlich, neu, die man mit der Lupe suchen kann, faszinierend, Faszination	
4.3-55	Murcia. *Un placer para los sentidos.* (Reiseveranstalter)	... so können Sie jederzeit *ruhig schlafen.* (12e:28f.)
4.3-56	Culto al ego. VegaFina. Hecho a mano. Sabor *suave, placer intenso.* (Zigarren)	*Kapitale* Extras zu *revolutionären* Preisen. *Ich mag* den Golf Joker. (mit der Abbildung eines Karl-Marx-Denkmals, VW)

Bei den Gefühlsäußerungen ist die Beobachtung interessant, dass sie in den spanischen Texten ausnahmslos dem Wortfeld um Lust und Sinnlichkeit entstammen (Bsp. 4.3-56), während in den deutschen Texten abgesehen von dem anzüglichen Slogan *Do it with German engineering* nur ein bisschen Herzklopfen und ein paar neue Leidenschaften (im Plural!) und ansonsten entweder Niedlichkeit, Faszination oder ruhiger Nachtschlaf suggeriert werden.

Rhetorische Fragen kommen nur im spanischen Werbetextkorpus vor, sind jedoch dort recht häufig (siehe auch Bsp. 4.3-43).

4.3-57	¿Quién dice que los grandes talentos no pueden actuar juntos? (Anderson Consulting)
4.3-58	¿De verdad cree que todos los minutos son iguales? (Telefónica)
4.3-59	¿Algún melómano que se precie se levantaría en mitad de semejantes acontecimientos? (Golf TDI mit Stereoanlage)

Die Fragen in den deutschen Werbeanzeigen sind dem gegenüber als Kontaktaufnahmefragen zu klassifizieren (siehe oben, etwa Bsp. 4.3-20). Urteilssätze beziehen sich üblicherweise auf das beworbene Produkt, wie der deutsche Beleg zeigt. In dem spanischen Beispiel ist das Urteil dagegen auf den potentiellen Nutzer bezogen.

4.3-60	Si pensabas que nunca podrías conducir un Peugeot 406 Coupé te equivocabas. (Hertz)	Der ist wie für Sie gemacht. (Ford Transit)

Die übrigen Expressivitätsmarker sind jeweils nur mit einzelnen Belegen in den Korpora vertreten. Im spanischen WT-Korpus finden sich beispielsweise eine Aufforderung, die in ein Zitat von Kierkegaard gekleidet ist (Bsp. 4.3-63), ein Ausruf, ein Diminutiv (Bsp. 4.3-16) und eine Zielangabe (Bsp. 4.3-64), im deutschen Korpus ebenfalls ein Ausruf (Bsp. 4.3-61) und zwei bildhafte Ausdrucksweisen (Bsp. 4.3-62). Das Adjektiv *schnucklig* könnte den Diminutiven zugerechnet werden.

4.3-61	¡La cuenta atrás ha comenzado! (Intershop)	Das ist ja wie Weihnachten... (Nokia)
4.3-62	Frei wie der Wind. (Brax) / Tauchen Sie ein. (One Net)	

4.3-63	»La vida debe vivirse hacia adelante, pero sólo se comprende hacia atrás.« Sören Kierkegaard. (Johnny Walker)	Unser Geheimtip: *schnucklige* Eierwärmer. (Kockey Herrenunterwäsche)
4.3-64	*Con el fin de que* su viaje sea lo más placentero y confortable posible... (Iberia)	*Damit Sie* auch morgen noch kraftvoll zubeißen können. (Zahnpastareklame, nicht im Korpus)
4.3-65	Una hermosa tierra, acogedora y alegre, le espera a orillas del Mediterráneo. Venga y ponga a prueba sus sentidos... (09a:1ff.)	Geschmack und einen ausgeprägten Sinn für die schönen Dinge des Lebens hat eben nicht jeder. (09d:29f.)

Der Eindruck, dass die spanische Werbung stärker an Gefühle und Sinne appelliert als die deutsche, bestätigt sich auch in der Tourismuswerbung (Texte 09a-d des Anhangs). Tabelle 4.3/2 gibt einen Überblick über die Frequenz der einzelnen Expressivitätsmarker.

Expressivitätsmarker	Spanisch		Deutsch	
Emphase/Übertreibung	22	52,1 %	23	61,4 %
Pauschalierungen	3		4	
Gefühlsäußerungen	12	27,1 %	5	25,0 %
expressive Attribute	1		6	
rhetorische Fragen	5	10,4 %	0	0,0 %
Urteilssätze	1	2,1 %	3	6,8 %
Ausrufe/Interjektionen	1	2,1 %	1	2,3 %
bildhafte Ausdrücke	0	0,0 %	2	4,5 %
Zitate	1	2,1 %	0	0,0 %
Diminutive/Augmentative	1	2,1 %	0	0,0 %
Zielangaben	1	2,0 %	0	0,0 %
	48	100,0 %	44	100,0 %

Tabelle 4.3/2: Expressivität in Werbetexten

Dass Emphase und Übertreibung in beiden Kulturen die höchste Frequenz in der expressiven Appellrealisierung aufweisen, und zwar vor allem in Form von Superlativen und Elativen, ist nicht überraschend. An zweiter Stelle stehen Gefühlsäußerungen und expressive Attribute. Zusammen genommen ist ihr Anteil in beiden Korpora etwa gleich groß. Wenn wir sie getrennt betrachten, ist dagegen neben dem bereits erwähnten qualitativen auch ein quantitativer Unterschied festzustellen. Die Frequenz der Gefühlsäußerungen ist im spanischen Korpus mehr als doppelt so hoch wie im deutschen, dafür ist die Zahl der expressiven Attribute im deutschen Korpus um ein Vielfaches höher.

4.3.4 Überreden durch Erinnern

In Kapitel 4.2 hatten wir zwei Formen des Erinnerns festgestellt: die explizite Bezugnahme auf Gewusstes und die Anspielung als implizite Bezugnahme auf andere Texte. Diese beiden Formen kommen auch in Werbetexten vor. Explizite Bezugnahmen auf Gewusstes sind jedoch eher selten. Wir finden je einen Beleg für jede Sprache im Werbetextkorpus und je einen in den Werbetexten des allgemeinen Textkorpus.

4.3-66	*Lo saben hasta los niños.* El color distingue y XEROX se lo demuestra. (Xerox)	*Schon Großmutter wusste,* was das Schönste am Reisen ist. 85 Jahre Ihr Gastgeber. (Mitropa)
4.3-67	Playas *conocidas internacionalmente* por su calidad (09a:23)	Volkswagen – da *weiß man,* was man hat. (12d:20)
4.3-68	Tierra adentro, *descubrirá* tranquilos parajes para disfrutar de la naturaleza. (09a:34)	*Das fängt ja gut an:* T-ISDN jetzt mit T-Online Anschluss inklusive! (12c:12)

Die geringe Zahl könnte daher rühren, dass Werbetexte offenbar eher mit Überraschungen überreden als mit Bekanntem. Das zeigt auch die Häufigkeit von Wörtern wie *descubrir* (5 Mal in WTK, 3 Mal in den Texten 12a/b) *sorpresa / sorprendente* (2 Mal in 12a/b) bzw. *entdecken* (3 Mal in den Texten 12c-e).

Intertextuelle Anspielungen sind im deutschen Werbetext-Korpus häufiger als im spanischen, und zwar zum einen in den bereits erwähnten zweiteiligen sprichwortartigen Formulierungen mit *Wer...* und zum anderen als Anspielung auf vorhandene Texte oder Redewendungen.

4.3-69	Las reglas se hicieron para romperlas. (Audi)	Wer damit zahlt, kriegt Meilen. (Lufthansa Visa Card)
4.3-70	Próximo destino: Mistral, S.A. (Mistral)	Minolta schont die Hände schon beim Kopieren. (Minolta)

4.3-71	Sólo nos falta volar. Aunque, de hecho, el trabajo ya lo hacemos volando. (Sharp)	Keiner spült leiser. Vom besten Miele Geschirrspüler werden Sie in Zukunft so gut wie nichts mehr hören. (Miele)

Die beiden deutschen Beispiele 4.3-70 und 4.3-71 zeigen, dass auch Werbetexte durch intertextuelle Bezüge mit einander verbunden sein können. Offenbar wird die Gefahr der Assoziation mit einem anderen Produkt zugunsten des Vorteils, auf eine bereits eingeführte Formulierung zurückgreifen zu können, in Kauf genommen. Die Miele-Werbung spielt auf eine AEG-Werbung („Keiner wäscht weiser") an, die ihrerseits auf dem bekannten Waschmittel-Slogan „Keiner wäscht weißer" beruht. Der Minolta-Slogan dagegen spielt auf die Palmolive-Werbung „Pflegt die Hände schon beim Spülen" an. Dazu könnte man auch noch einen Slogan der Firma WASA (Knäckebrot) zitieren: „Putzt die Zähne schon beim Essen" (vgl. O. Nord 1999: 92f.).

4.3-72	Cierre los ojos. Piense en un lugar realmente especial. Elija un detalle. Busque algo que le haga sentir bien... Imagínese que tiene cerca todo lo que puede necesitar. Ahora, abra los ojos. (Hotel Sofitel)	Wir verstehen uns... (neben der Abbildung einer Europäerin, die einen Afrikaner zärtlich am Ohr knabbert) Die einfachste Art, eine Sprache zu lernen. (Bertelsmann Lexikon)
4.3-73	Enciéndelo y apasiónate. (Panasonic, Fernseher)	*Safety first*: www.dresdner-bank.de (Dresdner Bank)

Die Anspielungen der spanischen Werbetexte sind dagegen eher suggestiv und, wie bereits bemerkt, sinnlicher. Öfter kommt die Anspielung auch nur durch die Abbildung zustande (Bsp. 4.3-72).

4.3.5 Zusammenfassung

Wir haben in diesem Kapitel die Formen der Appellrealisierung behandelt, die mit Mitteln der phatischen, der referentiellen, der expressiven und der indirekt appellativen Kommunikation versuchen, die Zielgruppe zum Kauf oder zur Nutzung der angebotenen Produkte und Dienstleistungen zu „überreden". Natürlich kommen aber in den Werbetexten auch zahlreiche direkte Aufforderungen (meist mit dem

Imperativ) vor, die wir nach den oben aufgeführten formalen Merkmalen klassifizieren.

Die Handlung Vorschlagen (vgl. 4.1.1.1) ist in den deutschen Texten des WTK 2001 durch abgetönte Imperative, *Warum-nicht*-Fragen und das Modalverb *können* markiert, in den spanischen Texten durch Imperative mit Zeitangaben wie *hoy*, *ahora*, *después de...*, Imperative mit Gerundium oder Alternativen mit *o...o* (Bsp. 4.3-24).

4.3-74	Escúchalo *hoy* de 20:00 a 21:00 horas. (M 80 Radio)	Fragen Sie *doch einfach* mal! (Union Investment)
4.3-75	Invierte *sabiendo que* en cualquier momento puedes recuperar tu dinero. (Tesoro Público)	*Warum* starten Sie Ihre Karriere *nicht* in der Topmanagement-Beratung? (McKinsey)
4.3-76	Llévese ahora lo último de Bose (Heimkino)	Jetzt *können* Sie arbeiten, wo immer Sie wollen. (Toshiba)

Ratschläge (vgl. 4.1.1.2) sind in den deutschen WTK-Texten mit Imperativ + *am besten*, verneintem Imperativ (Bsp. 4.3-8) oder mit dem Modalverb *sollen* (Bsp. 4.3-12) formuliert, in den spanischen Werbetexten mit Imperativ + Superlativ (*mejor*, *más rápido*), + *bien*, + Zeit- oder Bedingungserläuterung (*cuando...*, *si...*) oder Begründung (*porque*).

4.3-77	Elija *la mejor* difusión para sus comunicaciones de empresa... (Sony) / Invierta en Bolsa por el camino *más rápido* (BBVA)	Wenn es auch bei Ihnen mal schneller gehen soll, dann kommen Sie *am besten* zu unserem neuen Express-Service. (Mercedes-Benz)
4.3-78	Cuando te llamen desde fuera de España..., diles que marquen primero el código internacional...´ (Telefónica)	Außerdem *sollten* Sie ein Auge auf die Leistungswerte werfen. (Eizo)

Einladungen werden im Deutschen und im Spanischen durch den Imperativ von Verben ausgedrückt, die nicht-intentionale Handlungen bezeichnen (wie z.B. *descubrir*, *conocer*, *conseguir* bzw. *entdecken*, *erleben*, *sehen*, *erfahren*, *gewinnen*, *genießen*), sowie durch Imperative oder indirekte Aufforderungen mit Ortsangaben, im Spanischen außerdem durch den Diskursmarker *adelante*.

| 4.3-79 | En este viaje, *descubra* la prime-ra cadena europea de grandes almacenes. (Corte Inglés) | *Entdecken Sie* neue faszinieren-de Seiten der Literatur. (libri.de) |
| 4.3-80 | *Entra* en portae.com. Entra en tu casa. (Endesa) | Hier *geht's rein.* (Planet-Internet) |

Die Handlung Ersuchen wird im Spanischen und Deutschen durch den Imperativ mit Ausrufezeichen markiert (im Deutschen ohne *bitte*), im Spanischen auch durch die kopulative Nebenordnung von zwei Im-perativen (Bsp. 4.3-73). Außerdem finden wir Forderungen, die im Deutschen durch das Modalverb *sollen* im Konjunktiv II bei verallge-meinertem Subjekt oder durch das Verb *brauchen* gekennzeichnet sind, im Spanischen (eher indirekt) durch *hay que*.

| 4.3-81 | ¡Colecciona las collarines de Carlsberg! (Carlsberg-Bier) | Machen Sie den Test! (Meridol) |
| 4.3-82 | *Jeder* informierte Erwachsene *sollte* die Freiheit haben, sich für den Genuss von Tabak zu entscheiden. (Reemtsma) |

Zusätzlich gibt es einige Aufforderungen im Imperativ (im Deutschen auch eine im Infinitiv), die nicht eindeutig zuzuordnen sind und die wir deshalb als „offene Aufforderungen" bezeichnen.

	Spanisch		Deutsch	
Vorschlagen	6	11,8 %	4	13,3 %
Raten	15	29,4 %	6	20,0 %
Einladen	21	41,1 %	8	26,7 %
Ersuchen	3	5,9 %	2	6,7 %
Fordern	1	1,9 %	3	10,0 %
Offene Aufforderungen	5	9,9 %	7	23,3 %
	51	1,00%	30	100,0 %

Tabelle 4.3/3: Aufforderungen in Werbetexten

Tabelle 4.3/3 zeigt deutlich, dass die direkten Aufforderungen im spa-nischen Korpus beträchtlich häufiger vorkommen als im deutschen Korpus, wobei in beiden Korpora ein Schwerpunkt bei den Ratschlä-gen und Einladungen liegt.

Bei den Überredungshandlungen gehen wir von der oben dar-gestellten Klassifizierung aus. Beim Überreden durch Ansprechen be-

schränken wir uns auf die Parameter Anrede, Registerwahl und Begrüßung, die als phatische Überredungsmittel besonders von Bedeutung sind. Wir zählen jeweils die markierten Belege aus dem Korpus,
die Prozentangaben beziehen sich auf die Gesamtzahl der Werbetexte mit Ansprechhandlungen (Spanisch: 77, Deutsch 71).

Ansprechen	Spanisch		Deutsch	
informelle Anrede	45	58,4 %	2	2,8 %
formelle Anrede	27	35,1 %	46	64,8 %
neutrale Anrede	2	2,6 %	12	16,9 %
unpersönliche Anrede	4	5,2 %	12	16,9 %
informelles Register	30	38,9 %	37	52,1 %
formelles Register	8	10,4 %	4	5,6 %
Grußformeln	0	0,0 %	2	2,8 %
Smalltalk	1	1,3 %	4	5,6 %

Tabelle 4.3/4: Ansprechhandlungen in Werbetexten

Tabelle 4.3/4 zeigt, dass in beiden Korpora ein eher informelles Verhältnis der Kommunikationspartner suggeriert wird, wenn auch mit unterschiedlichen Mitteln. Da Registermarkierungen im Spanischen generell nicht so häufig sind wie im Deutschen, wird das Verhältnis der
Kommunikanten eher durch die persönliche, und hier meistens informelle, Anrede markiert. Im Deutschen dagegen, wo die formelle Anrede zwischen Personen, die sich nicht kennen, die Norm ist, werden
Registermarkierungen, aber auch Grußformeln und Smalltalk-Fragen
(die auch nur zwischen einander unbekannten Gesprächspartnern üblich sind) eingesetzt, um die Distanz zu verringern.

    Das Überreden durch Darstellung wird vor allem durch Klassifi-
zierung (Bsp. 4.3-35), Existenzaussagen (Bsp. 4.3-38), Beschreibung
von Eigenschaften (Bsp. 4.3-39), Erläuterungen (Bsp. 4.3-46) und
(Pseudo-)Anleitungen realisiert, wie sie oben charakterisiert worden
sind. In Tabelle 4.3/5 zeigt sich, dass bei insgesamt eher geringen
Unterschieden in der Verteilung der Darstellungshandlungen im spanischen Korpus die Erläuterungshandlungen und Beschreibungen etwas stärker vertreten sind als im deutschen Korpus, wo dafür Klassifizierungen und Anleitungen häufiger vorkommen.

Darstellen	Spanisch		Deutsch	
Klassifizieren	5	18,5 %	8	25,0 %
Beschreibung	4	14,8 %	3	9,4 %
Existenzaussage	1	3,7 %	2	6,3 %
Anleitung	4	14,8 %	8	25,0 %
Erläuterung	13	48,2 %	11	34,3 %
	27	100,0 %	32	100,0 %

Tabelle 4.3/5: Darstellungshandlungen in Werbetexten

Die Handlung Loben wird, wie wir oben gesehen haben, in sehr vielfältiger Weise zur Appellrealisierung eingesetzt. Es ist interessant, dass die Summe der Expressivitätsmarker in den beiden Korpora fast gleich, die Vielfalt der Marker im spanischen Korpus jedoch größer als im deutschen Korpus ist, auch wenn mehrere Marker jeweils nur mit einem einzigen Beleg vertreten sind. Dabei ist zwischen Bewertungs- und Gefühlsaussagen nicht leicht zu unterscheiden. Der Einfachheit halber rechnen wir Emphase, Pauschalierung, rhetorische Fragen, Urteilssätze, Zitate und Zielangaben zur „Bewertung", explizite Gefühlsäußerungen, expressive Attribute, Ausrufe und Interjektionen sowie bildhafte Ausdrücke und Diminutive zu den Gefühlsaussagen.

Loben	Spanisch		Deutsch	
Bewertung	33	68,7 %	30	68,2 %
Gefühlsäußerung	15	31,3 %	14	31,8 %
	48	100,0 %	44	100,0 %

Tabelle 4.3/6: Bewertungs- und Gefühlsäußerungen in Werbetexten

Auch hier ergeben sich keine signifikanten Unterschiede im Gesamtbild, wie Tabelle 4.3/6 verdeutlicht. Die kulturellen Differenzen liegen eher auf der Ebene der einzelnen Realisierungsformen.

Betrachten wir zum Schluss noch einmal die durch „Erinnern" realisierten Überredungshandlungen im Überblick. Wir unterscheiden zwischen expliziten Bezugnahmen auf Gewusstes, intertextuellen Bezügen (auf andere Werbetexte, auf Redewendungen, auf geflügelte Worte etc.) und Anzüglichkeiten, also Anspielungen auf sexuelle Erlebnisse oder Erfahrungen.

Anspielungsformen	Spanisch		Deutsch	
Bezugnahme	1	5,5 %	1	3,5 %
Intertextualität	4	22,2 %	25	86,2 %
Anzüglichkeit	13	72,3 %	3	10,3 %
	18	100,0 %	29	100,0 %

Tabelle 4.3/7: Anspielungen in Werbetexten

Hier sind die Unterschiede sehr deutlich. Auch wenn der geringe Umfang des Korpus vielleicht keine generellen Schlussfolgerungen zulässt, erkennt man auf den ersten Blick, dass die intertextuellen Anspielungen in den deutschen Texten häufiger sind, während sexuelle Anzüglichkeiten im spanischen Korpus besonders stark vertreten sind.

Formen des Überredens	Spanisch		Deutsch	
Auffordern	51	23,1 %	30	14,6 %
Ansprechen	77	34,8 %	71	34,5 %
Darstellen	27	12,2 %	32	15,5 %
Loben	48	21,7 %	44	21,3 %
Erinnern	18	8,2 %	29	14,1 %
	221	100,0 %	206	100,0 %

Tabelle 4.3/8: Die Überredungsfunktion in Werbetexten

Die unterschiedlichen Gesamtzahlen kommen dadurch zustande, dass besonders im spanischen Korpus manche Werbetexte mehrere Überredungshandlungen aufweisen. Angesichts dessen erscheinen die Übereinstimmungen im Bereich Ansprechen und Loben überraschend. Der geringere Anteil von „Erinnerungen" wird im spanischen Korpus durch die höhere Zahl von direkten Aufforderungen ausgeglichen. Hieraus allerdings auf eine generell größere Direktheit der spanischen Werbetexte zu schließen, erscheint angesichts der wenigen untersuchten Texte gewagt. Auch eine Tendenz zur „Globalisierung" von Werbetexten lässt sich aus diesen Zahlen nur dann ablesen, wenn man die oben darstellten Differenzierungen in den Realisierungsformen außer Acht lässt. Wir wollen daher die wichtigsten Ergebnisse dieses Kapitels nur ganz vorsichtig formulieren.

→ Spanische und deutsche Werbetexte bedienen sich zur Überredung besonders der phatischen und der expressiven Funktion.

➜ Aufforderungen werden in Werbetexten in beiden Sprachen im Wesentlichen durch Imperative formuliert, die jedoch im Deutschen sehr häufig durch Partikeln (*doch, mal, einfach*) nuanciert sind.

➜ In beiden Sprachen werden die Adressaten von Werbetexten in einem partnerschaftlich-vertrauten Register angesprochen, das im Spanischen vorwiegend durch die informelle Anrede, im Deutschen überwiegend durch ein informelles Register bei formeller Anrede markiert ist.

➜ Anspielungen scheinen sich in spanischen Werbetexten häufiger auf Gefühle und sinnliche Erfahrungen zu beziehen als in deutschen, in denen intertextuelle Anspielungen mit höherer Frequenz zu beobachten sind.

➜ Auch die Darstellungsfunktion (also beispielsweise Klassifizierungen oder Anleitungen) ist in Werbetexten implizit bewertend, da grundsätzlich nur solche Eigenschaften, Funktionen oder Handlungen erwähnt werden, die in der betreffenden Kultur mit positiven Bewertungen verbunden sind. Selbst die Verneinung negativ bewerteter Handlungen ist relativ selten und wird dann im Allgemeinen nicht als Warnung, sondern als Ratschlag formuliert.

4.4   DIE APPELLATIVE KOMMUNIKATION IM KULTURVERGLEICH

Wir haben direkte und indirekte appellative Handlungen unterschieden. Zu den direkten Appellhandlungen gehören die Formen des Aufforderns in ihren verschiedenen Stufen der Dringlichkeit und Verbindlichkeit, während zu den indirekten Appellhandlungen das Erinnern und das Überreden durch phatische, referentielle und expressive Handlungen zu rechnen sind. Bei den direkten Appellhandlungen hängt es vor allem von der Akzeptabilität der verwendeten Strukturen (Imperativ, Infinitiv, persönlich gebrauchte Verben des Aufforderns und Modalverben, unpersönliche, elliptische und indirekte Aufforderungen einschließlich rhetorischer Fragen) ab, ob der Appell als solcher erkannt und als dringlich oder nicht dringlich eingestuft wird. Bei indirekten Appellhandlungen dagegen kommt es vor allem darauf an, ob die Adressaten über das jeweils vorausgesetzte allgemeine oder kulturspezifische Wissen überhaupt verfügen.

Wenn wir die Aufforderungen in den Stellenanzeigen mit den Aufforderungen in den Werbetexten vergleichen, fällt vor allem eines auf: Während die nicht-werbenden Aufforderungen im Spanischen überwiegend im Infinitiv und im Deutschen überwiegend im Imperativ formuliert sind (rund 61 bzw. 65 Prozent), finden wir bei den persuasiven Aufforderungen im Spanischen fast ausschließlich Imperative (88 Prozent, gegenüber 10,2 Prozent unpersönlichen Aufforderungen) und im Deutschen immerhin über die Hälfte (54,7 %) Imperative gegenüber nur 11,8 % Infinitiven und 20,3 % unpersönlich formulierten Aufforderungen. Man könnte also schon annehmen, dass der Imperativ auch im Deutschen eine stärkere persuasive Wirkung hat als der Infinitiv. Der Vorteil des Infinitivs, eine direkte Anrede zu umgehen, wirkt sich beim Überreden als Nachteil aus, da die direkte Anrede der Adressaten doch offensichtlich als wichtiges persuasives Mittel betrachtet wird.

Bei näherer Analyse der Gegenstände, auf die angespielt wird, stellen wir fest, dass sie nur zu einem geringen Teil kulturgebunden sind. Dass wir von der Werbung manipuliert werden, dass der Mensch seine nicht immer ausreichende körperliche Ausstattung (z.B. ein schwaches Gebiss) durch Erfindungen (z.B. Messer und Gabel) kompensiert, sind wohl Überlegungen, die sowohl spanischen als auch deutschen Lesern grundsätzlich bekannt sein können. Wir können also eine Kategorie von Anspielungsgegenständen feststellen, die weder der Ausgangs-, noch der Zielkultur eindeutig zuzuordnen sind, in beiden jedoch bekannt sein können (sie gehören zum so genannten „Bildungswissen"). Eine zweite Gruppe von Anspielungsgegenständen stammen aus bestimmten „Drittkulturen": die Insel Nimmerland, die kleine Seejungfrau, Jules Vernes Titel *Reise um die Welt in 80 Tagen*, Minerva oder Daphne. Wenn sie vom Ausgangstextautor bei seinen Leserinnen und Lesern als bekannt vorausgesetzt und nicht näher erläutert werden, müsste man beim Übersetzen überlegen, ob das auch für die Adressaten der Übersetzung gilt. Wenn sie mit einer Erläuterung versehen sind, kann diese meist auch für die zielkulturellen Adressaten nützlich sein (vgl. Bsp. 4.2-3). Nicht ganz so einfach ist die Sache bei Anspielungen auf ausgangskulturelle oder auch zielkulturelle Realien. Die Referenz der Wendung *conceder la oreja* ist für spanische Leser klar, für deutsche ist dagegen die Wendung *ein Ohr gewähren* eher rätselhaft. Den Tangotext *Boquitas Pintadas* kennen deutsche Leser/innen vermutlich ebenso wenig, wie spanische Leser mit der Übersetzung von *Maikäfer, flieg* etwas anfangen können. Wenn aber bei spanischen Lesern der *Zauberlehrling* (sei es in der Goetheschen oder auch der Disneyschen Fassung) als bekannt vorausgesetzt wird, müsste das ja für eine deutsche Leserschaft erst recht gelten.

Wie das Problem in einer konkreten Übersetzung zu lösen ist, muss sicher von Fall zu Fall entschieden werden. Aber auch hier gilt: Die intendierte Funktion des Zieltexts ist ein wichtiges Kriterium. Wenn die Anspielung vor allem der Überredung dienen soll (wie im Titel *Boquitas Pintadas*) ist eine Appellrealisierung mit anderen Mitteln oft eine gute Lösung; wenn der Inhalt der Anspielung wichtiger ist als ihre Form (wie bei *Maikäfer flieg*), wäre eine Verdeutlichung der Darstellungsfunktion (etwa durch die Übersetzung der zweiten Zeile *dein Vater ist im Krieg*) oder die Anspielung auf ein zielkulturelles Reale mit ähnlicher Referenz vermutlich zweckmäßiger.

Wichtig ist in jedem Fall die Analyse der intendierten Funktion oder Subfunktion(en) und die Antizipation möglicher Wirkungen oder Nicht-Wirkungen in der Zielkultur. Dabei muss man für die Beantwortung der Frage, was „der Zieladressat" denn nun wissen kann oder nicht wissen kann, von einem verallgemeinernden „Adressatenprofil" ausgehen und nicht von dem eigenen Allgemein- oder Kulturwissen des Übersetzers oder der Übersetzerin. Eine „Faustregel" könnte so lauten: Wenn der Anspielungsgegenstand zur Ausgangskultur gehört, muss er wahrscheinlich eher für die zielkulturellen Leser erläutert werden; wenn er zur Zielkultur gehört, können etwaige Erläuterungen für ausgangskulturelle Leser oft in der Übersetzung weggelassen werden; wenn er dagegen zu einer dritten Kultur gehört, kann man – sofern der Übersetzungsauftrag einen Adressaten mit vergleichbarem Bildungsstand vorsieht – meist die Entscheidung des AT-Verfassers über Erläuterung oder Nicht-Erläuterung übernehmen. Aber, wie gesagt, das ist nur eine Faustregel.

5   Schlussbemerkung

Die Schlussbemerkung kann kurz ausfallen, weil hier nicht der Inhalt aller vorherigen Zusammenfassungen erneut zusammengefasst werden soll. Drei kurze Hinweise sollen genügen: Zum einen muss noch einmal betont werden, dass die hier vorgelegte „komparative Stilistik" keinen Anspruch auf Vollständigkeit oder Allgemeingültigkeit erhebt. Die Korpora, die als Grundlage für die quantitativen Analysen dienten, bestehen aus Texten, die im Wesentlichen den Sprachgebrauch in Spanien und Deutschland widerspiegeln. Dennoch kann (und muss!) diese Darstellung natürlich zum Ausgangspunkt für weitere Korpusanalysen gemacht werden, die unsere Befunde entweder bestätigen oder korrigieren werden. Zum anderen sind auch die statistischen Auswertungen mit Vorsicht zu genießen. „Traue keiner Statistik, die du nicht selbst gefälscht hast!" sagen die Soziologen – die hier vorgelegten Statistiken sind nicht gefälscht, aber natürlich nicht objektiv in dem Sinne, dass jede/r, der das Datenmaterial auswertet, zu genau diesen Zahlen kommen würden. Immer wieder sind Abgrenzungen zu ziehen, Entscheidungen über die Zuordnung einzelner Beispiele zu treffen. Wir haben versucht, die Entscheidungen möglichst plausibel zu begründen, aber dennoch bleiben sie subjektiv. Und schließlich sind das zu Grunde gelegte Korpus von Texten verschiedener Textsorten wie auch das Korpus von Stellenanzeigen, das Korpus der Werbetexte und die zusätzlich aus anderen Texten oder aus dem Internet angeführten Belege nicht repräsentativ für *den* Sprachgebrauch in Spanien oder Deutschland. Die Auswahl bestimmter Exemplare aus einem grundsätzlich unendlichen Bestand an Texten kann nicht völlig von subjektiven Einflüssen frei gehalten werden. Dennoch fand ich es immer wieder überraschend, wie viele der von mir in langen Jahren des Übersetzungsunterrichts als relevant herausgefundenen Unterschiede in den Stilkonventionen durch die Texte des Korpus bestätigt wurden. So kann der Schluss-Satz nur lauten: Ich wünsche mir, dass dieses Buch möglichst vielen angehenden und praktizierenden ÜbersetzerInnen, die mit Spanisch und Deutsch arbeiten, eine Hilfe und gleichzeitig ein Ansporn zu eigener Paralleltextanalyse ist.

6 Literaturverzeichnis

Zur besseren Übersicht ist das Literaturverzeichnis in drei Abschnitte gegliedert: Sprach- und übersetzungswissenschaftliche Literatur (6.1), Nachschlagewerke und Grammatiken (6.2) und Quellen (6.3).

6.1 Sprach- und übersetzungswissenschaftliche Literatur

AGRICOLA, Erhard, FLEISCHER, Wolfgang & PROTZE, Helmut (1969): *Kleine Enzyklopädie der deutschen Sprache*, Leipzig.

ALONSO-CORTÉS, Ángel (1999): Las construcciones exclamativas. La interjección y las expresiones vocativas, in *GDLE* 1999, 3994-4050.

ARNTZ, Rainer & PICHT, Heribert (1989): *Einführung in die Terminologiearbeit*, Hildesheim.

AUSTIN, John L. (1962): *How to do things with words*, Oxford.

BEAUGRANDE, Robert de & DRESSLER, Wolfgang U. (1981): *Einführung in die Textlinguistik*, Tübingen.

BEERBOM, Christiane (1992). *Modalpartikeln als Übersetzungsproblem. Eine kontrastive Studie zum Sprachenpaar Deutsch-Spanisch*. Frankfurt/M. (= Heidelberger Beiträge zur Romanistik 26).

BÜHLER, Karl (1934): *Sprachtheorie*, Jena.

CARTAGENA, Nelson (1999): Los tiempos compuestos, in *GDLE* 1999, 2935-2975.

COSERIU, Eugenio (1957): Sistema, norma y habla, in: *Teoría del lenguaje y lingüística general*, Madrid.

FENTE GÓMEZ, Rafael, FERNÁNDEZ ÁLVAREZ, Jesús & FEIJÓO, Lope G. (³1979): *Perífrasis verbales*, Madrid.

FENTE GÓMEZ, Rafael, FERNÁNDEZ ÁLVAREZ, Jesús & FEIJÓO, Lope G. (1983): *El subjuntivo*, Madrid.

FLEISCHER, Wolfgang (²1971): *Wortbildung der deutschen Gegenwartssprache*, Tübingen.

FONTANELLA DE WEINBERG, Mª Beatriz (1999): Sistemas pronominales de tratamiento usados en el mundo hispánico, in *GDLE* 1999, 1401-1423.

GERZYMISCH-ARBOGAST, Heidrun (1987): *Zur Thema-Rhema-Gliederung in amerikanischen Wirtschaftsfachtexten*, Tübingen.

GIL, Alberto & BANÚS, Enrique (1987): *Kommentierte Übersetzungen Deutsch-Spanisch*, Bonn.

GILI GAYA, Samuel (1989): *Curso Superior de Sintaxis Española*, 15. Aufl., Barcelona.

GLÜCK, Helmut & SAUER, Wolfgang Werner (1990): *Gegenwartsdeutsch*, Stuttgart.

GÖPFERICH, Sabine (1995): *Textsorten in Naturwissenschaft und Technik. Pragmatische Typologie – Kontrastierung - Translation,* Tübingen.

GUTIÉRREZ LANZA, Mª del Camino (1999): *Traducción y censura de textos cinematográficos en la España de Franco: Doblaje y subtitulado inglés-español (1951-1975),* unveröfftl. Dissertation Universidad de León.

HENSCHEID, Eckard et al. (1985): *Dummdeutsch. Ein satirisch-polemisches Wörterbuch,* Frankfurt/M..

HÖDL, Nicola (1999): Vertextungskonventionen des Kochrezepts vom Mittelalter bis in die Moderne (D-E-F-S), in E. M. Eckkrammer, Nicola Hödl, W. Pöckl (1999): *Kontrastive Textologie,* Wien, 47-76.

JAKOBSON, Roman (1971): „Linguistik und Poetik", in *Literaturwissenschaft und Linguistik I,* hg. von Jens Ihwe, Frankfurt/M., 142-178.

KELLETAT, Andreas F. (1998): Eigennamen, in *Handbuch Translation,* hg. von Mary Snell-Hornby, Hans G. Hönig, Paul Kussmaul, Peter A. Schmitt, Tübingen, 297-298.

KUBARTH, Hugo (1987): *Das lateinamerikanische Spanisch,* München.

LACA, Brenda (1999), Presencia y ausencia de determinante, in *GDLE* 1999, 891-928.

LÜGER, Heinz-Helmut (1992): *Sprachliche Routinen und Rituale,* Frankfurt/M.-Bern-New York-Paris.

LÜGER, Heinz-Helmut (1993): *Routinen und Rituale in der Alltagskommunikation,* Fernstudieneinheit 6 des Fernstudienprojekts „Deutsch als Fremdsprache und Germanistik", Tübingen.

LÜGER, Heinz-Helmut (Hrsg.) (2001): *Höflichkeitsstile,* Frankfurt/M.-Bern-New York-Paris.

MARTÍN ZORRAQUINO, María Antonia & PORTOLÉS LÁZARO, José (1999): Los marcadores del discurso, in *GDLE* 1999, 63, 4051-4213.

MOLINA REDONDO, J. A. de & ORTEGA OLIVARES, J. (1987): *Usos de «ser» y «estar», Madrid:* Sociedad General española de librería.

MOUGOYANNI, Christina (2001): Antroponimia y toponimia: Estrategias de traducción, in *Folia Translatologica* (Prag), vol. 8 (2001), 44-60.

NORD, Christiane (1983): *Neueste Entwicklungen im spanischen Wortschatz. Untersuchung auf der Grundlage eines pressesprachlichen Korpus,* Rheinfelden.

NORD, Christiane (1984): *Lebendiges Spanisch. Eine Einführung in Entwicklungstendenzen des heutigen spanischen Wortschatzes,* Rheinfelden.

NORD, Christiane (1986): 'Nación', 'pueblo' und 'raza' bei Ortega y Gasset - nicht nur ein Übersetzungsproblem, in *TextconText* 1 (1986), 3, 151-170.

NORD, Christiane (1988, [2]1991, [3]1995): *Textanalyse und Übersetzen. Theorie, Methode und didaktische Anwendung einer übersetzungsrelevanten Textanalyse*, Heidelberg.

NORD, Christiane (1990a): Neue Federn am fremden Hut. Vom Umgang mit Zitaten beim Übersetzen, in *Der Deutschunterricht* 42 (1990), 1, 36-42.

NORD, Christiane (1990b): Zitate und Anspielungen als pragmatisches Übersetzungsproblem, in *TextconText* 5 (1990), 1, 1-30.

NORD, Christiane (1993): *Einführung in das funktionale Übersetzen. Am Beispiel von Titeln und Überschriften*, Tübingen.

NORD, Christiane (1999): Der Adressat – das unbekannte Wesen. Möglichkeiten und Grenzen der Adressatengerechtheit beim Übersetzen, in Alberto Gil, Johann Haller, Erich Steiner und Heidrun Gerzymisch-Arbogast (Hrsg.): *Modelle der Translation. Grundlagen für Methodik, Bewertung, Computermodellierung*, Frankfurt/M., 191-208.

NORD, Christiane (2001a): *Lernziel: Professionelles Übersetzen Spanisch-Deutsch*, Wilhelmsfeld.

NORD, Christiane (2001b): Das hinkende Beispiel und andere Merk-Würdigkeiten – Metakommunikation in deutschen, spanischen und französischen Lehrbuchtexten, in Gerd Wotjak (Hrsg.): *Studien zum romanisch-deutschen und innerromanischen Sprachvergleich*, Frankfurt/M.

NORD, Christiane (2002): *Fertigkeit Übersetzen. Ein Selbstlernkurs zum Übersetzenlernen und Übersetzenlehren*, Alicante.

NORD, Christiane (2003): Über-Reden durch An-Reden: Die phatische Funktion als Mittel zum Appell in englischen, spanischen und deutschen Werbetexten, in *Linguistica Antverpiensia*, 145-167.

NORD, Oliver (1999): *Über die Funktionen von Wortspielen in Werbeanzeigen. Untersuchungen zur Werbewirksamkeit von Wortspielen anhand eines Zeitschriftenkorpus*. Unveröfftl. Magisterarbeit, Universität Heidelberg.

PRÜFER, Irene (1995). *La traducción de las partículas modales del alemán al español y al inglés*. Frankfurt/M.

RAINER, Franz (1993): *Spanische Wortbildungslehre*, Tübingen.

REINERS, Ludwig ([1943]1967): *Stilkunst. Ein Lehrbuch deutscher Prosa*, München.

REISS, Katharina & VERMEER, Hans J. (1984): *Grundlegung einer allgemeinen Translationstheorie*, Tübingen.

REISS, Katharina (1971): *Möglichkeiten und Grenzen der Übersetzungskritik – Kategorien und Kriterien für eine sachgerechte Beurteilung von Übersetzungen*, München.

REISS, Katharina (1980): ¿Que Dios nos coja confesados! Zur Problematik pragmatischer Divergenzen beim Übersetzen aus dem Spanischen ins Deutsche, in: *Romanica Europaea et americana, Festschrift für Harri Meier*, hg. von Hans Dieter Bork, Artur Greive, Dieter Woll, 463-472.

REUMUTH, Wolfgang & WINKELMANN, Otto ([4]2003): *Praktische Grammatik der spanischen Sprache*, Wilhelmsfeld.

SÁNCHEZ-LÓPEZ, Cristina (1999): Los cuantificadores: clases de cuantificadores y estructuras cuantificativas, in GDLE, 1025-1128.

SAUSSURE, Ferdinand de (1967): *Cours de Linguistique Générale*, Paris.

SCHMITT, Peter A. (1998): Anleitungen / Benutzerhinweise, in *Handbuch Translation*, hg. von Mary Snell-Hornby, Hans G. Hönig, Paul Kussmaul, Peter A. Schmitt, Tübingen, 209-1213.

SCHWARZBACH, Claudia (2001): *Die Thema-Rhema-Gliederung in spanischen Sachbuchtexten*, unveröfftl. Diplomarbeit, Hochschule Magdeburg-Stendal.

SEARLE, John R. (1969): *Speech Acts*, Cambridge.

SOWINSKI, Bernhard (1973). *Deutsche Stilistik*. Frankfurt/M.

STEINITZ, René & BEITSCHER, Gina (1991): *Teoría y práctica del español comercial – Theorie und Praxis der spanischen Handelssprache*, München.

THIELE, Johannes (1992): *Wortbildung der spanischen Gegenwartssprache*, Leipzig-Berlin.

VERMEER, Hans J. (1983): Zur Beschreibung des Übersetzungsvorgangs, in *Aufsätze zur Translationstheorie*, Heidelberg, 1-11.

VORDERWÜLBECKE, Klaus (2001): Höflichkeit in Linguistik, Grammatik und DaF-Lehrwerk, in LÜGER 2001, 28-45.

WEINRICH, Harald (1965): *Tempus. Gesprochene und erzählte Welt*, Stuttgart.

WEINRICH, Harald (1976): *Sprache in Texten*, Stuttgart.

WEINRICH, Harald (1993): *Textgrammatik der deutschen Sprache*, Mannheim.

WILSS, Wolfram (1986): *Wortbildungstendenzen in der deutschen Gegenwartssprache*, Tübingen.

6.2 Nachschlagewerke und Grammatiken

BROCKHAUS, DER NEUE (1974): *Lexikon und Wörterbuch in fünf Bänden und einem Atlas*, Wiesbaden.

CARTAGENA, Nelson & GAUGER, Hans-Martin (1989*): Vergleichende Grammatik Spanisch-Deutsch*. Mannheim..

DEA (1999) = *Diccionario del Español Actual*, hg. von Manuel Seco, Alimpia Andrés & Gabino Ramos, Madrid.

DRAE 1984 = *Diccionario de la Real Academia Española*, 20. Aufl., Madrid.

DUDEN (1993): *Das große Wörterbuch der deutschen Sprache*, Mannheim.

DUDEN-GRAMMATIK (1966): *DUDEN – Grammatik der deutschen Gegenwartssprache* = Der Große Duden Bd.4, 2. Aufl., Mannheim.

DUDEN-HAUPTSCHWIERIGKEITEN (1965): *DUDEN – Hauptschwierigkeiten der deutschen Sprache* = Der Große Duden Bd. 9, Mannheim.

DUDEN-RECHTSCHREIBUNG (1973): *DUDEN – Rechtschreibung der deutschen Sprache und der Fremdwörter* = Der Große Duden Bd. 1, 17. Aufl.., Mannheim.

DUW – *Deutsches Universalwörterbuch* (1989, [4]2001), Mannheim.

EICHLER, Wolfgang & BÜNTING, Karl-Dieter ([5]1994): *Deutsche Grammatik*, Weinheim.

ENGEL, Ulrich (1988): *Deutsche Grammatik*, Heidelberg

ESBOZO (1974) = *Esbozo de una nueva gramática de la lengua española*, hg. von der Real Academia Española, Madrid.

GDLE (1999) – *Gramática descriptiva de la lengua española*, dir. por Bosque Múñoz, Ignacio & Demonte Barreto, Violeta. Madrid.

HALM, Wolfgang (1971), *Moderne spanische Kurzgrammatik*, München.

LANGENSCHEIDT (1975) = *Langenscheidts Handwörterbuch Spanisch-Deutsch*, Berlin-München.

LEWANDOWSKI, Theodor ([2]1976): *Linguistisches Wörterbuch*, Heidelberg.

MATTE BON, Francisco (1995): *Gramática comunicativa del español*, 2 Bde., Madrid.

MOLINER, María (1969): *Diccionario de uso del español*, Madrid.

PLANETA (1982) = *Diccionario Planeta de la lengua española usual*, hg. von F. Marsá, Barcelona (PLA).

SANTILLANA (1996) = *Enciclopedia Universal: Datos – Hechos – Nombres*, hg. von Sergio Sánchez Cerezo et al., Madrid.

SECO, Manuel (1972): *Gramática esencial del español*, Madrid.

VOX (1978) = *Diccionario General de la lengua española*, hg. von Samuel Gili Gaya, Barcelona.

6.3 Quellen

6.3.1 Korpora

CTK 2000: Computertexte-Korpus, Fachvokabular aus den Bereichen Computer und Multimedia aus je einer Nummer von *El Corredor*, Alcalá de Henares (02/2000) und *Computer&Co*, Multimedia-Magazin der Süddeutschen Zeitung (03/2000).

LBK 2001: Auszüge aus spanischen und deutschen Lehrbüchern verschiedener Fachgebiete, vgl. NORD 2001b: 339f.

NEO 1980: Neologismen der spanischen Pressesprache, in Christiane Nord (1983): *Neueste Entwicklungen des spanischen Wortschatzes. Untersuchung auf der Grundlage eines pressesprachlichen Korpus*, Rheinfelden.

SAK 2000: Stellenangebote je einer Wochenendausgabe der *Süddeutschen Zeitung* vom 5./6.2.00 und der spanischen Zeitungen *El País* und *ABC* vom 20.2.00.

STB 1999: Steinitz, René & Beitscher, Gina (1999): *Teoría y práctica del español comercial / Theorie und Praxis der spanischen Handelssprache*, München: Hueber.

TÜK 1993: Titel- und Überschriften-Korpus, in NORD 1993.

WTK 2001: ca. 200 Werbetexte aus verschiedenen spanischen und deutschen Zeitungen und Zeitschriften des Zeitraums 1998-2001, vgl. NORD 2003.

6.3.2 Andere Quellen

BURGOS, Daniel & DE-LEÓN, Luz (2001): *Comercio electrónico, publicidad y marketing en Internet*, Madrid-Buenos Aires.

KNAUR (1981): *Knaurs Kulturführer in Farbe Spanien*, München/Zürich.

ODENTHAL, Cordula (1995): *Die Übersetzung spanischer Realienbezeichnungen ins Deutsche. Eine textsortenspezifische Untersuchung*, unveröfftl. Diplomarbeit, Universität Hildesheim: Fachbereich III Sprachen und Technik.

PABÓN, Jesús (1971): *La subversión contemporánea y otros estudios*, Madrid.

PAULSEN, Andreas (1965): *Allgemeine Volkswirtschaftslehre*, Bd. 4, Berlin.

SEEBACHER, Eva-Maria (1997): *Strukturen, Funktionen und Übersetzung deutscher und spanischer Filmtitel*, unveröfftl. Diplomarbeit, Institut für Übersetzer- und Dolmetscherausbildung der Universität Innsbruck.

WAHL, Fritz (1974): *Kleine Geschichte Spaniens*, Gütersloh.

6.3.3 Zeitungen und Zeitschriften

ABC = konservative spanische Tageszeitung, Madrid.

BMP = Berliner Morgenpost, Berlin.

Capital = spanische Wirtschaftszeitschrift.

CMM = Computer&Co, Multimedia-Magazin der SZ, 2000.

COR = El Corredor, Alcalá de Henares, 2000.

El Economista, mexikanische Wirtschaftszeitschrift, Juni 2001.

El País, überregionale Tageszeitung, Madrid.

Expansión, Revista española de Economía, Juni 2001.

FAZ = Frankfurter Allgemeine Zeitung, Frankfurt/M.

Für Sie = Frauenzeitschrift.

GEO, populärwissenschaftliche Zeitschrift, Gruner + Jahr AG, G + J España.

Merian, verschiedene Ausgaben.

Mundo = El Mundo, Madrid.

RNZ = Rhein-Neckar-Zeitung, Heidelberg.

Spiegel = Der Spiegel, Nachrichtenmagazin.

SZ = Süddeutsche Zeitung, München.

SZ-Magazin = Magazin der Süddeutschen Zeitung, München.

ZEIT = Die Zeit, Wochenzeitung.

6.3.4 Bibelübersetzungen

LAM 1964 = *La Santa Biblia*, traducida de los textos originales [al español], por Antonio G. Lamadrid, Juan Francisco Hernández, Evaristo Martín Nieto, Manuel Revuelta Sañudo, 18ª edición, Madrid.

N/C 1975 = *Sagrada Biblia*, versión directa de las lenguas originales por Eloíno Nácar Fuster y Alberto Colunga, O.P., 4ª edición (1^a ed. 1970), Madrid.

B/N 1999 = *Das Neue Testament und frühchristliche Schriften*, neu übersetzt und kommentiert von Klaus Berger und Christiane Nord, Frankfurt/M.

LUT 1957 = *Die Bibel*, nach der Übersetzung Martin Luthers (1957), Stuttgart.

LUT 1984 = *Die Bibel*, nach der Übersetzung Martin Luthers (1984), Stuttgart.

GNB 1999 = *Gute Nachricht Bibel*, Stuttgart (CD-ROM).

7 Sachregister

Das Sachregister beschränkt sich auf Stichwörter, die nicht in den im Inhaltsverzeichnis aufgeführten Kapitel- und Abschnittsüberschriften enthalten sind oder in verschiedenen Kapiteln behandelt werden.

TEXT 01a: Stellenangebot (*El País*, 3/00, Beilage ciberp@ís)

En E-Business el tiempo no corre. Vuela.
Si quieres acelerar tu carrera, ahora es el momento.

Únete a nuestro equipo comenzando con la mejor formación.
La experiencia de PricewaterhouseCoopers y la titulación de la
5 Universidad de Deusto

PricewaterhouseCoopers, firma experta en ofrecer soluciones in-
tegradas a las necesidades de las grandes empresas, acelera el
negocio más importante del futuro.

E-Business define el nuevo mundo empresarial. Pricewaterhou-
10 seCoopers, firma líder en servicios de consultoría, crea el medio
idóneo para los profesionales que desean alcanzar el éxito traba-
jando en el marco del nuevo negocio electrónico con la mejor formación tecnológica especializada.

La primera convocatoria ha sido un éxito. No te pierdas la segun-
15 da. Es tu momento. Para acelerar tu carrera, empiezas realizando
un curso de postgrado exclusivo para nuestros profesionales, di-
señado conjuntamente por PricewaterhouseCoopers y la Universidad de Deusto. 300 horas lectivas en Madrid a jornada completa
con carácter totalmente teórico-práctico. Enfocadas a las nuevas
20 tecnologías y su integración en la organización. Hazte experto en
E-Business con titulación oficial, al mismo tiempo que empiezas a
trabajar con nosotros. Es tu gran oportunidad de acelerar tu carrera en una firma consultora líder.

Titulados Superiores en Informática e Ingenierías
25 **sin experiencia o con un año de experiencia (Ref.: TSI/2)**

Pensamos en personas con talento, recientemente titulados o
profesionales con un año de experiencia, que quieren decidir y
configurar cómo será la tecnología E-Business en el futuro. Por
eso te pedimos dominio del inglés y un expediente académico ex-
30 celente.

No pierdas un segundo. Envíanos tu Curriculum, fotografía y expediente académico, indicando la referencia del puesto. Acelera tu
respuesta.

LO MEJOR DE LO MEJOR

35 *PriceWaterhouseCoopers Consulting*

TEXT 01b: Stellenangebot (*El País*, 3/00)
Telefónica MoviStar

El liderazgo no es suficiente. Buscamos la excelencia.
En Telefónica Servicios Móviles trabajamos profesionales de diferentes especialidades unidos por un mismo objetivo: conseguir la
máxima satisfacción de nuestros clientes. Y gracias al trabajo de
5 todos, disfrutamos de la confianza de millones de ellos en todo el
mundo. Por ese motivo pertenecemos al Grupo español de mayor protección internacional. Nuestros Valores cotizan en los mercados de bolsa más importantes, pero en Telefónica Servicios
Móviles, sabemos que nuestro mayor activo son nuestros Recur-
10 sos Humanos.
En nuestra apuesta por los profesionales más capacitados, deseamos incorporar:
Agente Comercial
6.000.000 Pts. (fijo+variable)
15 ALICANTE, ALMERÍA, BURGOS, CATALUNA, CIUDAD REAL,
CÓRDOBA,
Técnico de Arquitecturas SAN
MADRID
Misión:
20 Diseño y configuración de arquitecturas SAN. Procedimentación
y definición de estándares y normas. Planificación y parametriza-
ción de los recursos de entrada/salida.
Perfil:
•   Titulación técnica en ingeniería informática o Telecomunica-
25   ciones.
•   Experiencia en administración de subsistemas de almacena-
        miento. Conocimiento de protocolos FC-AL, FC-SW, TCP/IP
        y SCSI; técnicas de respaldo de datos (RAID 0, 0+1, 3, 5); si-
        stema operativo Unix.
30 •   Dominio de idioma inglés.
Se valorarán conocimientos de Microsoft Office y herramientas
de gestión de proyectos (Microsoft Project, Artemis, ...).
Interesados, remitir urgentemente curriculum vitae a
tas_selec@tsm.es

TEXT 01c: Stellenangebot (Süddeutsche Zeitung 6/00)
Bewegen Sie mit uns die Welt!

Machen Sie Schluss mit 08/15-Jobs, schlagen Sie jetzt bei uns das spannendste Kapitel der Zukunft auf: e-business. Täglich mit neuen Herausforderungen. Denn wo der Fortschritt am schnells-
5 ten ist, wird das Unmögliche zum Normalen. Dazu brauchen Sie Mut, Kreativität und jede Menge Spaß an der Lösung komplexer Aufgaben. Selbstverständlich auch Know-how in der Informationstechnologie.

IT-Professionals &
10 ## IT-Young Professionals

Ganz gleich, welcher fachlichen Ausrichtung – unsere Expansion erfordert Verstärkung für alle Bereiche in Deutschland, Österreich und der Schweiz. Das Unternehmen Zukunft bietet Ihnen hier überall, was die Branche so interessant macht: faszinierende Tä-
15 tigkeiten, attraktive Konditionen und Erfolg durch Leistung. Große Chancen in einer Welt, die immer kleiner wird. Bauen wir also künftig gemeinsam am „Global Village".
Klicken Sie und bewerben Sie sich!
Klicken Sie hier zu konkreten Aufgaben:
20 http://www.ibm.com/de/employment/services/

TEXT 01d: Stellenangebot (Süddeutsche Zeitung 6/00)
Träge – faul – bequem ... Welcome to the e-generation

Was gestern noch faul war, ist heute schlau: Einkaufen per Mausklick überall und jederzeit. Damit die **e-generation** noch bequemer werden kann gibt es BEA. Die Company für weltweit führen-
5 de **e-Commerce** Solutions. Mit über 3.500 erfolgreichen Kunden, darunter AT&T, Amazon.com, British Airways, E-Trade, Ericsson, Federal Express, Lloyds, Lufthansa, Nokia, Deutsche Telekom, United Airlines, Vodafone und viele andere.

BEA sucht schlaue Leute, die denken, fühlen und handeln wie die
10 e-generation. Die schneller ans Ziel wollen und das auf neuen Wegen. Damit sie länger und besser faul sein können.
O **Senior Controller** (m/w)
für das Financial BusinessManagement
O **Young Talents und e-Professionals** (m/w)
15 im ProjectBusiness, PreSales, Training oder Support
O **TeleSales Specialists** (m/w)
für die PowerEngine des ProductSales.
Details zum Job im Web: www.pape.de

TEXT 01e: Stellenangebot (DIE ZEIT 6/00)
Pushing ASIC Technology Ahead

> ➤ in einem Unternehmen eines internationalen Konzerns
> ➤ für den innovativen Consumermarkt von morgen
> ➤ an einem der attraktivsten Standorte Bayerns

5 Wir sind ein 100prozentiges Tochterunternehmen der Philips Se-
miconductors GmbH Deutschland, mit Sitz am Starnberger See.
Als Designhaus entwickeln wir ICs und zugehörige Softwaretrei-
ber für den Multimedia Consumermarkt von morgen. Hierbei rei-
zen wir als junges, dynamisches Team die Technologien und
10 Tools bis an ihre Grenzen aus. Innovation gezeichnet durch Eigeninitiative, Kreativität und Teamgeist ist unsere Stärke im welt-
weiten Wettbewerb.

Zum weiteren Ausbau unserer Entwicklungsmannschaft suchen
wir:

15 **Senior Hardware IC-Entwickler/innen**

Hierzu sind neben einem technischen Hochschulabschluss
mehrjährige Erfahrungen in der VHDL-Modellierung und
Verifikation von hochkomplexen ASICs Voraussetzung. Sie
verfügen über profunde Toolkenntnisse in Cadence/Leap-
20   frog, Synopsys oder gleichwertigen Tools. Ihre Verantwor-
tung wird sich von der selbstständigen Spezifikation komplexer Module bis hin zur Verifikation innerhalb des Ge-
samtsystems erstrecken.

Haben wir Ihr Interesse geweckt? Wenn ja, dann senden Sie uns
25 doch Ihre aussagefähige Bewerbung (auch gerne als E-Mail) so
bald als möglich. Wir garantieren Ihnen absolute Vertraulichkeit.

TEXT 01f: Stellenangebot (Jetzt – Jugendmagazin der Süddeutschen
Zeitung, 6/00)
Das voll korrekte Kombiangebot für alle Überflieger!

Abi in der Tasche. Geschafft. Und jetzt? Wissen Sie auch nicht so
recht, ob Sie nach Ihrem Abitur oder Ihrer Fachgebundenen
Hochschulreife nun studieren oder besser eine Berufsausbildung
machen sollen? Klar, beides hat Vor- und Nachteile. Gar nicht so
5 einfach diese Entscheidung. Wir hätten da allerdings eine Idee...
Warum kombinieren Sie nicht beides miteinander? Innerhalb eines dualen Studiums an einer staatlichen Berufsakademie bilden
wir Sie in drei Jahren

zum
10 **Dipl.-Ing. (BA),**
Fachrichtung Nachrichten- oder Informationstechnik
aus. Jedes Ausbildungsangebot gliedert sich in 12 Wochen Theorie und 12 Wochen Praxis. Die Theorie erlernen Sie an der BA in
Ravensburg – wir bei Rohde & Schwarz machen Sie fit für die
15 Praxis. Wer uns kennt, weiß, dass Sie es danach auch wirklich
sind und direkt durchstarten können: z.B. als Hard- oder Soft-
ware-Entwickler/in, als Produkt-Manager/in im Vertrieb oder Marketing, als Applikations-Ingenieur/in oder auch als Technische(r)
Redakteur/in. Übrigens: Ein armer Student werden Sie nicht sein.
20 Unsere Vergütung kann sich schon während Ihrer Ausbildung sehen lassen.
Falls Sie uns noch nicht kennen sollten: Rohde & Schwarz gibt in
der Kommunikations- und Messetechnik ganz vorne den Ton an –
und das seit mehr als 60 Jahren. Unsere Lösungen sind auf allen
25 Kontinenten im Einsatz. Wenn Sie da mitmischen wollen, sollten
Sie sich bewerben: Gute Leute bringen's (welt)weit bei uns!
ROHDE & SCHWARZ – Signals for Tomorrow's People

TEXT 01g: Stellenangebot (Jetzt – Jugendmagazin der Süddeutschen
Zeitung, 6/00)
MACH' DEINEN WEG! IM TEAM VON ALPHA-ZEITARBEIT.

Wie wär's mit einer beruflichen Veränderung? Wollt Ihr ein- oder
umsteigen? Oder 2 bis 3 Monate jobben und die Kasse aufbes-
sern?

WIR SUCHEN AB SOFORT:
5 Junge, aktive und flexible Menschen mit Spaß an der Arbeit, die
ihre Aufgaben im kaufmännischen und EDV-Bereich sehen und
EDV- und Englischkenntnisse mitbringen.

WIR BIETEN EUCH:
• eine sichere Anstellung
10 • ein ausgezeichnetes Gehalt
• gute Sozialleistungen
• Weihnachtsgeld
• echte berufliche Perspektiven.
Achtung! Große Job-Börse für Studenten!
15 Heute anrufen, morgen schon arbeiten! Daniela Hörhammer und
Beate Kallenbach freuen sich darauf, Euch kennenzulernen.

TEXT 02a: Wirtschaftlicher Leitartikel
La solidaridad, el consumismo y el marketing

Que nos manipulan es una verdad sabida por todos, que nos imponen modas, nos proponen la compra de productos inservibles,
nos venden la seguridad de los vehículos a través de anuncios
5 donde aparece un monitor de un gimnasio, que las chicas y chicos guapos inundan las pantallas y todo bajo un solo prisma, sacarnos el dinero.

El marketing no es otra cosa que la simple manipulación de los
consumidores, se nutre de las técnicas y principios comunes a
10 las llamadas ciencias del comportamiento, como la psicología, la
sociología y la antropología.

Las aportaciones de estas disciplinas permiten al especialista en
marketing una comprensión más cercana al consumidor: sus necesidades y motivaciones, su comportamiento y estructura social.

15 Nadie duda de la importancia de esta disciplina, crea una red si-
nérgica que funciona perfectamente en una economía de abun-
dancia, pero creo que es el momento de volver a repetir que no
estamos en un mundo donde los recursos sean ilimitados.

Si analizamos el comportamiento de cualquier consumidor com-
20 probaremos que si bien las características técnicas pueden ser
importantes para el cliente, por lo general tienen escasa inciden-
cia en la idea que el consumidor se hace del producto, lo que el
cliente quiere es un producto capaz de proporcionarle una satisfacción, que es un concepto bastante más amplio y que puede
25 provenir del producto en sí, de sus accesorios, garantía, imagen
de marca y de la capacidad que tenga de satisfacer ciertas necesidades psicológicas. El especialista en marketing estudia, y este
es el meollo de esta rama de la economía, el comportamiento
comprador, y busca y se esfuerza por encontrar nuevas fórmulas
30 para vender más bienes y servicios a más personas.

Ricardo Trenado Fajardo, abogado y empresario, en: *El Corredor.
Economía y Empresa* (Alcalá de Henares), Febero 2000, pag. 4 (Opi-
nión).

TEXT 02b: Wirtschaftlicher Leitartikel (Übersetzung von 02a)
Solidarität, Konsumverhalten und Marketing

Dass wir manipuliert werden, ist eine sattsam bekannte Tatsache. Man diktiert uns Moden und dreht uns nutzlose Produkte an, in Werbespots wird uns die Sicherheit eines Autos von einem Fitnesstrainer vorgeführt, und auf dem Bildschirm tummeln
5 sich attraktive junge Menschen – alles nur mit dem einzigen Ziel, uns das Geld aus der Tasche zu ziehen.

Marketing ist nichts anderes als schlichte Manipulation von Verbrauchern, die sich die Grundsätze und Methoden der so genannten Verhaltenswissenschaften – Psychologie, Soziologie,
10 Anthropologie – zu Nutze macht.

Die Erkenntnisse dieser Disziplinen versetzen die Marketingspezialisten in die Lage, die Verbraucher – ihre Bedürfnisse und Wünsche, ihr Verhalten und ihr soziales Umfeld – besser zu verstehen.

15 Zweifellos ist Marketing wichtig. Es schafft Synergieeffekte, die in einer Überflussgesellschaft hervorragend funktionieren. Aber ich meine, es ist an der Zeit, wieder einmal nachdrücklich darauf hinzuweisen, dass die Ressourcen der Welt, in der wir leben, nicht unerschöpflich sind.

20 Die Analyse des Verbraucherverhaltens zeigt, dass technische Vorzüge eines Produkts durchaus eine Rolle spielen, die Vorstellung, die man von ihm hat, jedoch nur unwesentlich beeinflussen. Verbraucher erwarten von einem Produkt, dass es ihnen ein Gefühl der Zufriedenheit gibt – und Zufriedenheit ist ein
25 wesentlich umfassenderer Begriff. Sie wird nicht durch eine Vorstellung vom Produkt vermittelt, sondern durch das Produkt selbst, durch sein Zubehör, die Garantieleistungen, das Image der Marke und dadurch, dass es gewisse psychologische Bedürfnisse stillen kann. Der Marketingspezialist analysiert das
30 Käuferverhalten – das ist die Kernaufgabe dieser Branche – und sucht nach neuen Wegen, um einer größeren Zahl von Abnehmern mehr Güter und Dienstleistungen zu verkaufen.

Übersetzung für den Wirtschaftsteil einer überregionalen deutschen Tageszeitung: C. Nord.

TEXT 02c: Gesellschaftspolitische Glosse
Zu glücklich, um wahr zu sein

Wie schön sich doch manchmal die täglichen Zeitungsmeldungen über die letzten Umfrage-Erkenntnisse aneinander fügen. Am 7. und am 8. Juni zum Beispiel. Am 7.: Viele Autofahrer in Deutschland finden es völ-
5 lig normal, gegen Verkehrsregeln zu verstoßen. Vor allem jüngere Auto-fahrer hätten kaum ein Unrechtsbewusstsein, heißt es in der Umfrage ei-nes Autoversicherers. So gelte es bei 70 Prozent der Autofahrer als völ-lig in Ordnung, vor einer gelben Ampel kräftig zu beschleunigen, um noch über die Kreuzung zu kommen. Aggressive Manöver wie Drängeln,
10 Lichthupe und Rechtsüberholen auf der Autobahn gehören für jeden dritten Autofahrer dazu, um sich gegen andere Verkehrsteilnehmer durchzusetzen.

93 Prozent aller Autofahrer, so der Bericht, schätzen sich als ge-setzestreu ein. Darunter müssen auch die meisten der deutschen Bürger
15 sein, von denen am 8. Juni gemeldet wird: „Deutsche sind seelisch ge-sünder geworden." Einer Studie aus dem Wissenschaftszentrum Berlin zufolge litten immer weniger Deutsche unter mentalen Belastungen, Kla-gen über Depressionen, Nervosität und Einsamkeit würden seltener. Zehn Prozent bezeichnen sich als unglücklich und niedergeschlagen, 17
20 Prozent klagen über wiederkehrende Ängste und Sorgen, 34 Prozent fühlen sich öfter erschöpft und erschlagen. Der Anteil derjenigen, die frei von allen Sorgen sind, so die Pressemeldung, liegt im alten Bundesge-biet bei 60 Prozent, 1978 waren es lediglich 41 Prozent.

Oho, denkt man erfreut-erschreckt, wie kam es, dass die Dickfel-
25 ligkeit der Deutschen so erheblich zugenommen hat? Da müsste der Sektor Psycho-Dienstleistung schwere Einbrüche erlitten haben – wo er doch noch immer boomt. Doch keine Sorge, es war eine Wunsch-Ente, gemeinsam produziert von der WZB-Presse-Abteilung und der Nach-richten-Agentur KNA. Im Forschungsbericht selber steht eindeutig zu le-
30 sen: „Der Vergleich mit 1978 zeigt, dass die Zufriedenheit mit dem Leben in Westdeutschland sich auf hohem Niveau konsolidiert hat. 1998 mein-ten 72 Prozent der Deutschen, ein überwiegend glückliches Leben zu führen, 1978 waren es 74 Prozent gewesen.

Also wieder einmal nichts, aber auch das passt einem nicht: Wie
35 kommt es, so muss man nun fragen, dass diese notorischen Auto-Row-dies so selbstzufrieden und selbstgenügsam sind? Es muss wohl, da das Alltagsleben für die meisten in den letzten 20 Jahren anstrengender ge-worden ist, die zunehmende Verpöbelung sein, die die deutsche Seelen-gesundheit erhält. Eine Jugend, die millionenfach die Love-Paraden
40 überstehen kann, verspricht da noch einiges mehr.

Süddeutsche Zeitung vom 23. Juni 2000, S. 19 (Feuilleton)

TEXT 03a: Medizinische Packungsbeilage

EGARONE
Vasoconstrictor y descongestionante nasal
de acción prolongada

EGARONE se caracteriza por la extraordinaria duración de sus
5 efectos que se prolongan de 6 a 8 horas. Su acción vasoconstric-
tora va acompañada por una acción desinfectante y bacteriostáti-
ca que combate la infección origen del taponamiento nasal. Por
otra parte se ha incluido en la fórmula una substancia regenerativa, la alantoína, que impide la irritación de la mucosa nasal.

10 EGARONE no irrita las mucosas, antes bien, las suaviza, ni pro-
duce una hiperemia secundaria.

INDICACIONES. – Siempre que se desee una acción descon-
gestiva de las vías nasales, al propio tiempo que una acción desinfectante. En especial, se usará EGARONE en los resfriados na-
15 sales, rinitis, taponamiento nasal, etc.

POSOLOGIA. – Adultos: Una o dos pulverizaciones de
EGARONE en cada orificio nasal de 2 a 4 veces al día. Niños:
mayores de tres años, 3 ó 4 gotas en cada orificio nasal de dos a
tres veces al día. Niños menores de tres años reducir la dosis a
20 una o dos gotas, según peso y edad.
La utilización de EGARONE antes de acostarse asegura un descanso nocturno libre de molestias.

CONTRAINDICACIONES. – Casos de hipersensibilidad a los
componentes de la fórmula.

25 **EFECTOS SECUNDARIOS**. – A las dosis normales, antes indi-
cadas, no presentan [!] ningún tipo de efectos secundarios. Dosis
superiores a las prescritas pueden ocasionar sensación de que-
mazón local al momento de aplicarlas. Como todos los vasocons-
trictores, EGARONE deberá ser usado con precaución por las
30 personas que padezcan hipertiroidismo o hipertensión.

INCOMPATIBILIDADES. – No se conocen incompatibilidades al
uso de este preparado.

INTOXICACION Y SU TRATAMIENTO. – Dada la vía de administración de este preparado, es prácticamente imposible la into-
35 xicación. En caso accidental de sobredosis, seguir un tratamiento
sintomático.

FORMULA
EGARONE adultos
nebulizador
5 Oximetazoline .... 50 mgr.
Benzalconio Cl .... 20 mgr.
Lisozime Cl .... 300 mgr.
Alantoína .... 400 mgr.
Excipiente c. s. p. 100cc.

10 **EGARONE niños**
gotas
Oximetazoline .... 15 mgr.
Benzalconio Cl .... 20 mgr.
Lisozime Cl .... 300 mgr.
15 Alantoína .... 400 mgr.

Preparado por
LABORATORIOS ALE, S.A.
Dir. Téc. Farma. I. Vázquez
Pje. Jaime Roig, 28 - Barcelona
20 _____

TEXT 03b: Medizinische Packungsbeilage
Gebrauchsinformation
CIBA Pharmazeutika
CIBA-GEIGY GmbH, 7867 Wehr

C I B A

5 **®Otriven**

Lösung 0,1 %
(in der Pipettenflasche)
Für Erwachsene und Schulkinder
Zur Abschwellung der Nasenschleimhaut bei Schnupfen

10 **Zusammensetzung**
Xylometazolinhydrochlorid: 1 mg/ml wäßrige Lösung (0,1 %)

Anwendungsgebiete
Entzündungszustände der Schleimhäute im Nasen-Rachenraum
(z.B. Schnupfen; zur Erleichterung des Sekretabflusses bei Na-
15 sennebenhöhlenentzündungen; bei Tubenkatarrh).

Gegenanzeigen

Otriven darf nicht angewendet werden bei trockener Entzündung der Nasenschleimhaut und erhöhtem Augeninnendruck (Engwinkelglaukom).

5 Bei chronischer Entzündung der Nasenschleimhaut ist eine längerdauernde Anwendung von gefäßverengenden Mitteln nicht angezeigt.

Nebenwirkungen

Bei besonders empfindlichen Patienten können nach Anwendung
10 von Otriven kurzfristig lokale Reizerscheinungen auftreten, in einzelnen Fällen auch eine nachfolgend verstärkte Blutfüllung (reaktive Hyperämie).

Dosierungsanleitung und Art der Anwendung

Soweit nicht anders verordnet, je nach Bedarf einmal oder mehr-
15 mals täglich 2-3 Tropfen der 0,1%igen Lösung in jedes Nasenloch bei zurückgebeugtem Kopf träufeln.
Für Säuglinge und Kleinkinder ist ausschließlich die 0,05%ige Lösung Otriven zu verwenden.

Arzneimittel für Kinder unzugänglich aufbewahren!

20 **Eigenschaften**

Otriven führt aufgrund eines schon innerhalb einiger Minuten einsetzenden, mehrere Stunden anhaltenden gefäßverengenden Effektes bei lokaler Anwendung zur Abschwellung der Nasen- und Rachenschleimhaut. Dadurch kommt es zu einer leichteren
25 Atmung durch die Nase. Da die Wirkung langsam abklingt und die normale Schleimbildung nicht beeinflußt wird, ist die Verträglichkeit von Otriven auch bei empfindlicher Nasenschleimhaut gut.

Darreichungsformen und Packungsgrößen

Für Erwachsene und Schulkinder
30 Lösung 0,1%

in der Pipettenflasche	10 und 20 ml
in Einzeldosispipetten zu 0,3 ml	2 x 10 Stück
im Dosierspray	10 ml
Anstaltspackungen	

35 Otriven Spray Lösung 0,1%

in der Plastiksprühflasche	10 ml
Anstaltspackung	

Otriven Gel

Tube mit Gel	10 g
40 Anstaltspackung	

TEXT 04a: Einführender Lehrbuchtext Naturwissenschaft

1.2 La luz

La luz es una de las formas de energía que puede impresionar los órganos de la vista y permite con ello ver los objetos que la emiten, directa o indirectamente por reflexión.

Aunque la luz resulta tan natural y familiar para nosotros, desde
5   la antigüedad el hombre ha intentado descubrir su constitución y las causas de su comportamiento. Si bien como anécdota tiene cierto interés, no vamos a describir las múltiples versiones expuestas durante el paso de los siglos sobre este fenómeno físico, pues incluso actualmente existen varias teorías al respecto acep-
10 tadas como posibles.

En cualquier caso parece que la luz visible está constituida por radiaciones electromagnéticas, de propagación rectilínea, aunque en realidad ocupa un intervalo muy pequeño en el espectro electromagnético conocido. Las ondas de radio, la radiación calorífi-
15 ca, los rayos X, etc... tienen una constitución ondulatoria como la de la luz, con la diferencia de que la longitud de onda es distinta y por ello el ojo humano no puede captarlas y en consecuencia son invisibles.

Se pueden agrupar las distintas clases de radiaciones electro-
20 magnéticas según la longitud de onda. Citemos los grupos más significativos:

Tipo	Longitud de onda en micras (milésimas de milímetro)
Ondas Hertzianas	Mayores de 100
Radiaciones Infrarrojas	Entre 100 y 0,75
Luz Visible	Entre 0,75 y 0,40
Radiación Ultravioleta	Entre 0,40 y 0,001
Rayos X	Entre 0,001 y 0,00001
Rayos	Inferior a 0,00001

(25)

30 Ciñendo nuestro estudio a la luz visible para no extendernos demasiado, digamos que la velocidad de desplazamiento de su movimiento ondulatorio es de 300.000 kms/sg. Esta distancia recorrida en un segundo sólo podemos relacionarla con los espacios interplanetarios. Las estrellas están a una distancia tal que allí
35 donde las vemos ya no están, pues nos llega ahora la luz que emitieron quizás hace varios años terrestres. Según la teoría de la relatividad de Einstein, la velocidad de la luz es la única constante del universo.

Ricard Casals, *Offset: departamento fotográfico*, Barcelona: Howson-Algraphy, 7-10.

TEXT 04b: Einführender Lehrbuchtext Wirtschaft
Capítulo I: El «habitat» económico

Las bases de nuestra economía– como en cualquier otra economía nacional– están constituidas por recursos físicos y humanos.
El conjunto de los recursos físicos disponibles viene dado por las
condiciones naturales del espacio geográfico en que estamos si-
5 tuados y en donde vivimos; ese marco constituye, pues, nuestro
«habitat» económico. Pero globalmente considerada, la economía nacional es una creación humana, integrada por el conjunto
de las actividades productivas y de intercambio que sobre el so-
porte de los recursos físicos lleva a cabo la población.
10   España, situada en la Península Ibérica, tiene, con sus islas
adyacentes, una extensión de 503.478 kilómetros cuadrados,
aproximadamente cuatro milésimas partes de la superficie de las
tierras emergidas del Globo. [...]
    La orografía es un elemento que ha desempeñado siempre un
15 papel clave, tanto en la historia como en la economía. España es
–en frase tan repetida– el segundo país de Europa en altura me-
dia (el primero es Suiza). Aproximadamente el 20 por 100 de
nuestro territorio está a más de 1.000 metros de altura sobre el
nivel del mar; el 40 por 100 entre 500 y 1.000, y sólo el restante
20 40 por 100 a menos de 500. El bloque fundamental de la ator-
mentada orografía española es la Meseta, extensa área de unos
210.000 kilómetros cuadrados de extensión, poco menos de la
mitad de la España peninsular, que tiene por límites la cordillera
Cantábrica, el sistema Ibérico y la cordillera Mariánica. Partida en
25 dos mitades por la cordillera Carpetovetónica, la altura de la submeseta Norte (700 metros, aproximadamente) es superior a la de
la submeseta Sur (650 metros). Adosadas a la Meseta, en su pe-
riferia, se distinguen tres cuencas terciarias: la depresión del
Ebro, la depresión Bética y la Orla Mesozoica Portuguesa, siendo
30 esta última la única salida no accidentada de la Meseta al mar, a
la cual se interpone, sin embargo, la barrera política de la frontera
con Portugal. A estos elementos geográficos esenciales hay que
añadir la Cornisa Cantábrica, la faja costera levantina y la cadena
litoral catalana.
35   Lo complejo de la orografía ha influido en nuestro desarrollo
histórico y económico. Separados del resto de Europa por los Pi-
rineos, también el aislamiento entre las distintas regiones espa-
ñolas fue grande hasta la aparición de los modernos medios de
transporte. Al surgir éstos, la orografía dificultó los tendidos del
40 ferrocarril y frenó la construcción de carreteras.
Ramón Tamames: *Introducción a la economía española*, 1974, 17ss.

TEXT 04c: Einführender Lehrbuchtext Wirtschaft
La renta nacional
    1.   Conceptos básicos sobre producto y renta nacionales
El *Producto Nacional Bruto* (PNB) es la medida fundamental de la
actividad de una economía nacional. Se puede definir como la
suma del valor de todos los bienes y servicios finales producidos
5 en el país en un año (Producto Interno Bruto), deduciendo de ese
total la parte que se debe a los servicios prestados por factores
productivos extranjeros, y adicionándole el producto que corres-
ponda –de los obtenidos en otros países – por los servicios de
los factores nacionales. Dos observaciones deben hacerse para
10 que el concepto quede totalmente claro. El PNB es *bruto* porque
incluye la inversión para la reposición (amortización); hablamos
de bienes y *servicios finales* porque se excluyen los de carácter
intermedio para evitar el doble cómputo de un mismo valor.
    La principal ventaja del PNB, como medida de la total actividad
15 económica de un país, consiste en su carácter global, que no
plantea problemas, siempre difíciles de resolver, como la valora-
ción de las amortizaciones. No es extraño, por tanto, que para las
comparaciones internacionales e intertemporales el PNB sea la
magnitud más adecuada.
20   Una vez obtenido el concepto del PNB resulta fácil alcanzar el
de sus magnitudes derivadas. El *Producto Nacional Neto* (PNN),
tal como lo indica el *sufijo neto,* se obtiene a partir del PNB, deduciendo de él el capital consumido o depreciado a lo largo del
año. En otras palabras, en el PNB solamente se incluye la inver-
25 sión neta de capital y no la destinada a reposición, esto es, a
mantener constante el capital anteriormente disponible.
    El PNN, tal como se ha definido en las líneas anteriores, es el
que se obtiene a los precios de mercado, valorando la producción
a los precios de venta que, naturalmente, incluyen los impuestos
30 indirectos. Por esta razón, al PNN se le denomina frecuente-
mente «PNN a los precios de mercado», para diferenciarlo del
«PNN al coste de los factores», estimación en la cual se deducen
los impuestos indirectos. Este «PNN al coste de los factores» es
lo que precisamente recibe el nombre de *Renta Nacional* (RN),
35 que en rigor habría de calificarse de «RN en sentido estricto» por
el empleo a veces muy vago que se hace de la expresión RN,
asimilándola al PNB. Inicialmente, podemos definir la RN como la
corriente de bienes y servicios *recibidos* por la comunidad económica nacional durante un año.
Ramón Tamames: *Introducción a la economía española*, 1974, 401f.

TEXT 04d: Einführender Lehrbuchtext Währungspolitik

3. Einkommenstheoretische Ansätze zur Erklärung von Geldwertveränderungen

Es ist das Verdienst des englischen Zentralbank-Praktikers und Nationalökonomen JOHN MAYNARD KEYNES, in seinem Buch „Allgemeine Theorie der Beschäftigung, des Zinses und des Geldes"[1] nachdrücklich auf die Bedeutung der volkswirtschaftlichen
5 Gesamtgrößen Einkommen, Verbrauch, Sparen und Investitionen hingewiesen zu haben. Die von KEYNES erarbeiteten Thesen beleuchten die Zusammenhänge von einer neuen Seite. Für die Währungspolitik bilden sie die Grundlage der Erkenntnis, daß die Entscheidungen, die die Unternehmer, Konsumenten usw. über
10 die Verwendung ihrer Einkommen (Konsumieren, Sparen, Investieren) treffen, von Bedeutung für den Geldwert und seine Entwicklungen sind.

KEYNES geht von einem in sich geschlossenen Wirtschaftssystem aus. Er betrachtet die volkswirtschaftlichen Gesamtgrößen
15 als Werte einer und zwar derselben Periode. KEYNES setzt *Gesamteinkommen* (Y) und Wert der Produktion gleich und definiert beides als Summe aller Faktorkosten[2] plus Unternehmergewinne.[3]

Nach KEYNES entspricht der *Verbrauch* (C) dem Wert der Gü-
20 ter, die an Verbraucher verkauft wurden oder der Differenz zwischen dem Wert aller Verkäufe und dem Wert der Verkäufe von Unternehmen an Unternehmen. Als *Ersparnis* (S) bezeichnet KEYNES den Überschuß des Gesamteinkommens über den Verbrauch (S = Y – C). (...)
25 *Sparen* (Ersparnis) im Sinne von KEYNES hat nicht die Bedeutung, die man dem Wort im allgemeinen Sprachgebrauch beilegt. Es bedeutet ganz einfach Nichtverbrauchen, Nichtkonsumieren: Der Teil des Einkommens, der nicht konsumiert wird, ist zwangsläufig als Ersparnis anzusehen. Ersparnis bedeutet damit Nach-
30 frageausfall. Sparen ist bei Keynes einfach eine Restgröße, ein Residuum. In welcher Form sich die Ersparnis niederschlägt – auf Sparkonten, in Form von Wertpapieren, als Strumpfsparen etc. – ist für ihn ohne Bedeutung.

----

35 [1] München und Leipzig 1936, Nachdruck Berlin 1952; englischer Originaltitel: The General Theory of Employment, Interest and Money, London und New York 1936; Zitate nach der deutschen Ausgabe.
[2] Kosten der produktiven Faktoren.
[3] Vgl. J. M. Keynes, aaO, S. 20 und 55.

Helmut Lipfert, *Einführung in die Währungspolitik*, München: Beck, 1965, 21f.)

TEXT 04e: Einführender Lehrbuchtext Geisteswissenschaft
W. Wilss: Übersetzungsunterricht – Eine Einführung (1996)
<u>**TEIL 1: Begriffliche Grundlagen**</u>
V.   Übersetzungsregeln
Der Regelbegriff in der Übersetzungswissenschaft
Der Begriff und die Leistungsfähigkeit von Übersetzungsregeln ist
5 von der Übersetzungswissenschaft bisher kaum thematisiert worden – im Gegensatz zu Übersetzungspostulaten oder Überset-
zungsprinzipien, wovon das Postulat „so wörtlich wie möglich, so
frei wie nötig" wohl das bekannteste sein dürfte, vielleicht deswegen, weil weder der Begriff „Wörtlichkeit" noch der Begriff „Frei-
10 heit" noch das Verhältnis der beiden Begriffe zueinander präzise
definiert worden ist (Kade 1968). Von „Gesetzmäßigkeiten der
Übersetzung" spricht im deutschen Sprachraum m.W. zuerst
Jumpelt (1961, Kap. 3), der seine Überlegungen, offenbar im An-
schluß an die Stylistique comparée (Vinay/Darbelnet 1958) fol-
15 gendermaßen zusammenfaßt:

> Sofern die Gleichwertigkeit (einer Übersetzung; W.W.) nicht durch wörtli-
> che Übersetzungen erzielbar ist, treten andere Verfahrensweisen ins Bild,
> von denen vor allem Transposition und Modulation zum Nachweis der
> zwangsläufigen Verwandlungen geeignet scheinen. Entsprechung,
> 20 Gleichwertigkeit und Verfahren sind komplementäre Gesichtspunkte für
> die Wesensbestimmung der Übersetzungsvorgänge im Gegensatz zu Kri-
> terien und Kategorien ..., die Orientierungspunkte sowohl für Analyse als
> auch für die Praxis liefern sollen (1961, 51).

Von Übersetzungsregeln ist bei Jumpelt sinngemäß die Rede, in-
25 sofern er zwischen wörtlichen und nichtwörtlichen Übersetzungs-
prozeduren unterscheidet und damit auf interlinguale Formulie-
rungszwänge verweist, die sich in Form von Projektionsregeln
darstellen lassen. Die Funktion solcher Projektionsregeln ist es,
ausgangs- und zielsprachliche Regelinventare aufeinander zuzu-
30 ordnen. Der einfachste Fall einer Zuordnungsregel sind Standardlösungen vom Typ „Wenn X in AT, dann Y in ZT". Häufig sind die
Zuordnungsbedingungen komplexer: „Wenn X in AT, dann Y_1 –
Y_n in ZT".
Übersetzungsregeln i.e.S. diskutiert m.W. zuerst Neubert (1965),
35 der acht Regeln, vier grammatische und vier semantische, auf-
stellt. Diese acht Regeln sollen „eine Art von Beziehungssystem
darstellen, im Rahmen dessen man die Diskussion über die Über-
setzbarkeit klarer überschauen kann ... Bei Beachtung des
Zwecks einer Übersetzung müssen die angeführten 8 Regeln si-
40 cherlich noch modifiziert werden" (1965, 89).

TEXT 05a: Fachbuchtext Erziehungswissenschaft
Ciencia y no-ciencia

Los hombres resolvemos problemas mediante la razón. Se nos echan encima cotidianamente multitud de problemas —morales, afectivos, políticos, matemáticos, económicos, astronómicos, biológicos, religiosos... La razón se enfrenta con ellos a fin de dar
5 con la solución de los mismos. La humanidad no ha obtenido los mismos éxitos en cada tipo de problemas. Los primeros que resolvieron problemas con acierto indiscutible fueron los matemáticos; piénsese, por ejemplo, en Euclides. En cambio, los moralistas y los filósofos no han logrado éxitos verdaderamente tales.
10 En buena parte existe idéntica problemática a la planteada en el siglo v antes de Cristo, en Grecia, con respecto a este segundo tipo de problemas.

Puede observarse asimismo que la resolución de determinados problemas empieza a obtener éxitos notables cuando se
15 da con el método apropiado para ello. La física adquirió un rápido y espectacular desarrollo a partir del momento —siglos XVI y XVII— en que se abandonó la metodología especulativa de Aristóteles substituyéndola por el método experimental. Los geómetras griegos consiguieron sus logros merced a haber utilizado el méto-
20 do más apropiado para su menester: el método axiomático.

El avance en la solución de problemas está, pues, en relación con la metodología usada, la cual tiene que ser la propia. Un método resulta apropiado para un cierto tipo de problemas cuando se sabe con qué prueba se decidirá la cuestión planteada. Los
25 filósofos y los moralistas no tienen a mano pruebas concluyentes; los biólogos y los físicos, en cambio, saben siempre qué tipo de prueba decidirá la pregunta formulada. Podrán discutir entre ellos sobre los datos disponibles, pero piensan resolver las discrepancias acumulando más pruebas. No sucede lo propio con los teó-
30 logos y metafísicos; los tales saben que es inútil aguardar más datos.

Otra causa del éxito de unos y del fracaso de los otros en la resolución de dificultades reside en el mismo vocabulario usado. El geólogo y el físico, pongamos por caso, utilizan una no-
35 menclatura muy poco ambigua, —e. g. sinclinal, estrato, velocidad, peso... —; el metafísico, por el contrario, emplea un lenguaje muy impreciso —e. g. Dios, substancia, libertad...

Octavi Fullat: *Filosofías de la educación*, Barcelona ²1979. Deutsche Fassung (übersetzt von P. Härtl und C. Nord): *Philosophische Grundlagen der Erziehung*, Stuttgart 1982, 15f. (siehe Text 05c)

TEXT 05b: Fachbuchtext Wirtschaft

1.2 DEFINICIÓN DE LA INVESTIGACIÓN COMERCIAL

En la definición dada por la *American Marketing Association (AMA)*, se muestra la necesidad de información que necesitan los directores de marketing para poder tomar decisiones.

Investigación Comercial "es la sistemática aplicada a la bús-
5 queda, identificación objetiva, recogida, análisis y distribución de información con el propósito de asistir a la dirección en la toma de decisiones relacionadas con la identificación y solución de problemas y oportunidades en marketing".

Si se analiza detenidamente esta **definición** se observan los as-
10 pectos que caracterizan dicha actividad.

La Investigación Comercial es **sistemática**. La Investigación Comercial sigue un proceso totalmente planificado en cada una de sus fases. Los procedimientos seguidos en cada fase son metodológicamente sólidos, bien documentados y, en la medida de lo
15 posible, planificados de antemano.

La Investigación es **objetiva**, trata de suministrar información válida y apropiada que refleje la realidad de los hechos que busca. Es totalmente imparcial y no debe verse influida por el sesgo de los investigadores.

20 La Investigación Comercial **implica la identificación, recolección, análisis y distribución de información**. Cada fase del proceso es importante. En la primera fase del proceso de la investigación comercial se refiere a la necesidad de información para analizarla y tomar decisiones. Cada oportunidad de marke-
25 ting se convierte en un problema para ser investigado en términos de "**problema**" y de "**oportunidad**" que se intercambian. También las fuentes de información son identificadas y proporcionarán la información que se busca. Para conseguir esos datos se utilizan los métodos más apropiados para posteriormente ana-
30 lizar, interpretar y a veces inferir. Por último, la información obtenida se **distribuye** donde quiera que se necesite, para que cualquier nivel de la dirección de la empresa pueda tomar decisiones con ella.

S. Miguel, E. Biqué y otros, *Investigación de mercados*, Madrid 1999, 4f.

TEXT 05c: Fachbuchtext Erziehungswissenschaft (Übers. von 05a)
Wissenschaft und Nicht-Wissenschaft

Der Mensch löst Probleme mit Hilfe seiner Vernunft. Täglich werden wir mit einer Vielzahl von Problemen konfrontiert, seien es nun moralische, emotionale, politische, mathematische, wirtschaftliche, astronomische, biologische oder religiöse Probleme.
5 Die Vernunft setzt sich mit ihnen auseinander, um sie zu lösen. Die Menschheit ist aber nicht immer mit allen Arten von Problemen in gleichem Maße fertiggeworden. Die ersten, die ihre Probleme mit unbestreitbarem Erfolg gelöst haben, waren die Mathematiker, wie zum Beispiel Euklid. Die Ethiker und Philosophen
10 dagegen haben kaum echte Erfolge vorzuweisen. Sie stehen heute noch vor den gleichen Problemen wie etwa die griechischen Philosophen des 5. Jahrhunderts vor Christi Geburt.

Es ist auch festzustellen, daß erst dann Aussicht auf Erfolg bei der Lösung bestimmter Probleme besteht, wenn die geeignete
15 Methode existiert. Die Physik, zum Beispiel, erlebte von dem Augenblick an einen beachtlichen Aufschwung, als man im 16. und 17. Jahrhundert die spekulative aristotelische Methode durch die experimentelle Methode ersetzte. Die griechischen Mathematiker erlangten ihre Erfolge auf dem Gebiet der Geometrie erst dank
20 der für dieses Gebiet geeignetsten Methode, der Axiomatik.

Der Fortschritt bei der Lösung von Problemen steht also in einem bestimmten Verhältnis zur Adäquatheit der verwendeten Methode. Eine geeignete Methode für die Lösung einer bestimmten Art von Problemen hat man dann gefunden, wenn man weiß, wel-
25 ches Experiment Aufschluß über die betreffende Frage geben wird. Philosophen und Ethiker verfügen einfach nicht über effektive experimentelle Methoden wie etwa Biologen und Physiker, die immer wissen, welche Art von Experiment sie anstellen müssen, und die, auch wenn sie über die Beurteilung der verfügbaren Da-
30 ten nicht einig sind, doch erwarten, daß weitere Experimente die Meinungsverschiedenheiten klären werden. Theologen und Metaphysiker dagegen wissen, daß es nutzlos ist, weitere Daten abzuwarten.

Ein weiterer Grund dafür, daß die einen bei der Lösung ihrer
35 Probleme Erfolg haben und die anderen nicht, liegt in der Sprache, die sie verwenden. Der Geologe und der Physiker bedienen sich weitgehend eindeutiger Termini, wie etwa „Synklinale", „Formation", „Geschwindigkeit" oder „Gewicht", während der Metaphysiker sehr wenig präzise Bezeichnungen benutzt, wie etwa
40 „Gott", „Substanz", „Freiheit" usw.

TEXT 05d: Fachbuchtext Anthropologie
Ein Bild vom Menschen

Wenn man bemerkt, daß die Kultursphäre des Menschen in der
Tat eine biologische Bedeutung hat, so liegt es nahe, den für die
Zoologie bewährten Begriff der Umwelt auch hier anzuwenden,
wie es meistens geschieht. Aber es besteht doch ein wesentlicher
5   Unterschied: ohne Zweifel muß man ja die organische Mittellosig-
keit des Menschen und auf der anderen Seite seine kulturschaf-
fende Tätigkeit aufeinander beziehen und als biologisch eng sich
gegenseitig bedingende Tatsachen fassen. Von einer Einpassung
des Menschen in einen dieser Gattung von Natur her zugeord-
10 neten speziellen Komplex natürlicher Lebensbedingungen, wie
dies im exakten Begriff der Umwelt gedacht wird, kann gar keine
Rede sein. So wie sich die tierische, organische Spezialisierung
und die ihr jeweils zugeschnittene Umwelt zueinander verhalten,
so muß man die Unspezialisiertheit und morphologische Hilflosig-
15 keit des Menschen in seiner Kultursphäre sehen. Da diese aber
ein Inbegriff urwüchsiger Tatbestände ist, die der Mensch ins Lebensdienliche verändert hat, so gibt es von vornherein gar keine
natürlichen Grenzbedingungen menschlicher Lebensfähigkeit,
sondern nur technische Grenzbedingungen: nicht in der Natur,
20 sondern in den Graden der Bereicherung und Verbesserung seiner kulturschaffenden Tätigkeit, zuerst der Denkmittel und Sach-
mittel, liegen die Grenzen menschlicher Ausbreitung.
Der Mensch ist also organisch „Mängelwesen" (Herder), er wäre
in jeder natürlichen Umwelt lebensunfähig, und so muß er sich
25 eine zweite Natur, eine künstlich bearbeitete und passend gemachte Ersatzwelt, die seiner versagenden organischen Ausstattung entgegenkommt, erst schaffen, und er tut dies überall, wo
wir ihn sehen. Er lebt sozusagen in einer künstlich entgifteten,
handlich gemachten und von ihm ins Lebensdienliche veränder-
30 ten Natur, die eben die Kultursphäre ist. Man kann auch sagen,
daß er biologisch zur Naturbeherrschung gezwungen ist.

Aus: Arnold Gehlen: *Philosophische Anthropologie und Handlungsleh-
re*, Frankfurt/M. 1983, S. 55 (zit. nach Weinrich 1993: 365f.)

TEXT 06a: Mietvertrag einer Autovermietung
CONDICIONES DE ALQUILER

1. UTILIZACION DEL VEHICULO: El arrendatario reconoce que el vehículo alquilado está en perfectas condiciones mecánicas, de conservación y limpieza, que lo recibe con la documentación y una copia del CONTRATO DE ALQUILER, que deberá ser de-
5 vuelto en perfecto estado en el lugar, fecha y hora que figura en el anverso o al ser requerido por ITAL-INTERRENT, S.L. quien se reserva el derecho de rescindir anticipadamente el contrato, sin otra obligación que la de comunicarla al arrendatario. Cualquier alteración o prorroga deberá ser expresamente autorizada
10 por escrito y sellada por ITAL-INTERRENT, S.L., constituyendo apropiación indebida la retención impuesta unilateralmente por el arrendatario. El arrendatario utilizará y conducirá el vehículo diligentemente respetando la Ley de Tráfico y Seguridad Vial y demás disposiciones complementarias, así como observando las si-
15 guientes normas expresamente pactadas. El vehículo

    A/ No podrá llevar más pasajeros que los permitidos por las leyes.

    B/ No podrá ser utilizado para la carga y transporte de mercancía, salvo los vehículos industriales y mixtos.

20   C/ En ningún caso, podrá ser utilizado para transporte o reparto de mensajerías y mercancías de SERVICIO URGENTE.

    D/ Deberá ser adecuadamente estacionado; el arrendatario asume completa responsabilidad por cualquier infracción
25   de las normas de tráfico, estacionamiento, transporte, carga y descarga cometidas.

SE PROHIBE EXPRESAMENTE AL ARRENDATARIO:

    1°/ Permitir que conduzcan personas no autorizadas expresamente por ITAL-INTERRENT, S.L. en el anverso del con-
30   trato.

    2°/ Transportar personas, mercancías o cualquier tipo de actividad con el vehículo, que constituye subarriendo.

    3°/ Participar en carreras de velocidad, concurso, competición deportiva o privada, o en sus entrenamientos.

35   4°/ Conducir o permitir que sea conducido el vehículo en inferioridad de condiciones físicas o psíquicas, motivadas por el consumo de alcohol, drogas, medicamentos o en estado de fatiga o enfermedad.

    5°/ Utilizar el vehículo para mover o remolcar otros vehículos.

    (...)

BUDGET AUTOVERMIETUNG, Flughafen Málaga (1999).

TEXT 06b: Allgemeine Geschäftsbedingungen (Touristik)

Condiciones generales

Las visitas y excursiones que figuran en este programa, comprenden: El transporte en autocar, las entradas a monumentos, el almuerzo en las de día completo y los servicios de guía. No se incluyen toda clase de extras. Los precios, horarios e itinerarios

5 del programa pueden ser modificados si las circunstancias lo imponen, en cuyo caso los clientes podrán optar por aceptar las modificaciones que se produzcan, de las que se informará antes de iniciarse el servicio, o solicitar el reembolso del importe abonado, a través de la oficina emisora del ticket, sin opción a in-

10 demnización o reembolso parcial. Una vez iniciada la visita o excursión, todos los componentes han de someterse a la correcta disciplina del guía, quien se halla suficientemente facultado para introducir cuantas modificaciones aconsejen o impongan las circunstancias, bien por razones de coincidencia, tanto de orden

15 oficial o privado, como por otras. El abandono o separación del grupo durante la excursión, por causas no imputables a la Organización, supone la pérdida de todo derecho de reclamación total o parcial o indemnización. La Agencia de Viajes hace constar que opera como intermediario entre los clientes y la compañía de

20 transporte, restaurantes o cualquier otro prestatario. Tampoco se responsabiliza de retrasos, pérdidas, accidentes, daños u otras irregularidades que puedan ocurrir. La inscripción a cualquiera de estas excursiones supone la conformidad y aceptación a estas condiciones.

Aus dem Faltblatt „Valencia", Galerías Preciados, vgl. Nord 2001, 74.

TEXT 06c: Kaufvertrag

Verkaufs- und Lieferungsbedingungen für Barzahlungs- und Teilzahlungskaufverträge

1. Der Kaufvertrag wird wirksam, wenn die Verkäuferin dieses schriftlich bestätigt oder die Annahme des Vertrages sofort erklärt. Zur Annahme des Vertrages genügt die Unterschrift des Beauftragten der Verkäuferin. Eine gesonderte schriftliche Auftrags-
5 bestätigung ist für das Wirksamwerden des Kaufvertrags nicht notwendig.

2. Mündliche Abreden, Zusagen, sowie zugesicherte Eigenschaften der verkauften Ware, die nicht im Kaufvertrag enthalten sind, bedürfen zur Rechtsgültigkeit der schriftlichen Bestätigung.
10 Echtholzfurniere sowie Leder und Marmorplatten sind Naturprodukte. Daher kann das gekaufte Möbelstück sowohl in der Struktur als auch in der Maserung vom Muster abweichen. Diese Abweichungen begründen keinen Beanstandungsanspruch.

3. Wird der Kaufvertrag ohne Rechtsanspruch durch den Käufer
15 annulliert, oder erklärt er den Rücktritt vom Vertrag, ohne hierzu berechtigt zu sein, kann die Verkäuferin 25% der Kaufsumme als Schadenersatz fordern, es sei denn, der Käufer weist nach, daß ein Schaden nicht oder wesentlich niedriger entstanden ist. Bei Abnahmeverweigerung kann die Verkäuferin ebenfalls 25% des
20 Kaufpreises als Schadenersatz verlangen.

4. Der Käufer verpflichtet sich, einen evtl. Wohnungswechsel unverzüglich schriftlich mitzuteilen.

5. Die ausgewiesenen Preise auf den Kaufverträgen und den Rechnungen sind Endpreise. Ein nachträglicher Skontoabzug ist
25 nicht zulässig. Der Kaufpreis oder ein evtl. Restbetrag ist spätestens bei Lieferung an unser inkassoberechtigtes Auslieferungspersonal in bar oder per Scheck zu zahlen. Bei Nichtzahlung behalten wir uns vor, die Auslieferung zu verweigern.

6. Die Kaufgegenstände bleiben bis zur vollständigen Bezahlung
30 des Kaufpreises das unveräußerliche Eigentum der Verkäuferin.

7. Falls durch Umstände, die die Verkäuferin nicht zu vertreten hat, die Ware mehr als einmal angeliefert werden muß, sind die Mehrkosten hierfür zu erstatten.

8. Teilannullierungen und Änderungsaufträge haben nur Rechts-
35 gültigkeit, wenn nach Abschluß eines neuen Kaufvertrages die schriftliche Zustimmung der Verkäuferin erfolgt. (...)

15. Alle weiteren Bedingungen werden nach dem geltenden Recht geregelt.

Der Küchenchef, Albert-Vater-Str.70, 39108 Magdeburg (11/1996)

TEXT 06d: Geschäftsbedingungen (Touristik, vermutl. Übersetzung)
KONDITIONEN UND INFORMATIONEN

1. Die Preise der Ausflüge beinhalten Transport, Fährenticket, Reiseführer und Eintrittspreise. Die Bootsfahrt zur Blauen Grotte ist nicht enthalten.

2. Bei der Besichtigung von Kirchen bitten wir Frauen, die Arme bedeckt zu halten und keine kurzen Shorts oder Röcke zu tragen. Auch Herren werden gebeten, keine Shorts zu tragen.

3. Einige Ausflüge finden an Feiertagen nicht statt. Informationen darüber erhalten Sie bei Ihrer Reiseleitung.

4. Wir behalten uns vor, Gäste von den Ausflügen auszuschließen, wenn ihr Benehmen andere Gäste gefährdet oder belästigt. In diesem Fall schließen wir jegliche Haftung unsererseits aus.

5. Bitte tragen Sie während der Ausflüge Ihren Sticker, um Ihnen und den Reiseführern die Identifikation zu erleichtern.

6. Wir behalten uns vor, die Preise ohne Ankündigung zu ändern. Jegliche Rückerstattung der Kosten ist ausgeschlossen, wenn ein Gast ohne vorherigen Bescheid nicht zur vereinbarten Zeit am Treffpunkt erscheint.

7. Kostenloser Transfer wird von/zum Hotel oder dem nächstgelegenen Treffpunkt gewährleistet.

8. Der Veranstalter behält sich das Recht vor, Ausflüge zu stornieren, zu ändern oder Teile des Programmes abzuändern oder zusätzliche Programmpunkte aufzunehmen. Der Veranstalter übernimmt keine Haftung, wenn solche Änderungen auf Umstände, die außerhalb seiner Kontrolle liegen, zurückzuführen sind. Dazu zählen Streiks, Wetterbedingungen, Unruhen usw.

9. SMS ist durch die maltesischen Behörden lizensiert zur Organisation und Ausführung der Ausflüge. Die Preise enthalten keine versteckten Extras und alle Zusatzprogramme werden nur über ebenfalls voll lizensierte Veranstalter eingebucht. Einige Veranstalter offerieren günstigere Preise und damit auch schwächere Qualität. SMS steht für gute Qualität.

10. Diese Broschüre ist gültig vom 1. April bis 31. März 2000.

SMS Travel & Tourism, Sliema/Malta.

Text 06e: Versicherungsvertrag
Bedingungen für die Versicherung von Flugrückholkosten und von Kosten für Verlegungsflüge (EUROPA Krankenversicherung AG, Auszug)
Tarif RK

§ 1
Gegenstand, Umfang und Geltungsbereich
des Versicherungsschutzes

(1) Der Versicherer bietet Versicherungsschutz

5 a) für medizinisch notwendige und ärztlich angeordnete Rettungsflüge eines Erkrankten aus dem Ausland zu dem dem Wohnsitz der versicherten Person nächstgelegenen geeigneten Krankenhaus. Dazu zählen auch die Aufwendungen für ärztliche und sonstige medizinische Betreuung während des
10 Fluges. Als Ausland gilt nicht das Staatsgebiet, dessen Staatsangehörigkeit die versicherte Person besitzt oder in dem sie einen ständigen Wohnsitz hat;

b) für medizinisch notwendige und ärztlich angeordnete Rettungs- und Verlegungsflüge innerhalb der Bundesrepublik
15 Deutschland einschließlich des Landes Berlin, auch wenn diese nicht im Zusammenhang mit einer Reise stehen.
Der Versicherer gewährt im Versicherungsfall Ersatz von Aufwendungen für vereinbarte Leistungen.

(2) Versicherungsfall ist die medizinisch notwendige Heilbe-
20 handlung einer versicherten Person wegen Krankheit oder Unfallfolgen, in deren Verlauf ein Rettungs- bzw. ein Verlegungsflug medizinisch notwendig wird. Der Versicherungsfall beginnt mit der Heilbehandlung; er endet, wenn nach medizinischem Befund Behandlungsbedürftigkeit nicht mehr besteht.

25 (3) Der Umfang des Versicherungsschutzes ergibt sich aus dem Versicherungsschein, späteren schriftlichen Vereinbarungen, diesen Versicherungsbedingungen sowie den gesetzlichen Vorschriften der Bundesrepublik Deutschland.

(4) Versicherungsfähig sind Personen mit ständigem Wohnsitz in
30 der Bundesrepublik Deutschland einschließlich des Landes Berlin.

§ 2
Beginn des Versicherungsschutzes

Der Versicherungsschutz beginnt mit dem vereinbarten Zeitpunkt
35 (Versicherungsbeginn), jedoch nicht vor Abschluß des Versicherungsvertrages und vor Zahlung des Beitrags.

§ 3
Abschluß und Dauer des Versicherungsvertrages

(1) Der Versicherungsvertrag kommt mit der Annahme des ordnungsgemäß ausgefüllten Antrages (Einzahlungsvordruck) durch
40 den Versicherer zustande. Ordnungsgemäß ausgefüllt ist der An-
trag nur, wenn er eindeutige und vollständige Angaben über den
gewünschten Versicherungsbeginn und die zu versichernden
Personen enthält.

(2) Wird die Versicherung auf dem von dem Versicherer hierfür
45 vorgesehenen und gültigen Einzahlungsvordruck beantragt und
erfolgt die Beitragszahlung über ein Postamt oder über ein Kre-
ditinstitut, so gilt der Vertrag vorbehaltlich des Einganges des
ordnungsgemäß ausgefüllten Antrages (Einzahlungsvordruck)
beim Versicherer bereits mit dem Tage der Einzahlung des Bei-
50 trages (Datum des Poststempels bzw. des Kreditinstitutes ist
maßgebend) als zustande gekommen. Als Versicherungsschein
gilt der Quittungsbeleg des Einzahlungsvordruckes.

(3) Der Versicherungsvertrag gilt für 365 Tage (Versicherungs-
dauer) ab Versicherungsbeginn.

55   § 4
Umfang der Leistungspflicht

Der Versicherer ersetzt den Vermögensschaden, der durch Aufwendungen für medizinisch notwendige Rettungs- und/oder Verlegungsflüge gemäß § 1, Abs. 1 entsteht.

60   § 8
Beitragszahlung

Der Beitrag ist ein Einmaljahresbeitrag und spätestens bei Abschluß des Versicherungsvertrages zu zahlen. Er beträgt pro Person 7,20 DM.

65   § 9
Obliegenheiten

(1) Der Anspruch auf Versicherungsleistungen muß unverzüglich
geltend gemacht werden.

(2) Der Versicherungsnehmer hat auf Verlagen des Versicherers
70 jede Auskunft zu erteilen, die zur Feststellung der Leistungspflicht
des Versicherers und ihres Umfanges erforderlich ist.

Text 06f: Beförderungsvertrag (Fluggesellschaft)
Vertragsbedingungen eines Luftfrachtführers

1. Im Sinne dieses Vertrages bedeutet: „Flugschein" dieser Flugschein und Gepäckabschnitt, dessen Bestandteil diese Bedingungen und Hinweise sind; „Luftfrachtführer" alle Luftfrachtführer, die den Fluggast oder sein Gepäck aufgrund dieses Flugscheins
5 befördern oder sich hierzu verpflichten oder die sonstigen Dienstleistungen im Zusammenhang mit der Beförderung erbringen; „WARSCHAUER ABKOMMEN" das Abkommen zur Vereinheitlichung von Regeln über die Beförderung im internationalen Luftverkehr, gezeichnet in Warschau am 12. Oktober 1929, oder
10 dieses Abkommen in der Fassung von Den Haag, gezeichnet am 28. September 1955, je nachdem, welches zur Anwendung kommt.

2. Die Beförderung aufgrund dieses Flugscheines unterliegt der Haftungsordnung des Warschauer Abkommens, es sei denn, daß
15 diese Beförderung keine „internationale Beförderung" im Sinne des Abkommens ist.

3. Im übrigen unterliegen Beförderungen und sonstige Dienstleistungen des Luftfrachtführers (I) den in diesem Flugschein enthaltenen Bedingungen, (II) den anwendbaren Tarifen, (III) den
20 Beförderungsbedingungen und sonstigen Bestimmungen des Luftfrachtführers, die Bestandteile dieses Vertrages sind (und auf Wunsch in den Büros des Luftfrachtführers eingesehen werden können); auf Beförderung von/nach Orten in den USA oder in Kanada finden die dort geltenden Tarife Anwendung. (...)

25 5. Der Luftfrachtführer, der einen Flugschein zur Beförderung auf Diensten eines anderen Luftfrachtführers ausstellt, handelt insoweit nur als dessen Agent.

6. Ausschluß oder Beschränkungen der Haftung des Luftfrachtführers gelten sinngemäß auch zugunsten der Agenten, Ange-
30 stellten und Bevollmächtigten des Luftfrachtführers, ferner zugunsten jeder Person, deren Flugzeug vom Luftfrachtführer zur Beförderung benutzt wird, einschließlich deren Agenten, Angestellten und Bevollmächtigten. (...)

8. Der Luftfrachtführer ist nach besten Kräften bemüht, Fluggast
35 und Gepäck möglichst pünktlich zu befördern.

10. Der Fluggast muß selbst behördlich festgelegte Reiseformalitäten erfüllen, erforderliche Ausreise-, Einreise- und sonstige Dokumente vorweisen sowie auf dem Flughafen zu der vom Luftfrachtführer bestimmten Zeit oder, wenn keine Zeit bestimmt ist,
40 frühzeitig genug zu seiner Abfertigung zum Flug eintreffen.

Kreutzer Touristik, Standardbedingungen des Beförderungsvertrages

TEXT 07a: Pressebericht

El ministro ruso de Defensa llega a Dagestán
para dirigir la ofensiva

RODRIGO FERNÀNDEZ, Moscú

El ministro de Defensa ruso, Ígor Serguéyev, viajó ayer a Ma-
5 jachkalá, la capital de Daguestán, para controlar en el lugar la
preparación de la nueva ofensiva contra los rebeldes islámicos y
coordinar a las diferentes estructuras que participan en los combates. El presidente, Borís Yeltsin, entregó el martes la jefatura
de la campaña al Ministerio de Defensa, relegando a un segundo
10 plano al de Interior. En las operaciones contra los rebeldes, que
pretenden crear un Estado islámico independiente en la zona,
también participan milicias de voluntarios daguestanos. Serguéyev, que se reunió con las máximas autoridades de Daguestán, afirmó que "las tropas están preparadas para cumplir la
15 operación en un plazo muy breve".

Mientras tanto, los militares continuaron bombardeando las posi-
ciones de los integristas, a los que han causado grandes daños,
según se aprecia en las últimas imágenes llegadas desde la zona. En ellas también se puede ver a un preocupado Shamil Ba-
20 sáyev, el comandante checheno que lidera a los muyahidin daguestanos, en contraste con las que hace unos días le mostraban
sonriente y confiado.

Los combates más intensos se desarrollaron ayer en la aldea de
Tandó, que los rusos están tratando de recuperar sin éxito en
25 una operación en la que ocho soldados resultaron muertos y 20
heridos.

El País, 19 agosto 1999 – n° 1203.
digital@elpais.es/publicidad@elpais.es

TEXT 07b: Pressebericht
Sergejew nach Dagestan gereist
Moskau bereitet offenbar Großoffensive vor

Moskau (Reuters/dpa/AP) – Russlands Verteidigungsminister Igor
Sergejew ist am Mittwoch nach Dagestan gereist, um mit der
5 Führung der russischen Kaukasus-Republik über eine Beendigung der Kämpfe mit den islamischen Rebellen zu sprechen. Das
Verteidigungsministerium teilte in Moskau mit, Sergejew werde in
der Republik-Hauptstadt Machatschkala an einem Treffen des
dortigen Staats- und Sicherheitsrats teilnehmen. Aus Sicherheits-
10 gründen werde das Besuchsprogramm des Ministers geheim gehalten. Beobachter vermuten, dass Sergejew eine Großoffensive
der russischen Armee gegen die Aufständischen vorbereiten will,
die sich unter tschetschenischer Führung in einigen Berggebieten
festgesetzt haben. Präsident Boris Jelzin hatte am Dienstag dem
15 Verteidigungsministerium die Schlüsselrolle bei der Niederwer-
fung der Rebellion zugewiesen. Die Befehlsgewalt über die in
Dagestan kämpfenden Truppen war vom Innenministerium auf
das Verteidigungsministerium übertragen worden. Der neue Mini-
sterpräsident Wladimir Putin hatte die russischen Streitkräfte auf-
20 gefordert, den Aufstand innerhalb kürzester Zeit niederzuschla-
gen.

Die seit mehr als einer Woche andauernden Kämpfe zwischen
den russischen Truppen und den muslimischen Rebellen gingen
unterdessen weiter. Russland nahm nach eigenen Angaben den
25 strategisch wichtigen Bergpass Charami an der Grenze zwischen
Dagestan und Tschetschenien ein. Dadurch werde den Rebellen
der Weg für Nachschub aus dem abtrünnigen Tschetschenien
abgeschnitten, meldete die Agentur Interfax. Der Eroberung waren schwere Kämpfe unter Einsatz von Artillerie und Kampfflug-
30 zeugen vorausgegangen. Die Rebellen fügten der russischen
Armee ihre bisher schwersten Verluste an einem Tag zu. Sie tö-
teten acht Soldaten und verletzten 20. Die Aufständischen haben
vorige Woche eine Islamische Republik ausgerufen. Sie wollen
einen Zusammenschluss mit Tschetschenien.

SZ-ONLINE. 18.08.99, Politik

TEXT 08a: Comic (Übersetzung aus dem Französischen)
Asterix en Hispania

Estamos en el año 50 antes de Jesucristo. Toda la Galia está ocupada por los romanos... ¿Toda? ¡No! Una aldea poblada por irreductibles galos resiste todavía y siempre al invasor. [...]

> Esa mañana del 17 de marzo del año 45 a. de J.C., todo está
> 5 apacible en el pueblecito galo que ya conocemos bien. Sin em-
> bargo, aquella calma va a ser turbada por acontecimientos que
> se desarrollan muy lejos de allí, en la Hispania ulterior.

(Fischhändlerin:) ¡Fresquito, fresquito, el pescadito!

(Fischhändler:) ¡Que se mueve! ¡Que se mueve! ¡Pescado vi-
10 voooo!

(Asterix:) ¿Y si compramos, para variar?

(Obelix:) ¿Para variar? ¡No he comido más que dos jabalíes hoy!

> Un año después de su victoria de Tapso sobre los Pompeyos,
> César acaba de vencer a los últimos supervivientes de Munda*,
> 15 sometiendo toda la Hispania al imperio de Roma... *Montilla

(Cäsar:) Legionarios, estoy contento de vosotros.

> Antes de volver a Roma, donde le aguarda un triunfo, Julio César
> pasa revista a su vieja guardia: gloriosa X^a Legión.[1]
> Aquel gesto encantador extraña a algunos Iberos que asisten a la
> 20 escena.

(1. Iberer:) ¡Vaya, hombre! ¿Qué le está haciendo a ése?

(2. Iberer:) Quiere decir que le va a conceder la oreja, por haber luchado bien.

> Y como los Iberos pertenecen a una raza orgullosa y noble, siem-
> 25 pre están dispuestos a admirar a los luchadores valerosos.

(1. bis 5. Iberer:) ¡Olé!

---

[1] Pincha la oreja de uno de los legionarios.

Guión: Goscinny, Dibujos: Uderzo.
COLECCION PILOTE, EDITORIAL BRUGUERA, S.A., Barcelona 1970.

TEXT 8b: Comic (Übersetzung aus dem Französischen)
Asterix in Spanien

Wir befinden uns im Jahre 50 v. Chr. Ganz Gallien ist von den Römern besetzt... Ganz Gallien? Nein! Ein von unbeugsamen Galliern bevölkertes Dorf hört nicht auf, dem Eindringling Widerstand zu leisten. [...]

5 | Am Morgen des 17. März des Jahres 45 v.Chr. herrscht Frieden in dem kleinen, uns wohlbekannten gallischen Dorf. Bald jedoch soll diese Ruhe gestört werden durch Ereignisse, die sich in weiter Ferne abspielen, im südlichen Hispanien.

(Fischhändlerin:) Frische Fische! Frischgefischte Fische!

10 (Fischhändler:) Fische! Schöne, frische Fische!

(Asterix:) Ob wir zur Abwechslung mal Fisch kaufen?

(Obelix:) Abwechslung?! Ich hab' heut' doch erst zwei Wildschweine gegessen!

15 | Ein Jahr nach seinem Sieg über die Pompejaner bei Thapsus hat Cäsar durch die siegreiche Schlacht bei Munda* ganz Hispanien unter römische Herrschaft gebracht... *Montilla

(Cäsar:) Legionäre, ich bin zufrieden mit euch!

Vor seiner Rückkehr nach Rom, wo ihn ein Triumphzug erwartet, ehrt Cäsar seine alte Garde: die glorreiche X. Legion.[1]
20 | Diese charmante Geste erstaunt einige Iberer, die die Szene beobachten...

(1. Iberer:) Ay, Mann! Was macht er da?

(2. Iberer:) Ich glaube, er gewährt ihm ein Ohr, weil er sich so wacker geschlagen hat!

25 | Und da die Iberer einer stolzen und edlen Rasse angehören, sind sie stets bereit, mutige Krieger zu bewundern...

(1. bis 5. Iberer): Olé!

---

[1] Er kneift einen Legionär ins Ohrläppchen.

TEXT: Goscinny, ZEICHNUNGEN: Uderzo; EHAPA VERLAG STUTTGART

TEXT 09a: Tourismus-Werbeprospekt
COMUNIDAD VALENCIANA

Una hermosa tierra, acogedora y alegre, le espera a orillas del
Mediterráneo. Venga y ponga a prueba sus sentidos: la Costa
Blanca, Benidorm, Valencia y la Costa del Azahar le esperan.
Disfrute del sol y la playa, aproveche el clima y practique su de-
5 porte favorito, descubra su historia y sus monumentos, conozca a
sus gentes y comparta sus fiestas, siga el curso de sus ríos, des-
canse en sus fuentes, recorra sus caminos... ¡Déjese sorprender
por la Comunidad Valenciana!
23.505 km^2 a su alcance. Desde la orilla del Mediterráneo hasta
10 las grandes sierras del interior, la Comunidad Valenciana le invita
a disfrutar con los más bellos y diversos entornos naturales: arro-
zales, salinas, naranjales, áridas mesetas interiores, bosques
mediterráneos, profundos cañones tallados por los ríos y calas
escondidas.
15 485 km de costa para disfrutar del mar. Las aguas transparentes
acarician extensas playas, de arena o de fina grava; los acanti-
lados dominan el horizonte azul y protegen sus calas solitarias.
De cálidas aguas en verano y otoño, y excelentes solariums incluso en invierno, ofrecen una gran variedad: las tranquilas de ti-
20 po familiar, las bulliciosas tan de moda, las más aisladas y menos
concurridas o las cercanas a las grandes ciudades. Tomar el sol
y un buen baño en playas conocidas internacionalmente por su
calidad, como las de Benidorm; playas extensas de arena dorada
como las de Gandía, Guardamar, Oropesa del Mar, Alacant y
25 Sagunto; otras tan bellas como las de Peñíscola, con el castillo
del Papa Luna al fondo; recónditas calas en Benissa y Teula-
da/Moraira... Una variadísima costa con una característica co-
mún: la limpieza y los servicios de sus playas, que reciben año
tras año la bandera azul de la CE y convierten a la Comunidad
30 Valenciana en el destino turístico con más banderas azules de
Europa.
Para conocer el estado de las playas consulte al tel. 900 21 07 63
(sólo en verano).
TIERRA adentro, entre montañas, valles y ríos, descubrirá tran-
35 quilos parajes para disfrutar de la naturaleza. De norte a sur, en-
contrará once espacios naturales protegidos que albergan espe-
cies únicas de flora y fauna mediterráneas.
La dilatada historia de estas tierras y el espíritu creativo de sus
habitantes han marcado el desarrollo cultural de la Comunidad
40 Valenciana.

TEXT 09b: Tourismus-Hochglanzbroschüre
BARCELONA
La Catedral y el Barri Gòtic
La **Catedral** de Barcelona inició su construcción en el año 1298 sobre los restos de una anterior catedral románica (que a su vez se levantaba sobre el asentamiento de una supuesta capilla pa-
5 leocristiana datada en el siglo IV), finalizándola, en estilo gótico, en el año 1459, aunque la fachada principal y cimborio se realizaron a finales del pasado siglo. En su interior, destaca la **Cripta de Santa Eulàlia**, situada bajo el presbiterio, con una curiosa bóveda casi plana dividida en 2 arcos, bajo la cual se encuentra el
10 sarcófago de la santa. Esta sepultura data del siglo XIV y está sostenida por lisas columnas de alabastro tallado. Además, la sillería del Coro, en el que destaca su pintura y orfebrería, y la **Sala Capitular** donde se venera la imagen del Sant Crist de Lepant, que estuvo embarcada en la nave de Don Juan de Austria
15 en la batalla de Lepanto. Junto al Altar Mayor de esta catedral (consagrado en el año 1337) sobresale también un retablo de madera datado en el siglo XV. Para acceder a este templo existen más de una entrada. La **porta de Sant Iu**, la más antigua, en la actual calle de **Els Comtes** y las de **Santa Eulàlia**, **Santa**
20 **Llúcia** y **De la Pietat**. Por todas ellas se accede al bello claustro (siglo XIV), rodeado también por capillas que miran al patio interior. Adosada a él, la **Capella de Santa Llúcia**, del 1268. En 1929, la **Catedral** de Barcelona fue declarada Monumento Histórico Artístico de Interés Nacional.
25 Alrededor de la seo barcelonesa, se reparten una larga lista de bellos e insignes edificios que configuran el casco antiguo de la ciudad en lo que se conoce como Barri Gótic. Nada más salir de la catedral, en el Pla de la Seu, destaca la Casa de la Pia Almoina (del siglo XV, construida para acoger a esta institución
30 benéfica). ...
El mar venció la batalla
Una de las gestas más importantes realizadas con ocasión de la creación de nuevas infraestructuras para la Barcelona Olímpica de 1992, fue la recuperación para la ciudad de su fachada maríti-
35 ma. Durante décadas, ésta había permanecido recluída tras un sinfín de fábricas, vías de tren y almacenes que, con el desarrollo industrial, se edificaron frente a la playa. Con los proyectos ya finalizados, su actual puerto (dividido en **Port Vell** y **Port Nou**) ha sido rehabilitado con las últimas innovaciones.
© EDITORIAL ESCUDO DE ORO, S. A. Barcelona, 2ª Ed., Marzo 1995

TEXT 09c: Tourismus-Werbebroschüre
Sachsen-Anhalt – Traditionell gastfreundlich

Die Altmark – Wo der Himmel endlos weit ist
Backsteine erzählen die Geschichte

Goldrot schimmern die Ziegelfassaden der Stadtmauern, Tore und Türme, der Kirchen und Rathäuser in den Städten der Alt-
5 mark im späten Sonnenlicht. Kunstvoll gemauert, mitunter von schwarzglasierten Bändern durchzogen, erzählen sie die Geschichte einer frühen und langanhaltenden Blüte. So gehörten Gardelegen, Stendal, Salzwedel, Osterburg, Werben und Tangermünde der Hanse an und bildeten 1322 den „Altmärkischen Stä-
10 dtebund". Wehrhaft und prächtig hat vieles die Wirren des 30jährigen Krieges überlebt, was zwischen dem 12. und dem 15. Jahrhundert erbaut worden ist. Zusammen mit den vielfach geschlossen erhaltenen Straßenzügen aus den letzten drei Jahrhunderten vermitteln diese Backsteinbauten aus der Romanik
15 und der Gotik einen eindrucksvollen Überblick über die Entwicklung der Altmark. Die größte Stadt der Altmark ist Stendal, wo einst Joachim Winckelmann geboren wurde. In seinem Geburtshaus erinnert heute ein Museum an den Begründer der klassischen Archäologie. Wertvolle Sammlungen zur Frühgeschichte
20 der Mark finden sich im Altmärkischen Museum, das im ehemaligen Katharinenkloster untergebracht ist. Im 30jährigen Krieg kaum zerstört, ist das mittelalterliche Salzwedel in wesentlichen Teilen erhalten geblieben. Mit den wertvollen Sammlungen des Johann-Friedrich-Danneil-Museums in der Probstei und den Erin-
25 nerungen an Jenny Marx in deren Geburtshaus weist die Stadt weitere interessante Ziele auf. Wer sich Tangermünde, der alten Kaiserstadt an der Elbe nähert, braucht angesichts der weitgehend erhaltenen Mauern und Türme nicht viel Phantasie, um sich ins Mittelalter zurückversetzt zu fühlen. Unweit der Stadt liegt das
30 einzigartige Prämonstratenserkloster Jerichow.
Magdeburg – Metropole seit altersher

Mit 1100jähriger Geschichte hat die auf einen Handelsplatz Karls des Großen zurückgehende Elbmetropole heute eine neue Aufgabe: Als Landeshauptstadt bestimmt sie das Tempo der Moder-
35 nisierung Sachsen-Anhalts wesentlich mit. Einst Lieblingsstadt Ottos des Großen, im 30jährigen Krieg zerstört, als prachtvolle Barockstadt und Industriezentrum des 19. Jahrhunderts ein Opfer der Bomben des 2. Weltkrieges, hält sie neben dem hochaufragenden Dom immer noch bemerkenswerte Zeugnisse früher Grö-
40 ße bereit.

TEXT 09d: Tourismus-Hochglanzbroschüre
Urlaubsinsel Langeoog – Sternstunden für die Seele

Der 12-Sterne-Urlaub

Langeoog für Widder: Die Kraft der Elemente
Er schätzt die Freiräume einer Insel. Und die Widderfrau ist eine
echte Amazone. Wer eine Lektion im Beachvolleyball möchte,
5   kann sich gerne bei ihr melden. Sie geht keinem Kampf aus dem
Weg. Selbstbewußt suchen alle Widder den direkten Wettstreit
und jeder neue Tag bietet diesen Draufgängern dafür andere
spannende Möglichkeiten. Sich kopfüber ins Wasser stürzen und
nach Herzenslust herumtollen. Oder spontan und offen an einem
10 Turnier teilnehmen. Alles, was Spaß macht und ein Abenteuer
verspricht, reizt die feurigen Widder.
Für den energiegeladenen Widder ist das ganze Leben eine Her-
ausforderung und der Urlaub auf Langeoog erst recht. Begeistert
stellt er sich dem Kampf mit der Welle und allen anderen, die mit
15 ihm die Kräfte messen wollen. Sport an der frischen Nordseeluft;
das ist voll nach seinem Geschmack. Bewegung, Bewegung,
Bewegung und den ganzen Tag den Körper spüren. Was ist so
schlimm daran, der Schnellste zu sein? Der Widder liebt diese
Aktivitäten.
20 **Langeoog für Stiere: Das Echte genießen**
Der ruhige und friedliebende Stier verlangt von seinem Urlaub auf
Langeoog vor allem eins: Entspannen, zu sich selbst finden und
ja nichts überstürzen. Er genießt es, durch die autofreien Straßen
zu schlendern, in Cafés einzukehren und sich endlich mal etwas
25 zu gönnen. Stiere haben einen verwöhnten Gaumen und es bereitet ihnen eine außerordentliche Freude, die verschiedensten
Restaurants durchzutesten, um gründlich und stilsicher das Beste
herauszuschmecken.
Geschmack und einen ausgeprägten Sinn für die schönen Dinge
30 des Lebens hat eben nicht jeder. Der qualitätsbewußte Stier erkennt den Wert einer Sache sofort. Sein feines Gespür für Harmonie läßt ihn stets eine sichere Wahl treffen. Und dann helfen
keine Diskussionen. Einen Stier von einer Entscheidung abzu-
bringen, darauf sollten Sie im Urlaub vielleicht doch verzichten.
35 Bummeln, in Galerien stöbern und sich an kleinen Schätzen erfreuen. Das läßt das Herz eines Stieres höher schlagen. Und
wenn der Abend schließlich mit einem besinnlichen Spaziergang
ausklingt, entwickelt sich der charmante Stier zu einem der zu-
traulichsten Sternzeichen überhaupt.

TEXT 10a: Bedienungsanleitung (Haartrockner)

Secador CORDFREE 1.800 W, más potente y más ligero
El secador Solac CORD-FREE 1.800 W que Ud. acaba de adquirir pertenece a una nueva generación de secadores que se distinguen por su mayor potencia y ligereza, y que además incorpora
5 la última innovación en secadores: el recogecables automático, que le permitirá olvidarse de enrollar el cable cada vez que lo use, ya que con sólo presionar un botón, el cable se recoge automáticamente.
Este secador dispone de un nuevo motor de nueva tecnología
10 que proporciona una gran potencia y un gran caudal de aire, permitiendo un secado rápido y completo. Se trata de un secador silencioso, cómodo de manejar y gracias a su diseño ligero y compacto puede usarse ininterrumpidamente y sin esfuerzo alguno.
Atención
15 • Lea estas instrucciones antes de utilizar el aparato.
   • No conecte el secador sin comprobar que el voltaje indicado en la placa de características y el de su casa coinciden.
   • Apague el aparato cuando no se esté utilizando, aunque sólo sea un momento.
20 • No enrollar el cable alrededor del aparato. Compruebe de vez en cuando el estado del cable. Si éste se encuentra deteriorado, no use el aparato y llévelo a un Servicio Técnico Autorizado, pues hacen falta herramientas especiales para su reparación.
25 • No cubra nunca la entrada de aire durante su funcionamiento.
   • Tenga en cuenta que tanto el concentrador como el difusor se calientan durante su uso.
   • Nunca use laca con el secador en funcionamiento.
30 • Para su limpieza utilice únicamente un trapo seco.
   • Manténgase fuera del alcance de los niños.
MUY IMPORTANTE:
   • No debe sumergirse ni humedecer el aparato.
   • No debe utilizar el secador de pelo cerca del agua contenida
35   en bañeras, lavabos u otros recipientes. Si cayera al agua, NO intente cogerlo. Desenchúfelo inmediatamente.
Funcionamiento
   • Asegúrese que sus manos están totalmente secas antes de conectar el aparato.

40 • Sostenga el secador con una mano y con la otra tire del cable para sacarlo hasta que vea una marca roja en el cable. NO SAQUE MÁS EL CABLE CUANDO YA ESTÉ FUERA LA MARCA ROJA.

• Conecte el secador a la red y coloque el conmutador en la
45 posición deseada:
   1. Posición 900 W: caudal de aire suave.
   2. Posición 1800 W: caudal de aire fuerte.

• Una vez secado el cabello, sitúe el conmutador en posición de apagado 0, y desenchufe el secador.

50 • Para guardar el cable una vez desenchufado, pulse el botón „PRESS" del lateral del secador.

Uso del Concentrador

• El concentrador de aire orientable le permitirá orientar el flujo de aire sobre un punto determinado.

55 • El uso del concentrador está recomendado para secar o moldear zonas localizadas de su cabello, especialmente cuando use un cepillo o rulos.

Uso del Difusor Super Volume

• Con el difusor Super Volume podrá dar mayor volumen al
60 peinado.

• Los dedos del difusor ayudan a crear el máximo volumen debido a que el aire se proyecta a través de los dedos del difusor secando desde la raíz de su cabello.

Fase fría

65 • Si Ud. moldea su cabello con un cepillo, comience con calor, enrollando el mechón de cabello y calentando el rizo.

• Una vez haya moldeado el rizo conecte la fase fría durante 15 a 20 segundos, de esta forma su moldeado tendrá más cuerpo y durará más tiempo.

70 • Para obtener aire frío deberá Ud. mantener la tecla (3) apretada. La operación de moldeado resultará más efectiva con el uso del concentrador de aire.

Seguridad

• Asegúrese de que la entrada y salida de aire no están obs-
75 truidas.

• En caso de que la entrada o salida de aire quedasen obstruidas, el aparato dispone de un limitador térmico de temperatura para evitar el sobrecalentamiento.

TEXT 10b: Bedienungsanleitung (Reisehaartrockner)

Reisehaartrockner HT 2860 (SHG)

Bitte lesen Sie die Anleitung vor Inbetriebnahme des Gerätes sorgfältig durch. Sie finden eine Reihe von wichtigen und nützlichen Hinweisen.

5 **ALLGEMEINE SICHERHEITSHINWEISE**

Gerät nur an Wechselstrom mit Netzspannung gemäß Typenschild anschließen. Bei diesem Gerät können Sie die Netzspannung auf 230 oder 120 Volt einstellen. Prüfen Sie daher bitte unbedingt vor Inbetriebnahme, ob die richtige Spannung eingestellt
10 ist: (Die Einstellung können Sie z.b. mit einer kleinen Münze vornehmen, die in den Schalterschlitz paßt.) Vergessen Sie nicht, z.b. nach Rückkehr von einer Reise, den Schalter wieder in die richtige Position zu bringen. Bei Betrieb mit falscher Einstellung wird der Haartrockner beschädigt und unbrauchbar.

15 Dieses Gerät entspricht den Vorschriften des EMVG vom 9.11.1992.

Immer Netzstecker ziehen bei Betriebsstörungen, vor jeder Reinigung und wenn das Gerät nicht in Gebrauch ist. Niemals aber am Netzkabel ziehen.

20 Tauchen Sie das Gerät nicht ins Wasser, und setzen Sie es weder Regen noch anderer Feuchtigkeit aus.

Sollte das Gerät doch einmal ins Wasser gefallen sein, nehmen Sie es erst dann heraus, wenn der Netzstecker gezogen ist. Danach nicht mehr in Betrieb nehmen, sondern erst von einer zu-
25 gelassenen Servicestelle überprüfen lassen. Dies gilt auch, wenn Zuleitung oder Gerät beschädigt sind oder wenn das Gerät heruntergefallen ist.

Stellen Sie das Gerät nie auf heiße Oberflächen oder in die Nähe von offenen Flammen und verlegen Sie das Netzkabel so, daß es
30 ebenfalls nicht mit heißen oder scharfkantigen Gegenständen in Berührung kommt.

Benutzen Sie das Gerät nicht, wenn Sie sich auf feuchtem Boden befinden oder wenn Ihre Hände oder das Gerät naß sind.

Knicken Sie das Netzkabel nicht, und wickeln Sie es nicht um das
35 Gerät.

BENUTZUNG DES HAARTROCKNERS

Dieser Haartrockner ist mit einem 3-Stufen-Schalter ausgestattet:

0 = AUS
1 = niedrige Heiz- und Lüfterstufe
40 2 = hohe Heiz- und Lüfterstufe

Zum schnellen Trocknen der Haare empfehlen wir, zunächst auf die hohe Stufe zu schalten und nach einer Weile auf die niedrigere Stufe umzuschalten, um die gewünschte Frisur zu formen.

Mit beiliegender Stylingdüse, die in jede Position gedreht werden 45 kann, können Sie den Luftstrom gezielt zum Stylen einsetzen.

Bevor Sie die Haare auskämmen, lassen Sie diese zuerst auskühlen, damit Ihre Frisur in Form bleibt.

Ihrem Reise-Haartrockner sind zwei Adapter beigefügt, die es Ihnen ermöglichen, das Gerät in den folgenden Ländern problemlos 50 zu benutzen:
1. Süd-Europa u.a.
2. Nord-, Mittel- und Süd-Amerika, Japan u.a.
Dazu den jeweiligen Adapter einfach auf den Stecker setzen, bevor Sie das Gerät am Netz anschließen.

55 **REINIGUNG UND PFLEGE**

Ziehen Sie vorher unbedingt den Netzstecker!

Zur Reinigung des Geräteäußeren benutzen Sie ein mäßig feuchtes Tuch. Anschließend trockenreiben. Verwenden Sie keine scharfen oder scheuernden Reinigungsmittel.

60 Für die gelegentliche Reinigung des Luftaustrittsgitters eignet sich am besten einen Bürste.

Sie bewahren Ihren Haartrockner am besten (staubgeschützt) in der mitgelieferten Box auf, die auch auf Reisen sehr praktisch ist. Im Deckel dieser Box – außen angebracht – befindet sich außer- 65 dem ein aufklappbarer Spiegel.

HUP Kundendienst
Salzstr. 18
D-82266 Inning
Technische Änderungen vorbehalten.

TEXT 10c: Bedienungsanleitung (Knoblauchpresse)
WMF Knoblauchpresse
Frisch gepresst schmeckt Knoblauch am besten.
Knoblauch schmeckt am besten, wenn er in der Knoblauchpresse
frisch gepreßt kurz vor dem Verzehr den Speisen beigegeben
wird. Mit der WMF Knoblauchpresse können Sie die Intensität
5 des Geschmacks selbst bestimmen.
❖ Geringe Geschmacksintensität: Knoblauch in der großen
Kammer mit der groben Lochung pressen.
❖ Für intensiven Geschmack: Knoblauch in der kleinen Kammer mit der feinen Lochung pressen.
10 ❖ Sehr intensiver Geschmack: Knoblauch in der kleinen Kammer und gleichzeitig Zwiebelwürfel in der großen Kammer pressen. Die Beigabe von Zwiebel erschließt den Geschmack des
Knoblauchs noch besser.
Einfache Reinigung
15 Mit der roten Reinigungsplatte können Sie die WMF Knoblauchpresse problemlos reinigen. Einfach die 2 Hebelarme nach hinten
drehen und die Reinigungsplatte auf die Lochfläche drücken.
Restpartikel, die sich in der Lochfläche festgesetzt haben, lösen
sich, und die WMF Knoblauchpresse kann leicht ausgespült wer-
20 den. Ihre Hände kommen mit den ätherischen Ölen des Knoblauchs nicht in Berührung und können somit auch keinen Geruch
annehmen.

TEXT 10d: Sicherheitshinweise (Wasserkocher, Ausschnitt)
ROWENTA Wasserkocher

Die Sicherheit von Rowenta Elektrogeräten entspricht den aner-
kannten Regeln der Technik und dem Gerätesicherheitsgesetz.
Das Gerät ist funkentstört nach den Richtlinien 87/308 EWG.
Wasserkocher nur an Wechselstrom – mit Spannung gemäß dem
5 Typenschild – anschließen.
Wasserkocher nur unter Aufsicht und bei geschlossenem Deckel
betreiben. Nicht auf heißen Oberflächen (z.B. Herdplatten o.ä.)
oder in der direkten Nähe von offenen Flammen abstellen oder
benutzen, damit das Gehäuse nicht anschmilzt.
10 Bei der Inbetriebnahme von Elektro-Wärmegeräten entstehen
hohe Temperaturen, die bei Berührung zu Verbrennungen führen
können. Benutzen Sie daher die vorhandenen Griffe und weisen
Sie auch andere Benutzer auf mögliche Gefahren hin (z.B. aus-
tretender Dampf oder heißes Wasser, heißer Deckel o.ä.).
15 Ein Elektrogerät ist kein Kinderspielzeug. Den Wasserkocher daher nie in Reichweite von Kindern benutzen und aufbewahren.

TEXT 11a: Garantiezertifikat (Fahrrad)
Condiciones generales de garantía

Por la presente, el vendedor entiende prevalerse de todas las ex-
clusiones y límites de garantía jurídicamente admitidos en dero-
gación a la garantía legal aplicable en derecho interno, lo que el
comprador reconoce y acepta.

5 Además de esta garantía legal limitada, nuestras bicicletas están
garantizadas contra cualquier defecto de fabricación: ruptura,
deformación y no funcionamiento para un período de:
- 5 años para los cuadros y horquillas de acero soldado,
- 5 años para los cuadros y horquillas de aluminio,
10 - 1 año para los componentes,
- 1 año para la pintura y el decorado del bastidor y horquillas,
- 1 año para las horquillas telescópicas
al primer propietario, no transferible, a partir de la fecha de compra inscrita por el vendedor en la garantía.

15 La garantía cubre el cambio de las piezas reconocidas como de-
fectuosas o su reparación, a nuestra conveniencia, por piezas
idénticas o parecidas, según la evolución de los productos, por
un taller de nuestra red comercial, así como los gastos de mano
de obra que resulten de ello.

20 Las intervenciones realizadas a título de garantía no tienen por
efecto prolongarla, salvo disposiciones especiales previstas por
la legislación interna. Nuestra responsabilidad está expresamente
limitada a la garantía definida anteriormente.

CONDICIONES DE APLICACIÓN:
25 La garantía es aplicada por el conjunto de nuestra red, cualquiera
que sea el país o el lugar de compra, a condición de:
- que la bicicleta se presente completa,
- que la bicicleta haya sido reparada en los talleres de nuestra
red comercial,
30 - que la bicicleta no haya sido transformada o modificada,
- que las piezas de origen no hayan sido reemplazadas por
otras piezas no homologados por el fabricante.
Esta garantía se otorga bajo la condición de
- que las averías no se deban a negligencia, mala utilización,
35 sobrecarga, incluso pasajera, inexperiencia del usuario o a
malas condiciones de transporte,
- que se le haya dado un mantenimiento conveniente a la bicicleta (según las instrucciones del manual de utilización adjun-
to a su bicicleta).

40 LA GARANTÍA NO CUBRE:
- las bicicletas utilizadas en competición,
- las intervenciones de mantenimiento (engrase, ajustes) o de-
  rivados de un desgaste normal (neumáticos, frenos, cadena,
  rueda libre, plato, cables, faros, juntas y aceite hidráulico,
45 etc...),
- la corrosión,
- la evolución de los colores en el tiempo,
- el uso profesional.

(Firma Bielsa, Spanien)

Text 11b: Garantiezertifikat (Kindermöbel)

MaFran muebles, s.l. garantiza al titular de la garantía, durante el
período de vigencia de la misma, a la reparación, totalmente gra-
tuita, de los vicios o defectos originarios y de los daños y perjui-
cios ocasionados por MAFRÁN MUEBLES.
5 En el supuesto en que la reparación efectuada no fuera satisfac-
toria, el titular de la garantía tendrá derecho a la sustitución del
muieble adquirido por otro de idénticas características o la devo-
lución del precio pagado.
El período de la garantía es de seis meses a partir de la fecha de
10 compra.

Firma MaFrán Muebles, Spanien)

TEXT 11c: Garantiezertifikat (Koffer)
Stratic Gepäckstücke
GARANTIEZERTIFIKAT
Stratic-Gepäckstücke sind weltweit anerkannte Spitzenprodukte mit
einer 2-jährigen Verarbeitungs- und Qualitätsgarantie.
Unsere Produkte werden nach Fertigung sorgfältig auf gute Verar-
5 beitung und Materialgüte überprüft. Sollte dennoch ein Grund für eine Beanstandung gegeben sein, leisten wir nach Maßgabe der folgenden Bedingungen Gewähr:
   1.   Unsere Garantiezusage kann nur in Anspruch genommen wer-
       den, wenn das Garantiezertifikat mit Artikel-Nr. und dem dazu-
10   gehörigen Kassenbon vorgelegt wird. Die zweijährige Garantie-
       zeit beginnt ab Kaufdatum.
   2.   Die Garantie ist beschränkt auf Mängel infolge unzureichender
       Verarbeitung oder Materialfehler. Im Garantiefall beseitigt Stratic
       derartige Mängel auf eigene Kosten und übernimmt die Aufwen-
15   dungen für die Rücksendung. Die Instandsetzungspflicht kann
       nach Wahl von Stratic durch Umtausch abgewendet werden.
       Weitergehende Ersatzansprüche jeglicher Art sind ausgeschlos-
       sen.
Insbesondere haftet Stratic nicht für Schäden durch Unfälle, normale
20 Abnutzung infolge Gebrauchs, unsachgemäße Behandlung oder
Überbelastung des Gepäckstücks.
Unsere Empfehlung: Überprüfen Sie nach jeder Reise Ihre Gepäckstücke noch in der Gepäckausgabe auf Schäden. Der Beförderer hat
hierfür einzustehen. Wir erkennen diese Schäden nicht an.

TEXT 11d: Garantiezertifikat (Koffer)
EMINENT Hartschalen-Gepäck
Für Hartschalen-Gepäck (ABS- oder Polypropylen-Spritzguß-Koffer)
gewährt EMINENT
                   3 Jahre Garantie
Innerhalb der Garantiezeit (ab Kaufdatum) werden alle Mängel, die
5 auf Material- oder Herstellungsfehler zurückzuführen sind, in einer
von Eminent autorisierten Kundendienst-Werkstatt kostenlos beho-
ben.
Die Garantie-Karte muß mit dem Kassenbon im Falle einer Rekla-
mation beim Verkäufer vorgelegt werden!
10 Der Garantieanspruch erlischt bei unsachgemäßer Behandlung und
bei Schäden, die durch Dritte verursacht werden.
Wichtig: Insbesondere bei Flugreisen prüfen Sie bitte sofort bei Er-
halt Ihres Gepäcks, ob Beschädigungen vorliegen und reklamieren
Sie diese vor Verlassen des Flughafens bei der betreffenden Flugge-
15 sellschaft.

TEXT 12a: Werbeanzeige (Routenplaner)

Mira en tu Pc

cual es la mejor forma **de llegar**

Tanto si eres un profesional de la carretera como si te em-
papas de ella sin serlo, descubre la eficacia de los planifi-
cadores de rutas y mapas de carretera en Cd-rom de AND
Publishers España.

5 • Calcula en un instante la ruta a seguir para llegar a donde tie-
nes que ir.

• Te informa de kilometrajes, carreteras por las que pasas, sali-
das de las autopistas, rutas alternativas.

• Sabrás cómo entrar y salir de las grandes ciudades sin per-
10   derte.

• Imprime tu ruta en papel y llévatela en el coche.

• Información gráfica y textual sobre el viaje a realizar.

• Podrás preparar rutas y viajes por múltiples localidades.

• Encuentra en un instante cualquier población y sitúala en el
15   mapa.

• Conoce todos los códigos postales de España o Europa en un
instante.

• Es la herramienta que utilizan ya muchos profesionales a un
precio muy asequible.

20 • Ideal para cálculo de costes de viajes en la empresa.

• Esencial para redes de venta, comerciales, empresas de men-
sajería, transportistas...

• Todas las estaciones de RENFE, códigos postales, aeropuer-
tos, Ferrys.

25 Route 99 Europa: 5.990 pts
    Route 99 España: 4.990 pts

SERVICIO DE ATENCIÓN AL CLIENTE 902 11 95 80
Internet: http://www.and.es

30 Encontrarás este Cd-Rom en: Casa del Libro, Alcampo, JUMP
Ordenadores, Zona Bit.

TEXT 12b: Werbeanzeige (Geschirrspüler)

Sorprendente Lady

CESTO SUPERIOR	PROGRAMA RAPIDO
regulable en altura	fregar en 30 minutos

MODULO EXTRAIBLE
para colocación de fuentes y cacerolas

5 FUNCIONAMIENTO   PROTECCION
especialmente silencioso   cuadruple antidesbordamiento
                           AQUA STOP

...Por lo que lava
Este lavavajillas no es sólo robusto sino también insuperable en
10 su lavado. Los resultados son: vajillas totalmente limpias, vasos
brillantes y cubiertos sin manchas.

...Por lo que ahorra
Los consumos de energía agua y detergente son un 41 % más
bajos que los del fregado manual, el ahorro anual puede llegar
15 hasta 10.000 Pts./año. Esto significa que el "Lady of Spain-L" se
paga por sí mismo por lo mucho que ahorra.

...Por lo que vale
Lleva incorporado el sistema ECO-PLUS contribuyendo a reducir
la cantidad de detergente y a proteger el medio ambiente. Lave lo
20 que lave lo lava de un modo insuperable. Vale mucho más de lo
que cuesta.

...Por lo que cuesta
Por su perfección técnica, su extrema funcionalidad, sus características ahorrativas y por su funcionamiento especialmente si-
25 lencioso el "Lady of Spain-L" sale más económico que fregar a
mano y destaca por su precio ahora todavía más razonable.

...Por lo que dura
Dado que su interior es de acero inoxidable extra y su programador corresponde a la más avanzada técnica alemana, se puede
30 decir que ha sido hecho para satisfacer y durar.

Electrodomésticos
Siemens
Los más vendidos en Alemania

TEXT 12c: Werbeprospekt (Telefonanschluss)

Tipps, Trends, Themen... Das Neueste für Telekom-Kunden

Jetzt T-ISDN mit T-Online Anschluss!	Rechnung in Euro? Bitte sehr!	Der unsichtbare Anrufbeantworter!	Kostenlos anrufen? freecall 0800!
5 Der zeitgemäße Weg ins Internet: die Kombination von Schnelligkeit und günsti- 10 gem Online- anschluss.	Zukünftig kön- nen Sie Ihre Rechnung auf Wunsch auch in Euro erhalten.	Wie Sie ohne zusätzliches Endgerät jeden Anruf abhören können. Jetzt auch mit SMS auf Ihr D1- Handy.	Immer mehr Firmen stellen auf freecall 0800 um und über- nehmen die An- rufkosten für Sie.

Das fängt ja gut an: T-ISDN jetzt mit T-Online Anschluss inklusive!

Mit T-ISDN erhalten Sie auf Wunsch ab sofort T-Online – ohne
15 zusätzliche monatliche Grundgebühr! T-ISDN mit T-Online bietet
Ihnen damit einen superschnellen und günstigen Einstieg in die
Welt des Internets. Sie zahlen nur während der tatsächlichen
Nutzung. Mit dem neuen Tarif T-Online by call* in Verbindung mit
T-ISDN sind das nur 3 Pf/Min. Onlineentgelt und 3 Pf/Min. Tele-
20 fonentgelt.**
Dieser Tarif ist optimal für alle, die das Internet kennen lernen
und dabei alle Vorteile von T-Online nutzen möchten. Sie können
E-Mails senden und empfangen – mit WebMail sogar weltweit
von jedem PC mit Internetzugang. Nutzen Sie die Vorteile von
25 Onlinebanking und Onlineshopping – jederzeit einfach und be-
quem von zu Hause aus. Und mit der privaten Homepage können
Sie Ihren Auftritt im Internet gestalten. Genießen Sie alle Vorteile
und den Service von T-Online in Verbindung mit dem schnellen
T-ISDN Anschluss. Selbstverständlich können Sie dieses Ange-
30 bot auch nutzen, wenn Sie bereits T-ISDN Kunde sind.
Infos zu weiteren maßgeschneiderten T-Online Tarifen finden Sie
im Internet unter www.t-online.de
Weitere Informationen erhalten Sie kostenlos unter freecall 0800
33 07001, im T-Punkt oder unter www.t-online.de.

35 *Ein Wechsel zu anderen Tarifen ist nur im nächsten Abrechnungsmonat möglich.
**Bei Einwahl über die DeutscheTelekom AG, Einwahlnummer 0
19 10 11, ab Software-Version 2.0.

TEXT 12d: Werbeanzeige (PKW)
Volkswagen Polo Coupé Fancy

Es war einmal ein Polo Coupé. Das wollte das Schönste sein im
ganzen Land. Und weil die Leute von Volkswagen dafür sehr viel
Verständnis hatten, schenkten sie ihm eine besonders reichhaltige Ausstattung und nannten es Polo Coupé Fancy.

5 In märchenhaft schönen Farben wie Alpinweiß, Tornadorot und –
als Extra – Vesuvgrau metallic. Ton in Ton dazu die Stoßfänger,
die Kotflügel und Schwellerverbreiterungen, die Radvollblenden,
die Spoiler vorn und hinten und die von innen einstellbaren Au-
ßenspiegel. Außerdem breite seitliche Stoßprofilleisten, breite
10 165/65 SR 13-Reifen auf schwarzen 5 ½ x 13-Rädern, Doppel-
Scheinwerfergrill mit Halogenscheinwerfern und grüne Wärme-
schutzverglasung.

Auch der Innenraum wurde vom Feinsten ausgestattet. Mit Stoff-
bezügen in bestem Nadelstreifen, vesuvgrauem Feinvelours-Tep-
15 pichboden, Türablagekästen, Dreispeichen-Sportlenkrad und Mit-
telkonsole. Dazu eine große Auswahl an Motoren und vielen An-
geboten für den Umweltschutz.

Märchen können wahr werden. Auch für Sie. Bei Ihrem V.A.G.
Partner.

20 Volkswagen – da weiß man, was man hat.

Aus: TV Hören & Sehen Nr. 16

TEXT 12e: Werbeprospekt (Computer und Zubehör)

Warum Sie sich für HP entscheiden sollten

Kleinere und mittelständische Unternehmen können nur dann er-
folgreich am Markt bestehen, wenn sie auf die richtige Informationstechnologie setzen. Und Hewlett-Packard bietet sie Ihnen! Ob
5 Notebook oder Desktop. Drucker, Server oder Switch: Bei HP finden Sie Produkte und Dienstleistungen von höchster Qualität.
Hier präsentieren wir Ihnen nur einen kleinen Ausschnitt aus unserem Angebot. Weitere Informationen erhalten Sie von Ihrem HP
Fachhändler oder im Internet.

10 Sie kaufen bei Experten

HP Connect Partner sind zertifizierte Fachhändler von Hewlett-
Packard. Sie bieten im IT-Bereich präzisen Rat und umfassende
Hilfe, genau das, was kleinere und mittelständische Unternehmen
benötigen. Connect Partner werden von Hewlett-Packard umfas-
15 send geschult und sind daher jederzeit mit der neuesten Tech-
nologie vertraut. Deshalb sind sie Experten in der Planung, Zu-
sammenstellung und Installation zuverlässiger, kostengünstiger
IT-Lösungen auf jedem Niveau – von einzelnen PCs oder Druk-
kern bis hin zu kompletten IT-Netzwerken. Das HP Connect Part-
20 ner Logo garantiert Ihnen, dass Sie bei diesem Händler immer
das richtige Produkt, höchste Qualität und zuverlässigen Service
erhalten.

Ruhige Nächte dank HP SupportPack

Neben unserer Standard-Gewährleistung bieten die HP Support
25 Packs eine umfangreiche Palette an speziellen Services, die auf
die besonderen Erfordernisse Ihres Unternehmens zugeschnitten
sind. Sie kaufen diese Pakete zu Ihren HP PCs, Peripheriegerä-
ten, HP NetServern oder Netzwerklösungen dazu – so können
Sie jederzeit ruhig schlafen.

30 **Die HP SupportPack Services haben gerade für kleine und
mittelständische Unternehmen viele Vorteile, wie z.B.:**

• Günstiger Festpreis: einmal zahlen, 3 Jahre Service
• Geringe Ausfallzeiten: maximale Verfügbarkeit Ihrer EDV-
  Umgebung
35 • Kein Risiko: Qualitätssupport direkt von HP

Wenn Sie mehr über die Vorteile der HP SupportPack Services
wissen möchten, fragen Sie Ihren HP Connect Reseller.

TEXT 13a: Kochrezept (Süßspeise)
Compota de Navidad
**Por una compotera de litro y medio: tres manzanas reineta ●
Tres peras de invierno ● 150 gramos de ciruelas pasas ● 150
gramos de orejones ● 75 gramos de pasas ● tres cuartos de
litro de vino tinto ● 250 gramos de azúcar ● Una rama de**
5 **canela o vainilla ● Tres clavos ● Cuarto litro de agua. Nata
líquida para acompañar.**

Poner el vino a cocer con el azúcar, el agua, los clavos y la
canela o vainilla durante cinco minutos. Posteriormente, añadir
los orejones y dejar cocer 15 minutos más. Incorporar las ciruelas
10 pasas y dejar que continúe cociendo otros 15 minutos más.
Agregar las peras, cortadas en seis trozos cada una, peladas y
sin corazón, y las pasas; dejar cocer otros cinco minutos. Por
último, agregar las manzanas, cortadas en seis trozos cada una e
igualmente peladas y sin corazones. Cocer con la tapa puesta
15 unos minutos más, hasta que estén tiernas las peras y las
manzanas, pero no deshechas. Enfriar. Regarla en compotera
con tapa o en una ensaladera de cristal tapada con papel
adherente y una jarrita de cristal con nata líquida sujeta por el
asa con celo y un lazo. Se puede tomar fría o templada, con un
20 chorreón de nata líquida encima.
Quelle: EL PAIS – Beilage *Gastronomía Estilo*, 12/2000

TEXT 13b: Kochrezept (Fischgericht)
Salmón con salsa de limón

Ingredientes: 4 rodajas de salmón ● 1 puerro ● 1 zanahoria ● 1
taza de caldo concentrado de pescado ● 2 limones, sal y
pimienta

Elaboración: Limpie y pique el puerro y la zanahoria. Rehogue
5 en aceite a fuego suave estas verduras y, cuando estén listas,
añada el zumo de limón y el caldo de pescado. Deje cocer a
fuego lento quince minutos. Después, pase todo por la batidora.
Cuele la salsa y compruebe que tenga consistencia, si no, deberá
espesarla. Reserve la salsa. Salpimente el salmón y hágalo a la
10 plancha con dos gotas de aceite. Dórelo por los dos lados y
colóquelo en una fuente. Cúbralo con la salsa y sírvalo con una
rodaja de limón
Quelle: *Hola*, 06/1999.

TEXT 13c: Kochrezept (Fleischgericht)
Ragú al minuto

4 personas: 600 gramos de morcillo de ternera, 300 gramos de zanahorias, 1 cebolla, 200 gramos de guisantes congelados o de lata, 8 cucharadas de aceite, 1 vaso de caldo, medio vaso de vino blanco, 2 patatas, aceite para
5 **freírlas, perejil, 1 cucharada de harina, sal, pimienta.**

Cortar la carne en dados gruesos. Mezclar en una terrina la harina, sal y pimienta y rebozar los trozos de carne en la mezcla. Calentar el aceite en la olla rápida y dorar la carne. Mojar con el vino y, cuando se evapore el alcohol, añadir la cebolla y las zana-
10 horias lavadas, peladas y cortadas en dados. Cerrar la olla de nuevo y contar 10 minutos a presión mínima. Dejar que salga la presión, comprobar el punto y añadir los guisantes y dejar cocer destapada la olla unos minutos. Servir con las patatas fritas a cuadraditos y espolvoreado de perejil picado.
Quelle: El País Semanal, 03/2000.

TEXT 13d: Anleitung zum Gemüsekochen
Técnicas de cocina: Cocer las legumbres

Cada tipo de legumbre requiere una cocción determinada. Estos son los pasos a seguir para un buen resultado final.
Las judías se ponen en una olla cubiertas de agua fría o caldo con los condicimientos correspondientes, pero sin sal, ya que
5 ésta las endurece e impide que cuezan bien. Conviene cortar el hervor dos o tres veces añadiéndoles un chorrito de agua fría. La cocción debe llevarse a cabo a fuego lento y con las legumbres siempre cubiertas de agua para evitar que se despellejen.
No se debe introducir cuchara o cacillo en la olla, sino agarrarla
10 por las asas y moverla en vaivén o salteándola para evitar que se rompan las legumbres.
Las lentejas, salvo las de cocción rápida, se ponen a remojo y se cuecen en agua fría, salándolas al final de cocción.
Los garbanzos, al contrario que las otras legumbres, se ponen a
15 cocer en agua tibia con un pellizco de sal, y hay que añadir siempre agua caliente, ya que un cambio en la temperatura del líquido hace que se encallen y permanezcan duros tras la cocción. (Quelle: El País Semanal, 03/2000)

TEXT 13e: Kochrezept (Fleischgericht)

Bunter Eintopf

250 g Rindfleisch (Hohe Rippe) ● *1 l Wasser* ● *500 g Kartoffeln* ● *1 kleiner Blumenkohl* ● *1 rote Paprikaschote* ● *1 grüne Paprikaschote* ● *1 Bund Petersilie* ● *1 Bund Schnittlauch* ● *150 g junger Holland-Gouda* ● *Salz, Pfeffer, Paprikapulver*

5 Das Fleisch in kaltem Wasser ansetzen und ca. 1 Stunde kochen lassen. Kartoffeln schälen, würfelig schneiden, in die Brühe geben und 10 Minuten mitkochen. Blumenkohl putzen, in Röschen zerteilen und einige Minuten in kaltes Salzwasser legen. Paprikaschoten vierteln, von den Kernen säubern und in Streifen
10 schneiden, zusammen mit dem Blumenkohl den bereits 10 Minuten kochenden Kartoffeln beigeben. Den Eintopf noch ca. 15 Minuten kochen lassen. Die zerkleinerten Kräuter und den in Würfel geschnittenen Käse unterheben und mit den Gewürzen abschmecken. (Frau Antjes großes Kochbuch, Aachen 1974)

TEXT 13f: Allgemeine Kochanleitung für Hülsenfrüchte

Die Zubereitung von Hülsenfrüchten

1. Hülsenfrüchte müssen vor dem Kochen einige Zeit quellen – ausgenommen geschälte Hülsenfrüchte und Linsen. Die Quellzeit richtet sich nach dem Alter der Hülsenfrüchte, nach ihrer Qualität und nach dem Härtegrad des Wassers, in dem sie liegen. In der
5 Regel beträgt die Quellzeit 8 bis 10 Stunden.
2. Zunächst waschen Sie die Hülsenfrüchte in reichlich kaltem stehendem Wasser und lesen dabei kleine Steinchen, Hülsen und zerbrochene Anteile aus.
3. Danach sollten die Hülsenfrüchte etwa mit der dreifachen Men-
10 ge Wasser übergossen werden.
4. In dem Einweichwasser werden sie am nächsten Tag bei starker Hitze zum Kochen gebracht und anschließend je nach Art der Hülsenfrüchte in 30 bis 90 Minuten auf kleiner Flamme weichgekocht.
15 5. Der sich anfangs bildende Schaum braucht nicht – wie oft empfohlen wird – abgeschöpft zu werden, er löst sich meist nach einigen Minuten von selbst auf.
6. Müssen Sie während des Kochens noch Wasser nachfüllen, so verwenden Sie bitte stets nur heißes Wasser, da sonst die Hül-
20 senfrüchte nicht mehr weich kochen.
7. Darum ist es auch besser, Hülsenfrüchte erst nach dem Garen zu salzen oder mit Essig oder Zitronensaft abzuschmecken.

Maren Bustorf-Hirsch, *Die große farbige Vollwertküche*, Graz 1987.

TEXT 14a: Populärwissenschaftlicher Text (Bolivien)
En el país de los aymarás

El botecillo a motor que abordamos en el puerto de Copacabana estaba atracando en el sencillo embarcadero de Challapampa, pequeña aldea de 300 vecinos situada en la Isla del Sol, cuando un sinfín de pequeños ojos curiosos se posó sobre nosotros.
5 Tiempo después, aprenderíamos que los miembros más jóvenes de cada familia, cuya ocupación fundamental es el cuidado de los animales y otras tareas domésticas menores, son los principales visitantes de la playa en la bahía de Challa.
Aquella mañana, la chiquillería había bajado como de costumbre
10 hasta el lago, para que sus vacas y *chanchos* – cerdos – engulleran las plantas acuáticas que crecen en las orillas. De pronto, la cotidiana monotonía saltó por los aires. Un par de extraños de pinta paliducha, cargados con un montón de macutos, llegaba con la aparente intención de instalarse en aquel apacible y remo-
15 to rincón del planeta.
Fue un hecho absolutamente fortuito que acabáramos viviendo a orillas del mítico lago Titicaca. No teníamos precisado el sitio donde satisfacer nuestro interés: convivir en una comunidad indígena para conocer y entender la cultura desarrollada por los
20 aymarás del inhóspito Altiplano andino. Pero al avistar la Isla del Sol y encontrarnos frente a las cimas nevadas del Illampu y el Ancohuma, supimos con certeza que habíamos encontrado el lugar adecuado.
Cada mañana, los habitantes de las islas que salpican el lago
25 navegable más alto del mundo ven despuntar el alba por detrás de los cerros sagrados de la Cordillera Real. Sus cimas más elevadas superan los 6.500 metros de altitud, y separan la abierta y yerma llanura, árida planicie estirada a 3.800 metros sobre el nivel del mar, de las yungas, valles cálidos que descienden hasta
30 las llanuras amazónicas
El Titicaca se halla al norte del Altiplano boliviano, aunque más del 50 por ciento de su extensión total – 8.965 kilómetros cuadrados – penetra en territorio peruano. La mitología andina refiere que las aguas son las lágrimas del dios Sol, derramadas porque
35 unos pumas devoraron a sus hijos, cumpliendo órdenes de las divinidades de las cumbres.
Los incas, por su parte, idolatraron al lago como lugar de origen del Inti, la divinidad solar de la que descendía su propia dinastía,y establecieron en la Isla del Sol uno de los principales santuarios.
(GEO español 3/93, 94)

TEXT 14b: Populärwissenschaftlicher Text (Bolivien)
Der Fluch des Cerro Rico. Boliviens Silberberg

Das Kind ist Minenarbeiter, und in der freien Hand hält es ein langes, spitzes Eisen. Damit wühlt es sich durch den berühmten Berg, dessen Silber einst Europa berauschte. Und manchmal, wenn Roberto Glück hat, findet er einige Krumen Zinn, die er an
5 der Calle Bolívar einem Japaner verkauft. Neun Wochen nach seiner Landung auf der Insel Guanahani, der er in frommer Manier den Namen San Salvador, Heiliger Heiland, gab, fand Christoph Kolumbus endlich, wonach ihn so heftig trieb, „ein blattförmiges Stück Gold, so groß wie eine Hand". Fortan gab es für sei-
10 nesgleichen kein Halten mehr. Der kleine Indianer Roberto schreit, weil er seinem ausländischen Zuhörer gefallen will, in die Kälte: „Viva el gringo!" Die Männer schweigen. Dann setzt er hinzu: „Viva Potosí!" Niemand lacht.
Nicht länger als ein Menschenleben brauchten die spanischen
15 Gierlinge, immer die Sage von El Dorado, dem Reich des Goldmannes, im Sinn, bis sie mitten in der Neuen Welt, die man nun Amerika hieß, eine Stelle entdeckten, die sie für alle Mühsal entschädigte. Im südamerikanischen Hochland, 4000 Meter über dem Pazifik, von wilden Bergen gerahmt, fanden die Eroberer ei-
20 nen Kegel mit so ebenmäßigen Flanken, als sei er, 800 Meter weit in den Himmel ragend, von Menschenhand in die Landschaft gesetzt. Im Jahr 1545, so die Rührseligkeit, war der Indianer Huallpa der Spur seines Lamas, das ihm entlaufen war, auf einen Berg gefolgt, aber er hatte das Tier nicht mehr gefunden, es war
25 Nacht geworden, und er zündete, um sich zu wärmen, einige Hölzer an. Da begann der Boden unter dem Feuer weiß zu glänzen. Silber floß, und schon am nächsten Tag, am 10. April 1545, rammten Spanier einen Stab mit der Flagge ihres Königs in den Hügel.
30 Sie nannten ihn Cerro Rico, den reichen Berg, und das Dorf an seinem Fuß, Potosí, in dem 4000 Menschen lebten, wurde schnell zur Stadt, gefüllt mit 140 000 indianischen Heloten, die man auf den Hang trieb. Denn Meister der Hinterlist, die sie waren, benutzten die Spanier das alte System der indianischen
35 Fron, die sogenannte Mita, für ihren Raubzug. Jeder Indio im Alter von 18 bis 50 Jahren, den sie in den umliegenden Tälern trafen, mußte jedes siebte Jahr für die Fremden in die Stollen.
(GEO deutsch 9/92, 180)

TEXT 15a: Ausschnitt aus einem Kinderbuch (ab 9 Jahre)

Miro

Miro era un niño, solamente un niño. No parecía muy diferente de los otros niños que andan jugando por las calles. En Trabilde, un pueblo de Galicia, nadie sabía de dónde había venido ni quién era. Apareció en Trabilde y allí se quedó a vivir, como un trabildés de siempre. ¿Cuántos
5 años podría tener? Era demasiado chico para tener más de doce y demasiado grande para menos de nueve. Se puede asegurar que, siendo un niño entre los diez y los doce años, no era demasiado alto: un chico como los demás. Andaba siempre con la cabellera revuelta, pues su pelo daba muestras de ser muy recio para someterse a la disciplina
10 del peine. Eran los suyos unos cabellos rubios, con muchos bucles que le cubrían buena parte de las orejas y se desparramaban por la nuca y sobre el cuello de la camisa.

   Sus ojos eran azules, claros como el cielo del verano. Cuando miraban a la gente, se fijaban de un modo extraño, como si mirasen por
15 dentro, en el pensamiento y en las intenciones de las personas. De cada movimiento de sus párpados manaban miradas de paz, como llenas de una calma y de una seguridad procedentes de Dios sabe dónde. Aquellos ojos estaban confiados a la ingenua protección de cejas casi inexistentes: unos pelines escasos, mal diseñados en la frente, dorados, pe-
20 queños, afilados como las aristas de la espiga de trigo.

   Las mejillas, sin ser coloradas ni gruesas, manifestaban tener un dueño activo, rebosante de salud, brincador, incapaz de estar mucho tiempo sin hacer nada. No había en el cuerpo ni en la cara de Miro cosa alguna fuera de lo corriente. Únicamente, escondida tras la oreja dere-
25 cha, era fácil ver, entre las guedejas de su cabellera, una marca en la piel en forma de estrella. Aquello no era un lunar simplemente. Venía a ser una señal de identidad. Los brazos y las piernas eran ágiles, muy expresivos, como si las palabras no fuesen suficientes para comunicar las ideas nacidas en su mente despierta y lúcida.

30   Hacía tiempo que Trabilde había dejado de preguntarse por el misterio de Miro. Lo tenían allí y era suficiente. Ya muy pocos recordaban aquel amanecer de abril en que Miro se despertó, envuelto en una pequeña manta, en el huerto de Nicolás, el peluquero. Durante varias semanas se habían ocupado de Miro las homilías del señor cura, las
35 conversaciones de Nicolás y las malas lenguas de Trabilde, que, afortunadamente, eran contadas. Estas malas lenguas le habían atribuido a Miro toda clase de padres y de madres, normalmente de lo peorcito. Los mozos y mozas de los que no se sabía mucho porque se habían ido a la capital a trabajar ya hacía tiempo se habían convertido en los presuntos
40 padres y madres de aquel chico tan majillo, aparecido debajo del guindo de Nicolás.

Andrés García Vilariño, Miro, Madrid: Ediciones SM 1989.

TEXT 15b: Ausschnitt aus einem Kinderbuch (erstes Lesealter)

El muñeco de don Bepo

Don Bepo era ventrílocuo. Esto quiere decir que sabía hablar como si su voz saliera de la boca de su muñeco Ruperto. Juntos habían recorrido los escenarios de todo el mundo. Trabajaban vestidos exactamente igual: chaqueta negra, pantalones a cua-
5 dros, bufanda blanca y, en la cabeza, un bombín. Don Bepo sentaba en sus rodillas a Ruperto, que era casi tan grande como él. Y el muñeco decía unas cosas tan divertidas que la gente se moría de risa.

En una ocasión, de tanto reír, a un señor se le escapó el pelu-
10 quín. Y a una niña se le olvidó que tenía un helado en la mano. Al señor le pusieron el peluquín en su sitio durante el descanso. A la niña se le llenó el vestido de churretes de crema y su mamá se lo limpió con un pañuelo.

Siempre, al final del espectáculo sonaban grandes aplausos. Don
15 Bepo y Ruberto saludaban muy finos. A veces hasta les tiraban flores.

Un día, don Bepo se miró al espejo. La barba se le había puesto blanca y en la cabeza no le quedaba ni un pelo. — ¡Vaya! —exclamó—. Me he hecho viejo sin darme cuenta y sin descansar un
20 solo día. Y pensó que ya era hora de tomarse unas vacaciones. Metió a Ruperto en la maleta, donde el muñeco viajaba siempre, y se marchó con él a la casita que tenía en su pueblo.

Llegaron al atardecer. Don Bepo guardó su traje de trabajo en un baúl, suspirando con un poquito de pena. Luego, se puso unos
25 pantalones anchos, una camisa a rayas amarillas y azules y un gran sombrero de paja. Y salió a dar una vuelta por la huerta que rodeaba la casa. Allí le esperaba una desagradable sorpresa. Los gorriones habían picoteado los tomates y las sandías. Y se comerían también, si no hacía algo para impedirlo, las manzanas
30 que ya empezaban a pintarse de rojo. Y los guisantes que ya abultaban dentro de sus vainas.

Don Bepo sacó al muñeco de la maleta y le dijo: —Ruperto, desde ahora tendrás un nuevo empleo. Servirás de espantapájaros. Y lo plantó en medio de la huerta antes de irse a dormir.
35 El muñeco estaba furioso. —¡Hacerme esto a mí!—se lamentaba—. ¡A un artista famoso como yo! «Chusco», el perro de la casa de al lado, se acercó a olisquearlo. Ladró alegremente para demostrarle que quería ser su amigo. —¡Fuera, chucho!—gritó Ruperto de mal genio.

Carmen Vázquez-Vigo, *El muñeco de don Bepo*, Madrid 1984.

TEXT 15c: Ausschnitt aus einem Kinderbuch (erstes Lesealter, Übersetzung von 15a)

Herr Beppo und seine Puppe

Herr Beppo war Bauchredner. Er konnte so reden, als käme seine Stimme aus dem Mund seiner Puppe Robert. Beide waren schon in der ganzen Welt zusammen aufgetreten. Dabei trugen beide genau die gleiche Kleidung: Eine schwarze Jacke, eine karierte Hose, einen weißen
5 Schal und auf dem Kopf einen runden Hut. Herr Beppo setzte Robert auf seinen Schoß. Die Puppe war fast genauso groß wie er. Und sie sagte so lustige Sachen, daß die Leute vor Lachen beinahe platzten.

Einmal flog einem Mann vor Lachen die Perücke vom Kopf. Ein kleines Mädchen vergaß, daß es ein Eis in der Hand hielt. Es bekleckerte
10 sich sein Kleid. Irgendjemand setzte die Perücke dem Mann während der Pause wieder auf. Die Mutter putzte das Eis mit einem Taschentuch ab. Immer, wenn die Vorstellung zu Ende war, ertönte lauter Beifall. Herr Beppo und Robert verneigten sich sehr höflich. Manchmal warfen ihnen die Zuschauer sogar Blumen zu.

15 Eines Tages betrachtete sich Herr Beppo im Spiegel. Sein Bart war weiß geworden, und auf dem Kopf hatte er kein einziges Haar mehr. „Na, so was!" rief er. „Ich bin ja alt geworden, ohne es zu merken. Und ich habe mich noch nie ausgeruht!" Er fand, daß es höchste Zeit für ihn war, einmal Urlaub zu machen. Er packte Robert in den Koffer, in dem
20 die Puppe immer mit auf Reisen ging. Und er machte sich auf den Weg zu seinem Heimatdorf. Dort hatte er ein kleines Haus.

Gegen Abend kamen sie an. Herr Beppo verstaute seinen Anzug in einer Truhe. Dabei seufzte er, und es klang ein wenig traurig. Dann zog er eine weite Hose an und ein Hemd mit gelben und blauen Streifen
25 und setzte sich einen großen Strohhut auf. Er ging hinaus und spazierte durch den Garten. Im Garten erwartete ihn eine unangenehme Überraschung. Die Spatzen hatten die Tomaten und die Wassermelonen angepickt. Und wenn er nichts dagegen unternahm, würden sie auch noch die Äpfel auffressen, die sich schon rot färbten. Und auch die
30 Erbsen würden sie fressen, die schon dick und rund wurden in den Schoten.

Herr Beppo holte die Puppe aus dem Koffer und sagte zu ihr: „Robert, von nun an hast du eine neue Aufgabe. Du wirst eine Vogelscheuche sein." Und er stellte Robert mitten in den Garten und ging
35 schlafen. Die Puppe war ganz außer sich. „Wie kann Herr Beppo mir so etwas antun!" jammerte sie. „Einem so berühmten Künstler, wie ich es bin!" Droll, der Hund aus dem Nachbarhaus, kam näher, um Robert zu beschnuppern. Droll bellte fröhlich, um ihm zu zeigen, daß er sein Freund sein wollte. Robert aber rief: „Hau ab, du Köter!"

Carmen Vázquez-Vigo, *Herr Beppo und seine Puppe*, Würzburg: Arena 1986. Aus dem Spanischen übersetzt von Barbara Küper.

TEXT 15d: Ausschnitt aus einem Kinderbuch (Bilderbuch)
König Schlotterich

Es war einmal ein guter, lieber König und eine gute, liebe Prinzessin. Der König hieß Schlotterich, und die Prinzessin nannte man Traumblau. Sie wohnten in einem wunderschönen Schloss im Märchenland, und alle Menschen und alle Tiere hatten die beiden schrecklich lieb. Aber er war
5 ein furchtbar armer König, denn er fror immer. Er fror bei Tag und bei Nacht, Sommer und Winter, und es halfen ihm kein heißer Tee und keine dicke Wärmflasche. Ach, war das ein armer König Schlotterich!

Es geschah, daß wieder einmal große Aufregung im Schloß war. „Ich friere, ich fri-i-i-iere", rief der König, und er schlotterte am ganzen
10 Körper, und seine goldene Krone rutschte ihm dabei immer hin und her, vom linken Ohr zum rechten und umgekehrt; er zitterte an allen Gliedern, und er klapperte mit den Zähnen: „Hu, hu, hu, ich friere!"

Die Diener rannten herum. Der Leibkoch Wackelbauch brachte eine Tasse heiße Schokolade, eine Zofe kam mit einer warmen Bettfla-
15 sche und mit viel bunten Federkissen. Die Prinzessin Traumblau aber ließ, in tiefer Sorge um ihren Vater, den Leibarzt des Königs, den berühmten Doktor Kommsogleich, rufen.

Der kam denn auch so schnell er nur konnte. Zuerst mußte der frierende König dem Doktor die rote Zunge zeigen, und dann wurde er
20 vom Kopf bis zur großen Zehe haarscharf genau untersucht; und zwischendurch jammerte der König immerzu: „Ich friere!"

„Ja, Majestät", sprach der Doktor mit ernstem Gesicht, „der Fall ist nicht so einfach. Ich werde Majestät ein Rezept verschreiben." Er schrieb lange und angestrengt, dann gab er das Rezept dem König und verab-
25 schiedete sich mit vielen Verneigungen. Der König setzte sich die schwarzgeränderte Brille auf und las das Rezept des weisen Mannes. Er las es einmal, und er las es zweimal, und er las es wieder und wieder. Dann schüttelte er sein weißgelocktes Haupt und ließ seinen erprobten Leibkoch kommen.

30 Der dicke Koch Wackelbauch war gerade am Teigrühren, als König Schlotterich nach ihm rief. Er ließ alles stehen und rannte, so schnell er mit seinen kurzen Beinchen konnte, zum König. „Majestät hat mich rufen lassen", keuchte er atemlos. „Hier, Koch Wackelbauch, lies das", sprach der König und übergab ihm das ärztliche Rezept. Wackelbauch
35 las laut und vernehmlich vor:

„Unsere Majestät, der liebe, gute König Schlotterich, leidet an furchtbarem Frieren. Man backe ihm einen schönen, dicken Gugelhupf mit viel Rosinen und Zucker und zwölf Eiern und fülle ihn mit Sonnengold."

Grete Berg, *König Schlotterich*, Bern: Francke 1947.

TEXT 16a: Enzyklopädieartikel (Stichwort: *Inca*)
INCA

inca *adj. y s. HIST.* Pueblo amerindio que habitaba en el sector occidental de Sudamérica y formó un importante imperio que a la llegada de los españoles se extendía desde Quito al N hasta Santiago de Chile al S y penetraba en el interior del continente
5 por la region del Altiplano trasandino. El origen remoto del imperio Inca es impreciso, pero no se remonta a fechas anteriores al s xi o xii. El fundador de la dinastía fue el inca Manco Cápac, a quien siguieron doce soberanos hasta 1532, fecha de la conquista de Francisco Pizarro. El imperio estaba organizado con una rí-
10 gida jerarquía social y tenía una estructura política y religiosa muy evolucionada. Las clases inferiores se dedicaban a la agricultura y la ganadería, y pagaban sus tributos mediante la prestación de trabajos que repercutían en beneficio de la comunidad. Mantenían el principio de la propiedad y del trabajo colectivo: la
15 propiedad privada no se respetaba salvo en el caso de los bienes personales. Los incas erigieron grandes templos de arquitectura megalítica, cuya perfección y majestuosidad deslumbraron a los conquistadores españoles. Las ruinas de Macho Picchu, que corresponden a un gran templo y varios palacios y fortalezas, per-
20 miten aún hoy admirar la solidez y grandeza de las construcciones incaicas. Trazaron una red de calzadas suficiente para garantizar las comunicaciones y permitir rápidos desplazamientos del ejército. No conocían el hierro y carecían de escritura, pero desarrollaron una poesía de tradición oral muy valiosa, que se
25 encontraba esencialmente unida con la música y el canto. Su cultura fue la más evolucionada de las americanas precolombinas. La conquista del imperio fue realizada por Pizarro aprovechando las luchas internas entre Atahualpa y Huáscar, hijos del inca Huayna Cápac.

Quelle: Enciclopedia Universal Santillana, Madrid: Santillana 1996.

TEXT 16b: Enzyklopädieartikel (Stichwort: *Inka*)

INKAS

'**Inka,** '**Inkas,** Ez. der '**Inka,** -s, südamerikan. Indianerstamm der Ketschua-Sprachgruppe; urspr. nur der Titel des Herrschers, später die Bezeichnung für alle Angehörigen des Stammes. Das Reich der I. umfaßte im 16. Jahrh. das Gebiet vom Ancasmajo
5 (heute wohl der Río Patía, S-Kolumbien) über Ecuador, Peru, Bolivien und NW-Argentinien bis zum Rio Maule (Mittelchile). Den Kern bildete die Umgebung der Hauptstadt Cuzco. Der Beginn der I.-Kultur ist um 1200 anzusetzen, das Reich selbst wurde durch Pachacutec Yupanqui 1438 gegründet und durch dessen
10 Nachfolger erweitert. Unter Huayna Capac erreichte es seine höchste Blüte. Er teilte sein Reich unter seine Söhne Huascar und Atahualpa; diese Reichsteilung erleichterte 1532 die Eroberung Perus durch die Spanier unter Pizarro. Der regierende I. stand als Sohn des Sonnengottes Inti an der Spitze eines Son-
15 nenkultes, der Staatsreligion. Hochentwickelt waren Ackerbau mit Bewässerungsanlagen, Lamazucht, Bergbau, Goldschmiedekunst, Weberei, Töpferei, die Baukunst und der Straßenbau. Ein gut gegliedertes Heer und Festungen schützten das Reich.
Der Neue Brockhaus, Lexikon und Wörterbuch in 5 Bänden und einem Atlas, 5. Aufl. 1974, Wiesbaden: Brockhaus Verlag.

TEXT 16c: Enzyklopädieartikel (Stichwort: *Südamerikanische Kulturen*)

SÜDAMERIKANISCHE KULTUREN

südamerik'anische Kult'uren, die vorkolumb. Kulturen Südamerikas, die auf der W-Seite des Kontinents im Gebiet des heutigen Kolumbien (Chibcha, Muisca) sowie im mittleren Andengebiet und seiner Küste (Mochica, Chimuí, Inka) entstanden. Einige brachten
5 es zur Bildung fester Staatsgefüge (Chimuí, Inka). Mit dem Beginn des Feldbaus (seit etwa 4000 v. Chr.) und der Töpferei (ohne Töpferscheibe; seit etwa 3000 v. Chr.) setzte die Entwicklung ein, die (800 v. Chr. bis 600 n. Chr.) eine erste Höhe mit Chavín, Paracas, den Mochica u.a. sowie der klass. Kultur von
10 Tiahuanaco erreichte. Höhepunkte der Keramik sind Gefäße der Mochica, der Nazca und des klass. Tiahuanaco. Zeugnisse der Textilkunst sind aus den Trockengebieten Perus erhalten in farbenprächtig bestickten Totentüchern der Nekropole von Paracas, farbig dekorierten Geweben der Nazca und Gobelins der Tia-
15 huanaco-Kultur.
Der Neue Brockhaus, Lexikon und Wörterbuch in 5 Bänden und einem Atlas, 5. Aufl. 1974, Wiesbaden: Brockhaus Verlag.

TEXT 17a: Auszug aus einem Sachbuch (Geschichte Lateinamerikas)
Latinoamérica
I. Explicación
La voz de Latinoamérica se ha hecho grito. Los pueblos del Continente, desde el sur de Río Grande a la Tierra de Fuego, han sacudido la letárgica hojarasca que cubría el amodorrado árbol de
5 su nacionalismo. El descubrimiento, aunque tardío, se perfila con claros contornos. Los latinoamericanos, al fin, buscan – y luchan – por ser moldeadores activos de su destino y no vulgares objetos que escriben al dictado de fuerzas extrañas.

De este reencuentro latinamericano conviene erradicar la vi-
10 rulenta mirada y terminar con «ese signo de desesperación más que de esperanza», según el decir de Máspero. Bien cierto es que la región padece un ancestral, extraño y patético dualismo: estructuras viejas comprimen el existir de sus hombres jóvenes (el 40 % de la población con menos de 15 años); la dispar tierra,
15 su poderoso tranco constituye un elemento social y político a perfeccionar. El latinoamericano y su fabuloso y atrayente medio son humanos, sensibles, coloristas, ternes y broncos al tiempo, intuitivos y espirituales, capaces de dar la vida por una idea, aptos para una mejor convivencia, acogedores y siempre dialogan-
20 tes. Latinoamérica y su gente – cuya mortalidad decrece y cuya tasa demográfica se incrementa en porcentajes altos – siente una ferviente vocación de libertad, de desarrollo y de justicia. Y este rabioso talante se extiende por todo el continente.

Para horadar la problemática latinoamericana hay que acer-
25 carse a la región con la retina limpia de prejuicios y etiquetas.

La agitación presente dimana de tres concreciones. Desde el punto de vista humano cabe advertir que los hombres que hicieron y consolidaron la independencia defendían un liberalismo de erudición – ejercieron la paternidad de una democracia paterna-
30 lista y meramente formal – porque en el fondo no mostraron jamás ser partidarios ni de la participación social ni del reparto de sus privilegios. La vertiente institucional nos enseña que los marcos legales aparecían con una trabazón demasiado avanzada para la época: los criollos Latinoamericanos adoptaron fórmulas
35 institucionales democráticas, importadas de la Europa evolucionada y de los Estados Unidos recién formados, cuando en puridad la realidad social andaba inserta en grupos herméticamente cerrados y con economías agrarias de mera subsistencia.

Luis Marañón: *Latinoamérica en la urgencia revolucionaria*, Barcelona: Dopesa 1972, 9f..

TEXT 17b: Auszug aus einem Sachbuch (Geschichte Lateinamerikas)

Das Inkareich

Das gewaltigste Imperium Altamerikas war das Inkareich, das Reich der vier Himmelsrichtungen, das keine Grenzen hat. Das Wort Inka ist ursprünglich nur Herrschertitel und die Bezeichnung des Herrschergeblüts, aber nicht eines besonderen Volkes gewe-

5 sen. Ein Oberhaupt des Stadtstaates von Cuzco auf dem Anden-hochland hatte sich diesen Namen beigelegt. Die Bewohner die-ses Bergstaates gehörten zu den Ketschua-Indianern. Die kriege-rische Expansion der Inka begann in der ersten Hälfte des 15. Jahrhunderts, als rivalisierende Aimara-Stämme der Nachbar-

10 schaft den Herrscher von Cuzco um Hilfe und Unterstützung ba-ten. Die Kleinstaaten der Aimara wurden dem Inkareich einge-gliedert. In schnellen Eroberungen dehnten die Inka ihre Herr-schaft über das Andenland aus und drangen bis zum mittleren Ekuador vor. Tupac Yupanqui (1471-1493) unterwarf das heutige

15 Bolivien und führte Feldzüge bis nach Chile und dem nordwest-lichen Argentinien. Mächtige Staaten wie das Reich von Chimor, das sich an der Küste von Túmbez bis in die Nähe von Lima er-streckte, das Reich von Cuismancu in den Tälern von Chancay, Ancón und Rimac und das Reich von Chincha wurden dem Impe-

20 rium der Inka einverleibt. Huaina Capac (1493-1527) unterdrückte Aufstände in den neu eroberten Provinzen und trug die Erobe-rung nördlich über Quito hinaus vor. Die Herrschaft der Inka reichte jetzt vom Ancasmayufluß im südlichen Kolumbien bis zum Río Maule in Chile. Die Tiefländer östlich der Anden sind eben-

25 falls Ziel kriegerischer Expeditionen gewesen, aber nie unterwor-fen worden. Die Indianer des Hochlandes verachteten die dort le-benden primitiven und armseligen Völkerschaften. Nach dem To-de des Inka Huaina Capac kam es zum Streit um die Thronfolge zwischen dem erstgeborenen Sohn Huascar in Cuzco und dem in

30 Quito residierenden Lieblingssohn Atahuallpa, der schließlich durch die Schlacht von Cuzco seinen Bruder zum Gefangenen machen konnte. In diesen Zeiten des Bürgerkrieges im Inkareich unternahmen die Spanier unter Francisco Pizarro die Eroberung Perus und beseitigten den Inka, der sich rühmte, keinen mächti-

35 geren Herrscher zu kennen, als er selbst war. Nach Atahuallpas Ermordung (1533) brach die Inka-Herrschaft zusammen. Im Jah-re 1539 hatten die Spanier das Land unter ihre Kontrolle ge-bracht.

Richard Konetzke, *Die Indianerkulturen Altamerikas und die spanisch-portugiesische Kolonialherrschaft*, Frankfurt/M.: Fischer 1965.

TEXT 18a: Auszug aus einem Roman
Ana María Matute: Primera memoria

No sé cómo acabó el día. No recuerdo cómo transcurrió la cena,
ni de qué habló Borja, ni qué dije yo. No recuerdo, siquiera, cómo
ni cuándo nos despedimos del Chino. Sólo sé que al alba, me
desperté. Que, como el primer día de mi llegada a la isla, la luz
5 gris perlada del amanecer acuchillaba las persianas verdes de mi
ventana. Tenía los ojos abiertos. Por primera vez, no había soñado nada. Algo había en la habitación como un aleteante huir de
palomas. Entonces, supe que en algún momento de la tarde –
con la luz muriendo – había vuelto allí, que quedé presa en aquel
10 viento, junto a la verja pintada de verde, cerrada con llave, de
Son Major. Llamé a Jorge, desesperadamente, pero sólo apareció Sanamo, con sus llaves tintineantes, diciendo: "Pasa, pasa,
palomita". El viento levantaba su pelo gris, señalaba el balcón cerrado. Y decía: "Está ahí arriba". Le grité: "Van a castigar a Ma-
15 nuel, y es inocente". Pero el balcón seguía cerrado, y nadie con-
testaba, ni hablaba, ni se oía voz alguna. Y Sanamo riéndose.
Era como si no hubiera nadie en aquella casa, como si ni siquiera
hubiera existido, como si nos lo hubiéramos inventado. Desalen-
tada regresé a casa, y busqué a tía Emilia, y le dije: "No es ver-
20 dad lo que ha dicho Borja... Manuel es inocente". Pero tía Emilia
miraba por la ventana, como siempre. Se volvió, con la sonrisa
fofa, con sus grandes mandíbulas como de terciopelo blanco, y
dijo: "Bueno, bueno, no te atormentes. Gracias a Dios vais a ir al
colegio, y todo volverá a normalizarse". "Pero hemos sido malos
25 ruines, con Manuel..." Y ella contestó: "No lo tomes así, ya te da-
rás cuenta algún día de que esto son chiquilladas, cosas de niños..." Y de pronto estaba allí el amanecer, como una realidad te-
rrible, abominable. Y yo con los ojos abiertos, como un castigo.
(No existió la Isla de Nunca Jamás y la Joven Sirena no consi-
30 guió un alma inmortal, porque los hombres y las mujeres no
aman, y se quedó con un par de inútiles piernas, y se convirtió en
espuma.) Eran horribles los cuentos. Además, había perdido a
Gorogó – no sabía dónde estaba, bajo qué montón de pañuelos o
calcetines. Ya estaba la maleta cerrada, con sus correas abro-
35 chadas, sin Gorogó. Y el Chino ya se habría levantado. Y acaso
el imbécil Gondoliero le estaría picoteando la oreja, y ¿habría flores, irritadas y llameantes flores rojas, en el cuartito de allá arriba? ¿Y aquella fotografía de un niño con hábito de fraile y los
calcetines arrugados, dónde andaría?

(Barcelona: Ediciones Destino 1960. Premio Eugenio Nadal 1959)

TEXT 18b: Auszug aus einem Roman (Übersetzung von 18a)
Ana María Matute: Erste Erinnerung

Ich weiß nicht, wie der Tag zu Ende ging. Ich erinnere mich nicht, wie
das Abendessen verlief noch wovon Borja sprach noch an das, was ich
sagte. Ich erinnere mich noch nicht einmal mehr, wie noch wann wir uns
vom Chinesen verabschiedeten. Ich weiß nur, daß ich im Morgengrauen
5 erwachte. Wie am ersten Tag meiner Ankunft auf der Insel durchschnitt
das perlengraue Licht der Dämmerung die grünen Jalousien meines
Fensters. Meine Augen waren offen. Zum erstenmal hatte ich nichts ge-
träumt. Etwas war im Zimmer wie der flüchtige Flügelschlag einer Taube.
Da wußte ich, daß ich irgendwann einmal am Nachmittag – im sterben-
10 den Licht – dorthin zurückgekehrt war, daß mich der Wind gefesselt hatte, neben dem grüngestrichenen, verschlossenen Gitter von Son Major.
Verzweifelt hatte ich nach Jorge gerufen, aber nur Sanamo war erschie-
nen mit seinen klingelnden Schlüsseln. Er sagte: »Komm nur herein,
komm herein, Täubchen.« Der Wind wehte in seinem grauen Haar, er
15 zeigte auf den geschlossenen Balkon und sagte: »Er ist dort oben.« Ich
schrie ihm zu: »Manuel soll bestraft werden, aber er ist unschuldig.«
Doch die Balkontüren blieben geschlossen, und niemand antwortete
oder sprach, noch hörte man sonst etwas. Und Sanamo lachte. Es war,
als wäre keiner im Hause, als hätte er überhaupt nie existiert, als hätten
20 wir ihn nur erfunden. Entmutigt kehrte ich nach Hause zurück und suchte
Tante Emilia auf und sagte zu ihr: »Es ist nicht wahr, was Borja gesagt
hat... Manuel ist unschuldig.«
Aber Tante Emilia schaute wie immer aus dem Fenster. Sie wandte sich
um mit ihrem schwammigen Lächeln, ihren breiten Kinnladen wie aus
25 weißem Samt und sagte. »Nun, nun, quäl dich nicht. Gott sei Dank, ihr
kommt jetzt auf die Schule, und alles kommt wieder in die Reihe.« »Aber
wir sind schlecht und gemein gegen Manuel gewesen...« Sie antwortete:
»Nimm es nicht so schwer, eines Tages wirst du einsehen, daß das Kindereien sind...« Und jetzt plötzlich war das Morgengrauen da, eine
30 schreckliche, hassenswerte Wirklichkeit. Und meine Augen waren geöff-
net, wie zur Strafe. (Nie hatte es die Insel Nimmermehr gegeben, noch
hatte die kleine Meerjungfrau eine unsterbliche Seele bekommen, weil
Männer und Frauen doch nicht lieben, und nur zwei unnütze Beine blieben ihr, und sie verwandelte sich in Schaum.) Schrecklich waren alle
35 Märchen. Außerdem hatte ich Gorogó verloren – ich wußte nicht, wo er
war, unter welchem Stoß Taschentücher oder Söckchen. Der Koffer war
geschlossen, die Riemen zugeschnallt, ohne Gorogó. Der Chinese war
wohl schon aufgestanden. Vielleicht pickte ihn der blöde Gondoliero gerade ins Ohr. Ob es wohl da oben in dem Stübchen Blumen gab, flam-
40 mende, aufgeregte rote Blumen? Und jene Fotografie von dem kleinen
Jungen mit der Mönchskutte mit den herunterrutschenden Socken, wo
mochte sie sein?

(München: dtv 1967, S. 162f. Übersetzung: Doris Deinhard)

TEXT 18c: Auszug aus einem Roman

Miguel de Unamuno: Niebla

Al aparecer Augusto a la puerta de su casa extendió el brazo derecho, con la mano palma abajo y abierta, y dirigiendo los ojos al cielo quedóse un momento parado en esta actitud estatuaria y augusta. No era que tomaba posesión del mundo exterior, sino
5 que observaba si llovía. Y al recibir en el dorso de la mano el frescor del lento orvallo, frunció el entrecejo. Y no era tampoco que le molestase la llovizna, sino el tener que abrir el paraguas. ¡Esaba tan elegante, tan esbelto, plegado y dentro de su funda! Un paraguas cerrado es tan elegante como es feo un paraguas
10 abierto.

«Es una desgracia esto de tener que servirse uno de las cosas —pensó Augusto—; tener que usarlas. El uso estropea y hasta destruye toda belleza. La función más noble de los objetos es la de ser contemplados. ¡Qué bella es una naranja antes de comida!»
15 Díjose y se agachó a recogerse los pantalones. Abrió el paraguas por fin y se quedó un momento suspenso y pensando: «Y ahora, ¿hacia dónde voy? ¿Tiro a la derecha o a la izquierda?» Porque Augusto no era un caminante, sino un paseante de la vida. «Esperaré a que pase un perro —se dijo— y tomaré la dirección ini-
20 cial que él tome.»

En esto pasó por la calle no un perro, sino una garrida moza, y tras de sus ojos se fue, como imantado y sin darse de ello cuenta, Augusto. Y así una calle, y otra, y otra. [...]
Y se detuvo a la puerta de una casa donde había entrado la ga-
25 rrida moza que le llevara imantado tras de sus ojos. Y entonces se dio cuenta Augusto de que la había venido siguiendo. La portera de la casa le miraba con ojillos maliciosos, y aquella mirada le sugirió a Augusto lo que entonces debía hacer. [...]
—Dígame, buena mujer—interpeló a la portera—¿podría decirme
30 aquí, en confianza y para *inter nos*, el nombre de esta señorita que acaba de entrar?
—Eso no es ningún secreto ni nada malo, caballero.
—Por lo mismo.
—Pues se llama doña Eugenia Domingo del Arco.
35 —¿Domingo? Será Dominga...
—No, señor, Domingo; Domingo es su primer apellido.
—Pues cuando se trata de mujeres, ese apellido debía cambiarse en Dominga. Y si no, ¿dónde está la concordancia?
—No la conozco, señor.

(Madrid: Taurus Ediciones 1965, pp. 63f., 1. Aufl. 1935)

TEXT 18d: Auszug aus einem Roman (Übersetzung von 18b)
Miguel de Unamuno: Nebel

Augusto trat aus der Tür seines Hauses, streckte den rechten Arm aus, spreizte die Hand, die innere Fläche nach unten gewandt, und verharrte dann, den Blick zum Himmel gerichtet, einen Augenblick in dieser statuenhaften und erhabenen Haltung. Nicht, als ob er so von der ihn umge-
5 benden Welt Besitz ergreifen wollte: er wollte nur feststellen, ob es regnete. Er runzelte die Stirn, als er die Kühle des langsam niederrieselnden Staubregens auf dem Handrücken verspürte. Und es war weniger der feine Regen, der ihn störte, als vielmehr der ärgerliche Umstand, daß er seinen Regenschirm öffnen mußte – so schlank, so elegant, so geschickt
10 war dieser in sein Futteral gerollt. Ein geschlossener Regenschirm ist ebenso elegant, wie ein offener häßlich ist.
›Es ist ein Unglück, sich der Gegenstände bedienen und sie gebrauchen zu müssen‹, dachte Augusto. ›Der Gebrauch ruiniert sie, er zerstört sogar ihre ganze Schönheit. Die vornehmste Funktion der Gegenstände
15 ist, betrachtet zu werden. Wie schön ist eine Orange, bevor man sie ißt.‹ Nach diesem Monolog bückte er sich, um seine Hose aufzukrempeln. Endlich öffnete er den Regenschirm und blieb einen Moment unentschlossen stehen, indem er überlegte: ›Was nun? Wohin soll ich jetzt gehen? Nach rechts oder lieber nach links?‹ Denn Augusto befand sich
20 nicht auf einer Reise, sondern auf einem Spaziergang durch das Leben. ›Ich werde abwarten, bis ein Hund vorbeikommt‹, dachte er, ›und ich werde die erste beste Richtung einschlagen, die er nimmt.‹ In diesem Augenblick ging zwar kein Hund, aber eine anmutige junge Dame über die Straße, und gleichsam magnetisiert und ohne sich
25 Rechenschaft zu geben, folgte Augusto ihren Augen. So ging er eine Straße entlang..., dann eine zweite, dann abermals eine. [...] Er machte vor der Tür des Hauses halt, in das die anmutige junge Dame eingetreten war, die ihn durch ihre Augen magnetisiert und mit sich fortgerissen hatte. Nun wurde Augusto klar, daß er ihr gefolgt war. Die
30 Hausmeisterin betrachtete ihn aus boshaften Äugelchen, und dieser Blick gab Augusto ein, was er zu tun habe.
»Hören Sie, gute Frau«, redete er die Pförtnerin an, »könnten Sie mir, im Vertrauen, und ganz unter uns, den Namen der jungen Dame nennen, die soeben hier eingetreten ist?«
35 »Das ist kein Geheimnis, und es ist ja nichts Böses dabei, mein Herr.«
»Nun also?
»Sie heißt Fräulein Eugenia Domingo del Arco.«
»Domingo? Sie wollen sagen: Dominga?«
»Nein, mein Herr, Domingo; Domingo ist ihr erster Nachname.«
40 »Aber, da es sich hier um eine Frau handelt, muß dieser Name doch die Form Dominga annehmen. Wo bleibt die grammatische Konkordanz?«
»Die kenne ich nicht, mein Herr.«
(München: dtv 1968, S. 19ff.; Übers. Otto Buek, rev. von Doris Deinhard)

TEXT 19a: Geschäftsbrief (Bestellung)

C/Muelle, 23   *Casa fundada en 1903*   Teléfs. 0 01 08/81

HIJOS DE LUIS RUIZ PUJADA, S.A.
Importadores de Comestibles Finos
JUMILLA (MURCIA)

5 BAUER & MEISTER KG   Fecha: 21-03...
  Feinkostgroßhandel   S/ref: BA/re
  Postfach 2708   N/ref: FE/do
  D-80331 PLANEGG   S/carta: 12-03...

  Asunto: pedido de paté

10 Señores:

  Hemos recibido su oferta así como las muestras de paté que les
  habíamos solicitado.

  La degustación que hemos efectuado de sus productos nos ha
  satisfecho plenamente y creemos que éstos son comparables
15 con otras marcas que se encuentran en el mercado. El sabor, el
  color y la textura corresponden a nuestras exigencias.

  Deseamos pasarles un pedido a título de prueba que detallamos
  a continuación:

         200   cajas de paté de oca al oporto
20   Precio: 00000 la caja de 24 unidades a 115 grs.,

         300   cajas de paté de pechuga de pollo
                 Precio: 00000 la caja de 24 unidades a 115 grs.

  Sírvanse cumplimentar inmediatamente el pedido a través de una
  agencia de transportes.

25 El pago se verificará mediante transferencia bancaria al recibo de
  la factura.

  Si la venta de sus productos encuentra el éxito esperado, gusto-
  samente les haremos llegar nuevas órdenes.

  Atentamente
30 HIJOS DE LUIS RUIZ PUJADA, S.A.

  p.p. Pablo Fernández Blas

  Ctas. Ctes. Bancos: Hispano-Americano y Exterior de España en Villena.

(Quelle: René Steinitz & Gina Beitscher: Teoría y práctica del español Comercial /Theorie und Praxis der spanischen Handelssprache, München 1990)

TEXT 19b: Geschäftskorrespondenz (Zahlungserinnerung)
Zahlungserinnerung
Max Hueber Verlag, Max Hueber-Straße 4, D-80451 Ismaning

Buchhandlung

....

Kunden-Nr. ...   Datum 10.12. ...

5 Zahlungserinnerung

Sehr geehrter Kunde,

Dieser Kontoauszug dient Ihrer Abstimmung mit unserer Konten-
führung. Bitte überprüfen Sie unsere Aufstellung und überweisen
Sie den ausgewiesenen, bereits fälligen Betrag in den nächsten
10 Tagen.
Sollte Ihre Zahlung bereits in den letzten Tagen erfolgt sein, so
betrachten Sie diese Zahlungserinnerung bitte als gegenstands-
los.

Bankverbindungen:
15 Postgiroamt München   Kto. Nr.: ...   BLZ: 70010080
Bayerische Vereinsbank München   Kto. Nr.: ...   BLZ: 70020270

Mit freundlichen Grüßen
Max Hueber Verlag GmbH u. Co KG
Ismaning

20 Offener Posten Auszug:

BS	Buchungstext	Beleg-Nr.	Datum	Betrag	
20	Rechnung	134500	09.10. ...	674,16 DM	fällig
47	BAG-Rückschlüss.	135548	11.10. ...	166,35 DM	fällig
20	Rechnung	139157	23.10. ...	235,45 DM	fällig
20	Rechnung	143399	07.11. ...	313,17 DM	
47	BAG-Rückschl.	137180	17.11. ...	16,25 DM	
47	BAG-Rückschl.	139158	17.11. ...	56,25 DM	fällig
25	Gutschrift	148588	28.11. ...	396,23 DM	

Gemahnte Posten gesamt   719,72 DM

30   Forderungen gesamt   1032,89 DM

Zahlung berücksichtigt bis: 30.11. ...

Max Hueber Verlag GmbH & Co KG Amtsgericht München: HRA 49304
Persönlich haftende Gesellschafterin: Sprachen-Hueber Verlagsges. mbH
Amtsgericht München: HRB 45498 Sitz der Gesellschaften: Ismaning
35   Geschäftsführer: Ilse Hueber, Armin Jetter
Telefon (089)9 60 20 Telex 5 23 613 hueb d Telegramm hubook

(Quelle: Ulrich Engel, Deutsche Grammatik, Heidelberg: Groos 1988.)

TEXT 20a: Interview mit einem Liedermacher

—¿Estás satisfecho de la respuesta antiglobalización a la Cumbre de Barcelona?

—Sí, porque hizo posible que se manifestaran gentes de edad y cultura muy diversas, sin apenas incidentes. Lástima que en una
5 manifestación contra la repugnancia, como ésa, podamos encontrarnos 350.000 y no las 750.000 personas que logra arrastrar la *Operación Triunfo*...

—¿Dónde estuvo la diferencia entre las concentraciones de Barcelona y Génova, en la que también tú participaste acti-
10 vamente hace un año?

—En Génova, el sistema logró que fuera portada de los periódicos la supuesta violencia de los antiglobalización. En Barcelona, no. Aquí no han podido desacreditarnos con estrategias.

—¿Qué crees que pasó exactamente en Génova?

15 —Allí se demostró, ante todo, que cualquier resistencia pacífica puede acabar generando la respuesta represiva de los poderosos. En aquella cumbre se intentó enmascar la fuerza de las masas populares infiltrando en ella a provocadores capaces de originar disturbios. Violentos concertados, con los que justificar la
20 acción brutal de los carabineros. Italia, por lo demás, es el país donde las mafias se hacen cada vez más fuertes. Hay que volver allí para combatirlas antes de que terminen controlando toda Europa. La mafia de la droga a la que no le interesa que se legalice la marihuana. La que trafica con emigrantes y estimula el racis-
25 mo, nada interesada en que los africanos, magrebíes o latinoamericanos regularicen su situación... Y otras más. [...]

—¿Te consideras un cantante de necesaria lectura política?

—Todos, lo queramos o no, estamos vinculados a la política. Ahora bien, yo no pretendo representar a nada, ni a nadie, en
30 esa feria. Están intentando hacer de mí un líder antiglobalización y no quiero serlo. De hecho, no creo que su movimiento necesite portavoces o, por lo menos, no necesita representantes permanentes, sino rotativos. Me llaman para que lo apoye y voy, con armas tan visibles como la música o la nube de cámaras que me
35 sigue los pasos. Nada más. No ejerzo ni quiero ejercer de contestatario profesional. Que quede bien claro...

Maurilio de Miguel: Entrevista con Manu Chao, cantante y compositor: «No quiero ser un contestatario profesional», *El Mundo*, 24 de marzo de 2002, CULTURA, pág. 18.

TEXT 20b: Interview mit einem Opernregisseur

Herzlichen Glückwunsch, Herr Bechtolf, Sie haben an der Deutschen Oper Berlin Hoffmanns Erzählungen für das Publikum und nicht für die Kritiker inszeniert. Die Zuschauer laufen in die Aufführungen, obwohl die Kritikern vernichtend
5 **waren. Freuen Sie sich?**
Ja! Andersrum wäre es ja grässlich...
Über Ihre Inszenierung konnte man zum Beispiel lesen, sie sei ein »totales Desaster, das besser heute als morgen in der Versenkung verschwinden sollte« oder »der Abend ist läh-
10 **mend langweilig«. Irrt nun das Publikum oder die Kritiker?**
Die Kritiker.
Damit wir uns das vorstellen können: Wie sieht denn Ihre Inszenierung aus?
Eine naive Albtraum-Revue. Ein konstruktivistisches Kindermär-
15 chen, Hoffmann in Wonderland.
Streckenweise lesen sich die Kritiken nicht mehr wie die Beurteilung einer Inszenierung, sondern wie blanker Hass. Was haben Sie denen getan?
Ich glaube, meine größte Sünde, mein unverzeihlichster Makel ist
20 die Tatsache, dass die Herrschaften nicht so recht wissen, wo sie mich einordnen sollen. Das ist für einen Kritiker schrecklich. Da muss er sich plötzlich auf das eigene Urteil verlassen. Das muss man denen schon nachsehen. Da kommt dieser schnöselige Schauspieler daher und will auch noch Opern inszenieren kön-
25 nen. Da braucht es Mut, das gut zu finden. Charakter. Diese Eigenschaften gibt's ja heute nicht mehr.
Wie hätte Ihre Inszenierung aussehen müssen, damit sie von der Kritik gnädig aufgenommen worden wäre?
Genau so. Nur mit einem anderen Namen auf dem Plakat.
30 **Warum, glauben Sie, mag das Publikum Ihre Inszenierung dennoch?**
Das Publikum kannte mich schon vorher nicht. Die haben halt einfach gesehen und gehört, was da war.
Sie klingen aber ganz schön schlecht gelaunt.
35 Nee, nee, ich bin nur ein empfindsames Wesen. Es gibt auch welche, die Diva sagen. Ich höre halt auch gern mal was Nettes.
Genau deswegen gratulieren wir Ihnen ja.
Sie glauben gar nicht, wie anschmiegsam ich bin, wenn ich gelobt werde!
(Susanne Schneider: Interview mit Sven-Eric Bechtolf, 44, Schauspieler und Haus-Regisseur am Wiener Burgtheater, *SZ-Magazin*, 10.05.2002, S.38)